ごうかく力をそだてる350問と予想模試!

2023 年版
ユーキャンの
社労士
過去&予想問題集

JN172872

ユーキャン
自由国民社

はじめに

　令和4年度試験においては、難問なども散見されますが、それにとらわれずに、通常の学習者がしっかりと押さえておくべき「**易しいレベル**」と「**普通レベル**」の問題を確実に得点することができたかがポイントでした。例年、択一式では、**普通レベル以下の問題が全体の6〜7割を占めている**ことを考えると、**基本に忠実な問題や法改正に関する問題の取りこぼし**こそが致命傷となります。つまり、社労士試験では、**過去の出題傾向と法改正にしっかり対応した学習**が最も大切なのです。

　本書は、生涯学習のユーキャンが、**通信教材の制作や、添削・質問指導、講義で培った合格のためのノウハウを活かして**制作・編集しています。そのため、**初めて学習する方にも分かりやすく、問題を解きながら合格に必要な知識を効率的に身につけられる**問題集となっています。構成と主な特長は以下のとおりです。

- ●**論点別問題**……過去問題・予想問題を「**論点別**」に掲載していますので、自分が学習した論点から、問題演習を行うことができます。出題の意図を確実に押さえた**平易な文章**と、**豊富な補足解説**により、**詳しく分かりやすい解説**を追求しています。基本書で学習した知識を着実に理解するとともに、**応用力を身につけることが可能**です。
- ●**予想模擬試験**……本試験と同レベル、同一の問題数で作成した**予想模擬試験2回分**を収載していますので、**本試験のシミュレーションに最適**です。

　また、本書は、基本書の学習→問題集での演習→基本書の再確認という流れで、姉妹書である「2023年版　ユーキャンの社労士速習レッスン」と併用していただきますと、効率良く、かつ、最大限の効果が得られます。

　社労士試験は、**基本をしっかり学習**し、地道に努力すれば合格できることが多くの例により立証されています。そのためには、**いかに効率良く学習する**かが最大のポイントなのです。本書は、社労士試験における多くの的中実績があり、まさにそのような皆様のご期待に応えるものと自負しています。本書の精選問題を繰り返し学習され、よい結果を勝ち取られますことを心から念願する次第です。

　令和4年10月

監修　ユーキャン社労士試験研究会 主宰　**常深孝英**

本書の使い方

本書の構成

本書は、以下のような構成になっています。

- Ⅰ 本書の使い方　　　　　このページになります。本書の基本的な使い方を説明しています。
- Ⅱ 資格について　　　　　社労士資格と、受験についてのガイダンスを掲載しています。
- Ⅲ 出題傾向の分析と対策　過去問題を分析し、対策をまとめています。
- Ⅳ 主な法改正内容　　　　試験で出題されやすい、最近の法改正事項をピックアップしています。
- Ⅴ 目次　　　　　　　　　問題ごとに難易度と重要度を表示しています。
- Ⅵ 略記一覧　　　　　　　本書で使用している略称を掲載しています。
- Ⅶ 掲載問題出典一覧　　　本書に掲載している本試験問題の出典をまとめています。
- Ⅷ 論点別問題　　　　　　各科目、論点別に問題を掲載しています。
- Ⅸ 予想模擬試験解答・解説　模擬試験2回分の解答・解説です。
- Ⅹ 予想模擬試験問題　　　本試験と同様の形式・レベルの模擬試験2回分です。切り取って別冊として使用できます。

本書の特長

ここが狙われる！頻出・重要事項を凝縮した巻頭コーナー

❶ **徹底的な過去問分析で充実の試験対策**

「出題傾向の分析と対策」は、**過去5年分の出題実績と、それに基づいた頻出・重要事項**をまとめています。社労士試験はおおむね過去の出題傾向に沿った出題となりますので、ここを確実に押さえることが合格への第1歩となります。また、令和5年度試験に向けて特に注意しておくべき点についても「**令和5年度試験対策**」として挙げていますので、ご活用ください。

❷ **重要な法改正をピックアップ**

「**主な法改正内容**」は、令和4年4月16日以降の主な改正事項のうち、原則として令和4年9月1日までに公布され、及び令和5年4月までに施行されることが確定しているものを掲載しています。試験では改正事項は出題の可能性が高いので、ここでピックアップした重要事項はしっかりと押さえておきましょう。

厳選された問題＆わかりやすさにこだわった解説！

❶「論点別問題」350問で合格ライン突破

厳選された過去問題と、最新の出題傾向を踏まえて作成した予想問題、あわせて350問を**論点別に編集**し、掲載しています。ユーキャンの通信講座で培ったノウハウを活かし、「**わかりやすいこと**」、「**暗記ではなく、理解できること**」に重点を置いた解説をしていますので、その論点のポイントをしっかりと理解することができます。また、解答に至るまでの切り口や、解答を導き出すために必要な知識の再確認にも役立ちます。

❷「予想模擬試験」2回分（156問）で本試験前の最終チェック！

本試験と同様の問題構成・レベルの予想模擬試験を2回分収載しています。時間を計って解くことにより、本番さながらの実践学習が可能です。本番直前のシミュレーションや実力チェックとして是非ご利用ください。

弊社書籍を用いた学習方法

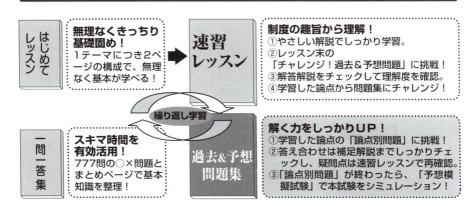

紙面の見方

本書を用いた学習の進め方

論点別になっているので、学習が終わった論点から問題を解くことができます。
選択式はタイトルの先頭に「選択式」と表示しています。

問題の難易度と重要度を確認し、メリハリのある学習を心がけましょう。

難易度

易しい　　　　難しい
◀── 難易度 ──▶

重要度

高い　　　　　低い
◀── 重要度 ──▶

合格するためには確実に正解しなければならない基本レベルの易から、発展的な内容を含む難まで、易・普・難の3段階で表示しています。

必ず押さえておきたい重要問題から、出題頻度は低いが本試験までに2回程度は目を通しておくべき問題まで、A・B・Cの3段階で表示しています。

●チェック欄の利用で効率的な復習

繰り返し学習にあたり、問題を解いた日付や、正誤を記入するなど、自分にあった方法でご利用ください。解いてから時間の経過した問題や、間違えた問題から優先的に再チャレンジすると、効率的に復習ができます。

●出典＆改題を明記

過去問題については、何年度に出題されたものかを表示しています。

| 過令4 | この場合は、令和4年度試験で出題された問題を表しています。 |
| 予想 | オリジナル問題です。 |

過去問題を改題したものについては、以下のとおり表示しています。

改正	本試験実施後の法改正により内容が不適切になった問題は、現行の法令に適するように修正しています。 ※なお、省庁再編成や法改正によって単に名称・条文番号が変更されたものについては表示していません。
改正A・B	選択肢AとBを法改正により修正
変更	本試験問題をベースに、今後の出題可能性が高い問題に変更しているものです。 ※なお、本試験の順番を単に並び替えたものについては表示していません。
変更A～C	選択肢AとBとCを変更

問題 034

チェック欄

法令等の周知義務

予想

難易度 普　重要度 B

労働基準法第106条第1項の規定により、使用者が労働者に対し周知させなければならないとされている法令等及びその対象として、誤っているものは次のうちどれか。

A 企画業務型裁量労働制の実施に係る労使委員会の決議 ── その全文を当該制度の対象労働者のみに周知。
B 女性労働基準規則（厚生労働省令）── その要旨をすべての労働者に周知。
C 労働者に一斉休憩を付与しない旨を定めた労使協定書（行政官庁への届出義務はないもの）── その全文をすべての労働者に周知。
D 賃金の一部を控除して支払う旨を定めた労使協定書（行政官庁への届出義務はないもの）── その全文をすべての労働者に周知。
E 年次有給休暇中の賃金を健康保険法に規定する標準報酬月額の30分の1相当額で支払う旨を定めた労使協定書（行政官庁への届出義務はないもの）── その全文をすべての労働者に周知。

択一式を解く場合、解答解説を見る前に自分がその肢を選んだ根拠を明確にしておくと、間違えた理由がはっきりするため、解説がしっかりと頭に入ります。選択式を解く場合は、選択肢を見る前に、まず空欄に当てはまる語句を自分なりに考えましょう。そうすることで、自分がどの程度この論点を理解しているかが明確になります。

択一式では、おおむね選択肢ごとに正誤表示があり、図解等で詳しく解説しています。正解肢や、自分が正解と思った肢だけでなく、その他の肢の解説もよく読み、知識を再確認しましょう。選択式では、設問の解説だけでなく、関連事項についても解説しています。また、通常の穴埋め形式以外の問題を、知識の確認のために織り込んでいます。

※一部順不同でも正解となる問題がある場合もあります。

「論点別問題」が終わったら、別冊の「予想模擬試験」（2回分）にチャレンジ！ 時間を計るなど、本試験と同様の条件で実施すると効果的です。終了後に「解答・解説」で採点しましょう。苦手な論点や弱点を発見したら、再度、関連する「論点別問題」に取り組むと、さらに知識が深まります。

『2023年版 ユーキャンの社労士速習レッスン』の当該科目の参照ページを示しています。問われている論点が同じ場合はA～C：P167、論点が異なる場合はA：P167、B：P167、C：P167のように表記しています。速習レッスンと併せて、知識の定着にご活用ください。なお、❶❷❸は分冊を表し、参照ページが当該科目掲載分冊以外の場合に記載しています。

●豊富な図表＆補足解説

周辺知識や要点整理に役立つ補足解説が充実しています。

 基本まとめ 中丸講師 — まぎらわしい数値などの重要事項を、図表等にしてまとめています。

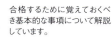 ポイント解説 窪田講師 — 合格するために覚えておくべき基本的な事項について解説しています。

 横断チェック — 関連する論点を横断的に理解できるようにまとめています。科目内の論点横断や科目を越えての横断もあります。

 STEP UP — 本試験レベルの応用力を身につけるために、発展的な内容を解説しています。

本書における論点の並び順について

「論点別問題」は、「択一式」→「選択式」の順となっており、それぞれの出題方式の中で『2023年版 ユーキャンの社労士速習レッスン』の順番と対応しています。

※一部論点が複数重なっている問題等についてはこの限りではありません。

資格について

社労士とは

（1）社会保険労務士法により法制化された資格

　社会保険労務士（以下「社労士」という。）は昭和43年（1968年）に施行された「社会保険労務士法」によって法制化された資格です。この法律が成立してから現在に至るまでに、社会保障制度は巨大化・複雑化が進み、企業では労働者の高齢化や労働時間の弾力的な運用、年俸制の導入など、さまざまな労務管理の問題を抱え込むようになりました。このような状況の中、労務、雇用、福利厚生、社会保険のエキスパートとして脚光を浴びているのが社労士です。

（2）社労士の業務

　社労士は、企業に勤める以外に独立開業もできる資格です。主な業務は以下の3つです。

1号業務：行政機関への申請書類の作成と、これらの書類の提出の代行・事務代理などの業務を行います。

2号業務：労働社会保険関係諸法令に基づく帳簿書類の作成業務を行います。

3号業務：労務管理などに関するコンサルタント（相談・指導）業務を行います。

※以下は令和4年度の試験実施要領をもとに記述しています。令和5年度試験につきましては、必ず試験センター（P10参照）にご確認ください。

受験資格

区分：1～6学歴、7～11実務経験、12～14試験合格、15～16過去受験

1．学校教育法による大学、短期大学、専門職大学、専門職短期大学若しくは高等専門学校（5年制）を卒業した者又は専門職大学の前期課程を修了した者
2．上記の大学（短期大学を除く）において62単位以上の卒業要件単位を修得した者。上記の大学（短期大学を除く）において一般教養科目と専門教育科目等との区分けをしているものにおいて一般教養科目36単位以上を修得し、かつ、専門教育科目等の単位を加えて合計48単位以上の卒業要件単位を修得した者
3．旧高等学校令による高等学校高等科、旧大学令による大学予科又は旧専門学校令による専門学校を卒業し、又は修了した者
4．前記1．又は3．に掲げる学校等以外で、厚生労働大臣が認めた学校等を卒業し又は所定の課程を修了した者
5．修業年限が2年以上で、かつ、課程の修了に必要な総授業時間数が1,700時間（62単位）以上の専修学校の専門課程を修了した者
6．全国社会保険労務士会連合会において、個別の受験資格審査により、学校教育法に定める短期大学を卒業した者と同等以上の学力があると認められる者（各種学校等）

7. 労働社会保険諸法令の規定に基づいて設立された法人の役員（非常勤の者を除く）又は従業者として同法令の実施事務に従事した期間が通算して３年以上になる者
8. 国又は地方公共団体の公務員として行政事務に従事した期間及び行政執行法人、特定地方独立行政法人又は日本郵政公社の役員又は職員として行政事務に相当する事務に従事した期間が通算して３年以上になる者。全国健康保険協会、日本年金機構の役員（非常勤の者を除く）又は従業者として社会保険諸法令の実施事務に従事した期間が通算して３年以上になる者（社会保険庁の職員として行政事務に従事した期間を含む）
9. 社会保険労務士若しくは社会保険労務士法人又は弁護士若しくは弁護士法人の業務の補助の事務に従事した期間が通算して３年以上になる者
10. 労働組合の役員として労働組合の業務に専ら従事（専従）した期間が通算して3年以上になる者。会社その他の法人（法人でない社団又は財団を含み、労働組合を除く。以下「法人等」という。）の役員として労務を担当した期間が通算して３年以上になる者
11. 労働組合の職員又は法人等若しくは事業を営む個人の従業者として労働社会保険諸法令に関する事務に従事した期間が通算して３年以上になる者
12. 社会保険労務士試験以外の国家試験のうち厚生労働大臣が認めた国家試験に合格した者
13. 司法試験予備試験、旧法の規程による司法試験の第一次試験、旧司法試験の第一次試験又は高等試験予備試験に合格した者
14. 行政書士試験に合格した者
15. 直近の過去３回のいずれかの社会保険労務士試験の受験票又は成績（結果）通知書を所持している者
16. 社会保険労務士試験 試験科目の一部免除決定通知書を所持している者

※ご不明な点は、試験センター（P10参照）にお問い合わせください。

試験概要

[試験科目と出題数]

試験科目	選択式出題数	択一式出題数	章
①労働基準法	1問	7問	1
労働安全衛生法		3問	2
②労働者災害補償保険法	1問	7問	3
③雇用保険法	1問	7問	4
④労働保険の保険料の徴収等に関する法律※		6問	5
⑤労務管理その他の労働に関する一般常識	1問	5問	6
⑥社会保険に関する一般常識	1問	5問	10
⑦健康保険法	1問	10問	7
⑧厚生年金保険法	1問	10問	9
⑨国民年金法	1問	10問	8

※労働保険の保険料の徴収等に関する法律については、選択式の出題はない。

[出題形式]

選択式８問と択一式70問が出題されます。選択式は、１問につき５つの空欄に20個の語群からそれぞれにあてはまるものを選びます。択一式は５つの肢から正解肢１つを選びます。いずれも、マークシート方式です。

[試験までのスケジュール]

４月中旬	受験案内の公表
４月中旬〜５月末日	受験申込みの受付期間
８月の第４日曜日	**試験日** 選択式　80分 択一式　210分
10月上旬	合格発表

［受験申込み等］

> ※以下は、令和4年度の試験実施要領をもとに記述しています。令和5年度試験に
> つきましては、必ず下記の試験センターにご確認ください。

　受験申込みは、「**インターネット申込み**」が原則であり、当面、「郵送申込み（別途「受験案内の請求」が必要）」でも受け付けることとされています。

　令和4年度の受験申込みの受付期間は4月18日〜5月31日、受験手数料は15,000円（払込みに係る手数料は受験申込者負担）でした。

　受験申込みの際の必要書類は、①顔写真、②受験資格証明書、③免除資格証明書（免除資格に該当する者）その他の必要書類です。

［試験地］

　1 北海道　　2 宮城県　　3 群馬県　　4 埼玉県　　5 千葉県　　6 東京都　　7 神奈川県
　8 石川県　　9 静岡県　　10 愛知県　　11 京都府　　12 大阪府　　13 兵庫県　　14 岡山県
　15 広島県　　16 香川県　　17 福岡県　　18 熊本県　　19 沖縄県

　受験申込み時に、「試験地・試験会場一覧」から希望試験会場を選びます。

［配点と合格基準点］

　配点は、選択式が各空欄1点で、1科目5点満点、合計で40点満点、択一式が各問1点で、1科目10点満点、合計で70点満点となります。

　合格基準点は、以下のとおりです（令和3年度）。なお、合格基準点は試験の難易度に応じて、実施年度ごとに変動します。

　選択式：総得点24点以上かつ各科目3点以上（ただし、労務管理その他の労働に関する一般常識は1点以上、国民年金法は2点以上）

　択一式：総得点45点以上かつ各科目4点以上

［受験者数と合格率］

	平成29年度	平成30年度	令和元年度	令和2年度	令和3年度
受験申込者数	49,902名	49,582名	49,570名	49,250名	50,433名
受験者数	38,685名	38,427名	38,428名	34,845名	37,306名
合格者数	2,613名	2,413名	2,525名	2,237名	2,937名
合格率	6.8%	6.3%	6.6%	6.4%	7.9%

受験に関するお問い合わせ

　受験手続などでご不明な点は、**全国社会保険労務士会連合会 試験センター**にお問い合わせください。

　〒103-8347　東京都中央区日本橋本石町3-2-12　社会保険労務士会館　5階
　電　話：03-6225-4880〔受付時間は9:30〜17:30（土日祝日は除く）〕
　ＦＡＸ：03-6225-4883（お問い合わせの際は必ず連絡先を明記してください）
　WEB 社会保険労務士試験オフィシャルサイト：https://www.sharosi-siken.or.jp

出題傾向の
分析と対策

1. 労働基準法

出題傾向表 ※［該当レッスン］は『2023年版 ユーキャンの社労士速習レッスン』のレッスン番号を表します。

学習項目	出題分析（過去5年分）					主な改正の状況	該当レッスン
	H30	R1	R2	R3	R4		
基本7原則（1～7条）	3	3	4	4	4		1
適用、労働者・使用者の定義	1	1	5②		6		1
労働契約（解雇関係を除く。）	2	2	2	4①	4②	H31：労働条件の明示	2
解雇関係	2①	2	2		①		3
退職時等の証明等	2	1	1				3
賃金の定義と平均賃金	2	6	1	1	1		4
賃金支払5原則	4①	3		4	2		4
非常時払い、休業手当等	1	2③		6	2		4
労働時間・休憩・休日の原則	3	1	1		6	H30：休憩の自由利用の適用除外	5
労働時間等の適用除外者					1	H31：高度プロフェッショナル制度	5
みなし労働時間制							6
変形労働時間制等	4	6	1	1		H31：フレックスタイム制	7
時間外・休日労働			1		4	H31：時間外労働の上限規制	8
労使協定				2	1	H31：過半数代表者	8
割増賃金	5	1	1	②	2	R5：中小企業への特例（時間外労働）の適用	8
年次有給休暇		1	1	1		H31：年次有給休暇の付与義務	9
年少者等	1				1		10
妊産婦等		①		5	6		11
就業規則	4	4	5	5			12
寄宿舎・技能者・災害補償			①				12
監督機関、雑則	1	1	5			H31：周知事項 R2：記録の保存、時効、付加金	13
罰則						H31：罰則	13
その他							―

［出題分析］1・2・3……択一式の選択肢単位での出題個数です。①・②・③……選択式の空欄単位での出題個数です。
［改正の状況］数字は改正施行年次を示しています。

●出題の特徴

　労働基準法は、労働安全衛生法と合わせて1科目として出題されます。選択式では、1問5つの空欄のうち3つが労働基準法からの出題です。近年は、基本事項と判例を組み合わせた出題が多くなっています。見たことのない判例の出題は、選

択肢をよく見て、常識的な判断で解答することが大切です。

択一式では、1科目10問のうち7問が労働基準法からの出題です。判例や通達からの出題が多いのが労働基準法の特徴です。近年は、事例での出題があり、学習した内容を実務に活かすための「理解」が問われるようになっています。また、個数問題や組合せ問題など、出題形式によって難度を上げている問題も見られます。基本事項については、数字要件等の正確な記憶とともに「理解」を意識して学習する必要があります。

●頻出／重要項目

特に重要なものは、次の7項目です。

①**労働契約**……労働条件の明示・労働契約の期間・解雇制限・解雇予告等・退職時等の証明。

②**賃金**……賃金支払5原則とその例外・休業手当・平均賃金。

③**労働時間・休憩・休日**……原則と特例・休憩3原則とその例外・みなし労働時間制・変形労働時間制等・適用除外者。

④**時間外・休日労働と割増賃金**……36協定と時間外労働の上限規制・割増賃金。

⑤**年次有給休暇**……出勤率・付与日数・比例付与・計画的付与・付与義務。

⑥**年少者・妊産婦等**……児童の保護規定・年少者の保護規定・妊産婦の保護規定。

⑦**就業規則**……作成等の手続き・制裁規定の制限・労働協約等との優先劣後関係。

これらに次ぐものは、⑧**基本7原則**、⑨**労働者・使用者の定義**、⑩**雑則**（労働者名簿と賃金台帳・法令等の周知義務）となります。

●令和5年度試験対策

労働基準法は、他の科目に比べ、通達や判例からの出題が多い傾向にあります。令和5年度もこの傾向は不変でしょうが、次のような対策を講じましょう。

本科目の出題対象には、①労働基準法（**法律**）→②労働基準法施行規則（**厚生労働省令**）→③その他の施行規則（年少則、女性則等）・告示（指針等）→④行政解釈（**通達**）→⑤重要判例（**最高裁判例**）の各レベルがあります。一気に全レベルを学習するのは混乱の原因となりますので、まず①②を優先的に理解しましょう。

直近の大きな改正はありませんが、令和2年4月施行の賃金請求権の消滅時効期間、記録の保存期間等の延長、平成31年4月施行の①高度プロフェッショナル制度の創設、②フレックスタイム制の見直し、③時間外労働の上限規制の導入、④年次有給休暇の付与義務に関する改正には、引き続き注意が必要です。

2. 労働安全衛生法

出題傾向表 ※［該当レッスン］は『2023年版 ユーキャンの社労士速習レッスン』のレッスン番号を表します。

学習項目	出題分析（過去5年分）					主な改正の状況	該当レッスン
	H30	R1	R2	R3	R4		
総則	①	①	3	2	①		1
労働災害防止計画							1
安全衛生管理体制（一般）	1	①	1	5	5	H29：産業医の巡視頻度の見直し H31：産業医への労働時間等の情報提供等	2
安全衛生管理体制（委員会）					5	H31：産業医の調査審議の求め等	2
安全衛生管理体制（下請混在）		2			5		2
労働者の危害防止の措置	1	3		①	1① 2	R4：作業面の照度基準等	3
機械等に関する規制	5①	5					4
危険物及び有害物に関する規制				2		R5：情報伝達・リスクアセスメント関係	5
安全衛生教育	1		5		①	R5：職長等教育の対象業種	6
就業制限等				①			6
作業環境測定等							6
健康診断、面接指導等	6	5	5①			H31：面接指導の対象拡大等 R4：歯科健康診断の実施報告	7
免許							8
事業場の安全又は衛生に関する改善措置等							8
監督等	1			5		R5：疾病の報告義務の追加	8
罰則			1				8
その他							―

［出題分析］1・2・3……択一式の選択肢単位での出題個数です。①・②・③……選択式の空欄単位での出題個数です。
［改正の状況］数字は改正施行年次を示しています。

●**出題の特徴**

　択一式では、「**安全衛生管理体制**」、「**安全衛生教育**」、「**健康診断**」といったテーマごとに1問を構成する場合がほとんどで、まれに「**機械等及び有害物**」のように、2つ以上の単元の混合問題となることもあります。また、「深夜業等」というテーマで、「安全衛生管理体制」や「健康診断」などの異なる項目から出題されることもあるので、**科目内の横断理解**も必要となるでしょう。毎年、600ヵ条以上もある施行規則の中で過去出題のなかったものが出題されたり、指針のように見落としがちなものから何肢か出題されたりと、試験対策の難しい科目ですが、そのよう

な奇をてらった問題にはあまり神経質にならずに、まずは**重要項目から出題される問題を落とさない**ことが大切です。また、過去に出題のあった論点を再び使っている場合もありますので、過去問演習は必ず行う必要があります。文章の長さは1肢あたり3～4行と一般的な長さであり、取り組みやすい文章なので、見慣れない問題が出題された場合でも、落ち着いて文意を把握するようにしましょう。

　選択式では、テキストで取り上げている条文、規則、通達から出題されています。労働安全衛生法独特の語句、用語に注意しておきましょう。

●頻出／重要項目

①**安全衛生管理体制**……過去の出題が最も多い項目です。特に、「一般事業場の安全衛生管理体制」の出題が目立ちます。また、1問中の5肢すべてを同じ論点（たとえば「作業場の巡視義務」、「資格」など）で問うものもあり、同じ論点について、比較・整理しておくことが有効です。

②**健康診断・面接指導**……①の次に出題の多い項目です。健康診断の種類、対象となる労働者、実施回数や**実施後の措置**などを正確に覚える必要があります。**面接指導**と**心理的な負担の程度を把握するための検査**（ストレスチェック）にも注意しましょう。

③**機械・有害物等に関する規制**……有害物等に関する規制は、あまり出題されていませんが、近年の改正点には注意が必要です。機械等に関する規制は、機械等の名称なども一通り確認してください。

④**その他**……「労働者の危害防止措置」、「安全衛生教育」から比較的出題されていますが、これら以外の項目でも、『2023年版　ユーキャンの社労士速習レッスン』で強調されている基本事項は、確実に押さえてください。

●令和5年度試験対策

　頻出項目である「一般事業場の安全衛生管理体制」と「健康診断、面接指導等」については、十分な学習が必要でしょう。また、注意しておくべき項目としては、「**総則**」「**労働者の危害防止の措置**」「**安全衛生教育**」があります。こうした**頻出項目**と**改正点**からの出題を取りこぼさないように対策してください。

令和5年度試験で初めて出題対象となる改正では、「危険物及び有害物に関する規制」などにおける化学物質による労働災害の防止に関する改正に注意しましょう。化学物質の危険性・有害性に関する**情報伝達の強化**（通知方法の柔軟化等）、**リスクアセスメント**に基づく自律的な**化学物質管理の強化**（記録の作成・保存の義務等）、化学物質に起因する**がんの把握の強化**（疾病の報告義務）などの改正が行われています。このほかには、**職長等教育の対象業種の追加**や**歯科医師による健康診断の実施報告**（人数不問で報告義務）に関する改正などがあります。

3. 労働者災害補償保険法

出題傾向表　※[該当レッスン]は『2023年版 ユーキャンの社労士速習レッスン』のレッスン番号を表します。

学習項目	出題分析（過去5年分）					主な改正の状況	該当レッスン
	H30	R1	R2	R3	R4		
目的、労災保険事業、管掌		②		②	4	R3: 複数業務要因災害の創設	1
適用事業、適用労働者	1	①					2
業務災害	5	6		15	12		3
通勤の定義・通勤災害		2	⑤	5	8		3
給付基礎日額						R3: 複数事業労働者の給付基礎日額	4
療養（補償）等給付	2	4					5
休業（補償）等給付	4		1			R3: 部分算定日の支給額	5
傷病（補償）等年金	2		1				5
障害（補償）等給付	5		6	5	②		6
遺族（補償）等給付			1	5②			7
葬祭料等（葬祭給付）							7
介護（補償）等給付	2		1				8
二次健康診断等給付	5						8
保険給付の通則	3	5	10	①		R4: 担保提供禁止の例外廃止	9
社会復帰促進等事業（その他）		5			5	R2: 施行規則に根拠明記	10
社会復帰促進等事業（特別支給金）		5	4				10
費用の負担		1②					11
不服申立て							11
雑則	6	7	1			R2: 時効	11
罰則			5				11
特別加入		⑤	5	5	5③	R4・5: 第1種特別加入者の範囲拡大	12

[出題分析] 1・2・3……択一式の選択肢単位での出題個数です。①・②・③……選択式の空欄単位での出題個数です。
[改正の状況] 数字は改正施行年次を示しています。

●**出題の特徴**

　択一式に関していうと、近年は、適用事業・適用労働者、業務災害・通勤災害及び保険給付の通則の内容を中心に幅広い項目から出題されます。テーマが設定された問題が多いですが、混合形式の問題も増えてきています。また、数は多くありませんが、近年は、判例からの出題もあります。

全体の難易度は、選択式も択一式も「普通～やや難しい」レベルです。これは、法令の条文からの出題だけではなく、業務災害・通勤災害の具体的判断等の通達を出典とした出題があるためです。しかし、通達よりも基本規定からの出題が多くを占めるため、基本事項（テキスト等の赤字・太字）をしっかりと押さえた学習者は、ある程度の得点をあげることができるはずです。

●頻出／重要項目

①**業務災害と通勤災害**……**業務災害**については、業務起因性と業務遂行性の判断基準を理解し、**通勤災害**については、通勤の定義を逸脱・中断とともに理解しましょう。業務災害及び通勤災害の具体的判断に関する出題については、問題演習を重ねることで正確な判断ができるようにしたいところです。

②**傷病の治ゆ前の保険給付**……**療養（補償）等給付**は、給付の範囲、給付を行う病院等について健康保険法の療養の給付と比較し、相違点を確認しながら学習を進めましょう。**休業（補償）等給付**と**傷病（補償）等年金**は、支給要件、支給額、支給期間等について正確に理解しましょう。

③**障害（補償）等給付**……障害等級の決定に関する規定を確実に理解しましょう。特に、併合（繰上げ）、加重、再発等の取扱いに関する規定が重要です。

④**遺族（補償）等給付**……学習の中心は、**遺族（補償）等**年金です。まず受給資格者と受給権者の意味の違いを正確に理解し、次に年金額、失権を押さえましょう。労災保険に特有の制度である「転給」の理解も重要です。

⑤**給付の通則**……死亡の推定、未支給の保険給付、支給制限が問われやすいです。ややマイナーな学習テーマですが、基本事項を中心に学習しましょう。

●令和5年度試験対策

　労災保険法の出題の特徴として、保険給付関係は「**治ゆ前の保険給付**」を中心に幅広く出題されるという点と「**保険給付の通則事項**（保険給付に関する共通ルール）」がよく出題されるという点が挙げられます。以上から、次の項目を徹底的に理解することが有効です。

①業務災害、②通勤災害、③治ゆ前の保険給付、④障害（補償）等給付、⑤遺族（補償）等給付、⑥保険給付の通則、⑦社会復帰促進等事業（特別支給金）

令和2年9月から複数業務要因災害に関する保険給付が創設され、**複数事業労働者**について法全般にわたり各種の規定が整備されています。

4. 雇用保険法

出題傾向表　　※［該当レッスン］は『2023年版　ユーキャンの社労士速習レッスン』のレッスン番号を表します。

学習項目	出題分析（過去5年分）					主な改正の状況	該当レッスン
	H30	R1	R2	R3	R4		
目的、管掌、定義	2	1				R2:給付体系の変更に伴う保険事故の追加	1
給付の体系・通則		1		5		R2:育児休業給付の位置づけ変更	1
適用事業・被保険者・届出	8	1	4⑤	5	10	R2:電子申請の義務化等 R4:65歳以上の者への適用拡大	2
基本手当の受給資格・手続	③	5	5	⑤	1	R2:被保険者期間の計算方法の特例創設	3
特定受給資格者・特定理由離職者	5			5			3
基本手当の日額・受給期間・待期	3	9②			③	R4:支給の期間の特例の創設	3
基本手当の所定給付日数	5		5	5			3
基本手当の延長給付			5				3
基本手当の給付制限			2				3
技能習得手当・寄宿手当							4
傷病手当			5				4
高年齢求職者給付金				4			5
特例一時金			5				5
日雇労働求職者給付金			1				5
就職促進給付	5	5	1			H30:移転費の支給要件緩和	6
教育訓練給付		1		5	②	H30:給付率の引上げ等 R1:特定一般教育訓練	7
高年齢雇用継続給付	②	5			5		8
介護休業給付	5	1					8
育児休業給付		③	1	5	5	R4:支給要件の特例 R4:出生時育児休業給付金の創設	8
雇用保険二事業		4	5				9
費用の負担		1				R4:雇用情勢に応じた国庫負担の導入	9
不服申立て	2	1	2				9
雑則・罰則			4		5		9

［出題分析］1・2・3……択一式の選択肢単位での出題個数です。①・②・③……選択式の空欄単位での出題個数です。
［改正の状況］数字は改正施行年次を示しています。

●出題の特徴

択一式では、「基本手当」に関する諸規定を中心に、「被保険者」、「雇用保険事務」、「その他の失業等給付」などが、ほぼ、テーマごとに1問を構成しています。近年では、行政手引（通達）からの出題が多くなってきており、やや細かい知識が問われることもあります。また、給付の通則事項などについては、同じ内容が繰り返し出題される傾向にありますので、過去問をしっかりこなすことが必要でしょう。

●頻出／重要項目

次の①〜③の出題頻度が高くなっています。

①**被保険者の範囲**……まず、**適用除外**として定められている者をきちんと押さえ、次に、いわゆるグレーゾーンとなる者（労働者性の有無、労働時間の短い者）等の判断ができるよう訓練をしていきます。過去問等の利用が効果的です。

②**基本手当**……受給資格から給付制限に至るまで、**幅広く丁寧に**学習することが必要です。なお、3種類に分けられている**所定給付日数**の数字は、必須暗記事項となります。

③**介護休業給付・育児休業給付**……介護休業給付又は育児休業給付のいずれかが出題される傾向にあります。これらについては、支給要件、支給額、支給申請手続に注意してください。

●令和5年度試験対策

雇用保険法の出題の特徴として、給付の中では「**基本手当**」の出題が群を抜いて多いことが挙げられます。このほかに、択一式でほぼ毎年出題される項目は「**被保険者**」と「**雇用保険事務**（届出・手続関係のこと）」です。これらの項目については、徹底した対策を講じなければなりません。

基本手当以外の給付については、年度によって出題数にバラつきがあるため、まんべんなく基本事項を学習することが必要となります。また、**直近の法改正事項**を丁寧に学習していくことが重要となるでしょう。

令和4年7月1日から、基本手当の**受給期間**について、受給資格者が**事業を開始**した場合等に関する特例が創設されたほか、令和4年10月1日から、育児休業給付の1つとして、**出生時育児休業給付金**が創設されました。また、令和4年度からは、**雇用情勢等**に応じた**国庫負担**が可能となっています。

5. 労働保険徴収法

出題傾向表

※［該当レッスン］は『2023年版 ユーキャンの社労士速習レッスン』のレッスン番号を表します。

学習項目	出題分析（過去5年分）					主な改正の状況	該当レッスン
	H30	R1	R2	R3	R4		
総則・定義等		1	1		2		1
適用事業							1
保険関係の成立・消滅		6		5	3		2
保険関係の一括	5		5	5	1	H31: 有期事業の一括の要件・届出	2
労働保険料の決定・一般保険料率	3	3	1			R2: 料率決定に係る考慮事項等の見直し	3
特別加入保険料			5			R3・R4・R5: 第2種特別加入保険料率の区分追加	3
賃金総額	2	1			6		3
メリット制			5		6		3
労働保険料の申告・納付手続	7	1	2	1	1		4
概算保険料、認定決定	5	1		6	5		4
延納	1	1		3			4
確定保険料、認定決定、還付請求	1	3			1		4
印紙保険料	1		3				5
特例納付保険料				5			5
追徴金、督促・延滞金等		6	2		2		5
労働保険事務組合	5	5		5			6
不服申立て			1				6
雑則・罰則		2	1				6

［出題分析］1・2・3……択一式の選択肢単位での出題個数です。①・②・③……選択式の空欄単位での出題個数です。
［改正の状況］数字は改正施行年次を示しています。

●出題の特徴

　択一式で、労災保険法及び雇用保険法とそれぞれ抱き合わせで3問ずつ、あわせて6問出題されます。これまでのところ、選択式での出題はありません。

　「保険関係の一括」、「労働保険事務組合」のように、1つのテーマで1問を構成する形式が一般的です。納期限や申告・納付先など手続きに関して細かい点が出題されますが、科目自体のボリュームも少な目で、同じ論点の繰り返しの出題も多い

ので、試験対策を講じやすい科目といえます。問題を繰り返し解いて正確な知識を身につければ、高得点を狙うことも可能です。

● 頻出／重要項目

① 保険関係……「保険関係の成立・消滅」と「保険関係の一括」があります。「保険関係の成立・消滅」では、保険関係の成立日と消滅日、**任意適用**及び任意適用の取消しの要件がよく出題されています。「保険関係の一括」では、**「有期事業の一括」「請負事業の一括」「継続事業の一括」**について、それぞれの特徴や相違点を丁寧に学習しましょう。

② 労働保険料の申告・納付手続……範囲が広いテーマですが、まず、「**概算保険料の申告・納付**」のうち、年度更新の考え方をしっかり理解し、申告・納期限を押さえましょう。**増加概算保険料、概算保険料の追加徴収、概算保険料の認定決定**については、それぞれの要件・納期限を整理しておきましょう。「**概算保険料の**延納」は難しく感じるかもしれませんが、重要なテーマですので、繰り返し学習して仕組みを理解しましょう。「**確定保険料**」については、申告・納期限のほか、**還付**と**充当**の関係もしっかり理解しておきましょう。

● 令和5年度試験対策

コンスタントに出題されているのは、前記の「**保険関係の成立・消滅**」「保険関係の一括」「概算保険料の申告・納付」「**概算保険料の延納**」「**確定保険料の申告・納付**」です。概算保険料の延納では、具体例による問題が出題されることもありますので、問題演習で慣れておく必要があります。上記のテーマ以外では、「**印紙保険料**」「**追徴金、督促・延滞金等**」「**労働保険事務組合**」からよく出題されています。なお、「**メリット制**」は数年おきに出題されていますが、難しいテーマですので、最低限、基本的な仕組みを理解しておけばよいでしょう。

令和2年9月施行の労災保険法の改正（複数業務要因災害に関する保険給付の創設）に伴い、労災保険率の決定の際に考慮する事項等が見直されました。また、雇用保険率は、ほぼ毎年見直されていますので、最新の情報に注意してください。

6. 労務管理その他の労働に関する一般常識

出題傾向表　　※［該当レッスン］は『2023年版　ユーキャンの社労士速習レッスン』のレッスン番号を表します。

学習項目	出題分析（過去5年分）					主な改正の状況	該当レッスン
	H30	R1	R2	R3	R4		
労働契約法	5	5		5	②		1
最低賃金法		1					1
賃金支払確保法							1
労働施策総合推進法				1①		H30:改称・目的等の追加 R2:パワーハラスメント防止措置等	2
職業安定法		2				H30:求人情報等の適正化	2
労働者派遣法	1				1	R2:不合理な待遇の禁止等	2
高年齢者雇用安定法		1		1		R3:高年齢者就業確保措置	2
障害者雇用促進法		1	1	1	1③	H30・R3:障害者雇用率の引上げ R2:特例給付金制度・認定制度の創設	2
パートタイム・有期雇用労働法			1	1	1	R2:改称・不合理な待遇の禁止等	3
男女雇用機会均等法	1			1			3
育児・介護休業法			1		1	R4:期間雇用者の休業取得要件等 R5:出生時育児休業の創設等	3
労働組合法	2		4		1		4
労働関係調整法・個別労働関係紛争解決促進法			2				4
次世代育成支援対策推進法	②						4
女性活躍推進法		①				R2:特例認定制度・情報公表項目の区分 R4:計画の策定義務・情報公表義務の対象拡大	4
若者雇用促進法			1				4
職業能力開発促進法等		②					4
その他の法令・判例等	6	5					—
労務管理の用語・理論・沿革							5
各種調査 （雇用・失業・雇用管理）		②	5	5	5		6
各種調査 （賃金・就労条件・労使関係等）	5		5⑤		5		6
白書 （労働経済・女性労働・厚生労働）	5		5④				—
その他の動向・雇用政策等	③	10			5		—

［出題分析］1・2・3……択一式の選択肢単位での出題個数です。①・②・③……選択式の空欄単位での出題個数です。
［改正の状況］数字は改正施行年次を示しています。

●出題の特徴

　選択式は、近年では、法令分野と労働経済分野が出題の中心となっています。かつては、労務管理分野からの出題が非常に多かったのですが、近年この分野からの出題は抑え目となっています。

　択一式はその出題範囲が非常に広いものとなっています。この傾向は従来から変わっていません。さらに1問（A～Eの5肢）ごとにみても、1つの法律だけで構成しているものもあれば、5つの法令のものもあります。2つの法令に、労働経済に関する調査結果を組み合わせたものなどもあり、1問の構成のしかたも多岐にわたります。さらに、A～Eの1肢ごとにみた難易度も、易しいものから難しいものまで、ランダムに並んでいます。

●頻出／重要項目

①**労働関係諸法令**……**労働契約法、労働者派遣法、男女雇用機会均等法、労働組合法**が、出題率が高く、重要な法律です。この次のグループに位置するものは、最低賃金法、労働施策総合推進法、職業安定法、高年齢者雇用安定法、障害者雇用促進法、パートタイム・有期雇用労働法、育児・介護休業法でしょう。

②**労務管理**……近年はあまり出題されていませんが、選択式で恐い分野です。特に際立った項目はなく、むしろ全体的にまんべんなく出題されています。

③**労働経済**……労務管理に比べれば、雇用・失業の動向、賃金の動向は頻出といえます。労働時間の動向にも注意すべきでしょう。

●令和5年度試験対策

　労働関係諸法令の中で特に注意しておきたいものは、**労働契約法、労働者派遣法、男女雇用機会均等法、労働組合法**の4つです。また、労務管理と労働経済は、「**若年者の雇用状況**」や「**高齢者・女性の就業**」に関することに注意しましょう。

法改正のポイント

男性の育児休業の取得を促進するため、**育児・介護休業法**において、①出生時育児休業（通称：産後パパ育休）の創設及び②育児休業の分割取得（令和4年10月1日施行）並びに③育児休業取得状況の公表の義務化（令和5年4月1日施行）に関する改正が行われています。また、育児・介護休業法においては近年、④期間雇用者の育児・介護休業取得要件の緩和等（令和4年4月1日施行）に関する改正が行われています。このほか、近年の改正事項として、ハラスメント対策の強化のための**労働施策総合推進法等**の改正（令和2年6月1日施行等）や、65歳から70歳までの就業機会を確保するための**高年齢者雇用安定法**の改正（令和3年4月1日施行）、**女性活躍推進法**の改正（計画の策定義務・情報公表義務の対象拡大、令和4年4月1日施行）にも注意してください。

7. 健康保険法

出題傾向表 ※ ［該当レッスン］は『2023年版 ユーキャンの社労士速習レッスン』のレッスン番号を表します。

学習項目	出題分析（過去5年分）					主な改正の状況	該当レッスン
	H30	R1	R2	R3	R4		
総則等	4③	2	1	2	4		1
通則・給付制限	2	2	4	2	4		1
保険者	9	5	4	5	4		2
適用事業所		1	1			R4:適用業種の範囲拡大等	3
被保険者 被保険者資格の得喪と被保険者証	6	5	8	7	5①	R4:任意継続被保険者の資格喪失事由	3
被扶養者	2	2	4	2	2	R2:国内居住要件を追加	3
標準報酬月額及び標準賞与額	5	8①	3	7②	8	R4:任意継続被保険者の標準報酬月額	4
療養の給付 保険医療機関等の指定等	1	3	3②	2		R2:電子資格確認の導入	5
入院時食事療養費 入院時生活療養費		3		1		H30:食事・生活療養標準負担額の引上げ	5
保険外併用療養費			1	1	1②		5
療養費	1		1	1			5
訪問看護療養費		2	2	2	1		5
移送費	1				2		5
傷病手当金	2	2②	3	2	3	R4:支給期間の通算化	5
被保険者の死亡に関する給付		1			1		6
被保険者の出産に関する給付	②		1	2		R4:出産育児一時金の額	6
被扶養者に関する給付	2			1			6
高額療養費・高額介護合算療養費	2	2	2①			H29・30:70歳以上基準額	7
資格喪失後の保険給付	2	2	1	2	2		8
日雇特例被保険者	1	1	1		1		9
国庫負担等	1			1			10
保険料	3	5②	5①	3③	5	R4:育児休業等期間中の保険料免除	10
督促、滞納処分等 日雇特例被保険者の保険料	2	3			1		10
不服申立て、届出	2	1	2①	1	3②		11
時効等	2		3	4	1		11

［出題分析］1・2・3……択一式の選択肢単位での出題個数です。①・②・③……選択式の空欄単位での出題個数です。
［改正の状況］数字は改正施行年次を示しています。

24

●出題の特徴

　近年は難問・奇問がやや多くなっていますが、平均的にみれば基本事項及び改正事項中心の出題となっています。選択式では、「**数字**」がよく問われます。保険料率などの各種の数字は確実に覚えておきましょう。択一式では、難解な**通達**からの出題もありますが、その反面、**基本条文**からも数多く出題されています。

●頻出／重要項目

①**保険者**……協会と組合について、バランスよく学習していきましょう。

②**被保険者**……被保険者の具体例を押さえましょう。また、任意継続被保険者と特例退職被保険者の相違点を押さえることが大切です。

③**被扶養者**……被扶養者となる者の範囲及び認定要件を押さえましょう。本試験では「被扶養者と認められないもの」が問われます。

④**標準報酬**……**標準報酬月額**の決定及び改定方法の要件や有効期間をそれぞれ比較しながら横断的に押さえましょう。

⑤**被保険者の傷病に関する給付**……**療養の給付**と**傷病手当金**が中心ですが、近年ではこのほかの給付についても細かな規定からの出題が目立ちます。

⑥**高額療養費・高額介護合算療養費**……高額療養費は70歳未満と70歳以上の者に係る仕組みの違いを、高額介護合算療養費は全体的な仕組みを捉えましょう。

⑦**資格喪失後の保険給付**……傷病手当金の継続給付が最も重要です。通達を含めて学習しておきましょう。

⑧**費用の負担**……協会管掌健康保険と組合管掌健康保険における国庫負担・補助や**保険料**についての取扱いの違いに注意して学習を進めてください。

●令和5年度試験対策

　比較的難易度が高い問題も出題されることがあり、そのほとんどが**通達**からの出題となります。しかし、通達ばかりを押さえても基本事項が理解できていなければ本試験で得点することはできません。まずは、重要テーマである**保険者、被保険者、標準報酬、被保険者の傷病に関する給付、費用の負担**の基本事項を押さえたうえで、過去に出題された問題に目を通していきましょう。

令和4年10月から、法の適用に関し、①適用業種の範囲拡大、②被保険者の適用除外の要件の緩和等が行われました。また、育児休業等期間中の保険料免除に関する改正も行われています。これらは、厚生年金保険法と共通です。

8. 国民年金法

出題傾向表

※［該当レッスン］は『2023年版 ユーキャンの社労士速習レッスン』のレッスン番号を表します。

学習項目	出題分析（過去5年分）					主な改正の状況	該当レッスン
	H30	R1	R2	R3	R4		
目的、沿革、保険者、用語の定義	2	2	5	1	1		1
被保険者		2	2	6	1	R2: 第3号被保険者の要件等	2
資格の得喪	1		1	2	3		2
被保険者期間	2	1	1	1			3
届出、国民年金原簿	1②	2	6	3	7②	H30: 届出の省略等 R4: 国民年金手帳の廃止	3
給付の通則、給付制限	1	5		7②	3		4
年金額等の自動改定	1		1②		③	H30: マクロ経済スライド R3: 自動改定の方法	4
老齢基礎年金（支給要件・額）	1	2	1	1	4		5
老齢基礎年金（振替加算）	4	1		3	1		5
老齢基礎年金（繰上げ・繰下げ等）	3②	5	2			R4: 繰上げ減額率・繰下げ上限年齢 R5: 5年前繰下げ申出みなし増額	5
障害基礎年金	6	6	3	6	4①		6
遺族基礎年金	9	4	2②	3	5		7
付加年金	1		2				8
寡婦年金	1	1	2		2①	R3: 支給要件	8
死亡一時金	1	3	3	2	1		8
脱退一時金	1		2	1		R3: 脱退一時金の額	8
積立金の運用、国庫負担等	1	2②		①3	2		9
保険料	5	5①	3	1	3	H31: 産前産後期間の保険料免除 H31: 保険料額	9
保険料免除	1①	4	2	1	3	R3: 申請免除の所得基準 R3: 納付猶予の時限措置の期間	9
保険料の前納・追納等	2	2	2	1			9
督促、滞納処分等		②		1			9
不服申立て、雑則、罰則	3	1	3	1	5		10
国民年金基金	3	2	2	6	2①		11

［出題分析］1・2・3……択一式の選択肢単位での出題個数です。①・②・③……選択式の空欄単位での出題個数です。
［改正の状況］数字は改正施行年次を示しています。

●出題の特徴

　被保険者に関する規定（強制被保険者、任意加入被保険者、届出）と第1号被保険者の独自規定（付加年金、寡婦年金、死亡一時金、脱退一時金、保険料の免除規定）からの出題が多いのが特徴です。この傾向はほとんど変わっていません。意外にも基礎年金からの出題は抑え気味ですが、保険料免除期間の取扱い、振替加算や支給の繰上げ・繰下げ、支給停止と失権などについて細かく問われることもありますので、注意が必要です。

　難易度については、普通レベルといえるでしょう。基本事項を確実に理解し、過去問などの問題演習で解答力をつけていけば、得意科目とすることができます。

●頻出／重要項目

①**被保険者**……**強制**被保険者と**任意加入**被保険者の要件がよく問われています。資格の得喪時期、届出とあわせて理解しておく必要があるでしょう。甘く見ると落とし穴になりますので、よく整理して理解するようにしてください。

②**第1号被保険者の独自給付**……**付加年金**については、付加保険料とあわせて理解するようにしてください。**寡婦年金、死亡一時金、脱退一時金**については、要件の比較をぜひ行ってください。

③**保険料の免除**……免除の要件、申請の要否、免除期間の取扱いの違いを押さえるようにしましょう。申請免除の遡及適用や所得要件など細かな部分にも目を配る必要があります。また、前納や追納との関係についても理解しておきましょう。

④**老齢基礎年金**……**振替加算**、支給の**繰上げ・繰下げ**からの出題が目立ちます。細かな部分ですが、制度趣旨から理解するようにしてください。

⑤**給付の通則**……併給の調整と財政の均衡に関する諸規定に注意が必要です。

●令和5年度試験対策

　出題の傾向にあまり変化はないものと考えます。したがって、従来からの頻出項目である被保険者に関する規定（強制被保険者、任意加入被保険者、届出）、3つの基礎年金、第1号被保険者の独自給付、保険料の免除規定をしっかり押さえておきましょう。老齢基礎年金の中では、振替加算、支給の繰上げ・繰下げに注意が必要です。

令和4年4月から、老齢基礎年金の支給を繰り上げた場合の減額率が1ヵ月あたり0.5％から**0.4％**に引き下げられました。また、老齢基礎年金の支給を繰り下げた場合の増額率の計算に係る上限月数が60から**120**に引き上げられ、繰下げ受給の上限年齢が70歳（5年繰下げ）から**75歳（10年繰下げ）**に引き上げられました。これに関連して、**令和5年4月**から、**5年前繰下げ申出みなし増額**の仕組みが導入されました。このほか、**令和4年4月**から、国民年金手帳が廃止され、**基礎年金番号通知書**が交付されることとなりました。

9. 厚生年金保険法

出題傾向表　　※［該当レッスン］は『2023年版　ユーキャンの社労士速習レッスン』のレッスン番号を表します。

学習項目	出題分析（過去5年分）					主な改正の状況	該当レッスン
	H30	R1	R2	R3	R4		
目的、管掌、用語の定義	2		2	①			1
適用事業所、被保険者	3	6	11	1②	13	R5:適用除外等	2
被保険者期間の計算	1			1	1		3
届出等	5	9	8①	4		H30:届出の省略等	3
標準報酬月額・標準賞与額	4②	5		5	2	R3:標準報酬月額等級	4
保険給付の通則、給付制限	5	3②	4		6		5
年金額等の自動改定	2	①				H30:マクロ経済スライド R3:自動改定の方法	5
老齢厚生年金（要件・年齢等）	2	3		②3	5	H29:受給資格期間の短縮 R4・R5:支給の繰上げ・繰下げ	6
老齢厚生年金（年金額）	1	1	1	2	1	R4:在職定時改定	6
老齢厚生年金（加給年金額）	2	1	1	3	5		6
老齢厚生年金（在職老齢年金）		1	1	1	4①	R4:60歳代前半	6
老齢厚生年金（雇用との調整）	2	1		1	1		6
障害厚生年金	3	3	6	5	4①		7
障害手当金	1	1	1	1	1①		7
遺族厚生年金	1	7	7	11			8
脱退一時金	1	1	1	3		R3:支給率	9
合意分割制度・3号分割制度	1	3	2②	4			9
一元化に係る特例	3		2	5	1		9
積立金の運用、国庫負担	②			②			10
保険料	6①	5②	2		5②	R5:保険料免除	10
不服申立て	1		1				11
雑則・罰則	4				1		11

[出題分析] 1・2・3……択一式の選択肢単位での出題個数です。①・②・③……選択式の空欄単位での出題個数です。
[改正の状況] 数字は改正施行年次を示しています。

●出題の特徴

　保険給付関係の出題が全体の6割程度を占めています。その内訳も、**老齢・障**

害・遺族という給付ごとにしっかりと出題されています。特に、**老齢厚生年金**の出題数は、択一式で1問～2問程度あるため、いかにしてこの項目を理解していくかが鍵となりそうです。保険給付関係以外では、**適用事業所と被保険者、届出、費用**といった項目が多く出題され、出題傾向が把握しやすい科目といえます。

　全体的な難易度は、選択式が普通レベル、択一式が普通レベルからやや難しいレベルといえそうです。重要テーマをしっかりと消化していけば、ある程度の得点は可能である科目といえます。**国民年金法と合わせて20問中15点程度**得点することができれば、合格がグッと近づくでしょう。

●頻出／重要項目

①**適用事業所と被保険者**……**適用事業所**、被保険者の**適用除外**は、健康保険法とほぼ同じです。被保険者については、任意加入の被保険者である**任意単独被保険者**と**高齢任意加入被保険者**の要件を確実に理解しましょう。

②**老齢厚生年金**……支給開始年齢、年金額の計算方法、**加給年金額**、**在職老齢年金制度**、**雇用保険の給付との調整**といったように幅広く学習する必要があります。国民年金の老齢基礎年金を前提として理解しておく必要もあります。

③**障害厚生年金**……事後重症、基準障害、併合認定といった支給パターンの理解を最優先とすべきです。年金額の計算では、最低保障額の適用や300月みなしという、特徴ある措置をしっかりと学習しましょう。

④**遺族厚生年金**……国民年金の遺族基礎年金や労災保険の遺族（補償）等年金との相違点を中心に学習しましょう。支給停止や失権に関する規定も重要です。

●令和5年度試験対策

　従来からの傾向を踏まえ、令和5年度試験対策を考えた場合に、次の項目が択一式で1問程度の出題が予想されます。徹底理解を心がけてください。

①被保険者、②老齢厚生年金、③障害厚生年金、④遺族厚生年金、⑤合意分割・3号分割制度、⑥費用

令和4年10月から、法の適用に関し、①適用業種の範囲拡大、②被保険者の適用除外の要件の緩和等が行われました。また、育児休業等期間中の保険料免除に関する改正も行われています。これらは、健康保険法と共通です。**令和5年4月**からは、老齢厚生年金の支給繰下げに関し、国民年金法と同様に、「5年前繰下げ**申出みなし増額**」の規定が新たに設けられました。

10. 社会保険に関する一般常識

出題傾向表　　※［該当レッスン］は『2023年版 ユーキャンの社労士速習レッスン』のレッスン番号を表します。

学習項目	出題分析（過去5年分）					主な改正の状況	該当レッスン
	H30	R1	R2	R3	R4		
国民健康保険法	1	6①	1①	6②	4	H30:保険者	1
高齢者医療確保法	7	6	1	1	8	H30:特定健康診査等実施計画 R5:後期高齢者の窓口負担割合の見直し	1
船員保険法	6	1②	6	1①		R4:疾病任意継続被保険者制度の見直し 傷病手当金の支給期間の通算化	1
介護保険法	1①	7①	1①	6	3②	H30:介護医療院の創設、利用者負担割合の一部引上げ	2
社会保険審査官・会法			5				2
確定給付企業年金法	③		5	①	5	R2:老齢給付金の支給要件年齢の引上げ	2
確定拠出年金法		①	①	5	①	R2:簡易企業型年金の対象拡大 R5:加入可能年齢の引上げ	2
社会保険労務士法	5	5	5	5	5	R1:欠格事由	3
児童手当法	1①		6	①	2①		3
公的年金に関する特例法						R1:年金生活者支援給付金法	3
その他の法令 （健保、国年、厚年等）	4			1			3
社会保障と社会保険の理論関係							4
社会保険の共通要素							4
社会保険の沿革・改正・統計		6	②		①		5
厚生労働白書	5			5			4・5

［出題分析］1・2・3……択一式の選択肢単位での出題個数です。①・②・③……選択式の空欄単位での出題個数です。
［改正の状況］数字は改正施行年次を示しています。
(注)　平成30年度〜令和3年度の択一式「労務管理その他の労働及び社会保険に関する一般常識」では、「社会保険に関する一般常識」の分野から6問が出題されました。

●出題の特徴

　択一式では、介護保険法などの個別法で1問を構成する場合と、健康保険法などの独立科目も含めて、社会保険の共通要素を取り上げて、混合問題として、1問を構成する場合とがあります。いずれについても、法令の基本事項をきちんと押さえることで、ほぼ対応することができます。

　医療保険制度・年金制度の沿革・動向などは、厚生労働白書等を出典として、選択式を中心に出題される可能性があります。重要な年（たとえば、年金制度における昭和36年や昭和61年など）は、近接する前後の年の動きも含めてしっかり押さえておきましょう。

●頻出／重要項目
　①**社会保険諸法令（個別法）**……**国民健康保険法、介護保険法、確定給付企業年金法、確定拠出年金法、社会保険労務士法**が多く出題されています。このほか、**高齢者医療確保法**も重要です。
　②**社会保険に関する理論**……個別法以外の分野では、社会保険に関する理論からの出題があり、特に、選択式を意識した学習が必要になります。
　③**医療保険制度・年金制度の沿革・動向**……大きな流れを押さえておく必要があります。ポイントは、「**費用の負担**」です。医療保険制度・年金制度の改変は、多くの場合、社会保障給付費に占める高齢者に係る費用の増大に対する対策として行われています。したがって、その費用の負担がどのようになっているのかを押さえると効率的に制度の理解が得られます。

●**令和5年度試験対策**
　法令分野については、本書に記載されている内容を完全にマスターすることで本試験には十分対応できるでしょう。
　なお、選択式試験では、厚生労働白書から出題されることがありますが、近年の出題テーマをみると、主に、①法令分野、②直近の改正事項及び③社会保険の沿革となっています。したがって、他の科目と同様に、択一式の学習がそのまま選択式対策になるといえます。

高齢者医療確保法では、一定以上の所得がある後期高齢者医療の被保険者について、窓口負担割合が**2割**とされました（令和4年10月1日施行）。また、**確定拠出年金法**では、加入可能年齢が引き上げられ、企業型では厚生年金保険の被保険者（原則**70歳未満**）、個人型では国民年金の被保険者（**65歳未満**）であれば加入可能とされました（令和4年5月1日施行）。このほか、近年の改正事項として、確定給付企業年金法における老齢給付金の支給要件年齢の引上げ（令和2年6月5日施行）や、確定拠出年金法における簡易企業型年金の対象企業の拡大（令和2年10月1日施行）が行われています。

出題傾向の分析と対策のまとめ

●全体的な傾向と対策

　社労士試験では、毎年のように行われる法改正に、いかに対処するかが最大の課題となります。この点については、正確で早い改正情報を把握すること、そして重要な部分を徹底的に理解することが必要です。改正以外の基本的な対策としては、本書に掲載している重要度の高い問題を繰り返し解くことです。特に過去問は反復出題されます。覚えてしまうぐらい、徹底的に解きましょう。

●合格基準点を見据えた学習

　社労士試験は60％〜70％の正解を得れば合格です。ただし、「科目ごとの合格基準点」を確保しなければなりません。選択式で5点中の3点以上、択一式で10点中の4点以上（標準）です。これを突破するためには、全科目にわたる均質な理解が絶対条件となります。いいかえますと、苦手を作らない学習こそが合格への近道となるのです。

●選択式について

　全8問が出題されます。1問につき5つの空欄に20個の語群からそれぞれ適当な語句を選択する形式です。その対策は、日ごろから条文又はこれに近い解説文を徹底的に読み込むことにつきます。条文に含まれるひとかたまりの表現が、自分にとって一種の定型句になるまで、繰り返して読むことです。これは、同時に択一式における基礎力の強化にもつながる効率的な方法です。

●択一式について

　全70問が出題されます。科目ごとに10問で構成され、1問につき5個の選択肢から1個の正解を選択する形式です。択一式については、科目ごとの特徴に留意した対策が効果的です。たとえば、労基・安衛法は長文問題となる可能性が高いことから、ポイントを見抜く訓練が欠かせません。多数を占める社会保険科目では、共通項について『2023年版　ユーキャンの社労士速習レッスン』で先行理解し、これとの比較で各科目に当たると効率的です。常識科目は法令からの出題に注意すればよいでしょう。

主な法改正内容

● ここでは、令和4年4月16日以降の主な改正事項のうち、原則として令和4年9月1日までに公布され、及び令和5年4月までに施行されることが確定しているものを取り上げています。

● 上記期間の直前に行われた重要な改正事項についても、その要点を紹介している場合もありますので、学習の参考にしてください。

1 労働基準法（労基）

令和5年度本試験で初めて出題対象となる最新改正
割増賃金の特例の中小事業主の事業への適用 （R5.4.1施行）

　平成22年4月施行の改正により、割増賃金の特例（①月60時間を超える時間外労働に係る法定割増賃金率の5割以上の率への引上げ、②代替休暇の付与）が創設されていますが、中小事業主の事業については、適用が猶予されていました。**令和5年4月1日**から、適用猶予の規定が削除され、**中小事業主の事業**についても、割増賃金の特例が適用（**企業規模不問で適用**）されることとなりました。

2 労働安全衛生法（安衛）

令和5年度本試験で初めて出題対象となる最新改正
【1】 事務所における室の作業面の照度基準の改正 （R4.12.1施行）

　作業面（机上）の照度基準が、次のように改正されました（全事務所に適用）。

改正前		改正後	
作業の区分	基準	作業の区分	基準
精密な作業	300ルクス以上	一般的な事務作業	300ルクス以上
普通の作業	150ルクス以上		
粗な作業	70ルクス以上	付随的な事務作業	150ルクス以上

【2】 職長等教育の対象業種の追加 （R5.4.1施行）

　職長等教育が必要となる業種に「食料品製造業（この業種のうち従来は対象外であったもの）」と「新聞業、出版業、製本業及び印刷物加工業」が追加されました。

【3】 歯科医師による健康診断の実施報告に係る改正 （R4.10.1施行）

　事業者は、**歯科医師による健康診断**（定期のものに限る。）を行ったときは、使用する労働者の人数にかかわらず、遅滞なく、有害な業務に係る**歯科健康診断結果報告書**を所轄労働基準監督署長に提出しなければならないものとされました（従来は、常時50人以上の労働者を使用する場合に定期健康診断報告書の提出が必要であった。）。

【4】 化学物質による労働災害の防止に関する改正
①通知対象物に係る通知事項の通知方法の柔軟化 （R4.5.31施行）

　通知対象物に係る通知事項の通知方法として、文書（安全データシート）の交付のほか、**事前に相手方の承諾を得なくても**、磁気ディスク等の記録媒体の交付、FAX・電子メールの送信等の方法を採用できるものとされました。

②リスクアセスメントに基づく自律的な化学物質管理の強化等 （R5.4.1施行）

　化学物質管理等について、次表のように多岐にわたる改正が行われました。

(1) ラベル表示対象物を別容器等で保管する際の措置の強化 ◀追加	ラベル表示対象物に関して、譲渡・提供時以外にも、事業場内で**保管**（別容器に移し替えて保管等）するときは、当該**物の名称**及び**人体に及ぼす作用**の2事項について、ラベル表示、文書の交付その他の方法により、当該物を取り扱う者に**明示**しなければならない。
(2) 「人体に及ぼす作用」の定期確認及び更新 ◀追加	通知対象物の通知事項のうち「**人体に及ぼす作用**」について、**5年以内**ごとに1回、変更を行う必要性の有無を確認し、変更を行う必要があると認めるときは、**1年以内に変更**（更新）を行わなければならない（変更を行ったときは、譲渡・提供の相手方の事業者への通知等が必要）。
(3) リスクアセスメントの結果等に係る記録の作成・保存 ◀改正	事業者は、**リスクアセスメント**（法57条の3第1項で実施が義務づけられている危険性又は有害性等の調査）を行ったときは、その結果等について、**記録**を作成し、**次にリスクアセスメントを行うまでの期間**（3年以内に実施される場合は**3年間**）**保存**するとともに、関係労働者に周知させなければならない（従来は周知義務のみであった。）。
(4) リスクアセスメント対象物への労働者のばく露低減措置 ◀追加	●事業者は、所定の低減措置（代替物の使用等）を講ずることにより、**リスクアセスメント対象物**（従来の「調査対象物」のこと）に労働者がばく露される（さらされる）程度を**最小限度**にしなければならない。 ●事業者は、上記の低減措置について、関係労働者の**意見を聴くための機会**を設けなければならない。 ●事業者は、上記の低減措置の状況等について、**1年を超えない期間ごとに1回**、定期に、**記録**を作成し、これを原則として**3年間保存**するとともに、関係労働者に周知させなければならない。 ➡上記の低減措置に関することは、**衛生委員会の付議事項**にも追加されている。
(5) ばく露の程度が低い場合における特殊健康診断の実施頻度の緩和 ◀追加	有機溶剤業務・特定化学物質業務・鉛業務・四アルキル鉛等業務に関する特殊健康診断の実施頻度について、作業環境管理やばく露防止対策が適切に実施されており、直近の連続3回の特殊健康診断で労働者に新たな異常の所見がない場合は、「**1年以内ごとに1回**」に緩和できる。

③化学物質によるがん発生の把握の強化（疾病の報告の義務）（R5.4.1施行）

　事業者は、化学物質等を製造し、又は取り扱う業務を行う事業場において、**1年以内に2人以上**の労働者が**同種のがん**に罹患したことを把握したときは、遅滞なく、**医師の意見**を聴かなければならず、当該医師が、当該罹患が業務に起因するものと疑われると判断したときは、遅滞なく、当該労働者が従事していた業務の内容等について、**所轄都道府県労働局長**に報告しなければならないものとされました。

3　労働者災害補償保険法（労災）

令和5年度本試験で初めて出題対象となる最新改正

特別加入者の範囲の拡大 (R4.7.1施行)

　一人親方等の特別加入の対象となる事業として、歯科技工士法2条に規定する**歯科技工士**が行う事業が追加されました。

4　雇用保険法（雇用）

令和5年度本試験で初めて出題対象となる最新改正

【1】出生時育児休業給付金の創設等 (R4.10.1施行)

①**出生時育児休業給付金**が創設されました。これにより、育児休業給付は、育児休業給付金及び出生時育児休業給付金の2種類となりました。

②**出生時育児休業給付金**は、子の出生後8週間以内に**4週間（28日）**までを限度とする**出生時育児休業**（次頁）を取得した場合に支給されます。支給要件や支給額は、育児休業給付金と同様のものとなっています（**支給率は一律67％**であり、支給された日数は育児休業給付金の支給率67％の上限である180日に通算される。）。

③育児・介護休業法の改正により、1歳未満の子に係る育児休業に関して、分割して2回まで取得することができるようになった（次頁）ことに伴い、**原則2回までの育児休業について、育児休業給付金が支給される**こととなりました。

【2】基本手当の受給期間の特例（支給の期間の特例） (R4.7.1施行)

　受給資格者が**事業**（その実施期間が30日未満であるもの等を除く。）**を開始**した場合等に、**申出**により、当該**事業の実施期間**を基本手当の**受給期間に算入しない**こととする特例が設けられました（既存の受給期間延長の仕組みにならい、起業から廃業までの期間（最大3年間）について、受給期間の進行を停止する仕組み）。

【3】受講指示の対象となる職業訓練の追加 (R4.7.1施行)

　公共職業安定所長が受給資格者に対して受講を指示することができる「公共職業訓練等」として、求職者支援法に規定する**認定職業訓練**（厚生労働省令で定めるものを除く。）が追加されました。

5 労働保険徴収法（徴収）

令和5度本試験で初めて出題対象となる最新改正

労災保険法の改正に伴う特別加入保険料率に関する改正 （R4.7.1施行）

改正で追加された歯科技工士が行う事業（前記 3 参照）の第2種特別加入保険料率は、**1,000分の3**とされました（第2種特別加入保険料率は25区分となった。）。

6 労務管理その他の労働に関する一般常識（労一）

令和5度本試験で初めて出題対象となる最新改正

【1】育児・介護休業法の改正

①**出生時育児休業（通称「産後パパ育休」）の創設** （R4.10.1施行）
- （産後休業を取得していない）労働者は、申出により、**子の出生の日から起算して8週間を経過する日の翌日までの期間内**に**4週間以内の期間**を定めてする休業（**出生時育児休業**）を取得することができるものとされました。
- 出生時育児休業は、**合計28日**を限度として、**分割して2回まで取得することができます**（初回の休業の原則2週間前までに、まとめて申し出ることが必要）。

②**育児休業の分割取得等** （R4.10.1施行）
- 1歳未満の子に係る育児休業（出生時育児休業を除く。）について、**分割して2回まで取得することが可能**となりました（取得の際に、それぞれ申出）。
- 子が1歳6ヵ月に達するまでの育児休業の延長について、**休業開始日が柔軟化**され、夫婦交替での取得が可能となりました（子が2歳に達するまでの延長も同様）。

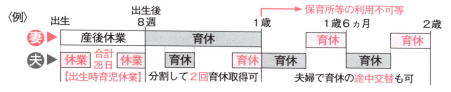

③**育児休業取得状況の公表の義務化** （R5.4.1施行）

常用労働者数が**1,000人を超える**事業主は、毎年少なくとも1回、その雇用する労働者の**育児休業等の取得の状況を公表**しなければならないものとされました。

【2】職業安定法の改正 （R4.10.1施行）

①**募集情報等提供事業者**に対し、募集情報等の正確性や最新性を保つための措置、個人情報保護、苦情処理体制の整備等を**義務づける**とともに、従来の助言・指導に加え、改善命令・事業停止命令等の**指導監督**ができるものとされました。

②労働者になろうとする者に関する情報（**求職者情報**）を**収集**して行う募集情報等提供を「**特定募集情報等提供**」と定義し、迅速な指導監督を可能とするため、特定募集情報等提供事業を行おうとする者は、事前に**厚生労働大臣に届け出**なければならないこととされました（届出をして特定募集情報等提供事業を行う者を「特定募集情報等提供事業者」という。）。

【3】 職業能力開発促進法の改正 （R4.10.1施行）

　地域の実情に応じた職業能力の開発及び向上の促進のための取組みが適切かつ効果的に実施されるようにするため、関係者（関係機関、職業訓練等の実施者等）により構成される**都道府県単位の協議会**を組織することができるものとされました。

【4】 女性活躍推進法の改正 （R4.7.8施行）

　情報公表の項目に「その雇用する労働者の**男女の賃金の差異**」が追加され、常用労働者数が300人を超える一般事業主については、①当該事項を**必ず公表**しなければならないものとされ、②一般事業主行動計画を定める際の状況把握に関し、当該事項について、**必ず把握**しなければならないものとされました。

7　健康保険法（健保）

令和5年度本試験で初めて出題対象となる最新改正

【1】 健康保険の適用拡大 （R4.10.1施行）　※厚年も同様

①適用業種の見直し

　適用業種について、**法律・会計事務を取り扱う士業**（いわゆる**法務業**）が追加され、17業種（従来は16業種）となりました。これにより、弁護士、公認会計士、公証人、司法書士、土地家屋調査士、行政書士、海事代理士、税理士、**社会保険労務士**、沖縄弁護士、外国法事務弁護士又は弁理士に係る個人経営の事業所であって、常時5人以上の従業員を使用するものは、強制適用事業所となります。

②期間雇用者に係る適用除外の見直し

　適用除外のうち、従来「2ヵ月以内の期間を定めて使用される者」（所定の期間を超えて引き続き使用される場合を除く。）となっていたものが、改正により「**2ヵ月以内の期間を定めて使用される者**であって、当該定めた期間を超えて使用されることが見込まれないもの」（定めた期間を超えて引き続き使用される場合を除く。）となりました。2ヵ月以内の期間雇用者であっても、実態としてその期間を超えて使用される**見込みがある**と判断できる場合には、**最初の雇用期間を含めて**、当初から被保険者となります（従来は最初の雇用期間は適用対象とならなかった。）。

38

③短時間労働者に対する適用拡大

　4分の3基準を満たさない短時間労働者に対する適用要件について、前記②の改正に伴い「同一の事業所に継続して1年以上使用されることが見込まれること」の要件が**廃止**され、また、特定適用事業所の企業規模の要件が**常時100人**を超えるもの（従来は「常時500人を超えるもの」）とされました。

4分の3基準を満たさない短時間労働者	すべて満たせば　被保険者となる	改正前（5要件）	改正後（4要件）
		①週所定労働時間20時間以上 ②1年以上使用見込み◀廃止 ③報酬の月額8.8万円以上 ④学生等でない ⑤常時500人超の企業等◀改正	①週所定労働時間20時間以上 ②報酬の月額8.8万円以上 ③学生等でない ④常時100人超※の企業等 ※R6.10からは「50人超」となる

【2】育児休業等中の保険料の免除要件の見直し （R4.10.1施行）※厚年・船保も同様

育児休業等中の保険料の免除について、次の改正が行われました。

①育児休業の一類型である**出生時育児休業**についても、保険料の免除の対象とすること。

②育児休業等の開始日の属する月と終了日の翌日が属する月が**同一**であり、かつ、当該月における育児休業等の日数が**14日以上**である場合には、その月の（標準報酬月額に係る）保険料を免除すること。

③育児休業等の期間が（連続）**1ヵ月以下**である者については、標準報酬月額に係る保険料のみを免除すること（標準賞与額に係る保険料は免除の**対象外**）。

免除 ←改正前から免除の対象。ただし、改正で賞与保険料が対象外に。

〈例1〉| 6月 | 育休3日 | 7月 |

免除 ←改正により新たに免除の対象（賞与保険料は対象外）。

〈例2〉| 6月 | 育休14日 |

8　国民年金法（国年）

令和5年度本試験で初めて出題対象となる最新改正

5年前繰下げ申出みなし増額の特例の創設 （R5.4.1施行）　※厚年も同様。

　老齢基礎年金の支給繰下げの申出をすることができる者が、**70歳に達した日後**に（裁定）請求し、かつ、請求の際に**支給繰下げの申出をしない**（選択しない）場合は、請求日の**5年前の日**に**支給繰下げの申出があったものとみなして**、増額された年金を一括で受けることができる特例が創設されました（次頁）。ただし、80歳以上の者及び5年前の日以前に他の年金たる給付の受給権者であった者は対象外です。

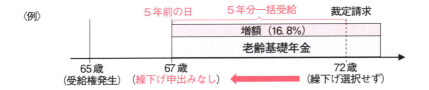

9 厚生年金保険法（厚年）

令和5年度本試験で初めて出題対象となる最新改正

健康保険法及び国民年金法と同様の次の改正が行われました。
①厚生年金保険の適用拡大 ➡ 健保と同様（前記 7【1】参照）
②育児休業等中の保険料の免除要件の見直し ➡ 健保と同様（前記 7【2】参照）
③5年前繰下げ申出みなし増額の特例の創設 ➡ 国年と同様（前記 8 参照）

10 社会保険に関する一般常識（社一）

令和5年度本試験で初めて出題対象となる最新改正

【1】高齢者医療確保法の改正（R4.10.1施行）

後期高齢者医療の一部負担金について**2割負担**の区分が新設されました。

改正前	
現役並み所得者	3割
一般所得者等	1割

➡

改正後	
現役並み所得者（課税所得145万円以上）	3割
一定以上の所得者※	2割
一般所得者等（上記以外（住民税非課税世帯等））	1割

※①同一世帯の被保険者（原則75歳以上の者。以下同じ。）に課税所得28万円以上の者がいる　かつ
　②同一世帯の被保険者の「年金収入＋その他の合計所得金額」が、被保険者が世帯に1人の場合は200万円以上、被保険者が世帯に2人以上の場合は合計320万円以上である

【2】児童手当法の改正（R4.6.1施行）

①特例給付の所得上限限度額の新設

児童手当の所得制限限度額以上の所得がある場合には児童手当が不支給となり、**特例給付**（児童1人あたり月額一律5,000円）が支給されます。この特例給付について、**所得上限限度額**が新設され、所得が所得上限限度額以上である場合は特例給付も不支給（児童手当と特例給付のいずれも不支給）となることとされました。

● 扶養親族等の数が0人の場合 ➡【所得制限限度額】622万円【所得上限限度額】858万円
　※限度額（所得額ベース）は扶養親族等の数1人につき原則38万円増加する。

②現況届の一律の届出義務の廃止等

　事務手続の簡素化の観点から、現況届の提出が原則不要となりました（市町村長が届け出られるべき書類の内容を**公簿等によって確認**することができるときは、当該届出を省略させることができる。氏名・住所の変更等の届出についても同様。）。

　なお、現況状況を公簿等により確認することができない受給者（法人である未成年後見人、離婚協議中の者、住民基本台帳上の住所地以外の市町村で受給しているＤＶ避難者等）については、引き続き現況届の提出が必要です。

【3】確定拠出年金法の改正

①加入可能年齢の拡大（R4.5.1及びR4.10.1施行）

● **企業型年金**については、公務員を除き、**厚生年金保険の被保険者**（**70歳未満**）であれば加入者となることができるようになりました（従来は65歳未満の者（60歳以降は60歳前と同一事業所で継続して使用される者に限る。）が対象）。

● **個人型年金**については、公務員を含めて、**国民年金の被保険者**（**65歳未満**）であれば加入者となることができるようになりました（従来は60歳未満の者が対象）。具体的には、次の者が個人型年金の加入者となることができます。

> ①国民年金の第1号被保険者（保険料免除者を除く。）
> ②国民年金の**第2号被保険者**（企業型掛金拠出者等を除く。）
> ③国民年金の第3号被保険者
> ④国民年金の**65歳未満の任意加入被保険者**（老齢給付等の受給権者を除く。）

②脱退一時金の支給要件の見直し（R4.5.1施行）

● **企業型年金**の脱退一時金については、個人別管理資産の額が**1.5万円を超える場合**であっても、個人型年金の脱退一時金の支給要件を満たしている者であれば、個人型年金に資産を移換しなくても、受給が可能とされました。

● **個人型年金**の脱退一時金については、**保険料免除者でなくとも**、60歳未満である、資産額が少額である等の一定の要件を満たせば、受給が可能とされました。

③企業型年金加入者の個人型年金加入の要件緩和（R4.10.1施行）

　従来、企業型年金加入者のうち個人型年金に加入できたのは、規約の定めがあり、かつ、事業主掛金の上限を月額5.5万円から3.5万円（確定給付企業年金等の他制度にも加入する者は月額2.75万円から1.55万円）に引き下げた企業の従業員に限られていましたが、改正により、企業型年金加入者は、規約の定めや事業主掛金の上限の引下げがなくとも、**全体の拠出限度額から事業主掛金を控除した残余の範囲内の掛金で**、個人型年金（掛金は月額2.0万円（他制度にも加入する者は月額1.2万円）が上限）に加入できるようになりました。

目 次

易 普 難 ……難易度　　Ａ Ｂ Ｃ ……重要度

第1章 ［論点別問題］労働基準法

001 普Ａ 基本7原則（1）…………………… 52
002 普Ａ 基本7原則（2）…………………… 54
003 難Ｂ 基本7原則（3）…………………… 56
004 難Ｂ 使用者等の定義………………… 58
005 普Ａ 労働契約…………………………… 60
006 普Ｂ 労働契約の禁止事項等………… 62
007 易Ａ 解雇（1）………………………… 64
008 難Ａ 解雇（2）………………………… 66
009 難Ａ 解雇予告制度の適用除外者… 68
010 普Ｂ 賃金（1）………………………… 70
011 難Ｂ 賃金（2）………………………… 72
012 普Ａ 賃金（3）………………………… 74
013 易Ａ 賃金（4）………………………… 76
014 普Ａ 賃金（5）………………………… 78
015 普Ｂ 休業手当………………………… 80
016 普Ｂ 労働時間（1）…………………… 82
017 普Ａ 労働時間（2）…………………… 84
018 易Ａ 労働時間、休憩及び休日……… 86
019 普Ｂ 労働時間等に関する規定の
　　　　適用除外……………………… 88
020 普Ａ 変形労働時間制等（1）………… 90
021 普Ｂ 変形労働時間制等（2）………… 92
022 普Ａ 時間外労働等……………………… 94

023 普Ａ 割増賃金………………………… 96
024 普Ａ 年次有給休暇（1）……………… 98
025 普Ｂ 年次有給休暇（2）…………… 100
026 普Ａ 年次有給休暇（3）…………… 102
027 普Ａ 年次有給休暇（4）…………… 104
028 普Ｂ 年少者、妊産婦等（1）……… 106
029 難Ｂ 年少者、妊産婦等（2）……… 108
030 易Ｂ 妊産婦等………………………… 110
031 普Ｂ 就業規則（1）………………… 112
032 普Ｂ 就業規則（2）………………… 114
033 普Ｃ 寄宿舎、監督機関、雑則……… 116
034 普Ｂ 法令等の周知義務……………… 118
035 普Ｂ 記録の保存義務等……………… 120
036 易Ｂ 原則的諸規定、
　　　　みなし労働時間制…………… 122
037 易Ｂ ［選択式］即時解除権、
　　　　平均賃金…………………… 124
038 普Ｃ ［選択式］退職時等の証明……… 126
039 普Ｂ ［選択式］裁量労働制………… 128
040 易Ａ ［選択式］36協定……………… 130
041 普Ｂ ［選択式］管理監督者の
　　　　深夜割増賃金………………… 132
042 易Ａ ［選択式］年次有給休暇……… 136

第2章 労働安全衛生法

043 普Ｂ 総則等……………………… 140
044 普Ａ 派遣労働者に係る適用………… 142
045 普Ａ 安全衛生管理体制
　　　　（一般事業場）（1）………… 144
046 普Ａ 安全衛生管理体制
　　　　（一般事業場）（2）………… 146
047 普Ｃ 安全委員会、衛生委員会等…… 148

048 普Ｂ 労働者の危害防止の措置等（1）…… 150
049 普Ｂ 労働者の危害防止の措置等（2）……152
050 難Ｂ 労働者の危害防止の措置等（3）……154
051 易Ａ 特定機械等の規制………………156
052 難Ｂ 危険物及び有害物に関する規制…… 158
053 普Ｂ 安全衛生教育……………………… 160
054 難Ｃ 就業制限…………………………… 162

055 普Ⓐ 健康診断等（1）………… 164
056 普Ⓐ 健康診断等（2）………… 166
057 普Ⓐ 健康診断実施後の措置等……… 168
058 易Ⓐ 長時間労働者に対する
　　　　面接指導………………… 170
059 普Ⓐ 心理的な負担の程度を把握
　　　　するための検査…………… 172
060 普Ⓒ 事業場の安全又は衛生に
　　　　関する改善措置等、雑則……… 174

061 普Ⓐ ［選択式］目的、衛生管理者… 176
062 普Ⓑ ［選択式］産業医その他……… 178
063 普Ⓑ ［選択式］事業者の講ずべき
　　　　措置等………………… 180
064 普Ⓑ ［選択式］特定機械等の規制… 182
065 普Ⓒ ［選択式］計画の届出、労働者
　　　　死傷病報告………………… 184

第3章　労働者災害補償保険法

066 易Ⓑ 目的、労働者災害補償
　　　　保険事業、管掌ほか……… 188
067 普Ⓑ 適用の範囲………………… 190
068 普Ⓑ 業務災害…………………… 192
069 易Ⓐ 通勤災害（1）……………… 194
070 易Ⓑ 通勤災害（2）……………… 196
071 普Ⓐ 業務災害と通勤災害………… 198
072 易Ⓑ 給付基礎日額……………… 200
073 易Ⓐ 療養（補償）等給付……… 202
074 普Ⓐ 休業（補償）等給付……… 204
075 普Ⓐ 傷病（補償）等年金……… 206
076 普Ⓐ 障害（補償）等給付（1）… 208
077 普Ⓑ 障害（補償）等給付（2）… 210
078 普Ⓐ 遺族（補償）等給付（1）… 212
079 易Ⓐ 遺族（補償）等給付（2）… 214
080 普Ⓐ 遺族（補償）等給付（3）… 216
081 普Ⓑ 二次健康診断等給付………… 220
082 普Ⓑ 保険給付の通則（1）……… 222
083 易Ⓐ 保険給付の通則（2）……… 224

084 易Ⓒ 届出………………………… 226
085 難Ⓑ 諸制度との調整…………… 228
086 難Ⓒ 社会復帰促進等事業………… 230
087 易Ⓐ 特別支給金（1）…………… 232
088 難Ⓑ 特別支給金（2）…………… 234
089 普Ⓑ 事業主からの費用徴収、
　　　　一部負担金………………… 236
090 易Ⓑ 不服申立て等……………… 238
091 易Ⓒ 雑則等……………………… 240
092 難Ⓒ 特別加入制度……………… 242
093 普Ⓑ ［選択式］目的、
　　　　労働者災害補償保険事業… 244
094 普Ⓑ ［選択式］通勤災害………… 246
095 普Ⓑ ［選択式］給付基礎日額…… 248
096 普Ⓑ ［選択式］保険給付等……… 250
097 易Ⓒ ［選択式］死亡及び介護に関する
　　　　保険給付………………… 252
098 易Ⓐ ［選択式］特別加入制度…… 254

第4章　雇用保険法

099 易Ⓐ 失業等給付の通則……………… 258
100 易Ⓐ 被保険者（1）……………… 260
101 普Ⓐ 被保険者（2）……………… 262
102 普Ⓐ 被保険者（3）……………… 264
103 普Ⓐ 雇用保険事務……………… 266
104 難Ⓑ 基本手当（1）……………… 268
105 易Ⓐ 基本手当（2）……………… 270

106 難Ⓑ 基本手当（3）……………… 272
107 普Ⓑ 基本手当（4）……………… 274
108 難Ⓒ 基本手当（5）……………… 276
109 易Ⓐ 基本手当（6）……………… 278
110 難Ⓑ 基本手当（7）……………… 280
111 普Ⓑ 傷病手当…………………… 282
112 普Ⓑ 高年齢求職者給付金………… 284

43

113	普Ⓐ 特例一時金	286
114	難Ⓑ 日雇労働求職者給付金（1）	288
115	難Ⓑ 日雇労働求職者給付金（2）	290
116	普Ⓑ 就職促進給付（1）	292
117	普Ⓒ 就職促進給付（2）	294
118	易Ⓐ 教育訓練給付（1）	296
119	普Ⓐ 教育訓練給付（2）	298
120	普Ⓑ 高年齢雇用継続給付	300
121	難Ⓐ 介護休業給付	304
122	易Ⓐ 育児休業給付	302

123	普Ⓐ 雇用保険二事業、費用の負担	306
124	普Ⓐ 雇用保険制度全般（1）	308
125	易Ⓑ 雇用保険制度全般（2）	310
126	普Ⓑ ［選択式］目的等	312
127	普Ⓑ ［選択式］雇用保険制度（1）	314
128	易Ⓑ ［選択式］雇用保険制度（2）	316
129	普Ⓒ ［選択式］求職活動支援費	318
130	普Ⓑ ［選択式］教育訓練給付	320
131	普Ⓑ ［選択式］不服申立て等	322

第5章 労働保険徴収法

132	難Ⓑ 総則等（1）	326
133	普Ⓒ 総則等（2）	328
134	普Ⓑ 適用事業	330
135	易Ⓐ 保険関係の成立及び消滅（1）	332
136	難Ⓑ 保険関係の成立及び消滅（2）	334
137	易Ⓐ 保険関係の一括	336
138	普Ⓑ 有期事業の一括	338
139	易Ⓐ 請負事業の一括	340
140	普Ⓑ 継続事業の一括等	342
141	普Ⓐ 労働保険料の決定	344
142	普Ⓑ 賃金総額の特例	346
143	普Ⓐ 保険料率等	348
144	難Ⓒ メリット制	350
145	普Ⓑ 概算保険料（1）	352
146	普Ⓐ 概算保険料（2）	354
147	普Ⓐ 延納	356

148	普Ⓒ 労働保険料の計算	358
149	普Ⓑ 労働保険料等の通知・納付	360
150	易Ⓐ 労働保険料の認定決定・還付・充当	362
151	普Ⓑ 印紙保険料（1）	364
152	易Ⓐ 印紙保険料（2）	366
153	普Ⓒ 特例納付保険料	368
154	普Ⓐ 督促・滞納処分、延滞金等	370
155	易Ⓒ 延滞金	372
156	普Ⓐ 労働保険事務組合（1）	374
157	普Ⓑ 労働保険事務組合（2）	376
158	普Ⓑ 労働保険事務組合（3）	378
159	難Ⓒ 雑則、罰則	380
160	普Ⓑ 労働保険徴収法全般（1）	382
161	普Ⓐ 労働保険徴収法全般（2）	384

第6章 労務管理その他の労働に関する一般常識

162	易Ⓑ 労働契約・賃金に関する法律（1）	388
163	難Ⓒ 労働契約・賃金に関する法律（2）	390
164	普Ⓑ 労働契約・賃金に関する法律（3）	392
165	難Ⓒ 労働契約・賃金に関する法律（4）	394

166	普Ⓑ 労働契約・賃金に関する法律（5）	396
167	普Ⓑ 雇用に関する法律（1）	398
168	易Ⓐ 雇用に関する法律（2）	400
169	易Ⓑ 雇用に関する法律（3）	402
170	普Ⓐ 女性、育児・介護休業等に関する法律（1）	404

171 普B 女性、育児・介護休業等に
　　関する法律（2）……………… 406
172 普A 女性、育児・介護休業等に
　　関する法律（3）……………… 408
173 難B 労使関係その他に関する
　　法律（1）…………………… 410
174 普B 労使関係その他に関する
　　法律（2）…………………… 412
175 難B 労働関係法規等（1）………… 414
176 普A 労働関係法規等（2）………… 416
177 難B 労働関係法規等（3）………… 418
178 易B 労働関係法規等（4）………… 420
179 普B 労働関係法規等（5）………… 422
180 普C 労務管理総論、人事考課、
　　雇用管理等………………… 424

181 普C 賃金管理……………………… 426
182 難C 教育訓練・人間関係管理等……… 428
183 難A 雇用・失業等の動向（1）……… 430
184 難B 雇用・失業等の動向（2）……… 432
185 普B 賃金・労働時間等の動向（1）… 434
186 難B 賃金・労働時間等の動向（2）… 436
187 難C 労働経済白書……………… 438
188 普B ［選択式］労働契約・
　　賃金に関する法律…………… 440
189 普B ［選択式］労働関係法規等（1）
　　……………………………… 442
190 難B ［選択式］労働関係法規等（2）
　　……………………………… 444
191 難C ［選択式］仕事と生活の調和… 446

第7章 健康保険法

192 易A 保険給付の通則……………… 450
193 普A 給付制限ほか………………… 452
194 普B 保険者（1）…………………… 454
195 難B 保険者（2）…………………… 456
196 難C 保険者（3）…………………… 458
197 普B 適用事業所・被保険者………… 460
198 普A 被保険者（1）………………… 462
199 普A 被保険者（2）………………… 464
200 易B 被保険者・被扶養者………… 466
201 普A 報酬・標準報酬月額………… 468
202 普B 標準報酬月額の決定・
　　改定（1）…………………… 470
203 難C 標準報酬月額の決定・
　　改定（2）…………………… 472
204 普A 療養の給付等………………… 474
205 易B 保険医療機関等の指定……… 476
206 普B 被保険者の傷病に関する
　　給付（1）…………………… 478
207 易B 被保険者の傷病に関する
　　給付（2）…………………… 480
208 普A 傷病手当金（1）……………… 482
209 普A 傷病手当金（2）……………… 484
210 難C 被保険者の死亡に関する給付… 486

211 易B 被扶養者に関する給付………… 488
212 普A 高額療養費（1）……………… 490
213 難B 高額療養費（2）……………… 492
214 普B 資格喪失後の保険給付……… 494
215 普B 保険給付全般（1）…………… 496
216 普A 保険給付全般（2）…………… 498
217 易B 日雇特例被保険者…………… 500
218 難B 費用の負担等………………… 502
219 易B 保険料（1）…………………… 504
220 普A 保険料（2）…………………… 506
221 普B 保険料（3）…………………… 508
222 普B 届出等………………………… 510
223 難B 健康保険制度全般（1）……… 512
224 難B 健康保険制度全般（2）……… 514
225 普A 健康保険制度全般（3）……… 516
226 普A 健康保険制度全般（4）……… 518
227 普A 健康保険制度全般（5）……… 520
228 普B ［選択式］総論・出産手当金… 522
229 易A ［選択式］標準報酬月額・
　　標準賞与額………………… 524
230 普A ［選択式］療養の給付………… 526
231 普B ［選択式］入院時食事療養費… 528
232 普B ［選択式］高額療養費………… 530

45

233 易C ［選択式］日雇特例被保険者‥ 532　　234 難A ［選択式］保険料率…………… 534

第8章 国民年金法

235 普A 被保険者（1）………………… 538
236 普B 被保険者（2）………………… 540
237 普B 被保険者（3）………………… 542
238 普B 被保険者（4）………………… 544
239 普B 被保険者期間………………… 546
240 普A 届出（1）……………………… 548
241 普B 届出（2）……………………… 550
242 普B 給付の通則（1）……………… 552
243 易B 給付の通則（2）……………… 554
244 難C 年金額等の自動改定………… 556
245 普A 老齢基礎年金（1）…………… 558
246 普A 老齢基礎年金（2）…………… 560
247 難B 老齢基礎年金（3）…………… 562
248 難B 老齢基礎年金（4）…………… 564
249 普A 障害基礎年金（1）…………… 566
250 普B 障害基礎年金（2）…………… 568
251 易A 障害基礎年金（3）…………… 570
252 普B 遺族基礎年金（1）…………… 572
253 易A 遺族基礎年金（2）…………… 574
254 普B 遺族基礎年金（3）…………… 576
255 易B 付加年金、寡婦年金………… 578
256 普B 寡婦年金、死亡一時金……… 580
257 易A 第1号被保険者の独自給付等… 582
258 難B 給付全般（1）………………… 584

259 普B 給付全般（2）………………… 586
260 普B 国庫負担、基礎年金拠出金等… 588
261 普A 保険料（1）…………………… 590
262 普B 保険料（2）…………………… 592
263 普A 保険料（3）…………………… 594
264 易A 保険料（4）…………………… 596
265 易C 不服申立て、雑則、罰則…… 598
266 普B 国民年金基金（1）…………… 600
267 普B 国民年金基金（2）…………… 602
268 普A 国民年金制度全般（1）……… 604
269 易B 国民年金制度全般（2）……… 606
270 普B 国民年金制度全般（3）……… 608
271 普B ［選択式］届出、国民年金
　　　　　　原簿………………… 610
272 普A ［選択式］財政の均衡、
　　　　　　遺族基礎年金等………… 612
273 普B ［選択式］調整期間、
　　　　　　公課の禁止……………… 614
274 普A ［選択式］障害基礎年金… 616
275 易B ［選択式］保険料の額、
　　　　　　付加保険料等…………… 618
276 普A ［選択式］保険料の免除、
　　　　　　保険料の納付…………… 620
277 普C ［選択式］国民年金基金……… 622

第9章 厚生年金保険法

278 易C 目的、適用等………………… 626
279 普B 適用事業所等………………… 628
280 難B 被保険者（1）………………… 630
281 難B 被保険者（2）………………… 632
282 普A 被保険者（3）………………… 634
283 普A 届出等（1）…………………… 636
284 普B 届出等（2）…………………… 638
285 難C 厚生年金保険原簿の
　　　　　　訂正の請求……………… 640
286 普A 標準報酬（1）………………… 642

287 難C 標準報酬（2）………………… 644
288 普B 保険給付の通則（1）………… 646
289 普A 保険給付の通則（2）………… 648
290 易C 保険給付の制限等…………… 650
291 難B 年金額等の自動改定………… 652
292 普A 老齢厚生年金（1）…………… 654
293 易B 老齢厚生年金（2）…………… 656
294 普B 老齢厚生年金（3）…………… 658
295 難B 老齢厚生年金（4）…………… 660
296 易A 障害厚生年金（1）…………… 662

297	普B	障害厚生年金（2）⋯⋯⋯⋯⋯ 664
298	難C	障害厚生年金及び障害手当金⋯⋯ 666
299	普A	遺族厚生年金（1）⋯⋯⋯⋯⋯ 668
300	易B	遺族厚生年金（2）⋯⋯⋯⋯⋯ 670
301	普A	遺族厚生年金（3）⋯⋯⋯⋯⋯ 672
302	普C	脱退一時金⋯⋯⋯⋯⋯⋯⋯⋯ 674
303	普B	保険給付全般（1）⋯⋯⋯⋯⋯ 676
304	普A	保険給付全般（2）⋯⋯⋯⋯⋯ 678
305	普B	合意分割制度及び3号分割制度（1）⋯ 680
306	難C	合意分割制度及び3号分割制度（2）⋯ 682
307	難A	被保険者の種別に関する規定⋯ 684
308	普B	保険料（1）⋯⋯⋯⋯⋯⋯⋯⋯ 686
309	難C	保険料（2）⋯⋯⋯⋯⋯⋯⋯⋯ 688
310	難C	雑則⋯⋯⋯⋯⋯⋯⋯⋯⋯⋯⋯ 690

311	普A	厚生年金保険制度全般（1）⋯⋯ 692
312	普C	厚生年金保険制度全般（2）⋯⋯ 694
313	普A	厚生年金保険制度全般（3）⋯⋯ 696
314	普B	［選択式］定義、費用、適用⋯ 698
315	普C	［選択式］付帯事業、届出⋯⋯ 700
316	普B	［選択式］老齢厚生年金、 遺族厚生年金⋯⋯⋯⋯⋯⋯ 702
317	易B	［選択式］保険給付全般⋯⋯⋯ 704
318	普B	［選択式］合意分割制度等、 不服申立て⋯⋯⋯⋯⋯⋯ 706
319	易B	［選択式］費用⋯⋯⋯⋯⋯⋯ 708
320	普B	［選択式］積立金の運用、 障害手当金等⋯⋯⋯⋯⋯ 710

第10章 社会保険に関する一般常識

321	難A	国民健康保険法（1）⋯⋯⋯⋯⋯ 714
322	難B	国民健康保険法（2）⋯⋯⋯⋯⋯ 716
323	普B	高齢者医療確保法（1）⋯⋯⋯⋯ 718
324	普B	高齢者医療確保法（2）⋯⋯⋯⋯ 720
325	普B	船員保険法（1）⋯⋯⋯⋯⋯⋯ 722
326	普B	船員保険法（2）⋯⋯⋯⋯⋯⋯ 724
327	普B	介護保険法（1）⋯⋯⋯⋯⋯⋯ 726
328	普A	介護保険法（2）⋯⋯⋯⋯⋯⋯ 728
329	普B	介護保険法（3）⋯⋯⋯⋯⋯⋯ 730
330	普B	社会保険審査官及び 社会保険審査会法⋯⋯⋯⋯⋯ 732
331	難C	確定給付企業年金法（1）⋯⋯⋯ 734
332	普B	確定給付企業年金法（2）⋯⋯⋯ 736
333	普B	確定拠出年金法（1）⋯⋯⋯⋯⋯ 738
334	普A	確定拠出年金法（2）⋯⋯⋯⋯⋯ 740
335	普B	社会保険労務士法（1）⋯⋯⋯⋯ 742

336	易A	社会保険労務士法（2）⋯⋯⋯⋯ 744
337	難C	社会保険労務士法（3）⋯⋯⋯⋯ 746
338	易B	児童手当法（1）⋯⋯⋯⋯⋯⋯ 748
339	普A	児童手当法（2）⋯⋯⋯⋯⋯⋯ 750
340	易B	社会保険諸法令（1）⋯⋯⋯⋯⋯ 752
341	普B	社会保険諸法令（2）⋯⋯⋯⋯⋯ 754
342	普B	社会保険諸法令（3）⋯⋯⋯⋯⋯ 756
343	難B	社会保険の沿革（1）⋯⋯⋯⋯⋯ 758
344	普A	社会保険の沿革（2）⋯⋯⋯⋯⋯ 760
345	難C	各種統計等⋯⋯⋯⋯⋯⋯⋯⋯ 762
346	普A	［選択式］国民健康保険法⋯⋯ 764
347	普B	［選択式］確定拠出年金法⋯⋯ 766
348	普A	［選択式］社会保険労務士法⋯ 768
349	普A	［選択式］社会保険諸法令⋯⋯ 770
350	普C	［選択式］年金制度の沿革⋯⋯ 774

予想模擬試験 解答・解説

第1回 予想模擬試験 解答・解説⋯⋯⋯ 779

第2回 予想模擬試験 解答・解説⋯⋯⋯ 833

予想模擬試験 問題（2回分）⋯⋯⋯⋯⋯ 別冊

略記一覧

　必要に応じて、略称を使用しています。その他の略称は以下の基準に準じています。なお、科目の該当法である場合は、単に「法」あるいは「本法」と記しています。(第1章で出てきた場合には、労働基準法を指します。)

略称	正式名称	略称	正式名称
憲法	日本国憲法	職安法	職業安定法
安衛法	労働安全衛生法	職能法	職業能力開発促進法
育介法	育児休業、介護休業等育児又は	整備法	失業保険法及び労働者災害補償
育児・介護休業法	家族介護を行う労働者の福祉に		保険法の一部を改正する法律及
	関する法律		び労働保険の保険料の徴収等に
介保法	介護保険法		関する法律の施行に伴う関係法
確給法	確定給付企業年金法		律の整備等に関する法律
確定給付法		船保法	船員保険法
確拠法	確定拠出年金法	測定法	作業環境測定法
確定拠出法		中退法	中小企業退職金共済法
均等法	雇用の分野における男女の均等	中退金法	
男女雇用機会均等法	な機会及び待遇の確保等に関す	徴収法	労働保険の保険料の徴収等に関
	る法律	労働保険徴収法	する法律
健保法	健康保険法	賃確法	賃金の支払の確保等に関する法
厚年法	厚生年金保険法	賃金支払確保法	律
高年法	高年齢者等の雇用の安定等に関	派遣法	労働者派遣事業の適正な運営の
高年齢者雇用安定法	する法律	労働者派遣法	確保及び派遣労働者の保護等に
高齢者医療確保法	高齢者の医療の確保に関する法律		関する法律
高確法		パ労法	短時間労働者及び有期雇用労働
国年法	国民年金法	パートタイム・有期	者の雇用管理の改善等に関する
国保法	国民健康保険法	雇用労働法	法律
個別紛争法	個別労働関係紛争の解決の促進	労基法	労働基準法
個別労働関係紛争解	に関する法律	労契法	労働契約法
決促進法		労災法	労働者災害補償保険法
雇保法	雇用保険法	労災保険法	
最賃法	最低賃金法	労審法	労働保険審査官及び労働保険審査会法
次世代支援法	次世代育成支援対策推進法	労組法	労働組合法
児手法	児童手当法	労調法	労働関係調整法
社審法	社会保険審査官及び社会保険審	労働時間等設定改善	労働時間等の設定の改善に
社保審査法	査会法	法	関する特別措置法
社労士法	社会保険労務士法	労働施策総合推進法	労働施策の総合的な推進並びに
障雇法	障害者の雇用の促進等に関する		労働者の雇用の安定及び職業生
障害者雇用促進法	法律		活の充実等に関する法律
女性活躍推進法	女性の職業生活における活躍の	若者雇用促進法	青少年の雇用の促進等に関する
	推進に関する法律		法律

● 判例の表記は、右の例のとおりです……最判昭29.1.21：昭和29年1月21日に下された最高裁判所の判決
● 一部改正法の表記は、右の例のとおりです……（国民年金法）平16法附則23条1項2号：国民年金法等の一部を改正する法律（平16.6.11法律104号）附則23条1項2号

─MEMO─

［おことわり］本書は、原則として令和4年9月1日までに公布され、及び令和5年4月までに施行されることが確定している法令に基づき編集しておりますが、社労士試験は、例年、当該年度の4月中旬に施行されている法令に則り出題されます。よって、本書の記載内容について、令和4年9月1日より後に公布された法令であって、令和5年度の試験対象となるものについては『ユーキャンの本』ウェブサイト内「追補（法改正・正誤）」コーナーにてお知らせ致します。

https://www.u-can.co.jp/book/information

※本書では、改元日以降の年について法令上「平成」の表示が残っている場合であっても、すべて「令和」を用いて表示しています。

第1章

[論点別問題]
労働基準法

さあ、ここから学習スタートです!

常深講師

基本7原則（1）

過令2

労働基準法の総則（第1条～第12条）に関する次の記述のうち、誤っているものはどれか。

A 労働基準法第3条に定める「国籍」を理由とする差別の禁止は、主として日本人労働者と日本国籍をもたない外国人労働者との取扱いに関するものであり、そこには無国籍者や二重国籍者も含まれる。

B 労働基準法第5条に定める「精神又は身体の自由を不当に拘束する手段」の「不当」とは、本条の目的に照らし、かつ、個々の場合において、具体的にその諸条件をも考慮し、社会通念上是認し難い程度の手段をいい、必ずしも「不法」なもののみに限られず、たとえ合法的であっても、「不当」なものとなることがある。

C 労働基準法第6条に定める「何人も、法律に基いて許される場合の外、業として他人の就業に介入して利益を得てはならない。」の「利益」とは、手数料、報償金、金銭以外の財物等いかなる名称たるかを問わず、また有形無形かも問わない。

D 使用者が、選挙権の行使を労働時間外に実施すべき旨を就業規則に定めており、これに基づいて、労働者が就業時間中に選挙権の行使を請求することを拒否した場合には、労働基準法第7条違反に当たらない。

E 食事の供与（労働者が使用者の定める施設に住み込み1日に2食以上支給を受けるような特殊の場合のものを除く。）は、食事の支給のための代金を徴収すると否とを問わず、①食事の供与のために賃金の減額を伴わないこと、②食事の供与が就業規則、労働協約等に定められ、明確な労働条件の内容となっている場合でないこと、③食事の供与による利益の客観的評価額が、社会通念上、僅少なものと認められるものであること、の3つの条件を満たす限り、原則として、これを賃金として取り扱わず、福利厚生として取り扱う。

速習レッスン A：（参考）P14、B：P15、C：（参考）P15、D：P16、E：（参考）P40　　**解説**

※以下においては、次の略称を使用します。
コンメンタール … 厚生労働省労働基準局編『労働基準法［令和３年版］』（労務行政，2022年）

A　**○**　コンメンタール76頁参照。法３条の「均等待遇」では、国籍、信条又は社会的身分を理由とする労働者の差別待遇を禁止しています。国籍を理由とする差別が我が国で問題となるのは、主として日本人労働者と日本国籍をもたない外国人労働者との取扱いに関してであり、無国籍者又は二重国籍者についても、国籍を理由として差別する場合には、法３条に違反するものと解されています。

B　**○**　昭22.9.13発基17号。法５条（強制労働の禁止）に定める「精神又は身体の自由を不当に拘束する手段」の「不当」とは、法５条の目的に照らし、かつ、個々の場合において、具体的にその諸条件をも考慮し、社会通念上是認し難き程度の手段の意味と解され、必ずしも「不法」なもののみに限られません。合法的なものであっても不当なものとなることがあり、たとえば、賃金との相殺を伴わない前借金が周囲の具体的事情により労働者に明示又は黙示の威圧を及ぼす場合などが、これに該当します。

C　**○**　昭23.3.2基発381号。法６条（中間搾取の排除）における「利益」とは、「手数料、報償金、金銭以外の財物等いかなる名称たるかを問わず、また有形無形たるとを問わない。」とされています。また、この利益は、「使用者より利益を得る場合のみに限らず、労働者又は第三者より利益を得る場合をも含む。」と考えられています。

D　**×**　昭23.10.30基発1575号。就業規則において、使用者が特定の選挙における選挙権の行使を労働時間外に行うべき旨を定めても、直ちに公民権の行使に係る請求を拒んだことにはなりませんが、その定めに基づいて、労働者が労働時間中に公民権の行使のための時間を請求したのを（現実に）拒否すれば、法７条（公民権行使の保障）に違反することとなります。

E　**○**　昭30.10.10基発644号。食事の供与については、その支給のための代金を徴収すると否とを問わず、設問の３つの条件を満たす限り、原則として、賃金として取り扱わず、福利厚生として取り扱うものとされています。なお、実物給与について、福利厚生の範囲は、「なるべく広く解釈すること」とされています。

解答　**D**

基本7原則（2）

過令元

労働基準法の総則に関する次のアからオの記述のうち、誤っているものの組合せは、後記AからEまでのうちどれか。

ア　労働基準法第4条が禁止する「女性であることを理由」とした賃金についての差別には、社会通念として女性労働者が一般的に勤続年数が短いことを理由として女性労働者の賃金に差別をつけることが含まれるが、当該事業場において実際に女性労働者が平均的に勤続年数が短いことを理由として女性労働者の賃金に差別をつけることは含まれない。

イ　労働基準法第5条は、使用者は、労働者の意思に反して労働を強制してはならない旨を定めているが、このときの使用者と労働者との労働関係は、必ずしも形式的な労働契約により成立していることを要求するものではなく、事実上の労働関係が存在していると認められる場合であれば足りる。

ウ　労働基準法第7条に基づき「労働者が労働時間中に、選挙権その他公民としての権利を行使」した場合の給与に関しては、有給であろうと無給であろうと当事者の自由に委ねられている。

エ　いわゆる芸能タレントは、「当人の提供する歌唱、演技等が基本的に他人によって代替できず、芸術性、人気等当人の個性が重要な要素となっている」「当人に対する報酬は、稼働時間に応じて定められるものではない」「リハーサル、出演時間等スケジュールの関係から時間が制約されることはあっても、プロダクション等との関係では時間的に拘束されることはない」「契約形態が雇用契約ではない」のいずれにも該当する場合には、労働基準法第9条の労働者には該当しない。

オ　私有自動車を社用に提供する者に対し、社用に用いた場合のガソリン代は走行距離に応じて支給される旨が就業規則等に定められている場合、当該ガソリン代は、労働基準法第11条にいう「賃金」に当たる。

A　（アとウ）　　B　（アとエ）　　C　（アとオ）
D　（イとエ）　　E　（イとオ）

ア：P14、イ：P15、ウ：P16、エ：P18、オ：P40　　解説

ア　× 昭22.9.13発基17号。設問後半の「実際に女性労働者が平均的に勤続年数が短いこと」を理由とした賃金の差別も含まれます。法4条は、労働者が**女性**であることを理由として、**賃金**について、男性と**差別的取扱い**をすることを禁止しています。賃金に係る差別について、①社会通念として女性労働者が一般的に勤続年数が短いことや、②当該事業場において実際に女性労働者が平均的に勤続年数が短いことを理由とすることは、いずれも女性であることを理由としたものと解されます。

イ　○ 法5条、コンメンタール上90頁参照。法5条では、労働を強制する使用者と強制される労働者の間に労働関係があることを前提として、使用者が労働者に**強制労働**をさせることを禁止しています。この場合の労働関係は、**事実上の労働関係**が存在していると認められれば足ります。

ウ　○ 昭22.11.27基発399号。法7条は、労働者の公的活動の保障のため、**公民権の行使**や**公の職務**のために**必要な時間**を労働時間中に認めなければならないことを定めています。ただし、その時間に応ずる給与（**賃金**）については、何も触れておらず、有給とするか無給とするかは、**当事者の自由**に委ねられます。

エ　○ 昭63.7.30基収355号。いわゆる芸能タレントは、次のいずれにも該当する場合は、労働基準法上の**労働者**には**該当しない**ものとされています。
①当人の提供する歌唱、演技等が基本的に他人によって代替できず、芸術性、人気等当人の個性が重要な要素となっていること。
②当人に対する報酬は、稼働時間に応じて定められるものではないこと。
③リハーサル、出演時間等スケジュールの関係から時間が制約されることはあっても、プロダクション等との関係では時間的に拘束されることはないこと。
④契約形態が雇用契約ではないこと。

オ　× 昭28.2.10基収6212号。設問の**ガソリン代**は、実費弁償であり、「賃金」にはあたりません。

以上から、誤っているものの組合せは、**C（アとオ）**です。

解答　C

問題 003

基本7原則（3）

予想

難易度 難　重要度 B

次の記述のうち、正しいものはどれか。

A　労働者が女性であることを理由として賃金について男性と差別的に取り扱うことは、労働基準法に違反するが、この場合における差別的取扱いには、女性を不利に取り扱う場合のみが該当する。

B　労働基準法第3条では、使用者が、労働者の国籍、信条又は社会的身分を理由として、労働条件について、差別的取扱いをすることを禁止しているが、ここでいう信条とは、特定の宗教的又は政治的信念をいう。

C　公職に就任することが会社業務の遂行を著しく阻害するおそれのある場合においては、公職の就任を使用者の承認にかからしめ、その承認を得ずして公職に就任した者を懲戒解雇に付する旨の就業規則の条項を適用して従業員を懲戒解雇に付することも許されるとするのが最高裁判所の判例である。

D　公民権の行使とは、国家又は公共団体の公務に参加する資格のある国民がこれに参加する行為をいうから、憲法により認められた訴権の行使も該当する。このため、民事訴訟の提起に要する時間を労働者が請求したときは、それが労働時間中であっても、使用者において拒んではならない。

E　労働契約を締結するにあたり、精神又は身体の自由を不当に拘束する手段が取られていたとしても、結果においてこれに基づく労働の提供が行われなかった場合は、強制労働を禁止した労働基準法の規定に違反することはない。

| 速習
レッスン | A：P14、B：P14、C：P16、D：P16、E：P15 | 解説 |

A ✕ 法4条、昭22.9.13発基17号。女性を不利に取り扱う場合のみが該当するのではありません。設問の規定（男女同一賃金の原則）に反する差別的取扱いには、女性を男性より**不利に取り扱う**ことだけではなく、**有利に取り扱う**ことも含まれます。

B ◯ 法3条、昭22.9.13発基17号。法3条（均等待遇）では、労働者の国籍、信条（特定の**宗教的**若しくは**政治的**信念）又は社会的身分（生来の身分）を理由とする労働条件の差別的取扱いを禁止しています。

C ✕ 最判 昭38.6.21十和田観光電鉄事件。設問の者を懲戒解雇に付することは許されません。最高裁判所の判例によれば、使用者の承認を得ないで公職（公の職務）に就任した者を懲戒解雇に付する旨の就業規則の条項は、法7条（公民権行使の保障）の趣旨に反し、**無効**と解すべきであるとされています。また、公職に就任することが会社業務の遂行を著しく阻害するおそれがある場合においても、普通解雇に付することは別として、**懲戒解雇**に付することは**許されない**と解されています。

D ✕ 法7条、昭63.3.14基発150号。設問の場合は、使用者は拒むことができます。**民事訴訟**の提起は、一般に特定の人の利益を追求する目的であるため、公民権の行使には**該当しない**ものと解されています。したがって、労働者が労働時間中に、民事訴訟の提起に要する時間を請求したときは、使用者はこれを拒むことができます。なお、行政事件訴訟法に規定する**民衆訴訟**は、広く国民・住民の利益のために行政機関を相手として行う訴訟であるため、公益性が高く公民権の行使に**該当する**ものと解されています。

E ✕ 法5条、昭23.3.2基発381号。設問の場合にも、強制労働を禁止した労働基準法の規定に違反します。法5条では「労働者の意思に反して**労働を強制すること**」を禁じていますから、結果的に労働者が労働したかどうかは問題とならないものと解されています。

解答 **B**

問題 004

使用者等の定義

過令2

労働基準法第10条に定める使用者等の定義に関する次の記述のうち、正しいものはどれか。

A 「事業主」とは、その事業の経営の経営主体をいい、個人企業にあってはその企業主個人、株式会社の場合は、その代表取締役をいう。

B 事業における業務を行うための体制が、課及びその下部組織としての係で構成され、各組織の管理者として課長及び係長が配置されている場合、組織系列において係長は課長の配下になることから、係長に与えられている責任と権限の有無にかかわらず、係長が「使用者」になることはない。

C 事業における業務を行うための体制としていくつかの課が設置され、課が所掌する日常業務の大半が課長権限で行われていれば、課長がたまたま事業主等の上位者から権限外の事項について命令を受けて単にその命令を部下に伝達しただけであっても、その伝達は課長が使用者として行ったこととされる。

D 下請負人が、その雇用する労働者の労働力を自ら直接利用するとともに、当該業務を自己の業務として相手方(注文主)から独立して処理するものである限り、注文主と請負関係にあると認められるから、自然人である下請負人が、たとえ作業に従事することがあっても、労働基準法第9条の労働者ではなく、同法第10条にいう事業主である。

E 派遣労働者が派遣先の指揮命令を受けて労働する場合、その派遣中の労働に関する派遣労働者の使用者は、当該派遣労働者を送り出した派遣元の管理責任者であって、当該派遣先における指揮命令権者は使用者にはならない。

速習レッスン　A：P18、B：P18、C：P18、D：(参考) P18、E：P18

解説

A　✕　コンメンタール150頁参照。株式会社の場合は、その代表取締役ではなく、「法人（株式会社）そのもの」が事業主となります。労働基準法の「**使用者**」とは、①**事業主**、②**事業の経営担当者**、③**その事業の労働者に関する事項について、事業主のために行為をするすべての者**をいいます。このうち①の「事業主」とは、その**事業の経営の主体**をいい、個人企業にあってはその**企業主個人**、会社その他の法人組織の場合はその**法人そのもの**をいいます。

B　✕　昭22.9.13発基17号、コンメンタール167頁参照。係長が「使用者」になることもあります。設問の係長を含めて、労働基準法の「使用者」には、企業内で比較的地位の高い取締役、工場長、部長、課長等の者から、作業現場監督員、職場責任者等といわれる比較的地位の低い者に至るまで、その**権限**と**責任**に応じて該当することとなります。

C　✕　昭22.9.13発基17号。権限外の事項について命令を受けて単にその命令を部下に対して伝達した場合の伝達は、使用者として行ったこととはされません。労働基準法の「使用者」とは、同法各条の義務についての履行の責任者をいい、各事業において、その義務について**実質的**に一定の権限を与えられているか否かにより判断されます。このような権限が与えられておらず、単に上司の命令の伝達者にすぎない者は、使用者とはみなされません。

D　〇　昭23.1.9基発14号。請負とは、本来、**仕事の完成を目的とする契約関係**であり、請負人（下請負人）が請け負った仕事を自己の雇用する労働者に行わせる場合についても、請負人（下請負人）が**自らの責任**において当該労働者を指揮命令するものです。そして、設問のように、請負関係にある（下請負人が法10条の事業主に該当する）と判断されるためには、下請負人が、①その雇用する労働者を**自ら直接利用**すること、②当該業務を自己の業務として注文主から**独立して処理**することが必要とされます。

E　✕　派遣法44条、コンメンタール156頁参照。派遣先における指揮命令権者も使用者に該当する場合があります。派遣労働者に関する労働基準法の適用にあたり、労働者派遣の実態から**派遣元に責任を問い得ない事項**、派遣労働者の保護の実効を期する上から**派遣先に責任を負わせることが適切な事項**については、**派遣先**に使用者としての責任を負わせています。

解答　D

1章　労働基準法

労働契約

労働基準法に定める労働契約に関する次の記述のうち、正しいものはどれか。

A　労働基準法第14条第2項の規定に基づく「有期労働契約の締結、更新及び雇止めに関する基準（平成15年厚生労働省告示第357号）」によると、期間が2か月の労働契約（あらかじめ当該契約を更新しない旨明示されているものを除く。）を3回更新し、4回目に更新しないこととしようとする使用者は、少なくとも当該契約の期間の満了する日の30日前までに、その予告をしなければならない。

B　労働基準法第56条の最低年齢違反の労働契約のもとに就労していた児童については、そもそも当該労働契約が無効であるから、その違反を解消するために当該児童を解雇する場合には、労働基準法第20条の解雇の予告に関する規定は、適用されない。

C　満60歳以上で薬剤師の資格を有する者が、ある事業場で3年の期間を定めた労働契約を締結して薬剤師以外の業務に就いていた場合、その者は、民法第628条の規定にかかわらず、労働基準法附則第137条の規定に基づき、当該労働契約の期間の初日から1年を経過した日以後においては、その使用者に申し出ることにより、いつでも退職することができる。

D　使用者は、「表彰に関する事項」については、それに関する定めをする場合であっても、労働契約の締結に際し、労働者に対して、労働基準法第15条の規定に基づく明示をする必要はない。

E　派遣元の使用者は、労働者派遣法第44条第2項における労働基準法の適用に関する特例により、労働時間に係る労働基準法第32条、第32条の2第1項等の規定については、派遣先の事業のみを派遣中の労働者を使用する事業とみなすとされているところから、これらの特例の対象となる事項については、労働基準法第15条による労働条件の明示をする必要はない。

速習
レッスン　A：P23、B：P32、C：P22、D：P24、E：P25　　　　**解説**

1章
労働基準法

A　〇　有期労働契約基準（平15厚労告357号）1条。有期労働契約基準によれば、使用者は、次の①②のいずれかに該当する有期労働契約（あらかじめ当該契約を更新しない旨明示されているものを除く。）を更新しないこととしようとする場合には、少なくとも当該契約の期間の満了する日の**30日前**までに、その**予告**をしなければなりません。設問は、①に該当します。

①当該契約を**3回以上**更新しているもの
②雇入れの日から起算して**1年を超えて**継続勤務している者に係るもの

B　✕　法20条、昭23.10.18基収3102号。設問の場合にも、解雇の予告に関する規定は適用されます。最低年齢違反の労働契約は無効とされますが、このように労働契約が労働基準法に違反しているために無効である場合においても、**事実上の労働関係**が成立していると認められる限り、解雇の予告に関する規定が適用されます。なお、設問の場合には、児童を労働させていることが違法な状態であり、当該労働の継続は認められないので、解雇予告手当を支払い、即時に解雇しなければなりません。

C　✕　法附則137条。「いつでも退職することができる」とする記述が誤りです。設問のいわゆる任意退職規定は、契約期間の上限が**3年**に制限されている有期労働契約を締結した労働者について適用されるものです。**満60歳以上の労働者**との間に締結される有期労働契約の期間については、上限が**5年**とされているため、満60歳以上の労働者には、任意退職規定は適用されません。したがって、設問の者は、その従事する業務の種類にかかわらず、原則として、契約期間の途中で退職することはできません。

D　✕　法15条1項、則5条1項10号。明示する必要があります。「表彰に関する事項」は、いわゆる**相対的明示事項**であるため、使用者が当該事項に関する**定めをする**場合には、労働契約の締結に際し、労働者に対して、これを明示しなければなりません。

E　✕　昭61.6.6基発333号。特例の対象となる事項に関する労働条件についても、派遣元の使用者が明示する必要があります。派遣労働者に対する労働条件の明示については、派遣先が労働基準法に基づく義務を負う労働条件（労働時間、休憩、休日等）も含めて、**派遣元**の使用者が明示しなければなりません。

解答　**A**

労働契約の禁止事項等

予想

次の記述のうち、誤っているものはどれか。

A　労働基準法第13条の規定によれば、同法で定める基準に達しない労働条件を定める労働契約において無効となるのは、当該基準に達しない部分についてのみであり、当該無効となった部分は、同法で定める基準による。

B　使用者以外の第三者たる商店会又はその連合会等が労働者の毎月受けるべき賃金の一部を積み立てたものと使用者の積み立てた金銭を財源として行っている退職積立金制度は、労働者の意思に反して加入せざるを得ないようになっている場合には、労働基準法第18条第1項において禁止するいわゆる強制貯金に該当する。

C　いわゆる通帳保管によって労働者の貯蓄金を管理する場合には、使用者は、貯蓄金の管理に関する規程を定め、これを労働者に周知させなければならないが、この場合には、いわゆる貯蓄金管理協定を締結する必要はない。

D　使用者は、前借金その他労働することを条件とする前貸の債権と賃金を相殺してはならないが、ここでいう「労働することを条件とする前貸の債権」には、労働者が使用者から人的信用に基づいて受ける金融、弁済期の繰上げ等で明らかに身分的拘束を伴わないものは含まれない。

E　使用者は、労働契約の不履行について違約金を定め、又は損害賠償額を予定する契約をしてはならないが、労働者の責めに帰すべき事由により発生した現実の損害について賠償を請求することまでは禁止されていない。

速習レッスン　A：P20、B：P27、C：P27、D：P26、E：P26　　　　解説

A ○ 法13条。労働条件のうち労働基準法で定める**基準に達しない**部分は、たとえ労働者との間に合意があっても**無効**となり、その無効となった部分は、同法で定める基準の内容に自動修正されます。このような強制力のある労働基準法の性質を「**強行法規的性質**」といいます。なお、この場合に無効となるのは労働基準法で定める基準に達しない部分のみであり、これ以外の部分は有効です。

B ○ 法18条1項、昭25.9.28基収2048号。設問の退職積立金制度は、労働者の賃金をその委託を受けて保管管理する貯蓄金と考えられます。このため、労働者が強制的にその制度に加入せざるを得ないようになっている場合には、**労働契約に附随する**貯蓄の契約となり、強制貯金に該当すると解されています。

C × 法18条2項・3項。「通帳保管」の場合にも、「社内預金」の場合と同様に、貯蓄金管理協定を締結する必要があります。**貯蓄金管理協定**の締結及び**届出**並びに**貯蓄金管理規程**の作成及び**周知**は、「社内預金」及び「通帳保管」の別を問わず**必要**となります。

D ○ 法17条、昭22.9.13発基17号。「**労働することを条件**とする前貸の債権」とは、金銭貸借関係と労働関係が密接に関係し、身分的な拘束が伴うものを指すと解されています。したがって、これに該当するものについては、賃金との**相殺**は認められません。

E ○ 法16条、昭22.9.13発基17号。法16条では、金額を予定することを禁止しています。したがって、金額を予定しなければ、労働者の責めに帰すべき事由により発生した**現実の損害**について、その賠償を請求することや、これを賠償させる旨の契約をすることは禁止されていません。

解答　**C**

解雇（1）

過平26

労働基準法に定める解雇に関する次の記述のうち、誤っているものはどれか。

A　就業規則に定めた定年制が労働者の定年に達した日の翌日をもってその雇用契約は自動的に終了する旨を定めたことが明らかであり、かつ、従来この規定に基づいて定年に達した場合に当然労働関係が終了する慣行になっていて、それが従業員にも徹底している場合には、その定年による雇用関係の終了は解雇ではないので、労働基準法第19条第1項に抵触しない。

B　労働基準法第20条に定める解雇の予告の日数は、1日について平均賃金を支払った場合においては、その日数を短縮することができる。

C　試みの使用期間中の労働者を、雇入れの日から起算して14日以内に解雇する場合は、解雇の予告について定める労働基準法第20条の規定は適用されない。

D　労働基準法第19条第1項に定める産前産後の女性に関する解雇制限について、同条に定める除外事由が存在しない状況において、産後8週間を経過しても休業している女性の場合については、その8週間及びその後の30日間が解雇してはならない期間となる。

E　平成26年9月30日の終了をもって、何ら手当を支払うことなく労働者を解雇しようとする使用者が同年9月1日に当該労働者にその予告をする場合は、労働基準法第20条第1項に抵触しない。

速習レッスン　A：P29、B：P33、C：P35、D：P31、E：P33

解説

A ○ 昭26.8.9基収3388号。定年制は、労働者が所定の年齢に達したときに**当然に**労働契約が**終了**する制度であり、解雇（使用者が労働契約を将来に向かって一方的に解除すること）とは異なります。したがって、労働基準法に定める解雇に関する規定（解雇制限等）の適用は受けません。ただし、定年制は、個々の企業における労働協約又は就業規則で定めるものであり、その取扱い等が企業によって異なるため、解雇に関する規定の適用を受ける定年制も存在します。そこで、解雇に関する規定の適用を受けない定年制の解釈として、設問の内容が通達により示されています。

B ○ 法20条２項。使用者は、労働者を解雇しようとするときは、所定の場合を除き、①解雇の予告（**少なくとも30日前**の予告）、②**30日分以上**の平均賃金（**解雇予告手当**）の支払い、③上記①②の**併用**（上記①の予告日数は、１日について平均賃金を支払った場合は、その日数の**短縮**が可能）のいずれかをする必要があります。設問は、上記③について問うています。

C ○ 法21条４号。試みの使用期間中の者については、「**14日を超えて引き続き使用されるに至った場合**」に解雇の予告等の規定が適用されます。

D ○ 法19条１項、コンメンタール上288頁参照。産前産後の女性に関する解雇制限期間は、**産前産後の休業期間**（原則として、**産前６週間及び産後８週間**）及び**その後の30日間**です。ここでいう産後の休業期間には、「産後８週間を超える休業期間」は**含まれない**ため、設問の場合であっても、産後８週間及びその後の30日間が、設問の女性に係る解雇制限期間となります。

E × 法20条１項。設問の場合は、労働基準法20条１項に抵触します。何ら手当（解雇予告手当）を支払うことなく労働者を解雇しようとする場合には、少なくとも30日前にその予告をしなければなりません。この30日間（解雇予告期間）の起算日は、**解雇予告をする日の翌日**です。したがって、平成26年９月１日に解雇予告をする場合には、その日の翌日である同年９月２日から10月１日までの30日間が解雇予告期間となり、「10月１日」が最短での解雇日となります。つまり、同年９月30日の終了をもって、解雇予告手当を支払うことなく労働者を解雇することはできません（この場合には、平均賃金の１日分の解雇予告手当の支払いが必要）。

解答　**E**

問題 008

解雇（2）

予想　　　　　　　　　　　　　　　　　　　難易度 難　重要度

解雇等に関する次の記述のうち、正しいものはどれか。

A　使用者がある年の3月1日に労働者に対し、3月31日をもって解雇する旨の予告をした場合において、当該労働者が業務上負傷し、その療養のために3月25日及び26日の両日を休業したときは、当該解雇の効力は、改めての予告を要することなくして、当該休業後30日間の経過とともに発生する。

B　使用者は、労働基準法第65条の規定によって産後8週間を経過しない女性労働者が休業する期間中に、当該女性労働者との労働契約が期間満了となる場合において、これを更新しないこととするときは、所轄労働基準監督署長の認定を受けなければならない。

C　使用者は、労働者が育児・介護休業法第2条第1号に規定する育児休業をする期間及びその後30日間は、天災事変その他やむを得ない事由のために事業の継続が不可能となった場合を除き、解雇してはならない。

D　業務上の傷病による療養のために休業していた労働者が、当該傷病が稼動し得る程度に回復したため出勤し、就業後30日を経過した場合であっても、当該傷病が完全に治ゆしていないときは、使用者は、当該労働者を解雇してはならない。

E　郵送等の手段によって解雇予告手当を労働者あてに発送した場合であっても、労働者本人がこれを受領しない限り、使用者は、当該労働者を即時に解雇することはできない。

速習レッスン　A：P34、B：P32、C：P31、D：P30、E：P34

解説

A ○ 法19条1項、昭26.6.25基収2609号。業務上負傷し、療養のために休業する労働者については、**解雇制限**の規定が適用されます。その解雇制限期間は、当該療養のための**休業期間**及び**その後30日間**です。この期間中は、たとえ事前に解雇の予告をし、その予告期間が満了したとしても労働者を解雇することができません。しかし、この場合には、**解雇の効力発生が停止**されるだけであって、解雇の予告自体は無効となりません。したがって、解雇制限期間の経過とともに解雇の効力が発生します。なお、この場合には、解雇制限期間が長期にわたり解雇予告としての効力を失うと認められるときを除き、改めて解雇予告をする必要はありません。

B × 昭23.1.16基発56号。設問の場合には、所轄労働基準監督署長の認定を受ける必要はなく、期間満了とともに労働契約は**当然に終了**します。

C × 法19条1項。設問の育児休業をする期間及びその後30日間は、解雇制限の対象となる期間ではありません。本法で解雇制限の対象としているのは、①労働者が**業務上**負傷し、又は疾病にかかり療養のために**休業する期間**及び**その後30日間**、②**産前産後**の女性が法65条の規定によって**休業する期間**及び**その後30日間**です。なお、育児・介護休業法では、「労働者が育児休業の申出をし、又は育児休業をしたことを理由とする解雇」を禁止していますが、これは、育児休業期間中の解雇を全面的に禁止したものではありません。したがって、他に理由があれば、育児休業期間中の労働者を解雇することができます。

D × 法19条1項、昭24.4.12基収1134号。就業後30日を経過した場合は、解雇することができます。**業務上**の傷病によって療養する労働者の解雇制限期間は、当該療養のために**休業する期間**及び**その後30日間**です。傷病が稼動し得る程度に回復したため出勤している労働者については、傷病が完全に治ゆしていない場合であっても、就業後**30日**を経過したときから解雇が可能となります。

E × 法20条1項、昭63.3.14基発150号。設問の場合は、解雇予告手当が労働者の**生活の本拠地**に到達したときに、これを支払ったものと認められ、即時解雇が可能となります。この場合に、労働者本人が解雇予告手当を受領したかどうかや労働者の存否は問題となりません。なお、労働者を即時解雇する場合における解雇予告手当は、**解雇の申渡しと同時**に支払う必要があり、支払わない限り、解雇の効力は生じません。

解答　A

問題 009

解雇予告制度の適用除外者

予想　　　　　　　　　　　　　　　　　　　　　　難易度 難　重要度 A

次の記述のうち、誤っているものはいくつあるか。なお、本問において、「予告等」とは、労働基準法第20条第1項に基づく解雇の予告又は解雇予告手当のことをいう。

ア　恒久的に同一内容の作業に従事させている労働者について、例えば7月1日に採用し同月31日に満了、8月1日に採用し同月31日に満了というように1ヵ月ごとに雇用契約を更新して長期間にわたり継続勤務させている場合は、当該労働者は、労働基準法第21条第2号の「2ヵ月以内の期間を定めて使用される者」に該当しない。

イ　「日々雇い入れられる者」として使用していた労働者を、使用し始めてから数日が経過した後に2ヵ月の期間を定めて雇い入れ、その2ヵ月の期間が満了する前に当該労働者を解雇する場合には、使用者は、予告等をしなければならない。

ウ　日々雇い入れられる労働者については、1ヵ月を超えて引き続き使用されるに至った場合には、使用者は、予告等をしてその労働者を解雇することができるが、ここでいう「1ヵ月」とは、休日を除く労働日のみの1ヵ月と解されている。

エ　試みの使用期間中の労働者については、14日を超えて引き続き使用されるに至った場合には、使用者は、予告等をしてその労働者を解雇することができるが、ここでいう「14日」とは、当該労働者に申し渡した試みの使用期間の経過後14日と解されている。

オ　使用者は、季節的業務に8月20日から11月30日までの期間を定めて使用する労働者を当該期間が経過する前に解雇する場合には、予告等をする必要はない。

A　一つ
B　二つ
C　三つ
D　四つ
E　五つ

| 速習 レッスン | ア：（参考）P35、イ：（参考）P35、ウ：P35、エ：P36、オ：P35 | 解説 |

ア ○ 昭24.9.21基収2751号。形式的に労働契約が更新されても、設問のように短期の契約を数回にわたって更新し、かつ、同一作業に引き続き従事させる場合は、実質において**期間の定めのない契約**と同一に取り扱うべきものですから、設問の労働者は「２ヵ月以内の期間を定めて使用される者」に**該当しません**。

イ × 法21条２号、昭27.4.22基収1239号。設問の場合には、予告等をする必要はありません。設問のように、日々雇い入れられる者に係る労働契約が２ヵ月の期間を定める労働契約に更新された場合には、当該更新された労働契約が反復継続して行われたものでなく、かつ、当該更新された労働契約の期間が「２ヵ月以内」に該当する限り、予告等をする必要はありません。

ウ × 法21条１号、昭24.2.5基収408号。設問は、後半が誤っています。ここでいう「１ヵ月」とは、休日も含む**暦による**１ヵ月と解されています。

エ × 法21条４号、昭24.5.14基収1498号。設問は、後半が誤っています。ここでいう「14日」とは、「**雇入れ後**14日」と解されています。つまり、試みの使用期間の長さにかかわらず、雇入れの日から引き続き使用された期間が14日を超えるに至った場合には、たとえ試みの使用期間中であったとしても、そのときから（15日目以後）、当該労働者を解雇するにあたって、予告等が必要となります。

オ ○ 法21条３号。設問の労働者は、「**季節的業務**に**４ヵ月以内**の期間を定めて使用される者」に該当するため、使用者は、その期間内に解雇するのであれば、予告等をしないで当該労働者を解雇することができます。

以上から、誤っているものは三つであるため、正解は**C**です。

解答 C

1章 労働基準法

賃金（1）

過平27

労働基準法第12条に定める平均賃金の計算に関する次の記述のうち、正しいものはどれか。

A 平均賃金の計算の基礎となる賃金の総額には、3か月を超える期間ごとに支払われる賃金、通勤手当及び家族手当は含まれない。

B 平均賃金の計算において、労働者が労働基準法第7条に基づく公民権の行使により休業した期間は、その日数及びその期間中の賃金を労働基準法第12条第1項及び第2項に規定する期間及び賃金の総額から除外する。

C 労働災害により休業していた労働者がその災害による傷病が原因で死亡した場合、使用者が遺族補償を行うに当たり必要な平均賃金を算定すべき事由の発生日は、当該労働者が死亡した日である。

D 賃金締切日が毎月月末と定められていた場合において、例えば7月31日に算定事由が発生したときは、なお直前の賃金締切日である6月30日から遡った3か月が平均賃金の算定期間となる。

E 賃金締切日が、基本給は毎月月末、時間外手当は毎月20日とされている事業場において、例えば6月25日に算定事由が発生したときは、平均賃金の起算に用いる直前の賃金締切日は、基本給、時間外手当ともに基本給の直前の締切日である5月31日とし、この日から遡った3か月が平均賃金の算定期間となる。

| 速習 レッスン | A：P42、B：P42、C：P42、D：P41、E：P41 | 解説 |

A ✕ 法12条4項。平均賃金の計算の基礎となる賃金の総額には、通勤手当及び家族手当は含まれます。平均賃金の計算の基礎から除外するものは、次のとおりです。設問は、「除外賃金」について問うていますが、「通勤手当及び家族手当」はこれに該当しないため、平均賃金を計算する場合には、これらの手当をその計算の基礎となる賃金の総額に**含めて**計算する必要があります。

●平均賃金の控除期間と除外賃金

控除期間	平均賃金の計算式の分母と分子（総日数と賃金の総額）から控除
①**業務上**負傷し、又は疾病にかかり療養のために休業した期間	
②**産前産後**の女性が労働基準法65条の規定によって休業した期間	
③**使用者の責めに帰すべき事由**によって休業した期間	
④育児・介護休業法による**育児休業又は介護休業**をした期間	
⑤**試みの使用期間**	

除外賃金	平均賃金の計算式の分子（賃金の総額）のみから除外
⑥**臨時**に支払われた賃金	
⑦**3ヵ月を超える期間**ごとに支払われる賃金	
⑧通貨以外のもので支払われた賃金で一定の範囲に属しないもの	

B ✕ 法12条3項。平均賃金の計算において、公民権の行使により休業した期間の日数及びその期間中の賃金を除外する旨の規定は、存在しません（**A**の解説における表の「控除期間」参照）。

C ✕ 則48条。設問の場合の平均賃金の算定事由発生日は、「死傷の原因たる**事故発生の日**又は診断によって疾病の発生が**確定した日**」です。

D 〇 法12条2項、昭24.7.13基収2044号、コンメンタール上186頁参照。賃金締切日がある場合の平均賃金の算定期間は、算定事由発生日の**直前の賃金締切日**からさかのぼった3ヵ月間ですが、これは、賃金締切日当日に算定事由が発生した場合であっても、同様です。

E ✕ 法12条2項、昭26.12.27基収5926号。賃金ごとに賃金締切日が異なる場合は、平均賃金の起算に用いる直前の賃金締切日も賃金ごとに異なります。したがって、設問の場合に用いる直前の賃金締切日は、基本給については直前の月末である「5月31日」、時間外手当については直前の月の20日である「6月20日」となり、これらの日からそれぞれさかのぼった3ヵ月を算定期間として計算した金額の合計額が平均賃金となります。

解答　**D**

問題 011

賃金 (2)

過平26

労働基準法に定める賃金に関する次の記述のうち、労働基準法の規定によれば、正しいものはいくつあるか。

ア　賞与、家族手当、いわゆる解雇予告手当及び住宅手当は、労働基準法第11条で定義する賃金に含まれる。

イ　労働基準法第108条に定める賃金台帳に関し、同法施行規則第54条第1項においては、使用者は、同法第33条若しくは同法第36条第1項の規定によって労働時間を延長し、若しくは休日に労働させた場合又は午後10時から午前5時（厚生労働大臣が必要であると認める場合には、その定める地域又は期間については午後11時から午前6時）までの間に労働させた場合には、その延長時間数、休日労働時間数及び深夜労働時間数を、労働者各人別に、賃金台帳に記入しなければならず、また、同様に、基本給、手当その他賃金の種類ごとにその額も賃金台帳に記入しなければならないこととされている。

ウ　ある会社で労働協約により6か月ごとに6か月分の通勤定期乗車券を購入し、それを労働者に支給している。この定期乗車券は、労働基準法第11条に規定する賃金であり、各月分の賃金の前払いとして認められるから、平均賃金算定の基礎に加えなければならない。

エ　通勤手当は、労働とは直接関係のない個人的事情に基づいて支払われる賃金であるから、労働基準法第37条の割増賃金の基礎となる賃金には算入しないこととされている。

オ　労働基準法第24条第1項に定めるいわゆる「賃金全額払の原則」は、労働者の賃金債権に対しては、使用者は、使用者が労働者に対して有する債権をもって相殺することを許されないとの趣旨を包含するものと解するのが相当であるが、その債権が当該労働者の故意又は過失による不法行為を原因としたものである場合にはこの限りではない、とするのが最高裁判所の判例である。

A　一つ　　　B　二つ　　　C　三つ　　　D　四つ　　　E　五つ

ア：P40、イ：P116、ウ：P40・41、エ：P81、オ：（参考）P43

解説

ア **✕** 法11条、昭23.8.18基収2520号。設問のうち、**解雇予告手当**は、**労働の対償**として支払われるものではないため、賃金に含まれません。設問のそのほかの賞与、家族手当及び住宅手当は、使用者が労働の対償として支払うものである以上は、賃金に含まれます。

イ **〇** 則54条１項６号・７号。賃金台帳の記入事項についてです。賃金台帳の記入事項は、労働者各人に係る①氏名、②性別、③賃金計算期間、④労働日数、⑤労働時間数、⑥**時間外**労働時間数、**休日**労働時間数及び**深夜**労働時間数、⑦基本給、手当その他**賃金の種類ごと**にその額、⑧賃金の一部を控除した場合のその額です。設問は、上記⑥⑦についてです。

ウ **〇** 昭25.1.18基収130号。設問の定期乗車券は、労働基準法11条に規定する**賃金**と認められます。また、６ヵ月分の通勤定期乗車券は、各月分の賃金の前払いとみなされるため、平均賃金算定の基礎に**加える**必要があります。

エ **〇** 法37条５項。割増賃金の算定の基礎から除外される賃金についてです。(1)労働者の個人的事情により変動する賃金（①**家族手当**、②**通勤手当**、③**別居手当**、④**子女教育手当**、⑤**住宅手当**）、(2)通常の賃金以外の賃金（⑥**臨時**に支払われた賃金）及び(3)割増賃金の算定の基礎への算入が困難である賃金（⑦**１ヵ月を超える期間ごとに支払われる賃金**）は、割増賃金の算定の基礎から**除外**されます。設問は、前記(1)②についてです。

オ **✕** 最判 昭36.5.31日本勧業経済会事件。設問は、後半部分の記述が誤りです。最高裁判所の判例によれば、労働者の賃金債権に対しては、使用者が労働者に対して有する債権が当該労働者の不法行為を原因としたものである場合であっても、使用者は、当該債権をもって相殺すること（当該債権と労働者の賃金債権を相殺すること）は**許されない**ものとされています。

以上から、正しいものは三つであるため、正解は**C**です。

解答 C

問題 012

賃金（3）

過平29

難易度 普　重要度 A

労働基準法に定める賃金に関する次の記述のうち、誤っているものはどれか。

A　労働協約の定めによって通貨以外のもので賃金を支払うことが許されるのは、その労働協約の適用を受ける労働者に限られる。

B　労働基準法第25条により労働者が非常時払を請求しうる事由は、労働者本人に係る出産、疾病、災害に限られず、その労働者の収入によって生計を維持する者に係る出産、疾病、災害も含まれる。

C　1か月の賃金支払額（賃金の一部を控除して支払う場合には控除した額。）に100円未満の端数が生じた場合、50円未満の端数を切り捨て、それ以上を100円に切り上げて支払う事務処理方法は、労働基準法第24条違反としては取り扱わないこととされている。

D　賃金の過払を精算ないし調整するため、後に支払われるべき賃金から控除することは、「その額が多額にわたるものではなく、しかもあらかじめ労働者にそのことを予告している限り、過払のあつた時期と合理的に接着した時期においてされていなくても労働基準法24条1項の規定に違反するものではない。」とするのが、最高裁判所の判例である。

E　労働基準法第26条に定める休業手当は、同条に係る休業期間中において、労働協約、就業規則又は労働契約により休日と定められている日については、支給する義務は生じない。

| 速習レッスン | A：P44、B：P46、C：P44、D：P45、E：P46 | 解説 |

A 〇 法24条1項、昭63.3.14基発150号。労働協約の定めにより、賃金を通貨以外のもので支払うことが許されるのは、当該**労働協約の適用を受ける労働者**（原則として、労働協約を締結した労働組合の組合員）に限られます。したがって、使用者は、当該労働協約の適用を受けない労働者に対して、通貨以外のもので賃金を支払うことはできません。

B 〇 法25条、則9条。法25条に規定する非常時払いの対象となる「非常の場合」とは、労働者本人の出産、疾病、災害等に限られず、その労働者の収入によって**生計を維持する者**の**出産、疾病、災害等**も含まれます。

C 〇 昭63.3.14基発150号。**1ヵ月の賃金支払額**における端数処理の方法として、次の①②のものが認められています。これらの方法は、賃金支払いの便宜上の取扱いと認められるため、法24条**違反として取り扱わない**ものとされています。設問は、①についてです。

①**100円未満**の端数が生じた場合に、**50円未満の端数を切り捨て、それ以上を100円に切り上げること**。

②**1,000円未満の端数を翌月の賃金支払日に繰り越して支払うこと**。

D ✕ 最判 昭44.12.18福島県教組事件。設問は、「接着した時期においてされていなくても」という記述が誤っています。設問のような過払額の控除（調整的相殺）について最高裁判所は、「許されるべき相殺は、過払いのあった時期と賃金の清算調整の実を失わない程度に**合理的に接着した時期**においてされ、また、あらかじめ労働者にそのことが予告されるとか、その額が多額にわたらないとか、要は労働者の**経済生活の安定をおびやかすおそれのない場合**でなければならないものと解される」と判示しました。

E 〇 昭24.3.22基収4077号。**労働協約、就業規則又は労働契約**に定める**休日**は、「使用者の責めに帰すべき事由による休業」に該当しません。したがって、使用者の責めに帰すべき事由による休業期間中に、当該休日と定められている日がある場合であっても、当該休日と定められている日について、使用者に休業手当を支払う**義務は生じません**。

解答 ▶ D

問題 013

チェック欄

賃金（4）

予想

難易度 易　重要度 A

労働基準法に定める賃金に関する次の記述のうち、正しいものはどれか。

A　使用者は、賃金を、労働者の指定する銀行その他の金融機関に対する当該労働者の預金又は貯金への振込みによって支払うためには、労働協約にその旨を定めた上で、当該労働者の同意を得なければならない。

B　使用者は、労使協定がある場合においても、一賃金支払期の賃金について、その10分の1を超える額を控除して支払うことはできない。

C　賃金の計算において、5分の遅刻を30分の遅刻として賃金カットをするような処理は、就業規則に定める減給の制裁として、労働基準法第91条の制限内で行う場合を除き、賃金全額払いの原則を定めた同法第24条第1項に違反する。

D　新たに給与規程を定め、過去に遡及して賃金を支払うことを取り決める場合において、その支払対象を在職者のみとすることは、退職者について在職期間に係る差額賃金の支払いを受ける権利を奪うものであり、違法である。

E　出来高払制その他の請負制で使用する労働者については、労働者が就業しなかった場合であっても、使用者は労働基準法第27条の保障給を支払わなければならない。

76

| 速習レッスン | A：P43、B：P45、C：P44、D：P45、E：P47 | 解説 |

A ✕ 法24条1項、則7条の2第1項。労働協約にその旨を定める必要はありません。金融機関の預貯金口座への**振込み**により賃金を支払うことは、確実な支払いの方法として**厚生労働省令で定める方法**に該当します。したがって、当該振込みにより賃金を支払うにあたって、**労働者の**同意は必要ですが、労働協約に別段の定めは不要です。

B ✕ 法24条1項、昭29.12.23基収6185号。控除額について、設問のような制限はありません。使用者は、**労使協定**がある場合には、賃金の**一部**を控除して支払うことができます。この場合に控除される金額は、賃金の一部である限り、労働基準法上、特に限度はないものとされています。

C 〇 法24条1項、昭63.3.14基発150号。賃金は、その**全額**を支払わなければなりません（賃金全額払いの原則）。設問のような処理は、労働の提供のなかった**限度を**超える（25分の）カットの部分が、賃金全額払いの原則に違反します。これに対して、遅刻等により労働の提供がなかった部分については、賃金債権自体が発生しませんので、その限度で賃金を支払わないことは、賃金全額払いの原則に違反しません。

D ✕ 昭23.12.4基収4092号。設問のような取扱いは、違法ではないと解されています。設問のような場合において、その支払対象を在職者のみとするか、退職者をも含めるかは**労使当事者の自由**とされています。

E ✕ 法27条、昭23.11.11基発1639号。労働者が就業しなかった場合には、保障給を支払う必要はありません。**出来高払制その他の請負制**で使用する労働者については、使用者は、**労働時間**に応じ一定額の賃金の保障をしなければなりません。これにより使用者に保障給の支払いが義務づけられるのは、労働者が**就業した**にもかかわらず、材料不足のため多くの待ち時間を費やした場合や材料粗悪のために出来高が減少した場合のように、その実収賃金が低下した場合です。

| 1章 | 労働基準法 |

| 解答 | C |

77

賃金 (5)

過平30

労働基準法に定める賃金等に関する次の記述のうち、誤っているものはどれか。

A　派遣先の使用者が、派遣中の労働者本人に対して、派遣元の使用者からの賃金を手渡すことだけであれば、労働基準法第24条第1項のいわゆる賃金直接払の原則に違反しない。

B　使用者が労働者の同意を得て労働者の退職金債権に対してする相殺は、当該同意が「労働者の自由な意思に基づいてされたものであると認めるに足りる合理的な理由が客観的に存在するときは」、労働基準法第24条第1項のいわゆる賃金全額払の原則に違反するものとはいえないとするのが、最高裁判所の判例である。

C　労働基準法では、年俸制をとる労働者についても、賃金は、毎月一回以上、一定の期日を定めて支払わなければならないが、各月の支払いを一定額とする（各月で等分して支払う）ことは求められていない。

D　ストライキの場合における家族手当の削減が就業規則（賃金規則）や社員賃金規則細部取扱の規定に定められ異議なく行われてきている場合に、「ストライキ期間中の賃金削減の対象となる部分の存否及びその部分と賃金削減の対象とならない部分の区別は、当該労働協約等の定め又は労働慣行の趣旨に照らし個別的に判断するのを相当」とし、家族手当の削減が労働慣行として成立していると判断できる以上、当該家族手当の削減は違法ではないとするのが、最高裁判所の判例である。

E　労働安全衛生法第66条による健康診断の結果、私傷病のため医師の証明に基づいて使用者が労働者に休業を命じた場合、使用者は、休業期間中当該労働者に、その平均賃金の100分の60以上の手当を支払わなければならない。

速習レッスン A：P44、B：（参考）P44、C：P44、D：（参考）P45、E：P47　　**解説**

A ○ 昭61.6.6基発333号。賃金直接払いの原則については、法文上の例外はありませんが、通達では、次の支払いを認めています。設問は、②に該当します。
①**使者**に支払うこと（**代理人**への支払いは**不可**）。
②派遣労働者の賃金を**派遣先の使用者**を通じて支払うこと。

B ○ 最判 平2.11.26日新製鋼事件。設問の判例では、使用者が労働者に対して有する債権と労働者の賃金債権の**相殺**は、「労働者がその自由な意思に基づき当該相殺に同意した場合においては、当該同意が労働者の**自由な意思**に基づいてされたものであると認めるに足りる**合理的な理由**が**客観的**に存在するときは」、法24条1項の賃金全額払いの原則に**違反するものとはいえない**と判示されました。

C ○ 法24条。賃金は、**年俸制**により支払う場合であっても、**毎月1回以上、一定の期日**に支払わなければなりません。ただし、各月の支払いを一定額とする（各月で等分して支払う）ことは求められていません。賃金の額をどのように配分して支払うかについては特段の定めがされておらず、**当事者の自由**とされています。

D ○ 最判 昭56.9.18三菱重工長崎造船所事件。設問の判例では、「ストライキ期間中の賃金削減の対象となる部分の存否及びその部分と賃金削減の対象とならない部分の区別は、当該労働協約等の定め又は労働慣行の趣旨に照らし**個別的に判断する**のを相当」とし、ストライキ期間中の家族手当の削減が就業規則（賃金規則）や社員賃金規則細部取扱の規定に定められ異議なく行われてきている場合には、それが**労働慣行として成立**していると判断できる以上、当該家族手当の削減は**違法ではない**と判断されました。

E × 法26条、昭23.10.21基発1529号。設問の場合には、平均賃金の100分の60以上の手当（休業手当）を**支払う必要は**ありません。設問のような法令を遵守することによって生ずる休業は、事業外部の**不可避的な事由**により生じたものであり、「使用者の責めに帰すべき事由による休業」に該当しないためです。

解答 E

問題 015

休業手当

過令3

難易度 普　重要度 B

労働基準法第26条（以下本問において「本条」という。）に定める休業手当に関する次の記述のうち、正しいものはどれか。

A　本条は、債権者の責に帰すべき事由によって債務を履行することができない場合、債務者は反対給付を受ける権利を失わないとする民法の一般原則では労働者の生活保障について不十分である事実にかんがみ、強行法規で平均賃金の100分の60までを保障しようとする趣旨の規定であるが、賃金債権を全額確保しうる民法の規定を排除する点において、労働者にとって不利なものになっている。

B　使用者が本条によって休業手当を支払わなければならないのは、使用者の責に帰すべき事由によって休業した日から休業した最終の日までであり、その期間における労働基準法第35条の休日及び労働協約、就業規則又は労働契約によって定められた同法第35条によらない休日を含むものと解されている。

C　就業規則で「会社の業務の都合によって必要と認めたときは本人を休職扱いとすることがある」と規定し、更に当該休職者に対しその休職期間中の賃金は月額の2分の1を支給する旨規定することは違法ではないので、その規定に従って賃金を支給する限りにおいては、使用者に本条の休業手当の支払義務は生じない。

D　親会社からのみ資材資金の供給を受けて事業を営む下請工場において、現下の経済情勢から親会社自体が経営難のため資材資金の獲得に支障を来し、下請工場が所要の供給を受けることができず、しかも他よりの獲得もできないため休業した場合、その事由は本条の「使用者の責に帰すべき事由」とはならない。

E　新規学卒者のいわゆる採用内定について、就労の始期が確定し、一定の事由による解約権を留保した労働契約が成立したとみられる場合、企業の都合によって就業の始期を繰り下げる、いわゆる自宅待機の措置をとるときは、その繰り下げられた期間について、本条に定める休業手当を支給すべきものと解されている。

速習レッスン　A：(参考) P46・47、B：P46、C：(参考) P46、D：P47、E：(参考) P47　解説

A ✕ 昭22.12.15基発502号。法26条は、民法の規定を排除するものではないから、民法の規定に比して**不利なものとはなっていません**。設問前半の法26条の趣旨に関しては、正しい記述です。賃金債権を全額確保しうる民法の規定は、両当事者の合意によって排除することができるなど、労働者の保護として不十分であることから、法26条が設けられています。

B ✕ 昭24.3.22基収4077号。休業手当を支払わなければならない日に、休日は**含まない**ものと解されています。休業手当は、請求することができたはずの賃金のうち一定額の支払いを保障しようとする趣旨の規定であるためです。

C ✕ 昭23.7.12基発1031号。法26条に定める額に満たない額の賃金（月額の2分の1）を支給することを就業規則に規定しても無効であり、使用者に休業手当の支払義務が生じます。就業規則の規定にかかわらず、使用者の責めに帰すべき事由による休業に対しては、**平均賃金**の100分の60以上の休業手当を支払わなければならないためです。

D ✕ 昭23.6.11基収1998号。設問の事由は、「使用者の責に帰すべき事由」となります。「使用者の責めに帰すべき事由」は、使用者の**故意**、**過失**又は信義則上これと同視すべきものよりも広いもの（不可抗力によるものを除く。）とされています。生産に必要な資材等は使用者が常に調達しておくべきものであり、設問の場合も、その事由は、「使用者の責めに帰すべき事由」に該当します。

E 〇 昭63.3.14基発150号。設問のような新規学卒者のいわゆる採用内定においては、本来の就労の始期から、労働者には労働義務が、使用者にはこれに対する賃金支払義務が生じます。その中で、企業の都合によっていわゆる**自宅待機**の措置をとることは、「使用者の責めに帰すべき事由による休業」といえるため、その期間については、使用者が**休業手当を支給**すべものと解されています。

休業手当の算定

7月1日から4日までの4日間について、休業手当の支払いが必要になったとしましょう。この場合は、4月1日から6月30日までの3ヵ月間が平均賃金の算定期間となります。7月1日に平均賃金が確定するため、休業手当（の最低額）は4日間とも同じ額です。なお、賃金締切日があって、直前のそれが6月20日である場合は、6月20日からさかのぼる3ヵ月間が平均賃金の算定期間となります。

解答　E

問題 016

チェック欄

労働時間（1）

予想

難易度 普　重要度 B

次の記述のうち、正しいものはどれか。

A　派遣労働者が一定期間に相前後して複数の事業場に派遣された場合には、労働基準法の労働時間に関する規定の適用については、それぞれの派遣先の事業場において労働した時間が通算されることとなる。

B　映画の製作の事業であって常時使用する労働者の数が10人未満であるものにおける法定労働時間は、1週間について44時間、1日について8時間である。

C　坑内作業における入坑前の準備時間は、労働時間ではない。

D　労働時間とは、拘束時間から、休憩時間及び手待時間を除いたものをいう。

E　始業時刻前及び終業時刻後において、作業着の着脱を事業場内において行うことを使用者から義務づけられた場合であっても、当該作業着の着脱に要する時間は、労働時間ではない。

速習レッスン　A：P50、B：P49、C：P50、D：P49〜50、E：P50

解説

A ○ 法38条1項、昭61.6.6基発333号。労働時間は、事業場を異にする場合においても、労働時間に関する規定の適用については**通算されます**。これは、派遣労働者についても同じです。したがって、設問の場合における派遣労働者の労働時間については、各派遣先における労働時間が通算されることとなります。

B × 法32条、40条、則25条の2第1項。**映画の製作**の事業であって常時使用する労働者の数が10人未満であるものについては、法定労働時間は、原則のとおり適用されます。したがって、1週間について**40時間**、1日について**8時間**です。なお、映画の製作の事業を除く映画・演劇の事業であって常時使用する労働者の数が10人未満であるものにおける法定労働時間は、1週間について44時間、1日について8時間です。

C × 昭23.10.30基発1575号。坑内作業における入坑前の**準備時間**及び出坑後の**整理整頓時間**は、労働時間です。

D × 法32条、昭33.10.11基収6286号。手待時間は、労働時間です。労働時間とは、**拘束時間**から**休憩時間を除いた**時間であり、**手待時間**は労働時間に算入しなければなりません。

E × 最判 平12.3.9三菱重工長崎造船所事件。設問の時間は、労働時間に該当します。設問の場合には、作業着を着脱する行為が**使用者**の**指揮命令下**に置かれたものと評価することができ、当該行為に要した時間は、労働基準法上の労働時間に該当するというのが判例における判断です。

ポイント解説

休憩時間、実労働時間、手待時間、労働時間、拘束時間

①**休憩時間** …… 労働者が権利として**労働から離れることを保障**されている時間のことをいいます（昭22.9.13発基17号）。
②実労働時間 …… 労働者が現実に就労している時間をいいます。
③**手待時間** …… 労働者が**使用者**の**指揮命令下**にあるが、現実には就労していない状態にある時間をいいます。たとえば、長距離の貨物運送業において、荷物の積込みのために待機している時間や、運行中に助手が仮眠している時間などはこれにあたります（昭33.10.11基収6286号）。
④**労働時間** …… **使用者**の**指揮命令下**にある時間（**実労働時間、手待時間**等）をいいます。
⑤拘束時間 …… 労働時間に休憩時間を加えた時間をいいます。

解答　A

労働時間（2）

労働基準法の労働時間に関する次の記述のうち、正しいものはどれか。

A 労働安全衛生法により事業者に義務付けられている健康診断の実施に要する時間は、労働安全衛生規則第44条の定めによる定期健康診断、同規則第45条の定めによる特定業務従事者の健康診断等その種類にかかわらず、すべて労働時間として取り扱うものとされている。

B 定期路線トラック業者の運転手が、路線運転業務の他、貨物の積込を行うため、小口の貨物が逐次持ち込まれるのを待機する意味でトラック出発時刻の数時間前に出勤を命ぜられている場合、現実に貨物の積込を行う以外の全く労働の提供がない時間は、労働時間と解されていない。

C 労働安全衛生法第59条等に基づく安全衛生教育については、所定労働時間内に行うことが原則とされているが、使用者が自由意思によって行う教育であって、労働者が使用者の実施する教育に参加することについて就業規則上の制裁等の不利益取扱による出席の強制がなく自由参加とされているものについても、労働者の技術水準向上のための教育の場合は所定労働時間内に行うことが原則であり、当該教育が所定労働時間外に行われるときは、当該時間は時間外労働時間として取り扱うこととされている。

D 事業場に火災が発生した場合、既に帰宅している所属労働者が任意に事業場に出勤し消火作業に従事した場合は、一般に労働時間としないと解されている。

E 警備員が実作業に従事しない仮眠時間について、当該警備員が労働契約に基づき仮眠室における待機と警報や電話等に対して直ちに対応することが義務付けられており、そのような対応をすることが皆無に等しいなど実質的に上記義務付けがされていないと認めることができるような事情が存しないなどの事実関係の下においては、実作業に従事していない時間も含め全体として警備員が使用者の指揮命令下に置かれているものであり、労働基準法第32条の労働時間に当たるとするのが、最高裁判所の判例である。

| 速習レッスン | A：P50、B：（参考）P50、C：P50、D：（参考）P50、E：P50 | 解説 |

A ✕ 昭47.9.18基発602号、コンメンタール411頁参照。健康診断の種類にかかわらず、すべて労働時間として取り扱うものとはされていません。労働安全衛生法の定めによる**一般健康診断**（定期健康診断、特定業務従事者の健康診断等）は、業務遂行との関連で行われるものではないため、その実施に要する時間は必ずしも**労働時間として取り扱う必要はありません**。一方、同法の定めによる**特殊健康診断**（有害業務従事者の健康診断）は、事業の遂行にからんで当然実施されなければならない性格のものであるため、その実施に要する時間は**労働時間として取り扱わなければならない**ものとされています。

B ✕ 昭33.10.11基収6286号。設問のトラック業者の運転手に係る「現実に貨物の積込を行う以外の全く労働の提供がない時間」（いわゆるトラック運転手の荷待ち時間）は、**手待時間**に該当し、出勤を命ぜられ、一定の場所に拘束されている以上、**労働時間と解されています**。

C ✕ 昭26.1.20基収2875号、昭47.9.18基発602号。労働安全衛生法に基づく**安全衛生教育**については、所定労働時間内に行うことが原則とされており、その実施に要する時間は**労働時間と解されています**。一方、**使用者が自由意思によって行う教育**であって、就業規則上の制裁等の不利益取扱いによる**出席の強制がなく自由参加**のものについては、所定労働時間内に行うことが原則とはされていません。労働者が所定労働時間外に使用者の実施する当該教育に参加する場合は、**時間外労働にはならない**とされています。つまり、当該教育を実施した時間は、労働時間とは解されておらず、時間外労働時間として取り扱う必要もありません。

D ✕ 昭23.10.23基収3141号。事業場に火災が発生した場合において、任意に出勤して従事した**消火作業**の時間は、**労働時間と解されています**。

E 〇 最判 平14.2.28大星ビル管理事件。警備員が実作業に従事しない仮眠時間（**不活動仮眠時間**）であっても、労働からの解放が保障されていない場合には、使用者の指揮命令下に置かれているものとして、**労働時間に該当する**とされています。

解答　**E**

労働時間、休憩及び休日

過平24

労働基準法に定める労働時間等に関する次の記述のうち、誤っているものはどれか。

A 使用者は、1日の労働時間が8時間を超える場合においては少なくとも1時間の休憩時間を労働時間の途中に与えなければならず、1日の労働時間が16時間を超える場合には少なくとも2時間の休憩時間を労働時間の途中に与えなければならない。

B 労働基準法第34条に定める休憩時間の利用について、事業場の規律保持上必要な制限を加えることは、休憩の目的を損なわない限り差し支えない。

C 労働基準法第35条に定める休日は、原則として暦日を意味するものと解されており、例えば、午前8時から翌日の午前8時までの労働と、同じく午前8時から翌日の午前8時までの非番とを繰り返す一昼夜交代勤務の場合に、非番の継続24時間の間労働義務がないとしても、同条の休日を与えたものとは認められない。

D 労働基準法第36条は、時間外又は休日労働を適法に行わせるための手続を規定したものであるから、時間外又は休日労働命令に服すべき労働者の民事上の義務は、同条に定めるいわゆる36協定から直接当然に生ずるものではない。

E 労働基準法第36条に定めるいわゆる36協定は、これを所轄労働基準監督署長に届け出てはじめて使用者が労働者に適法に時間外労働又は休日労働を行わせることを可能とするのであって、法定労働時間を超えて労働させる場合、単に同協定を締結したのみでは、労働基準法違反の責めを免れない。

速習レッスン　A：P51、B：P52、C：P52、D：P78、E：P78

解説

1章　労働基準法

A　✗　法34条1項、昭22.11.27基発401号。設問は、後半の記述が誤りです。1日の労働時間が16時間を超える場合に少なくとも2時間の休憩時間を与えなければならないとする規定はありません。1日の労働時間が**8時間を超える**場合には、その労働時間が何時間であっても、**1時間**の休憩時間を与えれば足ります。

B　○　昭22.9.13発基17号。休憩時間の自由利用について、設問のような**規律保持上必要な制限**を加えることは認められています。なお、休憩時間中の外出について所属長の許可を受けさせることも、事業場内において自由に休息し得る場合には、必ずしも違法になりません。

C　○　昭23.4.5基発535号、昭23.11.9基収2968号。労働基準法で定める休日は、**暦日**（午前0時から午後12時まで）によることが原則であり、設問のような「一昼夜交代（交替）勤務」の場合にも同様です。したがって、設問の非番の継続24時間（午前8時から翌日の午前8時まで）については、たとえ労働義務がないとしても、これをもって休日を与えたことにはなりません。設問の場合に休日を与えるためには、非番の翌日午前0時から午後12時までの24時間を休日として与える必要があります。なお、これに対して、「8時間3交替制」の場合には、暦日によらず、継続24時間の休息を与えれば、休日として認められることがあります。

D　○　昭63.1.1基発1号。36協定を含む労働基準法上の労使協定の効力は、本来は法違反となる行為を行っても違反にしないという**免罰効果**のみを発生させることにあるので、労働関係上（民事上）の義務は、その労使協定から直接生ずるものではありません。なお、労働関係上の義務を設定するためには、別途、労働規範である**就業規則等**に定めをおくことが必要となります。

E　○　法36条1項。36協定の免罰効果は、所轄労働基準監督署長に届け出なければ生じません。労働基準法上の労使協定のうち、**届出**をして初めて免罰効果が発生するのは、**36協定**のみです。

解答　A

問題 **019**

チェック欄

労働時間等に関する規定の適用除外

予想

難易度 **普**　重要度 **B**

労働基準法第41条及び第41条の2に定める「労働時間等に関する規定の適用除外」に関する次の記述のうち、誤っているものはどれか。なお、本問において「高度プロフェッショナル制度」とは、同法第41条の2に基づき労働時間等に関する規定が適用除外とされる制度のことをいう。

A 労働基準法第41条第2号に規定する「監督若しくは管理の地位にある者」とは、一般的には、部長、工場長等労働条件の決定その他労務管理について経営者と一体的な立場にある者の意であり、名称にとらわれず、実態に即して判断すべきものであるとされている。

B 労働基準法第41条第3号に規定する「監視又は断続的労働に従事する者」に関して、タクシー運転については、相当の精神的緊張を要する業務であることから、断続的労働として労働時間等に関する規定の適用除外に係る許可をすべきではない業務とされている。

C 高度プロフェッショナル制度が適用される労働者は、労働契約により使用者から支払われると見込まれる賃金の額を1年間あたりの賃金の額に換算した額が基準年間平均給与額の3倍の額を相当程度上回る水準として厚生労働省令で定める額以上でなければならないが、この「厚生労働省令で定める額」は1,075万円とされている。

D 書面その他の厚生労働省令で定める方法により同意を得た対象労働者でなければ高度プロフェッショナル制度を適用することはできず、この同意の対象となる事項は、労働基準法第4章で定める労働時間、休憩、休日及び深夜の割増賃金に関する規定が適用されないこととなる旨並びに同意の対象となる期間及びその期間中に支払われると見込まれる賃金の額とされている。

E 高度プロフェッショナル制度の対象業務に従事する対象労働者に対して、使用者は、1年間を通じ104日以上、かつ、4週間を通じ4日以上の休日を労使委員会の決議及び就業規則その他これに準ずるもので定めるところにより与えなければならないが、年次有給休暇を与えた日を除き、1年に1回以上の継続した2週間について休日を与えた場合は、当該義務がなくなる。

速習レッスン　A：P54、B：（参考）P53、C：P54、D：P54、E：P55

解説

A　○　昭22.9.13発基17号。労働時間等に関する規定が適用除外となる「監督若しくは管理の地位にある者（**管理監督者**）」には、労働条件の決定その他労務管理について<u>経営者と一体的な立場</u>にある者が該当します。企業が任命する職制上の役付者（係長、課長、部長等）であればすべて管理監督者に該当するものではなく、**重要な職務と責任**を有し、現実の勤務態様も労働時間等の規制になじまないような立場にある者に限って、管理監督者として労働時間等に関する規定の適用を除外することが認められます。

B　○　昭23.4.5基収1372号。タクシー運転は、たとえ実働時間が3時間から5時間程度と短い場合であっても、**相当の精神的緊張**を要する業務であり、断続的労働として許可をすべきではない業務とされています。

C　○　法41条の2第1項2号ロ、則34条の2第6項。高度プロフェッショナル制度の対象労働者については、いわゆる年収要件が設けられています。具体的には、現在、年収の額が<u>1,075万円</u>以上であることがその要件とされています。

D　○　法41条の2第1項本文、則34条の2第2項。高度プロフェッショナル制度が適用されると**労働時間**、**休憩**、**休日**及び**深夜の割増賃金**に関する規定が適用除外となるため、当該事項を含んだ<u>同意</u>を対象労働者から得なければなりません。なお、対象労働者は、この同意を**撤回**することもできます。

E　×　法41条の2第1項4号・5号。設問後半の場合でも、義務はなくなりません。**1年間を通じ104日以上**、かつ、**4週間を通じ4日以上**の休日の付与（休日確保措置）は、使用者が必ず講じなければならない措置とされています。

ポイント解説

高度プロフェッショナル制度の年収要件

「1,075万円」という年収の額は、厚生労働省令で定められますが、これには法律上「**基準年間平均給与額**の**3倍**の額を相当程度上回る水準」でなければならないという歯止め規定が設けられています。なお、「**基準年間平均給与額**」とは、厚生労働省において作成する**毎月勤労統計**における毎月きまって支給する給与の額の1月分から12月分までの各月分の合計額のことです。

解答　E

問題 020

変形労働時間制等（1）

変形労働時間制等に関する次の記述のうち、誤っているものはどれか。

A　1年単位の変形労働時間制を採用するためには、使用者は、労使協定において労働日及び当該労働日ごとの労働時間をあらかじめ特定しなければならないが、対象期間が3ヵ月以下である場合には、当該協定で定める労働時間について特別な制限はなく、対象期間を平均した1週間あたりの労働時間が40時間以下であればよい。

B　使用者は、1年単位の変形労働時間制により労働させる場合であっても、対象期間の途中で退職した労働者について、当該労働させた期間を平均し1週間あたり40時間を超えて労働させたときは、当該超えた時間（労働基準法第33条又は第36条第1項の規定により延長し、又は休日に労働させた時間を除く。）の労働については、割増賃金を支払わなければならない。

C　使用者は、1週間単位の非定型的変形労働時間制により労働者に労働させる場合においては、当該労働させる1週間の各日の労働時間を、少なくとも、当該1週間の開始する前に、書面により、当該労働者に通知しなければならない。

D　フレックスタイム制を採用する場合に締結する労使協定について、使用者は、清算期間が1ヵ月を超える場合に限り、これを所轄労働基準監督署長に届け出なければならない。

E　清算期間が3ヵ月であるフレックスタイム制により労働者を労働させる場合においては、当該清算期間を平均し1週間あたりの労働時間が40時間を超えず、かつ、当該清算期間をその開始の日以後1ヵ月ごとに区分した各期間ごとに当該各期間を平均し1週間あたり50時間を超えない範囲内において、労働させることができる。

| 速習レッスン | A：P69、B：P69、C：P70、D：P72、E：P71 | 解説 |

A ✕ 法32条の４第１項・３項、則12条の４第４項。労働時間については、対象期間の長短に関係なく、**１日につき10時間**、**１週間につき52時間**までに制限されます。なお、対象期間が３ヵ月を超える場合には、さらに①労働時間が48時間を超える週が連続する場合のその週数が３以下であること、②対象期間の初日から３ヵ月ごとに区分した各期間において、労働時間が48時間を超える週の初日の数が３以下であることが必要です。

B 〇 法32条の４の２。１年単位の変形労働時間制の対象労働者であっても、途中退職者等、実際に当該制度により労働させた期間が**対象期間より短いもの**については、賃金の清算が必要です。使用者は、**実際に労働させた期間**を平均し**１週間あたり40時間を超えて**労働させた場合には、当該超えた時間（すでに時間外・休日労働とされた時間を除く。）の労働について、**割増賃金**を支払わなければなりません。なお、途中退職者等について賃金の清算が必要な点は、清算期間が１ヵ月を超えるフレックスタイム制で労働させる場合も同様です。

C 〇 法32条の５第２項、則12条の５第３項。１週間単位の非定型的変形労働時間制においては、１週間の所定労働時間が**40時間以内**となる範囲内で、１週間の各日の労働時間を**10時間**までとすることができます。この「１週間の各日の労働時間」については、使用者は、少なくとも当該１週間の**開始する前**に、**書面**により労働者に**通知**しなければなりません。ただし、緊急でやむを得ない事由がある場合には、前日までに書面により労働者に**通知**することにより、あらかじめ通知した労働時間を**変更**することができます。

D 〇 法32条の３第４項、則12条の３第２項。フレックスタイム制に係る**労使協定**は、清算期間が**１ヵ月を超える**場合に限り、所轄労働基準監督署長に届け出なければなりません。清算期間が１ヵ月以内の場合は、届出は不要です。

E 〇 法32条の３第１項・２項、則25条の２第４項。フレックスタイム制については、清算期間が**１ヵ月を超える**場合（設問は清算期間が３ヵ月であり、これに該当する。）には、次の制限が適用されます。

①清算期間**全体**の１週間平均の労働時間が**40時間**を超えないこと（特例対象事業であっても、１週間平均の労働時間の限度は40時間となる。）。

②清算期間をその開始の日以後**１ヵ月ごとに区分**した各期間（最後に１ヵ月未満の期間を生じたときは、当該期間）ごとに当該各期間の１週間平均の労働時間が**50時間**を超えないこと。

解答 **A**

変形労働時間制等（2）

労働基準法第32条の2に定めるいわゆる1か月単位の変形労働時間制に関する次の記述のうち、正しいものはどれか。

A　1か月単位の変形労働時間制により労働者に労働させる場合にはその期間の起算日を定める必要があるが、その期間を1か月とする場合は、毎月1日から月末までの暦月による。

B　1か月単位の変形労働時間制は、満18歳に満たない者及びその適用除外を請求した育児を行う者については適用しない。

C　1か月単位の変形労働時間制により所定労働時間が、1日6時間とされていた日の労働時間を当日の業務の都合により8時間まで延長したが、その同一週内の1日10時間とされていた日の労働を8時間に短縮した。この場合、1日6時間とされていた日に延長した2時間の労働は時間外労働にはならない。

D　1か月単位の変形労働時間制は、就業規則その他これに準ずるものによる定めだけでは足りず、例えば当該事業場に労働者の過半数で組織する労働組合がある場合においてはその労働組合と書面により協定し、かつ、当該協定を所轄労働基準監督署長に届け出ることによって、採用することができる。

E　1か月単位の変形労働時間制においては、1日の労働時間の限度は16時間、1週間の労働時間の限度は60時間の範囲内で各労働日の労働時間を定めなければならない。

速習レッスン A：P66、B：P64、95～96、C：P66、D：P65、E：P65　　　　**解説**

1章 労働基準法

A　✕　則12条の２第１項。設問後半の「期間を１か月とする場合は、毎月１日から月末までの**暦月による**」との制限はありません。たとえば、暦月によらずに、毎月16日から翌月15日までの１ヵ月を単位とすることも可能です。なお、１ヵ月単位の変形労働時間制に係る期間（変形期間）の**起算日**を定める必要があるとする点は、正しい内容です。

B　✕　法60条１項、66条１項、則12条の６。請求した**育児を行う者**について適用除外とする規定はありません。育児を行う者については、育児に必要な時間を確保できるような**配慮**をしなければならない旨のみが定められています。なお、設問のうち、満18歳に満たない者については、原則として、１ヵ月の単位変形労働時間制は適用されません。

C　○　昭63.1.1基発１号。まず、①所定労働時間が「１日６時間とされていた日」（所定労働時間が８時間以内の日）については、法定労働時間である**8時間を超えて労働した時間**が時間外労働となります。設問では、８時間を超えて労働していません。また、②この日の労働時間を２時間延長していますが、同一週内の１日10時間とされていた日の労働を８時間とし、２時間短縮しているため、１週間の労働時間も法定労働時間又はその週につき定めた時間内となります。したがって、①と②により、延長した２時間の労働は時間外労働にはなりません。

D　✕　法32条の２、則12条の２の２第２項。**就業規則**その他これに準ずるものによる定めだけでも採用することができます。１ヵ月単位の変形労働時間制は、**労使協定又は就業規則**その他これに準ずるもののいずれかにより、採用することができるためです。なお、労使協定により採用した場合には、当該労使協定を所轄労働基準監督署長に届け出なければなりません。

E　✕　法32条の２第１項。１ヵ月単位の変形労働時間制については、**労働時間の限度**は定められていません。１日16時間や１週間60時間を超えるような極端に長い労働時間を設定することも可能です。１ヵ月以内の変形期間を平均し１週間あたりの労働時間が法定労働時間（40時間又は44時間）超えない範囲内で、各労働日及び各週の労働時間を定めれば足ります。

解答　C

93

問題 022

時間外労働等

予想

難易度 重要度

次の記述のうち、正しいものはどれか。なお、本問において、労働基準法第36条第1項の規定による時間外・休日労働に係る労使協定を、単に「36協定」というものとする。

A 36協定で定める時間外労働時間は、厚生労働大臣の定める指針に適合したものとなるようにしなければならず、この指針に抵触する協定をする当事者に対し、行政官庁はその是正を命ずることができる。

B 労働組合のない事業場において、36協定を締結するための労働者の過半数を代表する者を選任しようとする場合における当該労働者には、監督又は管理の地位にある者は含まれない。

C 36協定に基づく場合であっても、いわゆる特別条項の定めがない限り、時間外労働時間が限度時間を超えることは認められないが、この限度時間は、1年単位の変形労働時間制により労働させる場合を除き、1ヵ月について60時間、1年について360時間である。

D 1週間の所定労働時間を38時間と定めている製造業の事業場において、1週間に38時間を超え40時間まで労働させる場合については、1日の労働時間が8時間を超えない限り、36協定の締結を要しない。

E 36協定においては、対象期間における1日、1ヵ月及び1年のそれぞれの期間について労働時間を延長して労働させることができる時間又は労働させることができる休日の日数を定めなければならないが、労働時間を延長し、又は休日に労働させることができることとされる労働者の範囲については定めることを要しない。

速習レッスン　A：P77、B：P78、C：P76、D：P74、E：P75

解説

A ✕ 法36条8項・9項。設問の場合について是正命令を認める規定は存在せず、行政官庁は、必要な<u>助言及び指導</u>を行うことができるにすぎません。

B ✕ 法36条1項、昭46.1.18基収6206号。36協定を締結するための労働者の過半数を代表する者を選任しようとする場合における当該労働者には、**監督又は管理の地位にある者**が**含まれます**。なお、監督又は管理の地位にある者は、労働者の過半数を代表する者となることはできません。

C ✕ 法36条3項・4項。**1ヵ月**についての限度時間は、<u>45時間</u>です。**1年**についての限度時間が**360時間**である点は、正しい記述です。

D ○ 法36条1項、昭23.4.28基収1497号。所定労働時間が法定労働時間未満である場合において、所定労働時間を超えて**法定労働時間まで**労働させることを一般に法内超勤（法定労働時間内での超過勤務）といいます。この場合には、1日の労働時間が8時間を超えず、かつ、その週の労働時間が40時間を超えない限り、**36協定の締結を**<u>要しない</u>ものと解されています。

E ✕ 法36条2項1号・4号。「労働時間を延長し、又は休日に労働させることができることとされる労働者の範囲」についても定める必要があります。36協定に定める事項には、①<u>労働者の範囲</u>、②対象期間、③時間外・休日労働をさせることができる場合、④**1日**、<u>1ヵ月</u>及び**1年**のそれぞれの延長時間等、⑤厚生労働省令で定める事項があります。

法内超勤と時間外労働との関係

曜日	月曜	火曜	水曜	木曜	金曜	土曜	日曜
所定労働時間	6時間	8時間	8時間	8時間	8時間	休日	休日

※週の法定労働時間は40時間で、週の所定労働時間は38時間の事業である。

①月曜日に2時間以下の残業を行わせると**法内超勤**（1日の労働時間が8時間以下であり、かつ、1週間の労働時間が40時間以下であるため）となり、割増賃金の支払いは<u>不要</u>です。

②月曜日に2時間を超える残業を行わせると、2時間までの分は法内超勤ですが、2時間を超える分は**時間外労働**となり、その部分には割増賃金の支払いが**必要**です。

③火曜〜金曜のいずれかの日に残業を行わせると、いずれも**時間外労働**（1日の労働時間が8時間を超えるため）となり、その部分には割増賃金の支払いが**必要**です。

解答　D

問題 023

割増賃金

予想

労働基準法に定める割増賃金に関する次の記述のうち、正しいものはどれか。

A　就業中の停電により労働者の作業を一時中止して自由に休憩させ、送電の回復をまって作業を続開し、停電で休憩させた時間だけ終業時刻を繰り下げた場合においては、その労働時間が前後通算して8時間以内であっても、使用者は、通常日の終業時刻以後の労働について、時間外労働の割増賃金を支払わなければならない。

B　出来高払制その他の請負制によって定められた賃金についての割増賃金の基礎となる「通常の労働時間又は通常の労働日の賃金の計算額」は、その賃金算定期間（賃金締切日がある場合には、賃金締切期間）において、出来高払制その他の請負制によって計算された賃金の総額を当該賃金算定期間における総所定労働時間数で除した金額に、時間外労働、休日労働又は深夜労働の時間数を乗じた金額となる。

C　使用者は、時間外労働が1ヵ月について60時間を超えた場合においては、その超えた時間の労働については、通常の労働時間の賃金の計算額の5割以上の率で計算した割増賃金を支払わなければならないが、中小事業主の事業については、この規定は適用されない。

D　労働基準法第37条第3項の休暇（以下「代替休暇」という。）を実施する場合には、事業場において労使協定を締結する必要があるが、この労使協定は、個々の労働者に対して代替休暇の取得を義務づけるものではなく、個々の労働者が実際に代替休暇を取得するか否かは、労働者の意思によるものとされている。

E　代替休暇を与えることができる期間については、特に長い時間外労働が行われた月から一定の近接した期間に与えられることによって労働者の休息の機会とする観点から、労働基準法施行規則第19条の2第1項第3号において、時間外労働が1ヵ月について60時間を超えた当該1ヵ月の初日から2ヵ月以内とされており、労使協定では、この範囲内で定める必要がある。

速習レッスン　A：P79、B：P80、C：P81・82、D：（参考）P82、E：P82

解説

A ✕　昭22.12.26基発573号。時間外労働の割増賃金の支払いを**要しません**。時間外労働の割増賃金は、**法定**労働時間を超えて労働させた場合に支払わなければなりません。したがって、設問のように作業を一時中止して休憩させた時間だけ終業時刻を繰り下げた場合に、その労働時間が前後通算して8時間以内（法定労働時間以内）であれば、時間外労働の割増賃金の支払いは不要です。

B ✕　則19条1項6号。「総所定労働時間数」ではなく、「総労働時間数（実際の総労働時間数）」です。出来高払制その他の請負制によって定められた賃金については、1時間あたりの賃金額である「その賃金算定期間（賃金締切日がある場合には、賃金締切期間）における**賃金の総額**÷当該賃金算定期間における**総労働時間数**」に、時間外労働、休日労働又は深夜労働の時間数を乗じた金額が、割増賃金の基礎となる「通常の労働時間又は通常の労働日の賃金の計算額」となります。

C ✕　法37条1項。中小事業主の事業にも適用されます。月60時間を超える時間外労働に係る割増賃金率は**5割以上**の率となりますが、この規定は、**企業の規模にかかわらず、適用されます**（令和5年4月1日施行の改正により、中小事業主に対する適用猶予の規定は削除されている。）。なお、この規定については、①**休日労働**の時間は**含まれない**こと、②**深夜時間帯**に時間外労働が行われた場合には、**7割5分以上**の割増賃金率となる点も押さえておきましょう。

D 〇　平21基発0529001号。労使協定は、個々の労働者に対して**代替休暇の取得を義務づける**ものではなく、実際に代替休暇を取得するか否かは、**労働者の意思**によるものとされています。なお、代替休暇の取得日について、労働者が希望した日を使用者が一方的に変更・拒否することは認められていません。

E ✕　則19条の2第1項3号、平21基発0529001号。「1ヵ月の初日」ではなく、「1ヵ月の末日の翌日」から2ヵ月以内です。代替休暇を与えることができる期間は、時間外労働が1ヵ月について60時間を超えた当該**1ヵ月の末日の翌日**から**2ヵ月以内**とされています。たとえば、時間外労働が60時間を超えた月が4月である場合には、4月末日の翌日（5月1日）から2ヵ月以内（6月30日まで）の範囲内で定める必要があります。このほかは、正しい内容です。

解答　D

問題 024

年次有給休暇（1）

過平25 改正イ

労働基準法に定める年次有給休暇に関する次のアからオの記述のうち、正しいものの組合せは、後記AからEまでのうちどれか。

ア　使用者は、労働基準法第32条の3の規定によりその労働者に係る始業及び終業の時刻をその労働者の決定にゆだねる、いわゆるフレックスタイム制の適用を受ける労働者についても、同法第39条第6項に定める年次有給休暇の計画的付与の対象とすることができる。

イ　労働基準法第39条の規定による年次有給休暇の期間又は時間については、平均賃金、所定労働時間労働した場合に支払われる通常の賃金又は健康保険法第40条第1項に定める標準報酬月額の30分の1に相当する金額（その金額に、5円未満の端数があるときは、これを切り捨て、5円以上10円未満の端数があるときは、これを10円に切り上げるものとする。）のいずれかを、年次有給休暇を取得した労働者の指定するところに従い支払わなければならない。

ウ　労働基準法第39条に定める年次有給休暇の付与要件の1つである「継続勤務」には、私傷病により休職とされていた者が復職した場合の当該休職期間は含まれない。

エ　労働基準法附則第136条の規定において、使用者は、同法第39条の規定による年次有給休暇を取得した労働者に対して、賃金の減額その他不利益な取扱いをしてはならないことが罰則付きで定められている。

オ　労働基準法第39条第4項の規定により、労働者が、例えばある日の午前9時から午前10時までの1時間という時間を単位としての年次有給休暇の請求を行った場合において、使用者は、そのような短時間であってもその時間に年次有給休暇を与えることが事業の正常な運営を妨げるときは、同条第5項のいわゆる時季変更権を行使することができる。

A　（アとイ）　　B　（アとオ）　　C　（イとウ）
D　（ウとエ）　　E　（エとオ）

| 速習レッスン | ア：（参考）P89、イ：P91、ウ：P84、エ：P91、オ：P89 | 解説 |

ア ◯ 法39条6項。年次有給休暇の計画的付与について、その対象とすることができない者を定めた規定はありません。したがって、フレックスタイム制の適用を受ける労働者についても、年次有給休暇の計画的付与の対象とすることができます。

イ ✕ 法39条9項、昭27.9.20基発675号。年次有給休暇中の賃金を、労働者が指定するところに従い支払うことはできません。年次有給休暇の取得日については、就業規則その他これに準ずるもので定めるところにより、①**平均賃金**又は②**所定労働時間**労働した場合に支払われる**通常の賃金**を支払わなければなりません。ただし、労使協定により、③健康保険法に定める**標準報酬月額の30分の1**に相当する金額（その金額に10円未満の端数があるときは、その端数を四捨五入する。）を支払う旨を定めた場合には、これによらなければなりません。つまり、前記①～③の中から就業規則等で定めるところにより選択したものを**全労働者に一律**に適用して、支払わなければなりません。なお、いわゆる時間単位年休に対して支払わなければならない（1時間あたりの）賃金は、「前記①～③の額÷その日の所定労働時間数」によって計算した額となります。この場合に、①～③のいずれを基準とするかについては、**日単位による取得**の場合と同様としなければなりません。

ウ ✕ 昭63.3.14基発150号。設問の休職期間は、**実質的**に労働関係が継続している限り、継続勤務に**含まれ**ます。年次有給休暇の付与要件に係る「継続勤務」とは、**労働契約の存続期間**、すなわち**在籍期間**をいうものとされています。

エ ✕ 法附則136条。設問の年次有給休暇の取得に伴う不利益取扱いに関する規定は、「不利益な取扱いをしてはならない」とする禁止規定ではなく、「不利益な取扱いを**しないようにしなければならない**」とする訓示的な規定です。また、この規定に違反したことに対する罰則は**定められていません**。

オ ◯ 平21基発0529001号。**時間単位年休**についても、使用者の**時季変更権**の行使が**認められています**。ただし、日単位での請求を時間単位に変更することや、時間単位での請求を日単位に変更することは、認められません。

以上から、正しいものの組合せは、**B（アとオ）**です。

| 解答 | **B** |

問題 025

チェック欄

1	2	3

年次有給休暇（2）

予想　　　　難易度 普　重要度 B

労働基準法に定める年次有給休暇に関する次の記述のうち、誤っているものはどれか。

A 勤務割による勤務体制がとられている事業場において、使用者としての通常の配慮をすれば、勤務割を変更して代替勤務者を配置することが客観的に可能な状況にあると認められるにもかかわらず、使用者がそのための配慮をしないことにより代替勤務者が配置されないときは、必要配置人員を欠くものとして労働基準法第39条第5項の「事業の正常な運営を妨げる場合」にあたるということはできないと解するのが相当であるとするのが最高裁判所の判例である。

B 年次有給休暇の付与に係る出勤率の算定にあたり、労働者が年次有給休暇を取得した日は、出勤したものとして取り扱う。

C 年次有給休暇の付与に係る出勤率の算定にあたり、労働者が所定の休日に労働した日は、全労働日に含まれない。

D 使用者は、年次有給休暇を与えたときは、年次有給休暇管理簿を作成し、当該年次有給休暇を与えた期間中及び当該期間の満了後5年間（当分の間、3年間）保存しなければならない。

E 使用者は、労使協定により、年次有給休暇のいわゆる計画的付与に関する定めをした場合であっても、当該労使協定に定められた日に計画的付与の対象となっている労働者を就労させる必要が生じたときは、時季変更権を行使することができる。

速習レッスン　A：(参考) P89、B：P85、C：P85、D：P90、E：P89　　**解説**

1章 労働基準法

A ○　最判 昭62.7.10弘前電報電話局事件。使用者が**時季変更権**を行使することができるのは、労働者から請求された時季に年次有給休暇を与えることが「**事業の正常な運営を妨げる場合**」に限られます。設問のように勤務割による勤務体制がとられている事業場においては、使用者としての**通常の配慮**をすれば、勤務割を変更して**代替勤務者の配置**をすることが可能であるにもかかわらず、使用者がそれをしない場合には、「事業の正常な運営を妨げる場合」には該当しないものとされています。

B ○　昭22.9.13発基17号。出勤率の算定にあたり、次の①〜⑤の期間又は日は、いずれも出勤したものとみなされます。
①**業務上の傷病**による療養のための休業期間
②**産前産後**の休業期間
③育児・介護休業法の**育児休業**又は**介護休業**を取得した期間
④**年次有給休暇**を取得した日
⑤労働者の責めに帰すべき事由によらない不就労日（全労働日から除外されることとなる一定の日を除く。）

C ○　昭33.2.13基発90号。出勤率の算定にあたり、①**不可抗力**による休業日、②**使用者側に起因**する経営、管理上の障害による休業日、③正当な同盟罷業その他**正当な争議行為**により労務の提供が全くなされなかった日、④**所定の休日**に労働した日、⑤**代替休暇**を取得して終日出勤しなかった日は、いずれも全労働日から除外されます。

D ○　則24条の7、則附則72条。使用者は、年次有給休暇を与えたときは、**年次有給休暇管理簿**を作成し、保存しなければなりません。年次有給休暇管理簿においては、年次有給休暇の時季、日数及び基準日を労働者ごとに記載します。また、年次有給休暇管理簿の保存期間は、**5年間**（当分の間、**3年間**）です。

E ✕　法39条6項、昭63.3.14基発150号。時季変更権を行使することはできません。年次有給休暇の計画的付与が行われた場合には、その分の年次有給休暇について、労働者の**時季指定権**及び使用者の**時季変更権**の行使は、いずれも認められません。

解答　E

101

問題 026

年次有給休暇（3）

予想

労働基準法に定める年次有給休暇に関する次のアからオまでの記述のうち、正しいものの組合せは、後記AからEまでのうちどれか。

ア　就業規則で「年次有給休暇は翌年度に繰り越してはならない」と定められている場合には、年次有給休暇の権利が発生した当該年度において労働者がその権利を行使せずに残った日数分の年次有給休暇の権利は、当該年度が経過した時点で消滅するため、労働者は、当該年度の翌年度において、その残った日数分の年次有給休暇を請求することができない。

イ　年次有給休暇の買上げの予約をし、これに基づいて労働基準法第39条の規定により労働者が請求することができる年次有給休暇の日数を減じ、又は請求された日数を与えないことは、同条に違反する。

ウ　年次有給休暇は、労働義務のある日についてのみ請求することができるものであるから、労働者は、育児休業申出後には、育児休業期間中の日について年次有給休暇を請求することはできない。

エ　使用者は、請求された時季に年次有給休暇を与えることが事業の正常な運営を妨げる場合においては、他の時季にこれを与えることができるが、この事業の正常な運営を妨げるかどうかの判断は、派遣中の労働者の年次有給休暇に関しては、派遣先の事業についてなされる。

オ　労働者がその所属の事業場においてその業務の正常な運営の阻害を目的として一斉に年次有給休暇を請求して職場を放棄する場合であっても、それは年次有給休暇権の行使であると認められる。

A　（アとウ）　　　B　（アとオ）　　　C　（イとウ）
D　（イとエ）　　　E　（エとオ）

速習レッスン ア：P88、イ：P91、ウ：P89、エ：P89、オ：P85　　　**解説**

1章 労働基準法

ア　✕　法115条、昭22.12.15基発501号、昭23.5.5基発686号。年次有給休暇の権利が発生した当該年度（以下「権利発生年度」という。）の翌年度においても、その残った日数分の年次有給休暇を請求することができます。年次有給休暇の請求権は、**2年**を経過したときは、**時効により消滅**します。言い換えれば、権利発生年度の翌年度までは、時効により消滅しないため、その残った日数分の年次有給休暇を**繰り越す**ことが認められます。したがって、労働者は、権利発生年度の翌年度において、その残った日数分の年次有給休暇を請求することができます。

イ　◯　昭30.11.30基収4718号。年次有給休暇の**買上げの予約**をし、これに基づいて法定の年次有給休暇（労働基準法39条の規定による年次有給休暇）の日数を減じ、又は請求された日数を与えないことは、同条に**違反します**。ただし、法定の年次有給休暇の日数を超えて付与している場合のその超える日数分を買い上げることは、差し支えないものとされています。

ウ　◯　平3.12.20基発712号。**労働義務のない**育児休業期間中の日について年次有給休暇を請求する余地はありません。これに対して、育児休業**申出前**に育児休業期間中の日について年次有給休暇の時季指定や労使協定に基づく計画的付与が行われた場合には、当該日には年次有給休暇を取得したものと解されます。

エ　✕　法39条5項、昭61.6.6基発333号。**派遣元**の事業について判断がなされます。派遣中の労働者が派遣先の事業において就労しないことが派遣先の事業の正常な運営を妨げる場合であっても、派遣元の事業との関係においては、事業の正常な運営を妨げる場合にあたらない場合もあり得るので、代替労働者の派遣の可能性も含めて、派遣元の事業の正常な運営を妨げるかどうかを判断することになります。

オ　✕　昭48.3.6基発110号。設問の場合は、年次有給休暇権の行使とは認められません。労働者がその所属する事業場においてその業務の正常な運営の阻害を目的として一斉に年次有給休暇を請求して職場を放棄することは、年次有給休暇に名を借りた同盟罷業にほかならないため、年次有給休暇権の行使とは**認められません**。なお、他の事業場における争議行為に年次有給休暇をとって参加するような場合は、年次有給休暇権の行使であると認められます。

以上から、正しいものの組合せは、**C（イとウ）**です。

解答　　C

103

問題 027

チェック欄

年次有給休暇（4）

予想

難易度 難　重要度 A

年次有給休暇に関する次の記述のうち、正しいものはどれか。

A 　年次有給休暇の権利は、労働基準法第39条第1項及び第2項の要件が充足されることによって法律上当然に労働者に生ずる権利ではなく、同条第3項にいう労働者の「請求」をまってはじめて生ずるものであり、当該請求によって具体的な休暇の始期と終期を特定したときは、使用者が時季変更権を行使しない限り、年次有給休暇が成立し、当該労働日における就労義務が消滅するものと解するのが相当であるとするのが最高裁判所の判例である。

B 　1週間の所定労働日数が3日であり、かつ、1週間の所定労働時間が21時間である労働者が、その雇入れの日から起算して6ヵ月間継続勤務し全労働日の8割以上出勤した場合において、当該6ヵ月間継続勤務した日の翌日に1週間の所定労働日数が5日に変更されたときは、使用者は、当該労働者に対して、10労働日の年次有給休暇を与えなければならない。

C 　労働基準法第39条第1項に規定する年次有給休暇の付与要件である継続勤務の判断において、定年退職による退職者を引き続き嘱託等として再雇用している場合には、退職と再雇用との間に相当期間があり、客観的に労働関係が断続していると認められるときを除き、勤務年数を通算しなければならないが、その者に退職手当規程に基づいて所定の退職手当を支給したときは、勤務年数を通算しなくても差し支えない。

D 　使用者が、労使協定で定めるところにより時間を単位として年次有給休暇を与えることができるものとした場合において、当該労使協定に定める「時間を単位として与えることができることとされる有給休暇1日の時間数」は、1日の所定労働時間数を下回らないものでなければならない。

E 　年次有給休暇の付与要件である出勤率の算定にあたって、基準日の斉一的取扱い（全労働者について一律の基準日を定めて年次有給休暇を与える取扱いをいう。）によりその算定期間が短縮された労働者については、その短縮された期間は8割の出勤があったものとしなければならない。

| 速習レッスン | A：P85、B：P87、C：P84、D：P87、E：P88 | **解説** |

A ✕ 最判 昭48.3.2白石営林署事件。最高裁判所の判例によれば、年次有給休暇の権利は、法39条１項・２項の要件（継続勤務及び出勤率）が充足されることによって**法律上当然に労働者に生ずる権利**であって、労働者の**請求をまってはじめて生ずるものではない**としています。なお、法39条３項の「請求」の趣旨は、年次有給休暇の時季の「指定」にほかならないものと解すべきであるとしており、労働者が具体的な休暇の始期と終期を特定して時季指定をしたときは、使用者が時季変更権を行使しない限り、当該時季指定によって年次有給休暇が成立し、当該労働日における就労義務が消滅するものと解するのが相当であるとしています。

B ✕ 法39条３項、昭63.3.14基発150号。設問の労働者に対しては、10労働日の年次有給休暇を与える必要はありません。設問の労働者は**比例付与**の対象となる（週所定労働日数が**４日以下**であり、**かつ**、週所定労働時間が**30時間未満**である。）ため、５労働日（≒原則的な付与日数(10日)×週所定労働日数(３日)÷5.2日（小数点以下の端数は切捨て））の年次有給休暇を付与すれば足ります。年次有給休暇の権利は**基準日**（設問の場合は、雇入れの日から起算して６ヵ月間継続勤務した日）において発生するため、その翌日に所定労働日数が変更されたとしても、付与しなければならない日数は**変更されません**。

C ✕ 昭63.3.14基発150号。設問後半の場合にも、勤務年数を通算しなければなりません。定年退職による退職者を引き続き嘱託等として再雇用している場合には、退職手当の支給の有無にかかわらず、**実質的に**労働関係が継続している限り、**勤務年数を通算**しなければなりません。

D ◯ 法39条４項、則24条の４第１号。設問の事項は、言い換えれば、１日分の年次有給休暇が何時間分の時間単位年休に相当するかです。この時間数は、所定労働時間数を基に、**１時間に満たない端数がある場合は時間単位に切り上げ**て計算します。たとえば、所定労働時間が７時間30分である労働者については、この時間数を８時間とします。これにより、時間単位年休として取得可能な日数が５日分であれば、時間に換算して40時間分（＝８時間×５）となります。

E ✕ 平6.1.4基発１号。設問の労働者については、**短縮された期間は全期間出勤**したものとみなして、出勤率を算定しなければなりません。たとえば、本来の基準日がある年の６月１日である労働者について、斉一的取扱いにより基準日が同年４月１日とされた場合には、４月１日から５月31日までの期間（短縮された期間）は全期間出勤したものとみなして、出勤率を算定しなければなりません。

解答 **D**

問題 028

年少者、妊産婦等（1）

過平29　　　　　　　　　　　　　　　　　　　　難易度 普　重要度 B

労働基準法に定める年少者及び妊産婦等に関する次の記述のうち、正しいものはどれか。

A 労働基準法第56条第1項は、「使用者は、児童が満15歳に達するまで、これを使用してはならない。」と定めている。

B 使用者は、児童の年齢を証明する戸籍証明書を事業場に備え付けることを条件として、満13歳以上15歳未満の児童を使用することができる。

C 労働基準法第56条第2項の規定によって使用する児童の法定労働時間は、修学時間を通算して1週間について40時間、及び修学時間を通算して1日について7時間とされている。

D 使用者は、すべての妊産婦について、時間外労働、休日労働又は深夜業をさせてはならない。

E 使用者は、生理日の就業が著しく困難な女性が休暇を請求したときは、その者を生理日に就業させてはならないが、請求にあたっては医師の診断書が必要とされている。

速習レッスン A：P93、B：P93・94、C：P97、D：P101〜102、E：P103　　**解説**

A　× 法56条1項。「満15歳に達するまで」ではなく、「満15歳に達した日以後の最初の3月31日が終了するまで」です。つまり、原則として、**満15歳到達年度末**（義務教育終了）までは、使用が**禁止**されます。

B　× 法56条2項。児童の年齢を証明する証明書を備え付けることは、使用者に義務づけられていますが、設問の児童を使用するための条件ではありません。設問の児童を使用するためには、**行政官庁の許可**を受けること等が条件となります。

C　〇 法60条2項。児童の労働時間の限度は、**修学時間を通算**して、1週間について**40時間**、1日について**7時間**とされています。なお、修学時間とは、授業開始時刻から同日の最終授業終了時刻までの時間から休憩時間（昼食時間を含む。）を除いた時間をいいます。

D　× 法66条2項・3項。すべての妊産婦について、時間外労働、休日労働及び深夜業をさせてはならないのではありません。妊産婦について、**時間外労働、休日労働**及び**深夜業**が禁止されるのは、使用者に**請求**をした妊産婦に限られます。

E　× 法68条、昭23.5.5基発682号。生理休暇の請求にあたり、医師の診断書は必要とされていません。使用者は、**生理日の就業が著しく困難**な女性が休暇を**請求**したときは、その者を生理日に就業させてはなりません。「生理日の就業が著しく困難」であるとは、医師の診断書のような厳格な証明は不要であり、**同僚の証言程度**でも足りると解されています。

解答　C

1章 労働基準法

問題 029

チェック欄

年少者、妊産婦等（2）

予想

難易度 **難**　重要度 **B**

労働基準法に定める年少者及び妊産婦等に関する次の記述のうち、誤っているものはいくつあるか。

ア　親権者又は後見人は、未成年者に代って労働契約を締結してはならず、また、当該労働契約が未成年者に不利であると認める場合においても、これを解除することができない。

イ　使用者は、満18歳に満たない者については、災害その他避けることができない事由によって、臨時の必要がある場合においても、時間外労働及び休日労働をさせることができない。

ウ　使用者は、満18歳に満たない者を使用者の責めに帰すべき事由に基づき解雇する場合において、その者が解雇の日から30日以内に帰郷するときは、必要な旅費を負担しなければならない。

エ　使用者は、妊娠中の女性及び産後1年を経過しない女性については、坑内で行われるすべての業務に就かせてはならない。

オ　生後満1年に達しない生児を育てる女性が請求した場合においては、使用者は、労働基準法第34条の休憩時間のほかに、1日2回各々少なくとも30分の育児時間を労働時間の途中に与えなければならない。

A　一つ
B　二つ
C　三つ
D　四つ
E　五つ

速習レッスン　ア：P95、イ：P96、ウ：P94、エ：P99、オ：P103　　解説

ア ✕　法58条。労働契約が**未成年者に不利**であると認める場合に、将来に向ってこれを解除することはできます。この解除は、未成年者の親権者又は後見人のほか、行政官庁（所轄労働基準監督署長）も行うことができます。なお、親権者又は後見人が、未成年者に**代わって**労働契約を**締結してはならない**点については、正しい記述です。

イ ✕　法60条1項。設問の場合には、時間外労働及び休日労働をさせることができます。**年少者**（満18歳に満たない者）には、労働時間、休憩及び休日に関する原則的な規定が厳格に適用されますが、非常災害時又は**公務の場合**の時間外労働及び休日労働は、禁止されていません。

ウ ✕　法64条。「30日以内」ではなく、「14日以内」です。満18歳に満たない者が**解雇の日から14日以内**に帰郷する場合においては、使用者は、**必要な旅費**を負担しなければなりません。なお、満18歳に満たない者がその責めに帰すべき事由に基づいて解雇され、使用者がその事由について行政官庁の認定を受けたときは、この帰郷旅費の負担は不要です。

エ ✕　法64条の2。「産後1年を経過しない女性」ではなく、「坑内で行われる業務に従事しない旨を使用者に申し出た産後1年を経過しない女性」です。産後1年を経過しない女性（**産婦**）については、**使用者に申し出た**場合に限り、坑内業務が全面的に禁止となります。

オ ✕　法67条1項、昭33.6.25基収4317号。必ずしも**労働時間の途中**に与えることを要しません。育児時間をいつ与えるかについては、特に定めがありません。

以上から、誤っているものは五つであるため、正解はEです。

ポイント解説

休憩時間と育児時間

休憩時間は、労働時間の途中に与えなければならないとされているため、これを始業時刻又は終業時刻に接した時間帯に与えることはできません。これに対して、**育児時間**の請求は、労働時間の途中についてしなければならないとする規定はないため、始業時刻又は終業時刻に接した時間帯に育児時間を請求することが可能であり、使用者は、**請求どおりの時間帯**にこれを与えなければなりません。

解答　**E**

問題 030

妊産婦等

過令3

労働基準法第65条に関する次の記述のうち、誤っているものはどれか。

A 労働基準法第65条の「出産」の範囲は、妊娠4か月以上の分娩をいうが、1か月は28日として計算するので、4か月以上というのは、85日以上ということになる。

B 労働基準法第65条の「出産」の範囲に妊娠中絶が含まれることはない。

C 使用者は、産後8週間（女性が請求した場合において、その者について医師が支障がないと認めた業務に就かせる場合は6週間）を経過しない女性を就業させてはならないが、出産当日は、産前6週間に含まれる。

D 6週間（多胎妊娠の場合にあっては、14週間）以内に出産する予定の女性労働者については、当該女性労働者の請求が産前の休業の条件となっているので、当該女性労働者の請求がなければ、労働基準法第65条第1項による就業禁止に該当しない。

E 労働基準法第65条第3項は原則として妊娠中の女性が請求した業務に転換させる趣旨であるが、新たに軽易な業務を創設して与える義務まで課したものではない。

A：P101、B：P101、C：P100・101、D：P100、E：P101

解説

A ○ 昭23.12.23基発1885号。法65条の「出産」の範囲は、妊娠4ヵ月以上の分娩をいい、1ヵ月は**28日**として計算されます。したがって、妊娠4ヵ月以上とは、85日（＝28日×3ヵ月＋1日）以上ということになります。

B × 昭23.12.23基発1885号、昭26.4.2婦発113号。**妊娠中絶**も、妊娠4ヵ月以上で行ったものであれば、「出産」の範囲に含まれます。法65条の「出産」については、正常出産、早産、流産、人工妊娠中絶（人工流産）、死産等は問われません。なお、妊娠中絶の場合においては、産前休業の問題は発生しませんが、妊娠4ヵ月以上で行ったものであるときは、産後休業の問題は発生します。これは、産前休業の期間は**自然の出産予定日**を基準として計算するものであり、産後休業の期間は**現実の出産日**を基準として計算するものであるためです。

C ○ 法65条2項、昭25.3.31基収4057号。使用者は、産後休業の期間にある女性については、労働者の**請求の有無を問わず**、就業させてはなりません。産後休業の期間は、原則として、産後8週間ですが、女性が請求した場合において、医師が支障がないと認めた業務に就かせるときは、産後6週間となります。また、出産当日は、産前休業の期間（産前6週間）に含まれます。

D ○ 法65条1項、コンメンタール下838頁参照。使用者は、6週間（多胎妊娠の場合にあっては、14週間）以内に出産する予定の女性が休業を請求した場合においては、その者を就業させてはなりません。産前休業については、当該女性の請求が条件となっており、女性の請求がなければ、この期間にある女性を就業させても差し支えありません。

E ○ 昭61.3.20基発151号・婦発69号。使用者は、妊娠中の女性が請求した場合においては、他の軽易な業務に転換させなければなりません。これは、妊娠中に就業する女性を保護するためのものであり、原則として、当該女性が請求した業務に転換させる趣旨ですが、新たに軽易な業務を創設して与える義務までを**使用者に課したものではない**と解されています。

解答 B

就業規則 (1)

労働基準法に定める就業規則等に関する次の記述のうち、正しいものはどれか。

A 同一事業場において、パートタイム労働者について別個の就業規則を作成する場合、就業規則の本則とパートタイム労働者についての就業規則は、それぞれ単独で労働基準法第89条の就業規則となるため、パートタイム労働者に対して同法第90条の意見聴取を行う場合、パートタイム労働者についての就業規則についてのみ行えば足りる。

B 就業規則の記載事項として、労働基準法第89条第1号にあげられている「休暇」には、育児介護休業法による育児休業も含まれるが、育児休業の対象となる労働者の範囲、育児休業取得に必要な手続、休業期間については、育児介護休業法の定めるところにより育児休業を与える旨の定めがあれば記載義務は満たしている。

C 常時10人以上の労働者を使用する使用者は、就業規則に制裁の定めをする場合においては、その種類及び程度に関する事項を必ず記載しなければならず、制裁を定めない場合にはその旨を必ず記載しなければならない。

D 労働基準法第91条による減給の制裁に関し平均賃金を算定すべき事由の発生した日は、制裁事由発生日(行為時)とされている。

E 都道府県労働局長は、法令又は労働協約に抵触する就業規則を定めている使用者に対し、必要な助言、指導又は勧告をすることができ、勧告をした場合において、その勧告を受けた者がこれに従わなかったときは、その旨を公表することができる。

速習レッスン　A：P105・107、B：P106、C：P106、D：P42・108、E：P109

解説

A　✕　昭23.8.3基収2446号。就業規則の本則とパートタイム労働者についての就業規則は、それぞれが単独で法89条の就業規則となるわけではありません。これらを**合わせたもの**が法89条の就業規則となります。したがって、意見聴取も、これらを**合わせたもの**について行わなければなりません。

B　〇　平3.12.20基発712号。「**休暇**」に関する事項は、就業規則の**絶対的**必要記載事項です。これには、育児・介護休業法による**育児休業**も**含まれます**。ただし、育児休業の対象となる労働者の範囲、育児休業取得に必要な手続き、休業期間等については、同法に具体的に定められているため、同法の定めるところにより育児休業を与える旨の定めがあれば記載義務は満たしていると解されます。

C　✕　法89条9号。制裁の定めをしない場合には、その旨を記載する必要はありません。**制裁**の種類及び程度に関する事項は、就業規則の**相対的**必要記載事項です。したがって、その**定めをする場合**に限り、就業規則に記載すれば足ります。

D　✕　昭30.7.19基収5875号。「制裁事由発生日（行為時）」ではなく、「減給の制裁の意思表示が相手方に到達した日」です。減給の制裁については、1回の事案に対する減給額は**平均賃金の1日分の半額**を超えてはならないものとされています。この場合の平均賃金に係る算定事由発生日は、減給の制裁の**意思表示が相手方に到達**した日となります。

E　✕　参考：法92条2項。設問のような規定はありません。法令又は労働協約に抵触する就業規則については、**行政官庁**は、その**変更**を命ずることができます。この就業規則の変更命令は、**文書**で**所轄労働基準監督署長**が行います。

1章 労働基準法

ポイント解説

就業規則の作成・変更時における意見聴取

事業場の一部の労働者に適用される就業規則も当該事業場の就業規則の一部分であるため、その作成・変更に際しては、当該事業場の**全労働者の**過半数で**組織する労働組合**（このような労働組合がない場合には、**全労働者の**過半数を代表する者）の意見を聴くことが必要とされています。

解答　B

就業規則（2）

過平28

労働基準法に定める就業規則等に関する次の記述のうち、正しいものはどれか。

A 労働基準法第89条所定の事項を個々の労働契約書に網羅して記載すれば、使用者は、別途に就業規則を作成していなくても、本条に規定する就業規則の作成義務を果たしたものとなる。

B 労働基準法第41条第3号に定める「監視又は断続的労働に従事する者で、使用者が行政官庁の許可を受けたもの」については、労働基準法の労働時間、休憩及び休日に関する規定が適用されないから、就業規則に始業及び終業の時刻を定める必要はない。

C 退職手当制度を設ける場合には、適用される労働者の範囲、退職手当の決定、計算及び支払の方法、退職手当の支払の時期に関する事項について就業規則に規定しておかなければならないが、退職手当について不支給事由又は減額事由を設ける場合に、これらを就業規則に記載しておく必要はない。

D 服務規律違反に対する制裁として一定期間出勤を停止する場合、当該出勤停止期間中の賃金を支給しないことは、減給制限に関する労働基準法第91条違反となる。

E 行政官庁が、法令又は労働協約に抵触する就業規則の変更を命じても、それだけで就業規則が変更されたこととはならず、使用者によって所要の変更手続がとられてはじめて就業規則が変更されたこととなる。

速習レッスン A：（参考）P105、B：P107、C：（参考）P106、D：P108、E：P109　　解説

1章

労働基準法

A　✕　コンメンタール下1001頁参照。個々の労働契約書に網羅して記載しても、就業規則の作成義務を果たしたものとはなりません。常時10人以上の労働者を使用する使用者は、労働基準法89条所定の事項について就業規則を作成し、行政官庁に**届け出なければなりません**。この所定の事項を個々の労働契約書に網羅して記載してあっても、使用者は、就業規則の作成義務を**免れるものではありません**。

B　✕　昭23.12.25基収4281号。設問の者についても、就業規則に始業及び終業の時刻を定めなければなりません。労働時間、休憩及び休日に関する規定の適用が除外される者（監視又は断続的労働に従事する者等）についても、就業規則の作成及び届出の義務を定めた法89条の規定は適用されます。したがって、就業規則に**始業及び終業の時刻**を**定めなければなりません**。

C　✕　法89条3号の2、昭63.1.1基発1号。設問は、後半部分の記述が誤りです。退職手当の不支給事由又は減額事由を設ける場合には、これらも就業規則に記載する**必要があります**。退職手当に関する事項は、就業規則の**相対的必要記載事項**であり、その定めをする場合には、①適用される労働者の範囲、②退職手当の決定、計算及び支払いの方法、③退職手当の支払いの時期に関する事項を就業規則に記載する必要があります。退職手当の不支給事由又は減額事由を設ける場合には、これは前記②に該当するため、就業規則に記載する必要があります。

D　✕　昭23.7.3基収2177号。出勤停止期間中の賃金を支給しないことは、労働基準法91条違反とはなりません。労働者が出勤停止の制裁を受けたことによって、出勤停止期間中の賃金を受けられないことは、制裁としての出勤停止の当然の結果であり、減給の制裁には**該当しない**ためです。

E　〇　コンメンタール下1029頁参照。法92条2項の規定により、行政官庁は、法令又は労働協約に抵触する就業規則の変更を命ずることができますが、この変更命令は、就業規則の変更義務を使用者に課するにとどまるものです。したがって、変更命令が出されたとしても、それだけで就業規則が変更されたこととはならず、**使用者**によって**所要の変更手続**がとられてはじめて変更されたこととなります。

解答　**E**

寄宿舎、監督機関、雑則

次の記述のうち、正しいものはどれか。

A　行政官庁は、労働基準法第104条の2第1項の規定に基づき使用者又は労働者に対して出頭を命ずるときは、その理由を通知しなければならないが、聴取しようとする事項を通知する必要はない。

B　使用者は、寄宿舎に寄宿する労働者の私生活の自由を侵してはならないため、寄宿舎に寄宿する労働者の面会の自由を制限することは、いかなる時間及び場所であっても、認められない。

C　常時50人以上の労働者を寄宿舎に寄宿させる場合においては、衛生に関し経験のある者を、それらの労働者の衛生に関する相談に応ずるための担当者として定めるよう努めなければならない。

D　労働基準監督官は、職務上知り得た秘密を漏らしてはならないが、労働基準監督官を退官した後においては、この限りでない。

E　労働基準法第114条の付加金の支払いに関する規定は、同法第24条第1項に規定する賃金の全額払いの義務に違反して賃金の一部を支払わなかった使用者に対しては適用されない。

A：(参考) P115、B：(参考) P110、C：(参考) P110、D：記載なし、E：P118　**解説**

1章 労働基準法

A ✕ 則58条、平6.1.4基発1号。設問の出頭を命ずる場合には、聴取しようとする事項も通知しなければなりません。設問前半の「その理由を通知しなければならない」という点は正しい記述です。つまり、行政官庁が法104条の2第1項の規定に基づき**出頭を命ずる場合**は、その**理由**及び**聴取しようとする事項**を**通知しなければならない**ということです。なお、設問前半の理由の通知は、使用者又は労働者に対して必要な事項を報告させる場合にも行わなければなりません。

B ✕ 法94条1項、事業附属寄宿舎規程4条3号。いかなる時間及び場所であっても、認められないわけではありません。**共同の利益**を害する**場所及び時間**について**面会の自由**を制限することは、禁止されていません。

C ✕ 事業附属寄宿舎規程34条。設問の労働者の衛生に関する相談に応ずるための担当者については、定めるよう努めなければならないのではなく、**定めておかなければなりません**。つまり、設問の担当者を定めておくことは、努力義務ではなく、義務とされています。

D ✕ 法105条。設問の労働基準監督官の義務は、退官した後においても同様です。つまり、**退官した後においても**、職務上知り得た秘密を**漏らしてはなりません**。

E ◯ 法114条。付加金の対象となるのは、①**解雇予告手当**、②**休業手当**、③**割増賃金**及び④**年次有給休暇中の賃金**に**限られています**。これら以外の通常の賃金（単に賃金の全額払いの原則に違反した場合の当該違反に係る賃金等）は、付加金の**対象外**です。

解答　E

問題 034

法令等の周知義務

予想

労働基準法第106条第1項の規定により、使用者が労働者に対し周知させなければならないとされている法令等及びその対象として、誤っているものは次のうちどれか。

A　企画業務型裁量労働制の実施に係る労使委員会の決議 —— その全文を当該制度の対象労働者のみに周知。
B　女性労働基準規則（厚生労働省令）—— その要旨をすべての労働者に周知。
C　労働者に一斉休憩を付与しない旨を定めた労使協定書（行政官庁への届出義務はないもの）—— その全文をすべての労働者に周知。
D　賃金の一部を控除して支払う旨を定めた労使協定書（行政官庁への届出義務はないもの）—— その全文をすべての労働者に周知。
E　年次有給休暇中の賃金を健康保険法に規定する標準報酬月額の30分の1相当額で支払う旨を定めた労使協定書（行政官庁への届出義務はないもの）—— その全文をすべての労働者に周知。

速習レッスン A〜E：P115　　　　　　　　　　　解説

A ✕ 法106条1項、平12.1.1基発1号。企画業務型裁量労働制の実施に係る労使委員会の決議は、その**全文**を**すべての労働者**に周知させなければなりません。対象労働者のみに周知させるのでは、足りません。

B ○ 法106条1項。女性労働基準規則は命令（厚生労働省令）の1つですから、その**要旨**を**すべての労働者**に周知させなければなりません。

C ○ 法106条1項。一斉休憩を付与しない旨を定めた労使協定書も労使協定の1つですから、その**全文**を**すべての労働者**に周知させなければなりません。当該労使協定について行政官庁への届出義務があるかどうかは、問題となりません。

D ○ 法106条1項。賃金の一部を控除して支払う旨を定めた労使協定書も労使協定の1つですから、その**全文**を**すべての労働者**に周知させなければなりません。

E ○ 法106条1項。年次有給休暇中の賃金を健康保険法に規定する標準報酬月額の30分の1相当額で支払う旨を定めた労使協定書も労使協定の1つですから、その**全文**を**すべての労働者**に周知させなければなりません。

基本まとめ　法令等の周知義務

周知義務事項	周知の程度	周知対象者
①労働基準法 ②労働基準法に基づく**命令**（労働基準法施行規則、年少者労働基準規則、女性労働基準規則、事業附属寄宿舎規程等）	その要旨	全労働者
③就業規則 ④労働基準法に規定する**労使協定** ⑤労使委員会の決議	その全文	
⑥労働基準法及びこれに基づいて発する命令のうち寄宿舎に関する規定 ⑦寄宿舎規則	その全文	寄宿労働者

※周知方法
①〜⑤→・常時各作業場の見やすい場所へ掲示し、又は備え付けること
　　　・書面を労働者に交付すること
　　　・磁気テープ、磁気ディスクその他これらに準ずる物に記録し、かつ、各作業場に労働者が当該記録の内容を常時確認できる機器を設置すること
⑥⑦　→　寄宿舎の見やすい場所に掲示し、又は備え付けること等

解答　A

記録の保存義務等

次の記述のうち、正しいものはどれか。

A 使用者は、労働者名簿、賃金台帳及び雇入れ、解雇、災害補償、賃金その他労働関係に関する重要な書類を、当分の間、2年間保存しなければならない。

B 使用者は、労働基準法第38条の3に規定する専門業務型裁量労働制を採用する場合には、同条に規定する労使協定を締結し、これを所轄労働基準監督署長に届け出なければならないが、当該届出を行わなかった場合の罰則は、特に定められていない。

C 労働基準法の規定による退職手当の請求権はこれを行使することができる時から5年間、同法の規定による災害補償その他の請求権（賃金の請求権を除く。）はこれを行使することができる時から3年間行わない場合においては、時効によって消滅する。

D 使用者は、労働基準法第33条若しくは同法第36条第1項の規定により労働時間を延長し、又は休日に労働させた場合には、労働者ごとにその延長時間数又は休日労働時間数を賃金台帳に記入しなければならないが、同法第41条第2号に該当するいわゆる管理監督者については、これらを記入する必要はない。

E 使用者は、日々雇い入れられる労働者についても、労働者名簿を調製し、当該労働者の氏名、生年月日、履歴その他厚生労働省令で定める事項を記入しなければならない。

速習レッスン　A：P117、B：P59・119、C：P118、D：P116、E：P116　解説

A ✕ 法109条、法附則143条１項。２年間ではなく、当分の間、**3年間**保存しなければなりません。設問の記録の保存期間については、法本則上は**5年間**と規定されていますが、経過措置により、当分の間、**3年間**となっています。

B ✕ 法38条の３、120条１号。設問の場合には、**罰則が定められています**。専門業務型裁量労働制に係る労使協定を所轄労働基準監督署長に届け出ない場合には、30万円以下の罰金に処せられます。

C ✕ 法115条、法附則143条３項。災害補償その他の請求権（賃金の請求権を除く。）の消滅時効期間は**2年間**です。まとめると次の①～③のとおりです。
①賃金（退職手当を除く。）の請求権 …… **5年間**（当分の間、**3年間**）
②退職手当の請求権 ……………………… **5年間**
③災害補償その他の請求権 ……………… **2年間**

D ○ 法108条、則54条１項６号・５項。**管理監督者**については、労働時間数も、同様に記入する必要はありません。労働時間、休憩及び休日に関する規定の適用が除外されるためです。ただし、管理監督者であっても、深夜業に関する規定の適用は除外されないため、**深夜労働時間数**については記入する**必要があります**。

E ✕ 法107条。**日々雇い入れられる者**については、**労働者名簿**を調製する**必要はありません**。これに対して、賃金台帳は、日々雇い入れられる者についても調製しなければなりませんので、この相違点には注意しましょう。

保存義務のある書類と保存期間の起算日

保存書類	保存期間の起算日
労働者名簿	労働者の死亡、退職又は解雇の日
賃金台帳	最後の記入をした日（※）
雇入れ又は退職に関する書類	労働者の退職又は死亡の日
災害補償に関する書類	災害補償を終わった日
賃金その他労働関係に関する重要な書類	その完結の日（※）

※当該記録に係る賃金の支払期日が表中の起算日より遅い場合には、当該「支払期日」が起算日となります。

解答　D

問題 036

チェック欄

1	2	3
○		

［選択式］原則的諸規定、みなし労働時間制

予想

難易度 易　重要度 B

次の文中の□□□の部分を選択肢の中の最も適切な語句で埋め、完全な文章とせよ。

1　労働基準法第1条第1項は、労働条件は、労働者が　A　生活を営むための必要を充たすべきものでなければならない旨を規定している。

2　労働基準法第2条第1項は、労働条件は、労働者と使用者が、　B　決定すべきものである旨を規定している。

3　労働基準法で「労働者」とは、職業の種類を問わず、事業又は事務所に　C　者をいう。

4　労働基準法は、同居の親族のみを使用する事業及び　D　については、適用しない。

5　労働基準法第38条の2第1項によれば、労働者が労働時間の全部又は一部について事業場外で業務に従事した場合において、労働時間を算定し難いときは、原則として、　E　労働したものとみなす。

選択肢

①経済的立場を考慮して　　　②使用される者で、賃金を支払われる

③心身ともに健康な　　　　④家事使用人

⑤日本国籍を有しない者　　　⑥使用される者で、使用者に該当しない

⑦安心かつ安全な　　　　　⑧8時間

⑨対等の立場において　　　⑩相互を理解した上で

⑪船員法に規定する船員　　　⑫使用者の指定する時間

⑬人たるに値する　　　　　⑭社会経済状況に応じて

⑮労働者の申告する時間　　　⑯公の職務に従事する者

⑰個人として尊重される　　　⑱所定労働時間

⑲労務を提供する者で、その対償により生活する

⑳労務を提供する者で、日本国内に住所を有する

| 速習 | A：P12、B：P13、C：P17、D：P17、E：P58 | 解説 |

Aは法1条1項、Bは法2条1項、Cは法9条、Dは法116条2項、Eは法38条の2第1項。

1 労働基準法においては、労働条件は、労働者が**人たるに値する**生活を営むための必要を充たすべきものでなければならない旨を宣明しています。また、労働基準法で定める労働条件の基準は**最低のもの**です。したがって、労働関係の当事者は、この基準を理由として労働条件を低下させてはならないことはもとより、その向上を図るように努めなければなりません。

2 労働条件は、労働者と使用者が、**対等の立場**において決定すべきものとされています。また、**労働者及び使用者**は、労働協約、就業規則及び労働契約を**遵守**し、**誠実**に各々その義務を履行しなければなりません。

3 労働基準法において「労働者」とは、職業の種類を問わず、事業又は事務所に**使用される者**で、**賃金を支払われる者**をいいます。たとえば、法人の代表者は、事業主体との関係において、使用される者（使用従属関係にある者）に該当しないため、労働者には該当しません。一方、法人の重役で業務執行権又は代表権を持たない者が、工場長、部長等の職にあって賃金の支払いを受ける場合には、その限りにおいて、労働者に該当します。

4 労働基準法は、**同居の親族のみ**を使用する事業及び**家事使用人**には、適用されません（適用除外）。なお、同法は、一般職の国家公務員（行政執行法人の職員を除く。）にも、その全部が適用されませんが、一般職の地方公務員及び船員法に規定する船員には、その一部が適用されないにすぎません。

5 労働者が労働時間の全部又は一部について**事業場外で業務に従事**した場合において、労働時間を**算定し難い**ときは、**所定労働時間**労働したものとみなします。ただし、当該業務を遂行するためには通常所定労働時間を超えて労働することが必要となる場合においては、当該業務に関しては、当該業務の遂行に**通常必要とされる時間**労働したものとみなします。

| 解答 | A ⑬人たるに値する　B ⑨対等の立場において　C ②使用される者で、賃金を支払われる　D ④家事使用人　E ⑱所定労働時間 |

1章
労働基準法

問題 037

チェック欄

[選択式] 即時解除権、平均賃金

予想

難易度 易　重要度 B

次の文中の　　　の部分を選択肢の中の最も適切な語句で埋め、完全な文章とせよ。

1　労働基準法第15条第1項の規定によって明示された労働条件が　A　場合においては、労働者は、即時に労働契約を解除することができる。

2　前記1の場合、就業のために住居を変更した労働者が、契約解除の日から　B　に帰郷する場合においては、使用者は、必要な旅費を負担しなければならない。

3　労働基準法で平均賃金とは、これを算定すべき事由の発生した日以前　C　間にその労働者に対し支払われた賃金の総額を、その期間の　D　で除した金額をいう。

4　平均賃金の計算の基礎となる期間中に、次の(1)〜(5)のいずれかに該当する期間がある場合においては、その日数及びその期間中の賃金は、その計算の基礎から控除する。

（1）業務上負傷し、又は疾病にかかり療養のために休業した期間

（2）産前産後の女性が労働基準法第65条の規定によって休業した期間

（3）　E

（4）育児・介護休業法に規定する育児休業又は介護休業をした期間

（5）試みの使用期間

選択肢

① 30日以内　　② 1年　　③ 2ヵ月　　④ 3ヵ月　　⑤ 14日以内

⑥ 総日数　　⑦ 6ヵ月　　⑧ 7日以内　　⑨ 労働日数　　⑩ 10日以内

⑪ 所定労働日数　　⑫ 賃金支払基礎日数　　⑬ 事実と相違する

⑭ 他の労働者と異なる　　⑮ 労働基準法の基準を下回る

⑯ 就業規則の定めと相違する　　⑰ 年次有給休暇を取得した期間

⑱ 使用者の責めに帰すべき事由によって休業した期間

⑲ 労働者の責めに帰すべき事由によって休業した期間

⑳ 就業規則の出勤停止事由に該当したことにより出勤停止とされた期間

| 速習
レッスン | A・B：P25、C・D：P41、E：P42 | 解説 |

Aは法15条2項、Bは法15条3項、C・Dは法12条1項、Eは法12条3項。

1　労働者が不利な労働条件を押し付けられて労働を強いられることのないよう、単に明示された労働条件が**事実と相違する**ことのみをもって、労働者は**即時**に労働契約を解除することができます。契約を解除した結果、使用者に損害が生じたとしても、労働者は賠償義務を負いません。なお、この場合の「明示された労働条件」は、労働者自身に関する労働条件に限られます。また、明示された労働条件が事実と相違する場合であっても、罰則の適用はありません。

2　前記1の場合において、就業のため住居を変更した労働者が**14日以内**に帰郷するときは、使用者は、必要な旅費を負担しなければなりません。ここでいう「必要な旅費」には、就業のために移転した労働者の**家族の旅費も含まれます**。

3　平均賃金は、労働者が得た1生活日あたりの賃金単価を意味します。この平均賃金を用いて、解雇予告手当の額、休業手当の額、年次有給休暇中の賃金額、災害補償の額、減給の制裁における限度額が計算されます。平均賃金の原則的な算定式は、次のとおりです。

$$平均賃金 = \frac{算定事由発生日以前\textbf{3ヵ月間}の賃金総額}{算定事由発生日以前\textbf{3ヵ月間}の\textbf{総日数}}$$

4　平均賃金の計算の基礎から除外される期間です。平均賃金を計算するにあたり、その算定期間中に設問の(1)〜(5)の期間がある場合には、その日数及びその期間中の賃金を除外することとされています。なお、Eに入る「**使用者の責めに帰すべき事由によって休業した期間**」については、使用者に休業手当の支払いが義務づけられています。この休業手当の額は、本来支払われるべき賃金の額と比べ低額であるため、これを平均賃金の計算の基礎に含めると、平均賃金の額が不当に低くなるおそれがあります。このような不利益を防止するため、使用者の責めに帰すべき事由によって休業した期間については、これを除いて平均賃金を計算することとされているのです。

| 解答 | A ⑬事実と相違する　B ⑤14日以内　C ④3ヵ月　D ⑥総日数
E ⑱使用者の責めに帰すべき事由によって休業した期間 |

1章　労働基準法

問題 **038**

チェック欄
1	2	3
X		

［選択式］退職時等の証明

予想

難易度 **普**　重要度 **C**

次の文中の□□□の部分を選択肢の中の最も適切な語句で埋め、完全な文章とせよ。

1　労働者が、労働基準法第20条第1項の　**A**　日から退職の日までの間において、当該　**B**　について証明書を請求した場合においては、使用者は、　**C**　これを交付しなければならない。ただし、　**A**　日以後に労働者が当該解雇以外の事由により退職した場合においては、使用者は、当該退職の日以後、これを交付することを要しない。

2　使用者は、あらかじめ第三者と謀り、労働者の就業を妨げることを目的として、労働者の国籍、信条、社会的身分若しくは　**D**　に関する通信をし、又は退職時等の証明書に　**E**　を記入してはならない。

選択肢

① 遅滞なく　　　　　　② 離職理由　　　　　　③ 門地
④ 負傷し又は疾病にかかった　　⑤ 速やかに　　　　⑥ 退職の事由
⑦ 労働者の希望しない事項　　⑧ 労働組合運動　　⑨ 解雇の予告がされた
⑩ 5日以内に　　　　　⑪ 事実と異なる事由　　⑫ 解雇の理由
⑬ 通知を受けた　　　　⑭ 政治活動　　　　　⑮ 労働契約
⑯ 虚偽の事実　　　　　⑰ 30日以内に　　　　⑱ 解雇の
⑲ 秘密の記号　　　　　⑳ 犯罪歴

126

速習レッスン A〜C：P37、D・E：P38

解説

A〜Cは法22条2項、D・Eは法22条4項。

1 　解雇等退職をめぐる紛争を防止し、労働者の再就職活動に資するため、**退職後**には、労働者は使用者に対して、在職時の地位など**5事項**について証明書の交付を請求することができます。これに加えて、**解雇を予告**された労働者については、当該解雇の予告がされた日から退職の日までの間（退職前）において、当該**解雇の理由**を記載した証明書の交付を請求することができます。ただし、予告期間満了までに労働者がその他の理由で退職した場合には、退職後の証明書を請求することができるようになるため、この解雇予告期間中の退職前の証明書の請求はできなくなります。

2 　秘密通信等の禁止は、それが企業の人事担当者間で一種の情報としてやり取りされる場合において、労働者の就業を害する危険性が高い事項を規制の対象としています。規定中の「労働者の国籍、信条、社会的身分」は法3条の均等待遇の規定でも差別禁止の対象ですが、ここに特有である「**労働組合運動**」及び「**秘密の記号**」には十分な注意が必要でしょう。

退職時の証明での注意点

①退職の事由 …… 自己都合退職、勧奨退職、解雇、定年退職等の労働者が身分を失った事由を示します。解雇の場合には、**解雇の理由**も退職の事由に**含まれます**。
②解雇の理由 …… 具体的に示す必要があります。就業規則違反による解雇の場合は、条項名だけでなく、**事実関係を記載**しなければなりません。
③解雇事実のみの証明を求めた場合 …… 解雇の理由を**記載してはなりません**。
④雇用保険法による離職票の交付 …… **証明書を交付したことにはなりません**。
⑤証明の回数 …… **回数に制限はありません**。
⑥証明請求の期限 …… **2年**の消滅時効が適用されます。

解答　A ⑨解雇の予告がされた　B ⑫解雇の理由　C ①遅滞なく
D ⑧労働組合運動　E ⑲秘密の記号

問題 039

チェック欄 | 1 | 2 | 3 |

［選択式］裁量労働制

予想　　　　　　　　　　　　　　　　　　　　　　難易度 普　重要度 B

次の文中の ▭ の部分を選択肢の中の最も適切な語句で埋め、完全な文章とせよ。

1　労働基準法第38条の３で定める専門業務型裁量労働制の対象業務は、業務の性質上その遂行の方法を大幅に当該業務に従事する労働者の裁量にゆだねる必要があるため、当該業務の遂行の手段及び時間配分の決定等に関し使用者が ▢ A ▢ ものとして厚生労働省令で定める業務のうち、労働者に就かせることとする業務とされている。

2　労働基準法第38条の４で定める企画業務型裁量労働制の対象業務は、事業の運営に関する事項についての ▢ B ▢ の業務であって、当該業務の性質上これを適切に遂行するにはその遂行の方法を大幅に労働者の裁量に委ねる必要があるため、当該業務の遂行の手段及び時間配分の決定等に関し使用者が ▢ C ▢ こととする業務とされている。

3　企画業務型裁量労働制に係る労使委員会の決議の届出をした使用者は、対象業務に従事する労働者の労働時間の状況並びに当該労働者の ▢ D ▢ の実施状況について、当分の間、当該決議が行われた日から起算して ▢ E ▢ 、所轄労働基準監督署長に報告しなければならない。

選択肢

① ３年以内ごとに１回　　　　② １年以内ごとに１回
③ ６ヵ月以内ごとに１回　　　④ ３ヵ月以内ごとに１回
⑤ 就業規則に定める　　　　　⑥ 行政官庁の認定を受ける
⑦ 行政官庁に報告をする　　　⑧ 行政官庁の許可を受ける
⑨ 具体的な指示をしない　　　⑩ 具体的な指示をすることが客観的に不可能
⑪ 具体的な指示をする　　　　⑫ 具体的な指示をすることが困難な
⑬ 健康診断　　　　　　　　　⑭ 健康及び福祉を確保するための措置
⑮ ストレスチェック　　　　　⑯ 苦情の処理に関する措置
⑰ 企画、立案、調査及び分析　⑱ 新商品又は新技術の研究開発
⑲ 企画、研究、分析及び設計　⑳ 考案、開発及び設計

| 速習レッスン | A：P59、B・C：P60、D・E：P62 | 解説 |

1章

労働基準法

Aは法38条の３第１項１号、B・Cは法38条の４第１項１号、Dは則24条の２の５、Eは則附則66条の２

1　専門業務型裁量労働制の対象業務は、「業務の性質上その遂行の方法を大幅に当該業務に従事する労働者の裁量にゆだねる必要があるため、当該業務の遂行の手段及び時間配分の決定等に関し**使用者が**具体的な指示をすることが困難なものとして厚生労働省令で定める業務のうち、労働者に就かせることとする業務」とされており、厚生労働省令（及びこれに基づく告示）において**19種類**の業務が定められています。

2　企画業務型裁量労働制の対象業務は、「事業の運営に関する事項についての企画、立案、調査及び分析の業務であって、当該業務の性質上これを適切に遂行するにはその遂行の方法を大幅に労働者の裁量に委ねる必要があるため、当該業務の遂行の手段及び時間配分の決定等に関し**使用者が**具体的な指示をしないこととする業務」とされています。

3　企画業務型裁量労働制については、次の２事項について、実施後の定期報告が義務づけられています。その頻度は、経過措置により、当分の間、労使委員会の決議が行われた日から起算して**６ヵ月以内ごとに１回**とされています。

(1) 労働者の**労働時間の状況**
(2) 労働者の健康及び福祉を確保するための措置の実施状況

　これに対して、専門業務型裁量労働制については、このような定期報告の義務がありません。なお、高度プロフェッショナル制度については、企画業務型裁量労働制と同様に、労使委員会の決議が行われた日から起算して６ヵ月以内ごとに、所定の事項について、定期報告が義務づけられています。

| 解答 | A ⑫具体的な指示をすることが困難な　B ⑰企画、立案、調査及び分析　C ⑨具体的な指示をしない　D ⑭健康及び福祉を確保するための措置　E ③6ヵ月以内ごとに1回 |

問題 040

チェック欄

[選択式] 36協定

予想

難易度 易　　重要度 A

次の文中の□□□の部分を選択肢の中の最も適切な語句で埋め、完全な文章とせよ。

1　労働基準法第36条第6項によれば、使用者は、同法第36条第1項の協定（いわゆる36協定）で定めるところによって労働時間を延長して労働させ、又は休日において労働させる場合であっても、次に掲げる時間について、それぞれに定める要件を満たすものとしなければならない。

（1）坑内労働その他厚生労働省令で定める　A　業務について、1日について労働時間を延長して労働させた時間……　B　を超えないこと。

（2）　C　について労働時間を延長して労働させ、及び休日において労働させた時間……100時間未満であること。

（3）対象期間の初日から1ヵ月ごとに区分した各期間に当該各期間の直前の1ヵ月、2ヵ月、3ヵ月、4ヵ月及び5ヵ月の期間を加えたそれぞれの期間における　D　労働させた時間の1ヵ月あたりの平均時間……80時間を超えないこと。

2　同法第36条第11項によれば、同法第36条第3項から第5項まで及び第6項（前記1（2）及び（3）に係る部分に限る。）のいわゆる時間外労働の上限規制に関する規定は、　E　に係る業務については適用しない。

選択肢

①2時間　　　　　②3時間　　　　　③4時間　　　　　④5時間
⑤1ヵ月　　　　　⑥3ヵ月　　　　　⑦6ヵ月　　　　　⑧1年
⑨休日において
⑩所定労働時間を延長して
⑪病者又は虚弱者の治療、看護
⑫特に危険な作業を必要とする
⑬不衛生な場所における
⑭旅客又は貨物の運送
⑮労働時間を延長して
⑯学校等における教育又は研究
⑰健康上特に有害な
⑱身体に過度の負担のかかる
⑲新たな技術、商品又は役務の研究開発
⑳労働時間を延長して労働させ、及び休日において

A・B：P75、C～E：P76

解説

A～Dは法36条6項、Eは法36条11項。

1 使用者は、36協定で定めるところによって労働時間を延長して労働させ、又は休日において労働させる場合であっても、次に掲げる時間について、それぞれに定める要件を満たすものとしなければなりません。なお、これらに違反した場合には、**罰則**が適用されます。

 (1) 坑内労働その他厚生労働省令で定める健康上特に有害な業務について、1日について労働時間を**延長して労働**させた時間……**2時間**を超えないこと。

 (2) **1ヵ月**について労働時間を**延長して労働**させ、及び**休日**において労働させた時間……**100時間未満**であること。

 (3) 対象期間の初日から1ヵ月ごとに区分した各期間に当該各期間の直前の1ヵ月、2ヵ月、3ヵ月、4ヵ月及び5ヵ月の期間を加えたそれぞれの期間（つまり、直近の2～6ヵ月間）における労働時間を延長して労働させ、又は休日において労働させた時間の**1ヵ月あたりの平均時間**……**80時間を超えない**こと。

2 時間外労働の上限規制に関する規定は、**新たな技術、商品又は役務の研究開発**に係る業務については適用されません（適用除外）。ただし、この業務に従事する労働者に時間外労働及び休日労働をさせるためには、36協定を締結しなければなりません。この点は、他の業務に従事する労働者と同様です。

解答 A ⑰健康上特に有害な　B ①2時間　C ⑤1ヵ月　D ⑳労働時間を延長して労働させ、及び休日において　E ⑲新たな技術、商品又は役務の研究開発

問題 **041**

［選択式］管理監督者の深夜割増賃金

過平25　　　　　　　　　　　　　　　難易度 **普**　重要度 **B**

次の文中の　　　　の部分を選択肢の中の最も適切な語句で埋め、完全な文章とせよ。

　最高裁判所は、労働基準法第41条第2号に定めるいわゆる管理監督者に該当する労働者が、使用者に、同法第37条第3項〔現行同条第4項〕に基づく深夜割増賃金を請求することができるかという点をめぐって、次のように判示した。

　「労基法〔労働基準法〕における労働時間に関する規定の多くは、その　**A**　に関する規制について定めており、同法37条1項は、使用者が労働時間を延長した場合においては、延長された時間の労働について所定の割増賃金を支払わなければならないことなどを規定している。他方、同条3項は、使用者が原則として　**B**　の間において労働させた場合においては、その時間の労働について所定の割増賃金を支払わなければならない旨を規定するが、同項は、労働が1日のうちのどのような時間帯に行われるかに着目して深夜労働に関し一定の規制をする点で、労働時間に関する労基法中の他の規定とはその趣旨目的を異にすると解される。

　また、労基法41条は、同法第4章、第6章及び第6章の2で定める労働時間、休憩及び休日に関する規定は、同条各号の一に該当する労働者については適用しないとし、これに該当する労働者として、同条2号は管理監督者等を、同条1号は同法別表第1第6号（林業を除く。）又は第7号に掲げる事業に従事する者を定めている。一方、同法第6章中の規定であって年少者に係る深夜業の規制について定める61条をみると、同条4項は、上記各事業については同条1項ないし3項の深夜業の規制に関する規定を　**C**　旨別途規定している。こうした定めは、同法41条にいう「労働時間、休憩及び休日に関する規定」には、深夜業の規制に関する規定は含まれていないことを前提とするものと解される。

　以上によれば、労基法41条2号の規定によって同法37条3項の適用が除外されることはなく、管理監督者に該当する労働者は同項に基づく深夜割増賃金を請求することができるものと解するのが相当である。」

チェック欄 | 1 | 2 | 3

1章 労働基準法

―**選択肢**―――――――――――――――――――

① 行政官庁の許可を受けた場合に限り適用する
② 厚生労働省令で定める
③ 午後10時から午前5時まで　　④ 午後10時から午前6時まで
⑤ 午後11時から午前5時まで　　⑥ 午後11時から午前6時まで
⑦ 時間帯　　　　　　　　　　　⑧ 適用する
⑨ 適用しない　　　　　　　　　⑩ 長さ
⑪ 密度　　　　　　　　　　　　⑫ 割増

A：（参考）P49、B：P79、C：P96

　A～Cは最判 平21.12.18ことぶき事件。

「労働時間、休憩及び休日に関する規定の適用除外者である管理監督者に該当する労働者にも、深夜業に係る割増賃金の請求が認められる」と判示された最高裁判所の判例からの出題です。このように結論づけた理由として、この判例では、次のように述べています。

> （1）労働基準法における労働時間に関する規定の多くは、その**長さ**に関する規制について定めており、同法37条1項は、時間外労働について所定の割増賃金を支払わなければならないことなどを規定している。
> （2）他方、同条3項は、深夜労働（原則として**午後10時から午前5時までの間における労働**）について所定の割増賃金を支払わなければならない旨を規定しているが、この規定は、労働が1日のうちのどのような**時間帯**に行われるかに着目して深夜労働に関し一定の規制をする点で、労働時間に関する労働基準法中の他の規定とはその**趣旨目的を異にする**と解される。
> （3）また、同法41条は、同法所定の労働時間、休憩及び休日に関する規定は、一定の労働者については適用しないとしている。これに該当する労働者として、同条1号には「農業又は水産業の事業に従事する者」、同条2号には「管理監督者等」を規定している。
> （4）一方、同法61条4項では、「農林水産業」については同条1項～3項の年少者に係る深夜業の規制に関する規定を**適用しない**旨別途規定している。このように別途規定しているのは、同法41条にいう上記（3）の「労働時間、休憩及び休日に関する規定」には、深夜業の規制に関する規定は含まれていないことを前提とするものと解される。

　以上をまとめると、管理監督者等に適用されない「労働時間、休憩及び休日に関する規定」には、深夜業の規制に関する規定は含まれておらず、**管理監督者等**に該当する労働者に対しても、**深夜業に係る割増賃金の支払いは必要**であるということになります。

時間外労働・割増賃金に関するその他の判例

●完全歩合給制の時間外労働手当（最判 平6.6.13高知県観光事件）

タクシー料金の月間水揚高に一定の歩合を乗じた金額を支払う完全歩合給制について、時間外労働及び深夜労働を行った場合に歩合給の増額がなく、通常の労働時間の賃金に当たる部分と時間外及び深夜の割増賃金に当たる部分とを判別できないものであった場合には、歩合給の支給によって時間外及び深夜の割増賃金が支払われたと解釈することは困難なものというべきであり、使用者は、当該割増賃金を支払う義務がある。

●時間外労働義務（最判 平3.11.28日立製作所武蔵工場事件）

使用者が就業規則に36協定の範囲内で一定の業務上の事由があれば労働契約に定める労働時間を延長して労働者に労働させることができる旨定めているときは、当該就業規則の規定の内容が合理的なものである限り、それが具体的労働契約の内容をなすから、その就業規則の適用を受ける労働者は、その定めるところに従い、労働契約に定める労働時間を超えて労働する義務を負う。

●違法な時間外労働の割増賃金（最判 昭35.7.14小島撚糸事件）

適法な時間外労働等について割増賃金支払義務があるならば、違法な時間外労働等の場合には一層強い理由でその支払義務あるものと解すべきは事理の当然とすべきであるから、労働基準法37条1項は右の条件が充足された場合たると否とにかかわらず、時間外労働等に対し割増賃金支払義務を認めた趣意と解するを相当とする。果して、そうだとすれば、右割増賃金の支払義務の履行を確保しようとする同法119条1号の罰則は、時間外労働等が適法たると違法たるとを問わず、適用あるものと解すべきは条理上当然である。

解答 A ⑩長さ　B ③午後10時から午前5時まで　C ⑨適用しない

問題 042

チェック欄

［選択式］年次有給休暇

予想

難易度 易　重要度 A

次の文中の□□□の部分を選択肢の中の最も適切な語句で埋め、完全な文章とせよ。

1　労働基準法第39条第1項から第3項までの規定により使用者が与えなければならない年次有給休暇の日数が　A　以上である労働者に係る年次有給休暇の日数のうち、　B　については、基準日（継続勤務した期間を同条第2項に規定する6ヵ月経過日から1年ごとに区分した各期間（最後に1年未満の期間を生じたときは、当該期間）の　C　をいう。）から　D　の期間に、労働者ごとにその時季を定めることにより与えなければならない。

2　前記1にかかわらず、労働基準法第39条第5項（労働者による時季指定）又は第6項（計画的付与）の規定により年次有給休暇を与えた場合においては、当該与えた年次有給休暇の日数（当該日数が　B　を超える場合には、　B　とする。）分については、　E　。

選択肢

① 20労働日　　② 15労働日　　③ 10労働日　　④ 7労働日

⑤ 3日　　⑥ 4日　　⑦ 5日　　⑧ 6日

⑨ 最初の労働日　　⑩ 初日　　⑪ 末日　　⑫ 最後の労働日

⑬ 6ヵ月以内　　⑭ 1年以内　　⑮ 1年6ヵ月以内　　⑯ 2年以内

⑰ 行政官庁の認定を受けることにより与えないことができる

⑱ 翌年度に繰り越して時季を定めることにより与えなければならない

⑲ 時季を定めることにより与えることを要しない

⑳ 時間を単位として与えることができる

| 速習レッスン | A〜E：P90 | 解説 |

A〜Dは法39条7項、Eは法39条8項。

1　年次有給休暇の「**使用者による時季指定の義務**」に関する出題です。働き方改革関連法による改正（平成31年4月1日施行）として、年5日以上の年次有給休暇の取得が確実に進む仕組みとして導入されました。ポイントは、次のとおりです。

> (1) 対象労働者
>
> 　当該年度の法定の年次有給休暇の日数（基準日に新たに付与される日数）が**10労働日**以上である労働者です。この「10労働日」には、**前年度の繰越分は含まれません。**
>
> (2) 付与日数
>
> 　1年間に**5日**です。**5日を超える日数**については、労働者の個人的事由による取得のために一定の日数を留保する観点から、**使用者が時季指定をすることはできません。**
>
> (3) 付与期間
>
> 　使用者の時季指定による年次有給休暇は、基準日から**1年以内**の期間に与えなければなりません。（法定の）基準日は、継続勤務した期間を6ヵ月経過日から1年ごとに区分した**各期間の初日**と定義されています。たとえば、4月1日に入社した労働者の基準日は10月1日となり、最初の付与期間は10月1日から翌年9月30日までとなります。1年以内の期間において労働者が年次有給休暇を**現実に5日取得していない場合**には、**法違反**となります。

2　**労働者による時季指定**又は**計画的付与**により年次有給休暇が付与されている場合には、当該付与された年次有給休暇の日数分については、使用者が**時季を定めることにより与えることを要しません。**これは、すでに付与された日数分を、使用者による時季指定による付与日数から差し引くことを定めたものです。たとえば、労働者が自らの時季指定により**3日**の年次有給休暇を取得した場合は、使用者はその日数分を差し引いた**2日**の時季指定をすれば足ります。

解答　A ③10労働日　B ⑦5日　C ⑩初日　D ⑭1年以内
E ⑲時季を定めることにより与えることを要しない

労働基準法の規定のうち、よく似ているが異なるもの

(1) 解雇制限の例外と解雇予告等の例外

解雇制限の例外 （解雇することが可能となる場合）	業務上傷病による休業 ＋30日間	①打切補償を支払う場合 ②天災事変その他やむを得ない事由のために事業の継続が不可能となった場合 →②の場合は、行政官庁の認定が必要
	産前産後休業 ＋30日間	①天災事変その他やむを得ない事由のために事業の継続が不可能となった場合 →行政官庁の認定が必要
解雇予告等の例外 （解雇予告等が不要となる場合）	①天災事変その他やむを得ない事由のために事業の継続が不可能となった場合 ②労働者の責めに帰すべき事由に基づいて解雇する場合 →いずれの場合も行政官庁の認定が必要	

(2) 退職時等の証明

証明書の請求時期	請求可能な証明事項
解雇予告日から退職の日までの間	①解雇の理由のみ
退職の日以後 ※請求権は、退職時から2年で時効消滅	①使用期間 ②業務の種類 ③その事業における地位 ④賃金 ⑤退職の事由（退職の事由が解雇の場合にあっては、その理由を含む。）

→いずれの証明書にも労働者の請求しない事項を記入してはならない。

(3) 帰郷旅費

	帰郷旅費の負担が必要となる場合
法15条3項による帰郷旅費 （全労働者が対象）	明示された労働条件が事実と相違することにより、即時に労働契約を解除した労働者が、契約解除の日から14日以内に帰郷する場合
法64条による帰郷旅費 （年少者のみが対象）	解雇された年少者が、解雇の日から14日以内に帰郷する場合 例外 労働者の責めに帰すべき事由に基づく解雇の場合 　→行政官庁の認定を受けたときは、帰郷旅費の負担は不要

(4) 労働者名簿と賃金台帳

労働者名簿	各事業場ごとに各労働者（日々雇い入れられる者を除く。）について調製し、所定の事項を記入しなければならない。所定の事項に変更があった場合には、遅滞なく訂正しなければならない。
賃金台帳	各事業場ごとに調製し、労働者各人別に所定の事項を賃金支払いのつど遅滞なく記入しなければならない。 →日々雇い入れられる者も調製の対象

第2章

労働安全衛生法

択一式は1問3分以内で解きましょう！

総則等

過令2

労働安全衛生法に関する次の記述のうち、誤っているものはどれか。

A 労働安全衛生法は、同居の親族のみを使用する事業又は事務所については適用されない。また、家事使用人についても適用されない。

B 労働安全衛生法は、事業場を単位として、その業種、規模等に応じて、安全衛生管理体制、工事計画の届出等の規定を適用することにしており、この法律による事業場の適用単位の考え方は、労働基準法における考え方と同一である。

C 総括安全衛生管理者は、当該事業場においてその事業の実施を統括管理する者をもって充てなければならないが、必ずしも安全管理者の資格及び衛生管理者の資格を共に有する者のうちから選任しなければならないものではない。

D 労働安全衛生法は、事業者の責務を明らかにするだけではなく、機械等の設計者、製造者又は輸入者、原材料の製造者又は輸入者、建設物の建設者又は設計者、建設工事の注文者等についても、それぞれの立場において労働災害の発生の防止に資するよう努めるべき責務を有していることを明らかにしている。

E 労働安全衛生法は、第20条で、事業者は、機械等による危険を防止するため必要な措置を講じなければならないとし、その違反には罰則規定を設けているが、措置義務は事業者に課せられているため、例えば法人の従業者が違反行為をしたときは、原則として当該従業者は罰則の対象としない。

速習レッスン　A：P127、B：P127、C：P132、D：P127・128、E：P191　解説

A ○ 昭47.9.18発基91号。労働安全衛生法は、**同居の親族のみ**を使用する事業又は事務所を除き、原則として、労働者を使用する全事業について適用されます。ただし、次に掲げる者については、同法の全部が適用されません。
①**家事使用人**
②船員法の適用を受ける**船員**
③一般職の**国家公務員**（行政執行法人の職員を除く。）

B ○ 昭47.9.18発基91号。労働安全衛生法は、**事業場を単位**として、その業種、規模等に応じて、適用されます。事業場の適用単位の考え方は、労働基準法における考え方と同一であり、「事業場」とは、工場、鉱山、事務所、店舗等のように一定の場所において相関連する組織のもとに継続的に行われる作業の一体をいいます。

C ○ 法10条2項、昭47.9.18基発602号。総括安全衛生管理者は、当該事業場においてその**事業の実施を統括管理する者**をもって充てなければなりません。「事業の実施を統括管理する者」とは、工場長、作業所長など名称のいかんを問わず、当該事業場における事業の実施について実質的に統括管理する権限及び責任を有する者をいい、必ずしも安全管理者の資格及び衛生管理者の資格を共に有する者であることを要しません。

D ○ 法3条、昭47.9.18発基91号。労働安全衛生法においては、事業者の責務のほか、設問の**機械等の設計者等**、**建設工事の注文者等**についても、それぞれの立場において労働災害の発生の防止に資するよう努めるべき責務を有していることを明らかにしています。たとえば、建設工事の注文者等仕事を他人に請け負わせる者は、施工方法、工期等について、安全で衛生的な作業の遂行をそこなうおそれのある条件を附さないように配慮しなければなりません。

E × 法20条、119条1号、122条。違反行為をした従業者も罰則の対象となります。法人の従業者が、その法人又は人の業務に関して、所定の違反行為をしたときは、行為者が罰せられるほか、その法人又は人に対しても、**罰金刑**が科せられます（**両罰規定**）。設問の違反行為もこの処罰の対象となります。

2章 労働安全衛生法

解答　E

問題 044

派遣労働者に係る適用

過平30　　　　　　　　　　　　　　　　　　難易度 普　重要度 A

派遣労働者の安全衛生の確保に関する次の記述のうち、誤っているものはどれか。

A　派遣元事業者は、派遣労働者を含めて常時使用する労働者数を算出し、それにより算定した事業場の規模等に応じて、総括安全衛生管理者、衛生管理者、産業医を選任し、衛生委員会の設置をしなければならない。

B　派遣労働者に関する労働安全衛生法第66条第2項に基づく有害業務従事者に対する健康診断（以下本肢において「特殊健康診断」という。）の結果の記録の保存は、派遣先事業者が行わなければならないが、派遣元事業者は、派遣労働者について、労働者派遣法第45条第11項の規定に基づき派遣先事業者から送付を受けた当該記録の写しを保存しなければならず、また、当該記録の写しに基づき、派遣労働者に対して特殊健康診断の結果を通知しなければならない。

C　派遣労働者に対する労働安全衛生法第59条第1項の規定に基づく雇入れ時の安全衛生教育は、派遣先事業者に実施義務が課せられており、派遣労働者を就業させるに際して実施すべきものとされている。

D　派遣就業のために派遣され就業している労働者に関する機械、器具その他の設備による危険や原材料、ガス、蒸気、粉じん等による健康障害を防止するための措置は、派遣先事業者が講じなければならず、当該派遣中の労働者は当該派遣元の事業者に使用されないものとみなされる。

E　派遣元事業者は、派遣労働者が労働災害に被災したことを把握した場合、派遣先事業者から送付された所轄労働基準監督署長に提出した労働者死傷病報告の写しを踏まえて労働者死傷病報告を作成し、派遣元の事業場を所轄する労働基準監督署長に提出しなければならない。

| 速習レッスン | A：P145、B：P175・177、C：P166、D：P147、E：P190 | 解説 |

A 〇 労働者派遣法45条1項・2項、平21基発0331010号。安全衛生管理体制について、設問の各管理者等の選任等に係る派遣元事業者の事業場における常時使用する労働者数は、**派遣労働者を含めて**算定します。

B 〇 労働者派遣法45条3項・11項、平21基発0331010号。派遣労働者に係る特殊健康診断に関する派遣元事業者及び派遣先事業者それぞれの義務は、次表のとおりです（表中「〇」：義務あり、「－」：義務なし）。設問は②③についてです。

	派遣元事業者	派遣先事業者
①実施と事後措置	—	〇
②記録の保存	〇（写しを保存）	〇
③労働者への結果の通知	〇	—

C ✕ 労働者派遣法45条1項・3項、昭61.6.6基発333号。**雇入れ時**の安全衛生**教育**は、「派遣先事業者」ではなく「**派遣元**事業者」に実施義務が課せられています。なお、**作業内容変更時の安全衛生教育は派遣元**事業者及び**派遣先**事業者**双方**に、**特別教育**及び**職長等教育**は**派遣先**事業者に実施義務が課せられています。

D 〇 労働者派遣法45条3項、昭61.6.6基発333号。事業者の講ずべき危険又は健康障害を防止するための措置についてです。派遣労働者に関するこの措置は、**派遣先事業者**が講じなければなりません。また、この措置の適用に関して、「当該派遣中の労働者は当該派遣元の事業者に使用されないもの」とみなされます。**派遣先事業者に使用されるものとみなされる**ためです。

E 〇 労働者派遣法45条15項、平21基発0331010号。派遣元事業者の**労働者死傷病報告**の作成及び提出についてです。なお、派遣先事業者は、派遣労働者が被災した場合は、労働者死傷病報告を作成し、派遣先の事業者の事業場の所在地を管轄する労働基準監督署長に提出しなければなりません。また、この報告の写しを、遅滞なく、派遣元事業者に送付しなければなりません。つまり、この報告は、**派遣元**事業者及び**派遣先**事業者の**双方**が行わなければなりません。

解答 **C**

2章

労働安全衛生法

安全衛生管理体制（一般事業場）（1）

労働安全衛生法の安全衛生管理体制に関する次の記述のうち、誤っているものはどれか。

A 安全管理者は、その事業場に専属の者を選任しなければならないが、2人以上の安全管理者を選任する場合において、当該安全管理者の中に労働安全コンサルタントがいるときは、当該者のうち1人については、この限りでない。

B 事業者は、その事業場について衛生管理者を選任すべき事由が発生したときは、その日から14日以内に衛生管理者を選任し、遅滞なく、所定の報告書を、所轄労働基準監督署長に提出しなければならない。

C 産業医は、少なくとも毎月1回、作業場等を巡視し、作業方法又は衛生状態に有害のおそれがあるときは、直ちに、労働者の健康障害を防止するため必要な措置を講じなければならないが、事業者から、毎月1回以上、一定の情報の提供を受けている場合であって、事業者の同意を得ているときは、少なくとも2ヵ月に1回、作業場等を巡視すれば足りる。

D 常時3,000人を超える労働者を使用する事業場にあっては、2人以上の産業医を選任することとされている。

E 事業者は、作業主任者を選任したときは、当該作業主任者の氏名及びその者に行わせる事項を作業場の見やすい箇所に掲示する等により関係労働者に周知させ、また、遅滞なく、所定の報告書を、当該事業場の所在地を管轄する労働基準監督署長に提出しなければならない。

速習レッスン　A：P133、B：P134、C：P136、D：P135、E：P136

解説

A ○ 則4条1項2号、5条2号。**安全管理者**は、原則として、その事業場に**専属**の者でなければなりませんが、2人以上の安全管理者を選任する場合において、当該安全管理者の中に**労働安全コンサルタント**がいるときは、労働安全コンサルタントのうち1人については、専属の者でなくても構いません。つまり、労働安全コンサルタントのうち**1人に限り**、**外部の者**から安全管理者を選任することができます。

B ○ 則7条1項1号・2項。衛生管理者の選任は、これを選任すべき事由が発生した日から**14日以内**に行うこととされています。また、衛生管理者を選任した事業者は、**遅滞なく**、所定の**報告書**を所轄労働基準監督署長に提出しなければなりません。なお、この選任期限及び報告書の提出に関する点は、総括安全衛生管理者及び安全管理者についても同様です。

C ○ 則15条1項。産業医には、その職務として作業場等の巡視が義務づけられており、その頻度は、原則として、**少なくとも毎月1回**とされています。ただし、事業者から、毎月1回以上、次の①②の**情報が提供**されている場合であって、**事業者の同意**を得ているときは、**少なくとも2ヵ月に1回**、作業場等を巡視すればよいものとされています。

①衛生管理者が行う巡視の結果
②労働者の健康障害を防止し、又は労働者の健康を保持するために必要な情報であって、衛生委員会又は安全衛生委員会における調査審議を経て事業者が産業医に提供することとしたもの

D ○ 則13条1項4号。常時使用する労働者の数が50人以上である事業場の事業者は、その業種にかかわらず、産業医を選任する必要があります。選任すべき人数は、原則として、1人以上ですが、常時使用する労働者の数が**3,000人を超える**事業場においては、**2人以上**です。

E × 則18条。報告書の提出は不要です。作業主任者については、その氏名及びその者に行わせる事項を作業場の見やすい箇所に掲示する等により関係労働者に**周知**させれば足ります。

解答　E

問題 046

安全衛生管理体制（一般事業場）（2）

過平29

次に示す業態をとる株式会社についての安全衛生管理に関する記述のうち、正しいものはどれか。なお、衛生管理者及び産業医については、選任の特例（労働安全衛生規則第8条及び同規則第13条第3項）を考えないものとする。

X市に本社を置き、人事、総務等の管理業務と営業活動を行っている。
　使用する労働者数　　常時40人

Y市に工場を置き、食料品を製造している。
　工場は24時間フル操業で、1グループ150人で構成する4つのグループ計600人の労働者が、1日を3つに区分した時間帯にそれぞれ順次交替で就業するいわゆる4直3交替で、業務に従事している。したがって、この600人の労働者は全て、1月に4回以上輪番で深夜業に従事している。なお、労働基準法第36条第1項ただし書きに規定する健康上特に有害な業務に従事する者はいない。

Z市に2店舗を置き、自社製品を小売りしている。
　Z1店舗　使用する労働者数　　常時15人
　Z2店舗　使用する労働者数　　常時15人（ただし、この事業場のみ、うち12人は1日4時間労働の短時間労働者）

A　X市にある本社には、総括安全衛生管理者、衛生管理者及び産業医を選任しなければならない。

B　Y市にある工場には、安全委員会及び衛生委員会を設置しなければならず、それぞれの委員会の設置に代えて、安全衛生委員会を設置することができるが、産業医については、その工場に専属の者を選任しなければならない。

C　Y市にある工場には衛生管理者を3人選任しなければならないが、そのうち少なくとも1人を衛生工学衛生管理者免許を受けた者のうちから選任しなければならない。

D　X市にある本社に衛生管理者が選任されていれば、Z市にあるZ1店舗には衛生推進者を選任しなくてもよい。

E　Z市にあるZ2店舗には衛生推進者の選任義務はない。

速習レッスン　A：P132・134・135、B：P135・138・139、C：P134、D・E：P137　解説

A ✕ 法10条1項、12条1項、13条1項、令2条、4条、5条。X市にある本社には、総括安全衛生管理者、衛生管理者及び産業医のいずれも選任する必要は**ありません**。常時使用する労働者数が**50人未満**（40人）であるためです。

B ○ 法13条1項、17条1項、18条1項、19条1項、令5条、8条、9条、則13条1項3号ヌ。食料品の製造業の事業場においては、常時**100人以上**の労働者を使用する場合に、**安全委員会**を設置しなければなりません。また、常時**50人以上**の労働者を使用する事業場においては、その業種にかかわらず、**衛生委員会**を設置しなければなりません。安全委員会及び衛生委員会の両方を設置しなければならないときは、事業者は、それぞれの委員会の設置に代えて、安全衛生委員会を設置することができます。一方、産業医については、**深夜業**を含む業務など健康上有害な業務に常時**500人以上**の労働者を従事させる事業場においては、その事業場に**専属**の者を選任しなければなりません。Y市にある工場は、これらのいずれにも該当します。

C ✕ 法12条1項、令4条、則7条1項4号・6号。Y市にある工場は、常時使用する労働者数が500人を超え1,000人以下（600人）であるため、衛生管理者を**3人**選任しなければなりませんが、衛生管理者のうち1人を衛生工学衛生管理者免許を受けた者のうちから選任する必要はありません。常時**500人を超える**労働者を使用する事業場で、坑内労働その他の**健康上特に有害な業務**（**衛生工学的な措置を必要とする業務に限る。**）に常時**30人以上**の労働者を従事させる事業場においては、衛生管理者のうち1人を衛生工学衛生管理者免許を受けた者のうちから選任しなければなりませんが、この「健康上特に有害な業務」に「深夜業を含む業務」は含まれていません。

D ✕ 法12条の2、則12条の2。Z市にあるZ1店舗には、衛生推進者を選任しなければなりません。常時**10人以上50人未満**の労働者を使用する小売業の事業場においては、**衛生推進者**を選任しなければなりません。X市にある本社に衛生管理者が選任されていることは、Z1店舗の衛生推進者の選任の要否に何ら関係しません（Z1店舗の規模等で判断します。）。

E ✕ 法12条の2、則12条の2。Z市にあるZ2店舗には、衛生推進者の選任義務があります。衛生推進者の選任に係る事業場の規模（労働者数）は、短時間労働者も**含めて**判断するためです。

解答　B

問題 047

安全委員会、衛生委員会等

予想　　　　　　　　　　　　　　　　　　　　　難易度 普　重要度 C

労働安全衛生法に定める安全委員会、衛生委員会等に関する次の記述のうち、正しいものはどれか。

A　事業者は、安全委員会を設けなければならない事業場においては、衛生委員会も設けなければならない。

B　事業者は、安全委員会又は衛生委員会の委員の半数については、当該事業場に労働者の過半数で組織する労働組合があるときにおいてはその労働組合、労働者の過半数で組織する労働組合がないときにおいては労働者の過半数を代表する者の推薦に基づき、指名しなければならない。

C　事業者は、当該事業場に設置されている衛生委員会の委員として、原則として、当該事業場の産業医を指名しなければならないこととされているが、当該産業医が嘱託の場合には、必ずしも指名することを要しない。

D　事業者は、安全委員会、衛生委員会又は安全衛生委員会を毎月1回以上開催し、開催の都度、遅滞なく、その委員会の議事の概要を労働者に周知させるとともに、その開催状況等を記載した報告書を所轄労働基準監督署長に提出しなければならない。

E　安全委員会の付議事項には、「労働安全衛生法第28条の2第1項又は第57条の3第1項及び第2項の危険性又は有害性等の調査及びその結果に基づき講ずる措置のうち、安全に係るものに関すること」及び「労働安全衛生規則第577条の2第1項の規定により講ずる措置（リスクアセスメント対象物に係るばく露の程度の低減等の措置）に関すること」が含まれている。

速習レッスン　A：P138、B：P138、C：P138、D：P138、E：(参考) P138　　解説

A　○　法17条１項、18条１項、令８条、９条。衛生委員会は、**業種を問わず**、常時使用する労働者の数が50人以上である事業場に設けなければなりません。一方、安全委員会は、林業、建設業等の**屋外産業的業種**では常時使用する労働者の数が50人以上、電気業、通信業等の**工業的業種**では100人以上である事業場に設けなければなりません。したがって、安全委員会を設けなければならない事業場においては、必ず衛生委員会を設けなければならないことになります。

B　×　法17条２項・４項、18条２項・４項。「委員の半数」としている点が誤りです。正しくは、「委員会の議長を除く、**残りの委員の半数**」について、労働者の**過半数を代表する者等の推薦**に基づき、**事業者が指名**しなければならないと規定されています。

C　×　法18条２項３号、昭63.9.16基発601号の１。産業医が嘱託の場合には指名不要という規定はありません。衛生委員会の委員となる産業医は、当該事業場に専属の産業医に限られるものではないとされています。したがって、嘱託の産業医であっても、衛生委員会の委員として**指名**しなければなりません。

D　×　則23条１項・３項。報告書を所轄労働基準監督署長に提出する必要はありません。報告を義務づける規定はないからです。その他の記述は、正しい記述です。

E　×　則21条２号、22条11号。設問後半にある措置（リスクアセスメント対象物に係るばく露の程度の低減等の措置）に関することは、安全委員会の付議事項（調査審議事項）に**含まれていません**。これは、衛生委員会の付議事項に含まれるものです。なお、設問前半にある措置（危険性又は有害性等の調査及びその結果に基づき講ずる措置のうち、安全に係るもの）に関することが、安全委員会の付議事項に含まれるとする点は、正しい記述です。

解答　**A**

問題 048

チェック欄

1	2	3

労働者の危害防止の措置等（1）

過令4

難易度 普　重要度 B

下記に示す事業者が一の場所において行う建設業の事業に関する次の記述のうち、誤っているものはどれか。

なお、この場所では甲社の労働者及び下記乙①社から丙②社までの4社の労働者が作業を行っており、作業が同一の場所において行われることによって生じる労働災害を防止する必要がある。

甲社　　　鉄骨造のビル建設工事の仕事を行う元方事業者

　　　　　　　当該場所において作業を行う労働者数　　常時5人

乙①社　　甲社から鉄骨組立工事一式を請け負っている事業者

　　　　　　　当該場所において作業を行う労働者数　　常時10人

乙②社　　甲社から壁面工事一式を請け負っている事業者

　　　　　　　当該場所において作業を行う労働者数　　常時10人

丙①社　　乙①社から鉄骨組立作業を請け負っている事業者

　　　　　　　当該場所において作業を行う労働者数　　常時14人

丙②社　　乙②社から壁材取付作業を請け負っている事業者

　　　　　　　当該場所において作業を行う労働者数　　常時14人

A　甲社は、統括安全衛生責任者を選任しなければならない。

B　甲社は、元方安全衛生管理者を選任しなければならない。

C　甲社は、当該建設工事の請負契約を締結している事業場に、当該建設工事における安全衛生の技術的事項に関する管理を行わせるため店社安全衛生管理者を選任しなければならない。

D　甲社は、労働災害を防止するために協議組織を設置し運営しなければならないが、この協議組織には自社が請負契約を交わした乙①社及び乙②社のみならず丙①社及び丙②社も参加する組織としなければならない。

E　甲社は、丙②社の労働者のみが使用するために丙②社が設置している足場であっても、その設置について労働安全衛生法又はこれに基づく命令の規定に違反しないよう必要な指導を行わなければならない。

| 速習
レッスン | A：P140、B：P141、C：P142、D：P149、E：P148 | 解説 |

A 〇 法15条1項、令7条2項。設問の建設業の事業（鉄骨造のビル建設工事）における作業を行う場所（作業現場）の労働者数は、合計で常時53人（＝5人＋10人＋10人＋14人＋14人）です。したがって、労働者数が**常時50人**以上の作業現場であるため、甲社は、**統括安全衛生責任者**を選任しなければなりません。

B 〇 法15条の2第1項。**統括安全衛生責任者を選任すべき作業現場**のうち、**建設業**に属するものであるため、甲社は、**元方安全衛生管理者**を選任しなければなりません。

C × 法15条の3第1項、則18条の6第1項。統括安全衛生責任者を選任しなければならない作業現場に関して、甲社は、建設工事の請負契約を締結している事業場（店社）において、**店社安全衛生管理者**を**選任する必要はありません**。

D 〇 法30条1項1号、則635条1項1号。特定元方事業者に該当する甲社は、特定元方事業者及び**すべて**の関係請負人が参加する**協議組織**を設置・運営しなければなりません。なお、協議組織の会議は定期的に開催する必要があります。

E 〇 法29条1項。設問の甲社を含め**すべての元方事業者**は、関係請負人及び関係請負人の労働者が、当該仕事（例：足場の設置等）に関し、労働安全衛生法又はこれに基づく命令の規定に**違反しないよう必要な指導**を行わなければなりません。

| 基本
まとめ | 選任すべき作業現場等のまとめ |

	統括安全衛生 責任者	元方安全衛生 管理者	安全衛生 責任者	店社安全衛生 管理者
業種と 選任する者	建設業と造船業の元方事業者	建設業のみの元方事業者	建設業と造船業の関係請負人	建設業のみの元方事業者
選任すべき作業現場と規模	①ずい道等の建設、一定の橋梁の建設、圧気工法による作業 ➡30人以上 ②上記以外の仕事（元方安全衛生管理者は建設業に属するもののみ） ➡50人以上			①ずい道等の建設、一定の橋梁の建設、圧気工法による作業 ➡20人以上30人未満 ②主要構造部が鉄骨造・鉄骨鉄筋コンクリート造の建築物の建設 ➡20人以上50人未満

解答 C

2章 労働安全衛生法

問題 049

チェック欄

労働者の危害防止の措置等（2）

予想

難易度 **普**　重要度 **B**

労働安全衛生法に定める労働者の危険又は健康障害を防止するための措置等に関する次の記述のうち、誤っているものの組合せは、後記 A から E までのうちどれか。

ア　店社安全衛生管理者は、建設業に属する事業の元方事業者の労働者及び関係請負人の労働者の作業が同一の場所で行われることによって生ずる労働災害を防止するため、少なくとも毎月1回これらの労働者が作業を行う場所を巡視しなければならないが、ずい道等の建設の仕事を行う場所については、少なくとも毎週1回巡視しなければならない。

イ　元方事業者のうち、製造業（造船業を除く。）に属する事業を行う者については、統括安全衛生責任者を選任する義務はない。

ウ　建設業に属する事業の元方事業者が、労働安全衛生法第29条の2の規定に基づいて、技術上の指導その他の必要な措置を講じなければならないのは、土砂等が崩壊するおそれのある場所及び機械等が転倒するおそれのある場所において関係請負人の労働者が当該事業の仕事の作業を行う場合に限られる。

エ　特定元方事業者は、その労働者及び関係請負人の労働者の作業が同一の場所において行われることによって生ずる労働災害を防止するため、所定の事項に関する必要な措置を講じなければならないが、当該所定の事項には、「作業場所を巡視すること」が含まれている。

オ　製造業その他政令で定める業種に属する事業（特定事業を除く。）の元方事業者は、その労働者及び関係請負人の労働者の作業が同一の場所において行われることによって生ずる労働災害を防止するため、作業間の連絡及び調整を行うことに関する措置その他必要な措置を講じなければならない。

A　（アとイ）　　　B　（アとウ）　　　C　（イとエ）
D　（ウとオ）　　　E　（エとオ）

速習レッスン　ア：P143・145、イ：P140、ウ：P149、エ：P149、オ：P149　　解説

ア　✕　法15条の3第1項、則18条の8第1号。設問は、後半の記述が誤りです。店社安全衛生管理者に係る作業場の巡視頻度は、仕事の区分にかかわらず、すべて「**少なくとも毎月1回**」とされています。ずい道等の建設の仕事を行う場所の巡視頻度を少なくとも毎週1回とする旨の規定は、存在しません。

イ　◯　法15条1項、令7条1項。統括安全衛生責任者を選任する義務があるのは、**元方事業者**のうち、**建設業**又は**造船業**に属する事業を行う者（**特定元方事業者**）に限られます。

ウ　✕　法29条の2。設問の場合に限られません。建設業に属する事業の元方事業者が、設問の措置を講じなければならないのは、①土砂等が崩壊するおそれのある場所、②機械等が転倒するおそれのある場所のほか、③その他の**厚生労働省令で定める場所**（明かり掘削の作業が行われる場所で、埋設物等又はれんが壁、コンクリートブロック塀、擁壁等の建設物が損壊する等のおそれのある場所等）において関係請負人の労働者が当該事業の仕事の作業を行う場合です。

エ　◯　法30条1項。**特定元方事業者**は、その労働者及び関係請負人の労働者の作業が同一の場所において行われることによって生ずる労働災害を防止するため、次に掲げる事項に関する必要な措置を講ずる必要があります。

①**協議組織**の設置及び運営　②**作業間の連絡及び調整**
③**作業場所の巡視**（毎作業日に少なくとも1回）
④関係請負人が行う労働者の安全衛生教育に対する指導及び援助
⑤仕事の工程に関する計画及び作業場所における機械、設備等の配置に関する計画の作成、関係請負人が講ずべき措置についての指導（建設業に限る。）
⑥その他労働災害を防止するため必要な事項

オ　◯　法30条の2第1項。**製造業**の元方事業者（造船業（特定事業）以外の製造業の元方事業者）は、その労働者及び関係請負人の労働者の作業が同一の場所において行われることによって生ずる労働災害を防止するため、次の①②に掲げる措置を講ずる必要があります。

①**作業間の連絡及び調整**を行うことに関する措置
②その他必要な措置

以上から、誤っているものの組合せは、**B（アとウ）**です。

解答　**B**

2章　労働安全衛生法

問題 050

労働者の危害防止の措置等（3）

予想　　　　　　　　　　　　　　　　　難易度　**難**　重要度　**B**

労働安全衛生法の労働者の危険又は健康障害を防止するための措置等に関する次の記述のうち、同法の規定により義務づけられている措置として、正しいものはいくつあるか。

ア 注文者は、その請負人に対し、当該仕事に関し、その指示に従って当該請負人の労働者を労働させたならば、労働安全衛生法又は同法に基づく命令の規定に違反することとなる指示をしてはならない。

イ 機械等で、政令で定めるものを、相当の対価を得て業として他の事業者に貸与する者は、当該機械等の貸与を受けた事業者の事業場における当該機械等による労働災害を防止するため必要な措置を講じなければならない。

ウ 建築物で、政令で定めるものを他の事業者に貸与する者は、当該建築物の貸与を受けた事業者の事業に係る当該建築物による労働災害を防止するため必要な措置を講じなければならないが、当該建築物の全部を一の事業者に貸与するときは、この限りでない。

エ 一の貨物で、重量が1トン以上のものを発送しようとする者は、見やすく、かつ、容易に消滅しない方法で、当該貨物にその重量を表示しなければならないが、包装されていない貨物で、その重量が一見して明らかであるものを発送しようとするときは、この限りでない。

オ ガス工作物その他政令で定める工作物を設けている者は、当該工作物の所在する場所又はその附近で工事その他の仕事を行なう事業者から、当該工作物による労働災害の発生を防止するためにとるべき措置についての教示を求められたときは、これを教示しなければならない。

A　一つ

B　二つ

C　三つ

D　四つ

E　五つ

速習レッスン ア：P150、イ：P150、ウ：P150、エ：P150、オ：P150

解説

ア ○ 法31条の4。注文者の**違法な指示の禁止**についてです。設問の規定は、指示を行った注文者が労働安全衛生法令違反となる行為が行われることを認識して当該指示を行った場合に適用されます。したがって、指示の内容が一般的であって、請負人がその指示に従ったとしても労働安全衛生法令の規定に違反することなく当該指示の目的を果たせる場合において、結果として請負人が違反を行ったときは、設問の規定は適用されません。

イ ○ 法33条1項、則665条。**機械等貸与者**（いわゆるリース業者）の講ずべき措置についてです。機械等で、政令で定めるものを他の事業者に貸与する者で、厚生労働省令で定めるものは、当該機械等の貸与を受けた事業者の事業場における当該機械等による労働災害を防止するため必要な措置を講じなければなりません。設問の「機械等」には、つり上げ荷重が0.5トン以上の移動式クレーン、不整地運搬車、作業床の高さが2メートル以上の高所作業車等が定められています。

ウ ○ 法34条。**建築物貸与者**の講ずべき措置についてです。なお、設問の規定の対象となるのは、事務所又は工場の用に供される建築物であり、貸与は、有償・無償を問いません。

エ ○ 法35条。**重量表示**の義務についてです。なお、「その重量が一見して明らかなもの」とは、丸太、石材、鉄骨材等のように外観により重量の推定が可能であるものをいいます。

オ ○ 法102条。**ガス工作物等設置者**の義務についてです。なお、設問の工作物には、ガス工作物のほか、電気工作物、熱供給施設、石油パイプラインが定められています。

以上から、正しいものは五つであるため、正解は**E**です。

2章

労働安全衛生法

解答　**E**

特定機械等の規制

過平25

次の機械等（本邦の地域内で使用されないことが明らかな場合を除く。）のうち、労働安全衛生法第37条第1項の規定に基づき、製造しようとする者が、厚生労働省令で定めるところにより、あらかじめ都道府県労働局長の許可を受けなければならないものとして正しいものはどれか。

A　フォークリフト
B　作業床の高さが2メートルの高所作業車
C　不整地運搬車
D　直流電圧が750ボルトの充電電路について用いられる活線作業用装置
E　つり上げ荷重が5トンの移動式クレーン

速習レッスン　A〜E：P152・153

解説

　A〜Eは法37条1項、法別表第1、令12条。
　設問は、**製造**しようとするときに、あらかじめ、**都道府県労働局長**の**許可**を受けなければならない機械等、すなわち「**特定機械等**」に該当するものはどれかを問うたものです。特定機械等とは、次の①〜⑧の機械等（本邦の地域内で使用されないことが明らかな場合を除く。）です。

> ①**ボイラー**（小型ボイラー等を除く。）
> ②**第1種圧力容器**（小型圧力容器等を除く。）
> ③つり上げ荷重が**3トン以上**（スタッカー式は1トン以上）の**クレーン**
> ④つり上げ荷重が**3トン以上**の移動式クレーン
> ⑤つり上げ荷重が**2トン以上**のデリック
> ⑥積載荷重が**1トン以上**のエレベーター
> ⑦ガイドレールの高さが**18メートル以上**の**建設用リフト**（積載荷重が0.25トン未満のものを除く。）
> ⑧ゴンドラ

　したがって、**A〜E**のうち、特定機械等に該当するのは**E**（上記④に該当）です。

ポイント解説

特定機械等の規制

　特定機械等は、製造自体が許可制となっているほか、実際に製造したときや設置したとき等にも検査（**製造時等検査・設置時等検査**）を受けなければならないなどの規制があります。
　また、**移動式**の特定機械等については**製造時等検査**に**合格**したときに、**移動式以外**の特定機械等については**設置時検査**に**合格**したときに、**検査証が交付**されます。この検査証を受けていない特定機械等（変更検査・使用再開検査を受けなければならない特定機械等で、検査証に裏書を受けていないものを含む。）は、使用してはならず、検査証を受けた特定機械等を譲渡・貸与する場合には、検査証とともに譲渡・貸与しなければなりません。
※**移動式**の特定機械等→上記解説中の①のうちの「**移動式ボイラー**」、④の「**移動式クレーン**」及び⑧の「**ゴンドラ**」

解答　**E**

問題 052

チェック欄

1	2	3

危険物及び有害物に関する規制

予想

難易度 **難**　重要度 **B**

危険物及び有害物に関する規制に関する次の記述のうち、誤っているものはどれか。なお、本問において、「通知対象物」とは労働安全衛生法第57条の2第1項に規定する通知対象物のことをいい、「リスクアセスメント」とは同法第57条の3第1項の危険性又は有害性等の調査のことをいい、「リスクアセスメント対象物」とはリスクアセスメントをしなければならない政令で定める物及び通知対象物のことをいう。

A　事業者は、リスクアセスメントを行ったときは、その結果等について、記録を作成し、これを3年間（次のリスクアセスメントを3年以内に行う場合には、次のリスクアセスメントを行うまでの期間）保存するとともに、その結果等を、リスクアセスメント対象物を製造し、又は取り扱う業務に従事する労働者に周知させなければならない。

B　黄りんマッチ、ベンジジン、ベンジジンを含有する製剤その他の労働者に重度の健康障害を生ずる物で、政令で定めるものは、製造し、輸入し、譲渡し、提供し、又は使用してはならないが、あらかじめ、都道府県労働局長の許可を受けること等政令で定める要件に該当するときは、試験研究のため製造し、輸入し、又は使用することができる。

C　労働安全衛生法第57条第1項による表示が義務づけられている物を容器に入れ、又は包装して保管するとき（同項の規定による表示がされた容器又は包装により保管するときを除く。）は、当該物の名称及び人体に及ぼす作用について、当該物の保管に用いる容器又は包装への表示、文書の交付その他の方法により、当該物を取り扱う者に、明示しなければならない。

D　通知対象物を譲渡し、又は提供する者は、当該通知対象物に関する所定の事項を、譲渡し、又は提供する相手方に通知しなければならないが、当該通知の方法については、事前に相手方の承諾を得ていなくとも、電子メールの送信の方法を採用することができる。

E　通知対象物を譲渡し、又は提供する者は、人体に及ぼす作用について、直近の確認を行った日から起算して5年以内ごとに1回、最新の科学的知見に基づき、変更を行う必要性の有無を確認し、変更を行う必要があると認めるときは、当該確認をした日から1年以内に、当該事項の変更を行わなければならない。

158

A：P163、B：P160、C：P162、D：P162、E：P162

解説

A ✗ 則34条の２の８第１項。記録の保存期間は、「**次にリスクアセスメントを行う**までの**期間**（リスクアセスメントを行った日から起算して３年以内に当該リスクアセスメント対象物についてリスクアセスメントを行ったときは、**3年間**）」です。つまり、３年間よりも短い保存期間となることはありません。なお、このほかの記述については、正しい内容です。

B ○ 法55条、令16条２項。黄りんマッチ、ベンジジン等のいわゆる製造等禁止物質であっても、次の①②の要件に該当するときは、**試験研究**のため**製造**し、**輸入**し、又は**使用**することが認められています。
①製造、輸入又は使用について、厚生労働省令で定めるところにより、あらかじめ、**都道府県労働局長**の**許可**を受けること。
②厚生労働大臣が定める基準に従って製造し、又は使用すること。

C ○ 則33条の２。設問の物（いわゆるラベル表示対象物）を容器に入れ、又は包装して**保管**（具体的には、①他の容器に移し替えて保管、②自ら製造したラベル表示対象物を容器に入れて保管）する場合には、ラベル表示、文書の交付その他の方法により、当該**物の名称**及び**人体に及ぼす作用**の２事項について、当該物を取り扱う者に**明示**しなければなりません。化学物質の危険性・有害性に関する情報の伝達を事業場内で強化するための措置です。

D ○ 法57条の２第１項、則34条の２の３。通知対象物に係る通知事項の通知の方法は、文書の交付のほか、**事前に相手方の承諾を得なくとも**、①磁気ディスク、光ディスクその他の記録媒体の交付、②ファクシミリ装置を用いた送信又は**電子メールの送信**、③通知事項が記載されたホームページのアドレス及び当該アドレスに係るホームページの閲覧を求める旨の伝達の方法を採ることができます。

E ○ 則34条の２の５第２項。通知対象物に係る通知事項の１つである「**人体に及ぼす作用**」の定期確認及び更新の義務についてです。定期確認は、「**５年以内ごとに１回**」行い、変更を行う必要があれば「**１年以内**」に変更（更新）を行わなければなりません。なお、変更を行ったときは、変更後の事項を、適切な時期に、譲渡し、又は提供した相手方の事業者に通知することが義務づけられています。

２章 労働安全衛生法

解答 A

問題 053

チェック欄 | 1 | 2 | 3 |

安全衛生教育

予想　　　　　　　　　　　　　　　　　　難易度 普　重要度 B

労働安全衛生法に定める安全衛生教育に関する次の記述のうち、正しいものはどれか。

A 事業者は、労働者を雇い入れたときは、当該労働者に対し、雇入れ時の安全衛生教育を行わなければならないが、臨時に使用する労働者については、これを行う必要がない。

B 事業者は、労働者の作業内容を変更したときは、当該労働者に対し、遅滞なく、作業内容変更時の安全衛生教育を行わなければならないが、安全管理者を選任する必要のない業種の事業場の労働者については、当該作業内容変更時の安全衛生教育を省略することができる。

C 事業者は、小型ボイラーの取扱いの業務に労働者を就かせるときは、厚生労働省令で定めるところにより、当該業務に関する安全又は衛生のための特別の教育を行わなければならず、当該特別の教育の修了者に対しては、修了証明書を交付しなければならない。

D 建設業に属する事業の事業者は、新たに職務につくこととなった職長その他の作業中の労働者を直接指導又は監督する者（作業主任者を除く。）に対し、所定の事項について、安全又は衛生のための教育を行わなければならないが、当該教育は、所定労働時間内に行うのを原則としている。

E 事業者は、雇入れ時等の安全衛生教育、特別教育又は職長等の教育を行ったときは、当該教育の受講者、科目等の記録を作成して、これを3年間保存しておかなければならない。

速習レッスン　A：P166、B：P166、C：P167、D：P167・168、E：P166・167・168　　解説

A　✕　法59条1項。臨時に使用する労働者に対しても、雇入れ時の安全衛生教育を行わなければなりません。雇入れ時及び作業内容変更時の安全衛生教育は、臨時に使用する労働者も含め、**全業種**の**すべて**の**労働者**が対象となっています。

B　✕　法59条2項、則35条1項。設問後半の業種の事業場の労働者についても、作業内容変更時の安全衛生教育自体を省略することはできません。安全管理者を選任する必要のない業種の事業場の労働者については、所定の事項のうち次の①から④の事項を**省略することができる**にすぎません。
①機械等、原材料等の危険性又は有害性及びこれらの取扱方法に関すること。
②安全装置等又は保護具の性能及びこれらの取扱い方法に関すること。
③作業手順に関すること。
④作業開始時の点検に関すること。

C　✕　法59条3項、則36条14号、参考：則37条〜39条。特別教育の修了者に対する修了証明書の交付は**義務づけられていません**。なお、小型ボイラーの取扱いの業務に労働者を就かせるときに特別教育を行わなければならないという点は、正しい記述です。

D　〇　法60条、令19条1号、昭47.9.18基発602号。労働安全衛生法で義務づけられている**すべて**の**安全衛生教育**は、**所定労働時間内**に行うことを原則としています。安全衛生教育は、労働者がその業務に従事する場合の労働災害の防止を図るため、事業者の責任において実施されなければならないものであるためです。なお、設問の職長等教育の実施対象となる業種は、建設業のほか、製造業（一定の製造業を除く。）、電気業、ガス業、自動車整備業、機械修理業の6業種に限定されています。また、その対象となる労働者に、**作業主任者**は含まれていません。

E　✕　則38条、参考：則35条、40条。記録の保存義務があるのは、**特別教育**の**み**です。雇入れ時等の安全衛生教育、職長等の教育については、設問のような記録の保存義務は定められていません。なお、特別教育に係る記録の内容及びその保存期間については、正しい記述です。

解答　D

問題 054

チェック欄

就業制限

過平28

難易度 難　重要度 C

労働安全衛生法第61条に定める就業制限に関する次の記述のうち、正しいものは
どれか。

A　産業労働の場において、事業者は、例えば最大荷重が１トン以上のフォークリフトの運転（道路上を走行させる運転を除く。）の業務については、都道府県労働局長の登録を受けた者が行うフォークリフト運転技能講習を修了した者その他厚生労働省令で定める資格を有する者でなければ、当該業務に就かせてはならないが、個人事業主である事業者自らが当該業務を行うことについては制限されていない。

B　建設機械の一つである機体重量が３トン以上のブル・ドーザーの運転（道路上を走行させる運転を除く。）の業務に係る就業制限は、建設業以外の事業を行う事業者には適用されない。

C　つり上げ荷重が５トンのクレーンのうち床上で運転し、かつ、当該運転をする者が荷の移動とともに移動する方式のものの運転の業務は、クレーン・デリック運転士免許を受けていなくても、床上操作式クレーン運転技能講習を修了した者であればその業務に就くことができる。

D　クレーン・デリック運転士免許を受けた者は、つり上げ荷重が５トンの移動式クレーンの運転（道路上を走行させる運転を除く。）の業務に就くことができる。

E　作業床の高さが５メートルの高所作業車の運転（道路上を走行させる運転を除く。）の業務は、高所作業車運転技能講習を修了した者でなければその業務に就くことはできない。

速習レッスン A：（参考）P168、B：P168、C・D：（参考）P169、E：P169　　解説

A　✕　法61条1項・2項、令20条11号、則41条、則別表第3、昭49.6.25基収1367号。個人事業主である事業者自らが当該業務を行うことについても制限されています。最大荷重が1トン以上のフォークリフトの運転（道路上を走行させる運転を除く。）の業務については、フォークリフト運転技能講習を修了した者その他厚生労働省令で定める資格を有する者でなければ、当該業務に就くことはできません。この制限は、個人事業主である**事業者自ら**が当該業務を行う場合についても、同様に**適用されます**。

B　✕　令20条12号、令別表第7、昭47.11.15基発725号。設問の就業制限は、**建設業以外**の事業を行う事業者にも適用されます。

C　〇　法61条1項、令20条6号、則41条、則別表第3。つり上げ荷重が5トン以上のクレーン（跨線テルハを除く。）の運転の業務に就くことができる者は、業務の区分に応じて、次のとおりです。設問は、②についてです。

業務の区分	業務に就くことができる者
①下記②の業務以外の業務	クレーン・デリック運転士免許を受けた者
②床上で運転し、かつ、当該運転をする者が荷の移動とともに移動する方式のクレーンの運転の業務	クレーン・デリック運転士免許を受けた者　又は　**床上操作式クレーン運転技能講習**を修了した者

D　✕　法61条1項、令20条7号、則41条、則別表第3。「クレーン・デリック運転士免許」ではなく、「移動式クレーン運転士免許」です。つり上げ荷重が5トン以上の移動式クレーンの運転（道路上を走行させる運転を除く。）の業務は、「**移動式クレーン運転士免許**を受けた者」でなければ就くことができません。

E　✕　法61条1項、令20条15号、則41条、則別表第3。設問の業務は就業制限の対象とはなりません。高所作業車運転技能講習を修了した者その他厚生労働大臣が定める者でなければ就くことができないのは、作業床の高さが「**10メートル以上**」の高所作業車の運転の業務です。

解答　**C**

健康診断等（1）

過令元

労働安全衛生法第66条の定めに基づいて行う健康診断に関する次の記述のうち、正しいものはどれか。

A　事業者は、常時使用する労働者に対し、定期に、所定の項目について医師による健康診断を行わなければならないとされているが、その費用については、事業者が全額負担すべきことまでは求められていない。

B　事業者は、常時使用する労働者を雇い入れるときは、当該労働者に対し、所定の項目について医師による健康診断を行わなければならないが、医師による健康診断を受けた後、6か月を経過しない者を雇い入れる場合において、その者が当該健康診断の結果を証明する書面を提出したときは、当該健康診断の項目については、この限りでない。

C　期間の定めのない労働契約により使用される短時間労働者に対する一般健康診断の実施義務は、1週間の労働時間数が当該事業場において同種の業務に従事する通常の労働者の1週間の所定労働時間数の4分の3以上の場合に課せられているが、1週間の労働時間数が当該事業場において同種の業務に従事する通常の労働者の1週間の所定労働時間数のおおむね2分の1以上である者に対しても実施することが望ましいとされている。

D　産業医が選任されている事業場で法定の健康診断を行う場合は、産業医が自ら行うか、又は産業医が実施の管理者となって健診機関に委託しなければならない。

E　事業者は、厚生労働省令で定めるところにより、受診したすべての労働者の健康診断の結果を記録しておかなければならないが、健康診断の受診結果の通知は、何らかの異常所見が認められた労働者に対してのみ行えば足りる。

速習レッスン A：P173・177、B：P172、C：P174、D：P172、E：P178 | **解説**

A ✕ 則44条1項、昭47.9.18基発602号。設問の費用は、事業者が負担すべきものとされています。労働安全衛生法で事業者に実施義務を課している健康診断（一般健康診断、有害業務従事者の健康診断及び臨時の健康診断）の費用は、**当然に事業者が負担すべき**ものとされています。

B ✕ 則43条。「6ヵ月」ではなく、「3ヵ月」です。雇入れ時の健康診断については、**3ヵ月以内**に医師による健康診断を受けた者がその結果を証明する**書面を提出**した場合は、雇入れ時の健康診断の項目のうち当該医師による健康診断の項目に相当する項目を**省略**することができます。

C 〇 平31基発0130第1号。期間の定めのない労働契約により使用される短時間労働者については、1週間の労働時間数が当該事業場において同種の業務に従事する通常の労働者の1週間の所定労働時間数の**4分の3以上**である場合に、一般健康診断の対象となります。また、この要件を満たさない者（1週間の労働時間数が4分の3未満の者）であっても、1週間の労働時間数が通常の労働者の1週間の所定労働時間数の**おおむね2分の1以上**であるものについては、一般健康診断を**実施することが望ましい**とされています。

D ✕ 健康診断結果措置指針、（財）労務行政研究所編『労働安全衛生法』（労務行政.2017年）605頁参照。設問のような義務は、**定められていません**。なお、健康診断は医師が行うものとされているため、産業医を選任している事業場であっても健診機関に委託して実施して差し支えないものとされています。

E ✕ 法66条の3、66条の6、則51条の4、健康診断結果措置指針。健康診断の受診結果の通知は、何らかの異常所見が認められた**労働者**に対してのみ行うだけでは足りません。事業者は、健康診断を受けた労働者に対して、**異常の所見の有無にかかわらず**、遅滞なくその結果を通知しなければなりません。なお、受診したすべての労働者の健康診断の結果を記録しておかなければならないという点は、正しい記述です。

解答 **C**

問題 056

健康診断等（2）

予想

健康診断等に関する次の記述のうち、正しいものはどれか。

A 健康診断の受診に要した時間に対する賃金の支払については、労働者一般に対し行われるいわゆる一般健康診断の受診に要した時間及び特定の有害な業務に従事する労働者に対し行われるいわゆる特殊健康診断の実施に要した時間は、いずれも労働時間と解されているので、事業者が負担すべきものとされている。

B 事業者は、坑内における業務に常時従事する労働者に対し、当該業務への配置替えの際及び6ヵ月以内ごとに1回、定期に、所定の診断項目について医師による健康診断を行わなければならないが、当該診断項目のうち胸部エックス線検査及び喀痰検査については、1年以内ごとに1回、定期に、行えばよい。

C 事業者は、労働者を本邦外の地域に3ヵ月間派遣しようとするときは、あらかじめ、当該労働者に対し、定期健康診断の項目及び厚生労働大臣が定める項目のうち医師が必要であると認める項目について、医師による健康診断を行わなければならない。

D 常時使用される労働者であって、自ら受けた健康診断を受けた日前6ヵ月間を平均して1ヵ月あたり3回以上の深夜業に従事したものは、当該自ら受けた健康診断の結果を証明する書面を事業者に提出することができる。

E 事業者は、労働安全衛生法第66条第1項の規定による一般健康診断又は同法第66条の2の規定による自発的健康診断の結果、特に健康の保持に努める必要があると認める労働者に対し、医師又は保健師による保健指導を行わなければならない。

速習レッスン　A：P177、B：P174、C：P174～175、D：P177、E：P179　　　解説

A ✕ 昭47.9.18基発602号。一般健康診断の受診に要した時間は労働時間と解されているわけではないため、事業者が負担すべきものとはされていません。一般健康診断の受診に要した時間の賃金については、**当然には事業者の負担すべきものではなく、労使で協議して定めるべきもの**（事業者が支払うことが望ましい。）とされています。特殊健康診断については、正しい記述です。

B ○ 則13条1項3号リ、45条1項。**特定業務従事者**の健康診断についてです。この健康診断の対象となる特定業務には、**坑内**における業務、**深夜業**を含む業務等があります。事業者は、これらの特定業務に常時従事する労働者に対し、当該業務への**配置替えの際**及び**6ヵ月以内**ごとに1回、定期に、医師による健康診断を行わなければなりません。ただし、胸部エックス線検査及び喀痰検査については、1年以内ごとに1回、定期に、行えば足ります。

C ✕ 則45条の2第1項。設問の労働者に対しては、海外派遣労働者の健康診断を行う必要はありません。**海外派遣労働者**の健康診断は、①労働者を本邦外の地域に**6ヵ月以上**派遣しようとするとき、及び②本邦外の地域に**6ヵ月以上**派遣した労働者を本邦の地域内における業務に就かせるとき（一時的に就かせるときを除く。）に、行わなければなりません。

D ✕ 法66条の2、則50条の2。「3回以上」ではなく、「**4回以上**」です。**自発的健康診断**の結果を事業者に提出することができるのは、常時使用され、自発的健康診断を受けた日**前6ヵ月間**を平均して**1ヵ月あたり4回以上**の深夜業に従事した労働者です。

E ✕ 法66条の7第1項。設問の医師又は保健師による保健指導は、「行わなければならない」のではなく、「行うように**努めなければならない**」とされています。つまり、義務規定ではなく、努力義務規定です。なお、労働者は、通知された健康診断の結果及び設問の医師又は保健師による保健指導を利用して、その健康の保持に努めるものとされています。

解答　**B**

問題 057

健康診断実施後の措置等

予想　　　　　　　　　　　　　　　　　　　　　難易度 普　重要度

労働安全衛生法に定める健康診断実施後の措置等に関する次の記述のうち、誤っているものはどれか。なお、本問において「健康診断結果措置指針」とは、労働安全衛生法第66条の５第２項の規定に基づく指針（健康診断結果に基づき事業者が講ずべき措置に関する指針）のことをいう。

A　事業者は、労働安全衛生法第66条の４の規定による医師又は歯科医師からの意見聴取（以下本問において「健康診断の結果についての医師等からの意見聴取」という。）を行う場合において、当該医師又は歯科医師から、意見聴取を行う上で必要となる労働者の業務に関する情報を求められたときは、速やかに、これを提供しなければならない。

B　常時30人の労働者を使用する事業者は、歯科医師による健康診断（定期のものに限る。）を行ったときは、遅滞なく、有害な業務に係る歯科健康診断結果報告書を所轄労働基準監督署長に提出しなければならない。

C　健康診断結果措置指針によれば、健康診断の結果についての医師等からの意見聴取は、現に当該健康診断を実施した医師等から行うことが適当であるとされている。

D　健康診断結果措置指針によれば、健康診断の結果に基づく再検査又は精密検査は、一律には事業者にその実施が義務づけられているものではないが、有機溶剤中毒予防規則、鉛中毒予防規則等に基づく特殊健康診断として規定されているものについては、事業者にその実施が義務づけられているため、事業者はこれを実施しなければならない。

E　事業者は、健康診断の結果について聴取した医師又は歯科医師の意見を勘案し、その必要があると認めるときは、当該医師又は歯科医師の意見を衛生委員会若しくは安全衛生委員会又は労働時間等設定改善委員会へ報告しなければならない。

速習レッスン A：P179、B：P178、C：(参考) P179、D：P178、E：P179　　解説

A ○ 則51条の2第3項。事業者は、健康診断の結果に基づき、当該健康診断の項目に異常の所見があると診断された労働者の**健康を保持するため必要な措置**について、**医師又は歯科医師の意見**を聴かなければなりません。事業者は、医師又は歯科医師から、この意見聴取を行う上で必要となる労働者の業務に関する情報を求められたときは、**速やかに**、これを提供しなければなりません。

B ○ 則52条2項。歯科医師による健康診断（定期のものに限る。）を行った事業者は、**常時使用する労働者の数にかかわらず**、遅滞なく、歯科健康診断結果報告書を所轄労働基準監督署長に提出しなければなりません。したがって、設問の事業者には提出義務があります。なお、定期健康診断及び特定業務従事者の健康診断については、常時50人以上の労働者を使用する事業者のみに、定期健康診断結果報告書の提出義務を課しています。

C × 法66条の4、健康診断結果措置指針。意見聴取の相手は、「現に健康診断を実施した医師等」が適当とはされていません。健康診断結果措置指針によれば、設問の意見を聴く医師等は、**産業医の選任義務のある事業場**においては、産業医が適当であり、それ以外の事業場においては、労働者の健康管理等を行うのに**必要な医学に関する知識を有する医師**等が適当であるとされています。

D ○ 健康診断結果措置指針。再検査又は精密検査は、診断の確定や症状の程度を明らかにするものであり、一律には事業者にその実施が義務づけられているものではありません。ただし、有機溶剤中毒予防規則、鉛中毒予防規則等に基づく特殊健康診断として規定されているものについては、事業者にその実施が義務づけられています。なお、事業者は、再検査又は精密検査を行う必要のある労働者に対して、その受診を勧奨すること等が適当であるとされています。

E ○ 法66条の5第1項。事業者は、健康診断の結果についての医師又は歯科医師の意見を勘案し、その必要があると認めるときは、次のような**就業上の措置**を**講じなければなりません**。

①労働者に関して……就業場所の変更、作業の転換、労働時間の短縮、深夜業の回数の減少等の措置

②事業場に関して……作業環境測定の実施、施設又は設備の設置又は整備、当該医師又は歯科医師の意見の**衛生委員会等への報告**

解答　**C**

2章

労働安全衛生法

169

問題 058

チェック欄

1	2	3

長時間労働者に対する面接指導

過令2　　　　　　　　　　　　　　　　　　　　難易度 **易**　重要度 **A**

労働安全衛生法第66条の8から第66条の8の4までに定める面接指導等に関する次の記述のうち、正しいものはどれか。

A　事業者は、休憩時間を除き1週間当たり40時間を超えて労働させた場合におけるその超えた時間が1月当たり60時間を超え、かつ、疲労の蓄積が認められる労働者から申出があった場合は、面接指導を行わなければならない。

B　事業者は、研究開発に係る業務に従事する労働者については、休憩時間を除き1週間当たり40時間を超えて労働させた場合におけるその超えた時間が1月当たり80時間を超えた場合は、労働者からの申出の有無にかかわらず面接指導を行わなければならない。

C　事業者は、労働基準法第41条の2第1項の規定により労働する労働者(いわゆる高度プロフェッショナル制度により労働する労働者)については、その健康管理時間(同項第3号に規定する健康管理時間をいう。)が1週間当たり40時間を超えた場合におけるその超えた時間が1月当たり100時間を超えるものに対し、労働者からの申出の有無にかかわらず医師による面接指導を行わなければならない。

D　事業者は、労働安全衛生法に定める面接指導を実施するため、厚生労働省令で定めるところにより、労働者の労働時間の状況を把握しなければならないが、労働基準法第41条によって労働時間等に関する規定の適用が除外される労働者及び同法第41条の2第1項の規定により労働する労働者(いわゆる高度プロフェッショナル制度により労働する労働者)はその対象から除いてもよい。

E　事業者は、労働安全衛生法に定める面接指導の結果については、当該面接指導の結果の記録を作成して、これを保存しなければならないが、その保存すべき年限は3年と定められている。

| 速習レッスン | A：P180、B：P180、C：P179〜180、D：（参考）P180、E：P180 | 解説 |

A ✕ 法66条の８第１項、則52条の２第１項。１週間あたり40時間を超えて労働させた場合におけるその超えた時間は、１ヵ月あたり「60時間」ではなく、「80時間」です。事業者は、①休憩時間を除き１週間あたり40時間を超えて労働させた場合におけるその超えた時間が**１ヵ月あたり80時間を超え**、かつ、②**疲労の蓄積**が認められる労働者から**申出**があった場合は、面接指導を行わなければなりません。

B ✕ 法66条の８の２第１項、則52条の７の２第１項。１週間あたり40時間を超えて労働させた場合におけるその超えた時間は、１ヵ月あたり「80時間」ではなく、「100時間」です。事業者は、①**研究開発**に係る業務に従事する労働者であって、②休憩時間を除き１週間あたり40時間を超えて労働させた場合におけるその超えた時間が**１ヵ月あたり100時間を超えた**ものに対しては、当該労働者からの申出の有無にかかわらず、面接指導を行わなければなりません。

C ◯ 法66条の８の４第１項、則52条の７の４第１項。事業者は、**高度プロフェッショナル制度**により労働する労働者については、１週間あたりの健康管理時間が40時間を超えた場合におけるその超えた時間が**１ヵ月あたり100時間を超えた**場合に、当該労働者からの申出の有無にかかわらず、面接指導を行わなければなりません。

D ✕ 法66条の８の３。労働基準法41条によって労働時間等に関する規定の適用が除外される労働者（管理監督者等）については、労働時間の状況を把握する対象から**除くことができません**。なお、高度プロフェッショナル制度により労働する労働者については、労働時間の状況を把握する必要はありませんが、労働基準法の規定により**健康管理時間**を把握する必要はあります。

E ✕ 則52条の６第１項、52条の７の２第２項、52条の７の４第２項。保存すべき年限は、「３年」ではなく、「５年」です。事業者は、労働安全衛生法に基づき長時間労働者に対する面接指導を行ったときは、その結果に基づき、面接指導の結果の**記録を作成**して、これを**5年間保存**しなければなりません。

2章

労働安全衛生法

| 解答 | C |

171

問題 059

心理的な負担の程度を把握するための検査

過平30

労働安全衛生法第66条の10に定める医師等による心理的な負担の程度を把握するための検査（以下、本問において「ストレスチェック」という。）等について、誤っているものはどれか。

A 常時50人以上の労働者を使用する事業者は、常時使用する労働者に対し、1年以内ごとに1回、定期に、ストレスチェックを行わなければならない。

B ストレスチェックの項目には、ストレスチェックを受ける労働者の職場における心理的な負担の原因に関する項目を含めなければならない。

C ストレスチェックの項目には、ストレスチェックを受ける労働者への職場における他の労働者による支援に関する項目を含めなければならない。

D ストレスチェックの項目には、ストレスチェックを受ける労働者の心理的な負担による心身の自覚症状に関する項目を含めなければならない。

E ストレスチェックを受ける労働者について解雇、昇進又は異動に関して直接の権限を持つ監督的地位にある者は、検査の実施の事務に従事してはならないので、ストレスチェックを受けていない労働者を把握して、当該労働者に直接、受検を勧奨してはならない。

| 速習レッスン | A：P181・182、B：P181、C：P181、D：P181、E：P181 | 解説 |

A ○ 法66条の10第１項、法附則４条、令５条、則52条の９。ストレスチェックの実施についてです。**常時50人以上**の労働者を使用する事業者（産業医を選任すべき事業場の事業者）は、**１年以内**ごとに１回、定期に、ストレスチェックを行わなければなりません。

B～D ○ 則52条の９。ストレスチェックの項目についてです。ストレスチェックは、調査票を用いて、次の３つの領域に関する項目により検査を行い、労働者のストレスの程度を点数化して評価するものです。これらを含まない調査票で検査を行うもの又は点数化せずに評価を行うものは、ストレスチェックに該当しません。

> ①職場における当該労働者の心理的な負担の**原因**に関する項目
> ②当該労働者の心理的な負担による心身の**自覚症状**に関する項目
> ③職場における他の労働者による当該労働者への**支援**に関する項目

E × 則52条の10第２項、平27基発0501第３号。ストレスチェックを受けていない労働者に対する受検の勧奨のように、ストレスチェックの実施の事務に含まれない事務であって、労働者の健康情報を取り扱わないものについては、人事に関して直接の権限を持つ監督的地位にある者が従事しても**差し支えない**とされています。なお、このような監督的地位にある者は、ストレスチェックの実施の事務に従事してはならないとする点は、正しい記述です。これは、ストレスチェックの結果が労働者の意に反して人事上の不利益な取扱いに利用されることがないようにするためです。

2章 労働安全衛生法

解答 E

事業場の安全又は衛生に関する改善措置等、雑則

予想

労働安全衛生法に定める事業場の安全又は衛生に関する改善措置等及び雑則に関する次の記述のうち、誤っているものはどれか。

A 厚生労働大臣は、重大な労働災害として厚生労働省令で定めるものが発生した場合には、当該事業場の事業者に対し、その事業場の安全又は衛生に関する改善計画（特別安全衛生改善計画）を作成し、これを厚生労働大臣に提出すべきことを指示することができる。

B 安全衛生改善計画を作成した事業者及びその労働者は、安全衛生改善計画を守らなければならない。

C 厚生労働大臣は、特別安全衛生改善計画の作成又は変更の指示をした場合において、専門的な助言を必要とすると認めるときは、当該事業者に対し、労働安全コンサルタント又は労働衛生コンサルタントによる安全又は衛生に係る診断を受け、かつ、特別安全衛生改善計画の作成又は変更について、これらの者の意見を聴くべきことを勧奨することができる。

D 事業者は、労働安全衛生法又はこれに基づく命令の規定に基づいて作成した書類（所定の帳簿を除く。）を保存しなければならないが、例えば、安全衛生委員会における議事で重要なものに係る記録については、これを3年間保存しなければならない。

E 事業者は、労働安全衛生法及びこれに基づく命令の要旨を常時各作業場の見やすい場所に掲示し、又は備え付けることその他の厚生労働省令で定める方法により、労働者に周知させなければならない。

速習レッスン A：P187、B：P187、C：P188、D：P138・190、E：P190　　　解説

A　✕　法78条１項。重大な労働災害として厚生労働省令で定めるもの（以下「重大な労働災害」という。）が発生した場合のすべてにおいて、特別安全衛生改善計画の作成及び提出を指示することができるわけではありません。厚生労働大臣が、事業者に対し、**特別安全衛生改善計画**の作成及び提出を指示することができるのは、**重大な労働災害**（死亡災害等）が発生した場合において、「重大な労働災害の**再発を防止**するため必要がある場合として厚生労働省令で定める場合（具体的には、法令違反を原因とする重大な労働災害を３年以内に複数の事業場で繰り返し発生させた場合等）に該当すると認めるとき」です。

B　〇　法79条２項。安全衛生改善計画の遵守義務は、これを作成した**事業者**のほか、その労働者にも課せられます。これは、特別安全衛生改善計画についても同様です。

C　〇　法80条１項。安全衛生診断についてです。**厚生労働大臣**又は**都道府県労働局長**は、次の①又は②の指示をした場合において、専門的な助言を必要とすると認めるときは、当該事業者に対し、**労働安全コンサルタント**又は**労働衛生コンサルタント**による安全又は衛生に係る診断を受け、かつ、特別安全衛生改善計画の作成・変更又は安全衛生改善計画の作成について、これらの者の意見を聴くべきことを勧奨することができます。設問は、①の場合について問うています。

①厚生労働大臣が特別安全衛生改善計画の作成・変更の指示をした場合
②都道府県労働局長が安全衛生改善計画の作成の指示をした場合

D　〇　法103条１項、則23条４項２号。労働安全衛生法に基づく書類の保存期間は、原則として、**３年間**です。書類の保存期間が３年間とされているのは、たとえば、**安全委員会、衛生委員会又は安全衛生委員会**の議事の記録、定期自主検査の記録、特別教育の記録などです。

E　〇　法101条１項。労働安全衛生法及びこれに基づく命令の労働者への周知は、その要旨を常時各作業場の見やすい場所に掲示し、又は備え付けること等の方法により行う必要があります。

解答　A

問題 061

チェック欄 | 1 | 2 | 3 |

[選択式] 目的、衛生管理者

過令元　　　　　　　　　　　　　　　　　　　　難易度 普　重要度 A

次の文中の □□□ の部分を選択肢の中の最も適切な語句で埋め、完全な文章とせよ。

1　労働安全衛生法は、その目的を第1条で「労働基準法（昭和22年法律第49号）と相まつて、労働災害の防止のための危害防止基準の確立、責任体制の明確化及び自主的活動の促進の措置を講ずる等その防止に関する総合的計画的な対策を推進することにより職場における労働者の安全と健康を確保するとともに、│　A　│の形成を促進することを目的とする。」と定めている。

2　衛生管理者は、都道府県労働局長の免許を受けた者その他厚生労働省令で定める資格を有する者のうちから選任しなければならないが、厚生労働省令で定める資格を有する者には、医師、歯科医師のほか│　B　│などが定められている。

選択肢

①安全衛生に対する事業者意識　　　　　②安全衛生に対する労働者意識
③衛生管理士　　　　　　　　　　　　　④快適な職場環境
⑤そのための努力を持続させる職場環境　⑥作業環境測定士
⑦労働衛生コンサルタント　　　　　　　⑧看護師

| 速習 レッスン | A：P126、B：P134 | 解説 |

Aは法1条、Bは則10条3号。

1　労働安全衛生法は、昭和47年に労働基準法から分離独立する形で制定されました。その直接的な目的は、(1)職場における労働者の**安全と健康の確保**及び(2)**快適な職場環境**の形成の促進の2つです。このうちの(2)は、労働基準法よりも一歩進んだ労働安全衛生法独自の目的となっています。

　　また、労働安全衛生法1条は、上記の目的を実現するための手段として、(ア)**危害防止基準の確立**、(イ)**責任体制の明確化**、(ウ)**自主的活動の促進**の措置を掲げています。

2　衛生管理者は、**都道府県労働局長の免許**を受けた者その他**厚生労働省令で定める資格を有する者**でなければなりません。この厚生労働省令で定める資格を有する者は、次の(1)～(4)です。

> (1) 医師
> (2) 歯科医師
> (3) 労働衛生コンサルタント
> (4) 前記(1)～(3)の者のほか、厚生労働大臣の定める者

　　なお、都道府県労働局長の免許には、(ア)第1種衛生管理者免許、(イ)第2種衛生管理者免許、(ウ)衛生工学衛生管理者免許があります。

| 解答 | A ④快適な職場環境　B ⑦労働衛生コンサルタント |

問題 **062**

チェック欄

1	2	3

［選択式］産業医その他

予想

難易度 **普**　　重要度 **B**

次の文中の□□□の部分を選択肢の中の最も適切な語句で埋め、完全な文章とせよ。

1　事業者は、産業医が辞任したとき又は産業医を解任したときは、遅滞なく、その旨及びその理由を　 **A** 　に報告しなければならない。

2　事業者は、潜水業務その他の健康障害を生ずるおそれのある業務で、厚生労働省令で定めるものに従事させる労働者については、厚生労働省令で定める　 **B** 　についての基準に違反して、当該業務に従事させてはならない。

3　事業者は、室内又はこれに準ずる環境における労働者の　 **C** 　（健康増進法第28条第3号に規定する　 **C** 　をいう。）を防止するため、当該事業者及び事業場の実情に応じ適切な措置を講ずるよう努めるものとする。

4　事業者は、化学物質又は化学物質を含有する製剤を製造し、又は取り扱う業務を行う事業場において、　 **D** 　の労働者が同種のがんに罹患したことを把握したときは、当該罹患が業務に起因するかどうかについて、遅滞なく、医師の意見を聴かなければならず、当該医師が、その罹患が業務に起因するものと疑われると判断したときは、遅滞なく、所定の事項について、　 **E** 　に報告しなければならない。

選択肢

①厚生労働大臣　　②作業手順　　　　③安全委員会又は衛生委員会
④作業時間　　　　⑤所轄労働基準監督署長　⑥所轄都道府県労働局長
⑦作業管理　　　　⑧健康障害　　　　⑨労働者の過半数を代表する者
⑩作業方法　　　　⑪衛生管理者　　　⑫受動喫煙
⑬労働衛生指導医　⑭疾病の発症　　　⑮衛生委員会又は安全衛生委員会
⑯労働災害　　　　⑰1年以内に2人以上　⑱2年以内に3人以上
⑲5年以内に10人以上　　　　　　　⑳10年以内に15人以上

178

| 速習レッスン | A：P136、B：P170、C：P184、D・E：P190 | **解説** |

Aは則13条4項、Bは法65条の4、Cは法68条の2、D・Eは則97条の2。

1　産業医の辞任・解任時の報告についてです。産業医の身分の安定性を担保し、その職務の遂行の独立性・中立性を高める観点から、事業者は、産業医が**辞任**したとき又は産業医を**解任**したときは、**遅滞なく、**その旨及びその理由を**衛生委員会又は安全衛生委員会**に報告しなければならないものとされています。なお、「遅滞なく」とは、おおむね1ヵ月以内をいうものと解されています（平30基発0907第2号）。

2　作業時間の制限についてです。**潜水業務**その他の健康障害を生ずるおそれのある業務で、厚生労働省令で定めるもの（**高圧室内業務**）に従事させる労働者については、厚生労働省令で定める**作業時間**についての基準に違反して、当該業務に従事させてはならないものとされています。作業に直接従事する時間そのものを制限することにより、職業性疾病の発生を防ぐことを目的としています。

3　受動喫煙の防止についてです。**受動喫煙**とは、室内又はこれに準ずる環境において、他人のたばこの煙を吸わされることをいいます。受動喫煙が健康障害のリスクになるとの研究も発表されており、また、非喫煙者の中には、たばこの煙によるストレスや不快感をもつ者も多いため、事業者は、労働者の**受動喫煙を防止**するため、当該事業者及び事業場の**実情に応じ適切な措置**（喫煙室等の設置等）を講ずるよう**努める**ものとされています。努力規定である点にも着目しましょう。

4　疾病の報告についてです。化学物質によるがん発生の把握を目的としており、同一の事業場において、1年に複数（**1年以内に2人以上**）の労働者が**同種のがん**に罹患したことを把握したときは、事業者は、当該罹患が業務に起因するかどうかについて、遅滞なく、**医師の意見**を聴かなければならず、当該医師が、その罹患が業務に起因するものと疑われると判断したときは、遅滞なく、所定の事項（がんに罹患した労働者が従事していた業務の内容や従事していた期間等）について、**所轄都道府県労働局長**に報告しなければならないものとされています。報告先が所轄労働基準監督署長でない点については、十分に注意しておきましょう。

解答　A　⑮衛生委員会又は安全衛生委員会　B　④作業時間　C　⑫受動喫煙
D　⑰1年以内に2人以上　E　⑥所轄都道府県労働局長

2章　労働安全衛生法

問題 063

チェック欄 | 1 | 2 | 3 |

[選択式] 事業者の講ずべき措置等

過令3　　　　　　　　　　　　　　　　　　難易度 **普**　重要度 **B**

次の文中の□□□の部分を選択肢の中の最も適切な語句で埋め、完全な文章とせよ。

1　事業者は、中高年齢者その他労働災害の防止上その就業に当たって特に配慮を必要とする者については、これらの者の　**A**　に応じて適正な配置を行うように努めなければならない。

2　事業者は、高さが　**B**　以上の箇所（作業床の端、開口部等を除く。）で作業を行う場合において墜落により労働者に危険を及ぼすおそれのあるときは、足場を組み立てる等の方法により作業床を設けなければならない。

```
┌─ 選択肢 ──────────────────────────────
│ ①1メートル    ②1.5メートル   ③2メートル    ④3メートル
│ ⑤希望する仕事  ⑥就業経験     ⑦心身の条件   ⑧労働時間
└──────────────────────────────────
```

180

| 速習 レッスン | A：P169、B：（参考）P147 | 解説 |

Aは法62条、Bは則518条1項。

1　年齢が高くなると、災害発生率も高くなります。一方、長年の経験、研鑽により培われた技能、熟練は、身体的機能が低下したとしても、急速に衰えるものではなく、特に身体的負担が小さい作業であればなおさらであり、中高年齢者には、精神的に安定していること、仕事についての責任感が強いことなどの長所もみられます。したがって、中高年齢者の配置にあたっては、心身両面の条件や身につけている技能の程度等を考慮することが、労働災害を未然に防止する上で極めて効果的であり、事業者は、**中高年齢者**について、その**心身の条件**を十分考慮して**適正な配置**を行うように努めなければなりません。

　　また、事業者は、中高年齢者のほか、「その他労働災害の防止上その就業に当たって特に配慮を必要とする者」についても、中高年齢者と同様に、適正な配置を行うように努めなければなりません。この対象となる「その他労働災害の防止上その就業に当たって特に配慮を必要とする者」には、身体障害者、出稼労働者等が含まれます。

2　事業者は、労働者が墜落するおそれのある場所、土砂等が崩壊するおそれのある場所等に係る危険を防止するため必要な措置を講じなければなりません。墜落等による危険の防止のために事業者が講ずべき必要な措置としては、次の基準等が定められています。設問は、このうちの(1)についてです。

(1)事業者は、高さが**2メートル以上**の箇所（作業床の端、開口部等を除く。）で作業を行う場合において墜落により労働者に危険を及ぼすおそれのあるときは、足場を組み立てる等の方法により**作業床**を設けなければならない。

(2)事業者は、高さが2メートル以上の作業床の端、開口部等で墜落により労働者に危険を及ぼすおそれのある箇所には、囲い、手すり、覆い等を設けなければならない。

(3)事業者は、高さが2メートル以上の箇所で作業を行う場合において、労働者に要求性能墜落制止用器具等（いわゆる命綱等）を使用させるときは、要求性能墜落制止用器具等を安全に取り付けるための設備等を設けなければならない。

解答　A　⑦心身の条件　B　③2メートル

問題 064

チェック欄

1	2	3

［選択式］特定機械等の規制

予想

難易度 普　重要度 B

次の文中の　　　　の部分を選択肢の中の最も適切な語句で埋め、完全な文章とせよ。

1　特定機械等（　A　を除く。）を設置した者、特定機械等の厚生労働省令で定める部分に変更を加えた者又は特定機械等で使用を　B　したものを再び使用しようとする者は、厚生労働省令で定めるところにより、当該特定機械等及びこれに係る厚生労働省令で定める事項について、　C　の検査を受けなければならない。

2　検査証の有効期間の更新を受けようとする者は、厚生労働省令で定めるところにより、当該特定機械等及びこれに係る厚生労働省令で定める事項について、　D　が行う　E　を受けなければならない。

┌─ 選択肢 ─────────────────────────┐

① 更新検査 　　　　② 厚生労働大臣 　　　　③ 廃止

④ 製造時等検査 　　⑤ 都道府県労働局長 　　⑥ 中止

⑦ 性能検査 　　　　⑧ 労働基準監督官 　　　⑨ 登録個別検定機関

⑩ 休止 　　　　　　⑪ 登録型式検定機関 　　⑫ 移動式のもの

⑬ 登録製造時等検査機関 　⑭ 登録性能検査機関 　⑮ 輸入したもの

⑯ 都道府県労働局長による検査済みのもの 　　⑰ 定期自主検査

⑱ 停止 　　　　　　⑲ 貸与したもの 　　　　⑳ 労働基準監督署長

└──────────────────────────────┘

| 速習レッスン | A～C：P154、D・E：P154 | 解説 |

A～Cは法38条3項、D・Eは法41条2項。
特定機械等の検査についての出題です。
1 　設置時等検査についての出題です。次に該当する者は、**労働基準監督署長**の**検査**を受けなければなりません。
　(1)特定機械等（**移動式以外**のもの）を設置した者　⇒設置時検査（落成検査）
　(2)特定機械等（すべて）の一定部分に変更を加えた者　⇒変更検査
　(3)特定機械等（建設用リフト以外のもの）で使用を**休止**したものを**再使用**しようとする者　⇒使用再開検査
　なお、使用再開検査で建設用リフトが除外されているのは、建設用リフトが休止状態にならないためです。使用再開検査が必要なのは、検査証の有効期間を超えて休止させていた特定機械等を、再び使用する場合です。建設用リフトは、検査証の有効期間が「設置から廃止まで」であり、休止状態にはならないため、使用再開検査を必要とすることがありません。
2 　検査証の更新についての出題です。検査証の有効期間の更新を受けようとする者は、厚生労働大臣の登録を受けた者（**登録性能検査機関**）が行う**性能検査**を受けなければなりません。
　なお、選択肢中の「⑨登録個別検定機関」は個別検定を行い、「⑪登録型式検定機関」は型式検定を行います。「⑬登録製造時等検査機関」は特別特定機械等（ボイラー（移動式のものを含み、小型ボイラー等を除く。）及び第1種圧力容器（小型圧力容器等を除く。））の製造時、輸入時、再設置及び再使用時の検査を行う機関です。併せて押さえておきましょう。

検査証の有効期間
特定機械等の種類に応じて次のように定められています。
　①クレーン、移動式クレーン、デリック　⇒**2年**
　②建設用リフト　⇒**設置から廃止まで**
　③上記①②以外の特定機械等　⇒**1年**

| 解答 | A ⑫移動式のもの　B ⑩休止　C ⑳労働基準監督署長 |
| | D ⑭登録性能検査機関　E ⑦性能検査 |

2章　労働安全衛生法

問題 065

[選択式] 計画の届出、労働者死傷病報告

予想　　　　　　　　　　　　　　　　　　難易度 普　重要度

次の文中の□□の部分を選択肢の中の最も適切な語句で埋め、完全な文章とせよ。

1　労働安全衛生法第88条第2項によれば、事業者は、建設業に属する事業の仕事のうち重大な労働災害を生ずるおそれがある特に大規模な仕事で、厚生労働省令で定めるものを開始しようとするときは、その計画を当該仕事の　A　に、厚生労働省令で定めるところにより、　B　に届け出なければならない。この届出の対象となる仕事には、例えば、高さが　C　以上の塔の建設の仕事、堤高が150メートル以上のダムの建設の仕事がある。

2　労働安全衛生規則第97条第1項によれば、事業者は、労働者が労働災害その他就業中又は事業場内若しくはその附属建設物内における　D　により死亡し、又は休業したときは、遅滞なく、所定の報告書を所轄労働基準監督署長に提出しなければならない。

3　前記2の場合において、休業の日数が　E　に満たないときは、事業者は、前記2の規定にかかわらず、1月から3月まで、4月から6月まで、7月から9月まで及び10月から12月までの期間における当該事実について、所定の報告書をそれぞれの期間における最後の月の翌月末日までに、所轄労働基準監督署長に提出しなければならない。

選択肢

① 都道府県知事　　　　　　② 4日　　　　　　　　③ 50メートル
④ 所轄労働基準監督署長　　⑤ 100メートル　　　　⑥ 開始後、速やか
⑦ 開始の日の14日前まで　　⑧ 2日　　　　　　　　⑨ 300メートル
⑩ 火災、爆発その他の事故　⑪ 転倒又は墜落　　　　⑫ 7日
⑬ 開始の日の30日前まで　　⑭ 10日　　　　　　　　⑮ 200メートル
⑯ 就業禁止の対象となる疾病　⑰ 厚生労働大臣　　　⑱ 開始後10日以内
⑲ 所轄都道府県労働局長　　⑳ 負傷、窒息又は急性中毒

| 速習レッスン | A〜C：P188、D・E：P190 | 解説 |

A・Bは法88条2項、Cは則89条1号、Dは則97条1項、Eは則97条2項。

1　事業者は、次の工事や仕事を開始するときは、次のように、その計画を労働基準監督署長又は厚生労働大臣に届け出なければなりません。

計画内容	届出期限	届出先
(1)　次の機械等で、厚生労働省令で定めるものの設置・移転・主要構造部分の変更に係る計画 ・危険又は有害な作業を必要とするもの ・危険な場所において使用するもの ・危険又は健康障害を防止するため使用するもの	工事開始 30日前	労働基準 監督署長
(2)　建設業・土石採取業の仕事（次の(3)の仕事を除く。）に係る計画	仕事開始 14日前	
(3)　特に大規模な建設業の仕事に係る計画	仕事開始 30日前	厚生労働 大臣

設問は、このうちの(3)についてです。この届出の対象となる仕事には、(ア)高さが300メートル以上の塔の建設の仕事、(イ)堤高が150メートル以上のダムの建設の仕事、(ウ)最大支間500メートル（つり橋にあっては、1,000メートル）以上の橋梁の建設の仕事、(エ)長さが3,000メートル以上のずい道等の建設の仕事などがあります。

2、3　事業者は、労働者が労働災害その他就業中又は事業場内若しくはその附属建設物内における負傷、窒息又は急性中毒により死亡し、又は休業したときは、労働者死傷病報告を行わなければなりません。この労働者死傷病報告は、所定の報告書を所轄労働基準監督署長に提出することにより行います。

この報告書の提出は、遅滞なく行うことが原則です。ただし、休業の日数が4日に満たないときは、「1月から3月まで」、「4月から6月まで」、「7月から9月まで」及び「10月から12月まで」の期間における当該事実について、それぞれの期間における最後の月の翌月末日までに、行います。

| 解答 | A ⑬開始の日の30日前まで　B ⑰厚生労働大臣　C ⑨300メートル
D ⑳負傷、窒息又は急性中毒　E ②4日 |

一般事業場で選任すべき者（総括安全衛生管理者を除く）

規模＼業種	屋外産業的業種	屋内産業的工業的業種	その他の業種
50人以上	安全管理者 衛生管理者 産業医	安全管理者 衛生管理者 産業医	衛生管理者 産業医
10人以上 50人未満	安全衛生推進者	安全衛生推進者	衛生推進者
10人未満	なし	なし	なし

業種	①屋外産業的業種 …… 林業、鉱業、建設業、運送業、清掃業 ②屋内産業的工業的業種 …… 製造業（物の加工業を含む。）、電気・ガス・水道・熱供給業、通信業、各種商品小売業（同：卸売業）、家具・建具・じゅう器等小売業（同：卸売業）、燃料小売業、旅館業、ゴルフ場業、自動車整備業、機械修理業

安全衛生教育と健康診断

	種類	対象労働者	記録の保存
安全衛生教育	雇入れ時・作業内容変更時の教育	すべての労働者	義務なし
	特別教育	一定の危険有害業務に就く労働者	義務あり※1
	職長等教育	新たに職務に就くこととなった職長等（作業主任者を除く）	義務なし
健康診断	雇入れ時の健康診断	常時使用する労働者	義務あり※2
	定期健康診断	常時使用する労働者	
	特定業務従事者の健康診断	特定業務（坑内における業務、深夜業を含む業務等）に常時従事する労働者	
	海外派遣労働者の健康診断	派遣期間6ヵ月以上の海外派遣労働者	
	給食従業員の検便	給食の業務に従事する労働者	
	特殊健康診断	一定の有害業務（高圧室内業務、潜水業務、四アルキル鉛等業務等）に常時従事する労働者	
	歯科医師による健康診断	歯又はその支持組織に有害な物のガス等を発散する場所における業務に常時従事する労働者	

※1：受講者、科目等の記録を作成→3年間保存
※2：健康診断の結果に基づき、健康診断個人票を作成→原則として5年間保存

第3章

労働者災害補償保険法

重要度A・Bは、特に力を入れて！

問題 066

1	2	3

チェック欄

目的、労働者災害補償保険事業、管掌ほか

予想

難易度 易 重要度 B

労災保険に関する次の記述のうち、誤っているものはどれか。

A 労災保険は、業務上の事由、複数事業労働者の2以上の事業の業務を要因とする事由又は通勤による労働者の負傷、疾病、障害、死亡等に対して必要な保険給付を行うことを主な目的としている。

B 労災保険法による保険給付は、業務災害に関する保険給付、複数業務要因災害に関する保険給付、通勤災害に関する保険給付、二次健康診断等給付の4種類である。

C 労災保険を管掌するのは、政府のみである。

D 労災保険の保険給付に関する事務のうち、二次健康診断等給付に関する事務は、厚生労働省労働基準局長の指揮監督を受けて、所轄都道府県労働局長が行う。

E 労災保険法に基づく政令及び厚生労働省令は、その草案について、労働保険審査会の意見を聞いて、これを制定する。

| 速習
レッスン | A：P199、B：P200、C：P201、D：P201、E：P201 | 解説 |

A ○ 法１条。労災保険の目的は、次の(1)及び(2)です。設問は、(1)についてです。

(1) 業務上の事由、複数事業労働者の２以上の事業の業務を要因とする事由又は通勤による労働者の負傷、疾病、障害、死亡等に対して必要な保険給付を行うこと。

(2) ①被災労働者の社会復帰の促進、②被災労働者及びその遺族の援護、③労働者の安全及び衛生の確保等を図ること。

B ○ 法７条１項。労災保険法による保険給付には、①業務災害に関する保険給付、②複数業務要因災害に関する保険給付（①の保険給付を除く。）、③通勤災害に関する保険給付、④二次健康診断等給付の４種類があります。①～③は、災害発生後の「事後給付」ですが、④の二次健康診断等給付は、業務上の事由による脳血管疾患及び心臓疾患の発生を予防するための「予防給付」です。

C ○ 法２条。労災保険は、政府が、これを管掌します。なお、労災保険事業に関する事務は、厚生労働省が掌っており、その実際の事務は、厚生労働省のほか、その地方の出先機関である都道府県労働局及び労働基準監督署が行います。

D ○ 則１条２項。保険給付に関する事務のうち、二次健康診断等給付に関する事務は、厚生労働省労働基準局長の指揮監督を受けて、所轄都道府県労働局長が行います。なお、二次健康診断等給付以外の保険給付に関する事務は、都道府県労働局長の指揮監督を受けて、所轄労働基準監督署長が行います。

E ✕ 法５条。「労働保険審査会」ではなく、「労働政策審議会」です。労災保険法に基づく政令及び厚生労働省令の制定は、その草案について、労働政策審議会の意見を聞いて行うものとされています。

3章

労働者災害補償保険法

解答　**E**

適用の範囲

予想

労災保険の適用に関する次の記述のうち、正しいものはどれか。

A　個人事業主が同居の親族のみを使用して行う事業については、労災保険法が適用される。
B　法人の代表取締役については、労災保険法が適用される。
C　適法な在留資格及び就労資格を有しない外国人については、適用事業に使用される場合であっても、労災保険法は適用されない。
D　市の経営する清掃事業の常勤職員については、労災保険法は適用されない。
E　派遣中の派遣労働者については、派遣先の事業場が就業の場所となるため、派遣先事業主の事業を適用事業として、労災保険法が適用される。

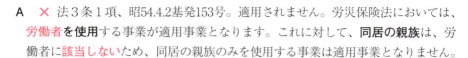

A ✕ 法3条1項、昭54.4.2基発153号。適用されません。労災保険法においては、**労働者**を**使用**する事業が適用事業となります。これに対して、**同居の親族**は、労働者に**該当しない**ため、同居の親族のみを使用する事業は適用事業となりません。

B ✕ 昭23.1.9基発14号。適用されません。法人の**代表取締役**は、事業主体（法人）との関係において**使用従属関係**に立たず、労働者に該当しないためです。これに対して、法人の取締役等の地位にある者であっても、業務執行権を有しておらず、事実上、業務執行権を有する他の取締役等の指揮や監督を受けて労働に従事し、その対償として賃金を受けている場合には、原則として、労働者として取り扱われます。

C ✕ 法3条1項、労働基準法9条、昭63.1.26基発50号。適用されます。設問の外国人は、**適用事業**に使用される**労働者**に該当するためです。労災保険法の適用にあたり、その者の国籍や、その者が不法就労する者であるか否かは問われません。

D ◯ 法3条2項、地方公務員災害補償法2条1項、67条2項。設問の者は、**現業部門**の**地方公務員**に該当します。このうち、**常勤職員**については、地方公務員災害補償法が適用されるため、労災保険法は**適用されません**。一方、非常勤職員については、地方公務員災害補償法が適用されないため、労災保険法が適用されます。

E ✕ 法3条1項、昭61.6.30基発383号。適用事業となるのは、「派遣先事業主」ではなく、「派遣元事業主」の事業です。労働者派遣事業に対する労災保険法の適用については、派遣労働者と**労働契約関係**にある**派遣元事業主**の**事業**が労災保険の適用事業となります。なお、派遣先事業主の指揮命令により業務を行う場合には、派遣先事業場が、通勤災害に係る「就業の場所」となります。

解答　D

問題 068

チェック欄
1	2	3

業務災害

過平29

難易度 普　重要度 B

業務災害に関する次の記述のうち、誤っているものはどれか。

A　企業に所属して、労働契約に基づき労働者として野球を行う者が、企業の代表選手として実業団野球大会に出場するのに備え、事業主が定めた練習計画以外の自主的な運動をしていた際に負傷した場合、業務上として取り扱われる。

B　A会社の大型トラックを運転して会社の荷物を運んでいた労働者Bは、Cの運転するD会社のトラックと出会ったが、道路の幅が狭くトラックの擦れ違いが不可能であったため、D会社のトラックはその後方の待避所へ後退するため約20メートルバックしたところで停止し、徐行に相当困難な様子であった。これを見かねたBが、Cに代わって運転台に乗り、後退しようとしたが運転を誤り、道路から断崖を墜落し即死した場合、業務上として取り扱われる。

C　乗組員6名の漁船が、作業を終えて帰港途中に、船内で夕食としてフグ汁が出された。乗組員のうち、船酔いで食べなかった1名を除く5名が食後、中毒症状を呈した。海上のため手当てできず、そのまま帰港し、直ちに医師の手当てを受けたが重傷の1名が死亡した。船中での食事は、会社の給食として慣習的に行われており、フグの給食が慣習になっていた。この場合、業務上として取り扱われる。

D　会社が人員整理のため、指名解雇通知を行い、労働組合はこれを争い、使用者は裁判所に被解雇者の事業場立入禁止の仮処分申請を行い、労働組合は裁判所に協議約款違反による無効確認訴訟を提起し、併せて被解雇者の身分保全の仮処分を申請していたところ、労働組合は裁判所の決定を待たずに被解雇者らを就労させ、作業中に負傷事故が発生した。この場合、業務外として取り扱われる。

E　川の護岸築堤工事現場で土砂の切取り作業をしていた労働者が、土蜂に足を刺され、そのショックで死亡した。蜂の巣は、土砂の切取り面先約30センチメートル程度の土の中にあったことが後でわかり、当日は数匹の蜂が付近を飛び回っており、労働者も使用者もどこかに巣があるのだろうと思っていた。この場合、業務上として取り扱われる。

A：（参考）P207、B・C：（参考）P207〜208、D：（参考）P207、E：（参考）P207〜208

解説

A ✕ 平12.5.18基発366号。業務上として取り扱われません。運動競技（設問の場合は、実業団野球大会）の練習に伴う災害については、当該練習が事業主があらかじめ定めた練習計画に従って行われたものであれば、業務上として取り扱われます。一方、練習計画とは別に、**労働者が自らの意思で行う運動**（練習計画以外の自主的な運動）は、ここでいう「運動競技の練習」には該当しません。したがって、事業主が定めた練習計画以外の自主的な運動をしていた際の負傷は、業務上として**取り扱われません**。

B ○ 昭31.3.31基収5597号。設問の死亡は、労働者Bが会社の荷物運搬中に発生したものであるため、**業務遂行性**が認められます。また、労働者Bが、Cに代わってD会社のトラックを運転した行為は、本来の業務に付随する行為（合理的行為）であり、**業務起因性**も認められます。したがって、設問の死亡は、業務上として**取り扱われます**。

C ○ 昭26.2.16基災発111号。設問の中毒症状は、帰港途中の漁船内で発生していることから、事業主の支配・管理下にあるものとして**業務遂行性**が認められます。また、事業場（漁船）の施設・設備や管理状況等が原因で発生したものとして、**業務起因性**も認められます。したがって、設問の死亡は、業務上として**取り扱われます**。

D ○ 昭28.12.18基収4466号。設問の負傷は、会社からの指名解雇通知に係る抗争中に、労働組合が裁判所の決定を待たずに被解雇者らを強行就労させている際に発生したものであるため、事業主の支配・管理下にあるとはいえず、**業務遂行性が認められません**。したがって、設問の負傷は、業務外として取り扱われます。

E ○ 昭25.10.27基収2693号。設問の死亡は、労働者が土砂の切取り作業をしている際に発生したものであるため、**業務遂行性**が認められます。また、労働者は、土砂の切取り作業中に、その土砂に生息する蜂に刺されているため、事業主の支配・管理下にあることに伴う危険（「蜂に刺される」という危険）が現実化したものとして**業務起因性**も認められます。したがって、設問の死亡は、業務上として**取り扱われます**。

解答　A

問題 069

チェック欄

1	2	3

通勤災害（1）

予想　　　　　　　　　　　　　　　　　　難易度 易　重要度 A

通勤及び通勤災害に関する次の記述のうち、正しいものはどれか。

A　住居と就業の場所との往復に先行し、又は後続する住居間の移動に関し、帰省先住居から赴任先住居への移動は、業務に就く当日に行われた場合は就業との関連性が認められるが、前日に行われた場合は就業との関連性は認められない。

B　住居から就業の場所への移動が業務の性質を有するものであるときは、当該移動は、通勤と認められない。

C　労働者が物品を得意先に届けてその届け先から直接帰宅する場合の物品の届け先は、通勤に係る就業の場所とは認められない。

D　日々雇用される労働者が、その日の職業紹介を受けるために公共職業安定所まで行く行為は、通勤に該当する。

E　通勤による疾病の範囲は、労働基準法施行規則において、通勤による負傷に起因する疾病その他通勤に起因することの明らかな疾病と定められている。

速習
レッスン　A：（参考）P211、B：P212、C：P212、D：（参考）P211、E：P210　　解説

A　✕　昭48.11.22基発644号。前日に行われた場合も、就業との関連性が認められます。住居間の移動は、実態等を踏まえ、業務に就く**当日又は前日**に行われた場合は、**就業との関連性**を認めて差し支えないとされています。なお、前々日以前に行われた場合は、交通機関の状況等の合理的理由があるときに限り、就業との関連性が認められます。

B　◯　法7条2項。通勤の定義に該当する移動であっても、**業務の性質を有する**ものは、通勤とは**なりません**。業務の性質を有するものは、事業主の支配下にあるものとされ、その移動中の災害は、**業務災害**となります。なお、「業務の性質を有するもの」には、事業主の提供する専用バス等を利用する通勤などが該当します。

C　✕　昭48.11.22基発644号。就業の場所と認められます。通勤に係る就業の場所には、**本来の業務**を行う場所のほか、設問のような**物品の届け先**や、全員参加で出勤扱いとなる会社主催の運動会の会場なども、該当します。

D　✕　昭48.11.22基発644号。通勤に該当しません。設問の行為は、就職できるかどうか確実でない段階での行為です。**職業紹介を受ける**ための行為であって、就業のための出勤行為であるとは**いえません**。

E　✕　則18条の4。「労働基準法施行規則」ではなく、「労働者災害補償保険法施行規則」です。通勤災害に関する保険給付は、労働基準法の災害補償と関連するものではなく、**労働者災害補償保険法特有**の仕組みです。そのため、通勤による疾病の範囲は、**労働者災害補償保険法**施行規則において定められています。なお、通勤による疾病の範囲が、①**通勤による負傷に起因**する疾病②その他**通勤に起因**することの明らかな疾病であるとする点は、正しい記述です。

3
章

労働者災害補償保険法

解答　B

問題 070

通勤災害 (2)

過令4

難易度 **易**　重要度 **B**

通勤災害に関する次の記述のうち、正しいものはどれか。

A　労働者が上司から直ちに2泊3日の出張をするよう命じられ、勤務先を出てすぐに着替えを取りに自宅に立ち寄り、そこから出張先に向かう列車に乗車すべく駅に向かって自転車で進行中に、踏切で列車に衝突し死亡した場合、その路線が通常の通勤に使っていたものであれば、通勤災害と認められる。

B　労働者が上司の命により、同じ社員寮に住む病気欠勤中の同僚の容体を確認するため、出勤してすぐに社員寮に戻る途中で、電車にはねられ死亡した場合、通勤災害と認められる。

C　通常深夜まで働いている男性労働者が、半年ぶりの定時退社の日に、就業の場所からの帰宅途中に、ふだんの通勤経路を外れ、要介護状態にある義父を見舞うために義父の家に立ち寄り、一日の介護を終えた妻とともに帰宅の途につき、ふだんの通勤経路に復した後は、通勤に該当する。

D　マイカー通勤の労働者が、経路上の道路工事のためにやむを得ず通常の経路を迂回して取った経路は、ふだんの通勤経路を外れた部分についても、通勤災害における合理的な経路と認められる。

E　他に子供を監護する者がいない共稼ぎ労働者が、いつもどおり親戚に子供を預けるために、自宅から徒歩10分ほどの勤務先会社の前を通り過ぎて100メートルのところにある親戚の家まで、子供とともに歩き、子供を預けた後に勤務先会社まで歩いて戻る経路のうち、勤務先会社と親戚の家との間の往復は、通勤災害における合理的な経路とは認められない。

速習レッスン A：P208、B：P208、C：P212、D：（参考）P212、E：P212　　　**解説**

A　✕　昭34.7.15基収2980号。通勤災害とは認められません。**出張**中は、積極的な私的行為を行うなどの特別の事情がない限り、**事業主の支配下**にあるといえるため、業務遂行性が認められます。また、その過程全般が業務行為とみられるため、**住居と出張先の往復も業務**として取り扱われ、業務起因性も認められます。したがって、出張命令を受けた労働者が、自宅から出張先に向かう途中で事故に遭い、死亡した場合の当該死亡は、その路線が通常の通勤に使っていたものであっても、業務災害と認められます。

B　✕　昭24.12.15基収3001号。通勤災害とは認められません。設問の労働者が、上司の命により、就業の場所から欠勤者宅に向かう行為は、その経路が、自ら居住する社員寮に戻る経路と同じくするものであっても**業務**として取り扱われ、業務遂行性が認められます。また、その用務を遂行する途上で電車にはねられることは、**事業主の支配下**にあることに伴う危険が現実化したものと経験則上いえるため、業務起因性が認められ、業務災害と認められます。

C　✕　法7条3項。ふだんの通勤経路に復した後についても、通勤に該当しません。設問の労働者が、通勤経路を外れ、要介護状態にある義父を見舞うために義父の家に立ち寄る行為は、就業の場所から住居への移動の経路の「逸脱」に当たります。また、当該逸脱の目的は、要介護状態にある義父を見舞うことであり、「日常生活上必要な行為であって厚生労働省令で定めるもの」とは認められません。したがって、当該逸脱の間及びその後（ふだんの通勤経路に復した後）の移動は通勤に該当しません。

D　◯　昭48.11.22基発644号。「合理的な経路」とは、当該住居と就業の場所との間を往復する場合に、一般に労働者が用いるものと認められる経路をいいますが、経路の道路工事、デモ行進等当日の交通事情により迂回してとる経路等通勤のために**やむを得ずとることとなる経路**は**合理的な経路**と認められます。

E　✕　昭48.11.22基発644号。合理的な経路と認められます。他に子供を監護する者がいない共稼労働者などが託児所、親せき等に**子供を預けるためにとる経路**などは、そのような立場にある労働者であれば、当然、就業のためにとらざるを得ない経路であるので、**合理的な経路**と認められます。

解答　D

3章　労働者災害補償保険法

197

問題 071

チェック欄

業務災害と通勤災害

予想

難易度 普　重要度 Ⓐ

業務災害及び通勤災害に関する次の記述のうち、正しいものはどれか。

A　業務上の災害を被り、労災病院に入院療養中の労働者が、同病院の機能回復訓練計画に基づき、野外集団回復訓練に参加しているところへ、第三者が運転する軽自動車が運転操作を誤って突っ込み、当該労働者を負傷させた。本件は、業務上の災害と認められる。

B　急性伝染病流行地に出張した者が急性伝染病にかかった場合であっても、日本国内に帰国した後に疾病を発症した場合は、業務上の疾病とは認められない。

C　労働者が、事業主が提供する通勤専用バスに乗車しようとしたところ、バスが誤って動いたため、負傷した。本件は、通勤災害と認められる。

D　マイカー通勤をしている労働者が、業務終了後に共働きの妻を迎えに行くため、妻の勤務先（迂回距離は３キロメートル）に向かう途中、後続車に追突され負傷した。本件は、通勤災害と認められる。

E　地方公務員災害補償法による通勤災害保護制度の対象となる就業の場所から労災保険法の適用事業に係る就業の場所への移動は、労災保険法に定める通勤の対象となる移動とは認められない。

速習レッスン A：(参考) P207、B：(参考) P209、C：P212、D：P212、E：P211　**解説**

A ○ 昭42.1.24基収7808号。本件は、入院療養中の労働者が、医師の指示に基づき療養の一環としての機能回復訓練中に発生したもので、当初の業務上の負傷との間に**相当因果関係**が認められます。したがって、業務上の災害と**認められます**。

B × 昭23.8.14基収1913号。業務上の疾病と認められます。急性伝染病流行地に出張した者が、**業務の遂行中**に病原体に汚染されて疾患したことが明らかである場合は、業務上の疾病と**認められます**。

C × 昭25.5.9基収32号。通勤災害とは認められません。設問の事故（**事業主が提供する**通勤専用バスに乗車する際の事故）は、事業主の支配下にあることに伴う危険が具体化したものとして、**業務起因性**が認められるため、**業務上の災害**となります。なお、同様の状況であっても、公共交通機関であるバスを利用していた場合の事故は通勤災害となります。

D × 昭49.8.28基収2169号。通勤災害とは認められません。設問の場合は、迂回する距離が3キロメートルもあることについて、著しく遠回りと判断され、これを合理的な経路として取り扱うことは困難であるため、**逸脱中**の災害と判断されました。逸脱中は通勤と認められないため、通勤災害とは**認められません**。なお、設問と同様の場合で、迂回距離が450メートルであったものは、合理的な経路と認められ、通勤災害と認められました。

E × 法7条2項2号、則6条3号、平18基発0331042号。設問の移動は、労災保険法に定める通勤の対象となる移動と**認められます**。**厚生労働省令**で定める**就業の場所**から他の就業の場所への移動は、通勤の対象となる移動に該当します。ここでいう「厚生労働省令で定める就業の場所」とは、次の①〜③に掲げる就業の場所をいいます。設問は、③について問うています。

①労災保険法の適用事業及び労災保険に係る保険関係が成立している労災保険暫定任意適用事業に係る就業の場所
②特別加入者に係る就業の場所
③**地方公務員災害補償法**又は国家公務員災害補償法による通勤災害保護制度の対象となる勤務場所又は就業の場所

解答　A

問題 072

チェック欄 | 1 | 2 | 3 |

給付基礎日額

予想

難易度 **易**　重要度 **B**

給付基礎日額に関する次の記述のうち、誤っているものはどれか。

A　給付基礎日額（複数事業労働者、その遺族その他厚生労働省令で定める者に対して保険給付を行う場合におけるものを除く。）は、労働基準法第12条の平均賃金に相当する額であるが、常にこの額と同額になるわけではない。

B　一時金の給付基礎日額についても、スライド制が適用される。

C　複数事業労働者の業務上の事由、2以上の事業の業務を要因とする事由又は通勤による負傷、疾病、障害又は死亡により、当該複数事業労働者、その遺族その他厚生労働省令で定める者に対して保険給付を行う場合における給付基礎日額は、当該複数事業労働者を使用する事業ごとに算定した給付基礎日額に相当する額を合算した額を基礎として、厚生労働省令で定めるところによって政府が算定する額とする。

D　年金給付基礎日額については、当該年金たる保険給付を支給すべき月の属する年度の4月1日における年齢に応じて、年齢階層別の最低限度額及び最高限度額が適用される。

E　年金給付基礎日額については、平均給与額の変動幅がどんなに小さくても、スライド改定が行われる。

A：P215〜217、B：P221、C：P218、D：P220、E：P219

解説

A ○ 法8条1項・2項。設問の給付基礎日額は、**労働基準法の平均賃金に相当する額**を原則とします。ただし、給付基礎日額については、最低保障額が適用されることや、算定期間中に私傷病の療養のための休業期間等がある場合には、有利に計算するという特例等があることから、平均賃金に相当する額と常に同じ額になるとは限りません。

B ○ 法8条の4。一時金の給付基礎日額についても、年金給付基礎日額に準じて**スライド制が適用されます**。なお、一時金の給付基礎日額については、年齢階層別の最低限度額及び最高限度額は適用されません。

C ○ 法8条3項。**複数事業労働者**の業務上の事由、2以上の事業の業務を要因とする事由又は通勤による負傷、疾病、障害又は死亡により、当該複数事業労働者、その遺族その他厚生労働省令で定める者に対して保険給付を行う場合における給付基礎日額は、当該複数事業労働者を使用する（すべての）**事業ごとに算定した給付基礎日額に相当する額を合算した額**を基礎として、政府が算定する額となります。

D × 法8条の3第2項。「4月1日」ではありません。年金給付基礎日額については、当該年金たる保険給付を支給すべき月の属する年度の**8月1日**（当該月が4月から7月までの月に該当する場合にあっては、当該年度の前年度の8月1日）**における年齢**に応じて、年齢階層別の最低限度額及び最高限度額が適用されます。

E ○ 法8条の3第1項2号。年金給付基礎日額のスライド制は、「**完全自動賃金スライド制**」とも呼ばれ、平均給与額の変動幅がどんなに**小さくても**スライド改定が行われます。

解答　**D**

問題 073

チェック欄

療養（補償）等給付

予想

難易度 易　重要度 A

療養補償給付に関する次の記述のうち、正しいものはどれか。

A 政府が必要と認めるものであれば、移送も療養補償給付たる療養の給付の範囲に含まれる。

B 療養補償給付たる療養の給付は、社会復帰促進等事業として設置された病院若しくは診療所又は都道府県労働局長の指定する病院若しくは診療所、薬局若しくは訪問看護事業者において行われるほか、健康保険法の規定により厚生労働大臣の指定を受けた病院又は診療所においても行われる。

C 療養補償給付は、医療効果を期待し得えない状態となり、医師の治療の必要がなくなった後も、労働者の健康状態が労働することができる程度に回復するまでは引き続き行われる。

D 療養補償給付たる療養の給付を受けようとする者は、所定の事項を記載した請求書を直接、所轄労働基準監督署長に提出しなければならない。

E 療養補償給付たる療養の給付をすることが困難な場合のほか、労働者がこれを望む場合には、当該療養の給付に代えて療養の費用が支給される。

速習レッスン A：P224、B：P223、C：P201・224、D：P223、E：P224　　解説

A ◯　法13条2項。療養補償給付たる療養の給付の範囲には、①**診察**、②薬剤又は治療材料の支給、③処置、手術その他の治療、④**居宅**における療養上の管理及びその療養に伴う世話その他の看護、⑤**病院又は診療所**への入院及びその療養に伴う世話その他の看護、⑥移送が含まれます。このうち、**政府が必要と認めるもの**に限り、当該療養の給付が行われます。

B ×　則11条1項。健康保険法の規定により厚生労働大臣の指定を受けた病院又は診療所においては行われません。療養補償給付たる療養の給付は、**指定病院等**において行われます。指定病院等とは、①**社会復帰促進等事業**として設置された病院若しくは診療所又は②都道府県労働局長の**指定**する病院若しくは診療所、薬局若しくは訪問看護事業者をいいます。健康保険法の規定により厚生労働大臣の指定を受けた病院又は診療所が当該療養の給付を行うためには、①②のうちのいずれかに該当する必要があります。

C ×　昭23.1.13基災発3号。医師の治療の必要がなくなった後は、行われません。療養補償給付は、治ゆ前の業務上の傷病を対象とした給付であり、当該傷病が治ゆした後には行われません。傷病の症状が安定し、医療効果を期待し得ない状態（治療の必要がなくなった状態）となったときは、**治ゆしたもの**として取り扱われます。

D ×　則12条1項。療養補償給付たる**療養の給付**に係る請求書は、直接ではなく、当該療養の給付を受けようとする**指定病院等を**経由して、所轄労働基準監督署長に提出しなければなりません。

E ×　法13条3項、則11条の2。労働者が望む場合でも、それのみでは療養の費用は支給されません。療養補償給付は、療養の給付（現物給付）が原則です。療養の費用の支給（現金給付）が行われるのは、①療養の給付をすることが**困難**な場合、②療養の給付を受けないことについて労働者に相当の理由がある場合に限られます。

3章　労働者災害補償保険法

解答　A

休業（補償）等給付

過平30 改正E

休業補償給付に関する次の記述のうち、誤っているものはどれか。

A　休業補償給付は、業務上の傷病による療養のため労働できないために賃金を受けない日の４日目から支給されるが、休業の初日から第３日目までの期間は、事業主が労働基準法第76条に基づく休業補償を行わなければならない。
B　業務上の傷病により、所定労働時間の全部労働不能で半年間休業している労働者に対して、事業主が休業中に平均賃金の６割以上の金額を支払っている場合には、休業補償給付は支給されない。
C　休業補償給付と傷病補償年金は、併給されることはない。
D　会社の所定休日においては、労働契約上賃金請求権が生じないので、業務上の傷病による療養中であっても、当該所定休日分の休業補償給付は支給されない。
E　業務上の傷病により、所定労働時間の一部分についてのみ労働する日の休業補償給付の額は、療養開始後１年６か月未満の場合には、休業給付基礎日額から当該労働する日に対して支払われる賃金の額を控除して得た額の100分の60に相当する額である。

| 速習レッスン | A：P225、B：（参考）P225、C：P229、D：P225、E：P226 | 解説 |

A ○ 法14条1項、昭40.7.31基発901号。**休業補償給付**に係る**待期期間**（休業の最初の3日間）については、休業補償給付が支給されないため、事業主は、労働基準法の規定による**休業補償**（1日につき平均賃金の100分の60相当額の支払い）を行わなければなりません。なお、複数業務要因災害又は通勤災害の場合には、事業主が休業補償を行う必要はありません。

B ○ 昭40.9.15基災発14号。設問の事業主は、全部労働不能の労働者に対して、その休業中に、**平均賃金の6割以上**の金額を支払っています。この日は「**休業する日**（＝当該傷病の**療養**のため**労働することができない**ために**賃金を受けない日**）」に該当しないため、休業補償給付は支給されません。

C ○ 法18条2項。**休業補償給付**と**傷病補償年金**は、いずれも所得保障を目的とした保険給付であるため、**併給**されることは**ありません**。なお、「療養補償給付と休業補償給付」又は「療養補償給付と傷病補償年金」は、併給することができます。療養補償給付は、療養を目的とした保険給付であり、休業補償給付と傷病補償年金とは、保険給付を行う目的が異なるためです。

D ✕ 法14条1項等。会社の**所定休日**においても、要件を満たせば、当該所定休日分の休業補償給付は**支給されます**。休業補償給付の支給要件の1つである「労働することができない日」とは、労働者が当該使用される事業場等で所定労働日に労働することができない日のみならず、一般に労働することができない日を**すべて含む**ものと解されるため、所定休日など労働義務のない日であっても休業補償給付の支給対象となります。

E ○ 法14条1項。所定労働時間の**一部分につき労働**する日（部分算定日）の休業補償給付の額は、「**（給付基礎日額－支払われる賃金の額）×100分の60**」による額となります。なお、設問は、「療養開始後1年6か月未満の場合」であるため、計算の途中で年齢階層別の最高限度額の適用を考慮する必要はありません。

3章　労働者災害補償保険法

解答 D

傷病（補償）等年金

過平29

傷病補償年金に関する次の記述のうち、誤っているものはどれか。

A 所轄労働基準監督署長は、業務上の事由により負傷し、又は疾病にかかった労働者が療養開始後1年6か月経過した日において治っていないときは、同日以降1か月以内に、当該労働者から「傷病の状態等に関する届」に医師又は歯科医師の診断書等の傷病の状態の立証に関し必要な資料を添えて提出させるものとしている。

B 傷病補償年金の支給要件について、障害の程度は、6か月以上の期間にわたって存する障害の状態により認定するものとされている。

C 傷病補償年金の受給者の障害の程度が軽くなり、厚生労働省令で定める傷病等級に該当しなくなった場合には、当該傷病補償年金の受給権は消滅するが、なお療養のため労働できず、賃金を受けられない場合には、労働者は休業補償給付を請求することができる。

D 傷病補償年金を受ける労働者の障害の程度に変更があり、新たに他の傷病等級に該当するに至った場合には、所轄労働基準監督署長は、裁量により、新たに該当するに至った傷病等級に応ずる傷病補償年金を支給する決定ができる。

E 業務上負傷し、又は疾病にかかった労働者が、当該負傷又は疾病に係る療養の開始後3年を経過した日において傷病補償年金を受けている場合には、労働基準法第19条第1項の規定の適用については、当該使用者は、当該3年を経過した日において同法第81条の規定による打切補償を支払ったものとみなされる。

速習レッスン A：P228、B：P228、C：(参考) P228、D：P229、E：P229　　　解説

A　○　則18条の２第２項・３項。傷病の状態等に関する届書についてです。所轄労働基準監督署長は、被災労働者の傷病が**療養開始後１年６ヵ月を経過した日**において治っていないときは、同日以後**１ヵ月**以内に当該労働者から**傷病の状態等に関する届書**を提出させます。この届書には、届書を提出するときにおける傷病の状態の立証に関し必要な医師又は歯科医師の診断書その他の資料を添えなければなりません。

B　○　則18条２項。傷病補償年金が支給されるためには、当該傷病による障害の程度が傷病等級に該当する必要があります。この傷病等級は長期的に支給される傷病補償年金の主要な支給要件であることから、傷病等級に係る当該傷病による障害の程度の認定は、**６ヵ月**以上の期間にわたって存する障害の状態により行うこととされています。

C　○　法12条の８第２項、則13条１項、昭52.3.30基発192号。傷病補償年金を受ける者の障害の程度が軽くなり、傷病等級に該当しなくなった場合は、傷病補償年金の受給権は消滅するため、傷病補償年金は支給されなくなります。その後もその労働者が療養のため労働不能であり、賃金を受けることができないのであれば、当該労働者からの請求に基づき、休業補償給付が支給されます。

D　×　法18条の２、則18条の３。設問の場合には、所轄労働基準監督署長は、「**職権により**」、傷病補償年金の変更に関する決定を「**しなければならない**」とされています。

E　○　法19条。労働基準法の規定による解雇制限との関係についてです。労働基準法19条１項では、**業務上の傷病による療養のための休業期間及びその後30日間**は、原則として、労働者を解雇してはならないと定めています。ただし、労働者が次の①又は②のいずれかに該当した場合には、その該当した日において同法81条の規定による**打切補償**を支払ったものとみなされ、**解雇制限が解除**されます。設問は、①についてです。
①業務上の傷病に係る**療養の開始後３年を経過した日**に傷病補償年金を受けている場合
②上記①の日後に**傷病補償年金**を受けることとなった場合

解答　D

問題 076

チェック欄

1	2	3

障害（補償）等給付（1）

予想

難易度 **普**　重要度 **A**

障害補償給付に関する次の記述のうち、誤っているものはどれか。

A　障害補償給付を支給すべき身体障害の障害等級は、障害等級表に定めるところにより決定されるが、同表に掲げるもの以外の身体障害の障害等級は、その障害の程度に応じ、同表に掲げる身体障害に準じて決定される。

B　労働者の死亡前に、当該労働者の死亡によって障害補償年金差額一時金の支給を受けることができる先順位又は同順位の遺族となるべき者を故意に死亡させた者は、障害補償年金差額一時金の支給を受けることができる遺族とされない。

C　障害等級第9級に応ずる障害補償一時金を受給した労働者について、その障害の程度が自然経過的に増進し、新たに障害等級第6級に該当するに至った場合であっても、その者に対して、障害等級第6級に応ずる障害補償年金は支給されない。

D　すでに業務上の負傷又は疾病による障害の該当する障害等級に応じて障害補償年金の支給を受ける者が、新たな業務上の負傷又は疾病により同一の部位について障害の程度を加重した場合には、その加重した障害の該当する障害等級に応ずる障害補償年金の額から、既存の障害の該当する障害等級に応ずる障害補償年金の額を差し引いた額による障害補償年金が支給され、その後は、既存の障害の該当する障害等級に応ずる障害補償年金は支給されない。

E　同一の業務災害により、障害等級第5級、第7級及び第13級に該当する3つの身体障害が残った場合の障害補償給付に係る障害等級は、第3級である。

| 速習レッスン | A：P232、B：P239、C：P236、D：P235、E：P233 | 解説 |

A ◯ 則14条１項・４項。労働者に残った身体障害の障害等級は、原則として、**障害等級表**により決定されます。障害等級表に定められていない身体障害については、その障害の程度に応じ、障害等級表にある同程度の身体障害に準じて、障害等級が決定されます。

B ◯ 法附則58条５項による法16条の９第２項の準用。①労働者を故意に死亡させた者又は②労働者の死亡前に、当該労働者の死亡によって障害補償年金差額一時金の支給を受けることができる**先順位又は同順位**の遺族となるべき者を故意に死亡させた者は、障害補償年金差額一時金の受給資格者とはなりません。

C ◯ 法15条の２、昭41.1.31基発73号。障害補償一時金を受けた労働者については、その障害の程度が**自然経過的**に増進し、又は軽減した場合であっても、新たに該当するに至った障害等級に応ずる障害補償給付は支給されません。一方、障害補償**年金**を受ける労働者については、その障害の程度が自然経過的に増進し、又は軽減した場合は、新たに該当するに至った障害等級に応ずる障害補償給付が支給されます。

D ✕ 則14条５項。設問の場合には、既存（加重前）の障害の該当する障害等級に応ずる障害補償年金も、引き続き支給されます。加重障害による障害補償給付については、**加重前と加重後の障害がともに障害等級第７級以上（年金）で**ある場合には、加重前の年金額と加重後の年金額との差額による障害補償年金が新たに支給されます。この場合において、加重前の障害が**業務上**のものであるときは、加重前の障害補償年金も**引き続き支給されます**。

E ◯ 則14条３項。併合繰上げによる障害等級の決定方法は、次の①〜③のとおりです。また、障害が３つ以上残っている場合には、そのうちの１番目と２番目に重い２つの障害をもって障害等級の併合を考えます。設問の場合（第５級、第７級及び第13級）は、②に該当するため、（全体の）障害等級は、第３級となります。

> ①**第13級以上**の障害が２以上 …… **重い方**の障害等級を**１級**繰上げ
> ②**第８級以上**の障害が２以上 …… **重い方**の障害等級を**２級**繰上げ
> ③**第５級以上**の障害が２以上 …… **重い方**の障害等級を**３級**繰上げ

解答 D

問題 077

障害（補償）等給付（2）

過令2

難易度 **普**　重要度 **B**

障害等級認定基準についての行政通知によれば、既に右示指の用を廃していた（障害等級第12級の9、障害補償給付の額は給付基礎日額の156日分）者が、新たに同一示指を亡失した場合には、現存する身体障害に係る障害等級は第11級の6（障害補償給付の額は給付基礎日額の223日分）となるが、この場合の障害補償給付の額に関する次の記述のうち、正しいものはどれか。

A　給付基礎日額の67日分

B　給付基礎日額の156日分

C　給付基礎日額の189日分

D　給付基礎日額の223日分

E　給付基礎日額の379日分

解説

A～E 　A～E：P234～235

A～E　則14条5項、昭50.9.30基発565号。設問の場合は、**加重障害**として取り扱われます。加重障害の場合の障害補償給付の額は、加重前後の障害の程度により、次のいずれかとなります。

(1) 加重前後の障害がともに**第7級以上**（年金）の場合
   新たに支給される障害補償年金の額
   ＝**加重後の年金額（日数）－加重前の年金額（日数）**

(2) 加重前後の障害がともに**第8級以下**（一時金）の場合
   新たに支給される障害補償一時金の額
   ＝**加重後**の一時金の額（日数）－**加重前**の一時金の額（日数）

(3) 加重前の障害が**第8級以下**（一時金）、加重後の障害が**第7級以上**（年金）の場合
   新たに支給される障害補償年金の額
   ＝**加重後の年金額（日数）－加重前の一時金の額（日数）÷25**

設問の場合は、加重前後の障害等級がともに第8級以下（第11級と第12級）ですから、前記(2)に該当します。したがって、設問の場合の障害補償給付の額は、現存する（加重後の）身体障害に係る障害等級（第11級）に応ずる障害補償給付の額（給付基礎日額の**223日分**）から、すでにあった（加重前の）身体障害に係る障害等級（第12級）に応ずる障害補償給付の額（給付基礎日額の**156日分**）を差し引いた額（給付基礎日額の**67日分**）となります。

以上から、正解は**A**となります。

解答　A

問題 078

遺族（補償）等給付（1）

予想　　　　　　　　　　　　　　　　　　　　　　難易度 普　重要度

遺族補償給付に関する次の記述のうち、誤っているものはどれか。

A 遺族補償年金を受けることができる遺族が、死亡した労働者の32歳の妻及び当該妻と生計を同じくしている死亡した労働者の58歳の母（いずれも厚生労働省令で定める障害の状態にないものとする。）である場合には、当該妻に対して遺族補償年金を支給するが、当該遺族補償年金の額は、給付基礎日額の153日分である。

B 遺族補償年金を受ける権利を有する遺族が妻であり、かつ、当該妻と生計を同じくしている遺族補償年金を受けることができる遺族がない場合において、当該妻が55歳に達したとき（労働者災害補償保険法別表第1の厚生労働省令で定める障害の状態にあるときを除く。）は、55歳に達した月の翌月から、遺族補償年金の額を改定する。

C 遺族補償給付を受けることができる配偶者には、婚姻の届出をしていないが、事実上婚姻関係と同様の事情にあった者も含まれるが、死亡した被災労働者が、民法第739条に規定する届出による婚姻関係にあり、かつ、他の者と事実上の婚姻関係を有していたいわゆる重婚的内縁関係にあった場合は、事実上の婚姻関係にあった者を遺族補償給付を受けることができる配偶者とすることがある。

D 遺族補償年金を受ける権利は、当該権利を有する者の所在が不明となり、その者の所在が不明となった日から1年を経過したときは、消滅する。

E 労働者の死亡の当時胎児であった子が出生したときは、遺族補償年金の受給資格に係る規定の適用については、将来に向かって、その子は、労働者の死亡の当時その収入によって生計を維持していた子とみなす。

| 速習レッスン | A：P244、B：P244、C：P243、D：P245、E：P243 | 解説 |

A ○ 法16条の3第1項、法別表第1、昭40法附則43条1項。遺族補償年金の額は、「①受給権者＋②受給権者と生計を同じくする受給資格者」の人数に応じて、算定されます。ただし、いわゆる若年停止者（設問では58歳の母）は、60歳に達するまで、遺族補償年金の額の算定の基礎となる遺族から除外されます。したがって、設問の場合には、遺族補償年金の額の算定の基礎となる遺族の人数が1人（妻のみ）となるため、妻に対して支給される遺族補償年金の額は、給付基礎日額の153日分となります。

B ○ 法16条の3第4項1号。遺族補償年金の額は、次のいずれかの事由に該当する場合には、その事由に該当した月の翌月から改定されます。設問は、(2)の①について問うています。

(1) 年金額の算定の基礎となる遺族の数に増減を生じたとき。

(2) 受給権者が妻であり、かつ、当該妻と生計を同じくしている遺族がない場合に、当該妻が次のいずれかに該当したとき。

①55歳に達したとき（一定の障害の状態にあるときを除く。）

②一定の障害の状態になり、又はその事情がなくなったとき（55歳以上であるときを除く。）

C ○ 平10.10.30基発627号。設問の場合において、事実上の婚姻関係にあった者が遺族補償給付を受けることができる配偶者とされるのは、届出による婚姻関係がその実体を失って形骸化し、かつ、その状態が固定化して近い将来解消される見込みがなかった場合に限られます。

D ✕ 法16条の4。設問の場合であっても、遺族補償年金を受ける権利は消滅しません。なお、遺族補償年金の受給権者の所在が1年以上明らかでない場合には、当該遺族補償年金は、同順位者があるときは同順位者の、同順位者がないときは次順位者の申請によって、その所在が明らかでない間、その所在が不明となったときにさかのぼって、その支給を停止します。

E ○ 法16条の2第2項。労働者の死亡の当時胎児であった子が出生したときは、将来に向かって、その子は、労働者の死亡の当時その収入によって生計を維持していた子とみなします。つまり、その子は、生まれたときから、遺族補償年金の受給資格者となります。

解答　D

遺族(補償)等給付(2)

過令3

遺族補償一時金を受けるべき遺族の順位に関する次の記述のうち、誤っているものはどれか。

A 労働者の死亡当時その収入によって生計を維持していた父母は、労働者の死亡当時その収入によって生計を維持していなかった配偶者より先順位となる。

B 労働者の死亡当時その収入によって生計を維持していた祖父母は、労働者の死亡当時その収入によって生計を維持していなかった父母より先順位となる。

C 労働者の死亡当時その収入によって生計を維持していた孫は、労働者の死亡当時その収入によって生計を維持していなかった子より先順位となる。

D 労働者の死亡当時その収入によって生計を維持していた兄弟姉妹は、労働者の死亡当時その収入によって生計を維持していなかった子より後順位となる。

E 労働者の死亡当時その収入によって生計を維持していた兄弟姉妹は、労働者の死亡当時その収入によって生計を維持していなかった父母より後順位となる。

| 速習レッスン | A〜E：P247〜248 | 解説 |

A ✕ 法16条の7。生計を維持していた父母は、生計を維持していなかった配偶者より先順位となりません。配偶者は、生計維持関係にあったか否かを問わず、最先順位となります。

遺族補償一時金を受けることができる遺族の範囲は、次のとおりであり、その順位は、①〜⑩に掲げる順序によります。

| ①配偶者（生計維持関係にかかわらず、常に最先順位） |
| 労働者の死亡の当時その収入によって生計を維持していた
②子、③父母、④孫、⑤祖父母 |
| 労働者の死亡の当時その収入によって生計を維持していなかった
⑥子、⑦父母、⑧孫、⑨祖父母 |
| ⑩兄弟姉妹（生計維持関係にかかわらず、常に最終順位） |

設問の「生計を維持していた父母」は上表③に、「生計を維持していなかった配偶者」は同①に、それぞれ該当します。

B ◯ 法16条の7。設問の「生計を維持していた祖父母」は上表⑤に、「生計を維持していなかった父母」は同⑦に、それぞれ該当します。

C ◯ 法16条の7。設問の「生計を維持していた孫」は上表④に、「生計を維持していなかった子」は同⑥に、それぞれ該当します。

D ◯ 法16条の7。設問の「生計を維持していた兄弟姉妹」は上表⑩に、「生計を維持していなかった子」は同⑥に、それぞれ該当します。兄弟姉妹は、生計維持関係にあったか否かを問わず、最終順位となります。

E ◯ 法16条の7。設問の「生計を維持していた兄弟姉妹」は上表⑩に、「生計を維持していなかった父母」は同⑦に、それぞれ該当します。

解答　**A**

問題 080

遺族（補償）等給付（3）

過平28

遺族補償給付に関する次の記述のうち、誤っているものの組合せは、後記AからEまでのうちどれか。

ア　傷病補償年金の受給者が当該傷病が原因で死亡した場合には、その死亡の当時その収入によって生計を維持していた妻は、遺族補償年金を受けることができる。

イ　労働者が業務災害により死亡した場合、当該労働者と同程度の収入があり、生活費を分担して通常の生活を維持していた妻は、一般に「労働者の死亡当時その収入によって生計を維持していた」ものにあたらないので、遺族補償年金を受けることはできない。

ウ　遺族補償年金を受ける権利は、その権利を有する遺族が、自分の伯父の養子となったときは、消滅する。

エ　遺族補償年金の受給権を失権したものは、遺族補償一時金の受給権者になることはない。

オ　労働者が業務災害により死亡した場合、その兄弟姉妹は、当該労働者の死亡の当時、その収入により生計を維持していなかった場合でも、遺族補償一時金の受給者となることがある。

A　（アとウ）　　B　（イとエ）　　C　（ウとオ）
D　（アとエ）　　E　（イとオ）

| 速習レッスン | ア：P242、イ：P242、ウ：P245、エ：P248、オ：P248 | 解説 |

ア 〇 法12条の8第2項、16条の2第1項、労働基準法79条。設問の場合は、業務上の死亡にあたります。したがって、その**死亡の当時**その収入によって**生計を維持**していた**妻**は、年齢等にかかわらず、遺族補償年金を受けることができます。

イ ✕ 昭41.1.31基発73号。設問の妻は、労働者の死亡の当時その収入によって生計を維持していたものにあたるため、遺族補償年金を受けることができます。遺族補償年金を受けることができる遺族となるためには、「労働者の**死亡の当時**その収入によって**生計を維持**していた」ことが必要です。この「労働者の収入によって生計を維持していた」とは、もっぱら又は主として労働者の収入によって生計を維持していたことを要せず、労働者の収入によって**生計の一部**を維持していれば足ります（いわゆる共働きもこれに含まれます。）。したがって、死亡した労働者と同程度の収入があり、生活費を分担して通常の生活を維持していた妻も、これにあたるため、遺族補償年金を受けることができます。

ウ 〇 法16条の4第1項3号。遺族補償年金の受給権の消滅事由の1つに「**直系血族又は直系姻族以外**の者の養子となったとき」があります。設問の「自分の伯父の養子となったとき」は、これに該当します。

エ ✕ 法16条の6第1項2号、16条の7第1項。設問の者（遺族補償年金の受給権を失った者）は、遺族補償一時金の受給権者となることがあります。遺族補償一時金の受給権者に該当するか否かは、労働者の**死亡の当時**の身分関係によって判断します。したがって、遺族補償年金の受給権を有していたが、失権事由に該当したことによりその権利を失った者であっても、その者以外に遺族補償年金を受けることができる遺族がなく、かつ、すでに支給された遺族補償年金（遺族補償年金前払一時金を含む。）の合計額が、**給付基礎日額の1,000日分に満たない**場合には、遺族補償一時金の受給資格者となり、その最先順位者であれば、受給権者となります。

オ 〇 法16条の7第1項3号。死亡した労働者の兄弟姉妹は、**生計維持関係の有無**を問わず、遺族補償一時金の受給者となり得ます。

以上から、誤っているものの組合せは、**B（イとエ）**です。

| 解答 | B |

217

受給権者が2人以上ある場合の保険給付の額

　死亡に関する保険給付については、その受給権者が2人以上となる場合があります。遺族（補償）等給付と障害（補償）等年金差額一時金に共通することですが、このように受給権者が2人以上ある場合には、**本来の支給額を受給権者の人数で割る**ことになります。この場合には、請求等についての代表者を1人選任しなければなりません。なお、葬祭料等（葬祭給付）及び未支給の保険給付については、以上のような規定はありません。

受給権者（受給資格者）の一覧比較

（1）遺族（補償）等年金の場合

順位	親族の区分（すべて生計維持）		年齢要件（一方のみで可）	障害要件（一方のみで可）
1	配偶者 ※内縁関係を含む	妻	不問	不問
1	配偶者 ※内縁関係を含む	夫	60歳以上	障害等級の**第5級以上に相当する障害の状態等にあること**
2	子		18歳年度末	障害等級の**第5級以上に相当する障害の状態等にあること**
3	父母		60歳以上	障害等級の**第5級以上に相当する障害の状態等にあること**
4	孫		18歳年度末	障害等級の**第5級以上に相当する障害の状態等にあること**
5	祖父母		60歳以上	障害等級の**第5級以上に相当する障害の状態等にあること**
6	兄弟姉妹		18歳年度末又は60歳以上	障害等級の**第5級以上に相当する障害の状態等にあること**
7	夫		55歳以上60歳未満	障害等級の**第5級以上に相当する障害等**があれば、1、3、5、6の順位に該当する。
8	父母		55歳以上60歳未満	障害等級の**第5級以上に相当する障害等**があれば、1、3、5、6の順位に該当する。
9	祖父母		55歳以上60歳未満	障害等級の**第5級以上に相当する障害等**があれば、1、3、5、6の順位に該当する。
10	兄弟姉妹		55歳以上60歳未満	障害等級の**第5級以上に相当する障害等**があれば、1、3、5、6の順位に該当する。

※年齢要件にある「18歳年度末」とは、「18歳に達する日以後の最初の3月31日までの間にある」という意味。

(2) 遺族（補償）等一時金の場合（数字は順位。①が最優先、⑩が最劣後）

①**配偶者** ※生計維持関係は一切問わない。			
生計維持関係に**ある**	②子	生計維持関係に**ない**	⑥子
	③父母		⑦父母
	④孫		⑧孫
	⑤祖父母		⑨祖父母
⑩**兄弟姉妹** ※生計維持関係にあっても第10順位となる。			

(3) 障害（補償）等年金差額一時金の場合

死亡当時の生計要件	総合的順位（①が最優先、⑫が最劣後）
生計同一関係に**ある**	①配偶者　②子　③父母　④孫　⑤祖父母　⑥兄弟姉妹
生計同一関係に**ない**	⑦配偶者　⑧子　⑨父母　⑩孫　⑪祖父母　⑫兄弟姉妹

※先順位者があれば、次順位者以下は受給できない。

(4) 未支給の保険給付の場合

対象となる未支給	範囲と順位	
A：一般的な**未支給の保険給付**の場合 ※年齢、障害の有無を問わない。 ※生計維持関係にあっても、生計同一の場合と同様の扱いとなり、優先関係は生じない。	生計同一関係にある	①配偶者
		②子
		③父母
		④孫
		⑤祖父母
		⑥兄弟姉妹
B：未支給の**遺族（補償）等年金**の場合	当該遺族（補償）等年金の同順位者があればその者、なければ次順位者	

※未支給の保険給付の請求権者となった者が、その未支給の保険給付を受ける前に死亡した場合には、その分は未支給として処理されるのではなく、相続の規定により処理されることになる。

二次健康診断等給付

労災保険法の二次健康診断等給付に関する次の記述のうち、誤っているものはどれか。

A 一次健康診断の結果その他の事情により既に脳血管疾患又は心臓疾患の症状を有すると認められる場合には、二次健康診断等給付は行われない。

B 特定保健指導は、医師または歯科医師による面接によって行われ、栄養指導もその内容に含まれる。

C 二次健康診断の結果その他の事情により既に脳血管疾患又は心臓疾患の症状を有すると認められる労働者については、当該二次健康診断に係る特定保健指導は行われない。

D 二次健康診断を受けた労働者から、当該二次健康診断の実施の日から3か月以内にその結果を証明する書面の提出を受けた事業者は、二次健康診断の結果に基づき、当該健康診断項目に異常の所見があると診断された労働者につき、当該労働者の健康を保持するために必要な措置について、医師の意見をきかなければならない。

E 二次健康診断等給付を受けようとする者は、所定の事項を記載した請求書をその二次健康診断等給付を受けようとする健診給付病院等を経由して所轄都道府県労働局長に提出しなければならない。

速習レッスン A：P252、B：P252、C：P252、D：P253、E：P253　　解説

A ○ 法26条1項。二次健康診断等給付は、**業務上の事由**による**脳血管疾患及び心臓疾患**の発生にかかわる身体の状態に関する4項目の検査が行われた場合において、その**いずれの項目にも異常の所見がある**と診断されたときに行われる予防給付です。設問の**症状を有する**と認められる場合には、すでに疾病の状態にあるため、療養の給付など他の保険給付の対象となります。

B × 法26条2項2号、平13.3.30基発233号。特定保健指導は、**医師**又は「**保健師**」により行われます。「**歯科医師**」ではありません。なお、特定保健指導の内容に栄養指導が含まれるとする点は、正しい記述です。

C ○ 法26条3項。特定保健指導は、設問の**症状を有する**と認められるものについては、行われません。このような労働者については、療養の給付等を行う必要があるためです。

D ○ 法27条、則18条の17。二次健康診断の結果に関する医師からの意見聴取についてです。この意見聴取は、「二次健康診断を受けた労働者から当該二次健康診断の実施の日から**3ヵ月以内**にその結果を証明する書面の提出を受けた事業者」が行わなければなりません。なお、この意見聴取の実施期限は、二次健康診断の結果を証明する書面が事業者に提出された日から**2ヵ月以内**です。

E ○ 則18条の19第1項。設問の「**健診給付病院等**」とは、①**社会復帰促進等事業**として設置された病院又は診療所、②**都道府県労働局長**の**指定**する病院又は診療所のことです。また、二次健康診断等給付の請求期限は、一次健康診断を受けた日から**3ヵ月以内**です。

3章 労働者災害補償保険法

解答　**B**

221

問題 082

チェック欄

1	2	3

保険給付の通則（1）

過平27 改正オ

難易度 **難**　重要度 **B**

労災保険法の保険給付等に関する次の記述のうち、正しいものはいくつあるか。

ア　労災保険給付として支給を受けた金品を標準として租税その他の公課を課することはできない。

イ　労災保険給付を受ける権利は、労働者の退職によって変更されることはない。

ウ　不正の手段により労災保険に係る保険給付を受けた者があるときは、政府は、その保険給付に要した費用に相当する金額の全部又は一部をその者から徴収することができる。

エ　休業特別支給金の支給の申請は、その対象となる日の翌日から起算して2年以内に行わなければならない。

オ　障害補償給付、遺族補償給付、介護補償給付、複数事業労働者障害給付、複数事業労働者遺族給付、複数事業労働者介護給付、障害給付、遺族給付及び介護給付を受ける権利は、これらを行使することができる時から5年を経過したときは、時効によって消滅する。

A　一つ

B　二つ

C　三つ

D　四つ

E　五つ

| 速習レッスン | ア：P256、イ：P256、ウ：P256、エ：P277、オ：P276〜277 | 解説 |

ア ○ 法12条の6。**租税その他の公課**は、保険給付として受けた金品を標準として課することはできません。これに**例外はありません**。

イ ○ 法12条の5第1項。保険給付を受ける権利は、労働者の**退職によって変更されることはなく**、支給要件に該当する限り、退職後であっても支給されます。

ウ ○ 法12条の3第1項。不正受給者からの費用徴収についてです。なお、設問の場合において、**事業主が虚偽の報告又は証明をしたため保険給付が行われたもの**であるときは、政府は、その事業主に対し、保険給付を受けた者と**連帯して**、その保険給付に要した費用に相当する金額の全部又は一部を納付すべきことを命ずることができます。

エ ○ 特支則3条6項。特別支給金の申請可能期間についてです。この申請可能期間は、**休業特別支給金が2年**、これ以外の特別支給金は**5年**です。

●**特別支給金の申請可能期間**

特別支給金	期間
休業特別支給金	2年
上記以外の特別支給金（ボーナス特別支給金を含む。）	5年

オ × 法42条1項。設問に掲げられた保険給付のうち、**介護補償給付、複数事業労働者介護給付**及び**介護給付**を受ける権利は、これらを行使することができる時から**2年**を経過したときに、時効によって消滅します。

●**保険給付の消滅時効**

保険給付	期間
下記以外の保険給付（前払一時金を含む。）	2年
障害（補償）等給付、障害（補償）等年金差額一時金、遺族（補償）等給付	5年

以上から、正しいものは**四つ**であるため、正解は**D**です。

解答　D

問題 083

保険給付の通則（2）

過令2

業務災害の保険給付に関する次の記述のうち、誤っているものはどれか。

A 業務遂行中の負傷であれば、労働者が過失により自らの負傷の原因となった事故を生じさせた場合、それが重大な過失でない限り、政府は保険給付の全部又は一部を行わないとすることはできない。

B 業務遂行中の負傷であれば、負傷の原因となった事故が、負傷した労働者の故意の犯罪行為によって生じた場合であっても、政府は保険給付の全部又は一部を行わないとすることはできない。

C 業務遂行中の負傷であれば、労働者が過失により自らの負傷を生じさせた場合、それが重大な過失でない限り、政府は保険給付の全部又は一部を行わないとすることはできない。

D 業務起因性の認められる疾病に罹患した労働者が、療養に関する指示に従わないことにより疾病の程度を増進させた場合であっても、指示に従わないことに正当な理由があれば、政府は保険給付の全部又は一部を行わないとすることはできない。

E 業務起因性の認められる疾病に罹患した労働者が、療養に関する指示に従わないことにより疾病の回復を妨げた場合であっても、指示に従わないことに正当な理由があれば、政府は保険給付の全部又は一部を行わないとすることはできない。

速習レッスン A〜C：P259、D・E：P260

解説

　政府が、設問の「保険給付の全部又は一部を行わない」という支給制限をすることができるのは、次の①②の場合です。

> ①労働者が故意の犯罪行為又は重大な過失により、**負傷、疾病、障害、死亡又はその原因となった事故**を生じさせた場合
> ②労働者が正当な理由がなくて**療養に関する指示に従わないことにより負傷、疾病、障害の程度を増進させ、又はその回復を妨げた場合**

A　○　法12条の2の2第2項。労働者が過失により自らの負傷の原因となった事故を生じさせた場合であっても、それが「重大な過失」によるものでないときは、上記①②のいずれにも該当しません。したがって、政府は、設問の支給制限をすることができません。

B　✕　法12条の2の2第2項。負傷の原因となった事故が、負傷した労働者の「故意の犯罪行為」によって生じた場合は、上記①に該当します。したがって、政府は、設問の支給制限をすることができます。

C　○　法12条の2の2第2項。労働者が過失により自らの負傷を生じさせた場合であっても、それが「重大な過失」によるものでないときは、上記①②のいずれにも該当しません。したがって、政府は、設問の支給制限をすることができません。

D　○　法12条の2の2第2項。労働者が、療養に関する指示に従わないことにより疾病の程度を増進させた場合であっても、指示に従わないことに「正当な理由」があるときは、上記①②のいずれにも該当しません。したがって、政府は、設問の支給制限をすることができません。

E　○　法12条の2の2第2項。労働者が、療養に関する指示に従わないことにより疾病の回復を妨げた場合であっても、指示に従わないことに「正当な理由」があるときは、上記①②のいずれにも該当しません。したがって、政府は、設問の支給制限をすることができません。

3章
労働者災害補償保険法

解答　B

225

問題 084

チェック欄

1	2	3

届出

予想

難易度 **易**　重要度 **C**

届出に関する次の記述のうち、誤っているものはどれか。

A 障害補償年金の受給権者は、その障害の程度に変更があった場合には、遅滞なく、文書で、その旨を所轄労働基準監督署長に届け出なければならない。

B 事業主は、保険給付を受けるべき者から保険給付を受けるために必要な証明を求められたときは、すみやかに証明をしなければならない。

C 障害補償年金の受給権者であっていわゆる定期報告書を提出すべきものは、その誕生日の属する月が1月から6月までのいずれかの月であるときは、毎年、10月31日までに所轄労働基準監督署長に定期報告書を提出しなければならない。

D 政府は、保険給付を受ける権利を有する者が、正当な理由がなくて、法所定の届出をせず、又は書類その他の物件の提出をしないときは、保険給付の支払いを一時差し止めることができる。

E 保険給付の原因である事故が第三者の行為によって生じたときは、保険給付を受けるべき者は、一定の事項を、遅滞なく、所轄労働基準監督署長に届け出なければならない。

| 速習
レッスン | A：P261、B：(参考) P261、C：P260〜261、D：P261、E：P263 | 解説 |

A ○ 則21条の2第1項5号。年金たる保険給付の受給権者については、一定の事由に該当する場合には、**遅滞なく、文書**で、その旨を所轄労働基準監督署長に届け出なければならないこととされています。一定の事由には、「氏名・住所・個人番号に変更があった場合」、「障害（補償）等年金の受給権者について障害の程度に変更があった場合」、「遺族（補償）等年金の受給権者について、失権した場合・遺族の数に増減を生じた場合」などがあります。

B ○ 則23条2項。事業主の助力等についてです。たとえば、事業主は、療養（補償）等給付たる療養の給付を受けるべき者から保険給付を受けるために必要な証明を求められたときは、**すみやかに証明**をしなければなりません。

C ✕ 則21条1項、昭63労告109号。設問の者は、**6月30日**までに提出しなければなりません。定期報告書の提出期限（指定日）は、次のように年金たる保険給付の受給権者の誕生月（遺族（補償）等年金の受給権者については、**死亡した労働者の誕生月**）に応じて、2つのグループに分けられています。
①誕生月が**1月**から**6月**までの月である受給権者 …… 毎年**6月30日**まで
②誕生月が**7月**から**12月**までの月である受給権者 …… 毎年**10月31日**まで

D ○ 法47条の3。保険給付の受給権者が法所定の届出（定期報告など）を行わない場合には、保険給付の支払いを**一時差し止める**ことができます。なお、一時差止めは、支給停止と異なり、差止め事由が消滅した場合は、差し止めていた保険給付がさかのぼって支給されます。

E ○ 則22条。設問の届出を、「**第三者行為災害届**」といいます。この届出を行う者は、事業主ではなく、**保険給付を受けるべき者**（本人）です。なお、届出事項には、その**事実**、**第三者の氏名及び住所**（第三者の氏名及び住所が分からないときは、その旨）並びに**被害の状況**があります。

解答 C

3章

労働者災害補償保険法

諸制度との調整

予想

労災保険の適用に関する次の記述のうち、誤っているものはどれか。

A 休業補償給付を受ける労働者が同一の事由について厚生年金保険法の規定による障害厚生年金又は国民年金法の規定による障害基礎年金を受けることができるときは、当該労働者に支給する休業補償給付の額は、所定の率を乗じて得た額（その額が政令で定める額を下回る場合には、当該政令で定める額）に減額される。

B 保険給付の原因である事故が第三者の行為によって生じた場合における保険給付請求権と第三者に対する損害賠償請求権との調整においては、同一の事故に係る精神的損害に対する慰謝料及び見舞金等は、その調整の対象とならない。

C 保険給付の原因である事故が第三者の行為によって生じ、保険給付を受けるべき者と第三者との間で示談が行われている場合において、当該示談が真正に成立しており、その内容が保険給付を受けるべき者が第三者に対して有する損害賠償請求権（保険給付と同一の事由に基づくものに限る。）の全部の塡補を目的としているときは、政府は、保険給付を行わない。

D 労働者が、当該労働者を使用している事業主から損害賠償を受けることができる場合であって、保険給付を受けるべきときに、同一の事由について、損害賠償（当該保険給付によって塡補される損害を塡補する部分に限る。）を受けたときは、政府は、労働政策審議会の議を経て厚生労働大臣が定める基準により、その価額の限度で、保険給付（一定のものを除く。）をしないことができる。

E 労働者の遺族が、当該労働者を使用していた事業主から損害賠償を受けることができる場合であって、遺族補償年金を受けるべきときに、同一の事由について、損害賠償（当該保険給付によって塡補される損害を塡補する部分に限る。）を受けたときの支給調整は、遺族補償年金の先順位の受給権者が失権した後の後順位の受給権者についても、行われる。

速習レッスン A：P261〜262、B：P263、C：P263、D：P264、E：P264

解説

A **○** 法14条2項。休業（補償）等給付を受ける労働者が、**同一の事由**について、障害厚生年金又は障害基礎年金を受けることができるときは、**休業（補償）等給付**は、一定の調整率を乗じて**減額**されて支給されます。なお、この調整率は、傷病（補償）等年金について定められている率と同じ率となります。

B **○** 法12条の4、昭32.7.2基発551号。第三者行為災害の場合における保険給付請求権と損害賠償請求権との調整は、**同一の損害**について損失が二重に塡補されることを防ぐために行われるため、その対象となる損害賠償の項目も、**保険給付と同一の事由**によるものに限られます。労災保険には、精神的損害に対する保険給付は存在しませんので、精神的損害に対する慰謝料及び見舞金等は、調整の対象となりません。

C **○** 昭38.6.17基発687号。第三者行為災害について、保険給付を受けるべき者と第三者との間で**示談**が行われ、当該示談が、次の①②のいずれにも該当するものであるときは、政府は、保険給付を行わないこととされています。
①当該示談が**真正に成立**していること。
②当該示談の内容が、受給権者の第三者に対して有する損害賠償請求権（保険給付と同一の事由に基づくものに限る。）の**全部の塡補**を目的としていること。

D **○** 法附則64条2項。事業主に損害賠償責任がある場合の調整のうち、損害賠償が先行して行われた場合の調整についてです。同一の事由について、労働者又はその遺族が、事業主から**損害賠償を受けた**ときは、政府は、原則として、**労働政策審議会**の議を経て厚生労働大臣が定める基準により、その**価額の限度**で、保険給付を行わないことができます。

E **×** 法附則64条2項、昭56.6.12発基60号。設問の支給調整は、後順位の受給権者（転給により受給権者となった者）については行われません。転給の時点が予測しがたいこと等事務処理の観点その他の事情を勘案して**先順位者**についてのみ支給調整を行うこととされています。

3 章 労働者災害補償保険法

解答 E

問題 086

社会復帰促進等事業

予想

社会復帰促進等事業に関する次の記述のうち、正しいものはどれか。

A 社会復帰促進等事業には、社会復帰促進事業、被災労働者等援護事業及び安全衛生確保等事業があるが、労災就学援護費の支給は、このうちの社会復帰促進事業に分類される。

B 政府は、社会復帰促進等事業のうち、独立行政法人労働者健康福祉機構法第12条第1項に掲げるものを独立行政法人労働者健康福祉機構に行わせるものとしている。

C 労災就学援護費は、一定の年金たる保険給付の受給権者のうち、学校教育法に定める学校等に在学する者（以下「在学者等」という。）又は在学者等である子と生計を同じくしている者であって、学資等の支給を必要とする状態にあるものに対して支給されるが、その支給額は、在学者等の区分に応じ、在学者等1人につき、月額12,000円から39,000円までの範囲内で定められている。

D 傷病補償年金の支給決定を受けた者であって、外科後処置により障害によって喪失した労働能力を回復し、又は醜状を軽減し得る見込みのあるものは、外科後処置の対象者となる。

E 休業補償特別援護金の支給は、社会復帰促進等事業のうち、被災労働者等援護事業として行われるが、その支給額は、休業補償給付の3日分に相当する額である。

速習レッスン　A：P266、B：P267、C：(参考) P266、D：P266、E：P266　　解説

A　✕　法29条1項、則32条。労災就学援護費の支給は、**被災労働者等援護事業**に分類されます。なお、設問のその他の記述は、正しい記述です。

B　✕　法29条3項。「独立行政法人労働者健康福祉機構」ではなく、「独立行政法人**労働者健康安全機構**」です。なお、政府が独立行政法人労働者健康安全機構に行わせるものとしている業務は、次の①～③の業務等です。

> ①**療養施設（労災病院）**、労働者の健康に関する業務を行う者に対して研修等を行うための施設、納骨堂の設置・運営
> ②事業場における災害予防に係る事項、労働者の健康の保持増進に係る事項及び職業性疾病に係る事項に関する総合的な調査・研究
> ③**未払賃金立替払事業**の実施　など

C　✕　則33条1項・2項。設問は、支給額の範囲が誤っています。労災就学援護費の支給額は、在学者等の区分（小学校～大学等）に応じ、在学者等1人につき、月額**14,000円**から39,000円までの範囲内で定められています。

D　✕　則26条1項、昭56.2.6基発69号。設問の者は、外科後処置の対象者とはなりません。外科後処置は、傷病の**治ゆした者**に対して行われるものですから、傷病の治ゆ前である傷病補償年金の受給権者に対しては、行われません。

E　◯　法29条1項2号、則32条、35条2項。休業補償特別援護金は、休業補償給付に係る待期期間（3日間）について、**休業補償を受けることができない**労働者（たとえば、疾病の発生が確定したときに、その原因となった業務に従事した事業場が廃止されたため、休業補償を請求することができない労働者）に対して支給されます。そのため、支給額も、休業補償の3日分に対応した**休業補償給付の3日分**に相当する額とされています。

解答　E

3章　労働者災害補償保険法

問題 087

特別支給金（1）

予想

難易度 易　重要度 A

特別支給金に関する次の記述のうち、誤っているものはどれか。

A　特別支給金の支給に係る申請書は、すべて所轄労働基準監督署長に対して提出しなければならない。

B　特別支給金のうち、休業特別支給金の額は、休業給付基礎日額を基礎として、休業1日につき、その100分の20に相当する額である。

C　同一の傷病について、傷病特別支給金の支給を受けた者に対しては、当該傷病が治ったときに身体に障害があり当該障害の該当する障害等級に応ずる障害特別支給金の額がすでに支給を受けた傷病特別支給金の額を超えるときに限り、その者の申請に基づき、当該超える額に相当する額の障害特別支給金が支給される。

D　遺族特別支給金の額は、遺族の年齢にかかわらず300万円であるが、その支給を受ける遺族が2人以上ある場合には、それぞれの遺族に300万円が支給される。

E　いわゆるボーナス特別支給金（複数事業労働者以外の労働者に支給するものとする。）の額の算定に用いる算定基礎年額は、原則として、負傷又は発病の日以前1年間（雇入れ後1年に満たない者については、雇入れ後の期間）に当該労働者に対して支払われた特別給与の総額である。

| 速習レッスン | A：P268、B：P268、C：P268、D：P269、E：P269 | 解説 |

A ○ 特支則3条3項、4条4項等。特別支給金の申請は、労働者の氏名、生年月日及び住所などの所定の事項を記載した申請書を所轄労働基準監督署長に提出することにより行います。なお、**傷病特別支給金及び傷病特別年金**については、当分の間、傷病（補償）等年金の支給の決定を受けた場合には、当該申請を行ったものとして取り扱って差し支えないものとされています。

B ○ 特支則3条1項。休業特別支給金の額は、**休業給付基礎日額の100分の20**に相当する額です。

C ○ 特支則4条3項。同一の傷病について、傷病特別支給金を受けた者に障害特別支給金が支給されるのは、残った障害の該当する障害等級に応ずる障害特別支給金の額がすでに支給を受けた傷病特別支給金の額を超えるときに限られます。また、この場合に支給される障害特別支給金の額は、その**差額**となります。

D ✕ 特支則5条3項。遺族特別支給金の支給を受ける遺族が2人以上ある場合には、それぞれの遺族に、「300万円」ではなく「300万円を**その人数で除して得た額**」が支給されます。なお、遺族特別支給金の額が遺族の年齢にかかわらず300万円であるという点は、正しい記述です。

E ○ 特支則6条1項。算定基礎年額は、原則として、次の①に掲げる額です。ただし、次の②又は③のうち、いずれか低い額が上限額となります。つまり、①②③の額のうち**最も低い額**が算定基礎年額となります。

①**被災日以前1年間**（雇入れ後1年に満たない者については、雇入れ後の期間）の**特別給与の総額**（複数事業労働者にあっては、当該複数事業労働者を使用する事業ごとに算定した額を合算した額）

②「**給付基礎日額×365×100分の20**」による額

③**150万円**

3章 労働者災害補償保険法

解答 D

問題 088

チェック欄

1	2	3

特別支給金（2）

過令元

難易度 難　重要度 B

特別支給金に関する次の記述のうち、正しいものはいくつあるか。

ア　既に身体障害のあった者が、業務上の事由又は通勤による負傷又は疾病により同一の部位について障害の程度を加重した場合における当該事由に係る障害特別支給金の額は、現在の身体障害の該当する障害等級に応ずる障害特別支給金の額である。

イ　傷病特別支給金の支給額は、傷病等級に応じて定額であり、傷病等級第1級の場合は、114万円である。

ウ　休業特別支給金の支給を受けようとする者は、その支給申請の際に、所轄労働基準監督署長に、特別給与の総額を記載した届書を提出しなければならない。特別給与の総額については、事業主の証明を受けなければならない。

エ　特別加入者にも、傷病特別支給金に加え、特別給与を算定基礎とする傷病特別年金が支給されることがある。

オ　特別支給金は、社会復帰促進等事業の一環として被災労働者等の福祉の増進を図るために行われるものであり、譲渡、差押えは禁止されている。

A　一つ
B　二つ
C　三つ
D　四つ
E　五つ

| 速習レッスン | ア：P268、イ：P268、ウ：P270、エ：P268、オ：P271 | 解説 |

ア ✕ 特支則４条２項。設問の場合における障害特別支給金の額は、「現在の身体障害の該当する障害等級に応ずる障害特別支給金の額」ではなく、この額から「すでにあった身体障害の該当する障害等級に応ずる障害特別支給金の額」を**差し引いた額**です。

イ 〇 特支則５条の２第１項、同別表第１の２。傷病特別支給金の支給額は、傷病等級に応じて、次の額が定められています。

傷病等級	支給額	傷病等級	支給額	傷病等級	支給額
第１級	114万円	第２級	107万円	第３級	100万円

ウ 〇 特支則12条。**休業特別支給金**の支給を受けようとする者は、当該休業特別支給金の支給の申請の際に、所轄労働基準監督署長に、ボーナス特別支給金の額の算定に必要な**特別給与の総額**を記載した届書を提出しなければなりません。この届出に際して、特別給与の総額については、**事業主の証明**が必要です。休業（補償）等給付に関するボーナス特別支給金はありませんが、この届出を最初の休業特別支給金の申請の際に行えば、その後に傷病特別年金や障害特別年金の支給の申請を行う場合等には、申請書に特別給与の総額を記載する必要がないものとして取り扱われます。

エ ✕ 特支則16条２号、17条５号、18条２号、19条。特別加入者に傷病特別年金が支給されることはありません。**特別加入者**に対しては、一般の特別支給金は支給されますが、**ボーナス特別支給金は支給されません**。したがって、特別加入者に、一般の特別支給金である傷病特別支給金は支給されますが、ボーナス特別支給金である傷病特別年金は支給されません。

オ ✕ 特支則20条。**譲渡、差押えは禁止されていません**。保険給付については、その受給権の譲渡、担保提供及び差押えが禁止されていますが、特別支給金については、保険給付とは異なる取扱いとなっており、これらが禁止されていません。

以上から、正しいものは二つであるため、正解は**B**です。

解答 ▶ **B**

問題	089	チェック欄	1	2	3

事業主からの費用徴収、一部負担金

予想　　　　　　　　　　　　　　　　　　　　難易度 普　重要度 B

労災保険に関する次の記述のうち、誤っているものはどれか。

A　政府は、事業主が故意に労災保険の保険関係の成立に係る届出をしていない期間中に生じた業務災害の原因である事故について保険給付を行ったときは、労働基準法上の災害補償の価額の限度で、保険給付の額に100分の100を乗じて得た額を事業主から徴収することができる。

B　労災保険法第31条第1項の事業主からの費用徴収に関する規定において、事業主が「故意」に労災保険の保険関係の成立に係る届出をしていない場合とは、当該事故に係る事業に関し、所轄都道府県労働局又は所轄公共職業安定所から保険関係成立届の提出等の手続きをとるよう指導を受けたにもかかわらず、10日以内に保険関係成立届を提出していなかった場合等をいう。

C　政府は、事業主が故意又は重大な過失により生じさせた業務災害の原因である事故について保険給付を行ったときは、保険給付の額に相当する額の100分の30に相当する額を事業主から徴収することができるが、当該徴収の対象となる保険給付は、療養を開始した日（即死の場合は事故発生日）の翌日から起算して1年以内において支給事由の生じたものに限られる。

D　政府は、療養給付を受ける労働者から、200円を超えない範囲内で一部負担金を徴収するものとされているが、第三者の行為によって生じた事故により療養給付を受ける労働者については、一部負担金を徴収しない。

E　特別加入者が、通勤災害について療養給付及び休業給付を受けることとなった場合であっても、政府は、当該特別加入者から通勤災害に係る一部負担金を徴収しない。

速習レッスン A：P274、B：P274、C：P274、D：P275、E：P275・282　　**解説**

A ○ 法31条1項1号、平17基発0922001号。事業主からの費用徴収の対象となる事故のうち、**保険関係成立届を提出していない**期間中に生じた事故についてです。この場合には、保険関係成立届を提出していないことについて、事業主の**故意**と認められるときは、費用徴収率が100％となり、事業主の**重大な過失**と認められるときは、費用徴収率が40％となります。

B ○ 平17基発0922001号。事業主の「故意」の認定についてです。設問のように、行政機関等から保険関係成立届の提出について**指導又は加入勧奨を受けた**にもかかわらず、提出を行っていない場合には**故意**と認定されます。これに対し、行政機関等から指導又は加入勧奨を受けた事実はないものの、**保険関係成立日から1年を経過**してもなお保険関係成立届を提出していない場合には**重大な過失**と認定されます。

C × 法31条1項3号、平5.6.22基発404号。事業主からの費用徴収の対象となるのは、**3年以内**の期間において支給事由の生じた保険給付に限られます。なお、設問の規定は、**業務災害**に関する保険給付のみが対象であり、複数業務要因災害及び通勤災害に関する保険給付は対象外です。

D ○ 法31条2項、則44条の2第1項1号。療養給付を受ける労働者であっても、次の者からは、一部負担金は徴収されません。

①**第三者の行為**によって生じた事故により療養給付を受ける者

②**療養の開始後3日以内**に死亡した者その他休業給付を受けない者

③同一の通勤災害に係る療養給付について**すでに一部負担金を納付**した者

E ○ 昭52.3.30基発192号。**特別加入者**（通勤の実態のない一部の者を除く。）については、一般の労働者と同じように通勤災害制度が適用されますが、**一部負担金**は徴収されません。

解答 C

237

問題 090

不服申立て等

予想

難易度 **易**　重要度 **B**

労災保険に関する次のアからオの記述のうち、正しいものの組合せは、後記Aから
Eまでのうちどれか。

ア　特別支給金に関する決定に不服のある者は、労働者災害補償保険審査官に対し
て審査請求をすることはできないが、労働保険審査会に対して審査請求をすること
はできる。

イ　労働者災害補償保険審査官に対して審査請求をしている者は、審査請求をした
日から2ヵ月を経過しても審査請求についての決定がないときは、労働者災害補償
保険審査官が審査請求を棄却したものとみなすことができる。

ウ　保険給付に関する決定に係る処分の取消しの訴えは、当該処分についての審査請
求に対する労働者災害補償保険審査官の決定を経た後でなければ、提起することが
できない。

エ　遺族補償年金を受ける権利を有する者が死亡した場合において、その死亡した者
に支給すべき遺族補償年金でまだその者に支給しなかったものがあるときは、その
者の配偶者、子、父母、孫、祖父母又は兄弟姉妹であって、その者の死亡の当時
その者と生計を同じくしていたものは、自己の名で、その未支給の遺族補償年金の
支給を請求することができる。

オ　船舶に乗っていてその船舶の航行中に行方不明となった労働者の生死が3ヵ月
間分からない場合には、遺族補償給付、葬祭料、遺族給付及び葬祭給付の支給に
関する規定の適用については、労働者が行方不明となった日に、当該労働者は、
死亡したものと推定する。

A　（アとイ）　　　B　（アとウ）　　　C　（イとエ）

D　（ウとオ）　　　E　（エとオ）

速習レッスン ア：P276、イ：P276、ウ：P276、エ：P255〜256、オ：P255

解説

3章 労働者災害補償保険法

ア　✕　法38条1項。労働保険審査会に対して審査請求をすることはできません。労災保険法に規定する不服申立て（労働者災害補償保険審査官に対する**審査請求**及び労働保険審査会に対する**再審査請求**）をすることができるのは、「**保険給付に関する決定に不服のある者**」のみです。特別支給金に関する決定は、労災保険法に規定する不服申立ての対象となりません。

イ　✕　法38条2項。「2ヵ月」ではなく、「3ヵ月」です。労働者災害補償保険審査官に対して審査請求をした日から**3ヵ月を経過**しても決定がないときは、審査請求をしている者は、労働者災害補償保険審査官が審査請求を**棄却**したものと**みなす**ことができます。なお、これにより、労働保険審査会に対する再審査請求（又は裁判所への訴訟の提起）が可能となります。

ウ　○　法40条。不服申立てと訴訟との関係においては、裁判所に処分の取消しの訴えを提起するためには、「**審査請求**に対する労働者災害補償保険審査官の**決定を経ていること**」が必要とされます。

エ　✕　法11条1項。未支給の遺族補償年金の支給を請求することができるのは、生計を同じくしていた配偶者等ではなく、「当該遺族補償年金を受けることができる**他の遺族**」です。言い換えれば、死亡した受給権者と**同順位**の受給権者又は**次順位**の受給権者となる者が、**自己の名**で、未支給の遺族補償年金の支給を請求することができます。

オ　○　法10条。船舶に関して死亡の推定の規定が適用されるのは、次の①又は②の労働者の生死が**3ヵ月間**分からない場合又はこれらの労働者の死亡が3ヵ月以内に明らかとなり、かつ、その**死亡の時期**が分からない場合です。設問は②についてですが、②の場合は、労働者が**行方不明**となった日に、当該労働者は死亡したものと推定します。

①船舶が沈没し、転覆し、滅失し、又は行方不明となった際現にその船舶に乗っていた労働者

②船舶に乗っていてその船舶の**航行中に行方不明**となった労働者

以上から、正しいものの組合せは、**D（ウとオ）** となります。

解答　D

雑則等

過令元 改正D

労災保険に関する次の記述のうち、誤っているものはどれか。

A　年金たる保険給付の支給は、支給すべき事由が生じた月の翌月から始めるものとされている。

B　事業主は、その事業についての労災保険に係る保険関係が消滅したときは、その年月日を労働者に周知させなければならない。

C　労災保険法、労働者災害補償保険法施行規則並びに労働者災害補償保険特別支給金支給規則の規定による申請書、請求書、証明書、報告書及び届書のうち厚生労働大臣が別に指定するもの並びに労働者災害補償保険法施行規則の規定による年金証書の様式は、厚生労働大臣が別に定めて告示するところによらなければならない。

D　行政庁は、保険給付に関して必要があると認めるときは、保険給付を受け、又は受けようとする者（遺族補償年金、複数事業労働者遺族年金又は遺族年金の額の算定の基礎となる者を含む。）に対し、その指定する医師の診断を受けるべきことを命ずることができる。

E　労災保険に係る保険関係が成立し、若しくは成立していた事業の事業主又は労働保険事務組合若しくは労働保険事務組合であった団体は、労災保険に関する書類を、その完結の日から5年間保存しなければならない。

速習レッスン　A：P257、B：記載なし、C：記載なし、D：（参考）P277、E：P277　　解説

A ○ 法9条1項。年金たる保険給付の支給は月単位で行われ、その支給期間は、これを支給すべき事由が生じた月の**翌月から**支給を受ける権利が消滅した**月まで**とされています。

B ○ 則49条2項。事業主は、次の事項について、**周知義務**を負っています。設問は、このうちの②についてです。
①労災保険に関する法令のうち労働者に関係のある規定の要旨、労災保険に係る保険関係成立の年月日及び労働保険番号
②その事業についての労災保険に係る保険関係が消滅したときは、その年月日

C ○ 則54条。次の様式については、厚生労働大臣が別に定めて告示するところによらなければなりません。
①労災保険法、同施行規則並びに労働者災害補償保険特別支給金支給規則の規定による申請書、請求書、証明書、報告書及び届書のうち厚生労働大臣が別に指定するもの
②労災保険法施行規則の規定による年金証書の様式

D ○ 法47条の2。行政庁は、保険給付に関して必要があると認めるときは、その指定する**医師の診断を受けるべきこと**を命ずること（受診命令）ができます。また、その対象は、保険給付を現に受けている、又は受けようとする労働者や遺族のほか、遺族（補償）等年金の額の算定の基礎となる者（遺族（補償）等年金の受給資格者）です。

E × 則51条。労災保険に関する書類の保存期間は、その完結の日から「5年間」ではなく、「**3年間**」です。①労災保険に係る保険関係が成立している事業の事業主、②労災保険に係る保険関係が成立していた事業の事業主、③労働保険事務組合、④労働保険事務組合であった団体に、この書類の保存義務がある点は、正しい記述です。

解答　E

問題 092

チェック欄 | 1 | 2 | 3 |

特別加入制度

過令3

難易度 難　重要度 C

特別加入に関する次の記述のうち、正しいものはどれか。

A 特別加入者である中小事業主が高齢のため実際には就業せず、専ら同業者の事業主団体の会合等にのみ出席するようになった場合であっても、中小企業の特別加入は事業主自身が加入する前提であることから、事業主と当該事業に従事する他の者を包括して加入しなければならず、就業実態のない事業主として特別加入者としないことは認められない。

B 労働者を使用しないで行うことを常態とする特別加入者である個人貨物運送業者について、その住居とその就業の場所との間の往復の実態を明確に区別できることにかんがみ、通勤災害に関する労災保険の適用を行うものとされている。

C 特別加入している中小事業主が行う事業に従事する者（労働者である者を除く。）が業務災害と認定された。その業務災害の原因である事故が事業主の故意又は重大な過失により生じさせたものである場合は、政府は、その業務災害と認定された者に対して保険給付を全額支給し、厚生労働省令で定めるところにより、その保険給付に要した費用に相当する金額の全部又は一部を事業主から徴収することができる。

D 日本国内で行われている有期事業でない事業を行う事業主から、海外（業務災害、複数業務要因災害及び通勤災害に関する保護制度の状況その他の事情を考慮して厚生労働省令で定める国の地域を除く。）の現地法人で行われている事業に従事するため派遣された労働者について、急な赴任のため特別加入の手続きがなされていなかった。この場合、海外派遣されてからでも派遣元の事業主（日本国内で実施している事業について労災保険の保険関係が既に成立している事業主）が申請すれば、政府の承認があった場合に特別加入することができる。

E 平成29年から介護作業従事者として特別加入している者が、訪問先の家庭で介護者以外の家族の家事支援作業をしているときに火傷し負傷した場合は、業務災害と認められることはない。

| 速習
レッスン | A：P281、B：P282、C：P283、D：P281、E：（参考）P280・283 | 解説 |

A ✕ 平15基発0520002号。特別加入者としないことは認められます。中小事業主等の特別加入において、**就業実態のない**事業主が自らを包括加入の対象から除外することを申し出た場合には、当該事業主を**特別加入者と**しないこととされています。

B ✕ 法35条1項、則46条の22の2。特別加入者である個人貨物運送業者については、通勤災害に関する労災保険の適用を行わないものとされています。一人親方等又は特定作業従事者の特別加入者のうち、次の①〜⑤に該当するものは、「住居と就業の場所との間の往復の状況等を考慮して厚生労働省令で定める者（通勤の実態がない者）」として、**通勤災害制度**の適用を受けることが**できません**。設問は①についてです。

①**個人タクシー業者**・個人貨物運送業者・**自転車配達員**

②漁船による水産動植物の採捕の事業（船員が行う事業を除く。）を行う者（漁船による自営漁業者）

③特定農作業従事者

④指定農業機械作業従事者

⑤危険有害作業を行う家内労働者及びその補助者

C ✕ 法34条1項4号。設問の事故については、事業主からの費用徴収は行われず、「保険給付の**全部又は一部を行わないことができる**」とする支給制限が行われます。

D 〇 昭52.3.30発労徴21号・基発192号。**新たに派遣される者**だけでなく、すでに海外の事業に**派遣されている者**も海外派遣者として特別加入することが**できます**。なお、現地採用者は、特別加入することができません。

E ✕ 平30基発0208第1号。業務災害と認められることはあります。介護作業従事者として特別加入している者は、「介護作業従事者及び家事支援従事者」として特別加入の承認を受けているものとみなされ、**介護作業**及び**家事支援作業の**いずれの作業にも従事する者として取り扱われます。したがって、家事支援作業をしているときの負傷も、業務災害と認められます。

3章 労働者災害補償保険法

解答 **D**

243

問題 **093**

チェック欄

1	2	3

［選択式］目的、労働者災害補償保険事業

予想

難易度 **普**　重要度 **B**

次の文中の□□□の部分を選択肢の中の最も適切な語句で埋め、完全な文章とせよ。

1　労働者災害補償保険は、業務上の事由、事業主が同一人でない２以上の事業に使用される労働者（以下「複数事業労働者」という。）の２以上の事業の業務を要因とする事由又は通勤による労働者の　**A**　に対して　**B**　保護をするため、必要な保険給付を行い、あわせて、業務上の事由、複数事業労働者の２以上の事業の業務を要因とする事由又は通勤により負傷し、又は疾病にかかった労働者の社会復帰の促進、当該労働者及びその遺族の援護、労働者の　**C**　の確保等を図り、もって労働者の福祉の増進に寄与することを目的とする。

2　業務災害に関する保険給付（　**D**　を除く。）は、労働基準法に規定する災害補償の事由又は船員法に規定する災害補償の事由（労働基準法に規定する災害補償の事由に相当する部分に限る。）が生じた場合に、補償を受けるべき労働者若しくは遺族又は葬祭を行う者に対し、その　**E**　に基づいて行う。

選択肢

① 負傷、疾病、出産、死亡　　② 安全かつ長期的な　　③ 確認

④ 負傷、疾病、障害、死亡等　⑤ 迅速かつ公正な　　⑥ 請求

⑦ 負傷、疾病、出産、死亡等　⑧ 迅速かつ公平な　　⑨ 届出

⑩ 負傷、疾病、障害、死亡　　⑪ 安全かつ効率的な　⑫ 申請

⑬ 安全及び健康

⑭ 休業補償給付及び障害補償給付

⑮ 安全及び衛生

⑯ 休業補償給付及び傷病補償年金

⑰ 健康及び職業生活

⑱ 傷病補償年金及び介護補償給付

⑲ 健康及び福祉

⑳ 療養補償給付及び介護補償給付

速習レッスン A〜C：P199、D・E：P200　　解説

A〜Cは法1条、D・Eは法12条の8第2項。

1　労災保険法の目的条文からの出題です。目的条文は、「あわせて」の文言を境にして、2つに分けることができます。前半部分は「保険事故と保険給付」について記載されており、後半部分は「社会復帰促進等事業」について記載されています。労災保険法では、労働者の**業務上の事由、複数事業労働者の2以上の事業の業務を要因とする事由**又は**通勤による負傷、疾病、障害、死亡等**に対して**迅速かつ公正な**保護をするため、必要な保険給付を行います。業務災害以外の複数業務要因災害及び通勤災害についても、労災保険の保護の対象とされています。なお、「死亡等」の「等」とあるのは、いわゆる過労死等の原因となる脳血管疾患及び心臓疾患を予防するための**二次健康診断等給付**を含んでいるためです。

2　**傷病補償年金及び介護補償給付**を除く業務災害に関する保険給付は、労働基準法に規定する災害補償の事由が生じた場合に、その補償を受けるべき労働者等の**請求**に基づいて行われます。これは、労災保険が、労働基準法上の災害補償責任を**代行する役割**を担っているためです。

　傷病補償年金及び介護補償給付については、**労災保険法独自の保険給付**であり、労働基準法にはこれに対応する災害補償が存在しません。したがって、その支給事由は、労災保険法において別途定められています。

　なお、船員に係る災害補償については、船員法に定められており、従来は船員保険法がこれを代行する役割を担っていましたが、船員保険の職務上疾病・年金部門が労災保険に統合され、船員に係る災害補償（労働基準法に規定する災害補償の事由に相当する部分に限る。）についても、労災保険がこれを代行することとなりました。

3章　労働者災害補償保険法

解答　A ④負傷、疾病、障害、死亡等　B ⑤迅速かつ公正な　C ⑮安全及び衛生　D ⑱傷病補償年金及び介護補償給付　E ⑥請求

245

問題 094

チェック欄

1	2	3

［選択式］**通勤災害**

過令2

難易度 **普**　重要度 **B**

次の文中の［　　　］の部分を選択肢の中の最も適切な語句で埋め、完全な文章とせよ。

　通勤災害における通勤とは、労働者が、就業に関し、住居と就業の場所との間の往復等の移動を、［　A　］な経路及び方法により行うことをいい、業務の性質を有するものを除くものとされるが、住居と就業の場所との間の往復に先行し、又は後続する住居間の移動も、厚生労働省令で定める要件に該当するものに限り、通勤に当たるとされている。

　厚生労働省令で定める要件の中には、［　B　］に伴い、当該［　B　］の直前の住居と就業の場所との間を日々往復することが当該往復の距離等を考慮して困難となったため住居を移転した労働者であって、次のいずれかに掲げるやむを得ない事情により、当該［　B　］の直前の住居に居住している配偶者と別居することとなったものによる移動が挙げられている。

イ　配偶者が、［　C　］にある労働者又は配偶者の父母又は同居の親族を［　D　］すること。

ロ　配偶者が、学校等に在学し、保育所若しくは幼保連携型認定こども園に通い、又は公共職業能力開発施設の行う職業訓練を受けている同居の子（［　E　］歳に達する日以後の最初の３月31日までの間にある子に限る。）を養育すること。

ハ　配偶者が、引き続き就業すること。

ニ　配偶者が、労働者又は配偶者の所有に係る住宅を管理するため、引き続き当該住宅に居住すること。

ホ　その他配偶者が労働者と同居できないと認められるイからニまでに類する事情

選択肢

①12　　　　　②15　　　　　③18　　　　　④20
⑤介護　　　　⑥経済的　　　⑦効率的　　　⑧合理的
⑨孤立状態　　⑩支援　　　　⑪失業状態　　⑫就職
⑬出張　　　　⑭常態的　　　⑮転職　　　　⑯転任
⑰貧困状態　　⑱扶養　　　　⑲保護　　　　⑳要介護状態

246

速習レッスン A：P211、B〜D：P211、E：（参考）P211

解説

Aは法7条2項、B〜Eは則7条1号

　通勤とは、労働者が、**就業に関し**、次の(1)〜(3)の移動を、**合理的**な経路及び**方法**により行うことをいい、業務の性質を有するものを除くものとされます。
(1) 住居と就業の場所との間の往復
(2) 厚生労働省令で定める就業の場所から他の就業の場所への移動
(3) 上記(1)に掲げる往復に先行し、又は後続する**住居間の移動**（厚生労働省令で定める要件に該当するものに限る。）

　上記(3)の厚生労働省令で定める要件の1つに、移動が、**転任**に伴い、当該転任の直前の住居と就業の場所との間を日々往復することが当該往復の距離等を考慮して困難となったため住居を移転した労働者であって、次のいずれかに掲げる**やむを得ない事情**により、当該転任の直前の住居に居住している配偶者（婚姻の届出をしていないが、事実上婚姻関係と同様の事情にある者を含む。以下同じ。）と**別居**することとなったものにより行われるものであることがあります。

イ　配偶者が、**要介護状態**（負傷、疾病又は身体上若しくは精神上の障害により、2週間以上の期間にわたり常時介護を必要とする状態をいう。）にある労働者又は配偶者の**父母又は同居の親族**を**介護**すること。
ロ　配偶者が、学校等に在学し、保育所若しくは幼保連携型認定こども園に通い、又は公共職業能力開発施設の行う職業訓練を受けている**同居の子**（**18歳**に達する日以後の最初の3月31日までの間にある子に限る。）を**養育**すること。
ハ　配偶者が、引き続き**就業**すること。
ニ　配偶者が、労働者又は配偶者の所有に係る**住宅を管理**するため、引き続き当該住宅に居住すること。
ホ　その他配偶者が労働者と同居できないと認められる上記イからニまでに類する事情

解答　A ⑧合理的　B ⑯転任　C ⑳要介護状態　D ⑤介護　E ③18

3章　労働者災害補償保険法

問題 095

チェック欄 | 1 | 2 | 3 |

［選択式］給付基礎日額

予想

難易度 普　重要度 B

次の文中の[　　　]の部分を選択肢の中の最も適切な語句で埋め、完全な文章とせよ。

1　四半期ごとの平均給与額（厚生労働省において作成する[　A　]における毎月決まって支給する給与の額を基礎として厚生労働省令で定めるところにより算定した労働者1人あたりの給与の1ヵ月平均額をいう。以下同じ。）が、算定事由発生日の属する四半期の平均給与額[　B　]に至った場合において、その上昇し、又は低下するに至った[　C　]に属する最初の日以後に支給すべき事由が生じた休業補償給付、複数事業労働者休業給付又は休業給付（以下「休業補償給付等」という。）については、その上昇し、又は低下した比率を基準として厚生労働大臣が定める率を労災保険法第8条の規定により給付基礎日額として算定した額に乗じて得た額を休業給付基礎日額とする。

2　休業補償給付等を支給すべき事由が生じた日が当該休業補償給付等に係る療養を開始した日から起算して[　D　]を経過した日以後の日である場合において、休業給付基礎日額として算定した額が、年齢階層ごとに休業給付基礎日額の最高限度額として厚生労働大臣が定める額のうち、当該休業補償給付等を受けるべき労働者の当該休業補償給付等を支給すべき事由が生じた[　E　]における年齢の属する年齢階層に係る額を超えるときは、当該年齢階層に係る額を休業給付基礎日額とする。

選択肢

① 賃金構造基本統計　　② 1年6ヵ月　　③ 日の属する年度の4月1日
④ 四半期の翌々四半期　⑤ 就業構造基本調査結果　⑥ 日
⑦ 雇用動向調査結果　　⑧ 2年　　⑨ 四半期の属する年度の翌年度
⑩ 6ヵ月　　⑪ 日の属する四半期の初日　⑫ 四半期の翌四半期
⑬ 毎月勤労統計　　⑭ 1年　　⑮ 日の属する年度の8月1日
⑯ 四半期の属する年度の翌々年度　⑰ を超え、又は下る
⑱ の100分の5を超え、又は100分の95を下る
⑲ の100分の110を超え、又は100分の90を下る
⑳ の100分の150を超え、又は100分の50を下る

248

速習レッスン A：P217、B・C：P218、D・E：P219　　　　　　　**解説**

A〜Cは法8条の2第1項2号、D・Eは法8条の2第2項2号。

給付基礎日額は、原則として、**労働基準法の平均賃金に相当する額**となりますが、**スライド制**及び**年齢階層別の最低・最高限度額**の適用があります。これらについては、休業給付基礎日額と年金給付基礎日額とでその適用要件及び適用時期等が異なっていますので、次のように比較して理解するとよいでしょう。

1　**休業給付基礎日額**に係る**スライド制**に関する出題です。スライド改定は、平均給与額の変動率を基準として行われますが、この基準となる平均給与額は、**毎月勤労統計**をもとに算定されます。なお、スライド改定の対象となるのは、平均給与額が**上下10％を超えて**変動した四半期の**翌々四半期**の初日以後に支給すべき事由が生じた休業（補償）等給付に係る給付基礎日額です。

●スライド制のまとめ

	休業給付基礎日額	年金給付基礎日額
適用要件	四半期ごとの平均給与額が**上下10％を超えて**変動していること	平均給与額が**わずかでも**変動していること
適用時期	平均給与額の変動があった四半期の**翌々四半期**の最初の日以後	**算定事由発生日の属する年度の翌々年度の8月以後**（1年ごとに適用）

2　**休業給付基礎日額**に係る**年齢階層別の最高限度額**に関する出題です。なお、年齢階層別の最高限度額は、**賃金構造基本統計**の調査結果に基づいて厚生労働大臣が定めます（年齢階層別の最低限度額についても同様です。）。

●年齢階層別の最低・最高限度額のまとめ

	休業給付基礎日額	年金給付基礎日額
適用時期	療養を開始した日から起算して**1年6ヵ月**を経過した日以後	最初の支給月から
基準年齢	支給事由が生じた日の属する**四半期の初日**の年齢	支給すべき月の属する年度（4月から7月については前年度）の**8月1日**の年齢

解答　A ⑬毎月勤労統計　B ⑲の100分の110を超え、又は100分の90を下る　C ④四半期の翌々四半期　D ②1年6ヵ月　E ⑪日の属する四半期の初日

問題 096

チェック欄

[選択式] 保険給付等

過平26 変更D・E

難易度 普　重要度 B

次の文中の　　　　の部分を選択肢の中の最も適切な語句で埋め、完全な文章とせよ。

1　政府は、障害補償年金を受ける権利を有する者が死亡した場合において、その者に支給された当該障害補償年金の額及び当該障害補償年金に係る　A　の額の合計額が、当該障害補償年金に係る障害等級に応じ、労災保険法により定められている額に満たないときは、その者の遺族に対し、その請求に基づき、保険給付として、その差額に相当する額の障害補償年金差額一時金を支給する。その定められている額とは、障害等級が第1級の場合、給付基礎日額の　B　である。

2　障害補償年金差額一時金を受けるべき遺族の順位は、労働者の死亡の当時その者と生計を同じくしていた配偶者、子、父母、孫、　C　の順序であり、それらの者がいない場合には、生計を同じくしていなかった配偶者、子、父母、孫、　C　の順序である。

3　遺族補償年金前払一時金の額は、給付基礎日額の　D　に相当する額とされている。

4　労災保険の加入手続について行政機関から指導等を受けてはいないものの、労災保険の適用事業となったときから1年を経過して、なお手続を行わない期間中に業務災害が発生し、例えば遺族補償一時金が支払われた場合は、事業主が「重大な過失」により手続を行わないものと認定され、支給された当該遺族補償一時金の額の　E　が費用徴収される。

選択肢

① 20％　　② 40％　　③ 60％　　④ 80％　　⑤ 1年分、2年分、3年分
⑥ 200日分、400日分、600日分、800日分、1000日分　　⑦ 313日分
⑧ 500日分、1000日分　　⑨ 560日分　　⑩ 1050日分　　⑪ 1200日分
⑫ 1340日分　　　　　　⑬ 兄弟姉妹　　　　⑭ 兄弟姉妹及びその配偶者
⑮ 障害一時金　　　　　⑯ 障害給付　　　　⑰ 障害年金
⑱ 障害補償年金前払一時金　　⑲ 祖父母　　⑳ 祖父母及び兄弟姉妹

速習レッスン	A～C：P239、D：P247、E：P274	解説

A・Bは法附則58条1項、Cは法附則58条2項、Dは則附則31項、Eは平17基発0922001号。

1　障害補償年金差額一時金は、**障害補償年金**の受給権者が死亡した場合において、すでにその者に支給された**障害補償年金**の額と障害補償年金前払一時金の額の**合計額**が、障害等級に応じた一定額（障害等級第1級の場合は、給付基礎日額の1,340日分）に**満たない**ときに、その者の遺族に対し、その請求に基づき、支給されるものです。

2　障害補償年金差額一時金を受けるべき遺族の順位は、次表の①～⑫の順序です。

労働者の死亡の当時	遺族　（※数字は順位）
生計を同じくしていた	①配偶者、②子、③父母、④孫、⑤祖父母、⑥兄弟姉妹
生計を同じくしていなかった	⑦配偶者、⑧子、⑨父母、⑩孫、⑪祖父母、⑫兄弟姉妹

3　遺族補償年金前払一時金の支給額は、給付基礎日額の**200日分**、**400日分**、**600日分**、**800日分**、1000日分の額のうちから遺族補償年金の**受給権者が選択**して請求する額です。

4　政府は、事業主が**故意又は重大な過失**により労災保険の加入手続を行わない期間中に発生した業務災害について保険給付を行ったときは、所定の限度で、その保険給付に要した費用に相当する金額の**全部又は一部**を事業主から徴収することができます。この場合において、労災保険の加入手続を行わないことが**重大な過失**によるものと認定されたときは、支給された保険給付の額の40パーセント相当額が徴収されます。なお、療養（補償）等給付、介護（補償）等給付及び二次健康診断等給付に係る費用は費用徴収の対象外です。

解答	A ⑱障害補償年金前払一時金　B ⑫1340日分　C ⑳祖父母及び兄弟姉妹　D ⑥200日分、400日分、600日分、800日分、1000日分　E ②40%

問題 **097**

チェック欄

[選択式] 死亡及び介護に関する保険給付

予想　　　　　　　　　　　　　　　　　　　　　　難易度 **易**　重要度 **C**

次の文中の □□□ の部分を選択肢の中の最も適切な語句で埋め、完全な文章とせよ。

1　葬祭料は、労働者が業務上死亡した場合において、　**A**　に対し、その請求に基づいて支給する。

2　葬祭料の額は、　**B**　に給付基礎日額の30日分を加えた額（その額が　**C**　に満たない場合には、　**C**　）とする。

3　介護補償給付は、　**D**　を受ける権利を有する労働者が、その受ける権利を有する　**D**　の支給事由となる障害であって厚生労働省令で定める程度のものにより、常時又は随時介護を要する状態にあり、かつ、常時又は随時介護を受けているときに、当該介護を受けている間（次に掲げる間を除く。）、当該労働者に対し、その請求に基づいて行う。

(1)　障害者の日常生活及び社会生活を総合的に支援するための法律に規定する障害者支援施設（以下「障害者支援施設」という。）に入所している間（同法に規定する　**E**　を受けている場合に限る。）

(2)　障害者支援施設（同法に規定する　**E**　を行うものに限る。）に準ずる施設として厚生労働大臣が定めるものに入所している間

(3)　病院又は診療所に入院している間

選択肢

①160,000円　　　②275,000円　　　③315,000円　　　④420,000円
⑤療養介護　　　　⑥就労移行支援　　　⑦施設入所支援　　　⑧生活介護
⑨葬祭を行う者　　　　　　　　　　⑩遺族補償給付の受給権を有する者
⑪葬祭に要した費用の額　　　　　　⑫給付基礎日額の50日分
⑬療養補償給付及び傷病補償年金　　⑭休業補償給付又は傷病補償年金
⑮給付基礎日額の60日分　　　　　　⑯給付基礎日額の90日分
⑰療養補償給付又は障害補償年金　　⑱障害補償年金又は傷病補償年金
⑲労働者の死亡の当時その者と生計を同じくしていた者
⑳労働者の死亡の当時その収入によって生計を維持していた３親等内の親族

| 速習レッスン | A～C：P248、D・E：P250 | 解説 |

Aは法12条の8第2項、B・Cは則17条、D・Eは法12条の8第4項。

1　業務災害に関する保険給付（傷病補償年金及び介護補償給付を除く。）は、労働基準法に規定する災害補償の事由又は船員法に規定する災害補償の事由が生じた場合に、補償を受けるべき労働者等に対し、その請求に基づいて行われます。**葬祭料**は、業務災害に関する保険給付の1つであり、労働者が業務上死亡した場合に、**葬祭を行う者**に対し、その**請求**に基づいて支給されます。

2　葬祭料の額は、原則として、「**315,000円＋給付基礎日額の30日分**」による額です。ただし、労働基準法に規定する葬祭料（災害補償）の額が、平均賃金の60日分とされていることから、**給付基礎日額の60日分**が最低保障額となっています。

3　介護補償給付は、次の要件を満たす労働者に対し、その**請求**に基づいて行われます。

> (1)　**障害補償年金又は傷病補償年金**を受ける権利を有すること。
> (2)　障害補償年金又は傷病補償年金の支給事由となる障害であって厚生労働省令で定める程度のもの（特定障害）により、**常時又は随時介護**を要する状態にあること。
> (3)　**現に**常時又は随時介護を**受けている**こと。

ただし、次の間については、介護補償給付は行われません。

> (1)　**障害者支援施設**に入所している間（**生活介護**を受けている場合に限る。）
> (2)　障害者支援施設（生活介護を行うものに限る。）に準ずる施設として厚生労働大臣が定めるものに入所している間
> (3)　**病院又は診療所**に入院している間

| 解答 | A ⑨葬祭を行う者　B ③315,000円　C ⑮給付基礎日額の60日分 |
| | D ⑱障害補償年金又は傷病補償年金　E ⑧生活介護 |

問題 **098**

チェック欄

[選択式] 特別加入制度

予想

難易度 **易**　重要度 **A**

次の文中の□□□の部分を選択肢の中の最も適切な語句で埋め、完全な文章とせよ。

1　特別加入することができる中小事業主等とは、次の(1)から(3)までのいずれかに該当する事業主で　**A**　に労働保険事務の処理を委託するものである者（事業主が法人その他の団体であるときは、代表者）及び当該事業主が行う事業に従事する者である。

(1) 常時300人以下の労働者を使用する事業主（下記(2)、(3)の事業主を除く。）

(2) 常時100人以下の労働者を使用する卸売業又は　**B**　を主たる事業とする事業主

(3) 常時　**C**　以下の労働者を使用する金融業若しくは保険業、不動産業又は小売業を主たる事業とする事業主

2　中小事業主等である特別加入者の給付基礎日額は、労働者災害補償保険法施行規則第46条の20第1項に規定されており、その最高額は、　**D**　である。

3　特別加入者に係る業務災害、複数業務要因災害及び通勤災害の認定は、　**E**　が定める基準によって行う。

選択肢

① 社会保険労務士　　② 35,000円　　　　　③ 建設業

④ 25,000円　　　　　⑤ 20人　　　　　　　⑥ 労働保険事務組合

⑦ 30人　　　　　　　⑧ 都道府県労働局長　⑨ サービス業

⑩ 10人　　　　　　　⑪ 労働対策審議会　　⑫ 2,500円

⑬ 団体　　　　　　　⑭ 労働保険審査会　　⑮ 3,500円

⑯ 農業　　　　　　　⑰ 50人　　　　　　　⑱ 健康保険組合

⑲ 保健衛生業　　　　⑳ 厚生労働省労働基準局長

| 速習レッスン | A：P279、B・C：P280、D：P283、E：P283 | 解説 |

Aは法33条1号、B・Cは則46条の16、Dは則46条の20第1項、Eは則46条の26。

1　中小事業主等の特別加入者の範囲です。この場合の特別加入の要件は、前提としてその事業が次表の規模に該当する事業（これを「**特定事業**」という。）に該当していなければなりません。

業　種	常時使用する労働者の数
(1) 下記(2)(3)以外の事業（原則）	300人以下
(2) **卸売業、サービス業**	100人以下
(3) **金融業、保険業、不動産業、小売業**	50人以下

　これらの特定事業の事業主で労働保険事務組合に労働保険事務の処理を委託する者（代表者）及びその事業主が行う事業に**従事する者**（労働者に該当しない家族従事者・その他の役員等）が特別加入の対象者となります。

2　特別加入者の給付基礎日額は、原則として、**3,500円から25,000円**までの16階級の額のうちから特別加入者が希望する額に基づいて**都道府県労働局長**が決定した額です。なお、家内労働者である特別加入者については、2,000円から25,000円までの19階級となります。

3　**特別加入者**に係る業務災害、複数業務要因災害及び通勤災害の認定は、厚生労働省労働基準局長が定める基準によって行われます。

| 解答 | A ⑥労働保険事務組合　B ⑨サービス業　C ⑰50人
D ④25,000円　E ⑳厚生労働省労働基準局長 |

3章　労働者災害補償保険法

特別加入制度

(1) 特別加入の要件等のまとめ

	中小事業主等	一人親方等	海外派遣者
要件	①その事業について**労災保険**の保険関係が成立していること ②事務処理を**労働保険事務組合**に委託していること ③その事業の従事者を**包括して加入すること**※	①一人親方等が構成員となる**団体**を通じて加入すること ②その事業の従事者を**包括して加入すること**	①派遣元である日本国内の事業について**労災保険**の保険関係が成立していること ②派遣元である日本国内の事業が**有期事業でないこと**
申請者	事業主	団体	派遣元の団体・事業主
申請書	所轄労働基準監督署長を経由して、**都道府県労働局長**へ提出する。		
承認	政府（**所轄都道府県労働局長**）の承認を受ける。		

※例外的に病気療養中、高齢その他の事情により実態として就業していない事業主等は、包括加入の対象から除くことができる。

(2) 特別加入の効果等のまとめ

	内容	注意点
通勤災害の適用	①原則……通勤災害の適用あり（ただし、一部負担金は徴収しない。）。 ②例外……一定の一人親方等（個人タクシー業者等）については、通勤災害の適用なし。	中小事業主等と海外派遣者の特別加入者については、必ず通勤災害の適用を受ける。
保険給付と特別支給金	**二次健康診断等給付**及び**ボーナス特別支給金**は支給されない。	一般の特別支給金は支給される。
給付基礎日額	原則として、16階級ある額（3,500円～25,000円）のうちから特別加入者が希望する額に基づいて都道府県労働局長が定める（特別加入者に共通）。	スライド制は適用するが年齢階層別の最低・最高限度額は適用しない。
災害の認定	業務災害・通勤災害の認定はともに、**厚生労働省労働基準局長が定める基準**によって行う。	一般の労働者が行う業務の範囲が保護の対象。

第4章

雇用保険法

雇用保険法は数字と給付名に着目!

1	2	3

チェック欄

問題 099

失業等給付の通則

予想

難易度 易　重要度 A

失業等給付に関する次の記述のうち、正しいものはどれか。

A 失業等給付の支給を受ける者は、必要に応じ職業能力の開発及び向上を図りつつ、誠実かつ熱心に求職活動を行うことにより、職業に就くように努めなければならない。

B 基本手当の受給資格者は、基本手当を受ける権利を契約により譲り渡すことができる。

C 偽りその他不正の行為により失業等給付の支給を受けた者がある場合には、政府は、その者に対して、支給した失業等給付の全部又は一部を返還することを命ずることができ、また、厚生労働大臣の定める基準により、当該偽りその他不正の行為により支給を受けた失業等給付の額の3倍に相当する額以下の金額を納付することを命ずることができる。

D 死亡した受給資格者に配偶者（婚姻の届出をしていないが、事実上婚姻関係と同様の事情にあった者を含む。）及び子がいない場合においては、受給資格者の死亡の当時その者と生計を同じくしていた父母は、未支給の失業等給付の支給を請求することができる。

E 受給資格者の死亡により未支給の失業等給付の支給を請求しようとする者は、当該受給資格者が死亡した日の翌日から起算して3ヵ月以内に、これを請求しなければならない。

速習レッスン A：P292、B：P294、C：P293、D・E：P293

解説

- A ✗ 法10条の2。「失業等給付」ではなく、「**求職者給付**」です。設問の規定（就職への努力）の対象となるのは、**求職者給付**の支給を受ける者です。
- B ✗ 法11条。譲り渡すことはできません。基本手当その他の**失業等給付**を受ける権利の**譲渡**、**担保提供**及び**差押え**は**禁止**されており、これに例外はありません。
- C ✗ 法10条の4第1項。「3倍」ではなく、「**2倍**」です。偽りその他不正の行為により失業等給付の支給を受けた者（不正受給者）がある場合には、政府は、次の命令をすることができます。
  - ①**返還命令**：支給した失業等給付の**全部又は一部**を**返還**することを命ずること。
  - ②**納付命令**：厚生労働大臣の定める基準により、当該偽りその他不正の行為により支給を受けた失業等給付の額の**2倍**に相当する額以下の金額を**納付**することを命ずること。
- D ◯ 法10条の3第1項・2項。未支給の失業等給付の支給を請求することができるのは、次の者のうち最先順位者（順位は記載の順序による。）です。

  > 受給資格者等の死亡の当時その者と**生計を同じくしていた**
  > ①**配偶者**（婚姻の届出をしていないが、事実上婚姻関係と同様の事情にあった者を含む。）、②**子**、③**父母**、④**孫**、⑤**祖父母**又は⑥**兄弟姉妹**

- E ✗ 則17条の2第1項。「3ヵ月以内」ではなく、「**6ヵ月以内**」です。未支給の失業等給付の請求期限は、当該受給資格者等が**死亡した日の翌日から起算して6ヵ月以内**です。

受給権の保護の例外

受給権の保護の例外についてまとめると、次のとおりです。なお、**労災保険法**、**雇用保険法**、**健康保険法**、国民健康保険法、介護保険法及び高齢者医療確保法には、例外はありません。

- (1) **譲渡**が可能な権利 ……… **なし**
- (2) **担保提供**が可能な権利 … **なし**
- (3) **差押え**が可能な権利 …… ①国民年金法における**老齢基礎年金**、**付加年金**又は**脱退一時金**及び②厚生年金保険法における**老齢厚生年金**又は**脱退一時金**を受ける権利

解答　D

被保険者（1）

被保険者に関する次の記述のうち、誤っているものはどれか。

A 労働日の全部又はその大部分について事業所への出勤を免除され、かつ、自己の住所又は居所において勤務することを常とする在宅勤務者は、事業所勤務労働者との同一性が確認できる場合、他の要件を満たす限り被保険者となりうる。

B 一般被保険者たる労働者が長期欠勤している場合、雇用関係が存続する限り賃金の支払を受けていると否とを問わず被保険者となる。

C 株式会社の取締役であって、同時に会社の部長としての身分を有する者は、報酬支払等の面からみて労働者的性格の強い者であって、雇用関係があると認められる場合、他の要件を満たす限り被保険者となる。

D 特定非営利活動法人（NPO法人）の役員は、雇用関係が明らかな場合であっても被保険者となることはない。

E 身体上若しくは精神上の理由又は世帯の事情により就業能力の限られている者、雇用されることが困難な者等に対して、就労又は技能の習得のために必要な機会及び便宜を与えて、その自立を助長することを目的とする社会福祉施設である授産施設の職員は、他の要件を満たす限り被保険者となる。

速習レッスン A：P302、B：P302、C：P301、D：P301、E：記載なし　　**解説**

A　○　行政手引20351。なお、ここでいう「**事業所勤務労働者との同一性**」とは、その者の所属事業所において勤務する他の労働者と同一の就業規則等の諸規定（その性質上在宅勤務者に適用できない条項を除く。）が適用されることをいいます。

B　○　行政手引20352。長期欠勤している労働者は、雇用関係が存続する限り、**被保険者となります**。この場合には、賃金の支払いを受けているか否かは問われません。なお、設問の長期欠勤している期間は、基本手当の所定給付日数等を決定するための基礎となる算定基礎期間に算入されます。

C　○　行政手引20351。株式会社の取締役は、原則として、被保険者とはなりません。ただし、取締役であって、同時に会社の部長、支店長、工場長等従業員としての身分を有する者は、報酬支払等の面からみて労働者的性格の強い者であって、雇用関係があると認められるものに限り、**被保険者となります**。なお、代表取締役は、被保険者となりません。

D　✕　行政手引20351。特定非営利活動法人（ＮＰＯ法人）の役員は、雇用関係が明らかな場合には、**被保険者となります**。なお、農業協同組合、漁業協同組合等の役員のほか、その他の法人又は法人格のない社団若しくは財団の役員についても、同様です。

E　○　行政手引20351。**授産施設の職員**は、他の要件を満たす限り**被保険者となります**。一方、授産施設の作業員（身体上若しくは精神上の理由又は世帯の事情により就業能力の限られている者、雇用されることが困難な者等）は、原則として、被保険者となりません。

4章

雇用保険法

解答　D

問題 101

チェック欄

被保険者（2）

過平27

難易度 普　重要度 Ⓐ

雇用保険の被保険者に関する次の記述のうち、誤っているものはどれか。

A　農業協同組合、漁業協同組合の役員は、雇用関係が明らかでない限り雇用保険の被保険者とならない。

B　当初の雇入れ時に31日以上雇用されることが見込まれない場合であっても、雇入れ後において、雇入れ時から31日以上雇用されることが見込まれることとなった場合には、他の要件を満たす限り、その時点から一般被保険者となる。

C　学校教育法第1条、第124条又は第134条第1項の学校の学生又は生徒であっても、休学中の者は、他の要件を満たす限り雇用保険法の被保険者となる。

D　国家公務員退職手当法第2条第1項に規定する常時勤務に服することを要する者として国の事業に雇用される者のうち、離職した場合に法令等に基づいて支給を受けるべき諸給与の内容が、求職者給付、就職促進給付の内容を超えると認められる者は、雇用保険の被保険者とはならない。

E　生命保険会社の外務員、損害保険会社の外務員、証券会社の外務員は、その職務の内容、服務の態様、給与の算出方法等からみて雇用関係が明確でないので被保険者となることはない。

A：P301、B：(参考) P300、C：P300、D：P300、E：P302 　解説

A ○ 行政手引20351。農業協同組合、漁業協同組合の役員は、株式会社の取締役等と同様に、**雇用関係が明らか**でない限り、被保険者となりません。

B ○ 法6条2号、行政手引20303。同一の事業主の適用事業に**継続して31日以上**雇用されることが見込まれない者（前2ヵ月の各月において18日以上同一の事業主の適用事業に雇用された者及び日雇労働被保険者に該当する者を除く。）は、被保険者となりません。ただし、当初の雇入れ時に31日以上雇用されることが見込まれなかったため、被保険者とならなかった者が、その後、**31日以上**雇用されることが**見込まれる**こととなった場合は、そのときから被保険者となります。

C ○ 法6条4号、則3条の2第2号。学生等は、原則として被保険者となりませんが、①**卒業を予定している**者であって、適用事業に雇用され、卒業した後も引き続き当該事業に雇用されることとなっているもの、②**休学中**の者、③**定時制**の課程に在学する者等は、被保険者となります。

D ○ 法6条6号、則4条1項1号。いわゆる公務員等のうち、離職した場合に、他の法令、条例、規則等に基づいて支給を受けるべき諸給与の内容が、**求職者給付**及び**就職促進給付**の内容を超えると認められるものは、雇用保険の適用が除外されます（被保険者となりません。）。なお、都道府県等又は市町村等の事業に雇用される者は、承認を受けたときに、被保険者となりません。これに対して、国等の事業に雇用される者は、承認等を受けなくても被保険者となります。

E × 行政手引20351。生命保険会社・損害保険会社・証券会社の外務員等については、その職務の内容、服務の態様、給与の算出方法等の実態により判断して**雇用関係が明確**である場合は、被保険者となります。たとえば、生命保険会社の外務員は、通常は被保険者となりませんが、支部長等として所属外務員の出勤管理、契約募集業務の指導等の管理監督的業務に従事する者は、雇用関係が明確であると認められ、事業主又は労働者から申出があった場合は、その実態を確認の上、被保険者とするものとされています。

解答　E

被保険者（3）

雇用保険の適用事業及び被保険者に関する次の記述のうち、誤っているものはどれか。

A 雇用保険法附則第2条に規定する暫定任意適用事業について、常時雇用する労働者の数が5人以上であるか否かの判断をするにあたり、当該労働者の数は、雇用保険法第6条に規定する雇用保険の適用を受けない労働者を除いて算定する。

B 1週間の所定労働時間が20時間未満である者は、雇用保険法第37条の5第1項の規定による申出をして高年齢被保険者となる者及び同法を適用することとした場合において同法第43条第1項に規定する日雇労働被保険者に該当することとなる者を除き、同法の適用対象とならない。

C 日本国内に在住する外国人であって、期間の定めのない労働契約により、1週間の所定労働時間を30時間として適用事業に雇用される者は、外国公務員又は外国の失業補償制度の適用を受けていることが立証された者を除き、国籍（無国籍を含む。）のいかんを問わず、被保険者となる。

D 船員法第1条に規定する船員であって、漁船に乗り組むために雇用される者であっても、1年を通じて船員として適用事業に雇用される者は、被保険者となる。

E 日本国の領域外にある適用事業主の支店において現地で採用される者は、日本国籍を有する者であっても、被保険者とならない。

速習レッスン A：（参考）P297、B：P300、C：P302、D：P300、E：P302　　**解説**

A　✕　法附則2条1項、令附則2条、行政手引20105。雇用保険の適用を受けない労働者（**適用除外者**）も**含めて**算定します。「常時5人以上」とは、一の事業において雇用する労働者の数が年間を通じて5人以上であることをいいますが、この労働者の数は、適用除外者も含めて、計算します。

B　〇　法6条1号。1週間の所定労働時間が**20時間未満**である者は、原則として、雇用保険の**適用除外者**です。ただし、この者であっても、**申出**をして高年齢被保険者となる者及び**日雇労働被保険者**に該当することとなる者は、被保険者となります。

C　〇　行政手引20352。雇用保険の被保険者について、**国籍要件はありません。**したがって、いわゆる在日外国人であっても、適用基準（①31日以上の雇用見込みがあること、②週所定労働時間が20時間以上であること等）を満たしていれば、国籍（無国籍を含む。）のいかんを問わず、被保険者となります。ただし、外国公務員及び外国の失業補償制度の適用を受けていることが立証された者は、被保険者となりません。

D　〇　法6条5号。船員法1条に規定する**船員**であって、**漁船**（政令で定めるものに限る。）に乗り組むため雇用される者は、適用除外に該当するため、**被保険者となりません**。ただし、**1年を通じて**船員として適用事業に雇用される者は、**被保険者となります**。なお、政令で定める漁船以外の漁船（以西底びき網漁業等に従事する漁船等）に乗り組むため雇用される船員も、被保険者となります。

E　〇　行政手引20352。日本国の領域外において就労する者のうち、**現地で採用される者**は、国籍のいかんにかかわらず、被保険者となりません。

4章
雇用保険法

解答　A

265

問題 103

チェック欄

雇用保険事務

予想

難易度 普　重要度 A

雇用保険事務に関する次のアからオまでの記述のうち、誤っているものの組合せは、後記AからEまでのうちどれか。

ア 公共職業安定所長は、短期雇用特例被保険者資格の取得の確認を職権で行うことができるが、喪失の確認は職権で行うことができない。

イ 日雇労働被保険者に関しては、被保険者資格の確認の制度が適用されない。

ウ 事業主は、その雇用する一般被保険者を当該事業主の一の事業所から他の事業所に転勤させたときは、当該事実のあった日の翌日から起算して10日以内に雇用保険被保険者転勤届を転勤前の事業所の所在地を管轄する公共職業安定所の長に提出しなければならない。

エ 事業主は、新たに適用事業を行う事業所を設置したときは、雇用保険適用事業所設置届をその設置の日の翌日から起算して10日以内に、事業所の所在地を管轄する公共職業安定所の長に提出しなければならない。

オ 一般被保険者が離職し、事業主がその事業所の所在地を管轄する公共職業安定所長に雇用保険被保険者資格喪失届を提出する場合は、離職の日において59歳以上である被保険者については、当該被保険者が雇用保険被保険者離職票の交付を希望しないときでも雇用保険被保険者離職証明書を添えなければならない。

A （アとイ）　　　B （アとウ）　　　C （イとエ）

D （ウとオ）　　　E （エとオ）

速習レッスン　ア：P303〜304、イ：P303、ウ：P303、エ：P303、オ：P311　　解説

ア　✕　法9条1項、38条2項、81条、則1条1項・2項、66条1項。短期雇用特例被保険者資格の喪失の確認も職権で行うことができます。厚生労働大臣は、①事業主の**届出**（資格取得届又は資格喪失届）、②被保険者又は被保険者であった者の確認の**請求**により、又は③**職権**で、労働者が被保険者となったこと又は被保険者でなくなったことの確認を行います。なお、確認に関する厚生労働大臣の権限は、都道府県労働局長に委任され、公共職業安定所長に再委任されています。

イ　〇　法43条4項。**日雇労働被保険者**については、確認の制度に係る規定は適用されません。日雇労働被保険者の資格取得に際しては、これに該当するに至った者は**自ら**、その日から起算して**5日以内**に、**日雇労働被保険者資格取得届を管轄**公共職業安定所の長に提出し、**日雇労働被保険者手帳の交付**を受けなければなりません。

ウ　✕　則13条1項。「転勤前」ではなく、「転勤後」です。設問の被保険者転勤届の提出先は、**転勤後**の事業所の所在地を管轄する公共職業安定所の長です。なお、被保険者転勤届の提出期限は、設問のとおり「事実のあった日の翌日から起算して**10日以内**」です。

エ　〇　則141条1項、行政手引22251。**適用事業所設置届**は、事業主が新たに適用事業を行う事業所を設置したときに提出します。その提出期限は、その設置の日の翌日から起算して**10日以内**です。なお、事業主は、事業所を廃止したときも、その廃止の日の翌日から起算して10日以内に、適用事業所廃止届を提出しなければなりません。

オ　〇　則7条3項。事業主は、被保険者資格喪失届を提出する際に被保険者が離職票の交付を希望しないときは、離職証明書を添えないことができます。ただし、**離職の日において59歳以上**である被保険者については、当該被保険者が離職票の交付を希望しないときであっても、離職証明書を添えなければなりません。

以上から、誤っているものの組合せは、**B（アとウ）**です。

4章
雇用保険法

解答　**B**

267

基本手当（1）

過令元

難易度 難　重要度

基本手当の日額に関する次の記述のうち、誤っているものはいくつあるか。

ア　育児休業に伴う勤務時間短縮措置により賃金が低下している期間中に事業所の倒産により離職し受給資格を取得し一定の要件を満たした場合において、離職時に算定される賃金日額が勤務時間短縮措置開始時に離職したとみなした場合に算定される賃金日額に比べて低いとき、勤務時間短縮措置開始時に離職したとみなした場合に算定される賃金日額により基本手当の日額を算定する。

イ　基本手当の日額の算定に用いる賃金日額の計算に当たり算入される賃金は、原則として、算定対象期間において被保険者期間として計算された最後の3か月間に支払われたものに限られる。

ウ　受給資格に係る離職の日において60歳以上65歳未満である受給資格者に対する基本手当の日額は、賃金日額に100分の80から100分の45までの範囲の率を乗じて得た金額である。

エ　厚生労働大臣は、4月1日からの年度の平均給与額が平成27年4月1日から始まる年度（自動変更対象額が変更されたときは、直近の当該変更がされた年度の前年度）の平均給与額を超え、又は下るに至った場合においては、その上昇し、又は低下した比率に応じて、その翌年度の8月1日以後の自動変更対象額を変更しなければならない。

オ　失業の認定に係る期間中に得た収入によって基本手当が減額される自己の労働は、原則として1日の労働時間が4時間未満のもの（被保険者となる場合を除く。）をいう。

A　一つ
B　二つ
C　三つ
D　四つ
E　五つ

| 速習レッスン | ア：P314～315、イ：P313、ウ：P315、エ：P314、オ：P315 | 解説 |

ア ○ 法17条3項、23条2項1号、昭50労告8号。賃金日額の特例についてです。対象家族を介護するための休業若しくは小学校就学の始期に達するまでの子を養育するための休業をした場合又は同様の理由により**勤務時間を短縮**した場合であって、当該期間中に**特定受給資格者**（倒産、解雇等により離職した受給資格者）又は**特定理由離職者**として受給資格の決定を受けたときは、それぞれ、これらの休業が開始される前又は当該勤務時間の短縮が行われる前に当該受給資格者に支払われていた賃金をもとに基本手当の日額を算定します。

イ ✕ 法17条1項。「3か月間」ではなく、「6か月間」です。賃金日額は、原則として、次の計算式によって計算します。設問は、この計算式の分子についてです。

$$賃金日額 = \frac{算定対象期間において\textbf{被保険者期間}として計算された\textbf{最後の6ヵ月間}の賃金の総額}{180}$$

ウ ○ 法16条。基本手当の日額は、「**賃金日額×一定の率**」によって計算します。この「一定の率」の範囲は、離職の日における年齢に応じて次のように定められています。設問は、②についてです。

①60歳未満である受給資格者：**100分の80～50**

②60歳以上65歳未満である受給資格者：**100分の80～45**

エ ○ 法18条1項。厚生労働大臣は、設問の規定によって、**毎月勤労統計**に基づく労働者の平均給与額の年度ごとの変動に応じて、翌年度の**8月1日以後**の自動変更対象額を変更します。

オ ○ 行政手引51255。**自己の労働による収入**とは、就職には該当しない短時間の就労等による収入であって、原則として、1日の労働時間が**4時間未満**のもの（被保険者となる場合を除く。）をいいます。なお、雇用関係の有無は問われません。

以上から、誤っているものは一つであるため、正解は**A**です。

| 解答 | A |

4章 雇用保険法

基本手当(2)

過平28

基本手当の受給期間に関する次の記述のうち、正しいものはどれか。

A 受給資格者が、受給期間内に再就職して再び離職した場合に、当該再離職によって新たな受給資格を取得したときは、前の受給資格に係る受給期間内であれば、前の受給資格に基づく基本手当の残日数分を受給することができる。

B 配偶者の出産のため引き続き30日以上職業に就くことができない者が公共職業安定所長にその旨を申し出た場合には、当該理由により職業に就くことができない日数を加算した期間、受給期間が延長される。

C 雇用保険法第22条第2項第1号に定める45歳以上65歳未満である就職が困難な者(算定基礎期間が1年未満の者は除く。)の受給期間は、同法第20条第1項第1号に定める基準日の翌日から起算して1年に60日を加えた期間である。

D 定年に達したことで基本手当の受給期間の延長が認められた場合、疾病又は負傷等の理由により引き続き30日以上職業に就くことができない日があるときでも受給期間はさらに延長されることはない。

E 60歳以上の定年に達した後、1年更新の再雇用制度により一定期限まで引き続き雇用されることとなった場合に、再雇用の期限の到来前の更新時に更新を行わなかったことにより退職したときでも、理由の如何を問わず受給期間の延長が認められる。

A：P318、B：P318、C：P317、D：(参考) P318、E：(参考) P318

解説

A ✕ 法20条3項。設問の場合には、前の受給資格に基づく基本手当の残日数分を受給することはできません。受給資格者が、受給期間内の再離職に際して、**新たな**受給資格、高年齢受給資格又は特例受給資格を**取得した**ときは、その取得した日以後においては、新たな受給資格等に基づく求職者給付が支給され、前の受給資格に基づく基本手当は**支給されません**。

B ✕ 法20条1項、則30条、行政手引50271。設問の場合には、受給期間は延長されません。いわゆる就労不能による受給期間の延長が認められる出産は、**本人の出産**に限られています。配偶者の出産を理由とした受給期間の延長は、認められません。

C ◯ 法20条1項2号、22条2項1号。基本手当の受給期間は、受給資格者の区分に応じて、次のように定められています。設問の者（離職日における年齢が45歳以上65歳未満であって、算定基礎期間が1年以上である就職が困難な者）は、②に該当するため、受給期間は**1年＋60日**となります。

受給資格者の区分	受給期間
	基準日（離職日）の翌日から起算して
①下記②③以外の者（原則）	1年
②所定給付日数が360日である者	1年＋60日
③所定給付日数が330日である者	1年＋30日

D ✕ 法20条1項・2項、行政手引50286。受給期間は、さらに延長されます。定年退職者等の受給期間とされた期間内に、疾病又は負傷等の理由により引き続き30日以上職業に就くことができない日がある場合には、さらに受給期間の延長が**認められます**。

E ✕ 行政手引50281。設問の場合には、理由のいかんを問わず、受給期間の延長は認められません。定年退職者等に係る受給期間の延長が認められるためには、60歳以上の定年に達した後、勤務延長又は再雇用により一定期限まで引き続き被保険者として雇用されることとなっている場合にあっては、「当該勤務延長又は再雇用の**期限が到来**したこと」が求められます。設問の場合には、再雇用の期限が到来する前に離職しており、これを満たしていないため、定年退職者等に係る受給期間の延長は認められません。

解答　C

問題 106

チェック欄

1	2	3

基本手当 (3)

予想

難易度 **難**　重要度 **B**

基本手当に関する次の記述のうち、正しいものはどれか。

A　疾病により、従来就いていた業務を続けることが困難となったことを理由に退職した者については、事業主から新たな業務に就くことを命ぜられ、当該業務を遂行することが可能な場合であっても、正当な理由がある自己都合による退職であるものとして、雇用保険法第33条の規定によるいわゆる離職理由による給付制限は行われない。

B　配偶者と別居を続けることが、家庭生活の上からも、経済的事情等からも困難となり、配偶者と同居したところ、事業所へ通常の方法により通勤するための往復所要時間がおおむね4時間以上となったことを理由に退職した者は、特定理由離職者に該当する。

C　離職した者（特定受給資格者又は特定理由離職者に該当する者を除く。）について、離職の日以前2年間に、事業主の責めに帰すべき理由により、引き続き60日、事業所が休業した場合には、算定対象期間は、60日間延長される。

D　受給資格者であって、当該基本手当の受給資格に係る離職の日（以下「基準日」という。）後に事業（その実施期間が30日未満のものその他厚生労働省令で定めるものを除く。）を開始したものが、厚生労働省令で定めるところにより公共職業安定所長にその旨を申し出た場合には、当該事業の実施期間は、5年を限度として、当該受給資格に係る基本手当の受給期間に算入しない。

E　基準日における年齢が59歳であり、算定基礎期間が8年である特定受給資格者に係る所定給付日数は、240日であり、基準日における年齢が34歳であり、算定基礎期間が20年である特定受給資格者に係る所定給付日数は、270日である。

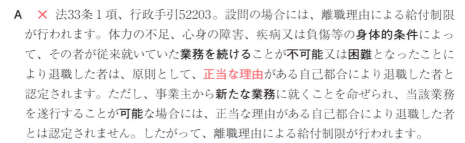

解説

A ✗ 法33条1項、行政手引52203。設問の場合には、離職理由による給付制限が行われます。体力の不足、心身の障害、疾病又は負傷等の**身体的条件**によって、その者が従来就いていた**業務を続ける**ことが**不可能又は困難**となったことにより退職した者は、原則として、正当な理由がある自己都合により退職した者と認定されます。ただし、事業主から**新たな業務**に就くことを命ぜられ、当該業務を遂行することが**可能**な場合には、正当な理由がある自己都合により退職した者とは認定されません。したがって、離職理由による給付制限が行われます。

B 〇 法13条3項、則19条の2第2号、行政手引50305-2。配偶者又は扶養すべき親族と別居を続けることが、家庭生活の上からも、経済的事情等からも困難となったことから、それらの者と同居するために事業所への**通勤**が**不可能又は困難**な地へ住所を移転したことにより退職した者は、正当な理由のある自己都合により退職した者として特定理由離職者に該当します。また、通常の方法により通勤するための往復所要時間（乗り継ぎ時間を含む。）がおおむね**4時間以上**であるときは、通勤が困難であるといえます。

C ✗ 法13条1項、行政手引50152。設問の場合には、算定対象期間は延長されません。算定対象期間が延長されるのは、疾病、負傷、事業所の休業等の理由により**引き続き30日以上**賃金の支払いを**受けることができなかった**場合です。設問の場合には、事業主の責めに帰すべき理由による休業であり、事業主から労働基準法の規定による休業手当が支払われるため、「賃金の支払いを受けることができなかった場合」に該当しません。

D ✗ 法20条の2。受給期間に算入しない期間の限度は、「5年」ではなく、「3年」です。受給資格者が、離職後**事業を開始**した場合等について、その事業の開始から休廃業までの期間を**受給期間に算入しない**特例があります。ただし、この特例により受給期間に算入されないのは、最長で**3年**です。

E ✗ 法23条1項2号ハ・4号イ。設問後半の者に係る所定給付日数は、「270日」ではなく、「**240日**」です。基準日における年齢が**30歳以上35歳未満**であって、算定基礎期間が**20年以上**ある**特定受給資格者**に該当するためです。なお、設問前半の者に係る所定給付日数については、正しい記述です。

解答　**B**

基本手当(4)

過令3

難易度 普　重要度 B

雇用保険法第22条第3項に規定する算定基礎期間に関する次の記述のうち、誤っているものはどれか。

A　育児休業給付金の支給に係る休業の期間は、算定基礎期間に含まれない。
B　雇用保険法第9条の規定による被保険者となったことの確認があった日の2年前の日より前であって、被保険者が負担すべき保険料が賃金から控除されていたことが明らかでない期間は、算定基礎期間に含まれない。
C　労働者が長期欠勤している場合であっても、雇用関係が存続する限り、賃金の支払を受けているか否かにかかわらず、当該期間は算定基礎期間に含まれる。
D　かつて被保険者であった者が、離職後1年以内に被保険者資格を再取得しなかった場合には、その期間内に基本手当又は特例一時金の支給を受けていなかったとしても、当該離職に係る被保険者であった期間は算定基礎期間に含まれない。
E　特例一時金の支給を受け、その特例受給資格に係る離職の日以前の被保険者であった期間は、当該支給を受けた日後に離職して基本手当又は特例一時金の支給を受けようとする際に、算定基礎期間に含まれる。

速習レッスン　A：P317、B：P317、C：P302・317、D：P317、E：P317

解説

A ○ 法61条の7第9項。算定基礎期間とは、原則として、同一の事業主の適用事業に被保険者として雇用された期間をいいます。ただし、次の期間は、算定基礎期間に含まれません。設問は、このうちの②に該当します。

①被保険者となったこと（被保険者資格の取得）の**確認**があった日の**2年前**の**日より前**の期間

②**育児休業給付金**又は**出生時育児休業給付金**の支給に係る休業期間

B ○ 法22条4項・5項。算定基礎期間に含まれない期間（解説A①参照）についてです。特例的な取扱いにより、2年前の日より前の期間も算定基礎期間に含めるのは、当該期間に被保険者の負担すべき保険料の額に相当する額がその者に支払われた賃金から**控除されていたことが明らかな期間**に限られます。

C ○ 行政手引20352。長期欠勤している労働者であっても、**雇用関係が存続**する限り、賃金の支払いを受けているか否かにかかわらず、被保険者として取り扱われることから、設問の欠勤期間も、算定基礎期間に含まれます。

D ○ 法22条3項1号。次の①及び②の要件をいずれも満たす場合には、複数の事業主の適用事業において被保険者として雇用された期間を算定基礎期間として通算することができます。設問の場合は、「離職後1年以内に被保険者資格を再取得しなかった」ため、①の要件を満たしません。そのため、設問の「離職に係る被保険者であった期間」は、算定基礎期間に含まれません。

①直前の被保険者の資格喪失から新たな被保険者の資格取得までの間が**1年**以**内**であること。

②直前の被保険者の資格喪失の際に**基本手当**又は**特例一時金**の支給を**受けていない**こと。

E × 法22条3項2号。設問の場合は、「特例一時金の支給を受け」ているため、解説D②の要件を満たしません。そのため、設問の「特例受給資格に係る離職の日以前の被保険者であった期間」は、算定基礎期間に含まれません。

解答　E

問題 108

チェック欄

基本手当(5)

過令2

難易度 難　重要度 C

基本手当の延長給付に関する次の記述のうち、誤っているものはどれか。

A　訓練延長給付により所定給付日数を超えて基本手当が支給される場合、その日額は本来支給される基本手当の日額と同額である。

B　特定理由離職者、特定受給資格者又は就職が困難な受給資格者のいずれにも該当しない受給資格者は、個別延長給付を受けることができない。

C　厚生労働大臣は、その地域における基本手当の初回受給率が全国平均の初回受給率の1.5倍を超え、かつ、その状態が継続すると認められる場合、当該地域を広域延長給付の対象とすることができる。

D　厚生労働大臣は、雇用保険法第27条第1項に規定する全国延長給付を支給する指定期間を超えて失業の状況について政令で定める基準に照らして必要があると認めるときは、当該指定期間を延長することができる。

E　雇用保険法附則第5条に規定する給付日数の延長に関する暫定措置である地域延長給付の対象者は、年齢を問わない。

速習レッスン A：P319、B：P320、C：P320、D：(参考) P320、E：P321　　**解説**

A　○　法24条1項・2項。訓練延長給付その他の延長給付は、所定給付日数を超えて**基本手当を支給**するものです。したがって、その日額も、本来（所定給付日数分として）支給されるものと**同額**です。

B　○　法24条の2第1項・2項。個別延長給付は、次のいずれかに該当する者が所定の事由に該当する場合に、行われます。したがって、これらのいずれにも該当しない受給資格者は、個別延長給付を受けることができません。

①**特定理由離職者**（正当な理由のある**自己都合離職者を除く**。）

②**特定受給資格者**

③**就職が困難**な**受給資格者**（雇用されていた適用事業が激甚災害の被害を受けたため離職を余儀なくされた場合等に限る。）

C　×　法25条1項、令6条1項。設問の場合には、当該地域を広域延長給付の対象とすることができません。当該地域を広域延長給付の対象とするにあたっては、①所定の方法で計算したその地域における基本手当の初回受給率が全国平均の初回受給率の**2倍**（100分の200）以上となるに至り、かつ、②**その状態が継続**すると認められることが基準となります。

D　○　法27条2項。全国延長給付は、厚生労働大臣が指定する期間（**指定期間**）内に限り、行われます。厚生労働大臣は、全国延長給付の措置を決定した後において、政令で定める基準に照らして必要があると認めるときは、指定期間（その期間が延長されたときは、その延長された期間）を**延長**することができます。

E　○　法附則5条1項。地域延長給付の対象者は、次の①～③を満たす者です。**年齢**は、特に**問われません**。

①受給資格に係る離職の日が**令和7年3月31日以前**である受給資格者（所定の特定理由離職者及び特定受給資格者に限り、個別延長給付を受けることができる者を除く。）であること。

②厚生労働大臣が**指定する地域内に居住**していること。

③公共職業安定所長が指導基準に照らして再就職を促進するために必要な**職業指導**を行うことが適当であると認めたこと。

解答　**C**

4章

雇用保険法

問題 109

基本手当 (6)

予想　　　　　　　　　　　　　　　　　　　　難易度 易　重要度 A

チェック欄

基本手当に関する次の記述のうち、誤っているものはどれか。

A　被保険者であった者が、離職の日まで業務外の事由による傷病のため欠勤し引き続き6ヵ月間賃金を受けていなかった場合、基本手当の受給資格に係る算定対象期間は、2年間又は1年間にその6ヵ月間を加えた期間となる。

B　期間の定めのある労働契約の締結に際し当該労働契約が更新されることが明示された場合において当該労働契約が更新されないこととなったことにより離職した者は、その者が引き続き同一の事業主の適用事業に雇用されていた期間の長短にかかわらず、特定受給資格者に該当する。

C　最後に被保険者となった日前に、当該被保険者が特例受給資格を取得したことがある場合には、当該特例受給資格に係る離職の日以前における被保険者であった期間は、被保険者期間に含まれない。

D　受給資格者は、失業の認定を受けようとするときは、失業の認定日に、管轄公共職業安定所に出頭し、正当な理由がある場合を除き失業認定申告書に受給資格者証を添えて提出した上、職業の紹介を求めなければならない。

E　失業の認定を受けようとする受給資格者は、当該受給資格に係る離職の日の翌日から起算して14日以内に、公共職業安定所に出頭し、求職の申込みをしなければならない。

速習レッスン A：P306、B：P309、C：P307、D：P311、E：P317　　**解説**

A ○ 法13条1項、行政手引50152。算定対象期間は、原則として、**離職の日以前2年間**（又は**1年間**）ですが、傷病等の一定の理由により**引き続き30日以上賃金の支払いを受けることができなかった**場合には、その日数を加えた期間が算定対象期間（**最長4年間**）となります。設問の者については、業務外の事由による傷病のため引き続き賃金を受けていなかった期間が6ヵ月間あるため、離職の日以前2年間に当該6ヵ月間を加算した期間が算定対象期間となります（算定対象期間の延長に係る理由となる傷病については、業務上外不問）。

B ○ 法23条2項2号、則36条7号の2。いわゆる有期労働契約の雇止めがなされた場合において、①労働契約の更新によりすでに**3年以上**引き続き雇用されていたとき、又は②労働契約の締結に際し当該労働契約が**更新されることが明示されていた**（当該労働契約の更新又は延長について確約があった）ときは、当該雇止めにより離職した者は、特定受給資格者に該当します。設問の者は、このうちの②に該当するため、特定受給資格者に該当します。

C ○ 法14条2項1号。被保険者期間を計算する場合において、過去に取得した（決定を受けた）ことのある**受給資格、高年齢受給資格又は特例受給資格**に係る離職の日以前の被保険者であった期間は、その計算の基礎となる被保険者であった期間から**除外**されます。

D ○ 則22条1項。なお、管轄公共職業安定所の長は、**失業認定申告書**に基づいて求職活動の内容を確認し、その際に、受給資格者に対し、**職業紹介**又は**職業指導**を行うものとされています。

E × 法15条2項。設問の手続きを14日以内に行う必要はありません。失業の認定を受けようとする受給資格者は、離職後、公共職業安定所に出頭し、**求職の申込み**をしなければなりませんが、この期限は特に**定められていません**。

解答　E

基本手当(7)

基本手当に関する次の記述のうち、正しいものはどれか。

A 基本手当に係る待期期間については失業の認定も行われない。

B 離職の日の属する月の前々月に1ヵ月あたり90時間、時間外労働及び休日労働が行われたことにより離職した者は、特定受給資格者となる。

C ある被保険者は、月30万円であった賃金が月25万円に低下したため退職した。この低下が予見困難なものであった場合であっても、この者は、基本手当の支給を受けるにあたり、雇用保険法第33条第1項の離職理由に基づく給付制限を受ける。

D 個別延長給付を受けている受給資格者が、正当な理由がなく、公共職業安定所長の指示した公共職業訓練等を受けることを拒んだときは、その拒んだ日から起算して1ヵ月間に限り、基本手当は支給されない。

E 被保険者期間は、原則として、被保険者であった期間のうち、当該被保険者でなくなった日又は各月における喪失応当日の各前日から各前月の喪失応当日までさかのぼった各期間のうち、賃金の支払いの基礎となった日数が11日以上であるものを計算の対象とするが、これにより計算した被保険者期間で受給資格を満たさないときは、賃金の支払いの基礎となった時間数が80時間以上であるものも、その計算の対象となる。

^{速習}　A：P313、B：P309、C：(参考) P322、D：P323、E：P307〜308　　**解説**

A　✕　法21条、行政手引51102。**失業の認定**は、**待期期間**についても行われます。失業（疾病又は負傷のため職業に就くことができない場合を含む。）の認定があって初めて、失業の日又は疾病若しくは負傷のため職業に就くことができない日として認められるためです。

B　✕　法23条２項２号、則36条。設問の理由のみでは、特定受給資格者に該当しません。これに対して、離職の日の属する月の前６ヵ月において行われた時間外労働及び休日労働が、次のいずれかに該当する場合に、これを理由に離職した者は、特定受給資格者に該当します。

①いずれか**連続した３ヵ月以上**の期間において労働基準法36条３項に規定する**限度時間**（月45時間）に相当する時間数を**超えた**こと。

②いずれかの月において**１ヵ月あたり**100時間以上であったこと。

③いずれか**連続した２ヵ月以上**の期間を平均し１ヵ月あたり**80時間を超えた**こと。

C　✕　法33条１項、行政手引52203。設問の者は、離職理由による給付制限を受けません。賃金が、その者に支払われていた賃金に比べて**100分の85未満に低下**した（又は低下することとなった）ため退職した場合（設問の場合もこれに該当する。）には、当該低下の事実が予見困難なものである限り、退職するについて**正当な理由が**あるものとされるためです。

D　✕　法29条１項。設問の場合には、その拒んだ日以後、基本手当は支給されません。延長給付は、所定給付日数を超えて基本手当を支給し、手厚い保護を与えるものであることから、一定の延長給付については通常よりも厳しい給付制限が設けられています。

E　〇　法14条１項・３項。被保険者期間の計算は、原則として、被保険者であった期間を被保険者でなくなった日の前日（離職日）からさかのぼって１ヵ月ごとに区切った各期間のうち、賃金の支払いの基礎となった日数が**11日以上**であった期間を対象として行います。ただし、計算した被保険者期間が12ヵ月（又は６ヵ月）に**満たないとき**は、当該各期間のうち賃金の支払の基礎となった時間数が80時間以上である期間も計算の対象に含めます。

解答　**E**

傷病手当

傷病手当に関する次の記述のうち、正しいものはどれか。

A 疾病又は負傷のため職業に就くことができない状態が当該受給資格に係る離職前から継続している場合には、他の要件を満たす限り傷病手当が支給される。
B 有効な求職の申込みを行った後において当該求職の申込みの取消し又は撤回を行い、その後において疾病又は負傷のため職業に就くことができない状態となった場合、他の要件を満たす限り傷病手当が支給される。
C つわり又は切迫流産（医学的に疾病と認められるものに限る。）のため職業に就くことができない場合には、その原因となる妊娠（受胎）の日が求職申込みの日前であっても、当該つわり又は切迫流産が求職申込後に生じたときには、傷病手当が支給されない。
D 訓練延長給付に係る基本手当を受給中の受給資格者が疾病又は負傷のため公共職業訓練等を受けることができなくなった場合、傷病手当が支給される。
E 求職の申込みの時点においては疾病又は負傷にもかかわらず職業に就くことができる状態にあった者が、その後疾病又は負傷のため職業に就くことができない状態になった場合は、他の要件を満たす限り傷病手当が支給される。

A：P327、B・C：(参考) P 327、D：P327、E：P327

解説

A ✕ 行政手引53002。設問の場合には、傷病手当は支給されません。傷病手当は、次の要件に該当する者に対して支給されます。設問の場合には、このうちの④を満たしていないため傷病手当は支給されません。

①**受給資格者**であること。
②離職後公共職業安定所に出頭し、**求職の申込み**をしていること。
③疾病又は負傷のため職業に就くことができない状態にあること。
④上記③の状態が、上記②の**求職の申込みの後に生じた**ものであること。

B ✕ 行政手引53002。設問の場合には、傷病手当は支給されません。設問は、求職の申込みの**取消し又は撤回が行われた後**に、疾病又は負傷のために職業に就くことができない状態となっており、傷病手当の支給要件を満たしていません（選択肢Aの解説における④の要件を欠く。）。したがって、傷病手当は支給されません。

C ✕ 行政手引53002。設問の場合には、傷病手当が支給され得ます。設問は、**求職の申込みをした後**に、疾病又は負傷（つわり又は切迫流産）のために職業に就くことができない状態となっています（選択肢Aの解説における④の要件を満たす。）。したがって、傷病手当が支給され得ます。

D ✕ 行政手引53004。設問の場合には、傷病手当は支給されません。傷病手当は、受給資格者の所定給付日数から当該受給資格に基づきすでに基本手当が支給された日数を差し引いた日数分を限度として、支給されます。**延長給付**に係る基本手当を受給中の受給資格者については、すでに所定給付日数分の基本手当が支給されているため、傷病手当は支給されません。

E 〇 行政手引53002。設問の者は、求職の申込みの時点においては職業に就くことができる状態にあるため、この者が疾病又は負傷のため職業に就くことができない状態となったのは、**求職の申込み後**です（選択肢Aの解説における④の要件を満たす。）。したがって、他の要件を満たせば、この者に傷病手当が支給されます。

解答　E

問題 112

チェック欄

1	2	3

高年齢求職者給付金

予想

難易度 普　重要度 B

高年齢求職者給付金に関する次の記述のうち、正しいものはどれか。

A　雇用保険法第37条の3第1項によれば、高年齢求職者給付金は、高年齢被保険者が失業した場合において、原則として、離職の日以前2年間に、同法第14条の規定による被保険者期間が通算して12ヵ月以上であったときに、支給される。

B　高年齢受給資格者が受給期限日までに高年齢求職者給付金の支給を受けることなく高年齢被保険者として就職した後再び失業し、新たに高年齢受給資格を取得しなかったとしても、従前の高年齢受給資格に基づく高年齢求職者給付金の支給を受けることはできない。

C　算定基礎期間が2年であって、失業の認定日から受給期限日までの日数が30日である高年齢受給資格者に対して支給される高年齢求職者給付金の額は、基本手当日額の30日分である。

D　高年齢求職者給付金に係る算定基礎期間の算定にあたって、高年齢被保険者となった日前に基本手当の支給を受けたことがある者については、当該基本手当の受給資格に係る離職の日以前の被保険者であった期間も含めて、その算定が行われる。

E　雇用保険法第21条（待期）の規定は高年齢求職者給付金について準用されているが、同法第34条第1項（基本手当の不正受給に対する給付制限）の規定は高年齢求職者給付金について準用されていない。

速習レッスン A：P329、B：（参考）P318・330、C：P329、D：（参考）P317・329、E：P330　　**解説**

A　✕　法37条の3第1項。高年齢求職者給付金の支給要件は、原則として、「**離職の日の以前1年間**（算定対象期間）に、**被保険者期間が通算して6ヵ月以上**であったこと」です。なお、「離職の日以前1年間（算定対象期間）」については、基本手当の受給資格に係る算定対象期間と同様に、当該期間に傷病等の一定の理由により**引き続き30日以上賃金の支払いを受けることができなかった期間**があるときは、その日数を1年に加算した期間（**加算後の期間が4年を超えるときは、4年間**）とする延長措置が設けられています。

B　✕　法37条の3第2項。設問の場合には、従前の高年齢受給資格に基づく高年齢求職者給付金の支給を受けることができる場合があります。高年齢受給資格者が受給期限日までに高年齢求職者給付金の支給を受けることなく就職した後再び失業した場合であって、新たに**高年齢受給資格**又は特例受給資格を**取得しなかった**ときは、その受給期限日までに、従前の高年齢受給資格に基づく**高年齢求職者給付金**の支給を受けることができます。

C　◯　法37条の4第1項。高年齢求職者給付金の額は、**算定基礎期間**に応じて、①基本手当日額の**30日分**（算定基礎期間**1年未満**）又は②基本手当日額の**50日分**（算定基礎期間**1年以上**）とされています。ただし、失業の認定日から受給期限日までの日数が上記①②に定める日数に満たない場合には、**失業の認定日から受給期限日**までの日数に相当する日数分が支給されます。設問の高年齢受給資格者は、上記②に該当しますが、失業の認定日から受給期限日までの日数が30日であるため、基本手当日額の30日分が高年齢求職者給付金として支給されます。

D　✕　法37条の4第4項。設問中の「離職の日以前の被保険者であった期間も含めて」とする記述が誤りです。高年齢求職者給付金に係る算定基礎期間の算定にあたって、高年齢被保険者となった日前に**基本手当、高年齢求職者給付金又は特例一時金**の支給を受けたことがある者については、これらの給付の受給資格、高年齢受給資格又は特例受給資格に係る離職の日以前の被保険者であった期間は、その算定の対象から**除外**されます。

E　✕　法37条の4第6項。設問は、後半部分の記述が誤りです。基本手当の不正受給に対する給付制限の規定も、高年齢求職者給付金について**準用されています**。

解答　**C**

特例一時金

特例一時金に関する次の記述のうち、誤っているものはどれか。

A 特例一時金の額は、原則として、特例受給資格者を受給資格者とみなして計算した基本手当の日額の30日分（当分の間は40日分）である。

B 特例一時金は、短期雇用特例被保険者が失業した場合において、原則として離職の日以前1年間に被保険者期間が通算して6ヵ月以上であったときに支給される。

C 特例受給資格者が、当該特例受給資格に基づく特例一時金の支給を受ける前に公共職業安定所長の指示した公共職業訓練等（その期間が政令で定める期間に達しないものを除く。）を受ける場合には、特例一時金は支給されず、当該公共職業訓練等を受け終わる日までの間に限り、その者を受給資格者とみなして基本手当、技能習得手当、寄宿手当及び傷病手当が支給される。

D 短期雇用特例被保険者に係る被保険者期間は、当分の間、短期雇用特例被保険者が、月の途中で当該被保険者の資格を取得した場合には、その月の初日から当該資格を取得したものとみなし、当該資格の喪失の日の前日が月の途中である場合には、その月の末日を当該資格の喪失の日の前日とみなして計算される。

E 特例一時金の支給を受けようとする特例受給資格者は、当該特例受給資格に係る離職の日の翌日から起算して6ヵ月を経過する日までに、特例一時金の支給を受けるための手続きをしなければならない。

速習レッスン A：P331、B：P330、C：P332、D：P330、E：P331　　　　　**解説**

A　**○**　法40条1項、法附則8条。特例一時金の額は、原則として、基本手当の日額に相当する額の**30日分**です。ただし、当分の間においては、基本手当の日額に相当する額の**40日分**とされています。なお、特例一時金に係る**失業認定日から受給期限日までの日数**が30日（当分の間は40日）に満たない場合には、その日数に相当する日数分となります。

B　**○**　法39条1項。特例一時金は、短期雇用特例被保険者が失業した場合において、特例受給資格を満たしたときに、支給されます。この特例受給資格とは、「**離職の日以前1年間**（算定対象期間）に**被保険者期間が通算して6ヵ月以上**であったこと」です。

C　**✕**　法41条1項、行政手引56401。設問の特例受給資格者に対して支給されるのは、基本手当、技能習得手当及び寄宿手当のみです。傷病手当は支給されません。特例受給資格者が公共職業訓練等を受ける場合の特例については、次の点に注意しましょう。

①**特例一時金の支給を受けた者**は、特例の対象とならないこと。

②訓練期間が**30日未満**（当分の間は**40日未満**）のものは、特例の対象とならないこと。

③特例により支給される求職者給付は、**基本手当**、**技能習得手当**及び**寄宿手当**に限られ、**傷病手当は支給されない**こと。

D　**○**　法附則3条、行政手引55103。短期雇用特例被保険者に係る被保険者期間は、暦月方式により計算します。この方式では、短期雇用特例被保険者であった期間（適用事業の在籍期間）を「当該短期雇用特例被保険者がその資格を取得した日の属する**月の初日**からその資格を喪失した日の前日の属する**月の末日**まで引き続き短期雇用特例被保険者として雇用されていた期間」とみなして、その期間中の各暦月において、原則として、**賃金支払基礎日数が11日以上**である月を被保険者期間1ヵ月として計算します。

E　**○**　法40条3項。特例一時金の支給を受けようとする特例受給資格者は、当該特例受給資格に係る離職の日の翌日から起算して**6ヵ月**を経過する日（**受給期限日**）までに、公共職業安定所に出頭し、求職の申込みをした上、失業していることについての認定を受けなければなりません。

解答　C

問題 114

チェック欄

日雇労働求職者給付金（1）

予想

難易度 **難**　重要度 **B**

日雇労働求職者給付金に関する次の記述のうち、誤っているものはいくつあるか。

ア　日雇労働求職者給付金のいわゆる普通給付の日額については、3種類のものが定められている。

イ　雇用保険法第50条第1項では、日雇労働求職者給付金のいわゆる普通給付について、「日雇労働被保険者が失業した日の属する月における失業の認定を受けた日について、その月の前2月間に、その者について納付されている印紙保険料が通算して28日分以下であるときは、通算して13日分を限度として支給し、その者について納付されている印紙保険料が通算して28日分を超えているときは、通算して、28日分を超える4日分ごとに1日を13日に加えて得た日数分を限度として支給する。ただし、その月において通算して17日分を超えては支給しない。」と規定している。

ウ　日雇労働求職者給付金のいわゆる特例付の支給を受けるためには、少なくとも、継続する6ヵ月間（以下「基礎期間」という。）の最後の月の翌月以後4ヵ月間に、日雇労働求職者給付金のいわゆる普通給付の支給を受けていないことが必要である。

エ　日雇労働求職者給付金のいわゆる特例付の支給を受けるためには、少なくとも、基礎期間のうち後の5ヵ月間に日雇労働求職者給付金のいわゆる普通給付又は特例給付の支給を受けていないことが必要である。

オ　日雇労働求職者給付金のいわゆる特例給付に係る失業の認定は、その者の選択する公共職業安定所において、4週間に1回ずつ行われる。

A　一つ

B　二つ

C　三つ

D　四つ

E　五つ

> 速習レッスン ア：P333、イ：P332、ウ：P333、エ：P333、オ：P334　　**解説**

ア　○　法48条。日雇労働求職者給付金の普通給付は、第1級給付金から第3級給付金までの3種類が定められており、その日額は、第1級給付金が**7,500円**、第2級給付金が**6,200円**、第3級給付金が**4,100円**とされています。なお、特例給付の日額についても同様です。

イ　○　法50条1項。普通給付の支給日数は、納付された印紙保険料が**28日分**の場合の「**13日分**」を基準として、28日分を超える**4日分**ごとに、1日分が加算されていきます。これを表にまとめると次のとおりです。

納付された印紙保険料	支給日数の限度
26日分～31日分	**13日分**
32日分～35日分	14日分
36日分～39日分	15日分
40日分～43日分	16日分
44日分以上	**17日分**

ウ　×　法53条1項3号。「4ヵ月間」ではなく、「**2ヵ月間**」です。特例給付の支給を受けるためには、次の①～③の要件を満たしていることが必要です。設問は、③について問うています。

　①**基礎期間**（継続する6ヵ月間）に印紙保険料が**各月11日分以上**、かつ、**通算して78日分以上**納付されていること。

　②基礎期間のうち**後の5ヵ月間**に**普通給付又は特例給付**の支給を受けていないこと。

　③**基礎期間**の最後の月の翌月以後**2ヵ月間**（特例給付の支給を受けるための申出をした日が当該2ヵ月の期間内にあるときは、同日までの間）に**普通給付**の支給を受けていないこと。

エ　○　法53条1項2号、行政手引90602。設問は、上記**ウ**の解説中②の要件について問うています。

オ　×　則79条1項。「その者の選択する公共職業安定所」ではなく、「**管轄公共職業安定所**」です。特例給付に係る失業の認定は、**管轄**公共職業安定所において、**4週間に1回ずつ**行われます。

以上から、誤っているものは二つであるため、正解は**B**です。

解答　B

日雇労働求職者給付金（2）

日雇労働求職者給付金等に関する次の記述のうち、正しいものはどれか。

A　日雇労働求職者給付金の支給を受けることができる者が、公共職業安定所の紹介する業務に就くことを拒んだときは、その拒んだ日から起算して7日間は、日雇労働求職者給付金を支給しないが、当該紹介された業務が、その者の能力からみて不適当であると認められるときは、この限りでない。

B　日雇労働被保険者が、前2ヵ月の各月において18日以上同一の事業主の適用事業に雇用された場合には、さかのぼって、当該2ヵ月前から一般被保険者となる。

C　日雇労働求職者給付金のいわゆる普通給付は、日雇労働被保険者が失業した場合において、その失業の日の属する月の前2ヵ月間に、その者について、印紙保険料が各月11日分以上、かつ、通算して26日分以上納付されているときに限り、支給される。

D　日雇労働求職者給付金の支給を受けることができる者が、偽りその他不正の行為により求職者給付又は就職促進給付の支給を受け、又は受けようとしたときは、やむを得ない理由がある場合を除き、その支給を受け、又は受けようとした月及びその月の翌月から1ヵ月間は、日雇労働求職者給付金を支給しない。

E　日雇労働求職者給付金のいわゆる特例給付の支給を受けることができる期間及び日数は、継続する6ヵ月間の最後の月の翌月以後4ヵ月の期間内の失業している日について、通算して90日分が限度とされている。

速習レッスン　A：P333・334、B：P299、C：P332、D：P334、E：P333・334　　解説

A 〇 法52条1項1号。就業拒否による給付制限は、設問後半の①紹介された業務が、その者の能力からみて不適当であると認められるときは、行われません。このほか、②紹介された業務に対する賃金が、同一地域における同種の業務及び同程度の技能に係る一般の賃金水準に比べて、不当に低いとき、③職業安定法の規定に該当する同盟罷業又は作業所閉鎖の行われている事業所等に紹介されたとき、④その他正当な理由があるときも、同様に給付制限は行われません。

B ✕ 行政手引90251、90801。さかのぼって一般被保険者となるのではありません。また、日雇労働被保険者が、**前2ヵ月の各月**において**18日以上同一の事業主の適用事業に雇用**された場合には、原則として、その**翌月の初日**からその就業形態等により、他の被保険者の種類（一般被保険者等）に切り替わります。したがって、必ずしも一般被保険者に切り替わるとは限りませんので、この点においても誤りとなります。なお、日雇労働被保険者が、**同一の事業主の適用事業に継続して31日以上雇用**された場合も被保険者資格の切替えが行われ、**31日以上雇用されるに至った日**から一般被保険者等となります。

C ✕ 法45条、行政手引90401。日雇労働求職者給付金の**普通給付**が支給されるための「失業の日の属する月の前2ヵ月間の印紙保険料の納付要件」については、当該**2ヵ月間**に通算して**26日分以上**納付されていればよく、各月の納付状況は問われません。

D ✕ 法52条3項。不正受給による給付制限の期間は、その支給を受け、又は受けようとした**月及びその月の翌月から「3ヵ月間」**です。「1ヵ月間」ではありません。

E ✕ 法54条1号。「90日分」ではなく、「60日分」です。日雇労働求職者給付金の**特例給付**は、**受給期間内**（設問の**4ヵ月**の期間内）の失業している日（失業の認定を受けた日）について、**通算して60日分を限度**として支給されます。

解答　**A**

就職促進給付（1）

就職促進給付に関する次のアからオの記述のうち、誤っているものの組合せは、後記AからEまでのうちどれか。

ア 基本手当の受給資格者が離職前の事業主に再び雇用されたときは、就業促進手当を受給することができない。

イ 基本手当の受給資格者が公共職業安定所の紹介した職業に就くためその住所を変更する場合、移転費の額を超える就職支度費が就職先の事業主から支給されるときは、当該受給資格者は移転費を受給することができない。

ウ 再就職手当を受給した者が、当該再就職手当の支給に係る同一の事業主にその職業に就いた日から引き続いて6か月以上雇用された場合で、当該再就職手当に係る雇用保険法施行規則第83条の2にいうみなし賃金日額が同条にいう算定基礎賃金日額を下回るときは、就業促進定着手当を受給することができる。

エ 事業を開始した基本手当の受給資格者は、当該事業が当該受給資格者の自立に資するもので他の要件を満たす場合であっても、再就職手当を受給することができない。

オ 基本手当の受給資格者が職業訓練の実施等による特定求職者の就職の支援に関する法律第4条第2項に規定する認定職業訓練を受講する場合には、求職活動関係役務利用費を受給することができない。

A （アとイ） B （アとウ） C （イとエ）
D （ウとオ） E （エとオ）

ア：P337・338・341、イ：P342、ウ：P339、エ：P338、オ：P344　**解説**

ア ○ 法56条の3第1項、則82条1項1号・2項2号。「離職前の事業主に再び雇用されたものでないこと」は、**就業促進手当**（**就業手当、再就職手当、就業促進定着手当**及び**常用就職支度手当**）に共通する支給要件です。

イ ○ 法58条1項、則86条2号。移転費は、就職先の事業主から就職支度費が**支給されていない**場合、又はその支給額が移転費の額に**満たない**場合に受給することができます。設問では、「移転費の額を超える就職支度費」が支給されているため、移転費を受給することができません。

ウ ○ 法56条の3第3項2号、則83条の2。就業促進定着手当は、受給資格者が、次の①～③のすべてに該当する場合に支給されます。
①**再就職手当**の支給を受けたこと。
②再就職手当の支給に係る同一の事業主の適用事業にその職業に就いた日から**引き続いて6ヵ月以上雇用**されたこと。
③**みなし賃金日額**（再就職後の賃金日額）が、**算定基礎賃金日額**（離職時の賃金日額）を**下回った**こと。

エ × 法56条の3第1項1号ロ、則82条の2。設問の場合には、再就職手当を受給することができます。**事業を開始**した受給資格者も、当該事業により受給資格者が自立することができると公共職業安定所長が認めたときは、再就職手当の支給対象となります。

オ × 則100条の6。設問の場合でも、要件を満たす限り、求職活動関係役務利用費を受給することができます。求職活動関係役務利用費は、**受給資格者等**が**求人者との面接等**をし、又は**求職活動関係役務利用費対象訓練**を**受講**するため、その子に関して、**保育等サービスを利用**する場合（待期期間が経過した後に保育等サービスを利用する場合に限る。）に支給されます。求職活動関係役務利用費対象訓練には、①**教育訓練給付金**の支給に係る教育訓練、②**短期訓練受講費**の支給に係る教育訓練、③**公共職業訓練等**、④求職者支援法に規定する**認定職業訓練**があります。設問は、④についてです。

以上から、誤っているものの組合せは、**E（エとオ）**です。

解答　E

問題 117 就職促進給付（2）

予想

難易度 普　重要度 C

移転費及び求職活動支援費に関する次の記述のうち、正しいものはどれか。

A　高年齢受給資格者に対しては、移転費が支給されることはあるが、求職活動支援費が支給されることはない。

B　移転費は、雇用保険法第33条第1項の規定によるいわゆる離職理由による給付制限期間中に就職し、又は公共職業訓練等を受けることとなった者に対して支給されることはない。

C　公共職業安定所の紹介した職業に就くこととなった受給資格者等が、移転費の支給を受けようとするときは、当該職業に就くことが決定した日の翌日から起算して1ヵ月以内に、移転費支給申請書に受給資格者証等を添えて管轄公共職業安定所の長に提出しなければならない。

D　移転費のうちの鉄道賃、船賃、航空賃及び車賃は、受給資格者等及びその者が随伴する親族が就職先の事業主等が所有する自動車等を使用して住所又は居所を変更する場合であっても、雇用保険法施行規則第88条第1項から第4項までの規定により計算した額が支給される。

E　求職活動支援費の額を定めるにあたっては、その支給の対象となる雇用保険法第59条第1項各号の行為に通常要する費用を考慮することとされている。

速習
レッスン　A：P342・343、B：P342、C：P343、D：P342、E：(参考) P343・344　　解説

A　✕　法58条1項、59条1項。求職活動支援費も支給されることがあります。就職促進給付のうち、**常用就職支度手当、移転費及び求職活動支援費**については、これらの支給要件を満たす限り、**高年齢受給資格者**に対しても、支給されます。

B　✕　則86条1号。移転費は、**離職理由による**給付制限期間中に就職し、又は公共職業訓練等を受けることとなった者に対しても、支給されることがあります。なお、離職理由による給付制限以外の給付制限である場合には、その給付制限期間が経過した後に就職し、又は公共職業訓練等を受けることとなった場合でなければ、移転費は支給されません。

C　✕　則92条1項。設問は、移転費の支給申請期限に関する記述が誤りです。移転費の支給申請期限は、「移転の日の翌日から起算して1ヵ月以内」です。これは、移転費の支給事由が「受給資格者等が公共職業安定所の紹介した職業に就く場合」であっても、「受給資格者等が公共職業安定所長の指示した公共職業訓練等を受ける場合」であっても、同じです。

D　✕　則88条6項。設問の場合には、原則として、受給資格者等及びその者が随伴する親族が支払った費用に基づき算定した額（**実費相当額**）が、鉄道賃、船賃、航空賃及び車賃として支給されます。雇用保険法施行規則88条1項〜4項の規定により計算した額（計算額）が支給されるのではありません。なお、実費相当額が計算額を超えるときは、計算額が支給されます。

E　○　法59条2項。求職活動支援費の額は、その支給の対象となる行為（①公共職業安定所の紹介による広範囲の地域にわたる求職活動、②公共職業安定所の職業指導に従って行う職業に関する教育訓練の受講その他の活動、③求職活動を容易にするための役務の利用）に**通常要する費用**を考慮して、厚生労働省令で定めることとされています。

4
章

雇用保険法

解答　E

教育訓練給付(1)

予想

教育訓練給付に関する次の記述のうち、正しいものはどれか。なお、本問において、「基準日」とは「当該教育訓練を開始した日」のことである。

A 育児を理由として引き続き30日以上教育訓練を開始することができなかった一般被保険者であった者が教育訓練給付対象者となるためには、当該一般被保険者でなくなった日から起算して4年を経過する日までの間に教育訓練を開始しなければならない。

B 教育訓練給付対象者であって、基準日前に教育訓練給付金の支給を受けたことがないものが、特定一般教育訓練に係る教育訓練給付金の支給を受けるためには、当分の間、その者に係る支給要件期間が2年以上でなければならない。

C 一般教育訓練に係る教育訓練給付金の額として算定された額が4,000円を超えないとき、又は教育訓練給付対象者が基準日前3年以内に教育訓練給付金の支給を受けたことがあるときは、一般教育訓練に係る教育訓練給付金は支給されない。

D 管轄公共職業安定所の長は、専門実践教育訓練を受けている者に対する専門実践教育訓練に係る教育訓練給付金の支給を決定したときは、その日の翌日から起算して10日以内に、当該支給申請に係る支給単位期間について教育訓練給付金を支給するものとされている。

E 教育訓練支援給付金は、過去に教育訓練支援給付金を受けたことがある者に対しても、支給されることがある。

速習レッスン　A：P347、B：P349、C：P348、D：P354、E：P354

解説

A ✗ 法60条の２第１項２号、則101条の２の５第１項。「４年」ではなく、「20年」です。教育訓練給付対象者は、「①教育訓練を開始した日（基準日）に**一般被保険者**又は**高年齢被保険者**である者」又は「②前記①に掲げる者以外の者であって、基準日が当該基準日の直前の**一般被保険者**又は**高年齢被保険者**でなくなった日から**１年以内**にあるもの」です。前記②中の「１年」については、当該期間内に**妊娠、出産、育児、疾病、負傷**等により**引き続き30日以上**教育訓練を開始することができない者が、その旨を申し出た場合には、その日数を加算した期間（加算後の期間が**20年**を超えるときは、**20年**）となります。

B ✗ 法60条の２第１項、法附則11条、則101条の２の７第１号の２、則附則24条。設問の者に係る支給要件期間は、「**１年以上**」であれば足ります。「２年以上」である必要はありません。教育訓練給付金の支給を受けるための支給要件期間をまとめると、次のとおりです。暫定措置は、教育訓練給付対象者であって、基準日前に教育訓練給付金の支給を**受けたことがないもの**に適用されます。

教育訓練の区分	支給要件期間	
	原則	暫定措置
一般教育訓練／**特定一般**教育訓練	３年以上	１年以上
専門実践教育訓練		２年以上

C ○ 法60条の２第５項、則101条の２の９、101条の２の10。一般教育訓練に係る教育訓練給付金は、次の場合には、支給されません。

①当該教育訓練給付金の額として算定された額が**4,000円**を超えない場合
②教育訓練給付対象者が基準日前**３年以内**に教育訓練給付金の支給を受けたことがある場合

D ✗ 則101条の２の14第１項。「10日以内」ではなく、「７日以内」です。専門実践教育訓練に係る教育訓練給付金の支給は、管轄公共職業安定所の長が、**その支給を決定した日**の翌日から起算して**７日以内**に、行うものとされています。

E ✗ 法附則11条の２第１項、則附則25条。過去に教育訓練支援給付金を受けたことがある者に対して、教育訓練支援給付金が（再度）支給されることは**ありません**。

解答　C

教育訓練給付（2）

教育訓練給付に関する次の記述のうち、誤っているものはどれか。なお、本問において、「教育訓練」とは、雇用保険法第60条の2第1項の規定に基づき厚生労働大臣が指定する教育訓練のことをいう。

A 特定一般教育訓練受講予定者は、キャリアコンサルティングを踏まえて記載した職務経歴等記録書を添えて管轄公共職業安定所の長に所定の書類を提出しなければならない。

B 一般教育訓練給付金は、一時金として支給される。

C 偽りその他不正の行為により教育訓練給付金の支給を受けたことから教育訓練給付金を受けることができないとされた者であっても、その後新たに教育訓練給付金の支給を受けることができるものとなった場合には、教育訓練給付金を受けることができる。

D 専門実践教育訓練を開始した日における年齢が45歳以上の者は、教育訓練支援給付金を受けることができない。

E 一般被保険者でなくなって1年を経過しない者が負傷により30日以上教育訓練を開始することができない場合であって、傷病手当の支給を受けているときは、教育訓練給付適用対象期間延長の対象とならない。

速習レッスン A：P350、B：P349、C：P348、D：P354、E：P347　　**解説**

A ○ 則101条の2の11の2第1項。特定一般教育訓練受講予定者は、訓練を受講する前に、キャリアコンサルタントによるキャリアコンサルティングを受けなければなりません。特定一般教育訓練に係る教育訓練給付金の支給申請手続においては、キャリアコンサルティングを踏まえて記載した職務経歴等記録書を添付することとされています。

B ○ 行政手引58014。一般教育訓練に係る教育訓練給付金は、「一般教育訓練の受講費用×**100分の20**」の額（上限額10万円）が一時金として支給されます。

C ○ 法60条の3第2項。偽りその他不正の行為により教育訓練給付金の支給を受け、又は受けようとした者には、やむを得ない理由がある場合を除き、当該給付金の支給を受け、又は受けようとした**日以後**、教育訓練給付金は支給されません。ただし、この給付制限が行われた者も、新たに教育訓練給付金の支給を受けることができる者となった場合には、教育訓練給付金の支給を受けることができます。

D ○ 法附則11条の2第1項。教育訓練支援給付金は、教育訓練給付対象者のうち45歳未満の離職者（所定の要件を満たす者に限る。）が、令和7年3月31日以前に専門実践教育訓練を開始した場合に、当該教育訓練を受けている日のうち失業している日について支給されます。

E × 行政手引58022。延長の対象となります。教育訓練を開始した日（以下「基準日」という。）において一般被保険者等でない者が、教育訓練給付対象者となるためには、基準日の直前の一般被保険者等でなくなった日が基準日以前**1年以内**にあることが必要ですが、この「1年以内」の間に妊娠、出産、育児等の理由により引き続き30日以上対象教育訓練の受講を開始することができない日がある場合には、当該一般被保険者等でなくなった日から基準日までの教育訓練給付の対象となり得る期間（適用対象期間）の延長が認められます（延長後の期間が20年を超えるときは、**20年**）。この延長が認められる理由のうちの「疾病又は負傷」については、当該疾病又は負傷を理由として傷病手当の支給を受ける場合であってもよく、当該疾病又は負傷に係る期間は、**延長の対象に**含めるものとされています。

解答　E

問題 120

高年齢雇用継続給付

過令4

高年齢雇用継続給付に関する次の記述のうち、正しいものはどれか。

A　60歳に達した被保険者（短期雇用特例被保険者及び日雇労働被保険者を除く。）であって、57歳から59歳まで連続して20か月間基本手当等を受けずに被保険者でなかったものが、当該期間を含まない過去の被保険者期間が通算して5年以上であるときは、他の要件を満たす限り、60歳に達した日の属する月から高年齢雇用継続基本給付金が支給される。

B　支給対象期間の暦月の初日から末日までの間に引き続いて介護休業給付の支給対象となる休業を取得した場合、他の要件を満たす限り当該月に係る高年齢雇用継続基本給付金を受けることができる

C　高年齢再就職給付金の支給を受けることができる者が同一の就職につき再就職手当の支給を受けることができる場合、その者の意思にかかわらず高年齢再就職給付金が支給され、再就職手当が支給停止となる。

D　高年齢雇用継続基本給付金の受給資格者が、被保険者資格喪失後、基本手当の支給を受けずに8か月で雇用され被保険者資格を再取得したときは、新たに取得した被保険者資格に係る高年齢雇用継続基本給付金を受けることができない。

E　高年齢再就職給付金の受給資格者が、被保険者資格喪失後、基本手当の支給を受け、その支給残日数が80日であった場合、その後被保険者資格の再取得があったとしても高年齢再就職給付金は支給されない。

| 速習レッスン | A：P358、B：P358、C：P361、D：(参考) P358、E：(参考) P360 | 解説 |

A ✕ 法61条1項、行政手引59011。60歳に達した日の属する月からは、高年齢雇用継続基本給付金は**支給されません**。高年齢雇用継続基本給付金の支給を受けるためには、**算定基礎期間に相当する期間が通算して5年以上**であることが必要です。設問の者は、57歳から59歳まで連続して20ヵ月間（1年超）、被保険者でなかったことから、これ以前の被保険者であった期間を算定基礎期間に相当する期間に通算することができず、60歳に達した日において、算定基礎期間に相当する期間が5年に満たないためです。

B ✕ 法61条2項。設問の月については、**受けることができません**。暦月の初日から末日までの間に引き続いて介護休業給付の支給対象となる休業を取得した月は、支給対象月となりません。「**支給対象月**」とは、被保険者が60歳に達した日の属する月から65歳に達する日の属する月までの期間内にある月のうち、その月の初日から末日まで**引き続いて**、①被保険者であり、かつ、②**介護休業給付金**又は育児休業給付金若しくは出生時育児休業給付金の支給を受けることができる**休業をしなかった月**をいいます。

C ✕ 法61条の2第4項。設問の場合には、**その者の選択**により、高年齢再就職給付金又は再就職手当の**いずれか一方が支給**されます（併給調整）。その者の意思にかかわらず、高年齢再就職給付金が支給されるのではありません。

D ✕ 行政手引59311。高年齢雇用継続基本給付金の受給資格者が、被保険者資格喪失後、**基本手当の支給を受けずに**、**1年以内**に雇用され**被保険者資格を再取得**したときは、所定の要件を満たす限り、新たに取得した被保険者資格に係る高年齢雇用継続基本給付金を**受けることができます**。

E 〇 法61の2第1項1号、行政手引59314。高年齢再就職給付金の受給資格者が、被保険者資格喪失後、当該高年齢再就職給付金に係る基本手当の受給資格に基づいて再度**基本手当の支給を受け**、その後に**被保険者資格を再取得**した場合は、当該再度の基本手当の支給分を差し引いても**支給残日数が100日以上**であれば、再度、高年齢再就職給付金の支給対象となります。設問の者は、基本手当の支給残日数が80日であり、「支給残日数が100日以上」という要件を満たしていないので、高年齢再就職給付金は支給されません。

4章

雇用保険法

| 解答 | E |

| 問題 | 121 | チェック欄 | 1 | 2 | 3 |

介護休業給付

過平30 変更D

難易度 難　　重要度 B

介護休業給付金に関する次の記述のうち、正しいものはどれか。なお、本問の被保険者には、短期雇用特例被保険者及び日雇労働被保険者を含めないものとする。

A　被保険者が介護休業給付金の支給を受けたことがある場合、同一の対象家族について当該被保険者が3回以上の介護休業をした場合における3回目以後の介護休業については、介護休業給付金を支給しない。

B　介護休業給付の対象家族たる父母には養父母が含まれない。

C　被保険者が介護休業給付金の支給を受けたことがある場合、同一の対象家族について当該被保険者がした介護休業ごとに、当該介護休業を開始した日から当該介護休業を終了した日までの日数を合算して得た日数が60日に達した日後の介護休業については、介護休業給付金を支給しない。

D　雇用保険法第37条の5第1項の申出をして高年齢被保険者となった者は、当該申出に係る適用事業のすべての適用事業において介護休業をした場合だけでなく、いずれか一の適用事業においてのみ介護休業をした場合においても、他の要件を満たす限り、介護休業給付金を受給することができる。

E　介護休業給付金の支給を受けた者が、職場に復帰後、他の対象家族に対する介護休業を取得する場合、先行する対象家族に係る介護休業取得回数にかかわらず、当該他の対象家族に係る介護休業開始日に受給資格を満たす限り、これに係る介護休業給付金を受給することができる。

302

A：P363、B：P362、C：P363、D：P357、E：（参考）P363

解説

A ✗ 法61条の4第6項1号。介護休業給付金が支給されないのは、「4回以上」の介護休業をした場合における「4回目」以後の介護休業についてです。被保険者が介護休業給付金の支給を受けたことがある場合において、当該被保険者が次の①又は②のいずれかに該当する介護休業をしたときは、介護休業給付金は、支給されません。設問は①についてです。

①同一の対象家族について当該被保険者が4回以上の介護休業をした場合における**4回目以後**の介護休業

②同一の対象家族について当該被保険者がした介護休業ごとに、当該介護休業を開始した日から当該介護休業を終了した日までの日数を合算して得た日数が**93日に達した日後**の介護休業

B ✗ 法61条の4第1項、行政手引59802。介護休業給付の**対象家族**たる父母には、**養父母**も含まれます。

C ✗ 法61条の4第6項2号。介護休業給付金を支給しないのは、設問の日数が「60日」ではなく、「**93日**」に達した日後の介護休業についてです。設問は、選択肢Aの解説②についてです。

D ✗ 法37条の6第1項。申出に係る適用事業のうちいずれか一の適用事業においてのみ介護休業をした場合には、介護休業給付金を受給することができません。申出をして高年齢被保険者となった者（特例高齢者被保険者）が介護休業給付金を受給するためには、申出に係る適用事業の**すべて適用事業**において**介護休業**をしたことが必要です。

E ○ 行政手引59861。たとえば、対象家族である母に係る介護休業給付金の支給を受けた者が、職場に復帰後、他の対象家族である父に対する介護休業を取得する場合についても、この父に係る介護休業開始日において、所定の支給要件を満たせば、介護休業給付金の支給対象となります。

解答　E

問題 122

育児休業給付

予想 難易度 易 重要度 A

育児休業給付に関する次の記述のうち、誤っているものはどれか。なお、本問の被保険者には、短期雇用特例被保険者及び日雇労働被保険者は含めないものとする。

A 育児休業給付には、育児休業給付金及び出生時育児休業給付金がある。

B 育児休業給付金は、育児休業をした被保険者に当該被保険者を雇用している事業主から支給単位期間に賃金が支払われた場合において、当該賃金の額が休業開始時賃金日額に支給日数を乗じて得た額の100分の80に相当する額以上であるときは、当該支給単位期間については、支給されない。

C 育児休業給付金の額は、一支給単位期間について、休業開始時賃金日額に支給日数を乗じて得た額に100分の50（当該休業を開始した日から起算し当該育児休業給付金（同一の子について当該被保険者が支給を受けていた出生時育児休業給付金を含む。）の支給に係る休業日数が通算して180日に達するまでの間に限り、100分の67）に相当する額である。

D 出生時育児休業給付金の支給に係る申請書は、原則として、当該出生時育児休業給付金の支給に係る子の出生の日から起算して8週間を経過する日の翌日から当該日から起算して4ヵ月を経過する日の属する月の末日までに、提出しなければならない。

E 出生時育児休業給付金は、同一の子について当該被保険者がした出生時育児休業ごとに、当該出生時育児休業を開始した日から当該出生時育児休業を終了した日までの日数を合算して得た日数が28日に達した日後の出生時育児休業については、支給されない。

| 速習
レッスン | A：P357、B：P364、C：P365、D：P366、E：P366 | 解説 |

A ◯ 法61条の6第1項。育児休業給付には、①**育児休業給付金**と②**出生時育児休業給付金**の2種類があります。このうち、出生時育児休業給付金は、出生時育児休業をした被保険者を支給対象とするため、その支給を受けることができるのは、男性に限られます。

B ◯ 法61条の7第7項。事業主から賃金が支払われた支給単位期間については、その賃金の額が「**休業開始時賃金日額×支給日数×100分の80**」未満であるときに限り、育児休業給付金の支給対象となります。

C ◯ 法61条の7第6項、61条の8第8項。育児休業給付金の額は、「**休業開始時賃金日額×支給日数×支給率**」による額です。支給率は、原則として、100分の50ですが、休業日数が通算して180日に達するまでの間については、100分の67に引き上げられます。また、休業日数を計算するにあたっては、同一の子について当該被保険者がすでに出生時育児休業給付金の支給を受けていたときは、出生時育児休業給付金の支給に係る日数を**通算**します。

D ✕ 則101条の33第1項。「4ヵ月を経過する日」ではなく、「2ヵ月を経過する日」です。出生時育児休業給付金の支給に係る申請書の提出期間は、子の出生の日から起算して**8週間を経過する日の翌日**から当該日から起算して**2ヵ月を経過する日の属する月の末日**までです。2回の出生時育児休業をした場合であっても、支給申請は、この間に、まとめて行います。

E ◯ 法61条の8第2項。出生時育児休業給付金が支給されるのは、同一の子について、**2回**を限度として、**通算28日**までの出生時育児休業についてです。同一の子について当該被保険者がした次の出生時育児休業には支給されません。
①3回以上の出生時育児休業をした場合における3回目以後の出生時育児休業
②出生時育児休業ごとに、その開始日から終了日までの日数を合算して得た日数が28日に達した日後の出生時育児休業

4
章

雇用保険法

解答　**D**

305

雇用保険二事業、費用の負担

次の記述のうち、正しいものはどれか。

A 政府は雇用安定事業及び能力開発事業の全部又は一部を独立行政法人高齢・障害・求職者雇用支援機構に行わせるものとする。

B 政府は、被保険者及び被保険者であった者に関してのみ、職業生活の全期間を通じて、これらの者の能力を開発し、及び向上させることを促進するため、能力開発事業を行うことができる。

C 雇用保険法第66条第1号イに掲げる場合（雇用情勢等が悪化している場合）における国庫負担の割合は、求職者給付のうちでは、基本手当（広域延長給付を受ける者に支給するものを除く。）に要する費用に係るものよりも、日雇労働求職者給付金に要する費用に係るものの方が低く定められている。

D 国庫は、育児休業給付に要する費用の一部を負担するが、その負担割合は、雇用保険法第66条第1項第1号イに掲げる場合とそれ以外の場合とで、異なる。

E 雇用保険事業の事務の執行に要する経費については、国庫が、毎年度、予算の範囲内において、これを負担する。

速習レッスン　A：P368、B：P368、C：P370、D：P370、E：P370　　解説

A　×　法62条3項、63条3項。**独立行政法人高齢・障害・求職者雇用支援機構**に行わせるものとされているのは、雇用安定事業及び能力開発事業（就職支援法事業を除く。）の**一部**に限られます。

B　×　法63条1項。能力開発事業の対象者は、**被保険者及び被保険者であった者**に限られません。**被保険者になろうとする者**も、対象者に含まれます。この点は、雇用安定事業についても同様です。

C　×　法66条1項1号イ・2号イ。設問の場合の国庫負担の割合は、基本手当に要する費用に係るもの（4分の1）よりも、日雇労働求職者給付金に要する費用に係るもの（3分の1）の方が高く定められています。雇用保険の給付等に対する（法本則に定める）国庫負担の割合は、次のとおりです。

●給付等に対する国庫負担

給付等の種類	国庫負担の割合	
	雇用情勢等の悪化時	左記以外の場合
①**求職者給付**（下記②③及び高年齢求職者給付金を除く。）	4分の1	40分の1
②**広域延長給付**	3分の1	30分の1
③**日雇労働求職者給付金**	3分の1	30分の1
④**雇用継続給付**（介護休業給付金に限る。）	8分の1	
⑤**育児休業給付**	8分の1	
⑥**職業訓練受講給付金**	2分の1	

D　×　法66条1項4号。**育児休業給付**に要する費用に係る国庫負担の割合は、設問の場合とそれ以外の場合とで、**異なりません**。設問の場合とそれ以外の場合とで国庫負担の割合が**異なる**のは、求職者給付に限られます。

E　○　法66条6項。国庫は、**毎年度**、予算の範囲内において、次の①②の費用等を負担します。設問は、②についてです。
①**就職支援法事業**に要する費用（職業訓練受講給付金に要する費用を除く。）
②**雇用保険事業の**事務の執行に要する経費

解答　E

問題 124

チェック欄

雇用保険制度全般（1）

過令2

難易度 普　重要度 A

被保険者資格の得喪と届出に関する次の記述のうち、正しいものはどれか。

A　法人（法人でない労働保険事務組合を含む。）の代表者又は法人若しくは人の代理人、使用人その他の従業者が、その法人又は人の業務に関して、雇用保険法第7条に規定する届出の義務に違反する行為をしたときは、その法人又は人に対して罰金刑を科すが、行為者を罰することはない。

B　公共職業安定所長は、雇用保険被保険者資格喪失届の提出があった場合において、被保険者でなくなったことの事実がないと認めるときは、その旨につき当該届出をした事業主に通知しなければならないが、被保険者でなくなったことの事実がないと認められた者に対しては通知しないことができる。

C　雇用保険の被保険者が国、都道府県、市町村その他これらに準ずるものの事業に雇用される者のうち、離職した場合に、他の法令、条例、規則等に基づいて支給を受けるべき諸給与の内容が法の規定する求職者給付及び就職促進給付の内容を超えると認められるものであって雇用保険法施行規則第4条に定めるものに該当するに至ったときは、その日の属する月の翌月の初日から雇用保険の被保険者資格を喪失する。

D　適用事業に雇用された者で、雇用保険法第6条に定める適用除外に該当しないものは、雇用契約の成立日ではなく、雇用関係に入った最初の日に被保険者資格を取得する。

E　暫定任意適用事業の事業主がその事業について任意加入の認可を受けたときは、その事業に雇用される者は、当該認可の申請がなされた日に被保険者資格を取得する。

速習レッスン A：P373、B：（参考）P304、C：記載なし、D：P304、E：記載なし　　**解説**

A　✕　法86条1項。設問の場合には、行為者も罰せられます。法人（法人でない労働保険事務組合を含む。）の**代表者**又は法人若しくは人の**代理人**、**使用人**その他の従業者が、その法人又は人の業務に関して、所定の違反行為をしたときは、**行為者**が罰せられるほか、その**法人**又は**人**に対しても各本条の罰金刑が科せられます（両罰規定）。設問の違反行為も、この処罰の対象となります。

B　✕　則11条1項。被保険者でなくなったことの事実がないと認められた者に対しても**通知**しなければなりません。公共職業安定所長は、資格取得届又は資格喪失届の提出があった場合において、被保険者となったこと又は被保険者でなくなったことの事実がないと認めるときは、その旨を次の者に通知しなければなりません。

①被保険者となったこと又は被保険者でなくなったことの事実がないと認められた者

②当該届出をした事業主

C　✕　行政手引20604。「その日の属する月の翌月の初日」ではなく、「その日」から被保険者の資格を喪失します。設問の場合には、この者は、雇用保険の適用除外に該当することとなるため、**その日**に被保険者の資格を喪失したものとして取り扱われます。

D　〇　行政手引20551。適用事業に雇用された者は、原則として、その適用事業に**雇用されるに至った日**から、被保険者の資格を取得します。この場合の「雇用されるに至った日」とは、雇用契約の成立の日を意味するものではなく、**雇用関係に入った最初の日**のことです。

E　✕　行政手引20556。設問の場合には、「当該認可の申請がなされた日」ではなく、「当該認可のあった日」に被保険者の資格を取得します。暫定任意適用事業の事業主がその事業について任意加入の認可を受けたときは、その日に、当該事業は適用事業となり、その事業に雇用される者は、適用事業に雇用された者となります。したがって、この者は、**認可があった日**に被保険者資格を取得します。

4章

雇用保険法

解答　　D

雇用保険制度全般（2）

高年齢被保険者に関する次の記述のうち、正しいものはどれか。

A 　高年齢求職者給付金の支給を受けた者が、失業の認定の翌日に就職した場合、当該高年齢求職者給付金を返還しなければならない。
B 　疾病又は負傷のため労務に服することができない高年齢被保険者は、傷病手当を受給することができる。
C 　雇用保険法第60条の2に規定する支給要件期間が2年である高年齢被保険者は、厚生労働大臣が指定する教育訓練を受け、当該教育訓練を修了した場合、他の要件を満たしても教育訓練給付金を受給することができない。
D 　高年齢求職者給付金の支給を受けようとする高年齢受給資格者は、公共職業安定所において、離職後最初に出頭した日から起算して4週間に1回ずつ直前の28日の各日について、失業の認定を受けなければならない。
E 　雇用保険法によると、高年齢求職者給付金の支給に要する費用は、国庫の負担の対象とはならない。

速習レッスン　A：P330、B：P292、C：P347・348・349・351、D：P330、E：P370　解説

A　✕　行政手引54201。失業の認定の翌日に就職した場合であっても、高年齢求職者給付金を返還する必要はありません。**高年齢求職者給付金**は、基本手当等と異なり、失業している日数に対応して支給されるものでなく、失業の状態にあれば支給されるものであり、**失業の認定の日**に**失業の状態**にあれば、その翌日から就職したとしても**返還の必要はありません**。

B　✕　法10条3項。高年齢被保険者は傷病手当を受給することができません。傷病手当は、一般被保険者に係る求職者給付の1つであり、高年齢被保険者に支給されることはありません。高年齢被保険者に係る求職者給付は、**高年齢求職者給付金**のみです。

C　✕　法60条の2第1項1号、法附則11条。高年齢被保険者も、所定の要件を満たせば、教育訓練給付金を受給することができます。教育訓練給付金は、次のいずれかに該当する者が、厚生労働大臣が指定する教育訓練を受け、当該教育訓練を修了した場合において、支給要件期間が一定以上であるときに、支給されます。また、支給要件期間は、初めて教育訓練給付金の支給を受ける者については、当分の間、**1年以上**（専門実践教育訓練に係る教育訓練給付金を受ける者にあっては、**2年以上**）であれば足ります。

①当該**教育訓練を開始した日**（以下「**基準日**」という。）に**一般被保険者又は高年齢被保険者**である者

②上記①以外の者であって、基準日が当該基準日の直前の**一般被保険者又は高年齢被保険者でなくなった日**から**1年以内**にあるもの

D　✕　法37条の4第5項。失業の認定日に1回、失業の認定を受ければ足ります。高年齢求職者給付金の支給を受けようとする高年齢受給資格者は、離職の日の翌日から起算して**1年**を経過する日までに、公共職業安定所に出頭し、**求職の申込みをした上、失業していることについての認定**を受けなければなりません。

E　〇　法66条1項。**高年齢求職者給付金**、**就職促進給付**、**教育訓練給付**、**高年齢雇用継続給付及び雇用保険二事業**（就職支援法事業を除く。）に要する費用については、国庫負担の対象となりません。

解答　**E**

問題 126

チェック欄

［選択式］目的等

予想

難易度 普　重要度 B

次の文中の　　　　の部分を選択肢の中の最も適切な語句で埋め、完全な文章とせよ。

1　雇用保険法第1条は、「雇用保険は、労働者が失業した場合及び労働者について雇用の継続が困難となる事由が生じた場合に必要な給付を行うほか、労働者が自ら職業に関する教育訓練を受けた場合及び労働者が　A　をした場合に必要な給付を行うことにより、労働者の生活及び雇用の安定を図るとともに、求職活動を容易にする等その就職を促進し、あわせて、労働者の　B　の安定に資するため、失業の予防、雇用状態の是正及び　C　、労働者の能力の開発及び向上その他労働者の福祉の増進を図ることを目的とする。」と規定している。

2　雇用保険法第2条第2項は、「雇用保険の事務の一部は、政令で定めるところにより、　D　が行うこととすることができる。」と規定している。

3　雇用保険法第4条第3項は、「この法律において「失業」とは、被保険者が離職し、　E　にもかかわらず、職業に就くことができない状態にあることをいう。」と規定している。

選択肢

① 就労環境
② 自己の責めに帰すべき事由がない
③ 市町村長
④ 就業のための住所又は居所の変更
⑤ 都道府県知事
⑥ 職業に就くことを希望している
⑦ 職業生活の充実
⑧ 疾病又は負傷による長期の療養
⑨ 再就職の促進
⑩ 労働の意思及び能力を有する
⑪ 経済的地位
⑫ 労働することができる環境にある
⑬ 職業
⑭ 家族を介護するための休業
⑮ 労働条件の向上
⑯ 子を養育するための休業
⑰ 社会生活
⑱ 雇用機会の増大
⑲ 日本年金機構
⑳ 独立行政法人高齢・障害・求職者雇用支援機構

速習
レッスン A～C：P290、D：P294、E：P295

解説

A～Cは法1条、Dは法2条2項、Eは法4条3項。

1　雇用保険法の主たる目的は、次の場合に**必要な保険給付**を行うことにより、労働者の生活及び雇用の安定を図るとともに、その就職を促進することにあります。

> (1) 労働者が**失業**した場合
> (2) 労働者について**雇用の継続が困難**となる事由が生じた場合
> (3) 労働者が自ら職業に関する**教育訓練**を受けた場合
> (4) 労働者が**子を養育するための休業**をした場合

　また、労働者の**職業**の安定に資するため、**失業の予防、雇用状態の是正**及び**雇用機会の増大**、労働者の**能力の開発及び向上**その他労働者の福祉の増進を図ることも雇用保険法の目的に掲げられています。

2　雇用保険は、**政府**が管掌していますが、その事務の一部は、政令で定めるところにより、**都道府県知事**が行うこととすることができます。具体的には、雇用保険二事業のうち能力開発事業の一部の事業の実施に関する事務を都道府県知事が行っています。

3　雇用保険法において「**失業**」とは、被保険者が離職し、**労働の意思及び能力を有する**にもかかわらず、**職業に就くことができない**状態にあることをいいます。「労働の意思」とは、就職しようとする積極的な意思をいい、「労働の能力」とは、労働に従事し、その対価を得て自己の生活に資し得る精神的・肉体的及び環境上の能力をいいます。これらを有するにもかかわらず、公共職業安定所が最大の努力をしても就職させることができず、本人の努力によっても就職できない状態にあってはじめて、失業に該当するわけです。

解答

A ⑯子を養育するための休業　B ⑬職業　C ⑱雇用機会の増大
D ⑤都道府県知事　E ⑩労働の意思及び能力を有する

313

問題 127

チェック欄

1	2	3

[選択式] 雇用保険制度（1）

過平29　　　　　　　　　　　　　　　難易度 普　重要度 B

次の文中の　　　　の部分を選択肢の中の最も適切な語句で埋め、完全な文章とせよ。

1　未支給の基本手当の請求手続に関する雇用保険法第31条第1項は、「第10条の3第1項の規定により、受給資格者が死亡したため失業の認定を受けることができなかつた期間に係る基本手当の支給を請求する者は、厚生労働省令で定めるところにより、当該受給資格者について　A　の認定を受けなければならない。」と規定している。

2　雇用保険法第43条第2項は、「日雇労働被保険者が前　B　の各月において　C　以上同一の事業主の適用事業に雇用された場合又は同一の事業主の適用事業に継続して31日以上雇用された場合において、厚生労働省令で定めるところにより公共職業安定所長の認可を受けたときは、その者は、引き続き、日雇労働被保険者となることができる。」と規定している。

3　雇用保険法第64条の2は、「雇用安定事業及び能力開発事業は、被保険者等の　D　を図るため、　E　の向上に資するものとなるよう留意しつつ、行われるものとする。」と規定している。

選択肢

A	① 失業　　　　　　　　　　② 死亡 ③ 未支給給付請求者　　　　④ 未支給の基本手当支給
B	① 2月　　　② 3月　　　③ 4月　　　④ 6月
C	① 11日　　　② 16日　　　③ 18日　　　④ 20日
D	① 雇用及び生活の安定　　　② 職業生活の安定 ③ 職業の安定　　　　　　　④ 生活の安定
E	① 経済的社会的地位　　　　② 地位 ③ 労働条件　　　　　　　　④ 労働生産性

| 速習
レッスン | Ａ：P293、Ｂ・Ｃ：P299、Ｄ・Ｅ：P368 | **解説** |

Ａは法31条１項、Ｂ・Ｃは法43条２項、Ｄ・Ｅは法64条の２。

1 未支給の基本手当の請求権者は、(1)受給資格者がすでに**失業の認定を受けた後に死亡**した場合に当該認定を受けた期間に係るものはもちろん、(2)**失業の認定を受ける前に死亡**した場合に当該認定を受けることができなかった期間に係るものについても、その支給を請求することができます。ただし、前記（2)の受給資格者が死亡したため失業の認定を受けることができなかった期間に係る基本手当の支給を請求する者は、当該受給資格者について**失業**の認定を受けなければなりません。

2 日雇労働被保険者であっても、次のいずれかに該当するときは、日雇労働者として取り扱われないため、その資格が、一般被保険者、高年齢被保険者又は短期雇用特例被保険者に切り替えられます。ただし、この場合であっても、**公共職業安定所長**の認可を受けたときは、その者は、引き続き、日雇労働被保険者となることができます。

　(1) **前２ヵ月**の各月において**18日**以上同一の事業主の適用事業に雇用された場合

　(2) 同一の事業主の適用事業に**継続して31日以上**雇用された場合

3 雇用保険二事業における留意事項（理念）です。雇用保険二事業（雇用安定事業及び能力開発事業）は、被保険者等の職業の安定を図るため、労働生産性の向上に資するものとなるよう留意しつつ、行われるものとされています。

| **解答** | Ａ ①失業　Ｂ ①2月　Ｃ ③18日　Ｄ ③職業の安定 |
| | Ｅ ④労働生産性 |

問題 128

チェック欄

［選択式］ 雇用保険制度（2）

過令元改

難易度 **易**　重要度 **A**

次の文中の□□□の部分を選択肢の中の最も適切な語句で埋め、完全な文章とせよ。

1　雇用保険法第21条は、「基本手当は、受給資格者が当該基本手当の受給資格に係る離職後最初に公共職業安定所に求職の申込みをした日以後において、失業している日（　**A**　のため職業に就くことができない日を含む。）が　**B**　に満たない間は、支給しない。」と規定している。

2　雇用保険法第61条の7第1項は、育児休業給付金について定めており、被保険者（短期雇用特例被保険者及び日雇労働被保険者を除く。）が厚生労働省令で定めるところにより子を養育するための休業（以下「育児休業」という。）をした場合、当該育児休業（当該子について2回以上の育児休業をした場合にあっては、初回の育児休業とする。）　**C**　前2年間（当該育児休業　**C**　前2年間に疾病、負傷その他厚生労働省令で定める理由により　**D**　以上賃金の支払を受けることができなかつた被保険者については、当該理由により賃金の支払を受けることができなかつた日数を2年に加算した期間（その期間が4年を超えるときは、4年間））に、みなし被保険者期間が　**E**　以上であつたときに、支給単位期間について支給する旨を規定している。

選択肢

①の開始予定日　　　　　　　　②を開始した日

③を事業主に申し出た日　　　　④激甚災害その他の災害

⑤疾病又は負傷　　　　　　　　⑥心身の障害

⑦通算して7日　　　　　　　　⑧通算して10日

⑨通算して20日　　　　　　　　⑩通算して30日

⑪通算して6箇月　　　　　　　⑫通算して12箇月

⑬引き続き7日　　　　　　　　⑭引き続き10日

⑮引き続き20日　　　　　　　　⑯引き続き30日

⑰引き続き6箇月　　　　　　　⑱引き続き12箇月

⑲に係る子が1歳に達した日　　⑳妊娠、出産又は育児

| 速習レッスン | A・B：P313、C：P364、D：P362・365、E：P364 | 解説 |

A・Bは法21条、C〜Eは法61条の7第1項。

1　基本手当の待期期間についてです。待期期間とは、受給資格者が離職後最初に公共職業安定所に求職の申込みをした日以後において、失業している日が**通算して7日**に達するまでの期間のことであり、この間は基本手当が支給されません。この場合の「失業している日」には、**疾病又は負傷**のため職業に就くことができない日も**含む**ものとされています。

2　育児休業給付金の支給要件についてです。育児休業給付金は、被保険者（短期雇用特例被保険者及び日雇労働被保険者を除く。）が、その1歳（一定の場合には、1歳2ヵ月又は1歳6ヵ月若しくは2歳）に満たない子を養育するための休業（育児休業）をした場合において、当該休業を**開始した日**前**2年間**に、みなし被保険者期間が**通算して12ヵ月**以上であったときに、支給単位期間について支給されます。この要件は、被保険者が当該子について2回以上の育児休業をした場合には、**初回**の育児休業について満たしている必要があります。また、この場合の「当該休業を開始した日前2年間」については、その期間に疾病、負傷その他厚生労働省令で定める理由により**引き続き30日**以上賃金の支払いを受けることができなかった期間がある場合には、その日数を2年に加算した期間（加算後の期間が4年を超えるときは、**4年間**）とする延長措置が設けられています。

| 解答 | A　⑤疾病又は負傷　B　⑦通算して7日　C　②を開始した日
D　⑯引き続き30日　E　⑫通算して12箇月 |

317

問題 **129**

チェック欄

1	2	3

［選択式］求職活動支援費

予想

難易度 **普**　重要度 **C**

次の文中の　　　　の部分を選択肢の中の最も適切な語句で埋め、完全な文章とせよ。

1　求職活動支援費は、次の(1)から(3)までに掲げる場合の区分に応じて、(1)から(3)までに定めるものを支給するものとする。

(1) 公共職業安定所の紹介による広範囲の地域にわたる求職活動をする場合
…… 広域求職活動費

(2) 公共職業安定所の職業指導に従って行う職業に関する教育訓練の受講その他の活動をする場合 …… 短期訓練受講費

(3) 求職活動を容易にするための役務の利用をする場合 …… 　**A**　

2　受給資格者等は、広域求職活動費の支給を受けようとするときは、公共職業安定所の指示による広域求職活動を　**B**　から起算して10日以内に、求職活動支援費（広域求職活動費）支給申請書に受給資格者証等を添えて管轄公共職業安定所の長に提出しなければならない。

3　短期訓練受講費の額は、受給資格者等が公共職業安定所の職業指導により再就職の促進を図るために必要な職業に関する教育訓練の受講のために支払った費用の額に　**C**　を乗じて得た額（その額が　**D**　を超えるときは、　**D**　）とする。

4　高年齢受給資格者、特例受給資格者又は日雇受給資格者が求職活動支援費（　**A**　）支給申請書を提出する場合は、当該　**A**　の支給に係る保育等サービスを利用した日の翌日から起算して　**E**　以内に行うものとする。

―― 選択肢 ――

① 終了した日　　② 100分の20　　③ 20万円　　④ 5万円

⑤ 4ヵ月　　　　⑥ 開始した日　　⑦ 30万円　　⑧ 求職活動関連費

⑨ 10万円　　　⑩ 1ヵ月　　　　⑪ 100分の30　⑫ 6ヵ月

⑬ 求職活動関係役務利用費　　　　⑭ 終了した日の翌日

⑮ 100分の50　　　　　　　　　　⑯ 2ヵ月

⑰ 100分の80　　　　　　　　　　⑱ 開始した日の翌日

⑲ 求職活動関係利用費　　　　　　⑳ 求職活動役務利用費

速習レッスン A：P343、B：P343、C・D：P344、E：P344

解説

Aは則95条の2第3号、Bは則99条1項、C・Dは則100条の3、Eは則100条の8第3項。

1　求職活動支援費の種類についてです。**求職活動支援費**には、次の(1) ～ (3)の3種類があります。

> (1) **広域求職活動費**（公共職業安定所の紹介による広範囲の地域にわたる求職活動（管轄公共職業安定所の管轄区域外における求職活動）をする場合）
>
> (2) **短期訓練受講費**（公共職業安定所の職業指導に従って行う職業に関する教育訓練の受講その他の活動（教育訓練給付金の対象となっていない短期の訓練の受講等）をする場合）
>
> (3) 求職活動関係役務利用費（求職活動を容易にするための役務の利用（保育等サービスの利用）をする場合）

2　広域求職活動費の支給申請期限は、公共職業安定所の指示による**広域求職活動を**終了した日の翌日**から起算して10日以内**です。また、その支給申請先は、管轄公共職業安定所の長です。

3　短期訓練受講費の額は、「所定の教育訓練の受講費（入学料及び受講料に限る。）の額×100分の20」によって計算された額です。ただし、当該計算された額が10万円を超えるときは、10万円となります。

4　求職活動関係役務利用費支給申請書の提出は、基本手当の受給資格者にあっては、失業の認定の対象となる日について、当該失業の認定を受ける日にしなければなりません。一方、高年齢受給資格者、特例受給資格者又は日雇受給資格者にあっては、保育等サービスを利用した日の翌日から起算して4ヵ月以内に行うものとされています。

解答　A ⑬求職活動関係役務利用費　B ⑭終了した日の翌日
C ②100分の20　D ⑨10万円　E ⑤4ヵ月

問題 **130**

チェック欄

1	2	3

［選択式］**教育訓練給付**

予想

難易度 **普** 重要度 **B**

次の文中の □□□ の部分を選択肢の中の最も適切な語句で埋め、完全な文章とせよ。

1　教育訓練給付金の額について、雇用保険法第60条の2第4項の厚生労働省令で定める率（教育訓練の受講費用に乗じる率）は、次の（1）から（3）までに掲げる者の区分に応じ、それぞれ当該（1）から（3）までに定める率とする。

　（1）一般教育訓練を受け、修了した者……100分の20

　（2）特定一般教育訓練を受け、修了した者…… □ A □

　（3）専門実践教育訓練を受け、修了した者（当該専門実践教育訓練を受けている者を含み、いわゆる追加給付に係る者を除く。）…… □ B □

2　教育訓練給付金の額について、同法第60条の2第4項の厚生労働省令で定める額（いわゆる上限額）は、次の（1）から（3）までに掲げる者の区分に応じ、それぞれ当該（1）から（3）までに定める額とする。

　（1）上記**1**（1）に掲げる者……10万円

　（2）上記**1**（2）に掲げる者…… □ C □

　（3）上記**1**（3）に掲げる者……120万円（連続した二支給単位期間（当該専門実践教育訓練を修了した日が属する場合であって、支給単位期間が連続して二ないときは一支給単位期間）ごとに支給する額は、□ D □を限度とし、一の支給限度期間ごとに支給する額は、□ E □を限度とする。）

┌─ 選択肢 ─────────────────────────────┐

①100分の30　　②100分の40　　③100分の45　　④100分の50

⑤100分の60　　⑥100分の70　　⑦100分の75　　⑧100分の80

⑨15万円　　　⑩20万円　　　⑪25万円　　　⑫30万円

⑬32万円　　　⑭40万円　　　⑮48万円　　　⑯56万円

⑰160万円　　⑱168万円　　⑲196万円　　⑳224万円

└──────────────────────────────────┘

A：P350、B：P351、C：P350、D：P351、E：P352

解説

Aは則101条の2の7第1号の2、Bは則101条の2の7第2号、Cは則101条の2の8第1項1号の2、D・Eは則101条の2の8第1項2号です。

1 教育訓練給付金の額は、教育訓練の受講のために支払った費用の額に、次に掲げる者の区分に応じ、それぞれに掲げる率を乗じて得た額です。設問は、(2)及び(3)についてです。

(1) **一般教育訓練**を受け、修了した者……100分の20
(2) **特定一般教育訓練**を受け、修了した者……**100分の40**
(3) **専門実践教育訓練**を受け、修了した者（当該専門実践教育訓練を受けている者を含み、いわゆる追加給付に係る者を除く。）……**100分の50**

なお、上記(3)のうち、いわゆる追加給付に係る者についての率は、**100分の70**となります。

2 教育訓練給付金の上限額は、次に掲げる者の区分に応じ、それぞれに掲げる率を乗じて得た額です。設問は、(2)及び(3)についてです。

(1) **一般教育訓練**を受け、修了した者……10万円
(2) **特定一般教育訓練**を受け、修了した者……**20万円**
(3) **専門実践教育訓練**を受け、修了した者（当該専門実践教育訓練を受けている者を含み、いわゆる追加給付に係る者を除く。）……**120万円**（連続した二支給単位期間（当該専門実践教育訓練を修了した日が属する場合であって、支給単位期間が連続して二ないときは一支給単位期間）ごとに支給する額は、**40万円**を限度とし、一の**支給限度期間**ごとに支給する額は、**168万円**を限度とする。）

なお、上記(3)が長期専門実践教育訓練に係るものである場合には、**160万円**（連続した二支給単位期間（当該専門実践教育訓練を修了した日が属する場合であって、支給単位期間が連続して二ないときは一支給単位期間）ごとに支給する額は、**40万円**を限度とし、一の**支給限度期間**ごとに支給する額は、**224万円**を限度とする。）となります。

解答　A ②100分の40　B ④100分の50　C ⑩20万円　D ⑭40万円　E ⑱168万円

問題 131

チェック欄

1	2	3

［選択式］ 不服申立て等

予想

難易度 普　重要度 B

次の文中の　　　　の部分を選択肢の中の最も適切な語句で埋め、完全な文章とせよ。

1　雇用保険法第９条の規定による被保険者資格の取得又は喪失の確認、　A　に関する処分又は　A　の不正受給による返還命令等に関する処分に不服のある者は、　B　に対して審査請求をし、その決定に不服のある者は、　C　に対して再審査請求をすることができる。

2　上記１の審査請求をしている者は、審査請求をした日の翌日から起算して　D　を経過しても審査請求についての決定がないときは、　B　が審査請求を棄却したものとみなすことができる。

3　厚生労働大臣は、雇用保険法の施行に関する重要事項について決定しようとするときは、あらかじめ、　E　の意見を聴かなければならない。

選択肢

① 60日　　　　　　　　　② ３ヵ月　　　　　　　　③ 労働基準監督官

④ 労働政策審議会　　　　⑤ １ヵ月　　　　　　　　⑥ 労働保険審査官

⑦ 厚生労働大臣　　　　　⑧ 失業等給付等　　　　　⑨ 社会保障審議会

⑩ ２ヵ月　　　　　　　　⑪ 就職促進給付　　　　　⑫ 教育訓練給付

⑬ 雇用保険審査官　　　　⑭ 求職者給付　　　　　　⑮ 都道府県労働局

⑯ 公共職業安定所　　　　⑰ 労働基準監督署長　　　⑱ 労働保険審査会

⑲ 中央社会保険医療協議会　⑳ 労働政策協議会

速習レッスン A〜C：P371、D：P372、E：P372　　解説

A〜Cは法69条1項、Dは法69条2項、Eは法72条1項。

1　不服申立てからの出題です。次の処分に不服のある者は、**雇用保険審査官**に対して**審査請求**をし、その決定に不服のある者は、**労働保険審査会**に対して**再審査請求**をすることができます。
   (1) **被保険者資格の得喪**の確認に関する処分
   (2) **失業等給付等**に関する処分
   (3) **不正受給による返還命令及び納付命令**に関する処分
   これら以外の処分についての不服申立ては、一般法である行政不服審査法の規定により審査請求を行うことになります。

2　審査請求をしたにもかかわらず、これをした日の翌日から起算して**3ヵ月**を経過しても審査請求についての決定がないときは、雇用保険審査官が**審査請求を棄却**したものとみなすことができます。この場合には、労働保険審査会への再審査請求や裁判所への訴訟の提起が可能となります。

3　労働政策審議会への諮問です。**厚生労働大臣**は、雇用保険法の施行に関する重要事項について、決定しようとするときは、あらかじめ、**労働政策審議会**の意見を聴かなければなりません。なお、労働政策審議会の委員は30人であり、労働者を代表する者、使用者を代表する者及び公益を代表する者のうちから、厚生労働大臣が各同数を任命することとされています。

4章　雇用保険法

労働保険と社会保険の二審制の比較

		労働保険（労災・雇用）	社会保険（健保・国年・厚年）
審査請求	請求先	労働者災害補償保険審査官 雇用保険審査官	社会保険審査官
	請求期間／手段	3ヵ月／文書又は口頭	3ヵ月／文書又は口頭
	棄却みなし	審査請求をした日から3ヵ月を経過しても決定がないとき	審査請求をした日から2ヵ月以内に決定がないとき
再審査請求	請求先	労働保険審査会	社会保険審査会
	請求期間／手段	2ヵ月／文書のみ	2ヵ月／文書又は口頭

解答　A ⑧失業等給付等　B ⑬雇用保険審査官　C ⑱労働保険審査会
　　　　D ②3ヵ月　E ④労働政策審議会

基本手当の所定給付日数

①一般の受給資格者（下記②③以外の者）

年齢＼算定基礎期間	10年未満	10年以上20年未満	20年以上
全年齢	90日	120日	150日

②就職困難者

年齢＼算定基礎期間	1年未満	1年以上
45歳未満	150日	300日
45歳以上65歳未満	150日	360日

③特定受給資格者（上記②以外の者）

年齢＼算定基礎期間	1年未満	1年以上5年未満	5年以上10年未満	10年以上20年未満	20年以上
30歳未満	90日	90日	120日	180日	−
30歳以上35歳未満	90日	120日	180日	210日	240日
35歳以上45歳未満	90日	150日	180日	240日	270日
45歳以上60歳未満	90日	180日	240日	270日	330日
60歳以上65歳未満	90日	150日	180日	210日	240日

基本手当の給付制限のまとめ

制限事由	通常の給付制限（延長給付以外）	延長給付：訓練待期中・訓練受講中の訓練延長給付	延長給付：左記以外の延長給付
就職拒否 職業訓練拒否	拒んだ日から起算して1ヵ月間不支給		拒んだ日以後不支給
職業指導拒否	拒んだ日から起算して1ヵ月を超えない範囲内において公共職業安定所長の定める期間不支給		拒んだ日以後不支給
離職理由による給付制限	待期期間満了後1ヵ月以上3ヵ月以内の間で公共職業安定所長の定める期間不支給※		

※公共職業訓練等の受講開始日以後の期間については、離職理由による給付制限は解除される。

第5章

労働保険徴収法

この科目は過去問の攻略がカギです!

問題 132

チェック欄

1	2	3

総則等（1）

過平29

難易度 **難**　重要度 **B**

労働保険徴収法第2条に定める賃金に関する次の記述のうち、誤っているものはどれか。

A 労働者が在職中に、退職金相当額の全部又は一部を給与や賞与に上乗せするなど前払いされる場合は、原則として、一般保険料の算定基礎となる賃金総額に算入する。

B 遡って昇給が決定し、個々人に対する昇給額が未決定のまま離職した場合において、離職後支払われる昇給差額については、個々人に対して昇給をするということ及びその計算方法が決定しており、ただその計算の結果が離職時までにまだ算出されていないというものであるならば、事業主としては支払義務が確定したものとなるから、賃金として取り扱われる。

C 労働者が賃金締切日前に死亡したため支払われていない賃金に対する保険料は、徴収しない。

D 労働者の退職後の生活保障や在職中の死亡保障を行うことを目的として事業主が労働者を被保険者として保険会社と生命保険等厚生保険の契約をし、会社が当該保険の保険料を全額負担した場合の当該保険料は、賃金とは認められない。

E 住居の利益は、住居施設等を無償で供与される場合において、住居施設が供与されない者に対して、住居の利益を受ける者との均衡を失しない定額の均衡手当が一律に支給されない場合は、当該住居の利益は賃金とならない。

解説

速習レッスン　A：（参考）P381、B・C：（参考）P420、D：P381、E：（参考）P381

- A ○ 平15基徴発1001001号。設問のいわゆる**前払退職金**は、原則として、賃金に該当し、**賃金総額に算入**します。なお、退職を事由として支払われる退職金であって、退職時に支払われるもの又は事業主の都合等により退職前に一時金として支払われるものは、賃金に該当せず、一般保険料の算定基礎となる賃金総額に算入しません。
- B ○ 昭32.12.27失保収652号。現実に支払われたものは賃金として取り扱われますが、未だ支払われていないが、**支払いが確定**したものも、賃金として取り扱われます。設問の昇給がさかのぼって行われた場合の**昇給差額**は、事業主として**支払義務**が**確定**したものであるから、賃金として**取り扱われます**。
- C × 昭32.12.27失保収652号。保険料は**徴収されます**。労働者が**賃金締切日前に死亡**した場合は、死亡前に提供された労働の対償としての賃金の支払義務は、**死亡時**には**確定**しています。賃金の支払義務が確定しているため、この賃金に関して、保険料は徴収されます。
- D ○ 昭30.3.31基災収1239号。賃金とは**認められません**。会社が負担する生命保険等厚生保険の保険料（**生命保険の掛金**）は、労働の対償として支払われるものではなく、労働者の**福利厚生**のために負担するものであるからです。なお、労働者が法令の定めに基づいて負担すべき社会保険料等を事業主が労働者に代わって負担する場合は、労働者が法律上当然に生ずる義務を免れることとなるため、当該事業主が労働者に代わって負担する部分は、賃金と認められます。
- E ○ 昭22.12.9基発452号。住居施設等を無償で供与される場合の住居の利益は、住居施設等が供与されない者に対して、一定の**均衡手当**が一律に**支給されない**場合は、**賃金となりません**。言い換えれば、均衡手当が一律に支給される場合に限り、当該住居の利益は賃金となります。

解答　C

総則等（2）

次の記述のうち、誤っているものはどれか。

A 一元適用事業（有期事業を除く。）であって労働保険事務組合に労働保険事務の処理を委託しないものについての一般保険料に係る確定保険料申告書は、社会保険適用事業所（厚生年金保険法による厚生年金保険又は健康保険法による健康保険の適用事業所をいう。）の事業主が労働保険徴収法第15条第1項又は第19条第1項の規定により6月1日から40日以内に提出するもの（口座振替による納付を行う場合に提出するものを除く。）に限り、日本年金機構法に規定する年金事務所を経由して提出することができる。

B 労働保険料その他労働保険徴収法の規定による徴収金の納付は、納入告知書に係るものを除き納付書によって、所轄都道府県労働局歳入徴収官に行わなければならない。

C 労働基準監督署長及び公共職業安定所長は、労働保険関係事務のうち自らが行う事務については、都道府県労働局長の指揮監督を受けるが、都道府県労働局長は、労働基準監督署長及び公共職業安定所長に対する指揮監督に関する事務については、厚生労働大臣の指揮監督を受ける。

D 労働保険徴収法第9条の規定による継続事業の一括の認可及び指定事業の指定に係る厚生労働大臣の権限は、都道府県労働局長に委任されている。

E 労働保険徴収法によれば、通貨以外のもので支払われる賃金の評価に関し必要な事項を定めるのは厚生労働大臣であるが、この権限は、厚生労働大臣が自らこれを行う。

速習レッスン　A：P409、B：P409・421、C：P382、D：P382・392、E：P381　　**解説**

A ○ 則38条2項2号。年金事務所を経由して労働保険料の申告書を提出するためには、①**継続事業**（一括有期事業を含む。）についての**一般保険料**に係る概算保険料申告書又は確定保険料申告書であること、②当該事業に係る労働保険事務の処理が労働保険事務組合に**委託されていないこと**、③**社会保険適用事業所**の事業主が**6月1日から40日以内**に提出するものであること、④口座振替によるものでないことが必要です。

B ✕ 則38条3項・4項。労働保険料その他徴収金の納付先は、**日本銀行**又は**都道府県労働局**収入官吏若しくは**労働基準監督署**収入官吏です。所轄都道府県労働局歳入徴収官は、申告書の提出先です。なお、労働保険料（印紙保険料を除く。）その他徴収金の納付は、納入告知書に係るものを除き、納付書によって行わなければなりません。

C ○ 則2条。労働保険関係事務は、所定の区分に従い、都道府県労働局長並びに労働基準監督署長及び公共職業安定所長が行います。これらの事務については、**厚生労働大臣**が都道府県労働局長を、**都道府県労働局長**が労働基準監督署長及び公共職業安定所長をそれぞれ指揮監督します。

D ○ 法45条、則76条2号。本法で定める厚生労働大臣の権限は、その一部を**都道府県労働局長**に委任することができます。具体的には、次の権限が委任されています。
①請負事業に係るいわゆる下請負事業の分離の認可に係る権限
②**継続事業の一括**の認可及び指定事業の指定に係る権限
③労働保険事務組合の認可、業務廃止届の受理、認可の取消しに係る権限
④特例納付保険料の納付の勧奨及び納付の申出の受理に係る権限

E ○ 法2条3項、参考：法45条、則76条。労働保険と社会保険に係る**現物給与**（通貨以外のもので支払われる賃金）の価額は、**厚生労働大臣**が統一して定めるものとされています。その目的は、労働保険と社会保険に係る徴収事務の一元化を図ることにあります。したがって、この権限は、委任されていません。

解答 **B**

適用事業

予想

適用事業に関する次の記述のうち、正しいものはどれか。

A　民間の個人経営の農業、林業、畜産業又は養蚕業の事業であって、常時5人未満の労働者を使用するものは、労災保険及び雇用保険の両保険について暫定任意適用事業となる。

B　常時5人未満の労働者を使用する民間の個人経営の水産の事業であって、湖沼で操業している漁船によるもの（船員法に規定する船員を使用して行う船舶所有者の事業を除く。）については、当該漁船が総トン数5トン未満の漁船である場合に限り、労災保険の暫定任意適用事業となる。

C　国、都道府県及び市町村の行う事業については、当該事業を労災保険に係る保険関係及び雇用保険に係る保険関係ごとに別個の事業とみなして労働保険徴収法が適用されるいわゆる二元適用事業に該当する。

D　水産の事業のうち、船員が雇用される事業は、労働保険徴収法の適用にあたり、いわゆる一元適用事業に該当する。

E　労働保険徴収法における有期事業とは、事業の期間が予定される事業であって、その予定される事業の期間が6ヵ月を超えるものをいう。

| 速習レッスン | A：P383、B：P383、C：P384、D：P384、E：P384 | 解説 |

A ✕ 整備令17条、昭50.4.1労告35号、雇保法附則2条1項、同令附則2条。設問の事業のうち、常時5人未満の労働者を使用する民間の個人経営の**林業**の事業は、**雇用保険**においては**暫定任意適用事業**ですが、**労災保険**においては、**常時使用**する労働者が1人でもいれば、**強制適用事業**になります。このほかの記述は、正しいです。なお、労災保険の暫定任意適用事業となる林業の事業は、常時労働者を使用せず、かつ、年間使用延労働者数が300人未満であるものです。

B ✕ 整備令17条、昭50.4.1労告35号。総トン数5トン未満の漁船である場合に限りません。常時5人未満の労働者を使用する民間の個人経営の水産の事業は、**河川、湖沼**及び**災害発生のおそれの少ない特定水面**で操業する漁船によるものである場合は、当該漁船の**総トン数にかかわらず**、労災保険の暫定任意適用事業となります。なお、船員法に規定する船員を使用して行う船舶所有者の事業は、強制適用事業となります。

C ✕ 法39条1項。**国**の行う事業は、**二元適用事業に該当しません**。国の行う事業については、国家公務員災害補償法が適用され、労災保険に係る保険関係が成立する余地がないためです。なお、都道府県及び市町村の行う事業が二元適用事業に該当するという点は、正しい記述です。

D 〇 法39条1項、則70条3号、雇保法附則2条1項2号。水産の事業のうち「**船員**が雇用される事業」は、二元適用事業から除かれており、一元適用事業（労災保険及び雇用保険の両保険関係が同時に一体となって成立し、又は消滅する事業）に該当します。二元適用事業の範囲は、次のとおりです。設問は、④についてです。

①**都道府県**及び**市町村**の行う事業
②都道府県に準ずるもの及び市町村に準ずるものの行う事業
③港湾労働法の規定により**6大港湾**において**港湾運送**の行為を行う事業
④**農林、畜産、養蚕**又は**水産**の事業（**船員**が雇用される事業を**除く**。）
⑤**建設**の事業

E ✕ 法7条2号。事業の期間について、設問のような制限は設けられていません。事業の期間が予定される事業は、その予定される**事業の規模**や**期間の長短**にかかわらず、労働保険徴収法において有期事業として取り扱われます。

| 解答 | D |

保険関係の成立及び消滅（1）

過令3

保険関係の成立及び消滅に関する次の記述のうち、正しいものはどれか。

A　労災保険暫定任意適用事業に該当する事業が、事業内容の変更（事業の種類の変化）、使用労働者数の増加、経営組織の変更等により、労災保険の適用事業に該当するに至ったときは、その該当するに至った日の翌日に、当該事業について労災保険に係る保険関係が成立する。

B　労災保険に任意加入しようとする任意適用事業の事業主は、任意加入申請書を所轄労働基準監督署長を経由して所轄都道府県労働局長に提出し、厚生労働大臣の認可があった日の翌日に、当該事業について労災保険に係る保険関係が成立する。

C　労災保険に加入する以前に労災保険暫定任意適用事業において発生した業務上の傷病に関して、当該事業が労災保険に加入した後に事業主の申請により特例として行う労災保険の保険給付が行われることとなった労働者を使用する事業である場合、当該保険関係が成立した後1年以上経過するまでの間は脱退が認められない。

D　労災保険に係る保険関係の消滅を申請しようとする労災保険暫定任意適用事業の事業主は、保険関係消滅申請書を所轄労働基準監督署長を経由して所轄都道府県労働局長に提出し、厚生労働大臣の認可があった日の翌日に、当該事業についての保険関係が消滅する。

E　労災保険暫定任意適用事業の事業者がなした保険関係の消滅申請に対して厚生労働大臣の認可があったとき、当該保険関係の消滅に同意しなかった者については労災保険に係る保険関係は消滅しない。

| 速習レッスン | A：P386、B：P387、C：P388、D：P388、E：P388 | 解説 |

※以下においては、次の略称を使用します。

コンメンタール…（財）労務行政研究所編『労働保険徴収法［改訂14版]』（労務行政、2018年)

A ✕ 法3条、整備法7条。「その該当するに至った日の翌日」ではなく、「その該当するに至った日」に労災保険に係る保険関係が成立します。保険関係が成立していない労災保険暫定任意適用事業に該当する事業が、事業内容の変更等により強制適用事業に該当するに至ったときの保険関係成立日は、**その日（該当した日）**です。

B ✕ 整備法5条1項、整備省令1条、14条。「認可があった日の翌日」ではなく、「認可があった日」に労災保険に係る保険関係が成立します。暫定任意適用事業の事業主が労災保険の任意加入申請書を提出したときの保険関係成立日は、**厚生労働大臣の認可があった日**です。なお、任意加入申請書を、所轄労働基準監督署長を経由して所轄都道府県労働局長に提出するという点は、正しい記述です。

C ✕ 整備法8条2項3号、コンメンタール168頁参照。設問の場合は、「当該保険関係が成立した後1年以上経過するまでの間」ではなく、「特別保険料を徴収する一定の期間を経過するまでの間」は、脱退が認められません。労災保険加入前の業務上の傷病に関して、事業主の申請により特例として行う労災保険の保険給付が行われることとなった場合は、特別保険料が徴収されます。この**特別保険料の徴収期間を経過するまでの間**は、事業主は、労災保険を**任意に脱退**することが**できません**。

D ◯ 整備法8条1項、整備省令3条1項、14条。保険関係が成立している労災保険暫定任意適用事業の事業主が当該保険関係消滅の申請をし、**厚生労働大臣の認可**があったときは、**その翌日**に、その事業についての当該**保険関係が消滅**します。また、保険関係消滅申請書は、所轄労働基準監督署長を経由して所轄都道府県労働局長に提出します。

E ✕ コンメンタール169頁参照。保険関係消滅の認可があったときは、保険関係の消滅に**同意しなかった者についても**、労災保険に係る**保険関係は消滅**します。つまり、当該事業の労働者の全部について、労災保険に係る保険関係が消滅することとなります。

5章 労働保険徴収法

| 解答 | D |

1	2	3

問題 **136**

チェック欄

保険関係の成立及び消滅（2）

予想

難易度 **難**　重要度 **B**

保険関係の成立及び消滅に関する次の記述のうち、誤っているものはいくつあるか。

ア　労働保険の保険関係が成立した事業の事業主は、その成立した日の属する月の翌月10日までに、保険関係成立届を所轄労働基準監督署長又は所轄公共職業安定所長に提出しなければならない。

イ　労災保険暫定任意適用事業の事業主は、その事業につき労災保険の加入の申請をしようとするときは、その事業に使用される労働者の過半数の同意を得なければならない。

ウ　厚生労働大臣の認可を受けて雇用保険に係る保険関係が成立している事業について、当該保険関係の消滅の申請をしようとするときは、事業主は、当該事業に使用される労働者の4分の3以上の同意を得て、保険関係消滅申請書を所轄都道府県労働局歳入徴収官に提出しなければならない。

エ　労災保険及び雇用保険に係る保険関係が成立している事業が一時的に休止したときは、その一時的に休止した日の翌日に、その事業に係る保険関係は消滅する。

オ　適用事業が廃止されたときは、その翌日に、労災保険及び雇用保険に係る保険関係が消滅するため、法人が解散した場合は、その解散の日の翌日に保険関係が消滅する。

A　一つ
B　二つ
C　三つ
D　四つ
E　五つ

| 速習レッスン | ア：P386、イ：P387、ウ：P388、エ：P388、オ：P388 | 解説 |

ア　✕　法4条の2第1項、則4条2項。保険関係が成立した事業の事業主は、その**成立した日**から**10日以内**に、保険関係成立届を提出しなければなりません。「その成立した日の属する月の翌月10日まで」ではありません。なお、提出先については、正しい記述です。

イ　✕　整備法5条1項。労働者の過半数の同意を得る必要はありません。**労災保険**暫定任意適用事業については、その事業主が労災保険の加入の申請をし、厚生労働大臣の認可があった日に、労災保険に係る保険関係が成立します。加入の申請は、**事業主の意思のみ**で行うことができ、労働者の過半数の**同意は必要ありません**。なお、**雇用保険**暫定任意適用事業の場合は、加入の申請をするためには、その事業に使用される労働者の**2分の1以上**の同意を得なければなりません。

ウ　✕　法附則4条、則附則3条1項。保険関係消滅申請書の提出先は、**所轄都道府県労働局長**です。所轄都道府県労働局歳入徴収官ではありません。なお、雇用保険に係る保険関係の消滅に係る申請につき、事業主が労働者の**4分の3以上**の同意を得なければならないとする点は、正しい記述です。

エ　✕　適用手引第1編第1章第2、コンメンタール167頁。設問の場合は、保険関係は**消滅しません**。保険関係が成立している事業が**廃止**されたときは、その事業についての保険関係は、その**翌日**に消滅します。ただし、事業の一時的な休止（すなわち休業）は廃止ではありませんから、保険関係は消滅しません。

オ　✕　法5条、適用手引第1編第1章第2、コンメンタール167頁。解散の日の翌日に消滅するのではありません。事業の廃止については、現実にその事業の活動が停止され、その事業における**労働関係が消滅したとき**をもって事業の廃止があったと解すべきとされています。したがって、法人が解散したからといって、直ちにその事業が廃止されたことにはならず、特別の事情がない限りその**清算結了の日の翌日**に保険関係が消滅します。

以上から、誤っているものは**五つ**であるため、正解は**E**です。

5章　労働保険徴収法

| 解答 | E |

335

問題 137

保険関係の一括

予想

保険関係の一括に関する次の記述のうち、誤っているものはどれか。

A　有期事業の一括が行われた事業の事業主は、次の保険年度の6月1日から起算して40日以内又は保険関係が消滅した日から起算して50日以内に、一括有期事業報告書を所轄都道府県労働局歳入徴収官に提出しなければならない。

B　労災保険に係る保険関係が成立している建設の事業が数次の請負によって行われる場合であっても、下請負人の事業について、概算保険料の額が160万円以上又は請負金額が1億8,000万円以上であるときは、請負事業の一括は行われない。

C　請負事業の一括が行われるべき場合において、下請負人をその請負に係る事業の事業主とするための認可申請は、やむを得ない理由があるときを除き、保険関係が成立した日の翌日から起算して10日以内に、下請負人を事業主とする認可申請書を所轄都道府県労働局長に提出することによって行わなければならない。

D　事業主が同一人である二以上の継続事業が、いずれも雇用保険に係る保険関係が成立している二元適用事業である場合であって、これらの事業が労災保険率表における事業の種類を同じくしないときは、継続事業の一括は行われない。

E　継続事業の一括の認可を受けた指定事業の事業主は、指定事業以外の事業の名称又は当該事業の行われる場所に変更があったときは、遅滞なく、継続被一括事業名称・所在地変更届を、指定事業に係る所轄都道府県労働局長に提出しなければならない。

| 速習
レッスン | Ａ：P390、Ｂ：P391、Ｃ：P392、Ｄ：P392、Ｅ：P393 | 解説 |

A ○ 則34条。**一括有期事業報告書**は、次の保険年度の**６月１日**から起算して**40日以内**又は保険関係が消滅した日から起算して**50日以内**に、提出しなければなりません。つまり、**確定保険料申告書**を提出する際に、併せて一括有期事業報告書を提出するということです。

B × 法８条１項、則７条。下請負人の事業が設問の規模であっても、請負事業の一括は**行われます**。請負事業の一括に関しては、**事業の規模**の要件は**ありません**。労災保険に係る保険関係が成立している**建設の事業**が**数次の請負**によって行われる場合は、下請負人の事業の規模を問わず、請負事業の一括が行われます。

C ○ 則８条。下請負人を事業主とする（**下請負事業の分離**の）認可申請書は、原則として、**保険関係が成立**した日の翌日から起算して**10日以内**に提出しなければなりません。また、認可申請書の提出先は、所轄**都道府県労働局長**です。

D ○ 法９条、則10条１項。継続事業の一括に係る要件として、「**労災保険率表**における**事業の種類を同じく**すること」があります。雇用保険に係る保険関係が成立している二元適用事業であってもこの要件を満たす必要があるため、労災保険率表における事業の種類を同じくしないときは、継続事業の一括は行われません。

E ○ 則10条４項。指定事業**以外**の事業の名称又は所在地に変更があったときは、**遅滞なく**、継続被一括事業名称・所在地変更届を、**指定事業**に係る所轄都道府県労働局長に提出しなければなりません。なお、指定事業の名称、所在地等に変更があったときは、**10日以内**に、名称、所在地等変更届を所轄労働基準監督署長又は所轄公共職業安定所長に提出しなければなりません。

5章 労働保険徴収法

解答 **B**

問題 138

有期事業の一括

予想

有期事業の一括に関する次の記述のうち、正しいものはどれか。

A　概算保険料に相当する額が160万円未満の建設の事業は、請負金額にかかわらず、有期事業の一括に係る規模要件に該当する。

B　事業主が同一人である二以上の建設の事業について、一方の事業の種類が道路新設事業であり、他方の事業の種類が舗装工事業であっても、それぞれの事業が重複して行われる時期がある場合には、有期事業の一括の対象となる。

C　事業主が同一人である二以上の建設の事業について、それぞれの事業が数次の請負によって行われている場合には、有期事業の一括の対象とはならない。

D　当初は有期事業の一括の要件に該当しなかったために独立の有期事業として保険関係が成立した事業が、その後、事業の規模の縮小により、当該要件に該当することとなった場合には、その時点から有期事業の一括の対象となる。

E　有期事業の一括は、法律上一定の要件に該当する場合には当然に行われるものであり、都道府県労働局長による認可その他の手続きは不要である。

速習レッスン A：P389、B：P389・398、C：P389、D：P390、E：P389　　　　　**解説**

A ✕ 則6条1項。「請負金額が1億8,000万円未満」でなければ、有期事業の一括に係る規模要件に該当しません。有期事業の一括の対象となる建設の事業の規模は、①概算保険料の額が**160万円未満**、かつ、②請負金額（消費税等相当額を除く。）が**1億8,000万円未満**です。いずれの要件をも満たしていなければならない点に注意をしましょう。

B ✕ 法7条、則6条2項1号・2号、則別表第1。有期事業の一括の対象とはなりません。有期事業の一括の要件には、**労災保険率表**における**事業の種類を同じくすること**がありますが、設問の「道路新設事業」と「舗装工事業」は、労災保険率表における事業の種類が異なります。したがって、事業主が同一人であっても、有期事業の一括の対象とはなりません。

C ✕ 法7条、則6条2項。それぞれの事業が数次の請負によって行われている場合であっても、有期事業の一括の対象となることがあります。有期事業の一括の要件には、「それぞれの事業が数次の請負によって行われていないこと」とするものはありません。

D ✕ 昭40.7.31基発901号。設問の場合には、有期事業の一括の対象とはされません。有期事業の一括の要件に該当するか否かの判断は、各有期事業の**開始当初**において行われます。したがって、当初は有期事業の一括の要件に該当しなかったために独立の有期事業として保険関係が成立した事業については、その後、事業の規模の縮小等により、当該要件に該当することとなったとしても、有期事業の一括の対象とはされません。

E ◯ 法7条。有期事業の一括は、所定の要件に該当する場合に、**法律上当然に**行われます。この場合に申請や認可といった手続きは不要です。

5章

労働保険徴収法

解答 E

339

問題 139

チェック欄

請負事業の一括

過令2

難易度 易　重要度 A

請負事業の一括に関する次の記述のうち、正しいものはどれか。

A　請負事業の一括は、労災保険に係る保険関係が成立している事業のうち、建設の事業又は立木の伐採の事業が数次の請負によって行われるものについて適用される。

B　請負事業の一括は、元請負人が、請負事業の一括を受けることにつき所轄労働基準監督署長に届け出ることによって行われる。

C　請負事業の一括が行われ、その事業を一の事業とみなして元請負人のみが当該事業の事業主とされる場合、請負事業の一括が行われるのは、「労災保険に係る保険関係が成立している事業」についてであり、「雇用保険に係る保険関係が成立している事業」については行われない。

D　請負事業の一括が行われ、その事業を一の事業とみなして元請負人のみが当該事業の事業主とされる場合、元請負人は、その請負に係る事業については、下請負をさせた部分を含め、そのすべてについて事業主として保険料の納付の義務を負い、更に労働関係の当事者として下請負人やその使用する労働者に対して使用者となる。

E　請負事業の一括が行われると、元請負人は、その請負に係る事業については、下請負をさせた部分を含め、そのすべてについて事業主として保険料の納付等の義務を負わなければならないが、元請負人がこれを納付しないとき、所轄都道府県労働局歳入徴収官は、下請負人に対して、その請負金額に応じた保険料を納付するよう請求することができる。

速習レッスン　A：P390・P391、B：P390、C〜E：P390

解説

A ✕ 法8条1項、則7条。請負事業の一括は、「立木の伐採の事業」には適用されません。請負事業の一括は、労災保険に係る保険関係が成立している事業のうち、**建設**の事業が**数次の請負**によって行われるものについて適用されます。

B ✕ 法8条1項。請負事業の一括は、**法律上当然**に行われます。届け出ることによって行われるのではありません。

C ○ 法8条1項、則7条、コンメンタール186頁参照。請負事業の一括は、「**労災保険**に係る保険関係が成立している事業」のみを対象として行われます。「雇用保険に係る保険関係が成立している事業」については行われないため、数次の請負による建設の事業であっても、雇用保険に係る保険関係については、元請負事業に一括することなく、それぞれの事業ごとに労働保険徴収法が適用されます。

D ✕ 法8条1項、コンメンタール187頁参照。設問後半の記述が誤りです。請負事業の一括が行われた場合であっても、元請負人が労働関係の当事者として下請負人やその使用する労働者に対して使用者となることはありません。

E ✕ 法8条1項、コンメンタール187頁参照。設問後半の記述が誤りです。請負事業の一括が行われた場合において、元請負人が保険料を納付しないときに、下請負人に対して、保険料を納付するよう請求することができるといった規定はありません。

5章　労働保険徴収法

請負事業の一括のまとめ

対象	**建設**の事業のみ
認可	不要（法律上**当然**に一括される）
一括される保険関係	**労災保険**のみ
規模	不問
要件	①**労災保険**に係る保険関係が成立していること ②**数次の請負**による建設の事業であること

解答　C

問題 140

チェック欄

1	2	3

継続事業の一括等

過平30

難易度 普　重要度 B

労働保険関係の一括に関する次の記述のうち、誤っているものはどれか。

A　継続事業の一括について都道府県労働局長の認可があったときは、都道府県労働局長が指定する一の事業（以下本問において「指定事業」という。）以外の事業に係る保険関係は、消滅する。

B　継続事業の一括について都道府県労働局長の認可があったときは、被一括事業の労働者に係る労災保険給付（二次健康診断等給付を除く。）の事務や雇用保険の被保険者資格の確認の事務等は、その労働者の所属する被一括事業の所在地を管轄する労働基準監督署長又は公共職業安定所長がそれぞれの事務所掌に応じて行う。

C　一括扱いの認可を受けた事業主が新たに事業を開始し、その事業をも一括扱いに含めることを希望する場合の継続事業一括扱いの申請は、当該事業に係る所轄都道府県労働局長に対して行う。

D　2以上の有期事業が労働保険徴収法による有期事業の一括の対象になると、それらの事業が一括されて一の事業として労働保険徴収法が適用され、原則としてその全体が継続事業として取り扱われることになる。

E　一括されている継続事業のうち指定事業以外の事業の全部又は一部の事業の種類が変更されたときは、事業の種類が変更された事業について保険関係成立の手続をとらせ、指定事業を含む残りの事業については、指定事業の労働者数又は賃金総額の減少とみなして確定保険料報告の際に精算することとされている。

速習レッスン　A：P392、B：P389、C：P393、D：P389、E：(参考) P392

解説

A ○　法9条、則76条2号。継続事業の一括が行われると、それぞれの事業に使用される労働者はすべて指定事業に使用される労働者とみなされ、**指定事業以外の事業に係る保険関係は**消滅します。また、継続事業の一括の認可及び指定事業の指定に関する厚生労働大臣の権限は、都道府県労働局長に委任されています。

B ○　法9条、昭40.7.31基発901号、コンメンタール199頁参照。次の①～③については、保険関係の一括の効果が**及ばない**ため、設問の事務は、労働者の所属する被一括事業の所在地を管轄する労働基準監督署長又は公共職業安定所長が行います。
①**雇用保険の被保険者**に関する事務
②労災保険及び雇用保険の**給付**に関する事務
③印紙保険料の納付に関する事務

C ×　昭40.7.31基発901号。申請は、「当該（新たに開始した）事業」ではなく、「**指定事業**」に係る所轄都道府県労働局長に対して行います。継続事業の一括の申請は、指定事業に係る所轄都道府県労働局長に対して行うものであり、新たに開始した事業を一括扱いに含めようとするときも、一括の申請は、指定事業に係る所轄都道府県労働局長に対して行います。

D ○　法7条、昭40.7.31基発901号。有期事業の一括が行われると、一括された有期事業（一括有期事業）は、原則としてその全体が**継続事業**として取り扱われます。したがって、労働保険料の申告・納付は、継続事業と同様に、年度更新によって行うこととなります。

E ○　昭40.7.31基発901号。事業の種類が変更された指定事業以外の事業は、「**労災保険率表**における**事業の種類を同じくすること**」という継続事業の一括の要件を満たさないこととなります。したがって、その事業については、独立した事業として保険関係成立の手続きが必要となります。残りの事業については、労働者数等が減少することとなるため、確定保険料の申告の際に労働保険料を精算します。

解答　C

労働保険料の決定

過令元

労働保険の保険料に関する次の記述のうち、正しいものはどれか。

A 労働保険徴収法第10条において政府が徴収する労働保険料として定められているものは、一般保険料、第１種特別加入保険料、第２種特別加入保険料、第３種特別加入保険料及び印紙保険料の計５種類である。

B 一般保険料の額は、原則として、賃金総額に一般保険料率を乗じて算出されるが、労災保険及び雇用保険に係る保険関係が成立している事業にあっては、労災保険率、雇用保険率及び事務経費率を加えた率がこの一般保険料率になる。

C 賃金総額の特例が認められている請負による建設の事業においては、請負金額に労務費率を乗じて得た額が賃金総額となるが、ここにいう請負金額とは、いわゆる請負代金の額そのものをいい、注文者等から支給又は貸与を受けた工事用物の価額等は含まれない。

D 継続事業で特別加入者がいない場合の概算保険料は、その保険年度に使用するすべての労働者（保険年度の中途に保険関係が成立したものについては、当該保険関係が成立した日からその保険年度の末日までに使用するすべての労働者）に係る賃金総額（その額に1,000円未満の端数があるときは、その端数は、切り捨てる。以下本肢において同じ。）の見込額が、直前の保険年度の賃金総額の100分の50以上100分の200以下である場合は、直前の保険年度に使用したすべての労働者に係る賃金総額に当該事業についての一般保険料に係る保険料率を乗じて算定する。

E 政府は、厚生労働省令で定めるところにより、事業主の申請に基づき、その者が労働保険徴収法第15条の規定により納付すべき概算保険料を延納させることができるが、有期事業以外の事業にあっては、当該保険年度において９月１日以降に保険関係が成立した事業はその対象から除かれる。

速習レッスン A：P395、B：P396、C：P397、D：P411、E：P414・415

解説

A　✕　法10条。労働保険徴収法10条において労働保険料として定められているものは、設問の各保険料に「**特例納付保険料**」を加えた計**6種類**です。

B　✕　法11条1項、12条1項1号。一般保険料率として「事務経費率」というものは規定されていません。労災保険及び雇用保険に係る保険関係が成立している事業における**一般保険料率**は、**労災保険率**と**雇用保険率**とを加えた率です。

C　✕　法11条3項、則12条1号、13条1項・2項1号。**請負金額**には、注文者等から支給又は貸与を受けた**工事用物**（使用する物又は機械器具等）の価額等も**含まれます**。なお、事業主が注文者等から請負代金のほかに、別途工事用物自体の支給又は貸与を受けた場合には、支給された物の価額に相当する額又は機械器具等の損料に相当する額を請負代金の額に加算した額を請負金額とします。

D　〇　法15条1項1号、則24条1項。継続事業における概算保険料の額は、原則として、その保険年度に使用するすべての労働者に係る賃金総額の見込額に基づいて計算しますが、賃金総額の見込額が直前の保険年度に使用したすべての労働者に係る賃金総額（確定額）の**100分の50以上100分の200以下**である場合には、**直前の保険年度の賃金総額**（確定額）に基づいて計算します。

E　✕　法18条、則27条1項。延納の対象から除かれるのは、「9月1日」ではなく、「**10月1日**」以降に保険関係が成立した事業です。保険年度の中途に保険関係が成立した継続事業は、保険関係成立日が**9月30日**までであれば、次の①②のいずれかの要件を満たす限り、当該保険年度の概算保険料を延納することができます。

①概算保険料の額が40万円（労災保険又は雇用保険のいずれか一方の保険に係る保険関係のみが成立している事業については20万円）以上であること。

②労働保険事務の処理を労働保険事務組合に委託していること（概算保険料の額は不問）。

解答　D

問題 142

チェック欄

1	2	3

賃金総額の特例

予想

難易度 **普**　重要度 **B**

次のアからオまでの賃金総額の特例の対象となる事業とaからcまでの賃金総額（これらの事業について賃金総額の特例が適用される場合の賃金総額）とする額との組合せとして適切なものは、後記AからEまでのうちどれか。

ア　請負による建設の事業

イ　立木の伐採の事業

ウ　造林の事業

エ　水産動植物の採捕の事業

オ　養殖の事業

a　請負金額に労働保険徴収法施行規則別表第2に掲げる率（労務費率）を乗じて得た額

b　所轄都道府県労働局長が定める素材1立方メートルを生産するために必要な労務費の額に、生産するすべての素材の材積を乗じて得た額

c　その事業の労働者につき労働基準法第12条第8項の規定に基づき厚生労働大臣が定める平均賃金に相当する額に、それぞれの労働者の使用期間の総日数を乗じて得た額の合算額

A　（アとc）　　　B　（イとa）　　　C　（ウとb）

D　（エとc）　　　E　（オとa）

346

| 速習レッスン | ア〜オ：P397 | 解説 |

設問のア〜オの事業について賃金総額の特例が適用される場合（原則の方法により賃金総額を正確に算定することが困難な場合）の賃金総額は、次のとおりです。

ア 則12条1号、13条1項

「**請負による建設の事業**」について賃金総額の特例が適用される場合の賃金総額は、「**請負金額**に**労務費率**を乗じて得た額（設問のa）」です。

イ 則12条2号、14条

「**立木の伐採**の事業」について賃金総額の特例が適用される場合の賃金総額は、「**所轄都道府県労働局長**が定める素材1立方メートルを生産するために必要な**労務費**の額に、生産するすべての素材の**材積**を乗じて得た額（設問のb）」です。

ウ 則12条3号、15条

「**造林の事業**」について賃金総額の特例が適用される場合の賃金総額は、「その事業の労働者につき労働基準法の規定に基づき**厚生労働大臣**が定める**平均賃金**に相当する額に、それぞれの労働者の**使用期間**の総日数を乗じて得た額の合算額（設問のc）」です。

エ 則12条4号、15条

「**水産動植物の採捕の事業**」について賃金総額の特例が適用される場合の賃金総額は、「その事業の労働者につき労働基準法の規定に基づき**厚生労働大臣**が定める**平均賃金**に相当する額に、それぞれの労働者の**使用期間**の総日数を乗じて得た額の合算額（設問のc）」です。

オ 則12条4号、15条

「**養殖の事業**」について賃金総額の特例が適用される場合の賃金総額は、「その事業の労働者につき労働基準法の規定に基づき**厚生労働大臣**が定める**平均賃金**に相当する額に、それぞれの労働者の**使用期間**の総日数を乗じて得た額の合算額（設問のc）」です。

以上から、設問のアからオまでの賃金総額の特例の対象となる事業とaからcまでの賃金総額とする額との組合せとして適切なものは、**D（エとc）**です。

5章 労働保険徴収法

解答 **D**

問題 143

保険料率等

予想　　　　　　　　　　　　　　　難易度 普　重要度

労働保険の保険料率等に関する次の記述のうち、正しいものはどれか。

A　第3種特別加入保険料率は、海外派遣者が従事する事業と同種又は類似の労働保険徴収法の施行地内で行われている事業について適用される労災保険率と同じ率である。

B　労災保険率に含まれている非業務災害率とは、労災保険法の適用を受けるすべての事業の過去3年間の複数業務要因災害に係る災害率、通勤災害に係る災害率、二次健康診断等給付に要した費用の額及び厚生労働省令で定めるところにより算定された複数事業労働者に係る給付基礎日額を用いて算定した保険給付の額その他の事情を考慮して厚生労働大臣の定める率をいう。

C　園芸サービスの事業に適用される雇用保険率は、いわゆる一般の事業に適用される率より高い率となっている。

D　第1種特別加入保険料率は、中小事業主等が行う事業に係る労災保険率と同一の率から、労災保険法の適用を受けるすべての事業の過去3年間の通勤災害に係る災害率及び二次健康診断等給付に要した費用の額を考慮して厚生労働大臣の定める率を減じた率である。

E　第2種特別加入保険料率は、第2種特別加入者に係る事業又は作業の種類に応じて、現在、最高1,000分の52から最低1,000分の4までの率が定められている。

| 速習レッスン | A：P401、B：P398、C：P400、D：P401、E：P401 | 解説 |

A ✕ 法14条の2第1項、則23条の3。「同種又は類似の労働保険徴収法の施行地内で行われている事業について適用される労災保険率と同じ率」ではありません。第3種特別加入保険料率は、海外派遣者が従事している事業と同種又は類似の労働保険徴収法の施行地内で行われている事業についての業務災害、複数業務要因災害及び通勤災害に係る災害率、社会復帰促進等事業として行う事業の種類及び内容その他の事情を考慮して**厚生労働大臣の定める率**です。この率は、現在、**一律1,000分の3**です。

B ◯ 法12条3項。非業務災害率は厚生労働大臣が定めます。また、厚生労働大臣が非業務災害率を定めるにあたっては、労災保険法の適用を受けるすべての事業の過去3年間の①**複数業務要因災害**に係る災害率、②**通勤災害**に係る災害率、③**二次健康診断等給付**に要した費用の額、④厚生労働省令で定めるところにより算定された**複数事業労働者**に係る給付基礎日額を用いて算定した保険給付の額、⑤その他の事情が考慮されます。

C ✕ 法12条4項、昭50労告12号。一般の事業に適用される率と同じ率です。農林水産業のうち、季節的に休業し、又は事業の規模が縮小することのない事業として厚生労働大臣が指定する事業（①牛馬育成、酪農、養鶏又は養豚の事業、②園芸サービスの事業、③内水面養殖の事業及び④船員が雇用される事業）については、**一般の事業と同じ**雇用保険率が適用されます。

D ✕ 法13条。「通勤災害に係る災害率」は考慮されません。第1種特別加入保険料率は、第1種特別加入者に係る事業に適用される労災保険率と同一の率から、当該中小事業主等に対して給付が行われない「**過去3年間の二次健康診断等給付**に要した費用の額」を考慮して厚生労働大臣が定める率（現在「**0**」）を減じた率です。

E ✕ 法14条1項、則23条、則別表第5。「最低1,000分の4」ではなく、「最低1,000分の3」です。第2種特別加入保険料率は、事業又は作業の種類に応じて、**最高1,000分の52**から、**最低1,000分の3**までの率が定められています。

| 解答 | **B** |

メリット制

過令4

労災保険のいわゆるメリット制に関する次の記述のうち、正しいものはどれか。

A 継続事業の一括（一括されている継続事業の一括を含む。）を行った場合には、労働保険徴収法第12条第3項に規定する労災保険のいわゆるメリット制に関して、労災保険に係る保険関係の成立期間は、一括の認可の時期に関係なく、当該指定事業の労災保険に係る保険関係成立の日から起算し、当該指定事業以外の事業に係る一括前の保険料及び一括前の災害に係る給付は当該指定事業のいわゆるメリット収支率の算定基礎に算入しない。

B 有期事業の一括の適用を受けている建築物の解体の事業であって、その事業の当該保険年度の確定保険料の額が40万円未満のとき、その事業の請負金額（消費税等相当額を除く。）が1億1,000万円以上であれば、労災保険のいわゆるメリット制の適用対象となる場合がある。

C 有期事業の一括の適用を受けていない立木の伐採の有期事業であって、その事業の素材の見込生産量が1,000立方メートル以上のとき、労災保険のいわゆるメリット制の適用対象となるものとされている。

D 労働保険徴収法第20条に規定する確定保険料の特例の適用により、確定保険料の額が引き下げられた場合、その引き下げられた額と当該確定保険料の額との差額について事業主から所定の期限内に還付の請求があった場合においても、当該事業主から徴収すべき未納の労働保険料その他の徴収金（石綿による健康被害の救済に関する法律第35条第1項の規定により徴収する一般拠出金を含む。）があるときには、所轄都道府県労働局歳入徴収官は当該差額をこの未納の労働保険料等に充当するものとされている。

E 労働保険徴収法第20条第1項に規定する確定保険料の特例は、第1種特別加入保険料に係る確定保険料の額及び第2種特別加入保険料に係る確定保険料の額について準用するものとされている。

| 速習レッスン | Ａ：記載なし、Ｂ：P402、Ｃ：P405、Ｄ：P406、Ｅ：P405 | 解説 |

Ａ 〇 コンメンタール285頁参照。継続事業の一括の適用を受けている事業についてのメリット収支率（連続する３保険年度の収支率）の算定についてです。継続事業の一括（一括されている継続事業の一括を含む。）を行った場合には、①労災保険に係る保険関係の成立期間は、一括の認可の時期に関係なく、当該指定事業の労災保険に係る**保険関係成立の日**から起算し、②指定事業以外の事業については保険関係が消滅するので、これに係る**一括前の保険料**及び**一括前の災害に係る給付**は、指定事業のメリット収支率の算定基礎に**算入しない**こととされています。

Ｂ ✕ 法12条３項３号、則17条３項。設問の事業は、メリット制の適用対象となりません。有期事業の一括の適用を受けている事業（一括有期事業）がメリット制の適用対象となるためには、連続する３保険年度中の**各保険年度**において**確定保険料の額が40万円以上**でなければなりません。設問の事業は、当該保険年度の確定保険料の額が40万円未満であるため、メリット制の適用対象となりません。なお、一括有期事業のメリット制の適用にあたり、請負金額は考慮されません。

Ｃ ✕ 法20条１項、則35条１項２号。「見込生産量」ではなく、「生産量」です。立木の伐採の事業が有期事業のメリット制の適用対象となるためには、①確定保険料の額が**40万円以上**であること、又は②素材の**生産量**が**1,000立方メートル以上**であることのいずれかに該当するものでなければなりません。

Ｄ ✕ 法20条３項、則36条１項、37条１項。設問の場合は、未納の労働保険料等に充当するのではなく、還付するものとされています。有期事業のメリット制の適用により確定保険料の額が引き下げられた場合において、事業主が通知を受けた日の翌日から起算して**10日以内**に**還付の請求**をしたときは、未納の労働保険料等の有無にかかわらず、差額が**還付**されます。充当が行われるのは、**還付の請求がない**場合です。

Ｅ ✕ 法20条２項。第２種特別加入保険料に係る確定保険料の額については、準用するものとされていません。つまり、**第２種特別加入保険料**に係る確定保険料の額については、有期事業のメリット制は**適用されません**。第１種特別加入保険料に係る確定保険料の額については、正しい内容です。

解答 **Ａ**

351

問題 145

チェック欄

概算保険料（1）

予想

難易度 普　重要度 B

概算保険料に関する次の記述のうち、正しいものはどれか。

A　継続事業の事業主は、保険年度の中途に保険関係が成立した場合には、保険関係成立日から20日以内に、概算保険料を納付しなければならない。

B　有期事業の事業主は、保険年度の初日から20日以内に、概算保険料を納付しなければならない。

C　当初の賃金総額の見込額が一定以上増加した場合に納付しなければならない、いわゆる増加概算保険料は、増加が見込まれた日から30日以内に納付することとされているが、当該増加概算保険料の申告を怠った場合には、政府が職権で増加概算保険料の額を決定する。

D　継続事業に係る増加概算保険料については、申告書を日本銀行を経由して提出することができるが、納付すべき額を口座振替によって納付することはできない。

E　政府は、一般保険料率又は特別加入保険料率の引上げを行ったときは、通知を発する日から起算して15日を経過した日を納期限と定め、納付すべき概算保険料の額を通知しなければならない。

352

速習レッスン　A：P412、B：P412、C：P413、D：P409・410、E：P413　解説

A　✕　法15条1項。継続事業の場合、年度途中で保険関係が成立したときは、**保険関係成立日から50日以内**（翌日起算）に、概算保険料を納付しなければなりません。保険関係成立日から20日以内に納付しなければならないのは、有期事業の場合です。

B　✕　法15条2項。「保険年度の初日から20日以内」ではなく、「**保険関係成立日から20日以内**（翌日起算）」です。有期事業についての概算保険料の申告・納付手続は、保険年度ごとに行うのではなく、**事業の全期間**について行います。

C　✕　法15条3項・4項、16条。増加概算保険料については、認定決定は**ありません**。なお、増加が見込まれた日から**30日以内**に増加概算保険料を納付するというのは正しい記述です。

D　○　法21条の2第1項、則38条2項5号・6号、38条の4。増加概算保険料申告書は、**日本銀行**を経由して提出することが**できます**。一方、増加概算保険料は、**口座振替**によって納付することは**できません**。口座振替による納付は、納付書によって納付が行われる次の労働保険料に限り、認められます。以上のことは、有期事業についても同じです。

> ①通常の**概算保険料**（延納によるものを含む。）
> ②**確定保険料**の不足額

E　✕　法17条、則26条。概算保険料の追加徴収に関する規定です。追加徴収は、納付書による通知を発する日から起算して**30日**を経過した日、つまり31日目が納期限になります。

有期事業の労働保険料の申告・納付手続

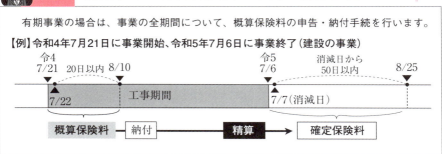

解答　D

問題 146

概算保険料（2）

[予想]　　　　　　　　　　　　　　　難易度 普　重要度

概算保険料に関する次のアからオまでの記述のうち、正しいものの組合わせは、後記AからEまでのうちどれか。

ア　政府は、保険年度の中途に、一般保険料率、第１種特別加入保険料率、第２種特別加入保険料率又は第３種特別加入保険料率の引上げを行ったときは、増加額の多少にかかわらず、概算保険料の追加徴収を行う。

イ　事業の全期間が６ヵ月である有期事業の事業主は、納付すべき概算保険料の額の多少にかかわらず、当該概算保険料を延納することができない。

ウ　事業主は、賃金総額の見込額が増加し、増加後の賃金総額の見込額が増加前の賃金総額の見込額の100分の200を超えた場合には、増加後の賃金総額の見込額に基づき算定した概算保険料の額とすでに納付した概算保険料の額との差額の多少にかかわらず、その差額を納付しなければならない。

エ　複数年にわたる有期事業の事業主が納付すべき概算保険料の額は、その事業の保険関係に係る保険年度ごとに算定する。

オ　事業主が所定の期限までに概算保険料申告書を提出しなかったことにより、政府が概算保険料の額を決定し、これを事業主に通知した場合は、追徴金が徴収される。

A　（アとイ）　　B　（アとウ）　　C　（イとエ）
D　（ウとオ）　　E　（エとオ）

| 速習レッスン | ア：P413、イ：P416、ウ：P413、エ：P412、オ：P427 | 解説 |

ア ◯ 法17条1項、コンメンタール381頁参照。概算保険料の追加徴収は、保険年度の中途に、一般保険料率又は（第1種～第3種）特別加入保険料率が引き上げられたときに行われます。また、概算保険料の追加徴収は、増加額の多少にかかわらず、行われます。

イ ◯ 則28条1項。有期事業の事業主が、概算保険料申告書の提出の際に申告することにより、概算保険料を延納することができるのは、次の（1）（2）の要件をいずれも満たす場合に限られます。事業の全期間が6ヵ月である場合は、（2）の要件を満たしていませんので、延納することができません。

（1）次のいずれかに該当すること。

①概算保険料の額が**75万円以上**であること　又は

②労働保険事務の処理を**労働保険事務組合に委託**していること。

（2）事業の全期間が**6ヵ月を超えている**こと。

ウ ✕ 法16条、則25条1項。「差額の多少にかかわらず」という記述が誤りです。賃金総額の見込額が増加した場合の増加概算保険料は、①増加後の賃金総額の見込額が増加前の賃金総額の見込額の**100分の200を超え**、かつ、②増加後の賃金総額の見込額に基づき算定した概算保険料の額とすでに納付した概算保険料の額との**差額が13万円以上**であるときに、納付しなければなりません。

エ ✕ 法15条2項。その事業の当該保険関係に係る**全期間について**算定します。保険年度ごとに算定するのではありません。有期事業（一括有期事業を除く。）に係る概算保険料の額は、たとえば、特別加入者がいない場合には、「賃金総額の見込額（1,000円未満の端数切捨て）×一般保険料率」で計算します。この「賃金総額の見込額」は、その事業の当該保険関係に係る**全期間に使用するすべての労働者**に係る賃金総額の見込額です。

オ ✕ 参考：法21条1項、25条2項。**概算保険料**の認定決定の場合は、追徴金は徴収されません。追徴金が徴収されるのは、**確定保険料**の認定決定又は**印紙保険料**の認定決定が行われた場合です。

以上から、正しいものの組合わせは、**A（アとイ）**です。

5章 労働保険徴収法

解答　**A**

問題 147

チェック欄

延納

過平27

難易度 普　重要度 A

労働保険料の延納に関する次の記述のうち、誤っているものはどれか。

A　概算保険料について延納が認められている継続事業（一括有期事業を含む。）の事業主は、増加概算保険料の納付については、増加概算保険料申告書を提出する際に延納の申請をすることにより延納することができる。

B　概算保険料について延納が認められている継続事業（一括有期事業を含む。）の事業主が、労働保険徴収法第17条第2項の規定により概算保険料の追加徴収の通知を受けた場合、当該事業主は、その指定された納期限までに延納の申請をすることにより、追加徴収される概算保険料を延納することができる。

C　概算保険料について延納が認められている継続事業（一括有期事業を含む。）の事業主が、納期限までに確定保険料申告書を提出しないことにより、所轄都道府県労働局歳入徴収官が労働保険料の額を決定し、これを事業主に通知した場合において、既に納付した概算保険料の額が、当該決定された確定保険料の額に足りないときは、その不足額を納付する際に延納の申請をすることができる。

D　概算保険料について延納が認められ、前保険年度より保険関係が引き続く継続事業（一括有期事業を含む。）の事業主の4月1日から7月31日までの期分の概算保険料の納期限は、労働保険事務組合に労働保険事務の処理を委託している場合であっても、7月10日とされている。

E　概算保険料について延納が認められている有期事業（一括有期事業を除く。）の事業主の4月1日から7月31日までの期分の概算保険料の納期限は、労働保険事務組合に労働保険事務の処理を委託している場合であっても、3月31日とされている。

A：P418、B：P418〜419、C：P414、D：P415、E：P417　　　**解説**

A ○ 則30条1項。増加概算保険料については、**当初の概算保険料を延納**する事業主に限り、その申請に基づき延納が認められます。

B ○ 則31条。追加徴収される概算保険料については、**当初の概算保険料を延納**する事業主に限り、その申請に基づき延納が認められます。

C × 法18条。設問の不足額（**確定保険料の認定決定に係る不足額**）について、延納の申請をすることは**できません**。延納の申請をすることができる労働保険料は、**概算保険料**（増加概算保険料、追加徴収による概算保険料及び認定決定による概算保険料を含む。）**のみ**です。

D ○ 則27条。設問の事業の事業主は、その保険年度の概算保険料を3回に分けて納付することができます。**第1期**（4月1日から7月31日まで）**分**の納期限は、当該事業主が労働保険事務組合に労働保険事務の処理を委託しているか否かに**かかわらず、7月10日**です。なお、第2期分及び第3期分の本来の納期限は、第2期分が10月31日、第3期分が翌年1月31日ですが、事業主が労働保険事務組合に労働保険事務の処理を委託している場合は、第2期分が11月14日、第3期分が翌年2月14日となります。

E ○ 則28条。有期事業（一括有期事業を除く。以下本肢解説において同じ。）の事業主が概算保険料を延納する場合の**4月1日から7月31日までの期分の納期限**は、労働保険事務組合に労働保険事務の処理を委託している事業主であるか否かを問わず、**3月31日**です。なお、有期事業に係る概算保険料の延納については、当該事業の事業主が労働保険事務組合に労働保険事務の処理を委託している場合であっても、納期限が延長されることはありません。

解答　C

問題 148

労働保険料の計算

予想

A社の事業内容は、次の(1)から(5)までのとおりである。A社のある保険年度(Y年度)の概算保険料の労災保険分の額として、正しいものはどれか。
(1) 事業内容：保険業（労災保険率は1,000分の2.5）
(2) 保険関係の成立年月日：平成15年4月1日
(3) X年度（Y年度の前保険年度）の賃金総額の確定額：4,200万5,830円
(4) Y年度の賃金総額の見込額：5,130万9,000円
(5) 労災保険の特別加入者はいない。

A 126,015円
B 128,272円
C 128,273円
D 105,012円
E 105,015円

| 速習レッスン | A～E：P396・399・411 | 解説 |

A～Eは法12条2項、15条1項1号、則24条1項、則別表第1、国等の債権債
務等の金額の端数計算に関する法律2条1項

労災保険料の額を計算する問題です。

まず、次の①～③を確認します。

①Y年度の賃金総額の見込額がX年度の賃金総額の確定額の**100分の50以上100
分の200以下**であるため、Y年度の概算保険料の額の計算は、X年度の賃金総
額の確定額を使用します。また、労働保険料の額を計算する際の賃金総額につ
いては、**1,000円未満の端数を**切り捨てます。

②計算に使用する**保険業**に係る労災保険率は、**1,000分の2.5**です。

③計算後の労働保険料の額については、**1円未満の端数を**切り捨てます。

上記の①～③で確認した数字を使用して、Y年度の概算保険料の労災保険分の
額を計算すると、次のようになり、Dが正解となります。

《Y年度の概算保険料の労災保険分の額》

X年度の賃金総額の確定額 × 労災保険率

= 4,200万5,000円 × 1,000分の2.5

= 105,012.5円

≒ 105,012円

5章

労働保険徴収法

| 解答 | D |

359

労働保険料等の通知・納付

労働保険料等の通知等に関する次の記述のうち、誤っているものはどれか。

A 概算保険料の認定決定に係る納付額の通知は、所轄都道府県労働局歳入徴収官が納入告知書によって行う。

B 政府は、労働保険徴収法第17条第1項の規定により概算保険料を追加徴収する場合には、事業主に対して、納付書を送付することにより、期限を指定して、その納付すべき概算保険料の額を通知しなければならない。

C 有期事業（一括有期事業を除く。）の事業主は、当該事業の労災保険に係る保険関係が消滅した場合であって、すでに納付した概算保険料の額が確定保険料の額に足りないときは、当該保険関係が消滅した日から起算して50日以内に、その不足額を、確定保険料申告書に添えて、納付しなければならない。

D 事業主は、すでに納付した概算保険料の額と確定保険料の額が同額である場合であっても、所定の期限までに、確定保険料申告書を提出しなければならない。

E 労働保険徴収法第21条第1項の規定により追徴金の徴収が行われる場合は、所轄都道府県労働局歳入徴収官が、事業主に対して、納入告知書により、追徴金の額及びその算定の基礎となる事項並びに納期限を通知しなければならない。

速習レッスン　A：P414、B：P413、C：P421、D：P421、E：P427　　解説

A　✕　則38条4項・5項。**概算保険料の認定決定**に係る納付額の通知は、納入告知書ではなく、**納付書**によって行います。なお、所轄都道府県労働局歳入徴収官が行うという点は、正しい記述です。

B　○　法17条2項、則38条4項・5項。政府が**概算保険料の追加徴収**を行う場合は、事業主に対して、**納付書**を送付することにより、納付すべき概算保険料の額及び納期限を通知しなければなりません。この通知を行うのは、所轄都道府県労働局歳入徴収官です。

C　○　法19条2項・3項。**有期事業**（一括有期事業を除く。）に係る確定保険料の申告・納期限は、**保険関係が消滅した日から50日以内**（当日起算）です。なお、継続事業（一括有期事業を含む。）に係る確定保険料の申告・納期限は、6月1日から40日以内（保険年度の中途に保険関係が消滅した場合は、保険関係消滅日から50日以内（いずれも当日起算））です。

D　○　法19条1項・2項。すでに納付した概算保険料の額と確定保険料の額が同額で、納付すべき確定保険料がない場合でも、**確定保険料申告書**は、所定の期限までに、**必ず提出**しなければなりません。

E　○　法21条3項による法17条2項の準用、則26条、38条5項。**追徴金の額及びその算定の基礎となる事項並びに納期限の通知は、納入告知書**によって行われます。また、通知を行うのは所轄都道府県労働局歳入徴収官です。なお、労働保険徴収法21条1項の規定による追徴金とは、**確定保険料の認定決定**に係る追徴金のことです。

5章　労働保険徴収法

ポイント解説

納入告知書によって納付するもの

次の①〜④の納付は、**納入告知書**によって行います。
① 認定決定による**確定保険料・印紙保険料**
② 有期事業の**メリット制**による確定保険料の**差額徴収**
③ 確定保険料・印紙保険料の認定決定に係る追徴金
④ 特例納付保険料
※認定決定による概算保険料の納付は**納付書**により行います。

解答　A

問題 150

チェック欄　1　2　3

労働保険料の認定決定・還付・充当

予想　　　　　　　　　　　　　　　　　　　難易度 易　重要度 A

労働保険料に関する次の記述のうち、誤っているものはどれか。

A　政府が、事業主に対して、概算保険料に係る認定決定の通知をするのは、事業主が概算保険料申告書を所定の期限までに提出しないとき又は事業主が提出した概算保険料申告書の記載に誤りがあると認めるときである。

B　所定の期限までに概算保険料申告書を提出しなかったことにより、政府から概算保険料に係る認定決定の通知を受けた事業主は、政府の決定した概算保険料の額を、その通知を受けた日から15日以内に納付しなければならない。

C　確定保険料に係る認定決定の通知を受けた事業主は、いかなる場合であっても、労働保険料の還付請求をすることができない。

D　労働保険料の還付請求は、労働保険料還付請求書を官署支出官又は所轄都道府県労働局資金前渡官吏に提出することによって行わなければならない。

E　所轄都道府県労働局歳入徴収官は、労働保険徴収法施行規則第37条第1項に定める労働保険料の充当をしたときは、その旨を事業主に通知しなければならない。

362

速習レッスン　A：P414、B：P414、C：P422、D：P422、E：P422

解説

A ○ 法15条3項。概算保険料に係る認定決定は、次の①又は②のいずれかに該当するときに行われます。

> ①事業主が概算保険料申告書を所定の期限までに**提出しない**とき
> ②事業主が提出した概算保険料申告書の**記載**に**誤り**があると認めるとき

B ○ 法15条4項。概算保険料に係る認定決定の通知を受けた事業主は、次の①又は②に掲げる額を、その通知を受けた日から**15日**以内（翌日起算）に納付しなければなりません。

> ①上記**A**の解説①のとき（概算保険料を納付していないとき）
> 　……**認定決定**された概算保険料の額
> ②上記**A**の解説②のとき（すでに納付した概算保険料の額が認定決定された概算保険料の額に足りないとき）
> 　……その**不足額**

C × 則36条。確定保険料に係る認定決定の通知を受けた事業主であっても、すでに納付している概算保険料の額が認定決定された確定保険料の額を超える場合には、労働保険料の還付請求をすることが**できます**。なお、この場合の還付請求は、認定決定の通知を受けた日の翌日から起算して**10日**以内に行う必要があります。

D ○ 則36条2項。労働保険料の還付請求先は、**官署支出官**又は**所轄都道府県労働局資金前渡官吏**です。

E ○ 則37条2項。すでに納付している概算保険料の額が確定保険料の額を超える場合において、事業主が労働保険料の還付請求をしないときは、**所轄都道府県労働局歳入徴収官**は、その超過額を次の保険年度の概算保険料若しくは未納の労働保険料又は未納の一般拠出金等に**充当**します。この場合には、その旨を事業主に**通知**しなければなりません。

解答　C

問題	151			チェック欄	1	2	3

印紙保険料（1）

予想　　　　　　　　　　　　　　　　　　　　難易度 普　重要度 B

印紙保険料等に関する次の記述のうち、正しいものはどれか。

A　印紙保険料の額は、日雇労働被保険者の賃金日額に応じて、196円、146円及び96円の3種類である。

B　労働保険徴収法施行規則第41条第2項には「事業主は、雇用保険印紙を譲り渡し、又は譲り受けてはならない。」と規定されているが、この規定に違反した事業主に対する労働保険徴収法上の罰則はない。

C　事業主は、雇用保険印紙を購入しようとするときは、あらかじめ、雇用保険印紙購入通帳交付申請書を所轄都道府県労働局長に提出して、雇用保険印紙購入通帳の交付を受けなければならない。

D　事業主は、日雇労働被保険者を使用する日ごとに、その者に係る印紙保険料を納付しなければならない。

E　事業主は、雇用保険に係る保険関係が消滅したときは、その保有する雇用保険印紙の買戻しを申し出ることができるが、この場合の買戻しの期間は、雇用保険に係る保険関係が消滅した日から6ヵ月間である。

速習レッスン　A：P424、B：P425、C：P425、D：P424、E：P426　　**解説**

A　✕　法22条1項。印紙保険料の額は、次表のとおり賃金日額に応じて、**176円**、**146円**及び**96円**の3種類です。なお、この額は、事業主と日雇労働被保険者がその2分の1ずつを負担します。

印紙等級	賃金日額	印　紙 保険料	事業主 負担分	被保険者 負担分
第1級	11,300円以上	176円	88円	88円
第2級	8,200円以上11,300円未満	146円	73円	73円
第3級	8,200円未満	96円	48円	48円

B　○　法46条、則41条2項。事業主は、雇用保険印紙を**譲り渡し**、又は**譲り受けてはなりません**が、これに違反しても、罰則は**ありません**。

C　✕　則42条1項。雇用保険印紙購入通帳交付申請書は、「所轄都道府県労働局長」ではなく、「**所轄公共職業安定所長**」に提出します。雇用保険印紙の購入の手順は、次のとおりです。

①あらかじめ、雇用保険印紙購入通帳**交付申請書**を**所轄公共職業安定所長**に提出して、雇用保険印紙**購入通帳**の交付を受ける。

②雇用保険印紙**購入申込書**に必要事項を記入し、雇用保険印紙を販売する**日本郵便株式会社**の営業所に提出して、雇用保険印紙を購入する。

D　✕　法23条1項。「使用する日ごとに」ではなく、「賃金を支払うつど」です。事業主は、日雇労働被保険者に**賃金を支払うつど**、その者に係る印紙保険料を納付しなければなりません。

E　✕　則43条2項。設問の場合の買戻しの期間は、特に**定められていません**。事業主は、次の①～③のいずれかの場合に、印紙保険料の買戻しを申し出ることができます。このうち買戻しの期間が**6ヵ月間**とされているのは、③の場合です。①②の場合は、買戻しの期間の定めはありませんが、あらかじめ**所轄公共職業安定所長の確認**を受けることが必要です。

①雇用保険に係る**保険関係が消滅**したとき。

②日雇労働被保険者を使用しなくなったとき。

③雇用保険印紙が変更されたとき。

5章

労働保険徴収法

解答　**B**

問題 152

チェック欄

印紙保険料（2）

過平28

難易度 易　重要度 A

印紙保険料に関する次の記述のうち、正しいものはどれか。

A　請負事業の一括の規定により元請負人が事業主とされる場合は、当該事業に係る労働者のうち下請負人が使用する日雇労働被保険者に係る印紙保険料についても、当該元請負人が納付しなければならない。

B　事業主は、その使用する日雇労働被保険者については、印紙保険料を納付しなければならないが、一般保険料を負担する義務はない。

C　雇用保険印紙購入通帳の交付を受けている事業主は、印紙保険料納付状況報告書により、毎月における雇用保険印紙の受払状況を翌月末日までに、所轄公共職業安定所長を経由して、所轄都道府県労働局歳入徴収官に報告しなければならないが、日雇労働被保険者を一人も使用せず雇用保険印紙の受払いのない月に関しても、報告する義務がある。

D　事業主は、正当な理由がないと認められるにもかかわらず、印紙保険料の納付を怠ったときは、認定決定された印紙保険料の額（その額に1000円未満の端数があるときは、その端数は、切り捨てる）の100分の10に相当する追徴金を徴収される。

E　印紙保険料を所轄都道府県労働局歳入徴収官が認定決定したときは、納付すべき印紙保険料については、日本銀行（本店、支店、代理店及び歳入代理店をいう。）に納付することはできず、所轄都道府県労働局収入官吏に現金で納付しなければならない。

速習レッスン　A：P390・424、B：P424、C：P426、D：P427、E：P426　　解説

A　✕　法23条1項。設問の場合に、下請負人が使用する日雇労働被保険者に係る印紙保険料を納付しなければならないのは、当該**下請負人**です。元請負人ではありません。請負事業の一括は、労災保険に係る保険関係についてのみ行われます。雇用保険の保険関係は一括されないため、印紙保険料の納付は、日雇労働被保険者を使用する下請負人が行わなければなりません。

B　✕　法31条3項。一般保険料も負担する義務があります。日雇労働被保険者を使用する事業主が、当該日雇労働被保険者について負担すべき保険料の額は、①**一般保険料**の額のうち事業主が負担すべき額に相当する額及び②**印紙保険料**の額の2分の1の額です。

C　◯　法24条、則54条、コンメンタール473頁参照。雇用保険印紙の受払状況の報告は、**毎月**行わなければならないため、日雇労働被保険者を1人も使用せず、雇用保険印紙の**受払いのない月**であっても、その旨を報告する義務があります。

D　✕　法25条2項。印紙保険料の認定決定に係る**追徴金**の割合は、**100分の25**です。100分の10ではありません。

E　✕　則38条3項2号。日本銀行に納付することも**できます**。認定決定に係る印紙保険料の納付先は、**日本銀行**又は**所轄都道府県労働局収入官吏**です。なお、**現金**で納付しなければならない（雇用保険印紙による納付はできない）とする点は、正しい記述です。

5章　労働保険徴収法

解答　C

問題 153

チェック欄

特例納付保険料

過令3

難易度 難　重要度 C

特例納付保険料の納付等に関する次の記述のうち、正しいものはどれか。

A　雇用保険の被保険者となる労働者を雇い入れ、労働者の賃金から雇用保険料負担額を控除していたにもかかわらず、労働保険徴収法第4条の2第1項の届出を行っていなかった事業主は、納付する義務を履行していない一般保険料のうち徴収する権利が時効によって既に消滅しているものについても、特例納付保険料として納付する義務を負う。

B　特例納付保険料の納付額は、労働保険徴収法第26条第1項に規定する厚生労働省令で定めるところにより算定した特例納付保険料の基本額に、当該特例納付保険料の基本額に100分の10を乗じて得た同法第21条第1項の追徴金の額を加算して求めるものとされている。

C　政府は、事業主から、特例納付保険料の納付をその預金口座又は貯金口座のある金融機関に委託して行うことを希望する旨の申出があった場合には、その納付が確実と認められ、かつ、その申出を承認することが労働保険料の徴収上有利と認められるときに限り、その申出を承認することができる。

D　労働保険徴収法第26条第2項の規定により厚生労働大臣から特例納付保険料の納付の勧奨を受けた事業主が、特例納付保険料を納付する旨を、厚生労働省令で定めるところにより、厚生労働大臣に対して書面により申し出た場合、同法第27条の督促及び滞納処分の規定並びに同法第28条の延滞金の規定の適用を受ける。

E　所轄都道府県労働局歳入徴収官は、労働保険徴収法第26条第4項の規定に基づき、特例納付保険料を徴収しようとする場合には、通知を発する日から起算して30日を経過した日をその納期限と定め、事業主に、労働保険料の増加額及びその算定の基礎となる事項並びに納期限を通知しなければならない。

速習レッスン A：P426〜427、B：P427、C：P410、D：P427・428、E：P427　　解説

A ✕ 法26条1項。特例納付保険料の**納付**は**任意**であり、設問の事業主（対象事業主）であっても、直ちに、これを納付する義務を負うものではありません。なお、特例納付保険料の納付については、厚生労働大臣には、やむを得ない事情のためこれを行うことができない場合を除き、対象事業主に対して、特例納付保険料の**納付を勧奨**することが**義務**づけられています。

B ✕ 法26条1項、則57条。追徴金の額を加算して求めるのではありません。特例納付保険料の納付額は、特例納付保険料の**基本額**に「**基本額に100分の10を乗じて得た額**」を**加算**した額ですが、この加算額は**追徴金ではありません**。

C ✕ 則38条の4。特例納付保険料については、口座振替による納付を行うことができません。労働保険料等のうち、**口座振替**による納付を行うことができるのは、**納付書**によって納付が行われる①通常の概算保険料（延納によるものを含む。）、②確定保険料の不足額に限られます（**問題145のD肢解説参照。**）。特例納付保険料のように、**納入告知書**により納付するものについては、口座振替による納付を行うことが**できません**。

D 〇 コンメンタール484頁。特例納付保険料は、労働保険料に位置づけられています。また、事業主が特例納付保険料の**納付**を**申し出た**場合は、事業主にその納付が義務づけられるため、督促及び滞納処分の規定並びに延滞金の規定の**適用を受けます**。

E ✕ 則59条。特例納付保険料の徴収にあたり、所轄都道府県労働局歳入徴収官が事業主に通知しなければならない事項は、①**特例納付保険料**の**額**及び②**納期限**です。なお、通知を発する日から**30日を経過した日**をその納期限と定めるという点は、正しい記述です。

解答 ▶ **D**

督促・滞納処分、延滞金等

過令元

労働保険料の督促等に関する次の記述のうち、誤っているものはどれか。

A 労働保険徴収法第27条第1項は、「労働保険料その他この法律の規定による徴収金を納付しない者があるときは、政府は、期限を指定して督促しなければならない。」と定めているが、この納付しない場合の具体的な例には、保険年度の6月1日を起算日として40日以内又は保険関係成立の日の翌日を起算日として50日以内に（延納する場合には各々定められた納期限までに）納付すべき概算保険料の完納がない場合がある。

B 労働保険徴収法第27条第3項に定める「労働保険料その他この法律の規定による徴収金」には、法定納期限までに納付すべき概算保険料、法定納期限までに納付すべき確定保険料及びその確定不足額等のほか、追徴金や認定決定に係る確定保険料及び確定不足額も含まれる。

C 労働保険徴収法第27条第2項により政府が発する督促状で指定すべき期限は、「督促状を発する日から起算して10日以上経過した日でなければならない。」とされているが、督促状に記載した指定期限経過後に督促状が交付され、又は公示送達されたとしても、その督促は無効であり、これに基づいて行った滞納処分は違法となる。

D 延滞金は、労働保険料の額が1,000円未満であるとき又は延滞金の額が100円未満であるときは、徴収されない。

E 政府は、労働保険料の督促をしたときは、労働保険料の額につき年14.6％の割合で、督促状で指定した期限の翌日からその完納又は財産差押えの日の前日までの期間の日数により計算した延滞金を徴収する。

速習レッスン A：P428、B：P428、C：(参考) P428、D：P429、E：P428　　**解説**

A　○　法27条１項、コンメンタール489頁参照。設問の「納付しない」場合とは、労働保険料その他労働保険徴収法の規定による徴収金について、**法定の納期限**又は納入告知書による指定期限までにその完納がない場合をいいます。概算保険料については、法定の納期限である保険年度の６月１日を起算日として40日以内又は保険関係成立の日の翌日を起算日として50日以内に（延納する場合には各々定められた納期限までに）完納がないのであれば、設問の「納付しない」場合にあたります。

B　○　法27条３項、昭55.6.5発労徴40号、コンメンタール488頁参照。滞納処分の対象となる「労働保険料その他この法律の規定による徴収金」には、法定納期限までに納付すべき概算保険料、法定納期限までに納付すべき確定保険料及びその確定不足額、認定決定に係る確定保険料及び確定不足額等といった労働保険料のほか、**追徴金**も含まれます。

C　○　法27条２項、コンメンタール490〜491頁参照。督促状を受領した納付義務者が、督促に係る労働保険料等を納付するためには、時間的余裕が必要です。したがって、督促状に記載した指定期限経過後に督促状が交付され、又は公示送達されたとしても、その督促は無効であり、無効な督促に基づいて行った滞納処分は違法となります。

D　○　法28条１項・５項３号。①督促した**労働保険料の額が1,000円**未満である場合や②**延滞金の額が100円**未満である場合には、延滞金は徴収されません。なお、健康保険法や厚生年金保険法にも同様の規定があります。

E　✕　法28条１項。延滞金は「督促状で指定した期限の翌日から」ではなく、「(本来の) **納期限の翌日から**」その完納又は財産差押えの日の前日までの日数に応じて計算します。また、納期限の翌日から**２ヵ月**を経過する日までの期間については、年7.3％の割合を乗じて計算した延滞金を徴収します。なお、延滞金の割合については、軽減特例措置により、当分の間、法本来の割合よりも低い割合が適用されます。

5章
労働保険徴収法

解答　E

問題 155

延滞金

[予想]

延滞金に関する次の記述のうち、誤っているものはどれか。

A　事業主が労働保険料その他労働保険徴収法の規定による徴収金を法定納期限までに納付せず督促状が発せられた場合には、当該事業主が督促状に指定された期限までに当該徴収金を完納したとしても、延滞金は徴収される。

B　政府が延滞金を徴収する場合において、労働保険料の額の一部につき納付があったときは、その納付の日以後の期間に係る延滞金の額の計算の基礎となる労働保険料の額は、その納付のあった労働保険料の額を控除した額となる。

C　政府が、納付義務者の住所又は居所が分からないため、公示送達の方法による督促を行った場合には、延滞金は徴収されないが、ここでいう「住所又は居所が分からない」場合とは、書面調査、実地調査を行ってもなお不明の場合をいう。

D　政府が、国税徴収法の規定により労働保険料について滞納処分の執行を停止したときは、その停止をした徴収金額に係る延滞金のうち当該停止期間に対応する延滞金は、その全額が徴収されない。

E　事業主が労働保険料を納付しないことについて、やむを得ない理由があると認められるときは、延滞金は徴収されないが、この場合の「やむを得ない理由」には、事業の不振又は金融事情等の経済事由によって労働保険料を滞納している場合は該当しない。

速習レッスン A：P429、B：(参考) P428、C：(参考) P429、D：P429、E：P429　**解説**

A ✕ 法28条5項1号。**督促状**に指定された期限までに労働保険料その他労働保険徴収法の規定による徴収金を完納した場合には、延滞金は徴収されません。

B 〇 法28条2項。延滞金の額の計算にあたって、労働保険料の額の一部につき納付があったときは、その日以後は労働保険料の額から一部納付された額を控除した額を計算の基礎とします。つまり、労働保険料のうち、納付されていない額のみを基礎として、延滞金を計算します。

C 〇 法28条5項2号、昭62.3.26労徴発19号。なお、書面調査等をしたならば住所又は居所が判明したにもかかわらず、単に1回だけの郵便送達により宛先人不明で返送されたことを理由として所要の調査を行わなかった場合は、「住所又は居所が分からない」場合にはあたりません（公示送達をしても、公示送達の効力は生じない。）。

D 〇 法28条5項4号、昭62.3.26労徴発19号。労働保険料について滞納処分の執行を**停止**し、又は**猶予**したときは、延滞金（その執行を停止し、又は猶予した期間に対応する部分の金額に限る。）は徴収されません。

E 〇 法28条5項5号、昭62.3.26労徴発19号。なお、設問の「やむを得ない理由」とは、**天災地変**等（地震など）不可抗力により、やむなく労働保険料を滞納したものと認められるような場合をいいます。

ポイント解説

延滞金が徴収されない場合

次の場合は、延滞金は徴収されません。
①**督促状**に指定した期限までに労働保険料等を完納した場合
②督促した労働保険料の額が1,000円未満である場合
③延滞金の額が100円未満である場合
④公示送達の方法によって督促した場合
⑤労働保険料について滞納処分の執行を停止し、又は猶予した場合
⑥労働保険料を納付しないことについて**やむを得ない理由**があると認められる場合

解答　A

労働保険事務組合（1）

予想

労働保険事務組合に関する次の記述のうち、誤っているものはどれか。

A　事業主の行う事業の主たる事務所と労働保険事務組合の主たる事務所が異なる都道府県にある場合であっても、当該事業主は、当該労働保険事務組合に労働保険事務の処理を委託することができる。

B　常時200人の労働者を使用する建設の事業であって、有期事業（一括有期事業を除く。）であるものの事業主は、労働保険事務組合に労働保険事務の処理を委託することができる。

C　労働保険事務組合は、労働保険事務組合認可申請書に記載された事項に変更を生じた場合には、その変更があった日の翌日から起算して14日以内に、その旨を記載した届書を、その主たる事務所の所在地を管轄する都道府県労働局長に提出しなければならない。

D　労働保険事務組合に労働保険事務の処理を委託した事業主は、労働保険事務等処理委託届を、遅滞なく、その事業場の所在地を管轄する都道府県労働局長に提出しなければならない。

E　労働保険事務組合が事業主の委託を受けて処理することができる労働保険事務の範囲には、雇用保険の被保険者資格取得届及び被保険者資格喪失届の提出に関する事務が含まれる。

速習レッスン A：P431、B：P431、C：P432、D：P434、E：P433　　解説

A　○　平12.3.31発労徴31号。労働保険事務組合に労働保険事務の処理を委託することができる事業主について、**地域要件**はありません。したがって、委託事業主の行う事業の主たる事務所と労働保険事務組合の主たる事務所が異なる都道府県にある場合であっても、労働保険事務の処理を委託することができます。

B　○　法33条１項、則62条２項、平12.3.31発労徴31号。労働保険事務の委託に係る事業主の規模の要件は、次の①～③です。設問の事業主は、③の要件を満たしているので、労働保険事務組合に労働保険事務の処理を委託することができます。また、委託事業主の事業について、**継続事業**であるか**有期事業**であるかは問われません。

事業の種類	規模（常時使用する労働者数）
①金融業、保険業、不動産業、小売業	50人以下
②卸売業、サービス業	100人以下
③上記以外の事業	300人以下

C　○　則65条。労働保険事務組合に係る変更の届出は、変更のあった日の翌日から起算して14日以内に、主たる事務所の所在地を管轄する**都道府県労働局長**に対して行います。

D　×　則64条１項。設問の労働保険事務等処理委託届の提出義務を負うのは、労働保険事務の処理の委託を受けた「**労働保険事務組合**」です。委託した事業主ではありません。また、その提出先も、「当該**労働保険事務組合**の**主たる**事務所の所在地を管轄する**都道府県労働局長**」であり、その事業場（委託した事業主の事業場）の所在地を管轄する都道府県労働局長ではありません。

E　○　平12.3.31発労徴31号。労働保険事務組合が事業主の委託を受けて処理することができる労働保険事務の範囲に含まれない事務は、次の①～③です。設問の「雇用保険の被保険者資格取得届及び被保険者資格喪失届の提出に関する事務」は、これらの事務に該当しませんので、労働保険事務組合は事業主の委託を受けて処理することができます。
①印紙保険料に関する事務
②保険給付に関する請求等に係る事務
③雇用保険二事業に係る事務

解答　D

問題 157

労働保険事務組合（2）

過平25

難易度 普　重要度 B

労働保険事務組合に関する次の記述のうち、正しいものはどれか。なお、本問において「委託事業主」とは、労働保険事務組合に労働保険事務の処理を委託した事業主をいう。

A　労働保険事務組合は、概算保険料の納期限が到来しているにもかかわらず、委託事業主が概算保険料の納付のための金銭を労働保険事務組合に交付しない場合、当該概算保険料を立て替えて納付しなければならない。

B　公共職業安定所長が雇用保険法第9条第1項の規定による労働者が被保険者となったこと又は被保険者でなくなったことの確認をしたときの、委託事業主に対してする通知が、労働保険事務組合に対してなされたときは、当該通知は当該委託事業主に対してなされたものとみなされる。

C　労働保険料の納付義務者である委託事業主に係る督促状を労働保険事務組合が受けたが、当該労働保険事務組合が当該委託事業主に対して督促があった旨の通知をしないため、当該委託事業主が督促状の指定期限までに納付できず、延滞金を徴収される場合、当該委託事業主のみが延滞金の納付の責任を負う。

D　労働保険徴収法第19条第4項の規定により委託事業主に対してする認定決定の通知が労働保険事務組合に対してなされた場合、その通知の効果については、当該労働保険事務組合と当該委託事業主との間の委託契約の内容によっては当該委託事業主に及ばないことがある。

E　政府は、委託事業主に使用されている者又は使用されていた者が、雇用保険の失業等給付を不正に受給した場合に、それが労働保険事務組合の虚偽の届出、報告又は証明によるものであっても、当該委託事業主に対し、不正に受給した者と当該委託事業主が連帯して、失業等給付の返還又は納付を命ぜられた金額の納付をすることを命ずることとなり、当該労働保険事務組合に対してはその返還等を命ずることはできない。

速習レッスン A：P434、B：P434、C：P434～435、D：P434、E：P435　　解説

A　✕　法35条1項。労働保険事務組合は、設問の場合であっても、当該概算保険料を立て替えて納付する必要はありません。労働保険事務組合は、委託事業主から**交付を受けた金額の**限度で、政府に対して、納付の委託を受けた労働保険料その他の徴収金を納付する責任を負います。したがって、設問のように、委託事業主から概算保険料の納付のための金銭の交付を受けていない場合には、当該概算保険料を納付する必要はありません。

B　○　法34条、平12.3.31発労徴31号。政府は、委託事業主に対してすべき労働保険料の納入の告知その他の通知等については、労働保険事務組合に対してすることができます。この場合において、当該通知等は、当該**委託事業主**に対してしたものと**みなされます**。つまり、当該通知等の効果は、法律上当然に当該委託事業主に及びます。設問の通知は、上記の通知等に該当するため、当該通知が労働保険事務組合に対してなされたときは、当該委託事業主に対してなされたものとみなされます。

C　✕　法35条2項、平12.3.31発労徴31号。当該委託事業主のみが、延滞金の納付の責任を負うのではありません。設問の場合は、延滞金の徴収について労働保険事務組合の**責めに帰すべき理由**があるため、その**限度**で、**労働保険事務組合**が、政府に対して延滞金の納付の責任を負うこととなります。

D　✕　法34条、平12.3.31発労徴31号。設問の場合における通知の効果は、労働保険事務組合と委託事業主との間の委託契約の内容にかかわらず、**法律上**当然に当該委託事業主に及びます。設問の通知（確定保険料に係る認定決定の通知）は、Bの解説で述べている「（政府が）委託事業主に対してすべき労働保険料の納入の告知その他の通知等」に該当するためです。

E　✕　法35条4項。労働保険事務組合に対しても、返還等を命ずることができます。政府は、失業等給付の不正受給を行った者がある場合において、それが事業主等の虚偽の届出、報告又は証明によるものであるときは、当該事業主等に対して、当該不正受給者と**連帯**して、不正受給額を返還すること等を命ずることができます。この**失業等給付の返還・納付命令**に関する規定の適用については、労働保険事務組合は、**事業主**とみなされます。

解答　B

5章

労働保険徴収法

377

労働保険事務組合 (3)

労働保険事務組合に関する次の記述のうち、正しいものはどれか。

A 労働保険事務組合は、労働保険事務等処理委託事業主名簿、労働保険料等徴収及び納付簿並びに雇用保険被保険者関係届出事務等処理簿を備えておかなければならないが、これらの帳簿は、いずれも、その完結の日から3年間保存しなければならない。

B 厚生労働大臣は、労働保険事務組合がその行うべき労働保険事務の処理を怠り、又はその処理が著しく不当であると認めるときは、その認可を取り消すことができるが、当該認可の取消しの権限は、都道府県労働局長に委任されていない。

C 事業主の団体等が労働保険事務組合の認可を受けるためには、団体等の性格、財政基盤、事務処理体制等に係るすべての基準を満たさなければならないが、これらの基準を満たす団体等であっても、法人でないものは認可を受けることができない。

D 労働保険事務組合は、報奨金の交付を受けようとするときは、労働保険事務組合報奨金交付申請書を、10月15日までに、所轄都道府県労働局長に提出しなければならない。

E 労働保険事務組合は、労働保険事務の処理に係る業務を廃止しようとするときは、労働保険事務の処理を委託している事業主の4分の3以上の同意を得た上で、60日前までに、その旨を厚生労働大臣に届け出なければならない。

A：P434、B：P433、C：P432、D：P435、E：P433　　**解説**

A ✕ 法36条、則68条、72条。設問は後半が誤りです。設問の帳簿のうち、**雇用保険被保険者**関係届出事務等処理簿については、その完結の日から**4年間**保存しなければなりません。労働保険事務組合が備えておかなければならない帳簿の種類及びその保存義務期間は、次のとおりです。

帳簿の種類	保存義務期間
①労働保険事務等処理委託事業主名簿	完結の日から**3年間**
②労働保険料等徴収及び納付簿	
③雇用保険被保険者関係届出事務等処理簿	完結の日から**4年間**

B ✕ 法33条4項、則76条3号、平12.3.31発労徴31号。設問の権限は、都道府県労働局長に**委任**されています。厚生労働大臣は、労働保険事務組合が、①労働保険関係法令の規定に違反したとき、②労働保険事務の処理を**怠った**とき、③労働保険事務の処理が**著しく不当**であるとき、④労働保険事務組合の認可基準の規定に反するとき等は、その認可を取り消すことができます。この認可の取消しに関する厚生労働大臣の権限は、都道府県労働局長に委任されています。

C ✕ 平12.3.31発労徴31号。**法人でない団体**等であっても、所定の基準を満たす限り、労働保険事務組合の認可を受けることが**できます**。認可にあたっては、団体等が法人であるか否かは問われません。ただし、法人でない団体等については、**代表者の定め**があることのほか、団体等の事業内容、構成員の範囲その他団体等の組織、運営方法等が定款等において明確に定められ、**団体性**が明確であることが必要とされます。

D ◯ 報奨金則2条1項。報奨金は、労働保険事務組合が納付すべき労働保険料の納付の状況が著しく良好であると認めるときに、労働保険事務組合の申請に基づき、交付されます。この「労働保険事務組合報奨金交付申請書」の提出期限は、毎年**10月15日**であり、その提出先は、**所轄都道府県労働局長**です。

E ✕ 法33条3項。事業主の4分の3以上の同意を得る必要は**ありません**。労働保険事務組合が、**60日前**までに、厚生労働大臣に**届け出れば**足ります。なお、この届出は、届書を所轄都道府県労働局長に提出することによって行います。

解答　D

雑則、罰則

予想

次の記述のうち、正しいものはどれか。

A　労働保険徴収法第43条第1項の規定による立入検査の権限は、犯罪捜査のために認められたものと解釈してはならないとされているが、立入検査をするためには、裁判官の発する令状が必要である。

B　所轄都道府県労働局長、所轄労働基準監督署長又は所轄公共職業安定所長は、文書又は口頭で、保険関係が成立し、若しくは成立していた事業の事業主又は労働保険事務組合若しくは労働保険事務組合であった団体に対して、労働保険徴収法の施行に関し必要な報告、文書の提出又は出頭を命ずることができる。

C　労働保険料その他労働保険徴収法の規定による徴収金を徴収し、又はその還付を受ける権利は、これらを行使することができる時から3年を経過したときは、時効によって消滅する。

D　法人の代表者が、労働保険徴収法第43条第1項の規定により行われるその法人の業務に関する立入検査において、当該立入検査をする職員の質問に対して答弁をしなかった場合は、当該法人の代表者は、6ヵ月以下の懲役又は30万円以下の罰金に処せられるが、当該法人は、これに関する処罰の対象から除外されている。

E　雇用保険暫定任意適用事業の事業主が、当該事業に使用される労働者の2分の1以上が希望する場合において、その希望に反して雇用保険の加入の申請をしなかった場合は、当該事業主は、6ヵ月以下の懲役又は30万円以下の罰金に処せられる。

| 速習
レッスン | A：記載なし、B：記載なし、C：P437、D：P437、E：P437 | 解説 |

A ✕ 法43条3項。コンメンタール613頁参照。裁判官の発する令状は不要です。法43条1項の規定による立入検査の権限は、犯罪捜査のために認められたものではなく、「行政調査」として行われるものですから、裁判官の発する**令状は不要**です。

B ✕ 法42条、則74条。「文書又は口頭で」とある記述が誤りです。設問の報告等の命令は、**文書**によって行うものとされています。口頭で行うことはできません。

C ✕ 法41条1項。3年ではなく、**2年**です。労働保険料その他徴収金の**徴収**又は**還付**の権利は、**2年**を経過すると、時効によって消滅します。

D ✕ 法46条4号、48条1項。法人も、処罰の対象とされています。設問は、両罰規定についてです。法人の代表者等がその法人又は人の業務に関して違反行為をしたときは、その行為者が罰せられるほか、その法人又は人に対しても**罰金刑**が科せられます（設問の場合には、法人は、30万円以下の罰金に処せられる。）。

E 〇 法附則2条3項、7条1項。**雇用保険**暫定任意適用事業の事業主は、当該事業に使用される労働者の2分の1以上が希望する場合には、雇用保険への加入申請をしなければなりません。この希望に反して、当該**加入申請をしなかった**事業主は、**6ヵ月以下の懲役又は30万円以下の罰金**に処せられます。

5章 労働保険徴収法

解答　**E**

労働保険徴収法全般（1）

労働保険の保険料の徴収等に関する次の記述のうち、誤っているものはどれか。

A 概算保険料について延納できる要件を満たす継続事業の事業主が、7月1日に保険関係が成立した事業について保険料の延納を希望する場合、2回に分けて納付することができ、最初の期分の納付期限は8月20日となる。

B 概算保険料について延納できる要件を満たす有期事業（一括有期事業を除く。）の事業主が、6月1日に保険関係が成立した事業について保険料の延納を希望する場合、11月30日までが第1期となり、最初の期分の納付期限は6月21日となる。

C 概算保険料について延納が認められている継続事業（一括有期事業を含む。）の事業主が、増加概算保険料の納付について延納を希望する場合、7月1日に保険料算定基礎額の増加が見込まれるとき、3回に分けて納付することができ、最初の期分の納付期限は7月31日となる。

D 労働保険徴収法は、労働保険の事業の効率的な運営を図るため、労働保険の保険関係の成立及び消滅、労働保険料の納付の手続、労働保険事務組合等に関し必要な事項を定めている。

E 厚生労働大臣は、毎会計年度において、徴収保険料額及び雇用保険に係る各種国庫負担額の合計額と失業等給付額等との差額が、労働保険徴収法第12条第5項に定める要件に該当するに至った場合、必要があると認めるときは、労働政策審議会の同意を得て、1年以内の期間を定めて雇用保険率を一定の範囲内において変更することができる。

速習レッスン A：P415、B：P417、C：P418、D：P380、E：P400　　　**解説**

A　○　則27条。継続事業・一括有期事業について、保険年度の中途に保険関係が成立した場合の延納の回数は、保険関係成立日に応じて、「成立日が4/1〜5/31：3回」、「**成立日が6/1〜9/30：2回**」、「成立日が10/1〜翌3/31：延納不可」です。設問の事業の保険関係成立日は、7月1日ですので、延納回数は、2回となります。また、最初の期分の保険料の納期限は、**保険関係成立日から50日以内**（翌日起算）ですので、8月20日となります。

B　○　則28条。有期事業に係る概算保険料の延納についてです。設問の事業は、**保険関係成立日（6月1日）からその日の属する期の末日（7月31日）まで**の期間が「**2ヵ月以内**」ですので、この事業に係る延納の第1期は、保険関係成立日の属する期の**次の期**の末日（11月30日）までとなります。また、最初の期（第1期）分の納期限は、**保険関係成立日から20日以内**（翌日起算）ですので、6月21日となります。

C　○　則30条1項・2項。継続事業・一括有期事業の増加概算保険料に係る延納回数は、賃金総額等の増加が見込まれた日又は一般保険料率の変更の日（以下「増加日」という。）に応じて、「**増加日が4/1〜7/31：3回**」、「増加日が8/1〜11/30：2回」、「増加日が12/1〜翌3/31：延納不可」です。設問の事業の増加日は、7月1日ですので、延納回数は3回となります。また、増加概算保険料を延納する場合の最初の期分の納期限は、**増加日から30日以内**（翌日起算）ですので、7月31日となります。

D　○　法1条。労働保険徴収法の趣旨についてです。労働保険徴収法は、労働保険の**事業の効率的な運営**を図ることを目的として、①労働保険の**保険関係の成立及び消滅**に関する事項、②労働保険料の**納付の手続き**に関する事項、③**労働保険事務組合等**に関する事項を定めるものとされています。

E　✕　法12条5項。**労働政策審議会**の「同意を得て」ではなく、「**意見を聴いて**」です。なお、設問の雇用保険率の弾力的変更の規定による雇用保険率の変更は、**1年以内の期間**を定めて、法本来の率から「**±1,000分の4**」の範囲内で行うことができます。

5章
労働保険徴収法

解答　E

383

労働保険徴収法全般（2）

予想 難易度 普 重要度

労働保険徴収法に関する次の記述のうち、誤っているものはどれか。

A　労災保険率は、政令で定めるところにより、労災保険法の適用を受けるすべての事業の過去3年間の業務災害、複数業務要因災害及び通勤災害に係る災害率並びに二次健康診断等給付に要した費用の額、社会復帰促進等事業として行う事業の種類及び内容その他の事情を考慮して厚生労働大臣が定める。

B　労働者派遣事業に係る労災保険率は、派遣労働者の派遣先での作業実態に基づき事業の種類を決定し、労災保険率表による労災保険率を適用する。

C　清酒の製造の事業の雇用保険率は、土木、建築その他工作物の建設、改造、保存、修理、変更、破壊若しくは解体又はその準備の事業の雇用保険率と同じである。

D　有期事業の一括が行われている事業の事業主は、保険年度の中途に当該事業に係る保険関係が消滅した場合は、当該保険関係が消滅した日から50日以内に、確定保険料の申告及び納付を行わなければならない。

E　継続事業の事業主が納付した概算保険料の額が、確定保険料の額を超える場合において、事業主から還付の請求がないときは、政府は、その超える額を次の保険年度の概算保険料又は未納の労働保険料その他労働保険徴収法の規定による徴収金に充当する。

速習レッスン A：P398、B：P398、C：P400、D：P421、E：P422　　　解説

A　○　法12条2項。労災保険率は、厚生労働大臣が定めます。労働保険率を定めるにあたっては、労災保険法の適用を受けるすべての事業の過去**3年**間の①**業務災害、複数業務要因災害**及び**通勤災害**に係る災害率、②**二次健康診断等給付**に要した費用の額、③**社会復帰促進等事業**として行う事業の種類及び内容、④その他の事情が考慮されます。

B　○　昭61.6.30発労徴41号、基発383号。労働者派遣事業について、労災保険率表のいずれの事業の種類に該当するかは、派遣労働者の**派遣先**での作業実態に基づき決定されます。派遣先での作業実態が数種にわたる場合には、主たる作業実態に基づき事業の種類が決定されます。なお、労働者派遣事業の雇用保険率については、原則として、一般の事業に係る率を適用します。

C　×　法12条4項。同じではありません。後者の事業は**建設の事業**のことであり、その雇用保険率は、清酒製造業の雇用保険率よりも高い率です。なお、**清酒製造業**と**農林水産業**（一定の事業を除く。）の雇用保険率は、同じ率です。

D　○　法19条1項・3項、昭40.7.31基発901号。一括有期事業の保険関係が保険年度の中途に消滅した場合における確定保険料の申告・納期限は、継続事業の場合と同様に、当該保険関係が消滅した日から**50日以内**（当日起算）です。なお、有期事業（一括有期事業を除く。）に係る確定保険料の申告・納期限も、保険関係が消滅した日から**50日以内**（当日起算）です。

E　○　法19条6項、則37条1項。納付した概算保険料の額が確定保険料の額を超える場合は、充当又は還付が行われます。**還付**は、事業主の還付の**請求**により行われ、請求がないときは、**次の保険年度**の概算保険料等への**充当**が行われます。

解答　**C**

保険関係の成立日・消滅日

強制適用事業における保険関係の成立日、消滅日は次のとおりです。

	労災保険・雇用保険共通
成立日	次のいずれかに該当したときに、法律上当然に成立する。 ①事業が**開始**された**日** ②適用事業に該当することとなった**日**
消滅日	次のいずれかに該当したときに、法律上当然に消滅する。 ①事業が**廃止**された日の**翌日**（継続事業・有期事業の場合） ②事業が**終了**した日の**翌日**（有期事業の場合）

概算保険料の申告・納期限

	継続事業・一括有期事業	有期事業
原則	その保険年度の **6月1日から40日以内**（当日起算）＝**7月10日**まで【年度更新】	保険関係成立日から **20日以内**（翌日起算）
例外	①保険年度の中途に保険関係が成立 →保険関係成立日から50日以内（翌日起算） ②保険年度の中途に第1種・第3種特別加入 →特別加入の承認があった日から50日以内（翌日起算）	保険関係成立後に第1種特別加入 →特別加入の承認があった日から20日以内（翌日起算）

確定保険料の申告・納期限

	継続事業・一括有期事業	有期事業
原則	次の保険年度の **6月1日から40日以内**（当日起算）＝**7月10日**まで【年度更新】	保険関係消滅日から **50日以内**（当日起算）
例外	①保険年度の中途に保険関係が消滅 →保険関係消滅日から50日以内（当日起算） ②保険年度の中途に第1種・第3種特別加入の承認取消し →特別加入の承認が取り消された日から50日以内	保険関係成立後に第1種特別加入の承認取消し →特別加入の承認が取り消された日から50日以内

第6章

労務管理その他の労働に関する一般常識

法令分野の問題は優先的に攻略を！

労働契約・賃金に関する法律（1）

労働契約法に関する次の記述のうち、正しいものはどれか。

A 労働契約法において「労働者」とは、使用者と相対する労働契約の締結当事者をいうが、これは労働基準法の「労働者」よりも広い概念である。

B 労働契約法第14条は、権利濫用に該当する出向命令の効力について規定しているが、同条でいう「出向」とは、いわゆる移籍型出向をいう。

C 使用者は、期間の定めのある労働契約（以下「有期労働契約」という。）について、その有期労働契約により労働者を使用する目的に照らして、必要以上に短い期間を定めることにより、その有期労働契約を反復して更新することのないよう配慮しなければならない。

D 労働基準法第14条第1項の規定により一定の事業の完了に必要な期間を定めるものとして締結が認められている契約期間が5年を超える有期労働契約が締結されている場合は、一度も契約の更新がないときであっても、労働契約法第18条第1項に基づき、当該有期労働契約を締結している労働者について、無期労働契約への転換を申し込むことができる権利が発生する。

E 労働契約法は、国家公務員及び地方公務員についても、適用する。

| 速習レッスン | A：P8、B：P12、C：P13、D：P14、E：P15 | 解説 |

A　✕　労契法2条1項、平24基発0810第2号。労働基準法の「労働者」と同じ概念です。労働契約法において「労働者」とは、使用者に**使用されて**労働し、**賃金を支払われる**者をいいます。「労働者」に該当するか否かは、使用者との間に**使用従属関係**が認められるか否かにより判断されます。

B　✕　労契法14条、平24基発0810第2号。「移籍型出向」ではなく、「**在籍型出向**」です。労働契約法14条でいう「出向」とは、いわゆる**在籍型**出向をいい、使用者（出向元）と出向を命じられた労働者との間の労働契約関係が終了することなく、出向を命じられた労働者が出向先に使用されて労働に従事することをいいます。

C　◯　労契法17条2項。契約期間についての配慮についてです。この規定は、使用者が、有期労働契約により労働者を使用する目的に照らして**必要以上に短い契約期間**を設定し、その契約を反復して更新しないよう**配慮**しなければならないことを明らかにしたものです。

D　✕　労契法18条1項、平24基発0810第2号。一度も契約の更新がないときは、無期労働契約への転換を申し込むことができる権利は発生しません。有期労働契約を締結している労働者が無期労働契約への転換を申し込むことができる権利（**無期転換申込権**）は、契約の更新が**1回**以上行われ、かつ、通算契約期間が**5年を超えている**場合に生じるためです。

E　✕　労契法21条1項。労働契約法は、国家公務員及び地方公務員については、**適用しません**。次の者等については、労働契約法の全部又は一部の規定を適用しません。

全部適用除外	①国家公務員及び地方公務員 ②同居の親族のみを使用する場合の労働契約
一部適用除外	③船員法の適用を受ける船員

6章　労務管理その他の労働に関する一般常識

解答　C

労働契約・賃金に関する法律（2）

労働契約法等に関する次の記述のうち、誤っているものはどれか。

A　労働契約法第3条第2項では、労働契約は就業の実態に応じて、均衡を考慮しつつ締結し、又は変更すべきとしているが、これには、就業の実態が異なるいわゆる正社員と多様な正社員の間の均衡は含まれない。

B　労働契約の基本的な理念及び労働契約に共通する原則を規定する労働契約法第3条のうち、第3項は様々な雇用形態や就業実態を広く対象とする「仕事と生活の調和への配慮の原則」を規定していることから、いわゆる正社員と多様な正社員との間の転換にも、かかる原則は及ぶ。

C　労働契約法第4条は、労働契約の内容はできるだけ書面で確認するものとされているが、勤務地、職務、勤務時間の限定についても、この確認事項に含まれる。

D　裁判例では、労働者の能力不足による解雇について、能力不足を理由に直ちに解雇することは認められるわけではなく、高度な専門性を伴わない職務限定では、改善の機会を与えるための警告に加え、教育訓練、配置転換、降格等が必要とされる傾向がみられる。

E　労働契約法第7条にいう就業規則の「周知」とは、労働者が知ろうと思えばいつでも就業規則の存在や内容を知り得るようにしておくことをいい、労働基準法第106条の定める「周知」の方法に限定されるものではない。

速習レッスン　A：(参考) P9、B：(参考) P9、C：(参考) P9、D：(参考) P12、E：P10

解説

A　✕　労契法3条2項、平26基発0730第1号。いわゆる正社員と多様な正社員の間の均衡も、労働契約法3条2項（**均衡考慮**の原則）でいう均衡に含まれます。つまり、いわゆる正社員・多様な正社員という区分で一律に処遇するのではなく、**就業**の実態に応じて、均衡を考慮した処遇とすることが求められます。なお、一般的に、正社員とは、その雇用形態が、①労働契約の期間の定めがなく、②所定労働時間がフルタイムであり、③直接雇用である者をいいます。このうち、勤務地、職務、勤務時間等が限定的でない者を「いわゆる正社員」、いずれかが限定的な者を「多様な正社員」といいます。

B　〇　労契法3条3項、平26基発0730第1号。労働契約法3条3項の「**仕事と生活の調和**への配慮の原則」には、いわゆる正社員と多様な正社員との転換の制度も含まれ、その趣旨を踏まえて転換できるようにすることが望ましいものとされています。

C　〇　労契法4条2項、平26基発0730第1号。転勤、配転等の際の個別労働関係紛争の発生を**未然に防止**する等の観点から、勤務地、職務、勤務時間に限定がある場合には、これらの限定の内容についても**できる限り書面により確認**することが求められます。

D　〇　平26基発0730第1号。いわゆる職務限定正社員についても、能力不足を理由に直ちに解雇することが認められるわけではなく、高度な専門性を伴わない職務限定では、改善の機会を付与するための警告に加え、教育訓練、配置転換、降格等が求められる傾向がみられます。なお、高度な専門性を伴う職務限定では、教育訓練、配置転換、降格等が不要とされる場合もありますが、改善の機会を付与するための警告は必要とされる傾向がみられます。

E　〇　労契法7条、平24基発0810第2号。就業規則で定める労働条件を労働契約の内容とするにあたっては、①**合理的な労働条件**が定められている就業規則であること、及び②その就業規則を労働者に周知させていたことが必要です。この場合の周知の方法は、労働基準法における就業規則の周知義務に係る方法に限定されるものではなく、実質的に判断されます。

解答　A

問題 164

チェック欄

労働契約・賃金に関する法律（3）

過平30

難易度 普　重要度 B

労働契約法等に関する次のアからオまでの記述のうち、誤っているものの組合せは、後記AからEまでのうちどれか。

ア　いわゆる採用内定の制度は、多くの企業でその実態が類似しているため、いわゆる新卒学生に対する採用内定の法的性質については、当該企業における採用内定の事実関係にかかわらず、新卒学生の就労の始期を大学卒業直後とし、それまでの間、内定企業の作成した誓約書に記載されている採用内定取消事由に基づく解約権を留保した労働契約が成立しているものとするのが、最高裁判所の判例である。

イ　使用者は、労働契約に特段の根拠規定がなくとも、労働契約上の付随的義務として当然に、安全配慮義務を負う。

ウ　就業規則の変更による労働条件の変更が労働者の不利益となるため、労働者が、当該変更によって労働契約の内容である労働条件が変更後の就業規則に定めるところによるものとはされないことを主張した場合、就業規則の変更が労働契約法第10条本文の「合理的」なものであるという評価を基礎付ける事実についての主張立証責任は、使用者側が負う。

エ　「使用者が労働者を懲戒するには、あらかじめ就業規則において懲戒の種別及び事由を定めておくことをもって足り、その内容を適用を受ける事業場の労働者に周知させる手続が採られていない場合でも、労働基準法に定める罰則の対象となるのは格別、就業規則が法的規範としての性質を有するものとして拘束力を生ずることに変わりはない。」とするのが、最高裁判所の判例である。

オ　労働契約法第18条第1項の「同一の使用者」は、労働契約を締結する法律上の主体が同一であることをいうものであり、したがって、事業場単位ではなく、労働契約締結の法律上の主体が法人であれば法人単位で、個人事業主であれば当該個人事業主単位で判断される。

A　（アとウ）　　　　B　（イとエ）　　　　C　（ウとオ）

D　（アとエ）　　　　E　（イとオ）

ア：P10、イ：P9、ウ：P11、エ：P10・12、オ：（参考）P8・13　**解説**

ア　✕　最判 昭54.7.20大日本印刷事件。いわゆる**採用内定**の制度の実態は、「類似している」のではなく、「多様である」ため、その法的性質については、「事実関係にかかわらず」ではなく、「具体的事案につき」「**事実関係に即して**」検討する必要があるものとされています。なお、本件の事実関係のもとにおいて、採用内定の法的性質は設問後半のように判断されました。

イ　〇　労契法5条、平24基発0810第2号。労働契約法においては、「使用者は、労働契約に伴い、労働者がその生命、身体等の**安全を確保**しつつ労働することができるよう、**必要な配慮**をするものとする」と規定されています。これは、使用者は、労働契約に基づいてその本来の債務として賃金支払義務を負うほか、労働契約に特段の根拠規定がなくとも、労働契約上の**付随的義務**として当然に**安全配慮義務**を負うことを規定したものです。

ウ　〇　平24基発0810第2号。就業規則の変更によって労働条件を変更する場合においては、少なくとも当該就業規則の変更が**合理的**なものであることが必要です。この**合理的**なものであるという評価を基礎づける事実についての主張立証責任は、**使用者側**が負うこととされています。

エ　✕　最判 平15.10.10フジ興産事件。懲戒に関しても、就業規則が法的規範としての性質を有するものとして**拘束力を生ずる**ためには、その内容を、適用を受ける事業場の労働者に**周知**させる手続が採られていることが必要です。なお、最高裁判所の判例において、「使用者が労働者を懲戒するには、あらかじめ就業規則において懲戒の種別及び事由を定めておくことを要する」としている点は、正しい記述です。

オ　〇　平24基発0810第2号。有期労働契約の期間の定めのない労働契約への転換の規定（労働契約法18条1項）の適用にあたって、「同一の使用者」であるか否かは、労働契約締結の法律上の主体が法人であれば**法人単位**で、個人事業主であれば当該**個人事業主単位**で判断されます。労働契約法において「使用者」とは、労働契約を締結する**法律上の主体**をいうためです。

以上から、誤っているものの組合せは、**D（アとエ）**です。

6章 労務管理その他の労働に関する一般常識

解答　D

労働契約・賃金に関する法律（4）

過令3　　　　　　　　　　　　　　　　　　　　　難易度 　重要度 C

労働契約法等に関する次の記述のうち、誤っているものはどれか。

A 労働契約法第7条は、「労働者及び使用者が労働契約を締結する場合において、使用者が合理的な労働条件が定められている就業規則を労働者に周知させていた場合には、労働契約の内容は、その就業規則で定める労働条件によるものとする。」と定めているが、同条は、労働契約の成立場面について適用されるものであり、既に労働者と使用者との間で労働契約が締結されているが就業規則は存在しない事業場において新たに就業規則を制定した場合については適用されない。

B 使用者が就業規則の変更により労働条件を変更する場合について定めた労働契約法第10条本文にいう「労働者の受ける不利益の程度、労働条件の変更の必要性、変更後の就業規則の内容の相当性、労働組合等との交渉の状況その他の就業規則の変更に係る事情」のうち、「労働組合等」には、労働者の過半数で組織する労働組合その他の多数労働組合や事業場の過半数を代表する労働者だけでなく、少数労働組合が含まれるが、労働者で構成されその意思を代表する親睦団体は含まれない。

C 労働契約法第13条は、就業規則で定める労働条件が法令又は労働協約に反している場合には、その反する部分の労働条件は当該法令又は労働協約の適用を受ける労働者との間の労働契約の内容とはならないことを規定しているが、ここでいう「法令」とは、強行法規としての性質を有する法律、政令及び省令をいい、罰則を伴う法令であるか否かは問わず、労働基準法以外の法令も含まれる。

D 有期労働契約の更新時に、所定労働日や始業終業時刻等の労働条件の定期的変更が行われていた場合に、労働契約法第18条第1項に基づき有期労働契約が無期労働契約に転換した後も、従前と同様に定期的にこれらの労働条件の変更を行うことができる旨の別段の定めをすることは差し支えないと解される。

E 有期労働契約の更新等を定めた労働契約法第19条の「更新の申込み」及び「締結の申込み」は、要式行為ではなく、使用者による雇止めの意思表示に対して、労働者による何らかの反対の意思表示が使用者に伝わるものでもよい。

A：(参考) P10、B：(参考) P11、C：(参考) P12、D：(参考) P14、E：(参考) P15

解説

A ○ 労契法7条、平24基発0810第2号。法7条本文に「労働者及び使用者が労働契約を締結する場合において」と規定されているとおり、法7条は労働契約の**成立場面**について適用されるものであり、すでに労働者と使用者との間で労働契約が締結されているが就業規則は存在しない事業場において新たに就業規則を制定した場合については適用されません。

B × 労契法10条、平24基発0810第2号。設問の「労働組合等」には、労働者で構成されその意思を代表する**親睦団体**も含まれます。

C ○ 労契法13条、平24基発0810第2号。法13条の「法令」とは、強行法規としての性質を有する法律、政令及び省令をいうものです。罰則を伴う法令であるか否かは問わないものであり、**労働基準法以外の法令も含まれます**。

D ○ 労契法18条1項、平24基発0810第2号。法18条1項の規定による無期労働契約への転換は期間の定めのみを変更するものですが、**別段の定め**をすることにより、期間の定め**以外の労働条件を変更することもできます**。有期労働契約の更新時に、所定労働日や始業終業時刻等の労働条件の定期的変更が行われていた場合に、無期労働契約への転換後も従前と同様に定期的にこれらの労働条件の変更を行うことができる旨の別段の定めをすることは差し支えないと解されています。

E ○ 労契法19条、平24基発0810第2号。法19条は、一定の有期労働契約について、使用者が労働者からの当該有期労働契約の「更新の申込み」又は「締結の申込み」を拒絶することが、**客観的に合理的な理由**を欠き、**社会通念上相当**であると認められないときは、使用者は、従前の有期労働契約と同一の労働条件で当該**申込みを承諾**したものとみなされることを規定しています。この「更新の申込み」及び「締結の申込み」は、要式行為（書面の作成など法令に定める形式に従わなければ無効となる行為等）ではなく、使用者による雇止めの意思表示に対して、労働者による何らかの反対の**意思表示**が使用者に伝わるものでもよいこととされています。

解答　B

問題 166

チェック欄

労働契約・賃金に関する法律 (5)

予想

難易度 普　重要度 B

次の記述のうち、正しいものはどれか。

A 　労働契約法によれば、労働契約は、労働者が使用者に使用されて労働し、使用者がこれに対して賃金を支払うことについて、労働者及び使用者が合意していれば、労働条件を詳細に定めていなくとも、成立し得る。

B 　労働契約法によれば、使用者は、期間の定めのある労働契約について、契約期間中であっても一定の事由により解雇することができる旨を労働者と合意していた場合には、当該事由に該当することをもって、契約期間満了前に、労働者を解雇して差し支えない。

C 　賃金支払確保法によれば、事業主は、その雇用する労働者の賃金の全部又は一部を支払期日までに支払わなかったときは、当該労働者に対し、年14.6パーセントの割合で計算した遅延利息を支払わなければならない。

D 　最低賃金法によれば、軽易な業務に従事する労働者であって、使用者が都道府県労働局長の許可を受けたものについては、最低賃金の適用を受けない。

E 　最低賃金法によれば、最低賃金の対象となる賃金には、所定労働時間を超える時間の労働に対して支払われる賃金も含まれる。

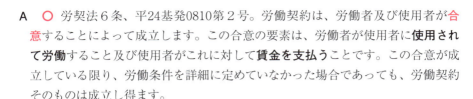

A ○ 労契法6条、平24基発0810第2号。労働契約は、労働者及び使用者が**合意**することによって成立します。この合意の要素は、労働者が使用者に**使用されて労働**すること及び使用者がこれに対して**賃金を支払う**ことです。この合意が成立している限り、労働条件を詳細に定めていなかった場合であっても、労働契約そのものは成立し得ます。

B × 労契法17条1項、平24基発0810第2号。設問の事由に該当することのみをもって解雇することはできません。**期間の定めのある労働契約**により使用する労働者の契約期間中の解雇は、やむを得ない事由がある場合でなければ認められません。設問のような合意をしていた場合であっても、その事由に該当したことのみをもって「やむを得ない事由」があると認められるものではありません。実際に行われた解雇について「やむを得ない事由」があるか否かは、個別具体的な事案に応じて判断されます。

C × 賃確法6条1項、同令1条。現に雇用する労働者の賃金について、遅延利息を支払う必要はありません。遅延利息の支払義務が課せられているのは、**退職した労働者**に係る**賃金**（退職手当を除く。）についてのみです。

D × 最賃法7条4号。設問の者についても、最低賃金の適用を受けます。ただし、次の①〜④に該当する労働者については、使用者が**都道府県労働局長の許可**を受けたときは、本来の最低賃金額を一定の減額率によって**減額**した額により、最低賃金が適用されます。
① 精神又は身体の障害により著しく労働能力の低い者
② **試み**の使用期間中の者（最長6ヵ月を限度とする。）
③ 認定職業訓練を受ける者のうち一定の者
④ **軽易な業務**又は**断続的労働**に従事する者

E × 最賃法4条3項、同則1条2項1号。含まれません。最低賃金の対象となる賃金には、①**臨時**に支払われる賃金及び**1ヵ月を超える**期間ごとに支払われる賃金、②**所定労働時間を超える**時間の労働又は**所定労働日以外**の日の労働に対して支払われる賃金、③深夜労働に係る割増賃金、④当該最低賃金において算入しないことを定める賃金は、算入しません。

解答 A

雇用に関する法律（1）

労働者派遣法に関する次の記述のうち、誤っているものはどれか。

A 労働者派遣事業を行おうとする者は、厚生労働大臣の許可を受けなければならない。

B 派遣元事業主は、派遣労働者として雇用しようとする労働者に対し、厚生労働省令で定めるところにより、当該労働者を派遣労働者として雇用した場合における当該労働者の賃金の額の見込みその他の当該労働者の待遇に関する事項等を説明しなければならない。

C 派遣先は、当該派遣先の同一の事業所その他派遣就業の場所において派遣元事業主から１年以上の期間継続して同一の派遣労働者に係る労働者派遣の役務の提供を受けている場合において、当該事業所その他派遣就業の場所において労働に従事する通常の労働者の募集を行うときは、その者が従事すべき業務の内容、賃金、労働時間その他の当該募集に係る事項を当該派遣労働者に周知しなければならない。

D 労働者派遣の役務の提供を受ける者は、その者の都合による労働者派遣契約の解除にあたっては、当該派遣労働者の雇用の安定を図るために必要な措置を講じなければならないが、この必要な措置には、当該労働者派遣に係る派遣労働者の新たな就業の機会の確保が含まれる。

E 派遣先は、労働者派遣の役務の提供を受けようとする場合において、当該労働者派遣に係る派遣労働者が当該派遣先を離職した者であるときは、当該離職の日から起算して３年を経過する日までの間は、当該派遣労働者（60歳以上の定年に達したことにより退職した者であって当該労働者派遣をしようとする派遣元事業主に雇用されているものを除く。）に係る労働者派遣の役務の提供を受けてはならない。

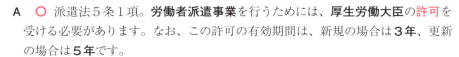

A ○ 派遣法5条1項。**労働者派遣事業**を行うためには、**厚生労働大臣**の**許可**を受ける必要があります。なお、この許可の有効期間は、新規の場合は**3年**、更新の場合は**5年**です。

B ○ 派遣法31条の2第1項。派遣元事業主には、派遣労働者として雇用しようとする労働者に対し、**待遇に関する事項**等の**説明**をする義務があります。なお、説明すべき事項には、①当該労働者を派遣労働者として雇用した場合における当該労働者の**賃金の額の見込み**その他の当該労働者の待遇に関する事項のほか、②事業運営に関する事項、③労働者派遣に関する制度の概要、④派遣元事業主が実施する教育訓練及び希望者に対して実施するキャリアコンサルティングの内容があります。

C ○ 派遣法40条の5第1項。派遣先に雇用される労働者の募集に係る事項の周知についてです。対象となるのは、派遣先の同一の事業所等において派遣元事業主から**1年**以上の期間継続して同一の派遣労働者に係る労働者派遣の役務の提供を受けている場合です。この場合において、当該事業所等において労働に従事する**通常の労働者**の募集を行うときは、**当該募集に係る事項**を当該派遣労働者に**周知**しなければなりません。

D ○ 派遣法29条の2。労働者派遣の役務の提供を受ける者（**派遣先**）は、その者の都合による労働者派遣契約の**解除**にあたっては、①当該労働者派遣に係る派遣労働者の**新たな就業の機会**の確保、②労働者派遣をする事業主による当該派遣労働者に対する**休業手当**等の支払いに要する費用を確保するための当該**費用の負担**などの必要な措置を講じなければなりません。設問は、上記の①について問うています。

E × 派遣法40条の9第1項、同則33条の10第1項。「3年」ではなく、「**1年**」です。派遣先は、一定の期間において、当該派遣先を**離職した者**を派遣労働者として受け入れることができません。この受け入れることができない一定の期間は、当該派遣先を離職した者に係る**離職の日**から起算して**1年**を経過する日までの間です。ただし、60歳以上の定年に達したことにより退職した者であって当該労働者派遣をしようとする派遣元事業主に雇用されているものについては、離職後1年以内であっても、派遣労働者として受け入れることができます。

解答　E

問題	168			チェック欄	1	2	3

雇用に関する法律（2）

予想　　　　　　　　　　　　　　　　　　　　難易度 易　重要度 A

次の記述のうち、正しいものはどれか。

A　労働施策総合推進法によれば、すべての事業主は、新たに外国人を雇い入れた場合又はその雇用する外国人が離職した場合には、厚生労働省令で定めるところにより、その者の氏名、在留資格、在留期間その他厚生労働省令で定める事項について確認し、当該事項を厚生労働大臣に届け出なければならない。

B　労働施策総合推進法によれば、事業主は、職場において行われる優越的な関係を背景とした言動であって、業務上必要かつ相当な範囲を超えたものによりその雇用する労働者の就業環境が害されることのないよう、当該労働者からの相談に応じ、適切に対応するために必要な体制の整備その他の雇用管理上必要な措置を講じなければならないが、この措置の対象となる「労働者」は、いわゆる正規雇用労働者に限られ、いわゆる非正規雇用労働者はこれに含まれない。

C　職業安定法によれば、求人者は求人の申込みにあたり公共職業安定所等に対し、求職者が従事すべき業務の内容及び賃金、労働時間その他の労働条件を、厚生労働省令で定める方法により明示しなければならないが、就業の場所における受動喫煙を防止するための措置に関する事項については、厚生労働省令で定める方法により明示しなくても差し支えない。

D　労働者派遣法によれば、何人も、港湾運送業務、建設業務、物の製造の業務について、労働者派遣事業を行ってはならない。

E　障害者雇用促進法によれば、厚生労働大臣は、その雇用する労働者の数が500人である事業主からの申請に基づき、当該事業主について、障害者の雇用の促進及び雇用の安定に関する取組みに関し、当該取組みの実施状況が優良なものであることその他の厚生労働省令で定める基準に適合するものである旨の認定を行うことができる。

400

速習レッスン　A：P21、B：P21、C：P22、D：P25、E：P37

解説

A　〇　労働施策総合推進法28条１項。事業主には、①新たに外国人を**雇い入れた**場合又は②その雇用する外国人が**離職した**場合には、その者の氏名、在留資格、在留期間その他厚生労働省令で定める事項について**確認**し、当該事項を厚生労働大臣に**届け出る**義務が課せられています。この外国人雇用状況の届出等の義務は、**すべての事業主**が負います。

B　✕　労働施策総合推進法30条の２第１項、令２厚労告５号。労働者には、非正規雇用労働者も含まれます。事業主は、設問のいわゆる**パワーハラスメントに関する雇用管理上の措置**を**講じなければなりません**。この措置の対象となる「労働者」とは、正規雇用労働者のみならず、パートタイム労働者、契約社員等の非正規雇用労働者を含む事業主が**雇用する労働者のすべて**をいいます。

C　✕　職安法５条の３第２項・４項、同則４条の２第３項９号。設問の事項についての明示も、厚生労働省令で定める方法により行わなければなりません。求人者から公共職業安定所等への労働条件の明示は、**賃金**及び**労働時間**に関する事項その他の厚生労働省令で定める事項については、厚生労働省令で定める方法（**書面の交付の方法**等）により行わなければならず、設問の「就業の場所における**受動喫煙を防止するための措置**に関する事項」も、この場合の厚生労働省令で定める事項の１つに掲げられています。

D　✕　派遣法４条１項。設問のうち「物の製造の業務」については、労働者派遣事業を行うことが禁止されていません。労働者派遣事業が禁止される業務は、①**港湾運送業務**、②**建設業務**、③**警備業務**及び④一定の**医療関係業務**（紹介予定派遣をする場合等を除く。）です。

E　✕　障雇法77条１項。設問の事業主については、認定を行うことができません。設問の**認定制度**は、一定の基準に適合する中小事業主を対象とした制度であり、その対象となり得るのは、その雇用する労働者の数が**常時300人以下**である事業主に限られます。

解答　A

問題 169

チェック欄

雇用に関する法律（3）

予想　難易度 易　重要度 B

次のアからオの記述のうち、誤っているものの組合せは、後記AからEまでのうちどれか。

ア　職業安定法によれば、公共職業安定所、特定地方公共団体及び職業紹介事業者が受理しないことができる求人の申込みは、その内容が法令に違反するものに限られる。

イ　労働施策総合推進法によれば、常時雇用する労働者の数が300人を超える事業主は、厚生労働省令で定めるところにより、労働者の職業選択に資するよう、雇い入れた通常の労働者及びこれに準ずる者として厚生労働省令で定める者の数に占める中途採用により雇い入れられた者の数の割合を定期的に公表しなければならない。

ウ　高年齢者雇用安定法によれば、事業主がその雇用する労働者の定年の定めをする場合には、当該定年は、65歳を下回ることができない。

エ　高年齢者雇用安定法によれば、事業主は、労働者の募集及び採用をする場合において、やむを得ない理由により一定の年齢（65歳以下のものに限る。）を下回ることを条件とするときは、求職者に対し、厚生労働省令で定める方法により、当該理由を示さなければならない。

オ　障害者雇用促進法に基づき、事業主（その雇用する労働者の数が常時43.5人以上である一般事業主に限る。）は、毎年、6月1日現在における対象障害者の雇用に関する状況を、翌月15日までに厚生労働大臣に報告しなければならない。

A　（アとイ）　　B　（アとウ）　　C　（イとエ）
D　（ウとオ）　　E　（エとオ）

速習レッスン　ア：P22、イ：P21、ウ：P33、エ：P34、オ：P37　　　解説

ア　✕　職安法5条の5第1項。設問のものに限られません。次のいずれかに該当する**求人**の申込みは、これを受理しないことができます。

①その内容が**法令に違反**する求人の申込み

②その内容である労働条件が通常の労働条件と比べて**著しく不適当**であると認められる求人の申込み

③一定の**労働に関する法律の規定違反**に関し、法律に基づく**処分**、**公表**その他の措置が講じられた者（一定の場合に限る。）からの求人の申込み

④労働条件の**明示が行われない**求人の申込み

⑤暴力団員等からの求人の申込み

⑥正当な理由なく公共職業安定所等からの報告の求めに応じない者からの求人の申込み

イ　〇　労働施策総合推進法27条の2第1項。常時雇用する労働者の数が**300人を超える**事業主には、設問の**中途採用に関する情報の公表**が義務づけられています。

ウ　✕　高年法8条。**定年の定め**をする場合には、当該定年は、**60歳**を下回ることができません。ただし、鉱業法による坑内作業の業務に従事している労働者については、60歳を下回る定年の定めをすることができます。

エ　〇　高年法20条1項。**募集及び採用**にあたり、**65歳以下**の一定の年齢を下回ることを条件とすること自体は、やむを得ない理由がある場合には認められます。ただし、その場合には、事業主は、求職者に対し、その**理由**を示さなければなりません。

オ　〇　障雇法43条7項、同則7条、8条。対象障害者を1人以上雇用する義務のある一般事業主（その雇用する労働者の数が常時**43.5人以上**である事業主）には、対象障害者の雇用に関する状況の報告が義務づけられています。この報告は、毎年、**6月1日現在**における状況を**翌月15日**までに行います。

以上から、誤っているものの組合せは、**B（アとウ）**です。

6章　労務管理その他の労働に関する一般常識

解答　**B**

女性、育児・介護休業等に関する法律（1）

次の記述のうち、誤っているものはどれか。

A　男女雇用機会均等法では、妊娠中の女性労働者及び出産後1年を経過しない女性労働者に対してなされた解雇は、事業主が、当該解雇の理由が妊娠、出産等によるものではないことを証明しない限り、無効としている。

B　男女雇用機会均等法では、事業主において、合理的な理由がないにもかかわらず、労働者の募集若しくは採用、昇進又は職種の変更にあたって、転居を伴う転勤に応じることができることを要件とすることは、いわゆる間接差別にあたるとして禁止している。

C　パートタイム・有期雇用労働法によれば、事業主は、短時間・有期雇用労働者を雇い入れたときは、速やかに、当該短時間・有期雇用労働者に対して、昇給の有無、退職手当の有無及び賞与の有無並びに短時間・有期雇用労働者の雇用管理の改善等に関する事項に係る相談窓口を文書の交付等により明示しなければならない。

D　パートタイム・有期雇用労働法においては、短時間・有期雇用労働者から通常の労働者への転換を推進するため、事業主が新たに通常の労働者の配置を行う場合には、当該配置に係る事業所において雇用する短時間・有期雇用労働者に対して、当該配置の希望を申し出る機会を与えることを事業主の努力義務としている。

E　育児・介護休業法によれば、期間を定めて雇用される労働者（労使協定により育児休業をすることができないものとして定められた労働者ではないものとする。）は、当該事業主に引き続き雇用された期間が1年未満である場合であっても、その養育する子が1歳6ヵ月に達する日までに、その労働契約が満了することが明らかでないときは、その養育する1歳の満たない子について、育児休業の申出をすることができる。

速習レッスン A：P43、B：P43、C：P39〜40、D：P41、E：P46

解説

A ○ 均等法9条4項。**妊娠中又は出産後1年**以内の女性労働者に対する**解雇**は、原則として、**無効**です。ただし、事業主が、妊娠、出産等を理由とする解雇でないことを証明すれば、当該解雇は有効となります。

B ○ 均等法7条、同則2条2号。間接差別とは、①**性別以外**の事由を要件とする措置であって、②他の性の構成員と比較して一方の性の構成員に相当程度の**不利益**を与えるものを、③**合理的な理由**がないときに講ずることをいいます。設問の措置は、この間接差別にあたるものとして、男女雇用機会均等法で禁止しています。これは、明白な性差別ではないからといって、募集・採用、昇進、職種の変更にあたり女性が満たしにくい転勤要件を合理的な理由もないのに課すような措置は、間接的な差別となるおそれがあるためです。

C ○ パ労法6条1項、同則2条1項。労働基準法により書面の交付等が義務づけられている事項については、短時間・有期雇用労働者を雇用する場合であっても、事業主には、当然に書面の交付等による明示義務があります。また、短時間・有期雇用労働者については、①**昇給の有無**、②**退職手当の有無**、③**賞与の有無**、④短時間・有期雇用労働者の雇用管理の改善等に関する事項に係る**相談窓口**（これらを「**特定事項**」という。）も**文書の交付等**により**明示**しなければならない（**義務**）とされています。

D ✕ パ労法13条1項2号。設問の措置は、努力義務ではなく、**義務**の1つとされています。事業主は、通常の労働者への**転換**を推進するため、その雇用する短時間・有期雇用労働者については、次の**いずれか**の措置を講じなければなりません（**義務**）。
①通常の労働者を募集する場合には、当該募集に関する事項を周知すること。
②通常の労働者の配置を新たに行う場合は、当該配置の希望を申し出る機会（応募機会）を与えること。
③その他の通常の労働者への転換を推進するための措置を講ずること。

E ○ 育介法5条1項。設問の**期間を定めて雇用される者**も、その養育する1歳に満たない子について、育児休業の申出をすることができます。ただし、その養育する子が**1歳6ヵ月**に**達する日**までに、その労働契約（労働契約が更新される場合にあっては、更新後のもの）が**満了**することが**明らかでない**ことが、その要件となります。

解答 D

問題 171

チェック欄

1	2	3

女性、育児・介護休業等に関する法律（2）

予想　　　　　　　　　　　　　　難易度 普　重要度 B

次の記述のうち、誤っているものはどれか。

A　パートタイム・有期雇用労働法によれば、事業主は、同法第11条第1項に定めるもののほか、通常の労働者との均衡を考慮しつつ、その雇用する短時間・有期雇用労働者の職務の内容、職務の成果、意欲、能力及び経験その他の就業の実態に関する事項に応じ、当該短時間・有期雇用労働者に対して教育訓練を実施するように努めるものとされている。

B　パートタイム・有期雇用労働法によれば、事業主は、その雇用するすべての短時間・有期雇用労働者について、通常の労働者との均衡を考慮しつつ、その者の職務の内容、職務の成果、意欲、能力又は経験その他の就業の実態に関する事項を勘案し、その賃金（通勤手当その他の厚生労働省令で定めるものを除く。）を決定するように努めるものとされている。

C　男女雇用機会均等法によれば、厚生労働大臣は、同法の施行に関し必要があると認めるときは、事業主に対して、報告を求め、又は助言、指導若しくは勧告をすることができる。

D　育児・介護休業法において、介護休業に係る対象家族とは、配偶者（婚姻の届出をしていないが、事実上婚姻関係と同様の事情にある者を含む。）、父母、子、祖父母、兄弟姉妹及び孫並びに配偶者の父母をいう。

E　育児・介護休業法によれば、事業主は、3歳に満たない子を養育する労働者（日々雇用される者及び労使協定により適用を除外されているものを除く。）が当該子を養育するために請求した場合においては、事業の正常な運営を妨げるときを除き、所定労働時間を超えて労働させてはならない。

速習レッスン　A：P41、B：P40〜41、C：P45、D：P47、E：P49

解説

A 〇 パ労法11条2項。なお、**職務内容同一短時間・有期雇用労働者**（職務の内容が通常の労働者と同じ短時間・有期雇用労働者）については、事業主が**通常の労働者**に対して**職務の遂行に必要な能力**を身につけさせるための**教育訓練**を実施している場合には、当該短時間・有期雇用労働者に対しても当該教育訓練を**実施**しなければなりません。

B ✕ パ労法9条、10条。「すべての短時間労働者について」とある部分が誤りです。設問の努力規定の対象となる短時間・有期雇用労働者からは、**通常の労働者と同視すべき短時間・有期雇用労働者**が除かれています。**通常の労働者と同視すべき短時間・有期雇用労働者**については、賃金の決定を含む**すべて**の**待遇**に関して、短時間・有期雇用労働者であることを理由とする**差別的取扱いが禁止**されているためです。

C 〇 均等法29条1項。報告の徴収並びに助言、指導及び勧告に関する出題です。なお、設問の規定による報告をせず、又は虚偽の報告をした者については、この法律における唯一の罰則（20万円以下の過料）が適用されることとなります。

D 〇 育介法2条4号、同則3条。対象家族の範囲に関する問題です。対象家族の範囲は、①**配偶者、父母、子、祖父母、兄弟姉妹及び孫**、②**配偶者の父母**です。

E 〇 育介法16条の8第1項。事業主は、次の対象労働者（一定の適用除外者を除く。）が請求した場合には、原則として、**所定労働時間を超えて**労働させてはなりません。ただし、事業の正常な運営を妨げる場合は、所定労働時間を超えて労働させることができます。
①**3歳**に満たない子を養育する労働者
②**要介護状態**にある対象家族を介護する労働者

解答　B

女性、育児・介護休業等に関する法律（3）

次の記述のうち、正しいものはどれか。

A　育児・介護休業法によれば、要介護状態にある対象家族の介護その他の厚生労働省令で定める世話を行う労働者は、その事業主に申し出ることにより、一の年度において対象家族1人あたり5労働日を限度として、介護休暇を取得することができる。

B　育児・介護休業法及び同法施行規則によれば、子の看護休暇及び介護休暇は、1日の所定労働時間が4時間以下の労働者は、時間単位で取得することができない。

C　男女雇用機会均等法によれば、業務の遂行に関連する知識、技術、技能を付与する教育訓練のみならず、社会人としての心構えや一般教養等の付与を目的とする教育訓練についても、事業主は、労働者の性別を理由として、差別的取扱いをしてはならない。

D　男女雇用機会均等法によれば、事業主は、職場における妊娠、出産等に関する言動に起因する問題に関する雇用管理上の措置を講じなければならないが、その対象となる「職場」とは、事業主が雇用する女性労働者が業務を遂行する場所を指し、当該女性労働者が通常就業している場所以外の場所はこれに含まれないものとされている。

E　パートタイム・有期雇用労働法によれば、事業主は、短時間労働者又は有期雇用労働者に係る事項について就業規則を作成し、又は変更しようとするときは、当該事業所において雇用する短時間労働者又は有期雇用労働者の過半数を代表すると認められるものの意見を聴かなければならない。

A：P48、B：P48～49、C：(参考) P42、D：(参考) P44、E：P40

解説

A ✕ 育介法16条の5第1項。介護休暇を取得することができる日数は、一の年度において**5労働日**（要介護状態にある対象家族が**2人以上の場合にあっては、10労働日**）が限度となります。対象家族1人あたり5労働日が限度となるわけではありません。

B ✕ 育介法16条の2第2項、16条の5第2項、同則34条1項、40条1項。設問のような制限はありません。子の看護休暇及び介護休暇は、1日の所定労働時間が4時間以下の労働者であっても、**時間単位**（具体的には、時間（1日の所定労働時間数に満たないものとする。）であって、**始業の時刻から連続**し、又は**終業の時刻まで連続**するもの）で取得することができます。

C ◯ 均等法6条1号、平18雇児発1011002号。事業主は、労働者の**教育訓練**について、労働者の**性別を理由**として、**差別的取扱い**をしてはなりません。この性別を理由とする差別の禁止の対象となる「教育訓練」には、業務の遂行に関連する知識、技術、技能を付与するもののみならず、社会人としての心構えや一般教養等の付与を目的とするものも含まれるものとされています。

D ✕ 均等法11条の3第1項、平28厚労告312号。**女性労働者**が通常就業している場所以外の場所であっても、当該女性労働者が**業務を遂行する場所**については、「職場」に含まれるものとされています。事業主は、女性労働者が通常就業している場所であるか否かにかかわらず、女性労働者が業務を遂行する場所においては、職場における**妊娠**、**出産**等に関する**言動**に起因する問題に関する**雇用管理上の措置**を講じなければなりません。

E ✕ パ労法7条。**短時間労働者又は有期雇用労働者**の**過半数を代表**すると認められるものの意見を聴くように**努める**もの（努力義務）とされています。短時間労働者又は有期雇用労働者に適用される就業規則については、その適用を受ける短時間労働者又は有期雇用労働者の意見が反映されることが望ましいことから、事業主にこのような努力義務が課せられています。

解答 C

問題 173

チェック欄 | 1 | 2 | 3 |

労使関係その他に関する法律（1）

過令2　　　　　　　　　　　　　　　　　　難易度 **難**　重要度 **B**

労働組合法等に関する次の記述のうち、誤っているものはどれか。

A 労働組合が、使用者から最小限の広さの事務所の供与を受けていても、労働組合法上の労働組合の要件に該当するとともに、使用者の支配介入として禁止される行為には該当しない。

B 「労働組合の規約により組合員の納付すべき組合費が月を単位として月額で定められている場合には、組合員が月の途中で組合から脱退したときは、特別の規定又は慣行等のない限り、その月の組合費の納付につき、脱退した日までの分を日割計算によつて納付すれば足りると解すべきである。」とするのが、最高裁判所の判例である。

C 労働組合の規約には、組合員又は組合員の直接無記名投票により選挙された代議員の直接無記名投票の過半数による決定を経なければ、同盟罷業を開始しないこととする規定を含まなければならない。

D 「ユニオン・ショップ協定によって、労働者に対し、解雇の威嚇の下に特定の労働組合への加入を強制することは、それが労働者の組合選択の自由及び他の労働組合の団結権を侵害する場合には許されないものというべきである」から、「ユニオン・ショップ協定のうち、締結組合以外の他の労働組合に加入している者及び締結組合から脱退し又は除名されたが、他の労働組合に加入し又は新たな労働組合を結成した者について使用者の解雇義務を定める部分は、右の観点からして、民法90条の規定により、これを無効と解すべきである（憲法28条参照）。」とするのが、最高裁判所の判例である。

E いわゆるロックアウト（作業所閉鎖）は、個々の具体的な労働争議における労使間の交渉態度、経過、組合側の争議行為の態様、それによって使用者側の受ける打撃の程度等に関する具体的諸事情に照らし、衡平の見地からみて労働者側の争議行為に対する対抗防衛手段として相当と認められる場合には、使用者の正当な争議行為として是認され、使用者は、いわゆるロックアウト（作業所閉鎖）が正当な争議行為として是認される場合には、その期間中における対象労働者に対する個別的労働契約上の賃金支払義務を免れるとするのが、最高裁判所の判例である。

A：P56、B：記載なし、C：記載なし、D：(参考) P55、E：記載なし　**解説**

A ○ 労組法2条2号、7条3号。使用者が、労働者が労働組合を結成・運営することを**支配**し、若しくはこれに**介入**すること、又は労働組合の運営のための経費の支払いにつき**経理上の援助**を与えることは、不当労働行為に該当し、禁止されています。ただし、①労働時間中の交渉等の時間について賃金を支払うこと、②労働組合の厚生資金、福利等の基金に寄附すること、③**最小限の広さの事務所を供与**すること、④組合員の賃金から組合費を差し引いて、一括して労働組合に引き渡すことは、不当労働行為には該当しません。設問は、このうちの③についてです。

B × 最判 昭50.11.28 国労広島地本事件。最高裁判所は、設問の場合には、組合員が月の**途中で脱退**したときでも、その月の組合費の**全額を納付**する義務を免れないものというべきであり、脱退した日までの分を日割計算によって納付すれば足りると解することはできないと判示しました。

C ○ 労組法5条2項8号。労働組合の規約の必要的記載事項のうちの同盟罷業の開始決定の手続きについてです。同盟罷業は、労働者の要求を貫徹するための手段であると同時に、労働者に対しても賃金を失うなどの損害を生じさせるものである等の理由から、組合幹部や一部の少数者の独断によって行うべきものではなく、その開始にあたっては、組合員又は組合員の直接無記名投票により選挙された代議員の**直接無記名投票**の**過半数**による決定を経るものとされています。

D ○ 最判 平元.12.14 三井倉庫港運事件。ユニオン・ショップ協定に基づく解雇の効力が争われた事件において、最高裁判所は、労働者には**労働組合選択の自由**があるため、ユニオン・ショップ協定に基づく使用者の解雇義務を定める部分は、①締結組合以外の**他の労働組合の組合員**、②締結組合から脱退し又は除名された後、**他の労働組合に加入し又は新たな労働組合を結成**した者については、**無効**となると判示しました。

E ○ 最判 昭50.4.25 丸島水門事件。ロックアウトの正当性が争われた事件において、最高裁判所は、ロックアウトが**正当な争議行為**として是認される場合には、使用者は、その期間中における対象労働者に対する個別的労働契約上の**賃金支払義務を免れる**と判示しました。

解答　B

問題 174

チェック欄

労使関係その他に関する法律（2）

予想

難易度 普　重要度 B

次の記述のうち、誤っているものはどれか。

A　労働組合法によれば、有効期間の定めがない労働協約は、当事者の一方が、署名し、又は記名押印した文書によって相手方に予告して、解約することができるが、当該予告は、解約しようとする日の少なくとも60日前にしなければならない。

B　労働関係調整法において「労働争議」とは、労働関係の当事者間において、労働関係に関する主張が一致しないで、そのために争議行為が発生している状態又は発生するおそれがある状態をいう。

C　個別労働関係紛争解決促進法は、個別労働関係紛争について、あっせんの制度を設けること等により、その実情に即した迅速かつ適正な解決を図ることを目的としている。

D　職業能力開発促進法において「職業生活設計」とは、労働者が、自らその長期にわたる職業生活における職業に関する目的を定めるとともに、その目的の実現を図るため、その適性、職業経験その他の実情に応じ、職業の選択、職業能力の開発及び向上のための取組みその他の事項について自ら計画することをいう。

E　次世代育成支援対策推進法の規定による一般事業主行動計画の策定及び届出の義務は、常時雇用する労働者の数が100人を超える一般事業主に課せられている。

速習レッスン　A：P57、B：P58、C：P60、D：P64、E：P62

解説

A ✕　労組法15条3項・4項。「60日前」ではなく、「**90日前**」です。有効期間の定めがない労働協約については、当事者の一方から相手方への**文書による予告**により、解約することができます。この解約の予告は、解約しようとする日の**少なくとも90日前**にしなければなりません。

B 〇　労調法6条。労働関係調整法における**労働争議**には、現に争議行為が**発生している**状態のみならず、争議行為が**発生する**おそれがある状態も含まれます。

C 〇　個別紛争法1条。個別労働関係紛争解決促進法の目的は、個別労働関係紛争について、その**実情**に即した**迅速**かつ**適正**な解決を図ることにあります。なお、**個別労働関係紛争**とは、労働条件その他労働関係に関する事項についての**個々の労働者と事業主**との間の紛争をいい、これには、労働者の**募集及び採用**に関する事項についての個々の求職者と事業主との間の紛争も含まれます。

D 〇　職能法2条4項。職業生活設計は、労働者自らが、①長期にわたる職業生活における職業に関する目的を定め、②適性、職業経験その他の実情に応じ、職業の選択、職業能力の開発及び向上のための取組み等について計画することをいいます。

E 〇　次世代支援法12条1項。次世代育成支援対策推進法の規定による**一般事業主行動計画**の策定及び届出は、常時雇用する労働者の数が**100人を超える**一般事業主については**義務**、**100人以下**である一般事業主については**努力義務**とされています。

解答　**A**

労働関係法規等（1）

労働関係法規に関する次の記述のうち、誤っているものはどれか。

A 一の地域において従業する同種の労働者の大部分が一の労働協約の適用を受けるに至ったときは、当該労働協約の当事者の双方又は一方の申立てに基づき、労働委員会の決議により、都道府県労働局長又は都道府県知事は、当該地域において従業する他の同種の労働者及びその使用者も当該労働協約の適用を受けるべきことの決定をしなければならない。

B 事業主は、職場において行われるその雇用する労働者に対する育児休業、介護休業その他の子の養育又は家族の介護に関する厚生労働省令で定める制度又は措置の利用に関する言動により当該労働者の就業環境が害されることのないよう、当該労働者からの相談に応じ、適切に対応するために必要な体制の整備その他の雇用管理上必要な措置を講じなければならない。

C 積極的差別是正措置として、障害者でない者と比較して障害者を有利に取り扱うことは、障害者であることを理由とする差別に該当せず、障害者の雇用の促進等に関する法律に違反しない。

D 労働者派遣事業の許可を受けた者（派遣元事業主）は、その雇用する派遣労働者が段階的かつ体系的に派遣就業に必要な技能及び知識を習得することができるように教育訓練を実施しなければならず、また、その雇用する派遣労働者の求めに応じ、当該派遣労働者の職業生活の設計に関し、相談の機会の確保その他の援助を行わなければならない。

E 賞与であって、会社の業績等への労働者の貢献に応じて支給するものについて、通常の労働者と同一の貢献である短時間・有期雇用労働者には、貢献に応じた部分につき、通常の労働者と同一の賞与を支給しなければならず、貢献に一定の相違がある場合においては、その相違に応じた賞与を支給しなければならない。

A：(参考) P57、B：P51、C：P35、D：P31、E：(参考) P40

解説

- **A ✕** 労組法18条1項。設問の場合には、当該労働協約の当事者の双方又は一方の申立てに基づき、労働委員会の決議により、「**厚生労働大臣**」又は都道府県知事は、当該地域において従業する他の同種の労働者及びその使用者も当該労働協約の適用を受けるべきことの決定を「**することができる**」とされています。厚生労働大臣又は都道府県知事がこの決定をしたときは、当該地域において従事する他の同種の労働者及び使用者についても、当該労働協約が適用（拡張適用）されることとなります。これを労働協約の「地域的の一般的拘束力」といいます。
- **B ○** 育介法25条1項。設問の規定は、職場における**育児休業等に関するハラスメント**（いわゆる育児ハラスメント、ケアハラスメント等）に関して、**雇用管理上必要な措置**を講ずることを事業主に**義務**づけたものです。
- **C ○** 平27厚労告116号。障害者雇用促進法においては、労働者の募集及び採用並びに賃金の決定、教育訓練の実施、福利厚生施設の利用その他の待遇について、障害者であることを理由とする差別を禁止しています。ただし、次の場合は、ここでいう**差別には該当しません**。設問は、このうちの①について問うています。

> ①積極的差別是正措置として、障害者でない者と比較して障害者を**有利**に取り扱うこと。
> ②合理的配慮を提供し、**労働能力等を適正に評価**した結果として障害者でない者と異なる取扱いをすること。
> ③**合理的配慮**に係る措置を講ずること（その結果として、障害者でない者と異なる取扱いとなること）。 等

- **D ○** 派遣法30条の2。派遣元事業主の講ずべき措置のうち、教育訓練等の措置についてです。**段階的かつ体系的な教育訓練**及び派遣労働者の求めに応じた**相談の機会の確保その他の援助**（いわゆるキャリアコンサルティング）は、**すべての派遣労働者**を対象とする**派遣元**事業主の**義務**であることに注意してください。
- **E ○** 平30.12.28厚労告430号。事業主は、その雇用する短時間・有期雇用労働者の基本給、賞与その他の待遇のそれぞれについて、当該待遇に対応する通常の労働者の待遇との間において、**不合理と認められる相違**を設けてはなりません。この規定に関しては、指針において、原則となる考え方及び具体例が示されています。設問は、このうちの賞与についての原則となる考え方です。

解答 A

問題 176

チェック欄

労働関係法規等（2）

過平29 改正オ

難易度 普　重要度 A

労働関係法規に関する次の記述のうち、正しいものの組合せは、後記AからEまでのうちどれか。

ア　最低賃金法第3条は、最低賃金額は、時間又は日によって定めるものとしている。

イ　個別労働関係紛争解決促進法第5条第1項は、都道府県労働局長は、同項に掲げる個別労働関係紛争について、当事者の双方又は一方からあっせんの申請があった場合において、その紛争の解決のために必要があると認めるときは、紛争調整委員会にあっせんを行わせるものとすると定めている。

ウ　労働組合法により、労働組合は少なくとも毎年1回総会が開催されることを要求されているが、「総会」とは、代議員制度を採っている場合には、その代議員制度による大会を指し、全組合員により構成されるものでなくてもよい。

エ　育児介護休業法は、労働者は、対象家族1人につき、1回に限り、連続したひとまとまりの期間で最長93日まで、介護休業を取得することができると定めている。

オ　女性活躍推進法は、国及び地方公共団体以外の事業主であって、常時雇用する労働者の数が100人を超えるものは、「厚生労働省令で定めるところにより、職業生活を営み、又は営もうとする女性の職業選択に資するよう」、その事業における女性の職業生活における活躍に関する情報を「定期的に公表するよう努めなければならない。」と定めている。

A　（アとイ）　　　B　（イとウ）　　　C　（ウとエ）
D　（エとオ）　　　E　（アとオ）

| 速習レッスン | ア：P16、イ：P60、ウ：(参考) P54、エ：P47、オ：P63 | 解説 |

ア ✕ 最賃法3条。**最低賃金額**は、**時間**によって定めるものとされています。したがって、労働者の賃金額と最低賃金額を比較するときは、その賃金額を時間あたりの金額に換算して比較します。

イ ◯ 個別紛争法5条1項。都道府県労働局長は、個別労働関係紛争について、紛争当事者の双方又は一方からあっせんの申請があった場合において、当該個別労働関係紛争の解決のために必要があると認めるときは、**紛争調整委員会にあっせん**を行わせます。なお、労働者の募集及び採用に関する事項についての紛争は、あっせんの対象となりません。

ウ ◯ 労組法5条2項6号、昭29.4.21労発126号。労働組合の規約には、①名称、②主たる事務所の所在地等のほか、③総会は少なくとも**毎年**1回開催することを規定しなければなりません。また、この「総会」とは、必ずしも組合員全員により構成されるものであることを要せず、代議員制度を採っている場合は、その代議員制度による大会を指すものとされています。

エ ✕ 育介法11条2項。介護休業は、対象家族1人につき、**3回**を上限として、通算**93日**まで、**分割して取得**することができます。

オ ✕ 女性活躍推進法8条1項、20条1項・2項。一般事業主であって、常時使用する労働者の数が**100人を超える**ものには、女性の職業選択に資するよう、その事業における女性の職業生活における活躍に関する**情報**について、その**公表**が**義務**づけられています。努力義務とされているのではありません。女性の職業生活における活躍に関する情報としては、①その雇用し、又は雇用しようとする女性労働者に対する職業生活に関する機会の提供に関する実績、②その雇用する労働者の職業生活と家庭生活との両立に資する雇用環境の整備に関する実績が掲げられており、事業主は、その企業規模に応じて、所定の事項を公表しなければなりません。

　以上から、正しいものの組合せは、**B（イとウ）**です。

| 解答 | B |

6章 労務管理その他の労働に関する一般常識

労働関係法規等（3）

過令元

労働関係法規に関する次の記述のうち、誤っているものはどれか。

A 労働者派遣法第44条第1項に規定する「派遣中の労働者」に対しては、賃金を支払うのは派遣元であるが、当該労働者の地域別最低賃金については、派遣先の事業の事業場の所在地を含む地域について決定された地域別最低賃金において定める最低賃金額が適用される。

B 65歳未満の定年の定めをしている事業主が、その雇用する高年齢者の65歳までの安定した雇用を確保するため、新たに継続雇用制度（現に雇用している高年齢者が希望するときは、当該高年齢者をその定年後も引き続いて雇用する制度をいう。）を導入する場合、事業主は、継続雇用を希望する労働者について労使協定に定める基準に基づき、継続雇用をしないことができる。

C 事業主は、障害者と障害者でない者との均等な機会の確保の支障となっている事情を改善するため、事業主に対して過重な負担を及ぼすこととなるときを除いて、労働者の募集及び採用に当たり障害者からの申出により当該障害者の障害の特性に配慮した必要な措置を講じなければならない。

D 職業安定法にいう職業紹介におけるあっせんには、「求人者と求職者との間に雇用関係を成立させるために両者を引き合わせる行為のみならず、求人者に紹介するために求職者を探索し、求人者に就職するよう求職者に勧奨するいわゆるスカウト行為（以下「スカウト行為」という。）も含まれるものと解するのが相当である。」とするのが、最高裁判所の判例である。

E 公共職業安定所は、労働争議に対する中立の立場を維持するため、同盟罷業又は作業所閉鎖の行われている事業所に、求職者を紹介してはならない。

| 速習レッスン | A：P17、B：P33〜34、C：P35、D：(参考) P21、E：P22 | 解説 |

A ○ 最賃法13条。派遣中の労働者については、その**派遣先**の事業の事業場の所在地を含む地域について決定された地域別最低賃金において定める最低賃金額が適用されます。なお、その派遣先の事業と同種の事業又はその派遣先の事業の事業場で使用される同種の労働者の職業について特定最低賃金が適用されている場合にあっては、当該特定最低賃金において定める最低賃金額が適用されます。

B × 高年法9条1項、平24厚労告560号。継続雇用を希望する労働者について労使協定に定める基準に基づき、継続雇用をしないことはできません。継続雇用制度を導入する場合には、**希望者全員**を対象とする制度としなければなりません。継続雇用をしないことができるのは、心身の故障のため業務に堪えられないと認められること、勤務状況が著しく不良で引き続き従業員としての職責を果たし得ないこと等の就業規則に定める**解雇事由又は退職事由**（年齢に係るものを除く。）に該当する場合です。解雇事由又は退職事由とは異なる基準を設けることは認められていません。

C ○ 障雇法36条の2。事業主は、労働者の**募集及び採用**にあたり、障害者と障害者でない者との均等な機会の確保等を図るための措置を講じなければならない（**合理的配慮の提供義務**）。なお、障害者である労働者を採用した後も、事業主は、合理的配慮の提供義務を負います。

D ○ 最判 平6.4.22東京エグゼクティブ・サーチ事件。有料職業紹介事業者に支払う報酬額が争われた事件で、最高裁判所は、職業安定法にいう職業紹介におけるあっせんには、①求人者と求職者との間に雇用関係を成立させるために両者を引き合わせる行為のみならず、②いわゆる**スカウト行為**（求人者に紹介するために求職者を探索し、求人者に就職するよう求職者に勧奨する行為）も**含まれる**ものと判示しました。そのうえで、報酬契約のうち、職業安定法施行規則等に定める紹介手数料の最高額を超える部分に係る報酬額の定めの効力を否定しました。

E ○ 職安法20条1項。公共職業安定所が労働争議に介入することとならないよう、公共職業安定所が**同盟罷業又は作業所閉鎖**の行われている事業所に求職者を紹介することは禁止されています。

6章 労務管理その他の労働に関する一般常識

解答　**B**

問題 178

労働関係法規等（4）

過令2 変更E

難易度 **易**　重要度 **B**

チェック欄

労働関係法規に関する次の記述のうち、正しいものはどれか。

A　育児介護休業法に基づいて育児休業の申出をした労働者は、当該申出に係る育児休業開始予定日とされた日の前日までに厚生労働省令で定める事由が生じた場合には、その事業主に申し出ることにより、法律上、当該申出に係る育児休業開始予定日を何回でも当該育児休業開始予定日とされた日前の日に変更することができる。

B　パートタイム・有期雇用労働法が適用される企業において、同一の能力又は経験を有する通常の労働者であるXと短時間労働者であるYがいる場合、XとYに共通して適用される基本給の支給基準を設定し、就業の時間帯や就業日が日曜日、土曜日又は国民の祝日に関する法律（昭和23年法律第178号）に規定する休日か否か等の違いにより、時間当たりの基本給に差を設けることは許されない。

C　障害者雇用促進法では、事業主の雇用する障害者雇用率の算定対象となる障害者（以下「対象障害者」という。）である労働者の数の算定に当たって、対象障害者である労働者の1週間の所定労働時間にかかわりなく、対象障害者は1人として換算するものとされている。

D　個別労働関係紛争の解決の促進に関する法律第1条の「労働関係」とは、労働契約に基づく労働者と事業主の関係をいい、事実上の使用従属関係から生じる労働者と事業主の関係は含まれない。

E　若者雇用促進法では、厚生労働大臣は、事業主（常時雇用する労働者の数が300人以下のものに限る。）からの申請に基づき、当該事業主について、青少年の募集及び採用の方法の改善、職業能力の開発及び向上並びに職場への定着の促進に関する取組みに関し、その実施状況が優良なものであることその他の厚生労働省令で定める基準に適合するものである旨の認定を行うことができるものとされている。

| 速習レッスン | A：P48、B：P40、C：P36、D：P60、E：P64 | 解説 |

A ✕ 育介法7条1項。設問の場合には、育児休業開始予定日は、**1回に限り**変更することができます。何回でも変更することができるのではありません。労働者は、厚生労働省令で定める事由が生じた場合には、育児休業開始予定日を**1回に限り**育児休業開始予定日とされた日前の日に変更する（**繰り上げる**）ことができます。なお、ここでいう「厚生労働省令で定める事由」には、出産予定日前に子が出生したこと、配偶者の死亡、病気、負傷等があります。

B ✕ 平30.12.28厚労告430号。設問の労働者XとYについて、就業の時間帯や就業日が土日祝日か否か等の違いにより、時間当たりの基本給に差を設けることは許されます。

C ✕ 障雇法43条3項、同則6条。「1週間の所定労働時間にかかわりなく」とある部分が誤りです。対象障害者が**短時間労働者**（週の所定労働時間が通常の労働者よりも短く、かつ、**30時間未満**である者）である場合には、対象障害者は、原則**0.5人**として換算します。

D ✕ 平13.9.19基発832号等。「労働関係」には、事実上の使用従属関係から生じる労働者と事業主の関係も含まれます。個別労働関係紛争解決促進法が扱う「個別労働関係紛争」とは、労働条件その他**労働関係**に関する事項についての個々の労働者と事業主との間の紛争（労働者の募集及び採用に関する事項についての個々の求職者と事業主との間の紛争を含む。）をいいます。ここでいう「労働関係」とは、労働契約又は**事実上の使用従属関係**から生じる労働者と事業主の関係をいいます。

E ○ 若者雇用促進法15条。若者の採用・育成に積極的で、若者の雇用管理の状況などが優良な中小企業を厚生労働大臣が**認定**する制度が設けられています。この認定の対象となるのは、常時雇用する労働者の数が**300人以下**の事業主です。

6章

労務管理その他の労働に関する一般常識

解答 **E**

421

問題 179

チェック欄

労働関係法規等 (5)

予想

難易度 普　重要度 B

労働関係法規に関する次の記述のうち、正しいものはどれか。

A　男女雇用機会均等法によれば、事業主は、その雇用する女性労働者が母子保健法の規定による保健指導又は健康診査に基づく指導事項を守ることができるようにするため、勤務時間の変更、勤務の軽減等必要な措置を講じなければならない。

B　育児・介護休業法第9条の6の規定により、労働者は、その養育する子について、当該労働者の配偶者が当該子の1歳到達日以前のいずれかの日において当該子を養育するために育児休業（出生時育児休業を含む。）をしている場合には、当該子が1歳6ヵ月に達するまで育児休業をすることができる。

C　労働時間等設定改善法は、労働者の安全と健康を確保することを主な目的として、事業主に長時間労働の改善に向けた取り組みを義務づけている。

D　中小企業退職金共済法によれば、独立行政法人勤労者退職金共済機構は、被共済者が退職した場合は、退職金共済契約の契約者である事業主に、退職金に相当する額を支給する。

E　高年齢者雇用安定法によれば、65歳以上70歳未満の定年の定めをしている事業主等は、その雇用する高年齢者等について、高年齢者就業確保措置として、当該定年の引上げ、65歳以上継続雇用制度の導入又は当該定年の定めの廃止のうちいずれかの措置を講じなければならない。

A：P45、B：P46、C：P61、D：P61、E：P34

解説

A ○ 均等法13条1項。事業主には、妊娠中及び出産後の**健康管理に関する措置**を講ずる義務があります。その1つとして、事業主は、その雇用する女性労働者が設問の保健指導又は健康診査に基づく指導事項を守ることができるようにするため、**勤務時間の変更**、**勤務の軽減**等必要な措置（時差通勤、休憩時間の延長、作業の制限等）を**講じなければなりません**。

B × 育介法9条の6第1項。「1歳6ヵ月」ではなく、「1歳2ヵ月」です。育児休業は、原則として「1歳に満たない子」について認められますが、設問の場合（同一の子について**父母がともに育児休業**（出生時育児休業を含む。）をする場合）には、特例的に「**1歳2ヵ月**に満たない子」について認められます（通称「パパ・ママ育休プラス」）。

C × 労働時間等設定改善法1条。労働者の安全と健康を確保することは、労働時間等設定改善法の主な目的ではなく、事業主に一定の取り組みを義務づけてもいません。同法の主な目的は、事業主等による労働時間等の設定の改善に向けた**自主的な努力**を促進するための特別の措置を講ずることにより、労働者がその有する**能力を有効に発揮**することができるようにし、労働者の**健康で充実した生活**を実現することです。

D × 中退法10条1項。事業主に退職金に相当する額を支給することはありません。独立行政法人勤労者退職金共済機構は、被共済者が退職したときは、**その者**（退職が死亡によるものであるときは、その遺族）に**直接**、退職金を支給します。なお、被共済者に係る掛金の納付があった月数が12ヵ月に満たないときは、退職金は支給されません。

E × 高年法10条の2第1項・4項。**高年齢者就業確保措置**には、設問に掲げる措置のほか、**創業支援等措置**が含まれます。また、高年齢者就業確保措置を講ずることは、事業主の義務ではなく、**努力義務**です。なお、65歳未満の定年の定めをしている事業主には、その雇用する高年齢者について、**高年齢者雇用確保措置**として、当該定年の引上げ、継続雇用制度の導入又は当該定年の定めの廃止のうちいずれかの措置を講ずる**義務**が課されます。

解答　A

労務管理総論、人事考課、雇用管理等

次の記述のうち、誤っているものはどれか。

A　自己申告制度とは、従業員に自己の業績に対する評価、人事異動に関する希望等について自己申告させるものであり、従業員の能力開発、教育訓練、モチベーションの向上等を目的として行われる。

B　ヒューマン・アセスメントとは、特別の訓練を受けたアセッサー（観察者）が、心理学的見地から従業員の潜在的能力や資質を事前に発見し、評価するものであり、能力開発、人材配置、管理職の登用等に活用される。

C　人事考課を行う過程においては、考課者が心理的偏向に陥ることにより、評定誤差が生じることがある。この評定誤差の代表的なものの1つとして、ハロー効果があるが、これは、被考課者に対する特定の印象が、当該被考課者に関する他の評価項目や全体的評価に影響を与える傾向のことである。

D　日本型労務管理の特徴の1つとして、企業別労働組合がある。これは、同一企業の労働者で構成される労働組合であり、労働条件の改善が進みやすく、安定した労使関係の形成に役立つことから、産業別（職種別）労働組合と比較して、活動内容や影響力が大きいという特徴がある。

E　ワークシェアリングとは、雇用の機会の維持と創出を図ることを目的として、労働時間の短縮を行うものであり、雇用、賃金及び労働時間の適切な配分を目指す制度である。この制度の1つとして、多様就業型ワークシェアリングがあるが、これは、短時間勤務や隔日勤務など、多様な働き方の選択肢を拡大することについて社会全体で取り組むワークシェアリングである。

速習レッスン A：P68、B：P68、C：P68、D：P66、E：P70　　　　　　解説

A　○　**自己申告制度**は、人事考課を補完する制度であり、従業員に自己の業績に対する評価、自己の能力、人事異動に関する希望、職場の人間関係等について**自己申告**させるものです。この制度を行う目的は、従業員の適正配置、能力開発、教育訓練、モチベーションの向上等です。

B　○　**ヒューマン・アセスメント**は、人事考課を補完する制度であり、**心理学的見地**から従業員の**潜在的能力や資質**を事前に発見し、評価するものです。これを行うのは、従業員の上司ではなく、特別の訓練を受けた**アセッサー**（**観察者**）です。この制度は、能力開発、人材配置、管理職の登用等に活用されます。

C　○　評定誤差の代表的なものとしては、設問の**ハロー効果**のほか、**寛大化傾向**（個人的感情等の理由により、実際よりも甘く評価してしまう傾向）、**中心化傾向**（評定結果が平均的な階層に集中し、あまり差が生じない傾向）、**対比誤差**（考課者本人を基準とすることにより、過大評価又は過小評価してしまう傾向）などがあります。

D　×　**企業別労働組合**は、産業別（職種別）労働組合と比較して、活動内容や影響力は**小さい**とされている。なお、日本型労務管理の特徴としては、設問の企業別労働組合のほか、**終身雇用制**（採用時から定年に至るまでの間、雇用の継続が保障されている制度）及び**年功序列制**（勤続年数により賃金、昇進・昇格等の処遇が決定される制度）があります。

E　○　日本型のワークシェアリングといわれるものには、設問の**多様就業型**ワークシェアリングのほか、**緊急対応型**ワークシェアリング（雇用維持のため、一時的に所定労働時間の短縮等を行うもの）があります。

6章　労務管理その他の労働に関する一般常識

解答　D

賃金管理

予想

賃金管理に関する次の記述のうち、正しいものはどれか。

A　スキャンロン・プランとは、付加価値を基準として賃金総額を決定する方法をいう。

B　賃金形態は、定額制と出来高払制とに大別されるが、個々の従業員の業績によりその額が決定される年俸制は定額制に分類される。

C　賃金は、所定内賃金と所定外賃金に区分することができるが、住宅手当は、所定外賃金に該当するものとされている。

D　職能給とは、「同一職務・同一賃金」という考えに基づき、職務の難易度や責任度を基準として定める賃金をいう。

E　別テーブル方式とは、退職金算定基礎額における基本給にベースアップに伴う増加分を反映させないものを基準として、退職金を支給する方式をいう。

| 速習レッスン | A：P71、B：P72、C：P72、D：P73、E：P73 | 解説 |

A ✕ 「付加価値」ではなく、「売上高」です。**スキャンロン・プラン**とは、売上高を基準として賃金総額を決定する方法です。「付加価値」を基準として賃金総額を決定するのは、ラッカー・プランです。

> ①ラッカー・プラン ………… 賃金総額＝**付加価値**×一定の労働分配率
> ②スキャンロン・プラン …… 賃金総額＝**売上高**×一定の人件費比率

B ◯ 賃金形態についてです。賃金形態（賃金がどのような単位の下で計算されているかを分類する基準）は、定額制と出来高払制に分類されます。**定額制**は、さらに、時間給制、日給制、週給制、月給制、**年俸制**などに分類することができます。一方、出来高払制は、出来高に応じて賃金を支払うものをいいます。

C ✕ 住宅手当は、**所定内賃金**に該当します。所定内賃金とは、所定内労働時間の労働に対して支払われる基本的な賃金をいいます。**基本給**と**諸手当**（住宅手当、家族手当等）等がこれに含まれます。一方、所定外賃金とは、所定外労働時間の労働に対して支払われる賃金をいいます。超過勤務手当、宿日直手当等がこれに含まれます。

D ✕ 設問は、**職務給**に関する記述です。**職能給**は、「**同一能力・同一賃金**」という考え方に基づき、個々の従業員の**職務遂行能力**を基準として定められます。

E ✕ 「別テーブル方式」ではなく、「第2基本給方式」です。退職金算定基礎額における基本給にベースアップに伴う増加分を**反映させない**ものを基準として、退職金を支給する方式を**第2基本給方式**といいます。一方、退職金算定基礎額を基本給体系とは**別の賃金テーブル**で決定して退職金を支給する方式を**別テーブル方式**といいます。

6章

労務管理その他の労働に関する一般常識

解答 **B**

教育訓練・人間関係管理等

次の記述のうち、誤っているものはどれか。

A　Off-JTの長所として、体系的な知識・技能の取得が可能なことや多数の従業員に対して同時に均一の教育訓練が行えることなどが挙げられるが、短所として、時間的・場所的な制約が大きいことや業務に直結しにくいことなどが挙げられる。

B　アメリカのテーラーが提唱した科学的管理法は、標準作業量・標準作業時間を設定し、それを達成したか否かによって支払う賃金に差をつける差別的出来高払制度と呼ばれるものであった。後に否定されることとなるが、当時としては画期的な労務管理の手法であった。

C　ハーズバーグが提唱した動機づけ・衛生理論は、満足の反対は不満足ではなく、不満足要因の除去は必ずしも満足感につながるものではないとする考え方である。ハーズバーグは動機づけ・衛生理論に基づき、職務充実による職務再設計が必要であるとした。

D　アージリスが提唱した未成熟＝成熟理論は、人間は労働の中で自己実現を求めようと、自己のパーソナリティを未成熟から成熟へ発展させる行動をとるというもので、この行動を適応行動と呼んだ。アージリスは未成熟＝成熟理論に基づき、職務拡大による能力発揮機会の増大が必要であるとした。

E　テレワークとは、情報通信技術を活用して、出社せずに仕事をする働き方のことをいい、在宅勤務、サテライト・オフィス勤務、モバイルワーク等の形態がある。

A：P74、B：P75、C：P77、D：P78、E：P78

A ○ **Off-JT**（職場外教育訓練）は、集合教育、通信教育、講習会等により、**日常の業務から離れて**行われる教育訓練の総称です。設問の記述のような、長所・短所があります。これに対して、**OJT**（職場内教育訓練）は、職場内で、**日常業務に従事**しながら、上司や先輩等により行われる教育訓練です。したがって、その長所・短所は、Off-JTの長所・短所とは逆の関係にあります。

B ○ **科学的管理法**（テーラー・システム）は、1910年代に提唱されました。最大の生産効率を得るための科学的管理法は、それまでの経験とカンに頼る労務管理に比べれば、まさに画期的な方法でした。このため、**テーラー**は「労務管理の父」と呼ばれています。科学的管理法は、産業各分野に広く普及しましたが、労働強化と搾取の手段として利用されるようになり、その非人間性が問題視されるようになりました。これをきっかけとして、後に**メイヨー**に始まる人間関係論が登場することとなります。

C ○ **動機づけ要因**は、仕事の達成、仕事の内容の向上・充実、責任の増大などを指します。一方、**衛生要因**は、監督者のあり方、作業条件、対人関係、報酬などを指します。たとえば、作業条件が悪ければ不満足であるが、それが改善されたからといって（仕事上の）満足感につながるものではないとするものです。**ハーズバーグ**は、**マズロー**の**欲求5段階説**の生理的欲求、安全の欲求、社会的欲求を衛生要因に近いもの、自我の欲求、自己実現の欲求を動機づけ要因に近いものと考えました。

D × **適応行動**は、自己の**パーソナリティ**を未成熟から成熟へと発展させる行動のことではありません。この「発展させる行動」が企業などによって阻害されたときにとる行動を適応行動といいます。具体的には、組織を去る（退職する）、組織の目標等に無関心になるなどがあります。

E ○ **テレワーク**は、時間や場所を有効に活用できる柔軟な働き方として近年、注目されています。**情報通信技術**を活用して、**出社せず**に仕事をする働き方であり、在宅勤務、サテライト・オフィス勤務、モバイルワーク等の形態があります。

解答　D

雇用・失業等の動向（1）

次の記述のうち、正しいものはどれか。

A　新規求人倍率は、動きが安定し方向が読みとりやすく、また、景気の動向とほぼ一致した動きを示す。一方、有効求人倍率は、労働力需給状況の変化の先行的な動きをとらえることができるとされている。

B　労働力調査において就業者とは、従業者と休業者を合わせたものをいう。このうち、従業者とは、調査週間中に賃金、給料、諸手当、内職収入などの収入を伴う仕事を1時間以上した者をいい、休業者とは、仕事を持たず、調査週間中に少しも仕事をしなかった者をいう。

C　労働力調査において完全失業者とは、仕事がなくて調査週間中に少しも仕事をしなかった者のうち、仕事があればすぐ就くことができ、かつ、仕事を探す活動や事業を始める準備をしていた者をいう。

D　労働力調査において労働力人口とは、15歳以上人口のうち、就業者と完全失業者を合わせたものをいい、労働力人口に占める就業者の割合を労働力人口比率という。

E　女性の年齢階級別労働力率は、近年、すべての年齢階級で上昇傾向がみられるものの、いわゆるM字型カーブを描いており、長期的にみても、この全体の形に変化はみられないといわれている。

| 速習
レッスン | Ａ：記載なし、Ｂ：P80、Ｃ：P80、Ｄ：P80、Ｅ：P80 | 解説 |

A ✕ 新規求人倍率と有効求人倍率の説明が逆になっています。すなわち、有効求人倍率が、動きが安定し方向が読みとりやすく、また、景気の動向とほぼ一致した動きを示し、新規求人倍率が、労働力需給状況の変化の先行的な動きをとらえることができるとされています。なお、有効求人倍率と新規求人倍率は、1人の求職者に対してどれだけの求人があるかを示す指標で、公共職業安定所で扱う求職者数及び求人数のデータを基に次のように算出されます。

> 有効求人倍率（倍）＝有効求人数／有効求職者数
> 新規求人倍率（倍）＝新規求人数／新規求職者数

B ✕ 「労働力調査（基本集計）」参照。休業者は、「仕事を持たず」ではなく、「仕事を持ちながら」、調査週間中に少しも仕事をしなかった者のうち、次の①又は②に該当するものです。

> ①雇用者で、給料、賃金の支払いを受けている者又は受けることになっている者
> ②自営業主で、自分の経営する事業を持ったままで、その仕事を休み始めてから30日にならない者

C 〇 「労働力調査（基本集計）」参照。完全失業者とは、次の3つの条件に該当する者をいいます。なお、労働力人口に占める完全失業者の割合（％）を完全失業率といいます。

> ①仕事がなくて調査週間中に少しも仕事をしなかった（就業者ではない）。
> ②仕事があればすぐ就くことができる。
> ③調査週間中に，仕事を探す活動や事業を始める準備をしていた（過去の求職活動の結果を待っている場合を含む。）。

D ✕ 「労働力調査（基本集計）」参照。「労働力人口に占める就業者の割合」ではなく、「15歳以上人口に占める労働力人口の割合」が労働力人口比率（労働力率）です。

$$労働力人口比率 = \frac{労働力人口}{15歳以上人口} \times 100（％）$$

E ✕ 令和2年版「働く女性の実情」参照。全体の形に変化がみられるといわれています。女性の年齢階級別の労働力率は、M字型カーブを描いていますが、M字型の底の値が上昇し、台形に近づきつつあるといわれています。なお、女性の労働力率について、すべての年齢階級で上昇傾向がみられる点は、正しい記述です。

解答 **C**

雇用・失業等の動向（2）

予想　　　　　　　　　　　　　　　　　難易度 難　重要度 B

次の記述のうち、誤っているものはどれか。

A　令和3年「高年齢者雇用状況等報告」の集計結果によれば、報告した全企業のうち、定年を65歳とする企業は約20％で、企業規模別にみると、この割合は、中小企業（21～300人規模）の方が大企業（301人以上規模）よりも高くなっている。

B　令和3年「高年齢者雇用状況等報告」の集計結果によれば、60歳定年企業において、過去1年間（令和2年6月1日から令和3年5月31日）に定年に到達した者のうち、継続雇用された者は約85％に上っている。

C　「労働力調査（基本集計）」令和3年平均結果によれば、令和3年平均の完全失業率は2.8％であるが、これを男女、年齢階級別にみると、男女とも15～24歳の完全失業率が最も高くなっている。

D　「労働力調査（基本集計）」令和3年平均結果によれば、労働力人口は令和3年平均で6,860万人となり、前年に比べ8万人の減少となった。一方、労働力率は令和3年平均で62.1％となり、前年に比べ0.1ポイントの上昇となった。

E　「労働力調査（基本集計）」令和3年平均結果によれば、若年無業者は、令和3年平均で57万人となり、前年に比べ12万人の増加となった。

A：記載なし、B：記載なし、C：P81、D：P80、E：P81 　　**解説**

A ○ 令和３年「高年齢者雇用状況等報告」の集計結果参照。報告した全企業のうち**約20％**（21.1％）の企業においては、**定年を65歳**としています。また、定年を65歳とする企業の割合は、中小企業では21.7％、大企業では13.7％となっており、**中小企業**の方が大企業よりも高くなっています。

B ○ 令和３年「高年齢者雇用状況等報告」の集計結果参照。60歳定年企業において、過去１年間（令和２年６月１日から令和３年５月31日）に定年に到達した者（369,437人）のうち、**約85％**（86.8％）の者が継続雇用されています。一方、継続雇用を希望しない定年退職者は13.0％、継続雇用を希望したが継続雇用されなかった者は0.2％となっています。

C ○ 令和３年「労働力調査（基本集計）」参照。令和３年平均の**完全失業率**は2.8％となり、前年と同率となりました。また、完全失業率を男女、年齢階級別にみると、令和３年平均で男女とも15～24歳が最も高く、男性は5.1％、女性は4.2％となっています。

D ○ 令和３年「労働力調査（基本集計）」参照。「労働力人口」とは、15歳以上人口のうち働く意思と能力を有する者のことであり、**就業者**と**完全失業者**を合わせたものです。また、「**労働力率**」とは、15歳以上人口に占める**労働力人口**の割合のことであり、「労働力人口比率」ともいいます。令和３年平均の労働力人口は、前年に比べ減少し、２年連続の減少となりましたが、労働力率は、前年に比べ上昇し、２年ぶりの上昇となりました。

E × 令和３年「労働力調査（基本集計）」参照。前年に比べ12万人の「増加」ではなく、「減少」です。令和３年平均の若年無業者は、**57万人**（前年比**12万人減**）となりました。なお、ここでいう「**若年無業者**」とは、15～34歳の非労働力人口のうち家事も通学もしていない者をいいます。

解答　E

賃金・労働時間等の動向（1）

次の記述のうち、誤っているものはどれか。

A 令和３年就労条件総合調査によれば、変形労働時間制を採用している企業割合を種類別（複数回答）にみると、「１年単位の変形労働時間制」が最も高くなっている。

B 令和３年賃金引上げ等の実態に関する調査によれば、賃金の改定の決定にあたり最も重視した要素をみると、「雇用の維持」とした企業割合が最も高く、「重視した要素はない」を除くと、次いで「労働力の確保・定着」、「企業の業績」の順となっている。

C 毎月勤労統計調査（令和３年分結果確報）によれば、令和３年における総実労働時間数は、月平均136.1時間で前年比0.6％増となった。

D 令和３年度個別労働紛争解決制度の施行状況によれば、総合労働相談件数は、124万2,579件（前年度比3.7％減）となり、14年連続で100万件を超えている。

E 令和３年労働組合基礎調査によれば、労働組合員数のうちパートタイム労働者は136万3,000人（前年比0.8％減）となった。

速習レッスン　A：P82、B：記載なし、C：P82、D：記載なし、E：P83

解説

A ○ 令和3年「就労条件総合調査」参照。変形労働時間制を採用している企業割合は、59.6％となっています。これを種類別（複数回答）にみると、「**1年単位の変形労働時間制**」が31.4％、「**1ヵ月単位の変形労働時間制**」が25.0％、「**フレックスタイム制**」が6.5％となっています。

B × 令和3年「賃金引上げ等の実態に関する調査」参照。企業割合が最も高いのは、「雇用の維持」ではなく、「企業の業績」です。賃金の改定の決定にあたり最も重視した要素を「企業の業績」とした企業割合は47.3％、「雇用の維持」とした企業割合は9.0％、「**労働力の確保・定着**」とした企業割合は8.2％となっています。

C ○ 「毎月勤労統計調査（令和3年分結果確報）」参照。令和3年の**総実労働時間数**の内訳をみると、所定内労働時間数は月平均126.4時間（前年比0.4％増）、所定外労働時間数は月平均9.7時間（同5.1％増）となっています。なお、年間総実労働時間は、1,700時間未満となっています。

D ○ 令和3年度「個別労働紛争解決制度の施行状況」参照。令和3年度の総合労働相談件数、助言・指導申出件数及びあっせん申請件数は、次のとおりで、総合労働相談件数は、**14年連続**で**100万件**を超えています。

①総合労働相談件数	124万2,579件（前年度比3.7％減）
①のうち民事上の個別労働紛争相談件数	28万4,139件（同1.9％増）
②助言・指導申出件数	8,484件（同7.1％減）
③あっせん申請件数	3,760件（同11.6％減）

E ○ 令和3年「労働組合基礎調査」参照。パートタイム労働者の組合員数は**増加傾向**にあります。ただし、令和3年6月30日現在では、全労働組合員数に占める割合（13.6％（前年比0.1ポイント低下））及び推定組織率（**8.4％**（前年比0.3ポイント低下））となっています。

解答　B

賃金・労働時間等の動向（2）

次の記述のうち、正しいものはどれか。

A　労働者がその労働の対償として受け取る額が実質賃金であり、これを消費者物価指数で除して得た数値が名目賃金である。

B　令和3年賃金構造基本統計調査において令和3年6月分の一般労働者の賃金をみると、男女間賃金格差は縮小傾向にあるものの、依然として大きく、男性を100とした場合の女性の賃金水準は、男性の65程度となっている。

C　令和3年就労条件総合調査によれば、令和2年（又は平成31（令和元）会計年度）1年間に企業が付与した年次有給休暇日数（繰越日数は除く。）は、労働者1人平均17.9日で、そのうち労働者が取得した日数は10.1日であった。

D　労働災害発生の頻度を表したものが強度率であり、労働災害の重篤度を表したものが度数率である。

E　企業の生み出した付加価値のうち、労働者に分配される割合を労働分配率というが、労働分配率は好況時には高くなり、不況時には低くなる傾向にある。

A：記載なし、B：記載なし、C：P83、D：P83、E：P71

解説

A ×　実質賃金と名目賃金が逆になっています。すなわち、労働者がその労働の対償として受け取る額が**名目**賃金であり、これを消費者物価指数で除して得た数値が**実質**賃金です。なお、たとえば22万5,000円の賃金は名目賃金ですが、実質賃金を目にすることは普通ありません。**実質賃金指数**というさらに加工された形になるからです。「平成28年の実質賃金指数を100としたときに、令和3年の実質賃金指数は98.6であった」などのようにです。

B ×　令和3年「賃金構造基本統計調査」参照。男女間賃金格差は、「65程度」ではなく、**さらに縮小**しています。令和3年6月分の一般労働者の賃金は、男女計が30万7,400円、男性が33万7,200円、女性が25万3,600円となっており、男女間賃金格差（男＝100）は、**75.2**となっています。

C ○　令和3年「就労条件総合調査」参照。なお、令和2年（又は平成31（令和元）会計年度）1年間における年次有給休暇の**取得率**は56.6％です。また、取得率を企業規模別にみると、規模が大きいほど高くなっています。

D ×　強度率と度数率が逆です。すなわち、**労働災害発生の頻度**を表したものが**度数率**であり、**労働災害の重篤度**を表したものが**強度率**です。それぞれ、次の計算式で求めます。

> 度数率＝労働災害による死傷者数÷延べ実労働時間×1,000,000
> 強度率
> 　＝労働災害による死傷者の延べ労働損失日数÷延べ実労働時間数×1,000

E ×　**労働分配率**は**不況時**には高くなり、**好況時**には低くなる傾向にあります。簡単な例を挙げます。企業が生み出した付加価値が100で、労働者には60が分配されるとすれば、労働分配率は60％です。好況時に付加価値が120となったとします。ところが、賃金はすぐに上昇するものではありませんから、労働者には同じ60が分配されます。このときの労働分配率は50％と低くなっています。不況時には、この逆のことが起きます。

解答　C

労働経済白書

過令3

我が国の労働者の「働きやすさ」に関する次の記述のうち、誤っているものはどれか。なお、本問は、「令和元年版労働経済白書（厚生労働省）」を参照しており、当該白書又は当該白書が引用している調査による用語及び統計等を利用している。

A　正社員について、働きやすさに対する認識を男女別・年齢階級別にみると、男女ともにいずれの年齢階級においても、働きやすさに対して満足感を「いつも感じる」又は「よく感じる」者が、「全く感じない」又は「めったに感じない」者を上回っている。

B　正社員について、働きやすさの向上のために、労働者が重要と考えている企業側の雇用管理を男女別・年齢階級別にみると、男性は「職場の人間関係やコミュニケーションの円滑化」、女性は「労働時間の短縮や働き方の柔軟化」がいずれの年齢層でも最も多くなっている。

C　正社員について、男女計における1か月当たりの労働時間と働きやすさとの関係をみると、労働時間が短くなるほど働きやすいと感じる者の割合が増加し、逆に労働時間が長くなるほど働きにくいと感じる者の割合が増加する。

D　正社員について、テレワークの導入状況と働きやすさ・働きにくさとの関係をみると、テレワークが導入されていない場合の方が、導入されている場合に比べて、働きにくいと感じている者の割合が高くなっている。

E　勤務間インターバル制度に該当する正社員と該当しない正社員の働きやすさを比較すると、該当する正社員の方が働きやすさを感じている。

A〜E：記載なし

解説

A ○ 令和元年版労働経済白書126頁参照。正社員について、男女別・年齢階級別に働きやすさに対する認識をみると、男女ともにいずれの年齢階級においても、働きやすさに対して満足感を「いつも感じる」又は「よく感じる」者（以下「働きやすいと感じている者」という。）が「全く感じない」又は「めったに感じない」者を上回っており、**働きやすいと感じている者**の方が**多く**なっています。

B × 令和元年版労働経済白書126頁参照。女性も「職場の人間関係やコミュニケーションの円滑化」が最も多くなっています。正社員について、男女別・年齢階級別に**働きやすさの向上**のために重要と考える企業による雇用管理をみると、男女ともにいずれの年齢階級においても「**職場の人間関係やコミュニケーションの円滑化**」が最も多く、次いで「**有給休暇の取得促進**」、「**労働時間の短縮や働き方の柔軟化**」が高くなっています。

C ○ 令和元年版労働経済白書130頁参照。正社員について、男女計における1ヵ月あたりの労働時間と働きやすさとの関係をみると、**労働時間**が**短くなるほど**働きやすいと感じる者が**増加**し、逆に労働時間が長くなるほど働きにくいと感じる者が増加しています。なお、労働時間が月220時間以上になると働きにくいと感じている者が働きやすいと感じている者を上回ります。

D ○ 令和元年版労働経済白書134頁参照。正社員について、テレワークの導入状況と働きやすさ・働きにくさとの関係をみると、**テレワークが導入されていない**場合は、**働きにくい**と感じている者の割合が高くなっています。なお、テレワークを導入している企業の割合は、上昇傾向にあります。

E ○ 令和元年版労働経済白書133頁参照。**勤務間インターバル制度**に該当する正社員と該当しない正社員の働きやすさを比較すると、**該当する正社員**の方が働きやすさを感じています。なお、勤務間インターバル制度とは、労働者の健康確保などを目的として、実際の終業時刻から始業時刻までの間隔を一定時間以上空ける制度をいいます。

解答　B

問題 188

チェック欄 | 1 | 2 | 3 |

［選択式］労働契約・賃金に関する法律

予想　　　　　　　　　　　　　　　　　　　　　難易度 **普**　重要度 **B**

次の文中の □□□□ の部分を選択肢の中の最も適切な語句で埋め、完全な文章とせよ。

1　最低賃金法は、賃金の低廉な労働者について、賃金の最低額を保障することにより、□ A □ を図り、もって、労働者の生活の安定、労働力の質的向上及び事業の □ B □ の確保に資するとともに、国民経済の健全な発展に寄与することを目的とする。

2　最低賃金法によれば、地域別最低賃金は、地域における労働者の生計費及び賃金並びに □ C □ を考慮して定められなければならない。

3　前記2の労働者の生計費を考慮するにあたっては、労働者が □ D □ 最低限度の生活を営むことができるよう、□ E □ に係る施策との整合性に配慮するものとする。

選択肢

①能力の開発及び向上　　　　　②労働需給の状況
③公正な競争　　　　　　　　　④高齢者
⑤健康で文化的な　　　　　　　⑥安全かつ安心な
⑦障害者　　　　　　　　　　　⑧労働関係の調整
⑨円滑な運営　　　　　　　　　⑩産業構造
⑪自立的に　　　　　　　　　　⑫労働条件の改善
⑬人口構成　　　　　　　　　　⑭生活保護
⑮経済的な地位の向上　　　　　⑯持続的な発達
⑰年金制度　　　　　　　　　　⑱効果的な経営資源
⑲通常の事業の賃金支払能力　　⑳個人として尊重される

速習レッスン　A：P16、B：(参考) P16、C〜E：P17　**解説**

A・Bは最賃法1条、Cは同法9条2項、D・Eは同法9条3項。

1　最低賃金法は、賃金の低廉な労働者について、賃金の最低額を保障することにより、**労働条件の改善**を図っています。これにより、労働者の**生活の安定**、**労働力の質的向上**及び事業の**公正な競争**の確保に資すること、及び国民経済の健全な発展に寄与することが、同法の目的です。

2、3　地域別最低賃金は、一定の地域ごとに定める最低賃金のことです。この地域別最低賃金は、賃金の低廉な労働者について、賃金の最低額を保障するため、**あまねく全国各地域**について決定されなければならず、厚生労働大臣又は都道府県労働局長が、一定の地域ごとに、最低賃金審議会の調査審議を求め、その意見を聴いて、これを決定します。

　この地域別最低賃金を定めるにあたっては、地域における(1)労働者の**生計費**及び**賃金**並びに(2)**通常の事業の賃金支払能力**が考慮されます。また、このうちの労働者の生計費を考慮するにあたっては、労働者が**健康で文化的な最低限度の生活**を営むことができるよう、**生活保護**に係る施策との整合性に配慮するものとされています。

解答　A　⑫労働条件の改善　B　③公正な競争　C　⑲通常の事業の賃金支払能力　D　⑤健康で文化的な　E　⑭生活保護

問題 189

チェック欄

1	2	3

［選択式］労働関係法規等（1）

予想

難易度 普　重要度 B

次の文中の □□□□ の部分を選択肢の中の最も適切な語句で埋め、完全な文章とせよ。

1　賃金支払確保法第7条に基づく未払賃金の立替払いは、労働者災害補償保険の適用事業に該当する事業の事業主（□ A □以上の期間にわたって当該事業を行っていたものに限る。）が破産手続開始の決定を受け、その他政令で定める事由に該当することとなった場合において、破産手続開始等の申立てその他所定の日の□ B □に当該事業を退職したものを対象として、当該労働者の請求に基づき、行われる。

2　男女雇用機会均等法は、法の下の平等を保障する□ C □の理念にのっとり雇用の分野における男女の均等な機会及び待遇の確保を図るとともに、女性労働者の就業に関して□ D □の健康の確保を図る等の措置を推進することを目的とする。

3　次世代育成支援対策推進法においては、その基本理念として、次世代育成支援対策は、□ E □が子育てについての第一義的責任を有するという基本的認識の下に、家庭その他の場において、子育ての意義についての理解が深められ、かつ、子育てに伴う喜びが実感されるように配慮して行われなければならない旨が規定されている。

選択肢

①5年　　　　　　②日本国憲法　　　③若年期　　　　④父又は母
⑤職業安定法　　　⑥3年　　　　　　⑦中高年期　　　⑧1年
⑨6ヵ月前の日から2年間　　　　　⑩国　　　　　　⑪2年
⑫労働施策総合推進法　　　　　　⑬妊娠中及び出産後
⑭翌日から起算して1年間　　　　⑮国際労働機関憲章　⑯地域社会
⑰翌日から起算して2年間　　　　⑱父母その他の保護者
⑲有害業務への就業中又は就業後　⑳6ヵ月前の日から1年間

速習レッスン　A・B：P18、C・D：P42、E：P62

解説

Aは賃確則7条、Bは賃確令3条、C・Dは均等法1条、Eは次世代支援法3条。

1　未払賃金の立替払事業は、労働者災害補償保険の適用事業の事業主であって、**1年**以上事業を行っていたものが、破産手続開始の決定を受けた場合等に、未払賃金のある**退職**労働者の**請求**に基づき、政府が事業主に代わってその一部を支払うものです。対象者は、立替払いの事由のあった日の**6ヵ月前の日から2年間**に退職した労働者です。

2　男女雇用機会均等法の目的は、次の2つです。
> (1) 法の下の平等を保障する**日本国憲法**の理念にのっとり雇用の分野における**男女の均等な機会及び待遇**の確保を図ること。
> (2) **女性労働者**の就業に関して**妊娠中及び出産後**の健康の確保を図る等の措置を推進すること。

3　次世代育成支援対策推進法においては、**父母その他の保護者**が子育てについての**第一義的責任**を有するという基本的認識が明確にされています。また、次世代育成支援対策は、この基本的認識の下に、(1)家庭その他の場において、子育ての意義についての理解が深められ、かつ、(2)子育てに伴う喜びが実感されるように配慮して行われなければならないことが、同法の基本理念となっています。

STEP UP

未払賃金の立替払事業

政府は、労働者災害補償保険の適用事業に該当する事業の事業主が破産手続開始の決定を受けるなどした場合において、当該事業に従事する労働者で政令で定める期間内に当該事業を退職したものに係る未払賃金があるときは、当該労働者の請求に基づき、当該未払賃金に係る債務のうち政令で定める範囲内のものを、当該事業主に代わって弁済するものとされています。この事業が「未払賃金の立替払事業」です（賃確法7条）。

　A　⑧1年　B　⑨6ヵ月前の日から2年間　C　②日本国憲法
D　⑬妊娠中及び出産後　E　⑱父母その他の保護者

問題 190

チェック欄

［選択式］労働関係法規等（2）

過令2 変更B

難易度 難　重要度 B

次の文中の＿＿＿の部分を選択肢の中の最も適切な語句で埋め、完全な文章とせよ。

1　技能検定とは、働く上で身に付ける、又は必要とされる技能の習得レベルを評価する国家検定制度であり、試験に合格すると　 A 　と名乗ることができる。技能検定は、厚生労働大臣が検定職種ごとに行うが、厚生労働大臣は、技能検定試験に係る試験問題及び試験実施要領の作成並びに技能検定試験の実施に関する技術的指導その他技能検定試験に関する業務の一部を　 B 　に行わせることができる。

2　女性活躍推進法に基づいて行動計画の策定・届出を行った企業のうち、女性の活躍推進に関する取組の実施状況等が優良な企業は、都道府県労働局への申請により、厚生労働大臣の認定を受けることができる。認定を受けた企業は、厚生労働大臣が定める認定マーク　 C 　を商品などに付すことができる。

3　我が国の就業・不就業の実態を調べた「就業構造基本調査（総務省）」をみると、平成29年の女性の年齢別有業率は、平成24年に比べて　 D 　した。また、平成29年調査で把握された起業者総数に占める女性の割合は約　 E 　割になっている。

選択肢

① 1　　　　　　　　② 2　　　　　　　　③ 3　　　　　　　　④ 4
⑤ 登録試験機関　　　　　　　　　　　⑥ 指定試験機関
⑦ 中央職業能力開発協会　　　　　　　⑧ 職業訓練法人
⑨ 20歳代以下の層のみ低下　　　　　　⑩ 30歳代と40歳代で低下
⑪ 65歳以上の層のみ上昇　　　　　　　⑫ えるぼし
⑬ 技術士　　　　　　　　　　　　　　⑭ 技能検定士
⑮ 技能士　　　　　　　　　　　　　　⑯ くるみん
⑰ 熟練工　　　　　　　　　　　　　　⑱ すべての年齢階級で上昇
⑲ プラチナくるみん　　　　　　　　　⑳ なでしこ応援企業

A：P64、B：記載なし、C：P63、D・E：記載なし　　　　　**解説**

Aは職能法50条1項、Bは同法46条3項、Cは厚生労働省 平28.2.29付「報道発表資料」参照、D・Eは総務省「平成29年就業構造基本調査」参照。

1　**技能検定**は、厚生労働大臣が、検定職種ごとに、実技試験及び学科試験によって行う国家試験です。その合格者は、**技能士**と称することができます。厚生労働大臣は、技能検定試験に係る**試験問題及び試験実施要領の作成**並びに技能検定試験の実施に関する技術的指導その他技能検定試験に関する業務については、その一部を**中央職業能力開発協会**に行わせることができます。

2　**女性活躍推進法**には、一般事業主行動計画を策定し、届け出た事業主であって、女性の活躍推進に関する取組みの実施状況等が優良なものを厚生労働大臣が認定する制度が設けられています。この認定を受けた事業主は、商品等に厚生労働大臣の定める表示（認定マーク愛称：**えるぼし**）を付すことができます。

　なお、このような認定制度は、次世代育成支援対策推進法にも設けられています。この**次世代育成支援対策推進法**に基づく認定を受けた事業主も商品等に厚生労働大臣の定める表示（認定マーク愛称：くるみん）を付すことができます。

3　平成29年の男女別の有業率（15歳以上人口に占める有業者の割合）についてみると、男性は69.2％、女性は50.7％となっており、平成24年に比べ、男性は0.4ポイント上昇、女性は2.5ポイント上昇しています。年齢階級別にみると、平成24年に比べ、男性は特に「60～64歳」及び「65～69歳」で大きく上昇しており、女性は**すべての年齢階級で上昇**しています。

　「自営業主」及び「会社などの役員」のうち起業者についてみると、477万1,000人で、うち「自営業主」の起業者は343万人、「会社などの役員」の起業者は134万1,000人となっています。男女別にみると、男性の起業者は384万9,000人（起業者に占める割合**80.7％**）、女性の起業者は92万2,000人（同**19.3％**）となっており、女性の割合は**約2割**となっています。

6章　労務管理その他の労働に関する一般常識

解答　A ⑮技能士　B ⑦中央職業能力開発協会　C ⑫えるぼし
　　　　D ⑱すべての年齢階級で上昇　E ②2

問題 191

チェック欄 | 1 | 2 | 3 |

［選択式］仕事と生活の調和

予想

難易度 難　重要度 C

仕事と生活の調和に関する次の文中の ☐ の部分を選択肢の中の最も適切な語句で埋め、完全な文章とせよ。なお、本問は、「令和元年版男女共同参画白書」を参照しており、当該白書及び当該白書が引用している調査における用語及び統計等を利用している。

1　仕事と生活の調和（ワーク・ライフ・バランス）をめぐる状況に関し、週間就業時間60時間以上の雇用者の割合を男女別に見ると、特に、 A の男性において、女性や他の年代の男性と比べて高い水準となっている。

2　仕事と子育て・介護の両立の状況に関し、一般労働者の勤続年数の推移を男女別に見ると、10年以上勤続している者の割合は、男性が B 程度で推移しているのに対して、女性は、平成10年は29.3％であったが、平成30年は37.7％まで増加している。また、第1子出産前後に女性が就業を継続する割合も上昇しており、特に、育児休業を取得して就業継続した女性の割合は、昭和60～平成元年の5.7％から平成22～26年の C へと大きく上昇した。

3　育児休業取得者における取得期間別割合を見ると、女性は D が大多数であるのに対して、男性で同等の期間を取得する者はまれであり、女性に対して圧倒的に短期間の取得となっている。

4　介護・看護を理由として過去1年以内に離職した者の状況を、総務省「労働力調査（詳細集計）」により見ると、平成30年には10万人となっており、そのうち、 E を占める。

選択肢

① 8割
② 男性が6割
③ 1年弱以上
④ 28.3％
⑤ 4割
⑥ 20歳代及び50歳代
⑦ 男性が8割
⑧ 1年6ヵ月弱以上
⑨ 5割
⑩ 56.4％
⑪ 40歳代及び50歳代
⑫ 3ヵ月～8ヵ月未満
⑬ 12.7％
⑭ 女性が8割
⑮ 8ヵ月～12ヵ月未満
⑯ 7割
⑰ 30歳代及び40歳代
⑱ 31.9％
⑲ 女性が6割
⑳ 20歳代及び30歳代

| 速習レッスン | A〜E：記載なし | 解説 |

Aは令和元年版男女共同参画白書114頁参照、B・Cは同118頁参照、Dは同121頁参照、Eは同124頁参照。

1　労働時間の観点から、仕事と生活の調和をめぐる状況を見ると、週間就業時間60時間以上の雇用者の割合は、特に、**子育て期**にある**30歳代及び40歳代**の**男性**において、女性や他の年代の男性と比べて高い水準となっています。なお、年間就業日数が200日以上の就業者について、正規の職員・非正規の職員・自営業主別に見ると、いずれの就業形態においても、男性の方が週間就業時間60時間以上の割合が高くなっています。

2　10年以上勤続している一般労働者の割合については、男性は**5割**程度で推移しています。これに対して、女性は平成10年には29.3％でしたが、平成30年には37.7％まで**増加**しています。また、第1子出産前後に女性が就業を継続する割合も、これまでは、4割前後で推移してきましたが、近年の調査では約5割へと上昇しました。特に、育児休業を取得して就業継続した女性の割合は、（子供の出生年が）昭和60〜平成元年の5.7％から平成22〜26年の**28.3％**へと大きく上昇しています。

3　男性の育児休業取得率は近年上昇していますが、女性の育児休業取得率と比較すると、依然として極めて低水準にあり、男女間で大きな差があります。また、育児休業取得者における取得期間別割合を見ると、女性は**1年弱以上**が大多数であるのに対して、男性で同等の期間を取得する者はまれであり、女性に対して圧倒的に短期間の取得となっています。

4　介護・看護を理由として過去1年以内に離職した者は、平成30年には10万人となっています。その内訳は女性8万人、男性2万人であり、**女性が8割**を占めます。なお、総務省「就業構造基本調査」（平成29年）によると、平成29年に就業を希望しているにもかかわらず、求職活動をしていない主な理由を「介護・看護のため」とする20〜69歳の者は、女性が20万6,700人、男性が5万3,100人となっています。

6章 労務管理その他の労働に関する一般常識

| 解答 | A ⑰30歳代及び40歳代　B ⑨5割　C ④28.3％ |
| | D ③1年弱以上　E ⑭女性が8割 |

その他の法律の目的

　本試験で問われる可能性は低いので、詳細な学習は必要ありませんが、その存在（法律名）と目的条文には触れておきましょう。

1．介護労働者の雇用管理の改善等に関する法律

　この法律は、我が国における急速な高齢化の進展等に伴い、介護関係業務に係る労働力への需要が増大していることにかんがみ、介護労働者について、その雇用管理の改善、能力の開発及び向上等に関する措置を講ずることにより、介護関係業務に係る労働力の確保に資するとともに、介護労働者の福祉の増進を図ることを目的とする。

2．中小企業における労働力の確保及び良好な雇用の機会の創出のための雇用管理の改善の促進に関する法律（中小企業労働力確保法）

　この法律は、中小企業における労働力の確保及び良好な雇用の機会の創出のため、中小企業者が行う雇用管理の改善に係る措置を促進することにより、中小企業の振興及びその労働者の職業の安定その他福祉の増進を図り、もって国民経済の健全な発展に寄与することを目的とする。

3．地域雇用開発促進法

　この法律は、雇用機会が不足している地域内に居住する労働者に関し、当該地域の関係者の自主性及び自立性を尊重しつつ、就職の促進その他の地域雇用開発のための措置を講じ、もって当該労働者の職業の安定に資することを目的とする。

4．建設労働者の雇用の改善等に関する法律

　この法律は、建設労働者の雇用の改善、能力の開発及び向上並びに福祉の増進を図るための措置並びに建設業務有料職業紹介事業及び建設業務労働者就業機会確保事業の適正な運営の確保を図るための措置を講ずることにより、建設業務に必要な労働力の確保に資するとともに、建設労働者の雇用の安定を図ることを目的とする。

5．港湾労働法

　この法律は、港湾労働者の雇用の改善、能力の開発及び向上等に関する措置を講ずることにより、港湾運送に必要な労働力の確保に資するとともに、港湾労働者の雇用の安定その他の港湾労働者の福祉の増進を図ることを目的とする。

6．家内労働法

　この法律は、工賃の最低額、安全及び衛生その他家内労働者に関する必要な事項を定めて、家内労働者の労働条件の向上を図り、もって家内労働者の生活の安定に資することを目的とする。

7．職業訓練の実施等による特定求職者の就職の支援に関する法律（求職者支援法）

　この法律は、特定求職者に対し、職業訓練の実施、当該職業訓練を受けることを容易にするための給付金の支給その他の就職に関する支援措置を講ずることにより、特定求職者の就職を促進し、もって特定求職者の職業及び生活の安定に資することを目的とする。

第 **7** 章

健康保険法

いよいよ社会保険の科目に突入です！

保険給付の通則

予想　　　　　　　　　　　　　　　　　難易度 易　重要度 A

健康保険法に関する次の記述のうち、正しいものはどれか。

A　全国健康保険協会は、健康保険法第52条の保険給付に併せて、定款で定めるところにより、保険給付として付加給付を行うことができる。
B　傷病手当金及び出産手当金の支給は、そのつど、行わなければならず、毎月一定の期日に行うことはできない。
C　保険給付を受ける権利は、譲り渡し、担保に供し、又は差し押さえることができないが、傷病手当金及び出産手当金を受ける権利は、国税滞納処分により差し押さえることができる。
D　被保険者の被扶養者が闘争、泥酔又は著しい不行跡によって給付事由を生じさせたときは、当該給付事由に係る当該被扶養者に係る保険給付は、その全部又は一部を行わないことができる。
E　被保険者の被扶養者が出産したときは、家族出産育児一時金及び家族出産手当金が支給される。

速習レッスン　A：P12、B：P14、C：P16、D：P17、E：P12・75　　**解説**

A　✕　法53条。全国健康保険協会（以下「協会」という。）は、付加給付を行う
ことが**できません**。付加給付を行うことができるのは、健康保険組合です。なお、
協会が管掌する健康保険における付加給付（付加的給付）は、**承認法人等**（事
業主及び被保険者で組織する法人等であって、厚生労働大臣の承認を受けたも
の）が行うものであり、協会が行うものではありません。

B　✕　法56条。毎月一定の期日に行うことが**できます**。入院時食事療養費、入院
時生活療養費、保険外併用療養費、療養費、訪問看護療養費、移送費、傷病手
当金、埋葬料（費）、出産育児一時金、出産手当金、家族療養費、家族訪問看護
療養費、家族移送費、家族埋葬料及び家族出産育児一時金の支給は、**そのつど**、
行わなければなりません。この例外として、傷病手当金及び出産手当金の支給に
ついては、**毎月一定の期日**に行うことが認められています。

C　✕　法61条。傷病手当金及び出産手当金を受ける権利も、差し押さえることが
できません。保険給付を受ける権利については、例外なく、**譲渡、担保提供**及び
差押えが禁止されています。

D　○　法122条による法117条の準用。被保険者が**闘争、泥酔**又は**著しい不行跡**
によって給付事由を生じさせたときは、当該給付事由に係る保険給付は、その全
部又は一部を行わないことが**できます**。この給付制限は、**被扶養者**についても適
用されます。

E　✕　法52条、114条。家族出産手当金という保険給付は存在しません。被扶養
者が出産した場合に支給されるのは、家族出産育児一時金のみです。

7
章

健
康
保
険
法

解答　D

451

問題 193

チェック欄

給付制限ほか

過令2

難易度 普　重要度 Ⓐ

健康保険法に関する次の記述のうち、誤っているものはどれか。

A　被保険者の資格を喪失した日の前日まで引き続き1年以上被保険者（任意継続被保険者、特例退職被保険者又は共済組合の組合員である被保険者を除く。）であった者であって、その資格を喪失した際に傷病手当金の支給を受けている者が、その資格を喪失後に特例退職被保険者の資格を取得した場合、被保険者として受けることができるはずであった期間、継続して同一の保険者からその給付を受けることができる。

B　保険者は、偽りその他不正の行為により保険給付を受け、又は受けようとした者に対して、6か月以内の期間を定め、その者に支給すべき傷病手当金又は出産手当金の全部又は一部を支給しない旨の決定をすることができるが、その決定は保険者が不正の事実を知った時以後の将来においてのみ決定すべきであるとされている。

C　保険者が、健康保険において第三者の行為によって生じた事故について保険給付をしたとき、その給付の価額の限度において被保険者が第三者に対して有する損害賠償請求の権利を取得するのは、健康保険法の規定に基づく法律上当然の取得であり、その取得の効力は法律に基づき第三者に対し直接何らの手続きを経ることなく及ぶものであって、保険者が保険給付をしたときにはその給付の価額の限度において当該損害賠償請求権は当然に保険者に移転するものである。

D　保険者は、被保険者又は被保険者であった者が、正当な理由なしに診療担当者より受けた診断書、意見書等により一般に療養の指示と認められる事実があったにもかかわらず、これに従わないため、療養上の障害を生じ著しく給付費の増加をもたらすと認められる場合には、保険給付の一部を行わないことができる。

E　被保険者が道路交通法違反である無免許運転により起こした事故のため死亡した場合には、所定の要件を満たす者に埋葬料が支給される。

452

速習レッスン A：P36・85、B：(参考) P17、C：P15、D：P17、E：P17　**解説**

A　✕　法附則３条５項。資格喪失後に特例退職被保険者の資格を取得した場合には、傷病手当金の継続給付を受けることはできません。**特例退職被保険者**には、資格喪失後の継続給付としての傷病手当金を含め、**傷病手当金は支給されません**。

B　○　法120条、昭3.3.14保理483号。保険者は、**偽りその他不正の行為**により保険給付を受けた者等に対して、**６ヵ月以内**の期間を定め、**傷病手当金等の全部又は一部を支給しない**旨の決定をすることができます。この６ヵ月以内の期間の決定は、過去にさかのぼることなく、保険者が不正の事実を知った時以後の**将来**においてのみ決定すべきであるとされています。

C　○　昭31.11.7保文発9218号。損害賠償請求権の**代位取得**の解釈について、正しい記述です。なお、設問の通達では、代位取得は、一般の債権譲渡のように、第三者に対する通知又はその承諾を要件とするものではないとしています。

D　○　法119条、昭26.5.9保発第37号。保険者は、被保険者又は被保険者であった者が、正当な理由なしに**療養に関する指示に従わない**ときは、保険給付の**一部を行わないことができます**。この「正当な理由なしに療養に関する指示に従わない」場合の具体例として、設問の通達が示されています。

E　○　昭36.7.5保険発63号。道路交通法違反である無免許運転により起こした事故による死亡は、故意による自己の犯罪行為による事故ですが、**死亡**は、最終的一回限りの絶対的な事故であること等から、**給付制限の対象となりません**。したがって、設問の場合には、埋葬料が支給されます。

7章

健康保険法

解答　A

問題 194

保険者（1）

過令元

保険者に関する次の記述のうち、誤っているものはどれか。

A 全国健康保険協会（以下本問において「協会」という。）と協会の理事長又は理事との利益が相反する事項については、これらの者は代表権を有しない。この場合には、協会の監事が協会を代表することとされている。

B 保険者等は被保険者の資格の取得及び喪失の確認又は標準報酬の決定若しくは改定を行ったときは、当該被保険者に係る適用事業所の事業主にその旨を通知し、この通知を受けた事業主は速やかにこれを被保険者又は被保険者であった者に通知しなければならない。

C 健康保険組合の理事の定数は偶数とし、その半数は健康保険組合が設立された適用事業所（以下「設立事業所」という。）の事業主の選定した組合会議員において、他の半数は被保険者である組合員の互選した組合会議員において、それぞれ互選する。理事のうち1人を理事長とし、設立事業所の事業主の選定した組合会議員である理事のうちから、事業主が選定する。

D 協会の理事長、理事及び監事の任期は3年、協会の運営委員会の委員の任期は2年とされている。

E 協会は、毎事業年度、財務諸表を作成し、これに当該事業年度の事業報告書及び決算報告書を添え、監事及び厚生労働大臣が選任する会計監査人の意見を付けて、決算完結後2か月以内に厚生労働大臣に提出し、その承認を受けなければならない。

速習レッスン　A：(参考) P21、B：P38、C：P25、D：P21、E：P22

解説

A ○ 法7条の16。**代表権の制限**について、正しい記述です。全国健康保険協会（協会）を代表するのは、理事長です。理事長に事故があるとき等は、あらかじめ理事長が指定する理事が、協会を代表します。協会と理事長又は理事との**利益が相反する事項**については、これらの者は**代表権を有しない**こととされ、この場合には、**監事**が協会を代表することとされています。

B ○ 法49条1項・2項。**保険者等**は、次の①又は②を行ったときは、**事業主**に、その旨を通知しなければなりません。**事業主**は、保険者等からこの通知があったときは、速やかに、これを**被保険者又は被保険者であった者**に通知しなければなりません。
①被保険者の資格の取得及び喪失に係る確認
②標準報酬（標準報酬月額及び標準賞与額）の決定又は改定

C × 法21条2項・3項。理事長は、「事業主が選定」するのではなく、「**理事が選挙**」します。理事は、①設立事業所の事業主の選定した組合会議員及び②被保険者である組合員の互選した組合会議員において、それぞれ**互選**します。理事長は、①の理事のうちから、**理事**が選挙します。

D ○ 法7条の9、7条の12第1項、7条の18第3項。協会には、役員として、**理事長**1人、**理事**6人以内及び**監事**2人が置かれますが、役員の任期は、いずれも**3年**です。また、協会に設置される**運営委員会の委員**は、9人以内とされ、事業主、被保険者及び協会の業務の適正な運営に必要な学識経験を有する者のうちから、厚生労働大臣が各同数を任命します。委員の任期は、**2年**です。

E ○ 法7条の28第2項、7条の29第2項。協会の決算に係る期限は、次のとおりです。②の財務諸表には、事業報告書等を添え、監事及び会計監査人の意見を付けて厚生労働大臣に提出し、その**承認**を受けなければなりません。
①毎事業年度の決算完結の期限⇒翌事業年度の**5月31日**まで
②**財務諸表**の提出期限⇒決算完結後**2ヵ月以内**

解答　C

問題 195

チェック欄 1 7/22 × | 2 | 3

保険者（2）

予想

難易度 **難**　重要度 **B**

保険者に関する次の記述のうち、誤っているものはどれか。

A　全国健康保険協会は、毎事業年度、事業計画及び予算を作成し、当該事業年度開始前に、厚生労働大臣の認可を受けなければならない。

B　全国健康保険協会は、都道府県ごとの実情に応じた業務の適正な運営に資するため、支部ごとに評議会を設け、当該支部における業務の実施について、評議会の意見を聴くものとする。

C　健康保険組合は、毎年度終了後6ヵ月以内に、事業及び決算に関する報告書を作成し、厚生労働大臣の承認を受けなければならない。

D　健康保険組合は、別に厚生労働大臣が定めるところにより、毎月の事業状況を翌月20日までに当該健康保険組合の主たる事務所の所在地を管轄する地方厚生局長等に報告しなければならない。

E　全国健康保険協会が管掌する健康保険の事業に関する業務のうち、標準報酬月額及び標準賞与額の決定（任意継続被保険者に係るものを除く。）は、厚生労働大臣が行う。

速習レッスン A：P22、B：P22、C：P25、D：（参考）P25、E：P20 解説

A ○ 法7条の27。全国健康保険協会の事業計画及び予算については、**厚生労働大臣**の**認可**が必要です。なお、健康保険組合は、毎年度、収入支出の予算を作成し、当該年度の開始前に、厚生労働大臣に届け出なければなりません。

B ○ 法7条の21第1項。**都道府県**ごとの実情に応じた業務の適正な運営に資するため、全国健康保険協会の各支部に**評議会**が置かれます。全国健康保険協会は、支部の業務の実施についてはこの評議会の**意見を聴く**ものとされています。

C × 令24条1項。承認を受ける必要はありません。健康保険組合は、毎年度終了後**6ヵ月**以内に、事業及び決算に関する**報告書**を作成し、厚生労働大臣に提出しなければなりませんが、厚生労働大臣の承認等は**不要**です。

D ○ 則14条。健康保険組合の毎月の**事業状況の報告**は、**翌月20日**までに、当該健康保険組合の主たる事務所の所在地を管轄する地方厚生局長等（管轄地方厚生局長等）に対して行います。

E ○ 法5条2項。全国健康保険協会は、健康保険組合の組合員でない被保険者の保険を管掌しています。ただし、全国健康保険協会が管掌する健康保険の事業に関する業務のうち、次の①〜④の業務（任意継続被保険者に係るものを除く。）は、全国健康保険協会ではなく、**厚生労働大臣**が行います。
①被保険者の**資格の取得及び喪失の確認**
②**標準報酬月額**及び**標準賞与額**の**決定**
③保険料の徴収
④前記①〜③に附帯する業務

保険者の財務に関する主な規定

全国健康保険協会	健康保険組合
事業計画・予算を作成し、毎事業年度開始前に厚生労働大臣の**認可**を受ける	収入支出の**予算**を作成し、毎年度**開始前**に厚生労働大臣に**届け出る**
翌事業年度の**5月31日**までに決算を完結	毎年度終了後**6ヵ月**以内に事業・決算に関する報告書を作成し、厚生労働大臣に**提出**する
決算完結後**2ヵ月**以内に財務諸表等を厚生労働大臣に提出し、その**承認**を受ける	

解答　C

7章 健康保険法

問題 196

保険者（3）

過平30

難易度 難　重要度

保険者に関する次のアからオの記述のうち、誤っているものの組合せは、後記AからEまでのうちどれか。

ア　全国健康保険協会の運営委員会の委員は、9人以内とし、事業主、被保険者及び全国健康保険協会の業務の適正な運営に必要な学識経験を有する者のうちから、厚生労働大臣が各同数を任命することとされており、運営委員会は委員の総数の3分の2以上又は事業主、被保険者及び学識経験を有する者である委員の各3分の1以上が出席しなければ、議事を開くことができないとされている。

イ　健康保険組合でない者が健康保険組合という名称を用いたときは、10万円以下の過料に処する旨の罰則が定められている。

ウ　全国健康保険協会が業務上の余裕金で国債、地方債を購入し、運用を行うことは一切できないとされている。

エ　健康保険組合は、分割しようとするときは、当該健康保険組合に係る適用事業所に使用される被保険者の4分の3以上の多数により議決し、厚生労働大臣の認可を受けなければならない

オ　厚生労働大臣は、全国健康保険協会の事業年度ごとの業績について、評価を行わなければならず、この評価を行ったときは、遅滞なく、全国健康保険協会に対し、当該評価の結果を通知するとともに、これを公表しなければならない。

A　（アとイ）　　B　（アとウ）　　C　（イとオ）
D　（ウとエ）　　E　（エとオ）

速習レッスン ア：（参考）P21、イ：（参考）P111、ウ：記載なし、エ：P26、オ：P22

解説

ア　○　法7条の18第2項、則2条の4第5項。運営委員会は、事業主及び被保険者の意見を反映させ、全国健康保険協会の業務の適正な運営を図るため、全国健康保険協会に置かれます。この運営委員会の委員は、**9人以内**であり、**事業主、被保険者**及び全国健康保険協会の業務の適正な運営に必要な**学識経験を有する者**のうちから、**厚生労働大臣が各同数を任命**します。また、運営委員会の議事を開くためには、①委員の総数の**3分の2以上**又は②事業主、被保険者及び学識経験を有する者である委員の**各3分の1以上**の出席が必要です。

イ　○　法220条。健康保険組合でない者は、健康保険組合という**名称**を用いてはなりません。これに違反して、健康保険組合という名称を用いた者は、**10万円以下**の過料に処せられます。

ウ　✕　令1条1号。業務上の余裕金で国債、地方債を購入し、運用を行うことはできます。全国健康保険協会は、原則として、業務上の余裕金を運用してはなりません。ただし、①国債、地方債、政府保証債その他厚生労働大臣の指定する有価証券の取得、②銀行その他厚生労働大臣の指定する金融機関への預金、③信託業務を営む金融機関への金銭信託による場合は、業務上の余裕金を**運用することができます**。

エ　✕　法24条1項。「適用事業所に使用される被保険者」ではなく、「組合会において**組合会議員の定数**」の4分の3以上の多数による議決が必要です。健康保険組合の分割に際しては、①組合会において**組合会議員の定数**の4分の3以上の多数により議決し、②**厚生労働大臣の認可**を受けることが必要です。

オ　○　法7条の30。全国健康保険協会の事業年度ごとの**業績評価**については、**厚生労働大臣**がこれを行わなければなりません。また、厚生労働大臣は、この業績評価を行ったときは、遅滞なく、①全国健康保険協会への評価結果の**通知**と、②**公表**をしなければなりません。

以上から、誤っているものの組合せは、**D（ウとエ）**です。

解答　D

問題 **197**

チェック欄

適用事業所・被保険者

予想

難易度 **普**　重要度 **B**

健康保険の適用に関する次の記述のうち、誤っているものはどれか。

A　学生が卒業後の4月1日に就職する予定である適用事業所において、在学中の同年3月1日から職業実習をし、事実上の就職と解される場合においては、在学中であっても被保険者となる。

B　適用事業所に6ヵ月の期間を定めて使用される短時間労働者であって、1週間の所定労働時間及び1ヵ月間の所定労働日数が、同一の事業所に使用される通常の労働者の1週間の所定労働時間及び1ヵ月間の所定労働日数の4分の3以上であるものは、被保険者となる。

C　特定適用事業所以外の適用事業所の事業主が所定の労働組合等の同意を得て、保険者等に当該事業主の一又は二以上の適用事業所に使用される特定4分の3未満短時間労働者について適用除外の規定の適用を受けない旨の申出をした場合においては、当該特定4分の3未満短時間労働者は、当該申出が受理された日から、被保険者の資格を取得する。

D　常時5人以上の従業員を使用する社会保険労務士が法律の業務を行う事業の事務所は、法人経営である場合に限り、強制適用事業所に該当する。

E　任意適用事業所に使用される者（被保険者である者に限る。）の4分の3以上が事業主に対して任意適用取消しの申請を求めた場合であっても、当該事業所の事業主に、当該申請を厚生労働大臣に対して行う義務は発生しない。

速習レッスン　A：P32、B：P32、C：P33、D：P29～30、E：P31　　解説

A　○　法3条1項、昭16.12.22社発1580号。適用事業所に使用される者は、適用除外者に該当しない限り、被保険者となります。この「使用される者」に該当するか否かは、**事実上の使用関係**の有無により総合的に判断されます。設問の学生は、事実上の使用関係があると認められるため、被保険者となります。

B　○　法3条1項9号。設問の短時間労働者は、**4分の3基準を満たしている**ため、被保険者となります。

C　○　平24法附則46条1項・5項・7項。特定4分の3未満短時間労働者とは、4要件（「基本まとめ」参照）のうち(1)～(3)を満たす者であって、特定適用事業所以外の適用事業所に使用されるものをいいます。この者が被保険者となるためには、事業主が保険者等に所定の**申出**（「基本まとめ」(4)②の申出）をする必要があります。この申出があったときは、特定4分の3未満短時間労働者は、その申出が**受理された日**から、被保険者の資格を取得します。

D　×　法3条3項、令1条7号。法人経営である場合に限りません。**社会保険労務士**が法律の業務を行う事業は、**適用業種**に該当するため、常時**5人**以上の従業員を使用している設問の事業所は、個人経営であっても強制適用事業所に該当します。

E　○　参考：法33条。任意適用事業所に使用される者が、その事業主に対して任意適用取消しの申請を求めた場合であっても、事業主に当該申請を行う義務が**発生することはありません**。

 短時間労働者の適用

4分の3基準	1週間の所定労働時間及び1ヵ月間の所定労働日数が、同一の事業所に使用される通常の労働のものと比べて**4分の3以上**であること

4分の3基準を満たす者 ⇒ 被保険者となる。

4分の3基準を満たさない者 ⇒ 次の4つの要件（4要件）をすべて満たせば、被保険者となる。

4要件	(1) 1週間の所定労働時間が**20時間**以上であること (2) 報酬（一定のものを除く。）の月額が**8万8,000円**以上であること (3) **学生等**でないこと (4) 次のいずれかに該当する事業に使用されていること 　①特定適用事業所 　②**労使合意**に基づき保険者等に**申出**をした法人又は個人の事業所

解答　**D**

被保険者（1）

被保険者に関する次の記述のうち、正しいものはどれか。

A 被保険者の数が5人未満の適用事業所に使用される法人の役員である被保険者が、その法人の役員としての業務であって当該法人における従業員が従事する業務と同一であると認められるものに起因して負傷したときは、当該負傷に関して保険給付は行われない。

B 適用事業所に使用されるに至った日は、勤務すべき辞令が発せられた日又は赴任若しくは着任した日と一致する必要があり、事実上の使用関係が発生した後に勤務すべき辞令が発せられた場合には、当該辞令が発せられた日から、被保険者の資格を取得する。

C 適用事業所に使用される短時間労働者であって、その1週間の所定労働時間又は1ヵ月間の所定労働日数が、同一の事業所に使用される通常の労働者の1週間の所定労働時間又は1ヵ月間の所定労働日数の4分の3未満であり、かつ、報酬（所定の報酬を除く。）の月額が8万8,000円未満であるものは、被保険者となることはない。

D 適用事業所に2ヵ月以内の期間を定めて臨時に使用される者であって、当該定めた期間を超えて使用されることが見込まれないものは、被保険者とならないが、この者が2ヵ月を超えて引き続き使用されるに至った場合は、その2ヵ月を超えて引き続き使用されたときから被保険者となる。

E 任意継続被保険者が、保険料（初めて納付すべき保険料を除く。）を納付期日までに納付しなかったとき（納付の遅延について正当な理由があると保険者が認めたときを除く。）は、その者は、当該納付期日から、その資格を喪失する。

速習レッスン A：P13、B：(参考) P37、C：P32～33、D：P34、E：P36　　**解説**

A ✕ 法53条の2、則52条の2。保険給付は**行われます**。被保険者又は被扶養者が**法人の役員**であるときは、当該被保険者又は被扶養者のその法人の役員としての業務に起因する疾病、負傷又は死亡に関して、保険給付は行われません。ただし、被保険者の数が**5人未満**である適用事業所に使用される法人の役員としての業務であって、当該法人における従業員が従事する**業務と同一**であると認められるものに起因する疾病、負傷又は死亡に関しては、保険給付は**行われます**。

B ✕ 法35条、昭2.2.25保理983号、昭3.7.3発発480号。適用事業所に使用されるに至った日は、勤務すべき辞令が発せられた日又は赴任若しくは着任した日と**一致する必要はありません**。また、適用事業所に使用されるに至った日とは、事業主と被保険者との間に事実上の使用関係が発生した日であるため、**事実上**の使用関係が発生した後に勤務すべき辞令が発せられた場合には、**事実上の使用関係が発生した日**から、被保険者の資格を取得します。

C ○ 法3条1項9号。4分の3基準を満たさない短時間労働者であり、かつ、次の**いずれか**に該当するものは、被保険者となりません（適用除外）。
① 1週間の所定労働時間が**20時間未満**であること。
② 報酬（所定の報酬を除く。）の月額が**8万8,000円未満**であること。
③ 学生等であること。
④ その使用される事業所が次のいずれにも該当しないこと。
　（ア）特定適用事業所
　（イ）労使合意に基づき保険者等に申出をした法人又は個人の事業所

D ✕ 法3条1項2号。「2ヵ月を超えて引き続き使用されたときから」ではなく、「定めた期間を超えて引き続き使用されたときから」です。**2ヵ月以内**の期間を定めて**臨時**に使用される設問の者は、**定めた期間**を超えて引き続き使用されるに至った場合に、**そのときから**（定めた期間を超えて引き続き使用されるに至ったときから）被保険者となります。

E ✕ 法38条3号。「納付期日から」ではなく、「納付期日の**翌日**から」です。任意継続被保険者が**保険料**を納付期日までに**納付しなかったとき**は、納付期日の**翌日**から、その資格を喪失します。なお、任意継続被保険者となるための申出をした者が、初めて納付すべき保険料をその納付期日までに納付しなかったときは、その者は、任意継続被保険者とならなかったものとみなされます。

解答　C

被保険者（2）

過平26

健康保険法に関する次の記述のうち、正しいものはどれか。

A　保険者は、指定訪問看護事業者が偽りその他不正の行為によって訪問看護療養費の支払を受けたときは、当該指定訪問看護事業者に対しその支払った額についてのみ返還させることができ、その返還額に一定割合を乗じて得た額を支払わせることはできない。

B　任意適用事業所の適用の取消しによる被保険者資格の喪失は、厚生労働大臣の確認によって、その効力を生ずる。

C　新たに使用されることとなった者が、当初から自宅待機とされた場合、雇用契約が成立しており、かつ、休業手当が支払われるときには、その休業手当の支払の対象となった日の初日に被保険者の資格を取得する。

D　任意継続被保険者は、後期高齢者医療の被保険者となった日の翌日からその資格を喪失する。

E　被保険者（任意継続被保険者又は特例退職被保険者を除く。）の資格取得は、保険者等の確認によってその効力を生ずることとなり、事業主が資格取得届を行う前に生じた事故の場合については、遡って資格取得の確認が行われたとしても、保険事故として取り扱われることはない。

| 速習 レッスン | A：P16、B：P38、C：P32、D：P36、E：（参考）P38 | 解説 |

A　✕　法58条3項。その返還額に一定割合を乗じて得た額を支払わせることができます。なお、一定割合とは、**100分の40**です。

B　✕　法39条1項。任意適用事業所の適用の取消しによる被保険者資格の喪失については、厚生労働大臣の**確認は不要**です。被保険者の資格の取得及び喪失は、保険者等（厚生労働大臣又は健康保険組合）の確認によって、その効力を生じます。ただし、①**任意適用事業所の取消し**の認可があったことによる被保険者の資格の喪失並びに②**任意継続被保険者**（特例退職被保険者を含む。）の資格の取得及び喪失については、**確認が不要**です。

C　〇　昭50.3.29保険発25号・庁保険発8号。適用事業所に**使用されるに至った**者は、**その日**から、一般の被保険者の資格を取得します。設問のように、新たに使用されることとなった者が、当初から自宅待機とされた場合の被保険者資格については、雇用契約が成立しており、かつ、休業手当等が支払われるときは、その**休業手当の支払いの対象となった日の初日**に被保険者の資格を取得するものとされています。

D　✕　法38条6号。任意継続被保険者は、後期高齢者医療の被保険者等となったときは、「**その日**」から、その資格を喪失します。「翌日」ではありません。

E　✕　法39条1項、昭31.11.29保文10148号。後半が誤りです。事業主が資格取得の届出を行う前に生じた事故であっても、さかのぼって資格取得の確認が行われれば、**保険事故**となります。なお、設問前半は、正しい記述です。

7章

健康保険法

解答　C

465

問題 200

チェック欄

1	2	3
7/23 ×	5/17 ○	

被保険者・被扶養者

過令2

難易度 易　重要度 B

健康保険法に関する次のアからオの記述のうち、正しいものの組合せは、後記Aからとまでのうちどれか。

ア　被扶養者の要件として、被保険者と同一の世帯に属する者とは、被保険者と住居及び家計を共同にする者をいい、同一の戸籍内にあることは必ずしも必要ではないが、被保険者が世帯主でなければならない。

イ　任意継続被保険者の申出は、被保険者の資格を喪失した日から20日以内にしなければならず、保険者は、いかなる理由がある場合においても、この期間を経過した後の申出は受理することができない。

ウ　季節的業務に使用される者について、当初4か月以内の期間において使用される予定であったが業務の都合その他の事情により、継続して4か月を超えて使用された場合には使用された当初から一般の被保険者となる。

エ　実際には労務を提供せず労務の対償として報酬の支払いを受けていないにもかかわらず、偽って被保険者の資格を取得した者が、保険給付を受けたときには、その資格を取り消し、それまで受けた保険給付に要した費用を返還させることとされている。

オ　事業主は、被保険者に支払う報酬がないため保険料を控除できない場合でも、被保険者の負担する保険料について納付する義務を負う。

A　（アとイ）　　B　（アとウ）　　C　（イとエ）

D　（ウとオ）　　E　（エとオ）

速習レッスン ア：P41、イ：P35、ウ：P34、エ：記載なし、オ：P102 | **解説**

ア ✕ 昭27.6.23保文発3533号。被保険者が**世帯主である必要もありません**。被保険者と同一の世帯に属する者とは、被保険者と**住居及び家計を共同にする者**をいい、同一の戸籍内にあるか否かを問わず、被保険者が世帯主であることを要しません。

イ ✕ 法37条1項。後半が誤りです。保険者は、**正当な理由**があると認めるときは、被保険者の資格を喪失した日から20日以内の期間を経過した後の申出であっても、**受理することができます**。

ウ ✕ 法3条1項4号、昭9.4.17保発191号。**当初4ヵ月以内**の期間において使用される予定であった場合には、業務の都合その他の事情により継続して4ヵ月を超えて使用されたときであっても、**一般の被保険者となりません**。

エ ◯ 昭26.12.3保文発5255号。設問のように実質上の使用関係がないにもかかわらず、偽って被保険者の資格を取得し保険給付を受けた場合には、違法行為として、その**資格を取り消し**、それまで受けた保険給付に要した費用は、**返還させる**取扱いとされています。

オ ◯ 法161条2項、昭2.2.18保理578号。事業主は、被保険者に支払う報酬がないため（又は被保険者に支払う報酬の額が被保険者負担分の保険料額に満たないため）、被保険者の負担する保険料をその者の報酬から控除できない場合であっても、**被保険者の負担する保険料を納付する義務**を負います。

以上から、正しいものの組合せは、**E（エとオ）**です。

7章 健康保険法

解答 E

467

報酬・標準報酬月額

報酬及び標準報酬月額に関する次のアからオまでの記述のうち、正しいものの組合せは、後記AからEまでのうちどれか。

ア　通勤手当は、3ヵ月又は6ヵ月ごとに支給される場合であっても、健康保険法に規定する報酬に該当する。

イ　任意継続被保険者の標準報酬月額については、当該任意継続被保険者が被保険者の資格を喪失したときの標準報酬月額の基礎となった報酬月額と、前年（1月から3月までの標準報酬月額については、前々年）の9月30日における当該任意継続被保険者の属する保険者が管掌する全被保険者の同月の標準報酬月額を平均した額とを合算した額の2分の1に相当する額をその者の報酬月額として、標準報酬月額を決定する。

ウ　5月1日に被保険者の資格を取得した者については、その資格を取得した際に決定された標準報酬月額は、その資格を取得した月から翌年の8月までの各月の標準報酬月額とする。

エ　標準報酬月額の定時決定に際し、当年の4、5、6月の3ヵ月間に受けた報酬の月平均額から算出した標準報酬月額と、前年の7月から当年の6月までの間に受けた報酬の月平均額から算出した標準報酬月額の間に2等級以上の差を生じた場合であって、当該差が業務の性質上例年発生することが見込まれる場合は、保険者等が算定する額を報酬月額として、標準報酬月額を決定する。

オ　ある年の8月10日に育児休業を終了した被保険者について、育児休業等を終了した際の標準報酬月額の改定が行われたときは、その改定された標準報酬月額は、その年10月から翌年8月までの各月の標準報酬月額となる。

A　（アとイ）　　B　（アとエ）　　C　（イとウ）
D　（ウとオ）　　E　（エとオ）

| 速習レッスン | ア：P43、イ：P52、ウ：P46、エ：P51〜52、オ：P51 | 解説 |

ア ○ 法3条5項、昭27.12.4保文発7241号。**通勤手当は、**3ヵ月又は6ヵ月ごとに支給されているとしても、支給の実態は原則として毎月の通勤に対し支給され、被保険者の通常の生計費の一部に充てられているため、**報酬**に該当します。

イ ✕ 法47条。任意継続被保険者の標準報酬月額は、次の①②の額のうち、**いずれか少ない額**です。なお、保険者が健康保険組合である場合には、①の額が②の額を超える任意継続被保険者について、規約で定めるところにより、①の額をその者の標準報酬月額とすることができます。

①当該任意継続被保険者が被保険者の**資格を喪失**したときの**標準報酬月額**

②前年（1月から3月までの標準報酬月額については、前々年）の**9月30日**における当該任意継続被保険者の属する保険者が管掌する**全被保険者**の同月の標準報酬月額を**平均**した額を標準報酬月額の基礎となる報酬月額とみなしたときの標準報酬月額

ウ ✕ 法42条2項。翌年ではなく、**その年の8月**までです。資格取得時決定による標準報酬月額の有効期間は、資格取得日に応じて、次のとおりです。

資格取得日	有効期間
1月1日から**5月31日**まで	その年の8月まで
6月1日から12月31日まで	翌年の8月まで

エ ○ 法44条1項、昭36.1.26保発4号。報酬月額の算定の特例（**保険者算定**）です。なお、設問の場合において、保険者等が算定する報酬月額は、前年の7月から当年の6月までの1年間に受けた報酬の月平均額から算出するものとされています。

オ ✕ 法43条の2第2項。設問の場合には、その年の「11月」からの標準報酬月額となります。育児休業等を終了した際に改定された標準報酬月額は、育児休業等**終了日の翌日**から起算して**2ヵ月**を経過した日の属する月の**翌月**からその年の8月（当該翌月が7月から12月までのいずれかの月である場合は、**翌年の8月**）までの各月の標準報酬月額となります。したがって、設問の場合には、育児休業を終了した日が「8月10日」ですから、標準報酬月額の改定は、その年の「11月」から行われます。

以上から、正しいものの組合せは、**B（アとエ）**です。

| 解答 | B |

7章 健康保険法

問題 202

標準報酬月額の決定・改定（1）

予想

難易度 普　重要度 B

標準報酬月額に関する次の記述のうち、正しいものはどれか。

A　事業主は、7月1日現に使用する被保険者であっても、その年の8月末日までにその資格を喪失することとなっている被保険者については、その旨を申し出れば、健康保険被保険者報酬月額算定基礎届を提出しなくとも差し支えない。

B　育児休業等を終了した際の標準報酬月額の改定の対象は、育児休業等を終了した被保険者であって、当該育児休業等終了日において当該育児休業等に係る小学校就学の始期に達しない子を養育するものである。

C　休職が命ぜられた被保険者の休職期間中の標準報酬月額は、休職期間中に支払われる報酬に基づき、決定し、又は改定される。

D　報酬月額が5万3,000円未満で、第1級の標準報酬月額にある者について、昇給により、現に使用される事業所において継続した3ヵ月間（各月とも、報酬支払いの基礎となった日数が、17日以上であるものとする。）に受けた報酬の総額を3で除して得た額が第2級の標準報酬月額に該当することとなった場合には、随時改定の対象となる。

E　標準報酬月額の決定又は改定の算定の対象となる期間の月の途中に、短時間労働者であるかないかの被保険者の区分に変更があった場合においては、当該月の報酬の計算期間の初日における被保険者区分に応じた報酬支払いの基礎となる日数（17日以上又は11日以上）により、当該月が算定の対象月となるかならないかを判断する。

| 速習レッスン | A：P47、B：P50、C：P48、D：P49、E：（参考）P47・48 | 解説 |

A　✕　法41条3項、則25条1項。報酬月額算定基礎届の提出について、設問のような例外は設けられていません。報酬月額算定基礎届を提出しなくとも差し支えないのは、定時決定の対象とならない次の者についてのみです。

①その年の**6月**1日から**7月**1日までの間に被保険者の資格を取得した者

②随時改定等により、その年の**7月**から**9月**までのいずれかの月から標準報酬月額を改定され、又は改定されるべき被保険者

B　✕　法43条の2第1項。「小学校就学の始期に達しない子」ではなく、「**3歳に満たない子**」です。育児休業等を終了した際の標準報酬月額の改定に係る**申出**は、育児休業等を終了後に職場に復帰し、**3歳に満たない子**を養育している被保険者に限り、することができます。

C　✕　昭27.1.25保文発420号。休職期間中の報酬月額は、**休職直前**の標準報酬月額によります。休職期間中に支払われる報酬に基づく決定又は改定が行われるわけではありません。なお、育児休業又は介護休業期間中の標準報酬月額は、休業直前の標準報酬月額の算定の基礎となった報酬に基づき、算定した額となります。

D　○　昭36.1.26保発4号。設問の者については、等級表上は、現在の等級との間に1等級の差しかありませんが、**実質的に2等級以上**の差があるものとして、随時改定の対象となります。

E　✕　法41条1項、43条1項、平29.6.2事務連絡。報酬支払基礎日数は、報酬の計算期間の**末日**の区分に応じたものを用いることとされています。たとえば、定時決定に際し、短時間労働者である被保険者であった者が、報酬の計算期間である月の途中で短時間労働者以外の被保険者となった場合には、その月の報酬支払基礎日数が17日以上あれば、その月を報酬月額の算定の対象月とします。

7章　健康保険法

| 解答 | D |

471

標準報酬月額の決定・改定（2）

健康保険法に関する次の記述のうち、誤っているものはどれか。

A 一時帰休に伴い、就労していたならば受けられるであろう報酬よりも低額な休業手当が支払われることとなり、その状態が継続して3か月を超える場合には、固定的賃金の変動とみなされ、標準報酬月額の随時改定の対象となる。

B 賃金が月末締め月末払いの事業所において、2月19日から一時帰休で低額な休業手当等の支払いが行われ、5月1日に一時帰休の状況が解消した場合には、2月、3月、4月の報酬を平均して2等級以上の差が生じていれば、5月以降の標準報酬月額から随時改定を行う。

C その年の1月から6月までのいずれかの月に随時改定された標準報酬月額は、再度随時改定、育児休業等を終了した際の標準報酬月額の改定又は産前産後休業を終了した際の標準報酬月額の改定を受けない限り、その年の8月までの標準報酬月額となり、7月から12月までのいずれかの月に改定された標準報酬月額は、再度随時改定、育児休業等を終了した際の標準報酬月額の改定又は産前産後休業を終了した際の標準報酬月額の改定を受けない限り、翌年の8月までの標準報酬月額となる。

D 前月から引き続き被保険者であり、12月10日に賞与を50万円支給された者が、同月20日に退職した場合、事業主は当該賞与に係る保険料を納付する義務はないが、標準賞与額として決定され、その年度における標準賞与額の累計額に含まれる。

E 訪問看護事業とは、疾病又は負傷により、居宅において継続して療養を受ける状態にある者（主治の医師がその治療の必要の程度につき厚生労働省令で定める基準に適合していると認めたものに限る。）に対し、その者の居宅において看護師その他厚生労働省令で定める者が行う療養上の世話又は必要な診療の補助（保険医療機関等又は介護保険法第8条第28項に規定する介護老人保健施設若しくは同条第29項に規定する介護医療院によるものを除く。）を行う事業のことである。

速習レッスン A：P48、B：(参考) P48、C：P49、D：(参考) P53・96、E：(参考) P66・67

解説

A ○ 昭50.3.29保険発25号・庁保険発8号。一時帰休に伴い、就労していたならば受けられるであろう報酬よりも低額な**休業手当**等が支払われることとなった場合は、**固定的賃金の変動**とみなされ、当該報酬のうち固定的賃金が減額され支給される場合で、かつ、その状態が継続して**3ヵ月を超える**ときは、標準報酬月額の**随時改定**の対象となります。

B × 令3.4.1事務連絡。随時改定は行いません。一時帰休に伴う低額な休業手当等の支払いは、固定的賃金の変動とみなされ、当該休業手当等の支払いが継続して**3ヵ月を超える**ときは、**随時改定**の対象となります（選択肢Aの解説参照）。この3ヵ月は、月単位で計算するため、設問の場合は、5月1日をもって「3ヵ月を超える場合」に該当します。設問のように5月1日に一時帰休の状態が解消した場合は、「3ヵ月を超える場合」に該当せず、随時改定は行いません。

C ○ 法43条2項。随時改定によって改定された標準報酬月額の有効期間は、次のとおりです。
①改定月が**1月**から**6月**までの場合 ⇒ **その年の8月**まで
②改定月が**7月**から**12月**までの場合 ⇒ **翌年の8月**まで

D ○ 法156条3項、平19庁保険発0501001号。前月から引き続き被保険者である者がその**資格を喪失**した場合には、その月分の保険料は**徴収されません**。したがって、設問の場合、事業主は12月10日に支給された賞与に係る保険料を納付する義務はありません。また、保険料が徴収されない資格喪失月であっても、被保険者期間中に支払われる賞与に基づき標準賞与額が決定され、当該決定された標準賞与額は、その年度における標準賞与額の**累計額**に含まれます。

E ○ 法88条1項。訪問看護事業とは、次の①②の要件に該当する被保険者に対し、その者の**居宅**において**看護師等**が行う**療養上の世話又は必要な診療の補助**（保険医療機関等又は介護保険法に規定する介護老人保健施設若しくは介護医療院によるものを除く。）を行う事業をいいます。
①傷病により、**居宅**において継続して療養を受ける状態にあること。
②**主治の医師**がその治療の必要の程度につき厚生労働省令で定める基準に適合していると認めた者であること。

7章 健康保険法

解答　B

473

問題 204

療養の給付

予想

療養の給付に関する次の記述のうち、誤っているものはどれか。

A　保険医療機関等である病院又は診療所から療養の給付を受けようとする70歳以上の被保険者は、電子資格確認によらず被保険者であることの確認を受ける場合、被保険者証及び高齢受給者証を当該病院又は診療所に提出しなければならない。

B　健康保険法第63条第3項第2号に掲げる病院等（いわゆる事業主医療機関等）から療養の給付を受ける者は、その給付を受ける際、一部負担金を当該病院等に支払わなければならないが、保険者が健康保険組合である場合においては、規約で定めるところにより、当該一部負担金を減額し、又はその支払いを要しないものとすることができる。

C　療養の給付は、被保険者の資格取得が適正である限り、その資格を取得する前に発症した疾病に対しても行われる。

D　70歳以上の被保険者であって、療養の給付を受ける月の標準報酬月額が28万円以上であり、かつ、当該被保険者及びその70歳以上の被扶養者について厚生労働省令で定めるところにより算定した収入の額が520万円以上であるものに係る一部負担金の負担割合は、100分の30である。

E　一部負担金の負担割合が100分の30である70歳以上の被保険者について標準報酬月額の随時改定が行われ、11月から標準報酬月額が26万円に改定された場合、翌月の12月から一部負担金の負担割合が100分の20となる。

A：P56、B：P57、C：P56、D：P56、E：（参考）P56

解説

A ◯ 則53条1号。保険医療機関等である病院又は診療所から療養の給付を受けようとする者は、**電子資格確認**その他「厚生労働省令で定める方法」により、被保険者であることの確認を受け、療養の給付を受けるものとされています。この「厚生労働省令で定める方法」は、**被保険者証**（被保険者が**70歳以上**である場合は、被保険者証及び高齢受給者証）を提出する方法です。したがって、70歳以上の被保険者が、電子資格確認によらず被保険者であることの確認を受ける場合、被保険者証及び高齢受給者証を提出しなければなりません。

B ◯ 法84条2項。一部負担金に係る特例のうち、事業主医療機関等における特例についてです。**事業主医療機関等**から療養の給付を受ける者は、一部負担金を支払わなければなりません。ただし、保険者が**健康保険組合**である場合には、規約で定めるところにより、当該一部負担金を**減額**し、又はその**支払いを要しない**ものとすることができます。

C ◯ 昭26.10.16保文発4111号。被保険者の**資格取得**が適正である限り、その**資格取得前**の疾病又は負傷に対しても療養の給付は行われます。

D ◯ 法74条1項3号、令34条。**70歳以上**の被保険者であって、療養の給付を受ける月の標準報酬月額が**28万円以上**であるもの（現役並み所得者）に係る一部負担金の負担割合は、**100分の30**です。なお、被保険者及び70歳以上の被扶養者の年収の合算額が「520万円未満」であるときは、申請により、一部負担金の割合は100分の20となります。

E × 法74条1項2号・3号、令34条1項、平14保保発0927007号。「翌月の12月から」ではなく、「**その月（11月）から**」です。一部負担金の負担割合が100分の30である70歳以上の被保険者の標準報酬月額が**28万円未満**に改定された場合は、一部負担金の負担割合も**100分の20**に変更されます。この変更が行われるのは、**改定後の標準報酬月額が適用される月**（設問の場合は、11月）からです。

解答 E

保険医療機関等の指定

保険医療機関等に関する次の記述のうち、誤っているものはどれか。

A　厚生労働大臣は、病院又は病床を有する診療所について保険医療機関の指定の申請があった場合において、当該病院又は診療所の医師、歯科医師、看護師その他の従業者の人員が、医療法に規定する厚生労働省令で定める員数等を勘案して厚生労働大臣が定める基準により算定した員数を満たしていないときは、その申請に係る病床の全部又は一部を除いて指定を行うことができる。

B　保険医療機関又は保険薬局は、1ヵ月以上の予告期間を設けて、その指定を辞退することができる。

C　保険医療機関の指定を受けた病院又は診療所の開設者に変更があり、病院又は診療所としての同一性が失われたときは、指定の効力は失われる。

D　保険医療機関の指定を受けた病院又は病床を有する診療所については、その指定の効力を失う日前6ヵ月から同日前3ヵ月までの間に、別段の申出がないときは、指定に係る申請があったものとみなす。

E　厚生労働大臣は、保険医療機関の指定の申請があった場合において、当該申請に係る病院若しくは診療所又は薬局が、健康保険法の規定により保険医療機関又は保険薬局に係る指定を取り消され、その取消しの日から5年を経過しないものであるときは、指定をしないことができる。

A：P58、B：P60、C：P58、D：P58、E：P59

解説

A ○ 法65条4項1号。病院又は病床を有する診療所に係る指定の申請は、病床の種別ごとにその数を定めて行うものとされていますが、医師、看護師等の従業者の人員が、所定の員数を満たしていないときは、厚生労働大臣は、その申請に係る**病床の全部又は一部を除いて指定**を行うことができます。

B ○ 法79条1項。保険医療機関又は保険薬局の**指定の辞退**については、被保険者及び保険者に種々の不利益を与え、混乱を起こし、健康保険制度の円滑な運営を阻害するおそれがあることから、**1ヵ月以上**の**予告期間**を設けることとされています。なお、保険医又は保険薬剤師がその登録の抹消を求める場合も、同様に、1ヵ月以上の予告期間を設けることが必要です。

C ○ 昭32.9.2保険発123号。病院又は診療所の**開設者に変更**があったときは、病院又は診療所としての**同一性が失われたもの**として**指定の効力が失われる**ため、改めて保険医療機関の指定を受けなければなりません。その場合には、旧開設者は、速やかに、その旨及びその年月日を指定に関する管轄地方厚生局長等に届け出なければならないこととされています。

D × 法68条。「病院又は病床を有する診療所」については、更新のつど所定の基準を満たしているか否かの確認が必要であることから、設問の**指定の自動更新の対象となりません。**

E ○ 法65条3項1号。指定の拒否についてです。厚生労働大臣は、保険医療機関の指定の申請があった場合において、当該申請に係る病院若しくは診療所又は薬局が、健康保険法の規定により保険医療機関又は保険薬局に係る指定を取り消され、その取消しの日から**5年**を経過しないものであるときは、**指定をしないことができます**。保険医療機関等の指定の有効期間である**6年**と混同しないよう注意しましょう。

解答　D

問題 206

被保険者の傷病に関する給付（1）

保険給付に関する次の記述のうち、正しいものはどれか。

A　入院時食事療養費に係る食事療養標準負担額は、平均的な家計における食費の状況及び特定介護保険施設等における食事の提供に要する平均的な費用の額を勘案して保険者が定める。

B　病床数200以上の病院において他の病院又は診療所からの文書による紹介なしに受けた初診は、緊急その他やむを得ない事情がある場合に受けたものであっても、選定療養に該当するため、保険外併用療養費の支給対象となる。

C　被保険者が、保険医療機関等のうち自己の選定するものから、電子資格確認等により、被保険者であることの確認を受け、患者申出療養を受けたときは、その療養に要した費用について、保険外併用療養費が支給されるが、患者申出療養に係る申出は、厚生労働大臣に対し、当該申出に係る療養を行う特定機能病院（保険医療機関であるものに限る。）の開設者の意見書その他必要な書類を添えて行うものとされている。

D　特定長期入院被保険者が、保険医療機関等である病院又は診療所のうち自己の選定するものから、電子資格確認等により、被保険者であることの確認を受け、療養の給付と併せて受けた生活療養に要した費用について、入院時生活療養費を支給する。入院時生活療養費の支給の対象となる特定長期入院被保険者とは、療養病床に入院する65歳に達する日の属する月の翌月以後である被保険者をいう。

E　厚生労働大臣は、入院時生活療養費に係る生活療養に関する費用の額の算定に関する基準を定めようとするときは、地方社会保険医療協議会に諮問するものとされている。

A：P61、B：P64、C：P64、D：P62、E：P60　　　　　　　　解説

A　✗　法85条2項。食事療養標準負担額は、「保険者」ではなく、「**厚生労働大臣**」が定めます。食事療養標準負担額とは、平均的な家計における食費の状況及び特定介護保険施設等における食事の提供に要する平均的な費用の額を勘案して**厚生労働大臣**が定める額（所得の状況その他の事情をしん酌して厚生労働省令で定める者については、別に定める額）をいいます。

B　✗　平18.9.12厚労告495号。**緊急その他やむを得ない事情**がある場合に受けた設問の初診は、選定療養には該当しません。**病床数が200以上の病院**について受けた初診は、原則として選定療養に該当しますが、他の病院又は診療所からの**文書による紹介**がある場合及び**緊急その他やむを得ない事情**がある場合に受けたものは除かれています。

C　✗　法63条4項、86条1項。設問の申出は、「特定機能病院」ではなく、「**臨床研究中核病院**」の開設者の意見書等を添えて行うものとされています。**患者申出療養**とは、**高度の医療技術**を用いた療養であって、当該療養を受けようとする者の**申出**に基づき、療養の給付の対象とすべきものであるか否かについて、適正な医療の効率的な提供を図る観点から評価を行うことが必要な療養として**厚生労働大臣**が定めるものをいいます。被保険者がこの患者申出療養を受けたときは、**保険外併用療養費**の支給の対象となります。

D　〇　法63条2項1号、85条の2第1項。**入院時生活療養費**は、**特定長期入院被保険者**が、入院に係る療養の給付と併せて受けた**生活療養**に要した費用について、支給されます。この支給対象となる**特定長期入院被保険者**とは、**療養病床**に入院する**65歳**以上の被保険者をいいます。

E　✗　法85条の2第3項。「地方社会保険医療協議会」ではなく、「**中央社会保険医療協議会**」です。設問のように、医療の専門的な技術に係る事項（全国統一ルール）を定めようとする場合の諮問機関は、**中央**社会保険医療協議会です。

解答　D

問題 207

チェック欄 | 1 8/15 ○ | 2 | 3 |

被保険者の傷病に関する給付（2）

予想　　　　　　　　　　　　　　　　　　　　　　　難易度 **易**　重要度 **B**

保険給付に関する次の記述のうち、誤っているものはどれか。

A　被保険者が、保険医療機関等である病院若しくは診療所又は薬局から評価療養、患者申出療養又は選定療養を受けたときは、その療養に要した費用について、保険外併用療養費が支給される。この場合、被保険者に支給すべき保険外併用療養費は、当該病院若しくは診療所又は薬局に対して支払うものとする。

B　被保険者が療養の給付若しくは入院時食事療養費、入院時生活療養費若しくは保険外併用療養費の支給に代えて療養費の支給を受けることを希望した場合、保険者はこれらの療養の給付等に代えて療養費を支給しなくてはならない。

C　被保険者が療養の給付（保険外併用療養費に係る療養を含む。）を受けるため、病院又は診療所に移送されたときは、保険者が必要であると認める場合に限り、移送費が支給される。移送費の金額は、最も経済的な通常の経路及び方法により移送された場合の費用により算定した金額となるが、現に移送に要した費用の金額を超えることができない。

D　被保険者は、療養費の支給を受けようとするときは、申請書を保険者に提出しなければならない。この申請書には、療養に要した費用の額を証する書類を添付しなければならないが、この書類が外国語で作成されたものであるときは、その書類に日本語の翻訳文を添付しなければならない。

E　被保険者は、療養の給付に係る事由又は入院時食事療養費、入院時生活療養費若しくは保険外併用療養費の支給に係る事由が、第三者の行為によって生じたものであるときは、①届出に係る事実、②第三者の氏名及び住所又は居所（氏名又は住所若しくは居所が明らかでないときは、その旨）、③被害の状況、以上を記載した届書を遅滞なく保険者に提出しなければならない。

480

| 速習レッスン | A：P62・63、B：P65、C：P68、D：P66、E：P16 | 解説 |

A ⚪︎ 法86条1項、則63条。保険外併用療養費は、法本来の規定では、現金給付（償還払い）です。ただし、被保険者の保険医療機関等における窓口負担を軽減するため、現実には、「**現物給付方式による給付**」が行われています。設問後半は、この現物給付方式による給付について、正しい記述です。なお、入院時食事療養費、入院時生活療養費、訪問看護療養費等についても同様に、現物給付方式による給付が行われています。

B ✕ 法87条1項。単に被保険者の希望をもって、療養費を支給することはできません。**療養費**は、①保険者が療養の給付等を行うことが**困難である**と認めるとき、又は②被保険者が保険医療機関等**以外**の病院等から診療等を受けた場合において、保険者が**やむを得ない**ものと認めるときに限り、療養の給付等に**代えて**支給するものです。

C ⚪︎ 法97条、則80条。**移送費**は、①被保険者が**療養の給付**（保険外併用療養費に係る療養を含む。）を受けるため、病院又は診療所に移送されたこと、②**保険者**が必要であると認めることの要件をいずれも満たした場合に、支給されます。また、移送費の金額は、現に移送に要した費用の金額を限度として、**最も経済的な通常の経路及び方法**により移送された場合の費用により算定した金額です。

D ⚪︎ 則66条。療養費の支給の申請にあたって当該申請書に添付すべき書類は、その療養に要した**費用の額**を証する書類です。ただし、その書類が外国語で作成されたものであるときは、その書類に日本語の翻訳文を添付しなければなりません。

E ⚪︎ 則65条。第三者の行為による傷病届に関する出題です。この届書は、**被保険者**が、**遅滞なく**提出する義務を負います。

7章
健康保険法

| 解答 | **B** |

問題 208

傷病手当金（1）

予想　　　　　　　　　　　　　　　　　　難易度 普　重要度 A

傷病手当金に関する次の記述のうち、正しいものはどれか。

A　任意継続被保険者が、その資格を取得した日から3ヵ月後に負傷し、療養のため労務に服することができなくなったときは、その労務に服することができなくなった日から起算して3日を経過した日から労務に服することができない期間、傷病手当金が支給される。

B　被保険者が保険事故の対象とならない美容整形手術を受けたために労務不能となった場合でも、他の要件を満たす限り、傷病手当金は支給される。

C　傷病手当金の支給期間は、同一の疾病又は負傷及びこれにより発した疾病に関しては、その支給を始めた日から起算して1年6ヵ月を超えないものとされており、その期間内に労務に服したため傷病手当金の支給を受けない日がある場合でも、その日数分が延長されることはない。

D　傷病手当金の額は、1日につき、傷病手当金の支給を始める日の属する月以前の直近の継続した12ヵ月間の各月の標準報酬月額を平均した額の30分の1に相当する金額である。

E　3月1日から5日間の年次有給休暇を取得していた被保険者が、3月1日に負傷したため労務不能となり、3月6日から同月末日まで欠勤した場合、傷病手当金は、3月6日から同月末日まで支給される。

速習レッスン　A：P68、B：P69、C：P70、D：P70、E：P69・70

解説

A　×　法99条1項。**任意継続被保険者**がその**資格**を取得した後に**初めて労務不能**となった場合は、傷病手当金は**支給されません**。

B　×　昭4.6.29保理1704号。美容整形手術のように、**保険事故である傷病と認められないもの**に係る療養のために労務不能となった場合には、傷病手当金は**支給されません**。

C　×　法99条4項。傷病手当金の支給期間は、同一の傷病等に関しては、その支給を始めた日から「**通算して**」**1年6ヵ月間**とされています。そのため、その支給を始めた日から起算して1年6ヵ月の期間内に労務に服したため傷病手当金の支給を受けない日がある場合には、その日数分が**延長されます**。

D　×　法99条2項。傷病手当金の額は、設問の額の「**3分の2**」に相当する金額です。

E　○　法99条1項、108条1項、昭26.2.20保文発419号。労務不能の日であれば、**年次有給休暇**を取得した日も**待期期間に含まれる**ため、設問の場合、3月3日で待期期間が完成します。また、**事業主から報酬**を受けることができる3月4日及び5日については傷病手当金は**支給されません**。したがって、傷病手当金は、3月6日から同月末日まで支給されます。

7章　健康保険法

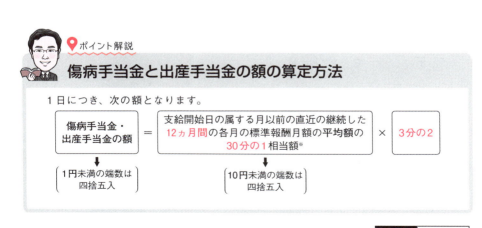

ポイント解説

傷病手当金と出産手当金の額の算定方法

1日につき、次の額となります。

傷病手当金・出産手当金の額　＝　支給開始日の属する月以前の直近の継続した**12ヵ月間**の各月の標準報酬月額の平均額の**30分の1相当額**※　×　**3分の2**

↓1円未満の端数は四捨五入

↓10円未満の端数は四捨五入

解答　E

傷病手当金 (2)

予想

傷病手当金に関する次のアからオまでの記述のうち、正しいものの組合せは、後記AからEまでのうちどれか。

ア　傷病手当金に係る待期期間は、労務に服することができない状態になった日から起算する。その状態になったときが業務終了後である場合も、同様である。

イ　傷病手当金の支給を受けることができる者に出産手当金を支給する場合において、出産手当金の額が健康保険法第99条第2項の規定により算定される傷病手当金の額より少ないときは、その差額が傷病手当金として支給される。

ウ　適用事業所に使用される被保険者が傷病手当金の支給を受けるべき場合において、その者が老齢退職年金給付の支給を受けることができるときは、原則として、傷病手当金は支給されない。

エ　被保険者がその本来の職場における労務に就くことが不可能な場合は、現に職場転換その他の措置により就労可能な程度の他の比較的軽微な労務に服し、これによって相当額の報酬を得ているようなときであっても、労務不能に該当するものとされる。

オ　日雇特例被保険者に対する傷病手当金の支給にあたっては、労務不能となった際にその原因となった傷病について療養の給付を受けていることで足り、労務不能期間のすべてにおいて当該傷病につき療養の給付を受けていることを要しない。

A　（アとウ）　　B　（アとエ）　　C　（イとエ）
D　（イとオ）　　E　（ウとオ）

> 速習レッスン　ア：P69、イ：P70、ウ：P71、エ：(参考) P69、オ：P92

解説

ア　×　昭5.10.13保発52号。後半が誤りです。労務に服することができない（労務不能）状態になったときが**業務終了後**であるときは、待期期間は、その**翌日**から起算します。

イ　○　法103条１項。出産手当金を支給する場合においては、原則として、傷病手当金は支給されません。ただし、その受けることができる出産手当金の額が傷病手当金の額より**少ない**ときは、その**差額**が**支給**されます。

ウ　×　法108条5項。傷病手当金は支給されます。つまり、傷病手当金と老齢退職年金給付の調整は**行われません**。この調整が行われるのは、**資格喪失後**の**傷病手当金の継続給付**を受けるべき者です。設問の者は、「適用事業所に使用される被保険者」であり、被保険者の資格を喪失していません。

エ　×　平15保保発0225007号・庁保険発４号。設問のように**相当額の報酬**を得ているような場合は、**労務不能に該当しない**ものとされます。なお、これに対し、本来の職場における労務に対する代替的性格をもたない副業や内職等の労務に従事し、又は傷病手当金の支給があるまでの間に一時的に軽微な他の労務に服し、報酬を得ている場合には、通常なお労務不能に該当するものとされます。

オ　○　平15保発0225001号・庁保発１号。日雇特例被保険者に対する傷病手当金についてですが、設問のポイントは、次の２点です。
①**労務不能**となった際にその原因となった傷病について**療養の給付**を受けている必要があること。
②労務不能の全期間において当該傷病について療養の給付を受けている必要はないこと。

以上から、正しいものの組合せは、**D（イとオ）**です。

ポイント解説

一般の被保険者と日雇特例被保険者の傷病手当金の支給要件の違い

　一般の被保険者に支給される傷病手当金は、**療養のため労務不能**であれば、自費診療や自宅療養の場合も支給対象となります。これに対して、日雇特例被保険者に支給される傷病手当金は、**労務不能となった時点では療養の給付等を受けている**ことが必要です。ただし、その後療養の給付等を受けずに自費診療や自宅療養を受けていた場合であっても、傷病手当金は支給されます。

解答　D

問題 210

被保険者の死亡に関する給付

過平25

難易度 難　重要度 C

健康保険法の埋葬料等に関する次の記述のうち、正しいものはどれか。

A　埋葬を行う者とは、実際に埋葬を行った者をいうのであるから、被保険者が死亡し社葬を行った場合には、たとえその被保険者に配偶者がいたとしても、配偶者には埋葬料は支給されない。

B　事業主は、埋葬料の支給を受けようとする者から、厚生労働省令の規定による証明書を求められたときには、いかなる理由があろうとも、拒むことができない。

C　埋葬料の支給を受けようとする者は、死亡した被保険者により生計を維持されていた者であるから、埋葬料の申請書には当該被保険者と申請者との続柄を記載する必要はない。

D　死亡した被保険者により生計を維持されていなかった兄弟姉妹は、実際に埋葬を行った場合であっても、埋葬費の支給を受ける埋葬を行った者に含まれない。

E　埋葬料について、被保険者が旅行中に船舶より転落して行方不明となり、なお死体の発見にいたらないが、当時の状況により死亡したものと認められる場合には、同行者の証明書等により死亡したものとして取り扱う。

| 速習レッスン | A：P73、B：P110、C：（参考）P73、D：P73、E：（参考）P73 | 解説 |

A ✕ 法100条1項、昭2.7.14保理2788号。埋葬料の支給対象者である「埋葬を行う者」とは、実際に埋葬を行った者をいうのではなく、社会通念上、**埋葬を行うべき**者をいいます。設問の場合は、配偶者が「社会通念上、埋葬を行うべき者」にあたるため、社葬を行ったとしても、当該配偶者が死亡した被保険者により**生計を維持**していた者であれば、当該**配偶者**に埋葬料が支給されます。

B ✕ 則33条。設問は、「いかなる理由があろうとも」とする記述が誤りです。事業主は、保険給付を受けようとする者から厚生労働省令の規定による証明書を求められたときは、**正当な理由**がなければ拒むことができません。つまり、**正当な理由**があるときは、拒むことができるということです。

C ✕ 則85条1項4号。埋葬料の申請書には、被保険者と申請者との**続柄**を記載する必要が**あります**。

D ✕ 昭和26.6.28保文発162号。設問の兄弟姉妹が埋葬を行った場合は、埋葬費（埋葬に要した費用に相当する金額）の支給を受ける「埋葬を行った者」に**含まれます**。埋葬費は、埋葬料の支給を受けるべき者がない場合において、**埋葬を行った**者に対して支給されるものであるため、死亡した被保険者により生計を維持されていなかった兄弟姉妹が実際に**埋葬を行った**場合は、当然、「埋葬を行った者」に含まれます。

E 〇 昭4.5.22保理1705号。埋葬料又は埋葬費の支給申請書には、埋葬許可証又は火葬許可証の写しを添付する必要がありますが、設問の場合は、埋葬又は火葬をすることができないため、写しを添付することができません。この場合には、**同行者の証明書等**により死亡したものと認め、埋葬料又は埋葬費を支給して差し支えないこととされています。

7章

健康保険法

解答　**E**

487

被扶養者に関する給付

予想

被扶養者に関する給付に関する次の記述のうち、正しいものはどれか。

A 被扶養者が家族療養費に係る療養を受けるため、病院又は診療所に移送されたときは、被保険者に対し、移送費が支給される。

B 6歳に達する日以後の最初の3月31日以前である被扶養者に係る家族療養費の支給割合は、100分の80である。

C 被保険者が妊娠4ヵ月以上で死産児を出産した場合、被保険者に対し、家族埋葬料が支給される。

D 被扶養者（被保険者となったことはないものとする。）が出産したときは、出産の日（出産の日が出産の予定日後であるときは、出産の予定日）以前42日（多胎妊娠の場合においては、98日）から出産の日後56日までの間、出産手当金を支給する。

E 家族療養費は、被扶養者が被扶養者でなくなった場合であっても、当該家族療養費の支給に係る疾病又は負傷が治ゆするまで支給される。

速習レッスン A：P76、B：P76、C：P76、D：P75、E：（参考）P75

解説

A ✕ 法112条１項。「移送費」ではなく、「家族移送費」です。なお、家族移送費の額は、移送費と同様に、**最も経済的な通常の経路及び方法**により移送された場合の費用により算定した金額（現に移送に要した費用の金額が上限）です。

B 〇 法110条２項１号ロ。つまり、設問の被扶養者に係る**自己負担の割合**は、２割となります。なお、「６歳に達する日以後の最初の３月31日以前である被扶養者」とは、小学校入学前の被扶養者のことです。

C ✕ 法113条、昭23.12.2保文発898号。設問の場合、家族埋葬料は**支給されません**。家族埋葬料は、**被扶養者**が死亡したときに支給されるものですが、死産児は扶養された事実が１日もないことから、被扶養者に該当しないためです。なお、設問の場合であっても、出産育児一時金は支給されます。

D ✕ 法102条１項、104条。**被扶養者**の出産に対して、「出産手当金」は**支給されません**。出産手当金は、被保険者の所得保障を目的とした保険給付ですので、その対象は被保険者の**出産**に限られます。

E ✕ 法110条１項、昭29.5.17保文発6116号。設問の場合には、家族療養費は**支給されません**。家族療養費は、**被扶養者**が保険医療機関等のうち自己の選定するものから療養を受けた場合に支給されるものです。したがって、被扶養者が**被扶養者でなくなった場合**には、家族療養費の支給は打ち切られます。

７章 健康保険法

解答　B

問題 212

高額療養費（1）

予想

高額療養費に関する次の記述のうち、誤っているものはどれか。

A　70歳未満で地方税法の規定による市町村民税非課税者である被保険者又はその被扶養者に係る高額療養費算定基準額は、35,400円である。

B　70歳未満で標準報酬月額が53万円以上83万円未満である被保険者が、令和4年5月、6月及び7月に高額療養費の支給を受けた。この者が令和5年5月に高額療養費の支給を受ける場合、令和5年5月の高額療養費算定基準額は、93,000円となる。

C　標準報酬月額が28万円以上53万円未満である70歳未満の被保険者がある月に医療機関に入院し、その月の当該入院療養に係る一部負担金の額が270,000円であった。この場合、当該被保険者に係る高額療養費算定基準額は、86,430円である。

D　70歳未満の被保険者又はその被扶養者が同一の月にそれぞれ一の病院、診療所、薬局その他の者から受けた療養（食事療養及び生活療養を除く。）に係る一部負担金等の額のうち、21,000円以上であるものについては、それぞれの額を世帯で合算することができ、当該合算して得た額が高額療養費算定基準額を超える場合には、高額療養費が支給される。

E　訪問看護療養費及び家族訪問看護療養費に係る基本利用料は、高額療養費の算定対象となる。

| 速習レッスン | A：P79、B：P80、C：P79、D：P79、E：P78 | 解説 |

A ◯ 令42条1項5号。70歳未満のいわゆる**低所得者**に係る高額療養費算定基準額についてです。なお、この者が多数回該当に該当する場合は、4回目以降の高額療養費算定基準額が24,600円に引き下げられます。

B ✕ 令42条1項1号・3号。「93,000円」ではなく、「**167,400円＋（医療費－558,000円）×100分の1**」です。多数回該当による負担軽減措置は、療養のあった月**以前の12ヵ月以内**にすでに高額療養費が支給されている月数が**3**以上ある場合に適用されます。設問の場合は、療養のあった月（令和5年5月）以前12ヵ月以内に高額療養費が支給されている月数は2（令和4年6月及び7月）であるため、多数回該当に該当しません。

C ◯ 令42条1項1号。70歳未満で標準報酬月額が28万円以上53万円未満である被保険者に係る高額療養費算定基準額は、「**80,100円＋（医療費－267,000円）×100分の1**」により算定されます。設問では、3割負担である一部負担金の額が270,000円ですから、医療費は900,000円です。したがって、高額療養費算定基準額は、86,430円（＝80,100円＋（900,000円－267,000円）×100分の1）となります。

D ◯ 令41条1項1号。70歳未満の**世帯合算**についてです。なお、同一人（被保険者のみ又は被扶養者のみ）であっても、同一の月に複数の病院等から受けた療養に係る一部負担金等の額がそれぞれ**21,000円以上**であれば、世帯合算の対象となります。

E ◯ 法115条1項、令41条1項。なお、高額療養費の算定対象となる負担額及び対象とならない負担額は、次のとおりです。

対象	対象外
①療養の給付の一部負担金 ②保険外併用療養費の一部負担金相当額 ③訪問看護療養費の基本利用料 ④療養費の一部負担金相当額 ⑤家族療養費の自己負担額 ⑥家族訪問看護療養費の基本利用料	①入院時食事療養費の食事療養標準負担額 ②入院時生活療養費の生活療養標準負担額 ③保険外併用療養費の自費負担分

7章 健康保険法

| 解答 | **B** |

問題 213

高額療養費（2）

予想

高額療養費に関する次の記述のうち、正しいものはどれか。

A 療養を受ける月の標準報酬月額が28万円以上53万円未満である70歳以上の被保険者の外来療養に係る高額療養費算定基準額は、80,100円と、療養に要した費用の額（その額が267,000円に満たないときは、267,000円）から267,000円を控除した額に100分の1を乗じて得た額との合算額である。

B 転職等により健康保険組合の被保険者から協会管掌健康保険の被保険者に変わるなど、管掌する保険者が変わった場合には、保険者の認定を受けることにより、高額療養費の多数回該当に係る支給回数は通算される。

C 夫婦がともに全国健康保険協会が管掌する健康保険の被保険者であるときは、高額療養費の計算においては同一世帯とみなされ、両者の一部負担金の額は合算することができる。

D 70歳以上の被保険者及びその70歳以上の被扶養者に係るいわゆる世帯単位の高額療養費の支給に関し、一部負担金等を合算する場合には、外来療養に係る一部負担金等の額はそのすべてを合算することができるが、入院療養に係る一部負担金等の額については21,000円以上のものに限り合算することができる。

E 標準報酬月額が53万円以上である70歳未満の被保険者が、同一の月に一の病院等から人工腎臓を実施している慢性腎不全に係る療養（食事療養及び生活療養を除く。）を受けた場合において、当該療養に係る一部負担金等の合計額が15,000円を超えるときは、当該療養に係る一部負担金等の合計額から15,000円を控除した額が高額療養費として支給される。

速習レッスン　A：P81、B：P80、C：（参考）P79、D：P81、E：P82

解説

A ○　令41条3項、42条3項4号。**70歳以上**の者の**外来療養**に係る高額療養費算定基準額は、次のとおりです。設問は、このうちの③に該当します。

適用区分		高額療養費算定基準額
現役並み	①標月83万円以上	252,600円＋（医療費－842,000円）×100分の1
	②標月53万円以上	167,400円＋（医療費－558,000円）×100分の1
	③標月28万円以上	80,100円＋（医療費－267,000円）×100分の1
一般	④標月28万円未満	18,000円／年144,000円
低所得者Ⅰ・Ⅱ		8,000円

※表中の「標月」とは、療養のあった月の標準報酬月額のこと。

B ×　昭59.9.29保険発74号・庁保険発18号。保険者の認定を受けることにより多数回該当に係る支給回数が通算される旨の規定はありません。高額療養費の**多数回該当に係る支給回数**は、管掌する**保険者が変わった場合**には、**通算されません**。

C ×　昭59.9.22保険発65号・庁保険発17号。設問の夫婦の一部負担金の額は、合算することができません。夫婦が**ともに被保険者**である場合には、高額療養費の計算は**別々に行う**ためです。

D ×　令41条3項。入院療養についても、**すべて**の**一部負担金等の額**を合算することができます。21,000円以上のものに限定されるのは、70歳未満の世帯合算による高額療養費の場合です。

E ×　令41条9項、42条9項、昭59.9.28厚告156号。「15,000円」ではなく、「**20,000円**」です。長期高額特定疾病患者に係る高額療養費算定基準額は、原則として、**10,000円**です。ただし、70歳未満で標準報酬月額が53万円以上である被保険者又はその70歳未満の被扶養者が、人工透析を要する慢性腎不全である場合には、**20,000**円となります。

解答　**A**

問題 214

チェック欄 | 1 8/15○ | 2 | 3 |

資格喪失後の保険給付

予想

難易度 普　重要度 B

資格喪失後の保険給付に関する次のアからオまでの記述のうち、正しいものの組合せは、後記AからEまでのうちどれか。

ア 被保険者の資格を喪失した日の前日まで引き続き1年以上被保険者（任意継続被保険者又は共済組合の組合員である被保険者を除く。）であった者であって、資格を喪失した日の前日まで事業主から報酬を受けていたため傷病手当金の支給を受けていなかったものは、傷病手当金の継続給付を受けることができない。

イ 被保険者の資格を喪失した際に傷病手当金を受けていた者は、それ以前に転職により保険者の変更があっても、1日の空白もなく、資格喪失日の前日まで引き続き1年以上被保険者（任意継続被保険者又は共済組合の組合員である被保険者を除く。）であれば、傷病手当金の継続給付を受けることができる。

ウ 資格喪失後の出産育児一時金の支給を受けることができる者が、被保険者の被扶養者である場合には、出産育児一時金の支給を受けるか、家族出産育児一時金の支給を受けるかは、請求者が選択することができる。

エ 被保険者の資格を喪失した日の前日まで引き続き1年以上健康保険組合の組合員である被保険者であった者が、その資格を喪失した日後6ヵ月以内に出産したときは、全国健康保険協会から出産育児一時金の支給を受けることができる。

オ 被保険者であった者がその資格を喪失した日後3ヵ月以内に死亡した場合において、当該死亡について埋葬料が支給されるためには、その資格を喪失した日の前日まで引き続き1年以上被保険者であったことが必要である。

A （アとエ）　　　B （イとウ）　　　C （イとオ）

D （ウとエ）　　　E （アとオ）

ア：P85、イ：P85、ウ：P87、エ：P87、オ：P86

解説

ア ✗ 法104条、昭27.6.12保文発3367号。受けることができます。傷病手当金の継続給付を受けるためには、被保険者の資格を喪失した際に傷病手当金の支給を「**受けている、又は受けることができる状態にある**」ことが必要です。事業主から報酬を受けていたため傷病手当金の支給を停止されていた場合は、被保険者の資格を喪失した際に傷病手当金の支給を受けることができる状態に該当します。したがって、設問の者が被保険者の資格を喪失し、事業主から報酬を受けなくなったときは、傷病手当金の継続給付を受けることができます。

イ ◯ 法104条。傷病手当金の継続給付を受けるためには、被保険者の資格を喪失した日の前日まで**引き続き1年以上被保険者**であったことが必要です。この引き続く被保険者であった期間は、転職等により保険者が変わっても、被保険者の資格が**継続**していれば、**通算**されます。

ウ ◯ 法106条、昭48.11.7保険発99号・庁保険発21号。被保険者の資格を喪失した者が健康保険の被扶養者となっている場合には、同一の出産について、資格喪失後の出産育児一時金の支給を受けるか、家族出産育児一時金の支給を受けるかは、**請求者**の**選択**によります。

エ ✗ 法106条。全国健康保険協会ではなく、その**健康保険組合**から、出産育児一時金の支給を受けることができます。資格喪失後の出産育児一時金は、被保険者の資格を喪失した日の前日まで**引き続き1年以上被保険者**であった者が、その資格を喪失した日後**6ヵ月以内**に出産したときに、その者の**最後**の**保険者**から支給されます。

オ ✗ 法105条1項。被保険者の資格を喪失した日の前日まで引き続き1年以上被保険者であったことは必要ではありません。被保険者であった者がその資格を喪失した日後**3ヵ月以内**に死亡したときは、その被保険者であった期間の長短にかかわらず、埋葬料（資格喪失後の死亡に関する給付）が支給されます。

以上から、正しいものの組合せは、**B（イとウ）** です。

解答 B

保険給付全般（1）

過平28

保険給付に関する次の記述のうち、誤っているものはどれか。

A　被保険者が単に経済的理由により人工妊娠中絶術を受けた場合は、療養の給付の対象とならない。

B　引き続き1年以上被保険者（任意継続被保険者、特例退職被保険者又は共済組合の組合員である被保険者を除く。）であった者が傷病により労務不能となり、当該労務不能となった日から3日目に退職した場合には、資格喪失後の継続給付としての傷病手当金の支給を受けることはできない。

C　被保険者が予約診察制をとっている病院で予約診察を受けた場合には、保険外併用療養費制度における選定療養の対象となり、その特別料金は、全額自己負担となる。

D　保険医療機関等は、生活療養に要した費用につき、その支払を受ける際、当該支払をした被保険者に交付する領収証に入院時生活療養費に係る療養について被保険者から支払を受けた費用の額のうち生活療養標準負担額とその他の費用の額とを区分して記載しなければならない。

E　引き続き1年以上被保険者（任意継続被保険者、特例退職被保険者又は共済組合の組合員である被保険者を除く。）であった者がその被保険者の資格を喪失し、国民健康保険組合（規約で出産育児一時金の支給を行うこととしている。）の被保険者となった場合、資格喪失後6か月以内に出産したときには、健康保険の保険者がその者に対して出産育児一時金を支給することはない。

速習レッスン A：P56、B：P85、C：P64、D：P61、E：(参考) P87

解説

A ○ 昭27.9.29保発56号。療養の給付の対象となる人工妊娠中絶術から、**単に経済的理由**によるものは除かれています。したがって、設問の場合は、療養の給付の対象となりません。

B ○ 法99条1項、104条、昭32.1.31保発2号の2。資格喪失後の継続給付としての傷病手当金の支給を受けるためには、被保険者の資格を喪失した際に傷病手当金の**支給を受けている**か、又は**支給を受けることができる状態**にあることが必要です。設問のように、労務不能となった日から3日目に退職した場合は、傷病手当金の支給を受けているわけではなく、また、支給を受けることができる状態にもないので、継続給付としての傷病手当金は支給されません。

C ○ 平18厚労告107号。設問の予約診察は、保険外併用療養費に係る**選定療養**に該当します。したがって、予約診察に係る特別料金は、患者がその**全額を負担**します。なお、基礎的部分について、保険外併用療養費が支給されます（原則7割支給）。

D ○ 法85条の2第5項、則62条の5。保険医療機関等は、生活療養に要した費用につき、その支払いを受ける際、当該支払いをした被保険者に対し、**領収証**を交付しなければなりません。この領収証には、**生活療養標準負担額**とその他の**費用の額**とを**区分**して記載しなければなりません。

E × 法106条、平23保保発0603第2号。**健康保険の保険者**が出産育児一時金を支給することがあります。設問では、**資格喪失後の出産育児一時金**の支給要件を満たした出産について、国民健康保険法に基づき国民健康保険組合から出産育児一時金の支給を受けることができます。この場合において、設問の者が、健康保険の出産育児一時金の支給を受ける旨の意思表示をしたときは、**健康保険の保険者**がその者に対して資格喪失後の出産育児一時金を支給します。なお、上記により健康保険の保険者が出産育児一時金を支給したときは、国民健康保険の保険者（国民健康保険組合）からは、出産育児一時金の支給は行われません。

解答 E

問題 216

保険給付全般（2）

過平29

難易度 普　重要度 A

健康保険法に関する次の記述のうち、正しいものはどれか。

A　傷病手当金は被保険者が療養のため労務に服することができないときに支給されるが、この療養については、療養の給付に係る保険医の意見書を必要とするため、自費診療で療養を受けた場合は、傷病手当金が支給されない。

B　全国健康保険協会管掌健康保険の被保険者が適用事業所を退職したことにより被保険者資格を喪失し、その同月に、他の適用事業所に就職したため組合管掌健康保険の被保険者となった場合、同一の病院で受けた療養の給付であったとしても、それぞれの管掌者ごとにその月の高額療養費の支給要件の判定が行われる。

C　68歳の被保険者で、その者の厚生労働省令で定めるところにより算定した収入の額が520万円を超えるとき、その被扶養者で72歳の者に係る健康保険法第110条第2項第1号に定める家族療養費の給付割合は70％である。

D　傷病手当金の支給を受けるべき者が、同一の疾病につき厚生年金保険法による障害厚生年金の支給を受けることができるときは、傷病手当金の支給が調整されるが、障害手当金の支給を受けることができるときは、障害手当金が一時金としての支給であるため傷病手当金の支給は調整されない。

E　資格喪失後の継続給付として傷病手当金の支給を受けていた者が、被保険者資格の喪失から3か月を経過した後に死亡したときは、死亡日が当該傷病手当金を受けなくなった日後3か月以内であっても、被保険者であった者により生計を維持していた者であって、埋葬を行うものが埋葬料の支給を受けることはできない。

| 速習レッスン | A：P69、B：P79、C：P76、D：P71、E：P86 | 解説 |

A ✗ 法99条1項、則84条2項、昭2.2.26保発345号、昭3.9.11事発1811号。**自費診療**で療養を受けた場合であっても、要件を満たす限り、傷病手当金は**支給されます**。また、傷病手当金の支給申請書に添付する必要があるのは、保険医の意見書ではなく、医師又は歯科医師の意見書です。

B ○ 昭48.11.7保険発99号・庁保険発21号。同一の月内で保険者が変わった場合は、それぞれの**管掌者**（保険者）ごとに高額療養費の要件を満たすか否かを判断します。

C ✗ 法110条2項1号ハ。設問の被扶養者（72歳）に係る家族療養費の給付割合は、80％です。70％ではありません。**被保険者が70歳未満**である場合は、被保険者の収入等を問わず、70歳以上の被扶養者に係る家族療養費の給付割合は80％です。なお、70歳以上の被扶養者に係る家族療養費の給付割合が70％となるのは、被保険者が70歳以上で現役並み所得者（原則として、標準報酬月額が28万円以上の者）である場合です。

D ✗ 法108条3項・4項。**障害手当金**の支給を受けることができるときも、傷病手当金の支給は**調整されます**。この場合には、原則として、傷病手当金の額の合計額が障害手当金の額に達するまでの間、**傷病手当金は支給されません**。ただし、当該合計額が障害手当金の額に達してもなお傷病手当金の支給日数がある場合には、傷病手当金が支給されます。

E ✗ 法105条1項。埋葬料の支給を受けることが**できます**。被保険者がその資格を喪失した後に死亡した場合であって、次の①〜③のいずれかに該当するときは、埋葬料（又は埋葬費）が支給されます。設問は、②に該当しています。

①傷病手当金又は出産手当金の**継続給付**を受けている者が死亡したとき。

②傷病手当金又は出産手当金の継続給付を受けていた者がその給付を受けなくなった**日後3ヵ月以内**に死亡したとき。

③（上記①②以外の）被保険者であった者がその資格を喪失した**日後3ヵ月以内**に死亡したとき。

7章 健康保険法

解答 **B**

日雇特例被保険者

予想

日雇特例被保険者に関する次の記述のうち、誤っているものはどれか。

A 健康保険（日雇特例被保険者の保険を除く。）の保険者は、全国健康保険協会及び健康保険組合であるが、日雇特例被保険者の保険の保険者は、全国健康保険協会のみである。

B 日雇特例被保険者に係る療養の給付の受給期間は、同一の疾病又は負傷につき受けた療養の給付の開始の日から1年6ヵ月間である。

C 8月1日に初めて日雇特例被保険者手帳の交付を受けた者は、その年の9月30日まで特別療養費の支給を受けることができる。

D 日雇労働者は、初めて日雇特例被保険者となったときは、日雇特例被保険者となった日から起算して5日以内に、厚生労働大臣に日雇特例被保険者手帳の交付を申請しなければならない。

E 日雇特例被保険者に関する賞与額に係る保険料額を算定するにあたり、当該保険料額の算定の基礎となる賞与額が40万円を超えるときは、これを40万円とする。

速習レッスン A：P19・90、B：P92、C：P94、D：P90、E：P105　解説

A　○　法4条、123条1項。日雇特例被保険者の保険の保険者は、**協会**のみです。なお、日雇特例被保険者の保険の保険者の業務のうち、①日雇特例被保険者**手帳の交付**、②日雇特例被保険者に係る**保険料**の徴収及び③**日雇拠出金**の徴収並びに④これらに附帯する業務は**厚生労働大臣**が行い、上記①～④の業務以外の業務は**協会**が行います。

B　×　法129条2項。「1年6ヵ月間」ではなく、「**1年**間」です。日雇特例被保険者に係る療養の給付については、一般の被保険者の場合と異なり、受給期間が設けられており、その期間は、**療養の給付の開始の日から1年**間（結核性疾病の場合は5年間）です。

C　○　法145条1項。特別療養費の支給期間は、初めて日雇特例被保険者手帳の交付を受けた日の属する**月の初日**から起算して**3ヵ月**（**月の初日**に交付を受けた者については**2ヵ月**）が経過する日までです。したがって、8月1日に初めて日雇特例被保険者手帳の交付を受けた者の特別療養費の支給期間は、その交付を受けた日の属する月の初日（8月1日）から起算して2ヵ月が経過する日（9月30日）までとなります。

D　○　法126条1項。日雇特例被保険者手帳の交付申請は、日雇労働者が日雇特例被保険者となった日から起算して**5日**以内に、**厚生労働大臣**に対して行います。

E　○　法168条1項2号。日雇特例被保険者に関する賞与額に係る保険料額を算定するにあたって、その算定の基礎となる賞与額の上限は**40万円**となります。なお、日雇特例被保険者に関する賞与額に係る保険料額は、次の算定式によって算定します。

保険料額＝賞与額[※1]×（平均保険料率＋介護保険料率[※2]）

※1：賞与額に1,000円未満の端数がある場合には、これを切り捨てる。また、賞与額が40万円を超える場合には、これを40万円とする。
※2：介護保険第2号被保険者である日雇特例被保険者以外の日雇特例被保険者については、平均保険料率のみで算定する。

解答　B

問題 218

費用の負担等

過平29 改正ア

健康保険法に関する次のアからオの記述のうち、正しいものの組合せは、後記AからEまでのうちどれか。

ア 介護保険料率は、各年度において保険者が納付すべき介護納付金（日雇特例被保険者に係るものを除く。）の額を当該年度における当該保険者が管掌する介護保険第2号被保険者である被保険者の総報酬額の総額の見込額で除して得た率を基準として、保険者が定める。なお、本問において特定被保険者に関する介護保険料率の算定の特例を考慮する必要はない。

イ 被保険者に係る療養の給付は、同一の傷病について、介護保険法の規定によりこれに相当する給付を受けることができる場合には、健康保険の給付は行われない。

ウ 健康保険事業の事務の執行に要する費用について、国庫は、全国健康保険協会に対して毎年度、予算の範囲内において負担しているが、健康保険組合に対しては負担を行っていない。

エ 事業主は、被保険者に係る4分の3未満短時間労働者に該当するか否かの区別の変更があったときは、当該事実のあった日から10日以内に被保険者の区別変更の届出を日本年金機構又は健康保険組合に提出しなければならない。なお、本問の4分の3未満短時間労働者とは、1週間の所定労働時間が同一の事業所に使用される通常の労働者の1週間の所定労働時間の4分の3未満である者又は1か月間の所定労働日数が同一の事業所に使用される通常の労働者の1か月間の所定労働日数の4分の3未満である者であって、健康保険法第3条第1項第9号イからハまでのいずれの要件にも該当しないものをいう。

オ 前月から引き続き任意継続被保険者である者が、刑事施設に拘禁されたときは、原則として、その月以後、拘禁されなくなった月までの期間、保険料は徴収されない。

A （アとイ）　　B （アとエ）　　C （イとウ）
D （ウとオ）　　E （エとオ）

ア：P99、イ：P13、ウ：P95、エ：P110、オ：P101

解説

ア ○ 法160条16項。各年度において保険者が納付すべき介護納付金に係る介護保険料率は、「**介護納付金**（日雇特例被保険者に係るものを除く。）の額÷**介護保険第２号被保険者**である被保険者の**総報酬額の総額**の見込額」による率を基準として、保険者が定めます。なお、特定被保険者（介護保険第２号被保険者以外の被保険者であって介護保険第２号被保険者である被扶養者を有するもの）に関する介護保険料率については、算定の特例が政令で定められています。

イ ○ 法55条２項。療養の給付等の傷病に関する保険給付は、同一の傷病について、**介護保険法**の規定によりこれらに相当する給付を受けることができる場合には、**行われません**。

ウ × 法151条。**健康保険組合**に対しても、健康保険事業の**事務**の執行に要する費用について、国庫負担が**行われています**。なお、健康保険組合に対して交付する国庫負担金は、各健康保険組合における**被保険者数**を基準として、厚生労働大臣が算定します。

エ × 則28条の３。10日以内ではなく、**５日以内**です。設問の被保険者の**区別変更**の届出（被保険者区分変更届の提出）は、**５日以内**に行わなければなりません。健康保険法において、事業主が行う届出の提出期限は、その多くが５日以内とされています。

オ × 法158条。**任意継続被保険者**については、刑事施設に拘禁されたときであっても、保険料は**徴収されます**。なお、前月から引き続き被保険者（任意継続被保険者を除く。）である者が、刑事施設に拘禁されたときは、原則として、その月以後、拘禁されなくなった月の**前月**までの期間、保険料は徴収されません。

以上から、正しいものの組合せは、**A（アとイ）**です。

解答 **A**

問題 219

保険料（1）

予想

難易度 易　重要度 B

健康保険法に関する次の記述のうち、誤っているものはどれか。

A　法人である保険料納付義務者が解散をした場合には、保険者等は納期前であってもすべての保険料を徴収することができる。

B　保険者等は、被保険者に関する保険料の納入の告知をした後に告知をした保険料額が当該納付義務者の納付すべき保険料額を超えていることを知ったときは、その超えている部分に関する納入の告知を、その告知の日の翌日から6ヵ月以内の期日に納付されるべき保険料について納期を繰り上げてしたものとみなすことができる。

C　健康保険組合は、規約で定めるところにより、事業主の負担すべき一般保険料額又は介護保険料額の負担の割合を増加することができる。

D　任意継続被保険者に関する毎月の保険料は、その月の10日（初めて納付すべき保険料は、保険者が指定する日）までに納付しなければならない。

E　育児休業等を開始した日の属する月とその育児休業等が終了する日の翌日が属する月とが同一である場合において、育児休業等をしている被保険者に係る当該月分の保険料が免除されるためには、当該月における育児休業等の日数として厚生労働省令で定めるところにより計算した日数が17日以上でなければならない。

A：P103、B：P100、C：P99、D：P100、E：P101

解説

A ○ 法172条2号。保険料の**繰上徴収**についてです。繰上徴収事由の1つに、設問の「法人である保険料納付義務者が、**解散**をした場合」があります。

B ○ 法164条2項。保険料の**過納充当**についてです。保険者等は、一定の場合には、納付義務者の納付すべき保険料額を超えている部分に関する納入の告知又は納付を、その納入の告知又は納付の日の翌日から**6ヵ月以内**の期日に納付されるべき保険料について納期を繰り上げてしたものとみなすことができます。

C ○ 法162条。保険料は、原則として被保険者及び被保険者を使用する事業主が、それぞれ**2分の1**を負担しますが、**健康保険組合**については、設問の規定により、**事業主**の負担割合を**高く**することができます。

D ○ 法164条1項。任意継続被保険者に関する毎月の保険料の納期限は、**その月の10日**（初めて納付すべき保険料については、**保険者が指定する日**）です。なお、任意継続被保険者に関する保険料の納付義務は、被保険者自身が負います。

E × 法159条1項2号。17日以上ではなく、**14日以上**で足ります。育児休業等期間中において保険料が免除される月は、次の(ｱ)(ｲ)の区分に応じて、それぞれに掲げる月です。設問は、(ｲ)についてです。

(ｱ) 育児休業等開始日の属する月と育児休業等終了日の翌日が属する月とが**異なる**場合 ➡ その育児休業等を**開始した日の属する月**からその育児休業等が**終了する日の翌日が属する月の前月**までの月
(ｲ) 育児休業等開始日の属する月と育児休業等終了日の翌日が属する月とが**同一**であり、かつ、当該月における育児休業等日数が**14日以上**である場合 ➡ **当該月**

解答　E

保険料（2）

予想

保険料に関する次の記述のうち、誤っているものはどれか。

A　介護保険第２号被保険者である被保険者に係る各月の保険料額は、一般保険料額と介護保険料額との合算額であるが、介護保険第２号被保険者である被保険者が介護保険第２号被保険者に該当しなくなった月における保険料額は、原則として一般保険料額のみである。

B　被保険者及び被保険者を使用する事業主は、原則としてそれぞれ保険料額の２分の１を負担するが、任意継続被保険者は、その全額を負担する。

C　厚生労働大臣は、日雇特例被保険者に係る健康保険事業に要する費用に充てるため、保険料を徴収するほか、毎年度、すべての健康保険組合から日雇拠出金を徴収する。

D　事業主が、正当な理由がないと認められるにもかかわらず、日雇特例被保険者の標準賃金日額に係る保険料の納付を怠ったときは、厚生労働大臣は、決定された保険料額が1,000円未満であるときを除き、保険料額（その額に1,000円未満の端数があるときは、その端数は切り捨てる。）の100分の25に相当する額の追徴金を徴収する。

E　承認健康保険組合（政令で定める要件に該当するものとして厚生労働大臣の承認を受けた健康保険組合）は、介護保険第２号被保険者である被保険者（特定被保険者を含む。）の保険料額を、一般保険料額と特別介護保険料額との合算額とすることができる。

速習レッスン　A：（参考）P96、B：P99、C：P106、D：P106、E：P97　　解説

A ○ 法156条1項1号・2項。介護保険第2号被保険者である被保険者に係る各月の保険料額は、**一般保険料額**と**介護保険料額**とを合算した額となります。ただし、介護保険第2号被保険者に該当しなくなった月は介護保険料額が徴収されないため、その月の保険料額は、原則として**一般保険料額のみ**となります。

B ○ 法161条1項。一般の被保険者の保険料は、被保険者と被保険者を使用する事業主が、原則としてそれぞれ**2分の1**ずつを負担します。これに対して、任意継続被保険者の保険料は、その**全額**を任意継続被保険者が負担します。なお、保険料の納付義務は、一般の被保険者の保険料については事業主が、任意継続被保険者の保険料については任意継続被保険者が負います。

C × 法173条1項。日雇拠出金は、すべての健康保険組合から徴収するのではありません。厚生労働大臣が**日雇拠出金**を徴収するのは、日雇特例被保険者を使用する事業主の設立する健康保険組合（これを「**日雇関係組合**」という。）です。なお、日雇関係組合は、日雇拠出金を納付する義務を負います。

D ○ 法170条2項・3項。事業主が**正当な理由がない**と認められるにもかかわらず、**日雇特例被保険者の標準賃金日額に係る保険料**の納付を怠った場合の追徴金の額は、**保険料額の100分の25相当額**です。なお、追徴金は、その決定された日から14日以内に、厚生労働大臣に納付しなければなりません。

E ○ 法附則8条1項。**特別介護保険料額**とは、**介護保険第2号被保険者**である被保険者及び被扶養者の数に応じて定められる介護保険料額のことをいいます。なお、特別介護保険料額の算定方法は、各年度における承認健康保険組合の特別介護保険料額の総額と当該承認健康保険組合が納付すべき介護納付金の額とが等しくなるように規約で定めるものとされています。

ポイント解説

介護保険料率の定め方

介護保険料率は、年度ごとに次の率を基準として**保険者**が定めます。

$$\text{介護保険料率} = \frac{\text{保険者が納付すべき介護納付金の額}}{\text{保険者が管掌する介護保険第2号被保険者である被保険者の総報酬額の総額の見込額}}$$

解答　**C**

問題 221

保険料 (3)

予想

難易度 普　重要度 B

保険料に関する次の記述のうち、誤っているものはどれか。

A　健康保険組合連合会は、健康保険組合が管掌する健康保険の医療に関する給付等に要する費用の財源の不均衡を調整するため、会員である健康保険組合に対する交付金の交付の事業を行う。会員である健康保険組合は、交付金の交付の事業に要する費用に充てるため、健康保険組合連合会に対し、拠出金を拠出するが、拠出金の拠出に要する費用にあてるため、調整保険料を徴収する。

B　政府は、全国健康保険協会が行う健康保険事業に要する費用に充てるため、全国健康保険協会に対し、政令で定めるところにより、厚生労働大臣が徴収した保険料等の額から厚生労働大臣が行う健康保険事業の事務の執行に要する費用に相当する額(当該費用に係る国庫負担金の額を除く。)を控除した額を交付する。

C　事業主は、被保険者に対して通貨をもって報酬を支払う場合において、被保険者がその事業所に使用されなくなったときは、被保険者の負担すべき前月及びその月の標準報酬月額に係る保険料を報酬から控除することができる。

D　任意継続被保険者が前納した保険料については、前納に係る期間の各月の初日が到来したときに、それぞれその月の保険料が納付されたものとみなされる。

E　被保険者(日雇特例被保険者を除く。)が同時に2以上の事業所に使用される場合における各事業主の負担すべき標準報酬月額に係る保険料の額は、当該被保険者の保険料の半額(健康保険組合が一般保険料額等の事業主の負担割合を増加した場合には、保険料の額にその負担割合を乗じて得た額)に2分の1を乗じて得た額である。

速習レッスン　A：P27、B：P96、C：P102、D：P101、E：P100　　解説

A ◯ 法附則2条1項〜3項。**健康保険組合連合会**は、会員である健康保険組合の財政調整のため、**交付金の交付の事業**を行います。会員である健康保険組合は、事業主から**調整保険料**を徴収し、交付金の交付の事業に要する費用に充てるため、健康保険組合連合会に対し、**拠出金**を拠出します。

B ◯ 法155条の2。全国健康保険協会が管掌する健康保険の**保険料の徴収**は、任意継続被保険者に係るものを除き、**厚生労働大臣**が行います。政府は、**全国健康保険協会に対し**、厚生労働大臣が徴収した保険料等の額から厚生労働大臣が行う健康保険事業の事務の執行に要する費用に相当する額（国庫負担金の額を除く。）を控除した額を交付します。

C ◯ 法167条1項。被保険者に対して通貨をもって報酬を支払う場合において、事業主が報酬から控除することができるのは、原則として、被保険者の負担すべき**前月の標準報酬月額に係る保険料**です。ただし、被保険者がその事業所に**使用されなくなった場合**には、**前月及びその月の標準報酬月額に係る保険料**を報酬から控除することができます。

D ◯ 法165条3項。**任意継続被保険者**は、将来の一定期間の保険料を**前納**することができます。前納された保険料については、前納に係る期間の**各月の初日**が到来したときに、それぞれその月の保険料が納付されたものとみなされます。

E × 令47条1項。「2分の1」ではなく、「**各事業所について算定した報酬月額**を**当該被保険者の報酬月額**で**除して得た数**」です。たとえば、甲事業所における報酬月額が20万円、乙事業所における報酬月額が10万円であるときは、事業主負担分（原則として、保険料の半額）のうち、甲事業所の事業主が3分の2を、乙事業所の事業主が3分の1を、それぞれ負担します。

解答　E

届出等

届出等に関する次の記述のうち、正しいものはどれか。

A 被保険者は、同時に2以上の事業所に使用される場合において、保険者が2以上あるときは、保険者の選択に関する届書を、同時に2以上の事業所に使用されるに至った日から5日以内に、全国健康保険協会を選択しようとするときは厚生労働大臣に、健康保険組合を選択しようとするときは健康保険組合に提出しなければならない。

B 被保険者は、介護保険第2号被保険者に該当しない被保険者又はその被扶養者が40歳に達したことにより介護保険第2号被保険者に該当するに至ったときは、遅滞なく、所定の事項を記載した届書を厚生労働大臣又は健康保険組合に提出しなければならない。

C 社会保険審査官に対して審査請求をした日から30日以内に決定がないときは、審査請求人は、社会保険審査官が審査請求を棄却したものとみなすことができる。

D 被保険者の資格又は標準報酬に関する処分が確定したときは、その処分についての不服を当該処分に基づく保険給付に関する処分についての不服の理由とすることができない。

E 傷病手当金を受ける権利の消滅時効は2年であるが、その起算日は、労務不能であった日の属する月の翌月1日である。

A：P111、B：P111、C：P109、D：P109、E：P110

解説

A ✕ 則1条1項、2条1項。「5日以内」ではなく、「**10日以内**」です。被保険者は、同時に2以上の事業所に使用される場合において、保険者が2以上あるときは、その被保険者の保険を管掌する**保険者を選択**しなければなりません。この選択は、所定の事項を記載した届書を、同時に2以上の事業所に使用されるに至った日から**10日**以内に、全国健康保険協会を選択しようとするときは厚生労働大臣に、健康保険組合を選択しようとするときは健康保険組合に提出することによって行います。

B ✕ 則41条1項。設問の場合には、届出をする必要はありません。被保険者は、介護保険第2号被保険者に該当しない被保険者又はその被扶養者が介護保険第2号被保険者に該当するに至ったときは、遅滞なく、所定の事項を記載した届書を事業主を経由して厚生労働大臣又は健康保険組合に届け出なければなりません。ただし、被保険者又はその被扶養者が**40歳に達したこと**又は**65歳に達したこと**による該当・非該当の場合には、**届出は必要ありません。**

C ✕ 法189条2項。「30日以内」ではなく、「**2ヵ月以内**」です。審査請求をした日から**2ヵ月**以内に決定がないときは、審査請求人は、社会保険審査官が審査請求を**棄却したものとみなす**ことができます。

D 〇 法189条4項。いわゆる「蒸し返し」を禁止した規定です。たとえば、**被保険者資格**の喪失について確認が行われ、当該処分が確定した後に、そのことを理由として「**保険給付**の不支給決定に納得がいかない」といった不服申立てをすることは**できません。**

E ✕ 法193条1項、昭30.9.7保険発199号の2。傷病手当金を受ける権利の消滅時効の起算日は、「**労務不能であった日ごとにその翌日**」です。「労務不能であった日の属する月の翌月1日」ではありません。

解答 **D**

問題 223

健康保険制度全般（1）

過平27 改正ウ

被保険者が多胎妊娠し（出産予定日は6月12日）、3月7日から産前休業に入り、6月15日に正常分娩で双子を出産した。産後休業を終了した後は引き続き育児休業を取得し、子が1歳に達した日をもって育児休業を終了し、その翌日から職場復帰した。産前産後休業期間及び育児休業期間に基づく報酬及び賞与は一切支払われておらず、職場復帰後の労働条件等は次のとおりであった。なお、職場復帰後の3か月間は所定労働日における欠勤はなく、育児休業を終了した日の翌日に新たな産前休業に入っていないものとする。この被保険者に関する次のアからオの記述のうち、誤っているものの組合せは、後記AからEまでのうちどれか。

【職場復帰後の労働条件等】
　始業時刻 10：00　　終業時刻 17：00　　休憩時間 1時間
　所定の休日 毎週土曜日及び日曜日　　給与の支払形態 日額12,000円の日給制
　給与の締切日 毎月20日　　給与の支払日 当月末日

ア　事業主は出産した年の3月から8月までの期間について、産前産後休業期間中における健康保険料の免除を申し出ることができる。
イ　出産手当金の支給期間は、出産した年の5月2日から同年8月10日までである。
ウ　事業主は産前産後休業期間中における健康保険料の免除期間の終了月の翌月から、子が1歳に達した日の翌日が属する月の前月までの月について、育児休業期間中における健康保険料の免除を申し出ることができる。
エ　出産した年の翌年の6月末日に支払われた給与の支払基礎日数が17日未満であるため、同年7月末日及び8月末日に受けた給与の総額を2で除した額に基づく標準報酬月額が、従前の標準報酬月額と比べて1等級以上の差がある場合には育児休業等終了時改定を申し出ることができる。
オ　職場復帰後に育児休業等終了時改定に該当した場合は、改定後の標準報酬月額がその翌年の8月までの各月の標準報酬月額となる。なお、標準報酬月額の随時改定には該当しないものとする。

A　（アとイ）　　B　（アとオ）　　C　（イとウ）
D　（ウとエ）　　E　（エとオ）

速習レッスン ア：P102、イ：P74、ウ：P101、エ：P50、オ：P51

解説

- **ア ×** 法159条の3。「8月まで」ではなく、「7月まで」です。産前産後休業期間中の保険料免除期間は、産前産後休業開始日の属する月から、産前産後休業終了日の**翌日**が属する月の**前月**までの期間です。設問の場合は、産前産後休業終了日が8月10日となるため（下図参照）、7月までの期間について、免除を申し出ることができます。

- **イ ×** 法102条1項。「5月2日から」ではなく、「3月7日から」です。出産の日が出産の予定日後であり、多胎妊娠である場合の出産手当金の支給期間は、**出産の予定日以前98日**から出産の**日後56日**までの間において労務に服さなかった期間です（下図参照）。そのため、設問の場合には、3月7日から出産手当金が支給されます。

- **ウ ○** 法159条1項1号。設問の場合の育児休業期間中において保険料が免除される月は、育児休業開始日の**属する月**から、育児休業終了日の**翌日が属する月**の**前月**までです。したがって、育児休業開始日の属する月である「産前産後休業期間中の保険料免除期間の終了月の翌月（アの解説参照）」から、「子が1歳に達した日（育児休業終了日）の翌日が属する月の前月まで」の月について、免除を申し出ることができます。

- **エ ○** 法43条の2第1項。育児休業等終了時改定においては、育児休業等終了日の翌日が属する月以後**3ヵ月間**のうちに報酬支払基礎日数が**17日未満**である月があるときは、**その月を除いて**報酬月額を算定します。また、この報酬月額による標準報酬月額と従前の標準報酬月額との間に**1等級以上**の差があれば、育児休業等終了時改定が行われます。

- **オ ○** 法43条の2第2項。育児休業等終了時改定による標準報酬月額の有効期間は、改定月が、①**1月～6月の場合はその年の8月**まで、②**7月～12月の場合は翌年の8月**までです。設問の場合の改定月は9月となり（下図参照）上記②に該当するため、有効期間は翌年の8月までとなります。

以上から、誤っているものの組合せは、**A（アとイ）** です。

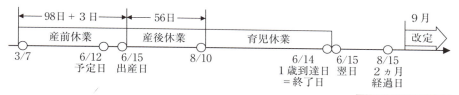

解答　A

問題 224

健康保険制度全般（2）

過令4 変更E

難易度 **難**　重要度 **B**

チェック欄

健康保険法に関する次の記述のうち、正しいものはどれか。

A　夫婦共同扶養の場合における被扶養者の認定については、夫婦とも被用者保険の被保険者である場合には、被扶養者とすべき者の員数にかかわらず、健康保険被扶養者（異動）届が出された日の属する年の前年分の年間収入の多い方の被扶養者とする。

B　被保険者の事実上の婚姻関係にある配偶者の養父母は、世帯は別にしていても主としてその被保険者によって生計が維持されていれば、被扶養者となる。

C　全国健康保険協会が管掌する健康保険の被保険者に係る介護保険料率は、各年度において保険者が納付すべき介護納付金（日雇特例被保険者に係るものを除く。）の額を、前年度における当該保険者が管掌する介護保険第2号被保険者である被保険者の標準報酬月額の総額及び標準賞与額の合算額で除して得た率を基準として、保険者が定める。

D　患者自己負担割合が3割である被保険者が保険医療機関で保険診療と選定療養を併せて受け、その療養に要した費用が、保険診療が30万円、選定療養が10万円であるときは、被保険者は保険診療の自己負担額と選定療養に要した費用を合わせて12万円を当該保険医療機関に支払う。

E　全国健康保険協会の役員若しくは職員又はこれらの職にあった者は、健康保険事業に関して職務上知り得た秘密を正当な理由がなく漏らしてはならず、健康保険法の規定に違反して秘密を漏らした者は、1年以下の懲役又は100万円以下の罰金に処すると定められている。

速習レッスン　A：(参考) P41、B：P40、C：P99、D：P64〜65、E：P111

解説

A ✗ 令3保保発0430第2号・保国発0430第1号。「前年分の年間収入」とする記述が誤りです。夫婦共同扶養の場合における被扶養者の認定について、夫婦とも被用者保険の被保険者の場合には、被扶養者とすべき者の員数にかかわらず、被保険者の**年間収入が多い方**の被扶養者とします。ここでいう「年間収入」は、過去の収入、現時点の収入、将来の収入等から**今後1年間**の収入を見込んだものです。

B ✗ 法3条7項3号、昭32.9.2保険発123号。設問の配偶者の養父母は、世帯を別にしている（同一世帯要件を満たさない）ため、被扶養者となりません。事実上の婚姻関係にある配偶者の養父母が被扶養者となるためには、**同一世帯要件**と**生計維持要件**の両方を満たさなければなりません。なお、被扶養者の範囲において「養父母」は、「父母」に含まれます。

C ✗ 法160条16項。介護保険料率は、各年度において保険者が納付すべき介護納付金（日雇特例被保険者に係るものを除く。）の額を「**当該年度**」における当該保険者が管掌する**介護保険第2号被保険者**である被保険者の**標準報酬月額及び標準賞与額**の「総額の**見込額**」で除して得た率を基準として、保険者が定めます。設問のように「前年度」における「合算額（実績額）」で除するのではありません。

D ✗ 法86条2項・4項。保険医療機関に支払う額は、「12万円」ではなく、「**19万円**」です。保険診療と選定療養を併せて受けたときは、**保険診療**の費用（基礎的部分）について**保険外併用療養費**が支給され、**選定療養**の費用（特別料金部分）は**全額自己負担**となります。したがって、設問の場合、保険診療に係る自己負担が9万円（＝30万円×3割）となり、これに選定療養に要した費用である10万円を加えた**19万円**を支払うこととなります。

E ○ 法7条の37第1項、207条の2。全国健康保険協会の役員、職員等には、**秘密保持義務**が課せられています。この秘密保持義務に違反して秘密を洩らした者は、**1年以下の懲役又は100万円以下の罰金**に処せられます。

解答　E

問題 225 健康保険制度全般（３）

過令元　　　　　　　　　　　　　　　　　難易度 普　重要度 A

健康保険法に関する次のアからオの記述のうち、誤っているものの組合せは、後記AからEまでのうちどれか。

ア　代表者が1人の法人の事業所であって、代表者以外に従業員を雇用していないものについては、適用事業所とはならない。

イ　厚生労働大臣は、保険医療機関の指定をしないこととするときは、当該医療機関に対し弁明の機会を与えなければならない。

ウ　出産手当金を受ける権利は、出産した日の翌日から起算して2年を経過したときは、時効によって消滅する。

エ　傷病手当金の一部制限については、療養の指揮に従わない情状によって画一的な取扱いをすることは困難と認められるが、制限事由に該当した日以後において請求を受けた傷病手当金の請求期間1か月について、概ね10日間を標準として不支給の決定をなすこととされている。

オ　政令で定める要件に該当するものとして厚生労働大臣の承認を受けた健康保険組合は、介護保険第2号被保険者である被保険者に関する保険料額を、一般保険料額と特別介護保険料額との合算額とすることができる。

A　（アとイ）　　B　（アとウ）　　C　（イとエ）
D　（ウとオ）　　E　（エとオ）

速習レッスン ア：P29、イ：(参考) P59、ウ：P110、エ：P17、オ：P97　　**解説**

ア　✕　法3条3項2号。**法人**の事業所であって、**常時従業員を使用**するものは、従業員が代表者1人のみであっても、適用事業所（**強制適用事業所**）となります。なお、この場合は、業種にかかわらず、強制適用事業所となります。

イ　○　法83条。厚生労働大臣は、保険医療機関の指定をしないこととするとき、病床の全部若しくは一部を除いて指定を行おうとするとき、又は保険薬局の指定をしないこととするときは、当該医療機関又は薬局の開設者に対し、**弁明の機会**を与えなければなりません。

ウ　✕　法193条1項、昭30.9.7保険発199号の2。「出産した日の翌日」ではなく、「**労務に服さなかった日**ごとにその**翌日**」から起算します。保険給付を受ける権利は、これを行使することができる時から**2年**を経過したときは、時効によって消滅します。出産手当金についての消滅時効の具体的な起算日は、「労務に服さなかった日ごとにその翌日」です。

エ　○　昭26.5.9保発37号。保険者は、被保険者又は被保険者であった者が、正当な理由なしに療養に関する指示に従わないときは、保険給付の一部を行わないことができます。この規定による**傷病手当金**の一部制限については、制限事由に該当した日以後において請求を受けた傷病手当金の請求期間1ヵ月について、おおむね**10日間**を標準として不支給の決定をなすこととされています。

オ　○　法附則8条1項。設問の健康保険組合（**承認健康保険組合**）は、介護保険第2号被保険者である被保険者に関する保険料額を「**一般保険料額と特別介護保険料額との合算額**」とすることができます。なお、特別介護保険料額とは、介護保険第2号被保険者である被保険者及び被扶養者の数に応じて定められる介護保険料額をいいます。

以上から、誤っているものの組合せは、**B（アとウ）**です。

解答　B

健康保険制度全般（4）

予想

難易度 普　重要度 A

健康保険法に関する次の記述のうち、正しいものはどれか。

A 被扶養者としての認定対象者が被保険者と同一の世帯に属している場合であって、認定対象者の年間収入が180万円未満（認定対象者が60歳以上の者である場合又はおおむね厚生年金保険法による障害厚生年金の受給要件に該当する程度の障害者である場合にあっては130万円未満）であって、かつ、被保険者の年間収入の2分の1未満であるときは、原則として被扶養者に該当するものとする。

B 被保険者の子であって、主としてその被保険者により生計を維持するものであっても、外国において留学をする学生は、被扶養者と認定されない。

C 被扶養者の認定に関する処分については、社会保険審査官に対し審査請求を行うことはできない。

D 事業主は、健康保険に関する書類を、その完結の日より3年間、保存しなければならない。

E 同時に2以上の事業所で報酬を受ける被保険者については、各事業所について定時決定等の規定によって標準報酬月額を算定し、その合算額をその者の標準報酬月額とする。

| 速習レッスン | A：P41、B：P40、C：P108、D：P111、E：P52 | 解説 |

A ✕ 昭52.4.6保発９号・庁保発９号。設問は、「180万円未満」と「130万円未満」の記述が逆です。被扶養者の認定基準は、次のとおりです。

●**被扶養者の認定基準**（被扶養者の年間収入が次に該当すること）

	同一の世帯に属している場合	同一の世帯に属していない場合
60歳未満	①130万円未満 かつ ②被保険者の年間収入の 2分の1未満	①130万円未満 かつ ②被保険者からの援助額 よりも少ない
60歳以上 又は 障害者	①180万円未満 かつ ②被保険者の年間収入の 2分の1未満	①180万円未満 かつ ②被保険者からの援助額 よりも少ない

B ✕ 法３条７項１号。被扶養者と認定されます。被扶養者となることができる者は、次の①又は②に該当し、生計維持等の要件を満たす者です。設問の子は、②に該当します。

①**日本国内に住所を有するもの**

②**外国において**留学をする学生その他の日本国内に住所を有しないが渡航目的その他の事情を考慮して**日本国内に生活の基礎がある**と認められるものとして厚生労働省令で定めるもの

C ◯ 法189条、190条。本法において審査請求ができる事項は、①被保険者の資格に関する処分、②**標準報酬**に関する処分、③**保険給付**に関する処分、④**保険料**等の賦課若しくは徴収の処分又は滞納処分に限られます。したがって、①〜④以外の処分に対する不服申立ては、一般法である行政不服審査法の規定により処理することとなります。

D ✕ 則34条。３年間ではなく、**2年**間です。健康保険に関する書類の保存期間は、その**完結の日より2年**間とされています。

E ✕ 法44条３項。各事業所について標準報酬月額を算定するのではありません。同時に**2以上の事業所**で報酬を受ける被保険者については、各事業所について定時決定等の規定によって**報酬月額**を算定し、その合算額をその者の**報酬月額**として、標準報酬月額を決定します。

| 解答 | C |

健康保険制度全般（5）

健康保険法に関する次の記述のうち、正しいものはどれか。

A　保険医療機関において健康保険の診療に従事する医師は、厚生労働大臣の登録を受けた医師でなければならないが、大学病院の無給の研究生である医師については、当該登録を受けることなく、健康保険の診療に従事することができる。

B　健康保険法の規定により保険医の登録を取り消された者が保険医の登録の申請をした場合には、厚生労働大臣は、申請者がその取消しの日から3年を経過しない者であるときに限り、当該登録をしないことができる。

C　埋葬料の支給を受ける権利は、埋葬を行った日の翌日から起算して2年を経過したときは、時効によって消滅する。

D　被保険者となり得ない者を誤って被保険者として取り扱った場合に、すでに納付された保険料の還付請求権の消滅時効の起算日は、保険者が確認処分を行った日の翌日である。

E　訪問看護療養費の支給に係る訪問看護を行う者は、看護師、保健師、助産師、准看護師、理学療法士、作業療法士及び言語聴覚士であり、これに医師又は歯科医師は含まれていない。

速習レッスン　A：P59、B：P59、C：P109・110、D：P110、E：P67　解説

A　× 法64条、昭32.9.2保発123号。設問後半が誤りです。健康保険の診療に少しでも従事する医師は、たとえ大学病院の無給の研究生である医師であっても、**厚生労働大臣の登録**を受けた医師でなければなりません。

B　× 法71条2項1号。3年ではなく、**5年**です。保険医の登録に係る申請者が、健康保険法の規定により保険医の**登録を取り消され**、その取消しの日から**5年**を経過しない者であるときは、厚生労働大臣は、登録拒否事由に該当するものとして、当該登録をしないことができます。

C　× 法193条1項、昭3.4.16保理4147号。「埋葬を行った日」ではなく、「**事故発生の日**」です。埋葬料の支給を受ける権利の消滅時効の起算日は、**事故発生の日**（被保険者等の死亡日）の**翌日**となります。なお、埋葬費の支給を受ける権利の消滅時効の起算日は、埋葬を行った日の翌日です。

D　× 昭3.12.26保理2919号。設問の消滅時効の起算日は、**保険料を納付した日**の翌日です。

E　○ 法88条1項、則68条。訪問看護療養費は、被保険者が①**指定訪問看護事業者**から、②看護師その他厚生労働省令で定める者が行う**指定訪問看護**を受けた場合に、③保険者が必要と認めるときに限り、支給されます。この「看護師その他厚生労働省令で定める者」には、**看護師**、**保健師**、助産師、准看護師、理学療法士、作業療法士及び言語聴覚士が該当し、**医師又は歯科医師**はこれに**含まれません**。

時効の具体的な起算日

設問のほか、本法における主な時効の具体的な起算日は、次のとおりです。なお、療養の給付には、時効の概念がありません。

権利	具体的な起算日
傷病手当金の請求権	労務不能であった日ごとにその翌日
出産手当金の請求権	労務に服さなかった日ごとにその翌日
高額療養費の請求権	診療月の翌月の1日 ただし、一部負担金等を診療月の翌月以後に支払った場合は、支払った日の翌日
移送費の請求権	移送に要した費用を支払った日の翌日

解答　E

問題 228

1	2	3
8/11 ○		

チェック欄

［選択式］総論・出産手当金

過平30

難易度 **普**　重要度 **B**

次の文中の□□□の部分を選択肢の中の最も適切な語句で埋め、完全な文章とせよ。

1　健康保険法第2条では、「健康保険制度については、これが医療保険制度の基本をなすものであることにかんがみ、高齢化の進展、　A　、社会経済情勢の変化等に対応し、その他の医療保険制度及び後期高齢者医療制度並びにこれらに密接に関連する制度と併せてその在り方に関して常に検討が加えられ、その結果に基づき、医療保険の　B　、給付の内容及び費用の負担の適正化並びに国民が受ける医療の　C　を総合的に図りつつ、実施されなければならない。」と規定している。

2　健康保険法第102条第1項では、「被保険者が出産したときは、出産の日（出産の日が出産の予定日後であるときは、出産の予定日）　D　（多胎妊娠の場合においては、98日）から出産の日　E　までの間において労務に服さなかった期間、出産手当金を支給する。」と規定している。

```
┌─ 選択肢 ──────────────────────────────────┐
│ ①以後42日        ②以後56日        ③以前42日              │
│ ④以前56日        ⑤一元化          ⑥医療技術の進歩        │
│ ⑦運営の効率化    ⑧健康意識の変化  ⑨後42日                │
│ ⑩後56日          ⑪高度化          ⑫持続可能な運営        │
│ ⑬質の向上        ⑭疾病構造の変化  ⑮情報技術の進歩        │
│ ⑯多様化          ⑰前42日          ⑱前56日                │
│ ⑲民営化          ⑳無駄の排除                              │
└──────────────────────────────────────────┘
```

| 速習レッスン | A～C：P11、D・E：P74 | 解説 |

A～C…法2条、D・E…法102条1項

1　健康保険制度については、これが**医療保険制度の基本**をなすものであることにかんがみ、その実施にあたっての**基本的理念**として、次のことが掲げられています。

(1)　**高齢化の進展**、疾病構造の変化、**社会経済情勢の変化等**に対応すること。

(2)　**その他の医療保険制度及び後期高齢者医療制度**並びにこれらに**密接に関連する制度**と併せてその在り方に関して**常に検討**が加えられること。

(3)　前記（2）の結果に基づき、医療保険の運営の効率化、**給付の内容**及び**費用の負担の適正化**並びに国民が受ける**医療の**質の向上を総合的に図ること。

2　被保険者（任意継続被保険者を除く。）が出産したときは、出産手当金が支給されます。出産手当金の支給期間は、**出産の日**（出産の日が出産の予定日後であるときは、出産の予定日）以前42日（多胎妊娠の場合においては、**98日**）から**出産の日**後56日までの間において、**労務に服さなかった期間**です。

7章

健康保険法

| 解答 | A ⑭疾病構造の変化　B ⑦運営の効率化　C ⑬質の向上 |
| | D ③以前42日　E ⑩後56日 |

問題	229	チェック欄	1 3/15 ○	2	3

［選択式］標準報酬月額・標準賞与額

予想

難易度 **易**　重要度 **A**

次の文中の□□□の部分を選択肢の中の最も適切な語句で埋め、完全な文章とせよ。

1　標準報酬月額は、被保険者の報酬月額に基づき、第1級の58,000円から第50級の　A　までの範囲内において決定する。

2　保険者等は、被保険者が毎年　B　現に使用される事業所において同日前3ヵ月間（その事業所において継続して使用された期間に限るものとし、かつ、報酬支払いの基礎となった日数が17日（いわゆる4分の3基準を満たさない短時間労働者である被保険者にあっては、　C　）未満の月があるときは、その月を除く。）に受けた報酬の総額をその期間の月数で除して得た額を報酬月額として、標準報酬月額を決定する。

3　保険者等は、被保険者が賞与を受けた月において、その月に当該被保険者が受けた賞与額に基づき、これに　D　未満の端数を生じたときは、これを切り捨てて、その月における標準賞与額を決定する。ただし、その月に当該被保険者が受けた賞与によりその年度における標準賞与額の累計額が　E　を超えることとなる場合には、当該累計額が　E　となるようその月の標準賞与額を決定し、その年度においてその月の翌月以降に受ける賞与の標準賞与額は零とする。

選択肢

① 1月1日　　　　② 1,210,000円　　③ 10,000円　　　④ 11日

⑤ 150万円　　　　⑥ 7月1日　　　　⑦ 540万円　　　　⑧ 1,355,000円

⑨ 100円　　　　⑩ 14日　　　　　⑪ 573万円　　　　⑫ 10日

⑬ 4月1日　　　　⑭ 1,000円　　　　⑮ 1,175,000円　　⑯ 383万円

⑰ 1,390,000円　⑱ 9月1日　　　　⑲ 10円　　　　　⑳ 15日

速習レッスン A：P44・45、B・C：P47、D・E：P53

解説

Aは法40条1項、B・Cは法41条1項、D・Eは法45条1項。

1. 健康保険の標準報酬月額の範囲は、第1級の**58,000**円から第50級の**1,390,000**円までです。なお、第1級となるのは報酬月額が**63,000円未満**の場合であり、第50級となるのは報酬月額が**1,355,000円以上**の場合です。

2. 標準報酬月額の定時決定に関する出題です。定時決定は、毎年**7月1日**現に事業所に使用される被保険者について行います。定時決定に係る報酬月額は、7月1日前**3ヵ月間**（4月、5月及び6月）に受けた報酬の額を平均することにより算出します。ただし、この3ヵ月間のうちに、次の(1)(2)の区分に従いそれぞれに掲げる月があるときは、その月を**除いて**報酬月額を算出します。
   (1) 下記(2)以外の被保険者 ⇒ 報酬支払基礎日数が**17日未満**の月
   (2) 4分の3基準を満たさない短時間労働者である被保険者
       ⇒ 報酬支払基礎日数が**11日未満**の月

3. 標準賞与額は、被保険者が受けた賞与額に基づき、賞与額の**1,000**円未満の端数を切り捨てて決定します。標準賞与額については、年度（毎年4月1日から翌年3月31日まで）の累計額の上限が設けられており、年度累計の上限額は**573万**円です。

ポイント解説

標準賞与額

賞与に係る保険料額を算定する際に用いるのが、**標準賞与額**です。標準賞与額は、本法と厚生年金保険法にその算定方法が規定されています。いずれの法律においても、賞与額の**1,000円未満**の端数を**切り捨てて**算定することとされていますが、その上限額は、健康保険法では**年度累計額573万円**であり、厚生年金保険法と異なります。

解答 A ⑰1,390,000円　B ⑥7月1日　C ④11日　D ⑭1,000円
E ⑪573万円

問題 230

[選択式] 療養の給付

予想

難易度 普　重要度 A

次の文中の □□□ の部分を選択肢の中の最も適切な語句で埋め、完全な文章とせよ。

1　被保険者の疾病又は負傷に関しては、次に掲げる療養の給付を行う。ただし、食事療養、生活療養、評価療養、 A 及び選定療養に係る給付は、療養の給付に含まれないものとする。

(1) 診察

(2) 薬剤又は治療材料の支給

(3) 処置、手術その他の治療

(4) B における療養上の管理及びその療養に伴う世話その他の看護

(5) 病院又は診療所への C 及びその療養に伴う世話その他の看護

2　保険医療機関及び保険薬局は療養の給付に関し、保険医及び保険薬剤師は健康保険の D に関し、厚生労働大臣の E を受けなければならない。

―― 選択肢 ――

① 自宅　　　　　　② 措置入院　　　　　③ 保険給付の支給

④ 診療又は調剤　　⑤ 収容　　　　　　　⑥ 指導

⑦ 家庭　　　　　　⑧ 通院　　　　　　　⑨ 承認

⑩ 特定療養　　　　⑪ 現物給付　　　　　⑫ 地域

⑬ 入院　　　　　　⑭ 診察又は投薬　　　⑮ 認定

⑯ 指定訪問看護　　⑰ 患者申出療養　　　⑱ 居宅

⑲ 在宅療養　　　　⑳ 認可

> 速習レッスン　A〜C：P55、D・E：P59

解説

A〜Cは法63条1項・2項、D・Eは法73条1項。

1　療養の給付とは、被保険者の疾病又は負傷の治療を目的として行われる医療サービスのことであり、健康保険の中心となる保険給付です。

療養の給付の範囲は、次のように定められています。なお、**食事療養**に係る給付は入院時食事療養費の対象に、**生活療養**に係る給付は入院時生活療養費の対象に、**評価療養**、**患者申出療養**及び**選定療養**に係る給付は保険外併用療養費の対象になることから、これらの療養に係る給付は、療養の給付に含まれません。

●療養の給付の範囲

(1) **診察**
(2) 薬剤又は治療材料の支給
(3) 処置、手術その他の治療
(4) **居宅**における療養上の管理及びその療養に伴う世話その他の看護
(5) 病院又は診療所への**入院**及びその療養に伴う世話その他の看護

2　保険医療機関及び保険薬局は療養の給付に関し、保険医及び保険薬剤師は健康保険の**診療又は調剤**に関し、厚生労働大臣の**指導**を受けなければなりません。これにより、療養の給付、**診療又は調剤**の質的向上等が図られています。

療養（補償）等給付と療養の給付

労災保険法においても、労働者の負傷、疾病に対して療養（補償）等給付が行われます。しかしながら療養（補償）等給付には、**移送**が含まれるなど、両者の範囲は異なります。また、療養（補償）等給付のうち療養の給付は、保険医療機関等ではなく、①**社会復帰促進等事業**として設置された病院又は診療所、②**都道府県労働局長が指定**する病院、診療所、薬局又は訪問看護事業者において行われます。

解答　A ⑰患者申出療養　B ⑱居宅　C ⑬入院　D ④診療又は調剤
E ⑥指導

問題 231

［選択式］入院時食事療養費

予想　　　　　　　　　　　　　　　　　難易度 普　重要度 B

次の文中の□□□の部分を選択肢の中の最も適切な語句で埋め、完全な文章とせよ。

1　入院時食事療養費の額は、当該食事療養につき食事療養に要する平均的な費用の額を勘案して　A　が定める基準により算定した費用の額（その額が現に当該食事療養に要した費用の額を超えるときは、当該現に食事療養に要した費用の額）から、　B　を控除した額とする。

2　A　は、前記1の基準を定めようとするときは、　C　に諮問するものとする。

3　A　は、　B　を定めた後に勘案又はしん酌すべき事項に係る事情が著しく変動したときは、　D　その額を改定しなければならない。

4　被保険者（特定長期入院被保険者を除く。以下同じ。）が健康保険法第63条第3項第1号又は第2号に掲げる病院又は診療所から食事療養を受けたときは、保険者は、その被保険者が当該病院又は診療所に支払うべき食事療養に要した費用について、入院時食事療養費として被保険者に対し　E　において、被保険者に代わり、当該病院又は診療所に支払うことができる。

選択肢

①遅滞なく　　　　②生活療養標準負担額　　　③中央社会保険医療協議会

④全国健康保険協会　　　　　　　　⑤厚生労働大臣

⑥一部負担金相当額　　　　　　　　⑦食事療養標準負担額

⑧次年度より　　　　　　　　　　　⑨社会保障審議会

⑩保険外併用療養費　　　　　　　　⑪14日以内に

⑫支給すべき額の限度　　　　　　　⑬特定健康保険組合

⑭地方社会保険医療協議会　　　　　⑮地方厚生局長

⑯請求すべき額の限度　　　　　　　⑰社会保険診療報酬支払基金

⑱支給すべき額の2分の1の範囲内　⑲速やかに

⑳請求すべき額の2分の1の範囲内

| 速習レッスン | A〜D：P61、E：P62 | | 解説 |

A・Bは法85条2項、Cは法85条3項、Dは法85条4項、Eは法85条5項。

1、2 入院時食事療養費の支給額は、次のとおりです。**厚生労働大臣**は、下記の基準を定めようとするときは、中央社会保険医療協議会に諮問するものとされています。

$$\boxed{\begin{array}{c}\text{入院時食事}\\\text{療養費の額}\end{array}} = \boxed{\begin{array}{c}\text{食事療養に要する平均的な費用の}\\\text{額を勘案して厚生労働大臣が定め}\\\text{る基準により算定した額（＊）}\end{array}} - \boxed{\begin{array}{c}\text{食事療養}\\\text{標準負担額}\end{array}}$$

（＊）現に食事療養に要した費用の額を超えるときは、現に食事療養に要した費用の額となる。

3 **食事療養標準負担額**は、平均的な家計における食費の状況及び特定介護保険施設等（介護保険法に規定する特定介護保険施設等をいう。）における食事の提供に要する平均的な費用の額を勘案して**厚生労働大臣**が定める額（所得の状況その他の事情をしん酌して厚生労働省令で定める者については、別に定める額）です。これらの勘案又はしん酌すべき事項に係る事情が著しく変動したときは、**厚生労働大臣**は、速やかに食事療養標準負担額を改定しなければなりません。

4 入院時食事療養費は、法本来の規定では「現金給付」であり、償還払いの方式によります。しかし、実際には、設問の規定等により、被保険者（特定長期入院被保険者を除く。）が保険医療機関等の窓口で負担する額を**食事療養標準負担額**のみとする「**現物給付方式**による給付」が行われています。

7章 健康保険法

| 解答 | A ⑤厚生労働大臣　B ⑦食事療養標準負担額 |
| | C ③中央社会保険医療協議会　D ⑲速やかに　E ⑫支給すべき額の限度 |

問題 232

チェック欄 | 1 | 2 | 3 |

［選択式］高額療養費等

過平28 改正E

難易度 普　重要度 B

次の文中の□□□の部分を選択肢の中の最も適切な語句で埋め、完全な文章とせよ。

1 55歳で標準報酬月額が83万円である被保険者が、特定疾病でない疾病による入院により、同一の月に療養を受け、その療養（食事療養及び生活療養を除く。）に要した費用が1,000,000円であったとき、その月以前の12か月以内に高額療養費の支給を受けたことがない場合の高額療養費算定基準額は、252,600円＋（1,000,000円－　A　）×1％の算定式で算出され、当該被保険者に支給される高額療養費は　B　となる。また、当該被保険者に対し、その月以前の12か月以内に高額療養費が支給されている月が3か月以上ある場合（高額療養費多数回該当の場合）の高額療養費算定基準額は、　C　となる。

2 訪問看護療養費は、健康保険法第88条第2項の規定により、厚生労働省令で定めるところにより、　D　が必要と認める場合に限り、支給するものとされている。この指定訪問看護を受けようとする者は、同条第3項の規定により、厚生労働省令で定めるところにより、　E　の選定する指定訪問看護事業者から、電子資格確認等により、被保険者であることの確認を受け、当該指定訪問看護を受けるものとされている。

選択肢

① 40,070円　　　② 42,980円　　　③ 44,100円

④ 44,400円　　　⑤ 45,820円　　　⑥ 80,100円

⑦ 93,000円　　　⑧ 140,100円　　　⑨ 267,000円

⑩ 558,000円　　⑪ 670,000円　　　⑫ 842,000円

⑬ 医師　　　　　⑭ 医療機関　　　　⑮ 介護福祉士

⑯ 看護師　　　　⑰ 厚生労働大臣　　⑱ 自己

⑲ 都道府県知事　⑳ 保険者

530

| 速習レッスン | A・B：P79、C：P80、D：P66、E：P67 | 解説 |

A～Cは令42条１項２号、Dは法88条２項、Eは法88条３項。

1　**70歳未満**の者に係る高額療養費算定基準額は、所得区分に応じた額が定められています。設問の者（55歳）は、療養があった月の**標準報酬月額が83万円以上**の区分に該当するため、多数回該当でない場合の高額療養費算定基準額は、次の計算式による額です。

> 高額療養費算定基準額＝252,600円＋(医療費－842,000円)×100分の１

設問では、療養（食事療養及び生活療養を除く。）に要した費用（医療費）が1,000,000円とあることから、一部負担金の額は**300,000円**（＝1,000,000円×100分の30）となります。したがって、高額療養費算定基準額及び高額療養費（支給額）は、それぞれ、次のとおりです。

●**高額療養費算定基準額**

> 252,600円＋（1,000,000円－842,000円）×100分の１＝**254,180円**

●**高額療養費（支給額）**

> 300,000円－254,180円＝**45,820**円

また、この者について、**多数回該当**の場合の高額療養費算定基準額は、**140,100**円です。

2　被保険者が、指定訪問看護事業者から**指定訪問看護**を受けたときは、その指定訪問看護に要した費用について、訪問看護療養費が支給されます。訪問看護療養費は、厚生労働省令で定めるところにより、**保険者が必要**と認める場合に限り、支給するものとされています。この指定訪問看護を受けようとする者は、厚生労働省令で定めるところにより、**自己の選定**する訪問看護事業者から、電子資格確認等により、被保険者であることの確認を受け、当該指定訪問看護を受けるものとされています。

| 解答 | A ⑫842,000円　B ⑤45,820円　C ⑧140,100円　D ⑳保険者 |
| | E ⑱自己 |

7章

健康保険法

531

問題 233

チェック欄 1 8/15 X 2 8/30 ○ 3

[選択式] 日雇特例被保険者

予想

難易度 難　重要度 C

次の文中の □ の部分を選択肢の中の最も適切な語句で埋め、完全な文章とせよ。

1　健康保険法において「日雇特例被保険者」とは、適用事業所に使用される日雇労働者をいう。ただし、後期高齢者医療の被保険者等である者又は次のいずれかに該当する者として厚生労働大臣の　A　を受けたものは、この限りでない。

(1)　適用事業所において、引き続く2ヵ月間に通算して　B　使用される見込みのないことが明らかであるとき。

(2)　任意継続被保険者であるとき。

(3)　その他特別の理由があるとき。

2　日雇特例被保険者の保険の保険者の事務のうち厚生労働大臣が行うものの一部は、政令で定めるところにより、　C　が行うこととすることができる。

3　日雇特例被保険者に支給する出産手当金の額は、1日につき、出産の日の属する月の前　D　間の保険料が納付された日に係る当該日雇特例被保険者の標準賃金日額の各月ごとの合算額のうち最大のものの　E　に相当する金額とする。

選択肢

① 45分の1　　② 都道府県知事　　③ 60分の1　　④ 許可

⑤ 認可　　⑥ 2ヵ月　　⑦ 31日以上　　⑧ 事業主

⑨ 15分の1　　⑩ 4ヵ月　　⑪ 26日以上　　⑫ 30分の1

⑬ 12ヵ月　　⑭ 40日以上　　⑮ 承認　　⑯ 公共職業安定所長

⑰ 市町村長　　⑱ 登録　　⑲ 6ヵ月　　⑳ 17日以上

| 速習レッスン | A・B：P90、C：P90、D・E：P93 | 解説 |

A・Bは法3条2項、Cは法203条1項、D・Eは法138条2項。

1 　健康保険法においては、**適用事業所**に使用される**日雇労働者**を「日雇特例被保険者」といいます。ただし、次の者は日雇特例被保険者となりません（適用除外）。

> ・**後期高齢者医療**の被保険者等である者（当然に適用除外）
> ・次のいずれかに該当する者として**厚生労働大臣**の**承認**を受けたもの
> 　(1) 適用事業所において、引き続く**2ヵ月間**に通算して**26日**以上使用される見込みのないことが明らかであるとき。
> 　(2) **任意継続被保険者**であるとき。
> 　(3) その他特別の理由があるとき。

2 　日雇特例被保険者の保険の保険者の事務のうち厚生労働大臣が行うものの一部は、**市町村長**（特別区の区長を含むものとし、地方自治法の指定都市にあっては、区長又は総合区長とする。）が行うこととすることができます。また、全国健康保険協会は、**市町村**（特別区を含む。）に対し、日雇特例被保険者の保険の保険者の事務のうち全国健康保険協会が行うものの一部を**委託**することができます。

3 　出産育児一時金の支給を受けることができる日雇特例被保険者には、出産の日（出産の日が出産の予定日後であるときは、出産の予定日）**以前42日**（多胎妊娠の場合においては、98日）から出産の**日後56日**までの間において労務に服さなかった期間、出産手当金が支給されます。日雇特例被保険者に支給される出産手当金の額は、1日につき、出産の日の属する**月の前4ヵ月**間の保険料が納付された日に係る当該日雇特例被保険者の標準賃金日額の各月ごとの合算額のうち最大のものの**45分の1**に相当する金額です。たとえば、ある月の標準賃金日額の合計額が9万円で、これが出産日の属する月前4ヵ月間で最大のものであれば、出産手当金の額は、1日あたり2,000円となります。

7章
健康保険法

| 解答 | A ⑮承認　B ⑪26日以上　C ⑰市町村長　D ⑩4ヵ月
E ①45分の1 |

問題 234

チェック欄

[選択式] 保険料率等

過令3　　　　　　　　　　　　難易度 **普**　重要度 **B**

次の文中の　　　　の部分を選択肢の中の最も適切な語句で埋め、完全な文章とせよ。

1　健康保険法第156条の規定による一般保険料率とは、基本保険料率と　**A**　とを合算した率をいう。基本保険料率は、一般保険料率から　**A**　を控除した率を基準として、保険者が定める。　**A**　は、各年度において保険者が納付すべき前期高齢者納付金等の額及び後期高齢者支援金等の額（全国健康保険協会が管掌する健康保険及び日雇特例被保険者の保険においては、　**B**　額）の合算額（前期高齢者交付金がある場合には、これを控除した額）を当該年度における当該保険者が管掌する被保険者の　**C**　の見込額で除して得た率を基準として、保険者が定める。

2　毎年3月31日における標準報酬月額等級の最高等級に該当する被保険者数の被保険者総数に占める割合が100分の1.5を超える場合において、その状態が継続すると認められるときは、その年の　**D**　から、政令で、当該最高等級の上に更に等級を加える標準報酬月額の等級区分の改定を行うことができる。ただし、その年の3月31日において、改定後の標準報酬月額等級の最高等級に該当する被保険者数の同日における被保険者総数に占める割合が　**E**　を下回ってはならない。

選択肢

①6月1日　　　　②8月1日　　　　③9月1日　　　　④10月1日
⑤100分の0.25　⑥100分の0.5　⑦100分の0.75　⑧100分の1
⑨総報酬額　　　⑩総報酬額の総額
⑪その額から健康保険法第153条及び第154条の規定による国庫補助額を控除した
⑫その額から特定納付金を控除した
⑬その額に健康保険法第153条及び第154条の規定による国庫補助額を加算した
⑭その額に特定納付金を加算した　　⑮調整保険料率　　⑯特定保険料率
⑰標準報酬月額の総額　　　　　　　⑱標準報酬月額の平均額
⑲標準保険料率　　　　　　　　　　⑳付加保険料率

速習レッスン　A～C：P97、D・E：P45

解説

Aは法156条1項1号、B・Cは法160条14項、D・Eは法40条2項。

1　一般保険料額の計算の基礎となる一般保険料率とは、次の(1)**基本保険料率**と(2)特定保険料率とを合算した率をいいます。
 (1) **基本保険料率**……保険給付、保健事業等に充てるための保険料に係る率
　　⇒「一般保険料率－特定保険料率」を基準として、保険者が定めます。
 (2) **特定保険料率**……前期高齢者納付金等、後期高齢者支援金等に充てるための保険料に係る率
　　⇒「各年度において保険者が納付すべき各種納付金等の額の合算額÷当該年度における当該保険者が管掌する被保険者の総報酬額の総額の見込額」を基準として、保険者が定めます。

　上記の「各種納付金等の額」とは、前期高齢者納付金等、後期高齢者支援金等の額（協会管掌健康保険及び日雇特例被保険者の保険においては、その額から**国庫補助額を控除**した額）等のことです。

2　標準報酬月額等級の上限の弾力的変更は、毎年**3月31日**における標準報酬月額等級の最高等級に該当する被保険者数の被保険者総数に占める割合が**100分の1.5を超える**場合において、その状態が継続すると認められるときに、その年の**9月1日**から、政令で、行うことができます。ただし、その年の3月31日において、改定後の標準報酬月額等級の最高等級に該当する被保険者数の同日における被保険者総数に占める割合が**100分の0.5**を**下回ってはなりません**。

解答　A ⑯特定保険料率　B ⑪その額から健康保険法第153条及び第154条の規定による国庫補助額を控除した　C ⑩総報酬額の総額　D ③9月1日　E ⑥100分の0.5

保険料額の算定

被保険者に関する各月の保険料額は、被保険者の区分に応じて、次のとおりです。

被保険者の区分		保険料額
介護保険の被保険者	第1号被保険者	一般保険料額
	第2号被保険者	一般保険料額＋介護保険料額
介護保険の被保険者以外の被保険者		一般保険料額
（健康保険組合の特定被保険者）		一般保険料額＋介護保険料額[※1]
承認健康保険組合の介護保険第2号被保険者である被保険者（特定被保険者を含む。）		一般保険料額＋特別介護保険料額[※2]

※1：規約で定めるところにより、この合算額とすることができる。
※2：厚生労働大臣の承認を受けた場合に、この合算額とすることができる。

傷病手当金と休業（補償）等給付

本法の規定による傷病手当金と労災保険法の規定による休業（補償）等給付は、次の点が異なります。

	傷病手当金	休業（補償）等給付
待期期間	連続した3日間	通算した3日間
支給額	1日につき「支給開始日の属する月以前の直近の継続した12ヵ月間の各月の標準報酬月額の平均額の30分の1」×3分の2（原則）	1日につき「**給付基礎日額**」×100分の60
支給期間	支給開始日から通算して1年6ヵ月間	治ゆ又は死亡するまで支給

資格喪失後の死亡と出産に関する給付の支給額

資格喪失後に支給される埋葬料又は出産育児一時金の支給額は、被保険者であった者を保護する目的から、**在職時と同額**となっています。

死亡	埋葬料	一律5万円
	埋葬費	埋葬料の金額の範囲内で埋葬に要した費用に相当する金額
出産	出産育児一時金	1児につき**40万8,000円** ※**産科医療補償制度**に加入する病院等で出産したときは、上記の額に3万円を超えない範囲内で保険者が定める額（現在1万2,000円）を加算

第 **8** 章

国民年金法

年金法を制する者は本試験を制します！

被保険者（1）

過令3

国民年金法の被保険者に関する次の記述のうち、誤っているものはどれか。

A 第3号被保険者が、外国に赴任する第2号被保険者に同行するため日本国内に住所を有しなくなったときは、第3号被保険者の資格を喪失する。

B 老齢厚生年金を受給する66歳の厚生年金保険の被保険者の収入によって生計を維持する55歳の配偶者は、第3号被保険者とはならない。

C 日本の国籍を有しない者であって、出入国管理及び難民認定法の規定に基づく活動として法務大臣が定める活動のうち、本邦において1年を超えない期間滞在し、観光、保養その他これらに類似する活動を行うものは、日本国内に住所を有する20歳以上60歳未満の者であっても第1号被保険者とならない。

D 第2号被保険者の被扶養配偶者であって、観光、保養又はボランティア活動その他就労以外の目的で一時的に海外に渡航する日本国内に住所を有しない20歳以上60歳未満の者は、第3号被保険者となることができる。

E 昭和31年4月1日生まれの者であって、日本国内に住所を有する65歳の者（第2号被保険者を除く。）は、障害基礎年金の受給権を有する場合であっても、特例による任意加入被保険者となることができる。なお、この者は老齢基礎年金、老齢厚生年金その他の老齢又は退職を支給事由とする年金たる給付の受給権を有していないものとする。

速習レッスン　A：P125・129、B：P124・125、C：P124、D：P125、E：P127　　解説

A　× 法7条1項3号、9条2号・6号、則1条の3第2号。第3号被保険者の資格を喪失しません。日本国内に住所を有しなくなっても、その理由が「外国に赴任する**第2号被保険者に**同行するため」であるときは、「**日本国内に生活の基礎がある**」と認められ、引き続き第3号被保険者の要件（第2号被保険者の**被扶養配偶者**であること）に該当します。したがって、設問の者は、引き続き第3号被保険者の**資格を有します**（資格を喪失しません）。

B　○ 法7条1項2号・3号、法附則3条。設問の厚生年金保険の被保険者は、**65歳以上**で老齢厚生年金（老齢給付等に該当）を受給しているため、第2号被保険者ではありません。したがって、その配偶者は、「第2号被保険者の被扶養配偶者」ではないため、第3号被保険者と**なりません**。

C　○ 法7条1項1号、則1条の2第2号。日本国内に住所を有する20歳以上60歳未満の者であっても、「国民年金法の適用を除外すべき**特別の理由**がある者として厚生労働省令で定める者」は、第1号被保険者となりません。設問の「日本の国籍を有しない者であって～本邦において**1年**を超えない期間滞在し、**観光、保養**その他これらに類似する活動を行うもの」は、「厚生労働省令で定める者」に該当するため、第1号被保険者と**なりません**。

D　○ 法7条1項3号、則1条の3第3号。日本国内に住所を有していなくても、「**日本国内に生活の基礎がある者**として厚生労働省令で定める者」は、他の要件を満たせば、第3号被保険者となることができます。設問の「観光、保養又はボランティア活動その他**就労以外**の目的で**一時的**に海外に渡航する」者は、「**日本国内に生活の基礎がある**」と認められ、第3号被保険者となることが**できます**。

E　○ 平16法附則23条1項。**昭和40年4月1日以前生まれ**の日本国内に住所を有する**65歳以上70歳未満**の者であって、老齢基礎年金、老齢厚生年金その他の老齢又は退職を支給事由とする年金たる給付（老齢給付等）の**受給権を有していない**ものは、特例による任意加入被保険者となることができます。障害基礎年金の受給権を有しているか否かは問われません。

解答　A

被保険者（2）

問題 236

チェック欄

予想　　難易度 **普**　重要度 **B**

被保険者に関する次の記述のうち、誤っているものはどれか。

A　第1号被保険者である者が厚生年金保険法に基づく老齢給付等を受けることができる者に該当するに至った場合において、その者がこれに該当するに至らなかったならば納付すべき保険料を、その該当するに至った日の属する月以降の期間について前納しているときは、その該当するに至った日において、任意加入被保険者となるための申出をしたものとみなす。

B　国民年金法附則第5条に規定する任意加入被保険者（原則による任意加入被保険者）及び特例による任意加入被保険者は、いずれも、付加保険料を納付する者となることができない。

C　日本国内に住所を有する60歳以上65歳未満の者（第2号被保険者等でないものとする。）が、20歳から60歳までの480ヵ月のすべてについて第1号被保険者として保険料を全額納付していたときは、この者は、任意加入被保険者となることができない。

D　厚生年金保険の被保険者の資格を取得した18歳の者は、その日に、国民年金の第2号被保険者の資格を取得する。

E　日本国籍を有し、日本国内に住所を有しない40歳の任意加入被保険者が、日本国内に住所を有するに至ったときは、その者は、その日に、任意加入被保険者の資格を喪失し、かつ、第1号被保険者の資格を取得する。

速習レッスン　A：P126、B：P128、C：P126、D：P128、E：P128・129　解説

A ○ 法附則６条。設問の者は、厚生年金保険法に基づく**老齢給付等**を受けることができる者に該当するに至ったことにより、第１号被保険者の**適用除外**となります。この者が、設問のように、適用除外となった日の属する月以降の期間について保険料を**前納**しているときは、任意加入被保険者となるための申出をしたものとみなし、第１号被保険者の適用除外となった日以後は、任意加入被保険者となります。

B × 法附則５条９項、平６法附則11条９項、平16法附則23条９項。**原則による任意加入被保険者**は、付加保険料を納付する者となることが**できます**。付加保険料を納付する者となることができないのは、特例による任意加入被保険者です。

C ○ 法７条１項１号、法附則５条５項４号。設問の者は、20歳から60歳までの間の保険料納付済期間を480ヵ月有しており、**老齢基礎年金の額**に反映される月数を合算した月数が480あることになります。この者は、65歳から満額の老齢基礎年金を受給することができるため、任意加入被保険者となることができません。

D ○ 法７条１項２号、８条４号。第２号被保険者には、年齢要件はありません。したがって、**厚生年金保険の被保険者**の資格を取得した者は、その年齢にかかわらず、**第２号被保険者**となります。第２号被保険者の資格の取得日は、厚生年金保険の被保険者の**資格を取得した日**です。

E ○ 法７条１項１号、８条２号、法附則５条８項１号。日本国内に住所を有しない40歳の任意加入被保険者が「**日本国内に住所を有する**に至ったこと」は、任意加入被保険者の資格喪失事由であり、かつ、第１号被保険者の資格取得事由です。この場合の第１号被保険者の資格取得日は、日本国内に住所を有するに**至った日**です。また、この場合の任意加入被保険者の資格喪失日は、原則として翌日ですが、設問のように、その日にさらに**被保険者の資格を取得**したときは、**その日**が資格喪失日となります。

8章　国民年金法

解答　B

被保険者（3）

過平27 改正B・D

被保険者に関する次の記述のうち、正しいものはどれか。

A 日本国籍を有し日本国内に住所を有しない65歳以上70歳未満の者が、老齢基礎年金、老齢厚生年金その他の老齢又は退職を支給事由とする年金給付の受給権を有しないときは、昭和30年4月1日以前生まれの場合に限り、厚生労働大臣に申し出て特例による任意加入被保険者となることができる。

B 特例による任意加入被保険者が、70歳に達する前に厚生年金保険の被保険者の資格を取得したとき、又は老齢若しくは退職を支給事由とする年金給付の受給権を取得したときは、それぞれその日に被保険者の資格を喪失する。

C 海外に居住する20歳以上65歳未満の日本国籍を有する任意加入被保険者は、保険料を滞納し、その後、保険料を納付することなく1年間が経過した日の翌日に、被保険者資格を喪失する。

D 日本国内に住所を有する20歳以上60歳未満の外国籍の者は、第2号被保険者の被扶養配偶者となった場合でも、第3号被保険者とはならない。

E 厚生年金保険の在職老齢年金を受給する65歳以上70歳未満の被保険者の収入によって生計を維持する20歳以上60歳未満の配偶者は、第3号被保険者とはならない。

A：P127、B：P129、C：P129、D：P125、E：P124・125　**解説**

A　×　平16法附則23条1項。昭和30年4月1日以前生まれの場合に限りません。**昭和40年4月1日以前**に生まれた者であれば、特例による任意加入被保険者となることができます。

B　×　平6法附則11条6項2号・3号、平16法附則23条6項2号・3号。老齢若しくは退職を支給事由とする年金給付の受給権を取得したときの資格喪失日は、「その日の**翌日**」です。「その日」ではありません。なお、厚生年金保険の被保険者の資格を取得したときの資格喪失日は、設問のとおり、「その日」です。

C　×　法附則5条8項4号。「1年間」ではなく、「2年間」が経過した日の翌日に、被保険者の資格を喪失します。**日本国内に住所を有しない**任意加入被保険者は、保険料を滞納し、その後、保険料を納付することなく**2年間**が経過したときは、その日の**翌日**に、被保険者の資格を喪失します。

D　×　法7条1項3号。第3号被保険者となります。第3号被保険者について**国籍要件はない**ため、第2号被保険者の被扶養配偶者である20歳以上60歳未満の者は、日本国籍を有していなくても、第3号被保険者となります。

E　○　法7条1項2号・3号、法附則3条。設問の厚生年金保険の被保険者は、**老齢厚生年金の受給権**を有しているため、第2号被保険者となりません。したがって、その配偶者は、20歳以上60歳未満で生計維持関係にあっても、第3号被保険者とはなりません。

解答　**E**

被保険者（4）

過平29

難易度 普　重要度 B

任意加入被保険者及び特例による任意加入被保険者の資格の取得及び喪失に関する次の記述のうち、誤っているものはどれか。

A　日本国籍を有する者で、日本国内に住所を有しない65歳以上70歳未満の特例による任意加入被保険者は、日本国籍を有しなくなった日の翌日（その事実があった日に更に国民年金の被保険者資格を取得したときを除く。）に任意加入被保険者の資格を喪失する。

B　日本国内に住所を有する65歳以上70歳未満の特例による任意加入被保険者は、日本国内に住所を有しなくなった日の翌日（その事実があった日に更に国民年金の被保険者資格を取得したときを除く。）に任意加入被保険者の資格を喪失する。

C　日本国籍を有する者で、日本国内に住所を有しない20歳以上65歳未満の任意加入被保険者が、厚生年金保険の被保険者資格を取得したときは、当該取得日に任意加入被保険者の資格を喪失する。

D　日本国内に住所を有する65歳以上70歳未満の特例による任意加入被保険者が保険料を滞納し、その後、保険料を納付することなく２年間が経過したときは、その翌日に任意加入被保険者の資格を喪失する。

E　日本国籍を有する者で、日本国内に住所を有しない20歳以上65歳未満の者（第２号被保険者及び第３号被保険者を除く。）が任意加入被保険者の資格の取得の申出をしたときは、申出をした日に任意加入被保険者の資格を取得する。

速習レッスン A～D：P129、E：P128　　解説

A ○ 平6法附則11条8項2号、平15法附則23条8項2号。設問の任意加入被保険者は、**日本国籍を有しなくなったとき**は、その日の翌日に、任意加入被保険者の資格を喪失します。なお、日本国籍を有しなくなった日にさらに被保険者の資格を取得したときは、その日に、任意加入被保険者の資格を喪失します。

B ○ 平6法附則11条7項1号、平16法附則23条7項1号。設問の任意加入被保険者は、**日本国内に住所を有しなくなったとき**は、その日の翌日に、任意加入被保険者の資格を喪失します。なお、日本国内に住所を有しなくなった日にさらに被保険者の資格を取得したときは、その日に、任意加入被保険者の資格を喪失します。

C ○ 法附則5条5項2号。任意加入被保険者が**厚生年金保険の被保険者資格を取得したとき**は、その者は、**その日**に（同時に）、第2号被保険者の資格を取得します。この場合は、資格の重複を避けるため、その日に、任意加入被保険者の資格を喪失します。

D × 平6法附則11条7項2号、平16法附則23条7項2号。設問の任意加入被保険者は、保険料を滞納し、督促状による指定の期限までにその保険料を**納付しないとき**に、任意加入被保険者の資格を喪失します（**翌日喪失**）。設問の2年が経過したことにより資格を喪失するのは、日本国内に住所を有しない任意加入被保険者です。

E ○ 法附則5条3項。任意加入被保険者の資格の取得日は、厚生労働大臣に**資格取得の申出をしたその日**です。この点は、すべての任意加入被保険者（原則及び特例）に共通です。

解答　D

問題 239

チェック欄

被保険者期間

予想

難易度 **普**　重要度 **B**

被保険者期間に関する次の記述のうち、正しいものはどれか。

A　平成15年４月１日生まれの者が20歳に達したことにより初めて被保険者の資格を取得したときは、令和５年４月以後の月が、被保険者期間に算入される。

B　令和５年３月３日に第１号被保険者の資格を取得した者が、同年３月10日に日本国内に住所を有しなくなった場合、この月は、被保険者期間に算入されない。

C　第１号被保険者から第２号被保険者への種別の変更があった場合には、当該種別の変更があった月について第１号被保険者としての保険料がすでに納付されているときであっても、当該月は、第２号被保険者であった月とみなされる。

D　第１号被保険者としての被保険者期間であって、保険料４分の１免除の規定によりその４分の１の額につき納付することを要しないものとされた保険料（納付することを要しないものとされた４分の１の額以外の４分の３の額につき納付されたものに限る。）に係るものは、納付することを要しないものとされた４分の１の額の保険料を追納した被保険者期間を含め、保険料４分の１免除期間となる。

E　第１号被保険者としての被保険者期間であって、産前産後期間の保険料の免除の規定により保険料を納付することを要しないものとされた期間は、保険料全額免除期間となる。

546

速習レッスン　A：P128・132、B：P129・133、C：P133、D：P132、E：P131

解説

A　✕　法8条1号、11条1項、昭36.4.7年国発33号。令和5年4月以後ではなく、**令和5年3月**以後の月です。被保険者期間には、被保険者の**資格を取得**した日の属する**月**からその資格を喪失した日の前月までが算入されます。設問の者が被保険者の資格を取得するのは、20歳に達した日である令和5年3月31日ですので、**令和5年3月以後**の月が、被保険者期間に算入されます。

B　✕　法9条2号、11条2項。被保険者期間に**算入されます**。第1号被保険者が日本国内に住所を有しなくなったときは、その資格を喪失します（翌日喪失）。また、被保険者がその資格を取得した日の属する月にその資格を喪失したときは、その月は、**1ヵ月**として被保険者期間に**算入されます**。したがって、令和5年3月は、被保険者期間に算入されます。

C　◯　法11条の2。被保険者の種別に変更があった月は、**変更後**の種別の被保険者であった月とみなされます。設問のように、種別の変更があった月について、第1号被保険者としての保険料がすでに納付されているときであっても、当該月は、**変更後**の種別である第2号被保険者であった月とみなされます。なお、この場合は、当該月について納付された保険料は、還付されることとなります。

D　✕　法5条6項。保険料を追納した被保険者期間は**含みません**。免除された保険料を**追納**した期間（追納の規定により納付されたものとみなされる保険料に係る被保険者期間）は、保険料4分の1免除期間ではなく、**保険料納付済期間**となります。

E　✕　法5条1項・3項。**産前産後期間**の保険料の免除の規定により保険料を納付することを要しないものとされた（保険料の納付を免除された）期間は、**保険料納付済期間**となります。保険料全額免除期間ではありません。なお、保険料全額免除期間とは、**法定免除**、**申請全額免除**、**学生納付特例**又は**納付猶予**の規定により保険料の納付を免除された期間（追納した期間を除く。）です。

8章　国民年金法

解答　C

届出（1）

過平29

被保険者の届出等に関する次の記述のうち、誤っているものはどれか。

A　第1号厚生年金被保険者である第2号被保険者の被扶養配偶者が20歳に達し、第3号被保険者となるときは、14日以内に資格取得の届出を日本年金機構に提出しなければならない。

B　第1号厚生年金被保険者である第2号被保険者を使用する事業主は、当該第2号被保険者の被扶養配偶者である第3号被保険者に係る資格の取得及び喪失並びに種別の変更等に関する事項の届出に係る事務の一部を全国健康保険協会に委託することができるが、当該事業主が設立する健康保険組合に委託することはできない。

C　第3号被保険者は、その配偶者が第2号厚生年金被保険者の資格を喪失した後引き続き第3号厚生年金被保険者の資格を取得したときは、14日以内に種別確認の届出を日本年金機構に提出しなければならない。

D　第1号被保険者の属する世帯の世帯主は、当該被保険者に代わって被保険者資格の取得及び喪失並びに種別の変更に関する事項について、市町村長へ届出をすることができる。

E　平成26年4月1日を資格取得日とし、引き続き第3号被保険者である者の資格取得の届出が平成29年4月13日に行われた。この場合、平成27年3月以降の各月が保険料納付済期間に算入されるが、平成26年4月から平成27年2月までの期間に係る届出の遅滞についてやむを得ない事由があると認められるときは、厚生労働大臣にその旨を届け出ることによって、届出日以後、当該期間の各月についても保険料納付済期間に算入される。

| 速習
レッスン | A：P134、B：P135、C：P134・135、D：P134、E：P137 | 解説 |

A　○　則1条の4第2項。設問の被扶養配偶者は、20歳に達したときに第3号被保険者の資格を取得します。**第3号被保険者**の資格を取得したときは、その者は、**14日以内**に、届書を**日本年金機構**に提出しなければなりません。

B　×　法12条8項。設問の届出に係る事務の一部は、全国健康保険協会に委託することはできず、**健康保険組合**に委託することができます。第3号被保険者に関する届出（届出先は厚生労働大臣）は、その配偶者である第2号被保険者が**第1号厚生年金被保険者**である場合は、原則として、第2号被保険者を使用する**事業主を経由**して行います。この場合において、事業主は、経由に係る事務の一部を、当該事業主が設立する**健康保険組合**に委託することができます。

C　○　則6条の3第1項。**種別確認**の届出は、第3号被保険者の配偶者である第2号被保険者について、設問のように、第2号被保険者の資格を有したまま**厚生年金保険**の被保険者の**種別**に**変更**があったときに、行うものです。この場合は、**14日以内**に、届書を日本年金機構に提出しなければなりません。

D　○　法12条1項・2項。**第1号被保険者**は、その資格の取得及び喪失並びに種別の変更に関する事項等を、**市町村長**に届け出なければなりません。第1号被保険者の属する世帯の**世帯主**は、第1号被保険者に代わって、届出をすることができます。

E　○　法附則7条の3第1項〜3項。設問の場合、資格取得の届出が平成29年4月に行われたため、届出が行われた日の属する月の**前々月までの2年間**のうちにある**平成27年3月以降**の各月が、保険料納付済期間に算入されます。また、平成26年4月から平成27年2月までの期間（2年より前の期間）については、届出の遅滞について**やむを得ない**事由があると認められるときは、その旨の届出（**特例の届出**）をすることができます。特例の届出が行われたときは、届出が行われた**日以後**、当該届出に係る期間は保険料納付済期間に算入されます。

8章 国民年金法

解答　B

549

届出 (2)

届出等に関する次の記述のうち、正しいものはどれか。

A 第1号被保険者であった者が厚生年金保険の適用事業所に使用されることになり第2号被保険者となった場合は、その者は、被保険者の種別の変更について、14日以内に、届書を市町村長に提出しなければならない。

B 第1号被保険者は、厚生労働大臣が住民基本台帳法の規定により機構保存本人確認情報の提供を受けることができる者であっても、その氏名を変更したときは、14日以内に、届書を市町村長に提出しなければならない。

C 被保険者又は被保険者であった者が、第3号被保険者としての被保険者期間のうち時効消滅不整合期間について厚生労働大臣に特例の届出をしたときは、当該届出に係る時効消滅不整合期間は、届出が行われた日以後、国民年金法第89条第1項に規定する法定免除の期間とみなされる。

D 障害基礎年金の受給権者は、加算額対象者である18歳に達する日以後の最初の3月31日までの間にある子が国民年金法施行令第4条の6に定める障害の状態に該当するに至ったときは、14日以内に、届書を日本年金機構に提出しなければならない。

E 寡婦年金の受給権者は、婚姻をしたことによりその受給権が消滅したときは、14日以内に、届書を日本年金機構に提出しなければならない。

速習レッスン A：P134、B：P134〜135、C：P138、D：P136、E：P136　解説

A　✕　法附則7条の4、則6条の2第1項。届書を提出する必要は**ありません**。設問は、第1号被保険者から第2号被保険者への種別の変更であり、**第2号被保険者**については、国民年金法に規定する届出を行う必要は**ありません**。国民年金法において、被保険者に関する届出が必要となるのは、第1号被保険者及び第3号被保険者です。

B　✕　則7条1項。届書を提出する必要は**ありません**。被保険者（第1号被保険者及び第3号被保険者）の**氏名変更**の届出は、厚生労働大臣が住民基本台帳法の規定により**機構保存本人確認情報**の提供を受けることができる者については、行う必要が**ありません**。なお、被保険者の**住所変更**の届出についても同様です。

C　✕　法附則9条の4の2第2項。法定免除の期間ではなく、**学生納付特例**の期間とみなされます。つまり、届出に係る**時効消滅不整合期間**は、老齢基礎年金の受給資格期間には算入されますが、老齢基礎年金の額には反映されません。

D　✕　則33条の5第1項。「14日以内に」ではなく、「速やかに」です。設問は、**加算額対象者の障害状態該当の届出**ですが、この届出は、**速やかに**、届書を日本年金機構に提出することにより行います。なお、国民年金法施行令4条の6に定める障害の状態とは、障害等級**1級**又は**2級**に該当する障害の状態です。

E　〇　則60条の7。設問の**寡婦年金の失権の届出**は、**14日以内**に、行わなければなりません。なお、失権の事由が「65歳に達したこと」又は「死亡したこと」である場合は、寡婦年金の失権の届出は不要です。

解答　E

給付の通則（1）

予想

年金の支給・支払い等に関する次のアからオの記述のうち、正しいものの組合せは、後記ＡからＥまでのうちどれか。

ア　年金の支払期月ごとの支払額に1円未満の端数が生じたときは、これを切り捨て、毎年3月から翌年2月までの間において切り捨てた金額の合計額（1円未満の端数を生じたときは、これを切り捨てた額）については、これを当該2月の支払期月の年金額に加算する。

イ　年金給付の受給権者が死亡し、当該年金給付の過誤払いが行われた場合において、返還金債権に係る債務の弁済をすべき者に支払うべき老齢基礎年金があるときは、当該老齢基礎年金の支払金の金額を当該過誤払いによる返還金債権の金額に充当することができる。

ウ　同一人に対して厚生年金保険法による年金たる保険給付（厚生労働大臣が支給するものに限る。以下本肢において同じ。）の支給を停止して年金給付を支給すべき場合において、年金給付を支給すべき事由が生じた日の属する月の翌月以降の分として同法による年金たる保険給付の支払いが行われたときは、その支払われた同法による年金たる保険給付は、年金給付の内払いとみなすことができる。

エ　船舶が沈没し、転覆し、滅失し、若しくは行方不明となった際現にその船舶に乗っていた者若しくは船舶に乗っていてその船舶の航行中に行方不明となった者の生死が3ヵ月間分らない場合又はこれらの者の死亡が3ヵ月以内に明らかとなり、かつ、その死亡の時期が分らない場合には、死亡を支給事由とする給付の支給に関する規定の適用については、その船舶が沈没し、転覆し、滅失し、若しくは行方不明となった日又はその者が行方不明となった日に、その者は、死亡したものとみなす。

オ　老齢基礎年金と厚生年金保険法による障害厚生年金は、その受給権者が65歳以上であれば、併給することができる。

Ａ　（アとイ）　　Ｂ　（アとウ）　　Ｃ　（イとエ）
Ｄ　（ウとオ）　　Ｅ　（エとオ）

ア：P142、イ：P144、ウ：P143、エ：P145、オ：P148　　解説

ア ○ 法18条の２。支払期月における年金額の端数処理は、次のとおりです。
　①支払期月（年６回・偶数月）ごとの支払額に**１円未満**の端数が生じたときは、これを**切り捨てる**。
　②毎年**３月から翌年２月**までの間において①により切り捨てた金額の合計額（１円未満の端数は切り捨て）については、これを当該**２月**の支払期月の年金額に**加算**する。

イ × 法21条の２、則86条の２。老齢基礎年金の支払金の金額を**充当することはできません**。充当は、返還金債権に係る債務の弁済をすべき者（返還すべき義務を負っている者）が次の①②のいずれかの者に該当する場合に限り、行うことができます。
　①年金給付の受給権者の死亡を支給事由とする**遺族基礎年金**の受給権者
　②同一の支給事由に基づく他の遺族基礎年金の受給権者が死亡した場合における**遺族基礎年金**の受給権者

ウ ○ 法21条３項。厚生年金保険の年金たる保険給付には、厚生労働大臣が支給するものと共済組合等が支給するものがあります。設問の**内払調整**は、**厚生労働大臣**が支給する年金たる保険給付との間でのみ**行われます**。共済組合等が支給する年金たる保険給付は、内払い調整の対象にはなりません。

エ × 法18条の３。「みなす」ではなく、「**推定する**」です。「推定」とは、ある事実につき仮定することをいい、反証（行方不明者の生存確認等）があれば、推定による法的効果がくつがえります。一方、「みなす」は、たとえ生存が確認されても、原則として、法的効果はくつがえりません。

オ × 法20条１項。老齢基礎年金と障害厚生年金は、受給権者の年齢にかかわらず、**併給することができません**。

以上から、正しいものの組合せは、**B（アとウ）**です。

解答　**B**

問題 243

給付の通則（2）

予想

難易度 易　重要度 A

給付の通則に関する次の記述のうち、誤っているものはどれか。

A　国民年金の給付を受ける権利は、譲り渡し、担保に供し、又は差し押えることができない。ただし、年金たる給付を受ける権利を国税滞納処分（その例による処分を含む。）により差し押える場合は、この限りでない。

B　年金給付の受給権者が死亡した場合において、死亡した者が遺族基礎年金の受給権者であったときは、その者の死亡の当時当該遺族基礎年金の支給の要件となり、又はその額の加算の対象となっていた被保険者又は被保険者であった者の子は、死亡した受給権者の法律上の子でなくても、未支給年金の支給を請求することができる子とみなす。

C　故意の犯罪行為若しくは重大な過失により、又は正当な理由がなくて療養に関する指示に従わないことにより、障害若しくはその原因となった事故を生じさせ、又は障害の程度を増進させた者の当該障害については、これを支給事由とする給付は、その全部又は一部を行わないことができる。

D　国民年金法第20条第1項に規定するいわゆる1人1年金の原則により支給を停止されている年金給付の同条第2項による支給停止の解除の申請は、いつでも、将来に向かって撤回することができ、回数についても制限は設けられていない。

E　国民年金法第20条の2第1項の規定による年金給付の受給権者による支給停止の申出は、年金給付の全額についてしなければならない。

| 速習レッスン | A：P146、B：P145、C：P149、D：P147、E：P148 | 解説 |

A ✕ 法24条。設問後半の「年金たる給付を受ける権利」とある部分が誤りです。受給権の保護の例外として、**国税滞納処分**（その例による処分を含む。）により**差し押さえる**ことができるのは、老齢基礎年金、付加年金又は脱退一時金を受ける権利です。

B ○ 法19条2項。たとえば、被保険者の死亡により妻と子が遺族基礎年金の受給権者となった場合で、子が妻の法律上の子ではないケース等が該当します。この妻が死亡した場合は、本来であれば、この子は妻の子でないため、妻の死亡による未支給年金の請求権者とはなりませんが、設問の規定により、当該**妻の子とみなされ**、当該子は、未支給年金の支給を**請求**することが**できます**。

C ○ 法70条。故意の犯罪行為若しくは**重大な過失**により、又は正当な理由がなくて**療養に関する指示に従わない**ことにより、障害若しくはその原因となった事故を生じさせ、又は障害の程度を増進させた者は、**相対的給付制限**の対象となります。この場合の給付制限の内容は、当該障害を支給事由とする給付について、「その**全部又は一部**を行わないことができる」とされています。

D ○ 法20条4項。いわゆる「選択替え」についてです。選択替えに、**回数の制限はありません。いつでも、何回でも**、することができます。

E ○ 法20条の2第1項。支給停止の申出は、**全額**についてする必要があります。なお、この支給停止の申出は、いつでも、**将来に向かって**撤回することができます。

基本まとめ　受給権の保護と公課の禁止

禁止事項	例外
譲渡	例外なし
担保提供	
差押え	老齢基礎年金、付加年金又は脱退一時金を受ける権利を国税滞納処分（その例による処分を含む。）により差し押さえることが可能
公課	老齢基礎年金及び付加年金については課税の対象

解答　A

問題 244

年金額等の自動改定

予想　　　　　　　　　　　　　　　　　　　　　　　　　難易度 難　重要度

年金額等の自動改定に関する次の記述のうち、誤っているものはどれか。なお、本問において、「基準年度」とは、受給権者が65歳に達した日の属する年度の初日の属する年の3年後の年の4月1日の属する年度のことである。

A 政府は、少なくとも5年ごとに、保険料及び国庫負担の額並びに国民年金法による給付に要する費用の額その他の国民年金事業の財政に係る収支についてその現況及び財政均衡期間における見通しを作成しなければならない。

B 国民年金法第16条の2第1項に規定する「調整期間」とは、年金たる給付（付加年金を除く。）の額を調整する期間である。

C 調整期間でない期間における基準年度以後改定率（基準年度以後において適用される改定率）は、物価変動率を基準として改定するが、物価変動率が名目手取り賃金変動率を上回るときは、名目手取り賃金変動率を基準として改定する。

D 調整期間において、基準年度前に適用される改定率は、原則として、算出率を基準として改定する。算出率は、名目手取り賃金変動率に、調整率に当該年度の前年度の特別調整率を乗じて得た率を乗じて得た率である。

E 調整期間において、基準年度前に適用される改定率の改定の基準となる算出率については、所定の方法により計算した率が1を上回るときは、1とする。

A：P151、B：P152、C：P153、D：P154、E：P154　　解説

A ◯ 法4条の3第1項。政府は、**少なくとも5年**ごとに、**財政の現況及び見通し**を作成しなければなりません。「財政の現況及び見通し」とは、**国民年金事業の財政に係る収支**についてその**現況**及び**財政均衡期間における見通し**をいいます。なお、「財政均衡期間」は、財政の現況及び見通しが作成される年以降**おおむね100年間**です。

B ◯ 法16条の2第1項。調整期間においては、**マクロ経済スライド**を適用することにより給付の額を調整（抑制）しますが、調整の対象となるのは、**付加年金以外**の年金たる給付です。

C ◯ 法27条の3第1項。基準年度**前**において適用される改定率は**名目手取り賃金変動率**を基準として改定し、基準年度**以後**において適用される改定率は**物価変動率**を基準として改定します。ただし、**物価変動率**が名目手取り賃金変動率を**上回る**場合は、基準年度前であるか基準年度以後であるか（受給権者の年齢）を問わず、**名目手取り賃金変動率**を基準として改定します。

D ◯ 法27条の4第1項。算出率は、「名目手取り賃金変動率×（**調整率×前年度の特別調整率**）」による率です。このうち、調整率は、「被保険者数の減少率×平均余命の伸び率」による率であり、調整率を乗じることにより、年金額の伸びを抑制します。また、前年度の特別調整率は、前年度のマクロ経済スライドで、年金額に反映することができなかった部分（未調整分）に係る率です。前年度の特別調整率を乗じることにより、未調整分（キャリーオーバー分）をその年度の年金額に反映し、年金額を抑制します。

E × 法27条の4第1項。「1を上回るとき」ではなく、「1を下回るとき」です。調整期間において、名目手取り賃金が上昇している場合は、算出率を基準として改定率を改定することにより、マクロ経済スライドを適用し、年金額の伸びを**抑制**します。ただし、算出率が**1を下回る**と、名目手取り賃金が上昇しているのに年金額が引下げとなってしまうため、これを防止するために、算出率の**下限が**1とされています。

解答　E

老齢基礎年金（1）

老齢基礎年金に関する次の記述のうち、誤っているものはどれか。

A　国民年金の被保険者期間が任意加入被保険者としての5年の保険料納付済期間のみである者が、7年の合算対象期間を有する場合、この者が65歳に達したときは、老齢基礎年金が支給される。

B　昭和34年5月生まれの女性が、昭和60年改正前の国民年金法の規定により任意加入していた期間のうち保険料を納付していなかった期間は、合算対象期間に算入される。

C　寡婦年金の支給を受けていた者は、老齢基礎年金の支給繰下げの申出をすることができる。

D　老齢基礎年金の受給権者であって、66歳に達した日後75歳に達する日前に遺族厚生年金の受給権を取得した者が、75歳に達した日に老齢基礎年金の支給繰下げの申出をした場合には、66歳に達した日において、当該支給繰下げの申出があったものとみなされる。

E　昭和32年6月生まれの女性が老齢基礎年金の受給権を取得した当時、その者の夫であって老齢厚生年金の受給権者であるものによって生計を維持していた場合であっても、当該老齢厚生年金の額の計算の基礎となる厚生年金保険の被保険者期間の月数が150であるときは、当該老齢基礎年金の額に振替加算は行われない。

速習レッスン　A：P157〜158、B：P158、C：P171、D：P172、E：P164　解説

A　○　法26条、法附則9条1項。設問の者は、保険料納付済期間、保険料免除期間及び**合算対象期間**を合算した期間を**10年**以上有しているため、老齢基礎年金の受給資格期間を満たしています。したがって、**65歳**に達したときは、老齢基礎年金の受給権が発生します。

B　○　平24法附則11条1項。「昭和60年改正前の国民年金法の規定により任意加入していた期間」とは、旧国民年金法における**任意加入被保険者**の期間です。この期間のうち、保険料を**納付しなかった**20歳以上**60歳未満**の期間は、合算対象期間に算入されます。昭和34年5月生まれの設問の女性は、新国民年金法の施行日である昭和61年4月1日において60歳未満です。

C　○　法28条1項。寡婦年金の受給権は**65歳**に達したときに**消滅**するため、寡婦年金の支給を受けていた者は、所定の要件を満たせば、老齢基礎年金の支給繰下げの申出をすることができます。老齢基礎年金の支給繰下げの申出をすることができないのは、①**65歳**に達したときに**他の年金たる給付**の受給権者であったとき、又は②65歳に達した日から**66歳**に達した日までの間において**他の年金たる給付**の受給権者となったときです。

D　×　法28条2項1号。「66歳に達した日」ではなく、「遺族厚生年金の受給権を取得した日」に、支給繰下げの申出があったものとみなされます。66歳に達した日後**75歳**に達する日前に他の年金たる給付（遺族厚生年金等）の受給権者となった者が老齢基礎年金の支給繰下げの申出をしたときは、**他の年金たる給付**（設問では遺族厚生年金）を**支給すべき事由**が生じた日に、支給繰下げの申出があったものと**みなされます**。

E　○　昭60法附則14条1項1号。設問の老齢基礎年金の額に振替加算が行われるためには、夫（配偶者）の**老齢厚生年金**について、その額の計算の基礎となる被保険者期間の月数が**240**以上でなければなりません。当該月数が150である設問の場合は、老齢基礎年金の額に振替加算は行われません。

解答　D

老齢基礎年金（2）

予想　　　　　　　　　　　　　　　　　難易度　普　　重要度　A

老齢基礎年金に関する次の記述のうち、正しいものはどれか。

A　老齢基礎年金の額に振替加算が加算されている場合において、当該老齢基礎年金の受給権者が配偶者である老齢厚生年金の受給権者と離婚したときは、振替加算は加算されなくなる。

B　昭和32年7月生まれで、国民年金の被保険者期間を有さず、合算対象期間を10年以上有する妻が65歳に達した場合において、65歳に達した当時障害等級2級の障害厚生年金の受給権者である夫によって生計を維持していたときは、当該妻に、振替加算に相当する額の老齢基礎年金が支給される。

C　老齢基礎年金の支給を繰り下げた場合の振替加算の額は、政令で定める額を加算した額となる。

D　65歳に達した日に老齢基礎年金の受給権を取得しなかった者が、65歳以後に保険料納付済期間を有するに至ったことにより老齢基礎年金の受給権を取得した場合、この者は、当該老齢基礎年金の支給繰下げの申出をすることができない。

E　老齢基礎年金の支給繰上げの請求は、老齢厚生年金の支給繰上げの請求をすることができる場合であっても、老齢厚生年金の支給繰上げの請求と同時に行う必要はない。

速習レッスン A：P166、B：P166、C：P165、D：P170、E：P167　　　解説

A　✕　参考：昭60法附則14条～16条。設問のような規定はありません。振替加算は、加算が行われた老齢基礎年金の受給権者が配偶者と離婚したことを理由として、加算されなくなったり、その支給が停止されたりすることは**ありません**。なお、振替加算が行われた後に配偶者が死亡したときも、同様です。

B　◯　昭60法附則15条１項・３項。設問の妻は、保険料納付済期間及び保険料免除期間（学生納付特例及び納付猶予による期間を除く。）を有していないため、本来であれば、老齢基礎年金は支給されません。ただし、**合算対象期間**のみで受給資格期間を満たし、かつ、振替加算の要件を満たしているため、例外的に、振替加算のみの老齢基礎年金が支給されます。

C　✕　昭60法附則14条、15条。加算した額となりません。老齢基礎年金の支給を繰り下げた場合は、振替加算は繰下げによる老齢基礎年金の支給開始と**同時**に行われますが、振替加算の額は増額**されません**。

D　✕　昭60法附則18条５項。支給繰下げの申出をすることが**できます**。設問のように、65歳に達した後に老齢基礎年金の受給権を取得した場合は、その**受給権を取得**した日から起算して**１年**を経過した日前に当該老齢基礎年金の請求をしていなければ、老齢基礎年金の支給繰下げの申出をすることができます。

E　✕　法附則９条の２第２項。同時に行わなければなりません。老齢基礎年金の**支給繰上げ**の請求は、老齢厚生年金の支給繰上げの請求をすることができる場合は、**老齢厚生年金**の支給繰上げの請求と**同時**に行わなければなりません。なお、これに対し、老齢基礎年金の支給繰下げの申出と老齢厚生年金の支給繰下げの申出は、同時に行う必要はありません。

8章　国民年金法

解答　B

561

問題 247

老齢基礎年金 (3)

過令元 変更D・E

難易度 難　重要度 B

国民年金法に関する次の記述のうち、誤っているものはどれか。

A　学生納付特例の期間及び納付猶予の期間を合算した期間を10年以上有し、当該期間以外に被保険者期間を有していない者には、老齢基礎年金は支給されない。なお、この者は婚姻（婚姻の届出をしていないが、事実上婚姻関係と同様の事情にある場合も含む。）したことがないものとする。

B　日本国籍を有している者が、18歳から19歳まで厚生年金保険に加入し、20歳から60歳まで国民年金には加入せず、国外に居住していた。この者が、60歳で帰国し、再び厚生年金保険に65歳まで加入した場合、65歳から老齢基礎年金が支給されることはない。なお、この者は婚姻（婚姻の届出をしていないが、事実上婚姻関係と同様の事情にある場合も含む。）したことがなく、上記期間以外に被保険者期間を有していないものとする。

C　老齢厚生年金を受給中である67歳の者が、20歳から60歳までの40年間において保険料納付済期間を有しているが、老齢基礎年金の請求手続きをしていない場合は、老齢基礎年金の支給の繰下げの申出をすることで増額された年金を受給することができる。なお、この者は老齢基礎年金及び老齢厚生年金以外の年金の受給権を有していたことがないものとする。

D　67歳の男性（昭和40年4月1日以前生まれ）が有している保険料納付済期間は、第2号被保険者期間としての8年間のみであり、それ以外に保険料免除期間及び合算対象期間を有していないため、老齢基礎年金の受給資格期間を満たしていない。この男性は、67歳から70歳に達するまでの3年間についてすべての期間、国民年金に任意加入し、保険料を納付することができる。

E　障害基礎年金を受給中である66歳の女性（昭和41年4月1日以前生まれで、第2号被保険者の期間は有していないものとする。）は、67歳の配偶者により生計を維持されており、女性が65歳に達するまで当該配偶者の老齢厚生年金には配偶者加給年金額が加算されていた。この女性について、障害等級が3級程度に軽減したため、受給する年金を障害基礎年金から老齢基礎年金に変更した場合、老齢基礎年金と振替加算が支給される。

A：P157、B：P157・158、C：P171、D：P128・157、E：P163～164・166 **解説**

A ○ 法26条。**保険料納付済期間又は保険料免除期間**（学生納付特例及び納付猶予に係る期間を除く。）を**有していない者**には、老齢基礎年金は支給されません。なお、設問の者は婚姻をしたことがないため、振替加算だけの老齢基礎年金も支給されません。

B ○ 法26条、昭60法附則8条4項・5項9号。設問の者の厚生年金保険の加入期間及び国外に居住していた期間は、すべて**合算対象期間**です。**保険料納付済期間又は保険料免除期間**（学生納付特例及び納付猶予による期間を除く。）を**有していない**ため、老齢基礎年金は支給されません。

C ○ 法28条。老齢基礎年金の支給繰下げの申出は、老齢厚生年金の支給繰下げの申出と**同時に行う必要はない**ため、老齢厚生年金を受給中である設問の者は、老齢基礎年金の支給の繰下げの申出をすることができます。支給の繰下げの申出をすることにより、増額された老齢基礎年金を受給することができます。

D × 法26条、平6法附則11条6項3号。67歳から70歳に達するまでの3年間のすべてについて、任意加入し、保険料を納付することができるのではありません。設問の者は、**任意加入**して保険料を**2年間**納付した時点で、老齢基礎年金の**受給資格期間**を満たし、特例による任意加入被保険者の**資格を喪失**します。つまり、任意加入及び保険料の納付は、2年間が限度です。

E ○ 昭60法附則14条1項、16条1項、経過措置令28条。設問の女性は、**65歳**に達した時点で振替加算の要件を満たしており、その**権利が発生**しています。その後障害基礎年金の支給が停止され、老齢基礎年金を受給する場合は、当該**老齢基礎年金の額に振替加算が加算**されます。

解答　D

問題 248

老齢基礎年金（4）

予想　　　　　　　　　　　　　　　　　　　　　難易度 難　重要度 B

国民年金の被保険者期間に係る保険料納付状況が以下のとおりである者が、65歳に達した日に老齢基礎年金の受給権を取得し、70歳に達した日の属する月に当該老齢基礎年金の支給繰下げの申出をした。この者に支給される繰下げによる老齢基礎年金の額の計算式として、正しいものはどれか。なお、この者は、他の年金たる給付の受給権を取得したことはない。

【国民年金の被保険者期間に係る保険料納付状況】
・保険料納付済期間 ……… 320月
・平成21年3月以前の保険料半額免除期間（追納していない）……… 48月

A　780,900円×改定率×（320月＋48月×3/4）÷480×130％
B　780,900円×改定率×（320月＋48月×2/3）÷480×130％
C　780,900円×改定率×（320月＋48月×1/2）÷480×142％
D　780,900円×改定率×（320月＋48月×2/3）÷480×142％
E　780,900円×改定率×（320月＋48月×3/4）÷480×142％

| 速習 レッスン | A～E：P161～162・171 | 解説 |

A～E 法28条４項、平16法附則10条、令４条の５第１項。設問の者は、保険料納付済期間の月数が**480に満たない**ため、老齢基礎年金の額（繰下げをせず65歳から受給した場合の額）は、フルペンション減額方式により計算します。また、支給繰下げの申出をしているため、フルペンション減額方式により計算した額に**増額率**を乗じて得た額を**加算**します。

①フルペンション減額方式の計算

設問の被保険者期間は、老齢基礎年金の額を計算するにあたり、それぞれ次のように評価されます。

・保険料納付済期間（320月）…………………………………… **１**評価
・平成21年３月以前の保険料半額免除期間（48月）……… **3分の2**評価

したがって、フルペンション減額方式による計算式は、次のとおりです。

$$780,900円 \times 改定率 \times (320月 + 48月 \times 2/3) \div 480$$

②増額率の計算

増額率は、「**1,000分の７**×老齢基礎年金の受給権を取得した日の属する**月**から支給繰下げの申出をした日の属する月の**前月**までの月数（120を限度）」により計算します。設問の場合、上記の月数が60となるため、増額率は、次のとおりです。

$$1,000分の７ \times 60月 = 1,000分の420 （42\%）$$

42％の増額ですので、上記①のフルペンション減額方式によって計算した額に、**142％**を乗じます。

以上から、老齢基礎年金の額の計算式として正しいものは、**D**です。

8章

国民年金法

解答 **D**

問題 249

障害基礎年金（1）

過平30 変更C　　　　　　　　　　　　　　　　　　　　難易度 普　重要度 A

障害基礎年金等に関する次の記述のうち、正しいものはどれか。

A　傷病の初診日において19歳であった者が、20歳で第1号被保険者の資格を取得したものの当該被保険者の期間が全て未納期間であった場合、初診日から1年6か月経過後の障害認定日において障害等級1級又は2級に該当していたとしても、障害基礎年金の受給権は発生しない。

B　障害基礎年金の受給権者であっても、当該障害基礎年金の支給を停止されている場合は、脱退一時金の支給を請求することができる。

C　障害等級1級の障害基礎年金の額は、780,900円に改定率を乗じて得た額を100円未満で端数処理した額の100分の150に相当する額である。なお、子の加算額はないものとする。

D　障害等級3級の障害厚生年金の受給権者が、その後障害状態が悪化し障害等級2級に該当したことから、65歳に達する日の前日までに障害厚生年金の額改定請求を行い、その額が改定された場合でも、当該受給権者は当該障害厚生年金と同一の支給事由である障害基礎年金の支給を請求しない限り、障害基礎年金の受給権は発生しない。

E　20歳前傷病による障害基礎年金は、受給権者が少年法第24条の規定による保護処分として少年院に送致され、収容されている場合又は売春防止法第17条の規定による補導処分として婦人補導院に収容されている場合は、その該当する期間、その支給を停止する。

速習レッスン　A：P178、B：P201、C：P179、D：P176、E：P183　　解説

A　✕　法30条の4第1項。受給権は発生します。**20歳前の傷病**による障害基礎年金については、**保険料納付要件は問われない**ため、設問の場合は、障害認定日において、障害基礎年金の受給権が発生します。なお、保険料納付要件が問われる場合（20歳前の傷病による障害基礎年金以外の場合）は、初診日の属する月の**前々月**までの被保険者期間について、保険料納付要件を満たしているか否かを判断します。

B　✕　法附則9条の3の2第1項2号。請求することができません。**障害基礎年金**その他政令で定める給付の**受給権を有した**ことがあるときは、脱退一時金の支給を請求することはできません。

C　✕　法33条。「100分の150」ではなく、「100分の125」です。障害等級2級の障害基礎年金の額は、「**780,900円**×**改定率**（100円未満四捨五入）」による額であり、障害等級1級の額は、「2級の額×**100分の125**」による額です。

D　✕　法30条の2第4項。受給権は発生します。設問の場合は、障害厚生年金の額が改定（3級→2級以上）されたときに、**事後重症**による障害基礎年金の支給の請求があったものと**みなされます**。したがって、実際には障害基礎年金の支給を請求しなくても、事後重症による障害基礎年金の受給権が発生します。

E　○　法36条の2第1項3号、則34条の4第2号。20歳前の傷病による障害基礎年金は、受給権者が**刑事施設等**に拘禁されているとき（一定の場合に限る。）は、その間、その支給が停止されます。設問の「**少年院**に送致され、収容されている場合」及び「**婦人補導院**に収容されている場合」は、上記の一定の場合に該当し、20歳前の傷病による障害基礎年金の支給が停止されます。

解答　E

問題 250

チェック欄

障害基礎年金（2）

予想

難易度 **普**　重要度 **B**

障害基礎年金に関する次のアからオまでの記述のうち、正しいものの組合せは、後記 A から E までのうちどれか。

ア　傷病に係る初診日において20歳未満であった者が、障害認定日以後の20歳に達した日において障害等級に該当する程度の障害の状態にあるときは、その者については、20歳に達した日において、20歳前の傷病による障害基礎年金の受給権が発生する。

イ　傷病に係る初診日において、日本国籍を有し、日本国内に住所を有しない60歳以上65歳未満の任意加入被保険者であった者に対しては、当該傷病について障害基礎年金が支給されることはない。

ウ　いわゆる基準障害による障害基礎年金が支給されるためには、基準傷病に係る初診日の前日において、保険料納付要件を満たしていなければならない。

エ　いわゆる基準障害による障害基礎年金は、基準障害と他の障害とを併合して初めて障害等級に該当する程度の障害の状態に該当するに至った日に受給権が発生し、その日の属する月の翌月から支給が開始される。

オ　傷病に係る初診日から起算して1年6ヵ月を経過した日までの間において、その傷病が治っていない場合は、その傷病が治った日（その症状が固定し治療の効果が期待できない状態に至った日を含む。）が障害認定日となる。

A　（アとウ）　　　B　（アとエ）　　　C　（イとウ）

D　（イとオ）　　　E　（エとオ）

| 速習レッスン | A：P178、B：P174、C：P177、D：P177、E：P175 | 解説 |

ア ◯ 法30条の4第1項。20歳前の傷病による障害基礎年金（当然支給型）は、次に掲げる日において障害等級に該当する程度の障害の状態にある場合に、その日において受給権が発生します。つまり、①「**20歳に達した日**」又は②「**障害認定日**」のいずれか**遅い日**において、受給権が発生することとなります。設問はこのうちの①に該当します。

①**障害認定日以後に20歳に達したとき** → 20歳に達した日

②**障害認定日が20歳に達した日後であるとき** → 障害認定日

イ ✕ 法30条1項1号。設問の者に対しても、障害基礎年金が支給されることがあります。障害基礎年金が支給されるためには、初診日において、次の①又は②のいずれかに該当していることが必要です（**初診日要件**）。設問の者は、初診日において任意加入被保険者であり、①に該当しているため、初診日要件を満たします。

①被保険者であること。

②被保険者であった者であって、**日本国内に住所を有し、かつ、60歳以上65歳未満**であること。

ウ ◯ 法30条の3第2項。基準障害による障害基礎年金が支給されるためには、基準傷病について、**初診日要件**及び**保険料納付要件**を満たす必要があります。一方、基準傷病以外の傷病については、これらの要件を満たす必要はありません。

エ ✕ 法30条の3第1項・3項。設問は支給の開始時期が誤っています。基準障害による障害基礎年金の支給は、「その日（受給権が発生した日）の属する月の翌月から」ではなく、「**請求があった月の翌月から**」、開始されます。なお、受給権の発生時期（**初めて障害等級に該当する程度の障害の状態に該当するに至った日**）については、正しい記述です。

オ ✕ 法30条1項。設問の場合は、初診日から起算して1年6ヵ月を経過した日が障害認定日となります。障害認定日は、次の①又は②のいずれかです。傷病が治っていない場合は、①の「1年6ヵ月を経過した日」が障害認定日となります。

①初診日から起算して**1年6ヵ月を経過した日**

②上記①の期間内にその**傷病が治った場合**は、その**治った日**（その症状が固定し治療の効果が期待できない状態に至った日を含む。）

以上から、正しいものの組合せは、**A（アとウ）**です。

| 解答 | A |

8章

国民年金法

障害基礎年金（3）

予想

障害基礎年金に関する次の記述のうち、正しいものはどれか。

A　障害基礎年金の受給権者は、厚生労働大臣に対し、障害の程度が増進したことによる障害基礎年金の額の改定を請求することができるが、この請求は、障害基礎年金の受給権者の障害の程度が増進したことが明らかである場合として厚生労働省令で定める場合を除き、当該障害基礎年金の受給権を取得した日又は厚生労働大臣の診査を受けた日から起算して1年6ヵ月を経過した日後でなければ行うことができない。

B　受給権者がその権利を取得した日の翌日以後にその者によって生計を維持しているその者の子（一定の要件に該当する子に限る。）を有するに至ったことにより、その額を加算することとなったときは、当該子を有するに至った日の属する月の翌月から、障害基礎年金の額を改定する。

C　厚生労働大臣は、障害基礎年金の受給権者について、その障害の程度を診査し、その程度が従前の障害等級以外の障害等級に該当すると認めるときは、障害基礎年金の額を改定することができるが、この改定は、受給権者が65歳に達した日以後においては、することができない。

D　障害基礎年金の受給権は、受給権者が、厚生年金保険法第47条第2項に規定する障害等級に該当する程度の障害の状態に該当しなくなった日から起算して当該障害等級に該当する程度の障害の状態に該当することなく3年を経過したときは、当該3年を経過した日における受給権者の年齢を問わず、消滅する。

E　事後重症による障害基礎年金、基準障害による障害基礎年金及び20歳前の傷病による障害基礎年金は、受給権者が日本国内に住所を有しないときは、その期間、その支給が停止される。

速習レッスン A：P181、B：P180、C：P181、D：P182、E：P183 　　**解説**

A ✕ 法34条2項・3項。「1年6ヵ月」ではなく、「1年」です。障害の程度が**増進**したことによる障害基礎年金の額の**改定請求**は、一定の場合を除き、当該障害基礎年金の**受給権を取得した日**又は厚生労働大臣の**診査を受けた日**から起算して**1年**を経過した日後でなければ行うことができません。

B ◯ 法33条の2第2項。障害基礎年金の額の加算の対象となる子は、受給権者によって**生計を維持している**その者の子（一定の要件に該当する子）です。つまり、受給権取得後に子を有することとなったときも、その子について加算が行われます。この場合は、子を有するに至った日の属する月の**翌月**から、子の加算に係る障害基礎年金の増額改定が行われます。

C ✕ 法34条1項。厚生労働大臣の診査による額の改定においては、受給権者の**年齢**は限定されていません。厚生労働大臣は、受給権者の**年齢を問わず**、障害基礎年金の**額を改定**することができます。障害基礎年金の額の改定の規定において、受給権者の年齢が限定されているのは、その他障害による受給権者の改定請求です。

D ✕ 法35条3号。「3年を経過した日における受給権者の年齢を問わず」とする記述が誤りです。厚生年金保険法に規定する障害等級（1級～**3級**）に該当することなく3年を経過しても、**65歳**に**達する**までは、障害基礎年金の受給権は消滅しません。

E ✕ 法36条の2第1項4号。事後重症による障害基礎年金と基準障害による障害基礎年金は、受給権者が日本国内に住所を有しなくても、支給を停止されません。「日本国内に住所を有しないこと」という支給停止事由は、**20歳前**の**傷病**による障害基礎年金に特有の事由です。

20歳前の傷病による障害基礎年金に特有の支給停止事由

①恩給法に基づく年金たる給付、**労災保険法**の規定による年金たる給付等を受けることができるとき
②**刑事施設**、**労役場**等に拘禁され、又は、**少年院**等に収容されているとき
③**日本国内**に住所を有しないとき
④受給権者の**前年の所得**が、政令で定める額を超えるとき

解答 B

8章 国民年金法

571

問題 252

遺族基礎年金（1）

過平28

国民年金の給付に関する次の記述のうち、誤っているものはどれか。

A 被保険者である妻が死亡した場合について、死亡した日が平成26年4月1日以後であれば、一定の要件を満たす子のある夫にも遺族基礎年金が支給される。なお、妻は遺族基礎年金の保険料納付要件を満たしているものとする。

B 被保険者、配偶者及び当該夫婦の実子が1人いる世帯で、被保険者が死亡し配偶者及び子に遺族基礎年金の受給権が発生した場合、その子が直系血族又は直系姻族の養子となったときには、子の有する遺族基礎年金の受給権は消滅しないが、配偶者の有する遺族基礎年金の受給権は消滅する。

C 子に対する遺族基礎年金は、原則として、配偶者が遺族基礎年金の受給権を有するときは、その間、その支給が停止されるが、配偶者に対する遺族基礎年金が国民年金法第20条の2第1項の規定に基づき受給権者の申出により支給停止されたときは、子に対する遺族基礎年金は支給停止されない。

D 20歳前傷病による障害基礎年金は、その受給権者が刑事施設等に拘禁されている場合であっても、未決勾留中の者については、その支給は停止されない。

E 受給権者が子3人であるときの子に支給する遺族基礎年金の額は、780,900円に改定率を乗じて得た額に、224,700円に改定率を乗じて得た額の2倍の額を加算し、その合計額を3で除した額を3人の子それぞれに支給する。

速習レッスン　A：P188、B：P192、C：P193、D：P183、E：P191

解説

A ○　法37条1項1号、37条の2第1項1号、平24法附則8条。遺族基礎年金に係る遺族の範囲は、死亡した被保険者等の「**配偶者又は子**」です。このうち配偶者（夫及び妻）については、「**子**のある配偶者」であることが要件とされます。なお、夫は、平成26年4月1日施行の改正により遺族の範囲に加えられたものであり、夫に遺族基礎年金が支給されるのは、妻の死亡が同日以後であるときです。

B ○　法39条3項3号、40条1項・2項。子の有する遺族基礎年金の受給権は、子が「直系血族又は直系姻族の養子」となっても**消滅しません**。また、設問の場合の「直系血族又は直系姻族」は、受給権者の配偶者ではないため、子が「**配偶者以外**の者の養子」となったことになります。「配偶者以外の者の養子」となったことは、配偶者に支給する遺族基礎年金の減額改定事由に該当し、「**すべての子**が減額改定事由のいずれかに該当」したこととなるため、配偶者の有する遺族基礎年金の受給権は**消滅**します。

C ○　法41条2項。配偶者と子が遺族基礎年金の受給権を有するときは、原則として、**子**に対する遺族基礎年金の支給が停止されます。ただし、配偶者に対する遺族基礎年金が当該配偶者（受給権者）の**申出**（又は所在不明）によりその支給を停止されたときは、子に対する遺族基礎年金の支給は**停止されません**。

D ○　法36条の2第1項2号、則34条の4、平17保発0329003号・庁保発0329003号。20歳前の傷病による障害基礎年金は、受給権者が**刑事施設**等に拘禁されているときは、その間、その支給が停止されます。ただし、この支給停止が行われるのは、「懲役、禁錮等の刑の執行のため刑事施設に拘置されている場合」等であり、設問のように**未決勾留中**である場合は、支給停止は行われません。

E ×　法39条の2第1項。加算する額は、「**224,700円**に改定率を乗じて得た額と**74,900円**に改定率を乗じて得た額とを合算した額」です。つまり、受給権者が子3人であるときは、「780,900円×改定率＋224,700円×改定率＋74,900円×改定率」による額が遺族基礎年金の総額となり、この総額を3で**除して**得た額が、3人の子それぞれに支給されます。

解答　E

遺族基礎年金（2）

遺族基礎年金に関する次の記述のうち、正しいものはどれか。

A　保険料納付済期間と保険料免除期間とを合算した期間が25年以上である者が死亡したときは、その者が老齢基礎年金の受給権者でなくても、遺族基礎年金の支給にあたり、保険料納付要件は問われない。

B　老齢基礎年金及び老齢厚生年金の支給を受けている67歳の厚生年金保険の被保険者（保険料納付済期間及び合算対象期間を合算した期間を13年有し、これ以外に被保険者期間を有していないものとする。）が死亡した場合、所定の遺族に遺族基礎年金が支給される。

C　子に対する遺族基礎年金は、生計を同じくするその子の父又は母がある場合であっても、当該父又は母が同一の支給事由に基づく遺族基礎年金の受給権を有しないときは、その支給を停止されない。

D　遺族基礎年金の受給権を取得した夫が60歳未満であるときは、当該遺族基礎年金は、夫が60歳に達するまで、その支給を停止される。

E　配偶者が遺族基礎年金の受給権を取得した当時胎児であった子が生まれたときは、その子は、配偶者がその権利を取得した当時、遺族の範囲に属し、かつ、その者と生計を同じくした子とみなし、その生まれた日の属する月から、遺族基礎年金の額を改定する。

速習レッスン　A：P186、B：P186、C：P193、D：P192～193、E：P190　解説

A　○　法37条4号。設問の者の死亡は**長期要件**に該当するため、保険料納付要件は**問われません**。なお、保険料納付済期間と保険料免除期間とを合算した期間が**25年**以上である老齢基礎年金の受給権者が死亡したときも、保険料納付要件は問われません。

B　×　法37条。遺族基礎年金は支給されません。設問の死亡した者は、遺族基礎年金の**支給要件**（死亡した者の要件）のいずれにも**該当しない**ためです。なお、設問の者は、厚生年金保険の被保険者ですが、65歳以上で老齢給付等の受給権を有しているため、国民年金の被保険者（第2号被保険者）ではありません（「被保険者の死亡」に該当しない。）。

C　×　法41条2項。支給を停止されます。子に対する遺族基礎年金は、**生計を同じくするその子の父又は母**があるときは、その間、その支給が停止されます。ここでいう「父又は母」は、「遺族基礎年金の受給権者である子」の父又は母という意味であり、死亡した被保険者等の配偶者である必要はありません。また、この父又は母が遺族基礎年金の受給権を有しているか否かも問われません。

D　×　参考：法41条の2。設問のような規定はありません。夫に対する遺族基礎年金の支給が、夫の年齢を理由として停止されることはありません。

E　×　法39条2項。その生まれた日の「属する月」からではなく、「属する月の**翌月**」から、遺族基礎年金の額を改定（増額改定）します。

8章　国民年金法

基本まとめ　遺族基礎年金の支給要件（死亡した者の要件）

短期要件	①**被保険者**が、死亡したとき ②被保険者であった者で、**日本国内**に住所を有し、かつ、**60歳以上65歳未満**であるものが、死亡したとき	保険料納付要件が問われる。
長期要件	③老齢基礎年金の**受給権者**（保険料納付済期間と保険料免除期間とを合算した期間が25年以上である者に限る。）が、死亡したとき ④保険料納付済期間と保険料免除期間とを合算した期間が25年以上である者が、死亡したとき	保険料納付要件は問われない。

解答　A

575

遺族基礎年金（3）

遺族基礎年金に関する次の記述のうち、誤っているものはどれか。

A　18歳に達する日以後の最初の3月31日までの間にあるか又は20歳未満であって障害等級に該当する障害の状態にある子であっても、現に婚姻をしている子は、遺族基礎年金を受けることができる遺族とならない。

B　配偶者に支給する遺族基礎年金は、その額の加算の対象となっている子が2人いる場合において、そのうちの1人がその子の祖父母の養子となったときは、減額改定される。

C　子の有する遺族基礎年金の受給権は、子が日本国内に住所を有しなくなったことにより消滅することはない。

D　遺族基礎年金の受給権を取得した当時は障害等級に該当する障害の状態になかった子が、その後負傷し、18歳に達した日以後の最初の3月31日が終了したときに障害等級に該当する障害の状態にあるときは、18歳に達した日以後の最初の3月31日が終了しても、遺族基礎年金の受給権は消滅しない。

E　配偶者が遺族基礎年金の受給権を有することにより子に対する遺族基礎年金の支給が停止されている場合において、配偶者に障害基礎年金の受給権が発生し、配偶者が障害基礎年金の受給を選択したときは、子に対する遺族基礎年金の支給停止は解除される。

速習レッスン　A：P188、B：P190、C：P192、D：P192、E：P193

解説

A ○ 法37条の2第1項2号。遺族基礎年金を受けることができる子は、被保険者等の死亡の当時その者によって**生計を維持**し、かつ、次の①②のいずれの要件にも該当するものです。設問の現に婚姻をしている子は、②に該当しないため、遺族基礎年金を受けることができる遺族となりません。

①**18歳に達する日以後の最初の3月31日**までの間にあるか又は**20歳未満**であって**障害等級**（1級又は2級）に該当する障害の状態にあり、かつ、

②**現に婚姻をしていない**こと。

B ○ 法39条3項3号。設問の場合は、配偶者に支給する遺族基礎年金の**減額改定事由**である「子が**配偶者以外**の者の養子（届出をしていないが、事実上養子縁組関係と同様の事情にある者を含む。）となったとき」に該当するため、減額改定されます。なお、減額改定されるのは、養子となった日の属する月の**翌月**からです。

C ○ 法40条1項・3項。遺族基礎年金の受給権は、受給権者が日本国内に住所を有しなくなったことにより消滅することはありません。

D ○ 法40条3項2号。子の有する遺族基礎年金の受給権は、18歳に達した日以後の最初の3月31日が終了しても、**障害等級**（1級又は2級）に該当する**障害の状態**にあるときは、**消滅しません**。この障害の状態については、受給権取得当時から該当している必要はありません。なお、この場合は、障害の状態にある限り、20歳に達するまで遺族基礎年金の支給を受けることができます。

E × 法41条2項。解除されません。**配偶者**が遺族基礎年金の受給権を有する場合には、設問のように「併給調整」によりその支給が停止となるときであっても、その間、**子に対する遺族基礎年金の支給は停止**されます。なお、これに対し、配偶者に対する遺族基礎年金が「本人の申出又は所在不明」により支給停止となるときは、子に対する遺族基礎年金の支給は停止されません（支給停止が解除される。）。

解答　E

付加年金、寡婦年金

付加年金及び寡婦年金に関する次の記述のうち、誤っているものはどれか。

A　付加年金は、付加保険料に係る保険料納付済期間を有する者が老齢基礎年金、厚生年金保険法による老齢厚生年金その他の老齢又は退職を支給事由とする年金たる給付であって政令で定める給付の受給権を取得したときに、その者に支給される。

B　付加年金は、受給権者が老齢基礎年金の支給繰下げの申出を行ったときは、当該申出の属する月の翌月から支給が開始され、老齢基礎年金と同じ増額率で増額される。

C　老齢基礎年金の支給がその全額につき停止されている間は、付加年金の支給も停止され、老齢基礎年金の受給権が消滅したときは、付加年金の受給権も消滅する。

D　寡婦年金の受給権は、夫の死亡の当時60歳未満であった妻に対しても発生することがあるが、この場合の寡婦年金の支給は、当該妻が60歳に達した日の属する月の翌月から開始される。

E　寡婦年金の額は、死亡日の属する月の前月までの第1号被保険者としての被保険者期間に係る死亡日の前日における保険料納付済期間及び保険料免除期間に基づいて計算した老齢基礎年金の額の4分の3に相当する額である。

速習レッスン　A：P195、B：P196、C：P196、D：P197、E：P198

解説

A　✕　法43条。「厚生年金保険法による老齢厚生年金その他の老齢又は退職を支給事由とする年金たる給付であって政令で定める給付」とある部分が誤りです。付加年金は、**老齢基礎年金**の受給権を取得したときに支給されるものであって、それ以外の老齢又は退職を支給事由とする年金たる給付の受給権を取得したときに支給されるものではありません。

B　○　法46条。付加年金は、老齢基礎年金の支給繰下げの申出があったときは、**併せて**支給の繰下げが行われ、老齢基礎年金と**同じ**増額率で増額されます。なお、老齢基礎年金の支給繰上げの請求があったときは、**併せて支給の繰上げ**が行われ、老齢基礎年金と**同じ**減額率で減額されます。

C　○　法29条、47条、48条。付加年金の支給は、老齢基礎年金がその**全額につき支給を停止**されているときは、その間、停止されます。また、老齢基礎年金及び付加年金の受給権は、受給権者が**死亡した**ときに限り、消滅します（**同時に消滅する**。）。

D　○　法49条3項。寡婦年金の受給権は、（65歳未満であれば）**妻の年齢にかかわらず**、夫が死亡した日に発生します。ただし、支給の開始は、次の時期からです。つまり、寡婦年金の支給期間は、**60歳以上65歳未満**の期間に限られます。

妻の年齢 （夫の死亡当時）	支給の開始時期	支給の終了時期
60歳未満	**60歳**に達した日の属する月の翌月から	**65歳**に達した日の属する月まで
60歳以上	夫の死亡日の属する月の翌月から	

E　○　法50条。寡婦年金の額は、「**死亡した夫の第1号被保険者期間**に基づく老齢基礎年金の額」の**4分の3**に相当する額です。この「第1号被保険者期間に基づく老齢基礎年金の額」は、死亡日の属する月の**前月**までの**第1号被保険者**（任意加入被保険者を含む。）としての被保険者期間に係る死亡日の**前日**における保険料納付済期間及び保険料免除期間を基礎として計算します。

8章　国民年金法

解答　A

問題 256

チェック欄

寡婦年金、死亡一時金

予想

難易度 **普**　重要度 **B**

寡婦年金及び死亡一時金に関する次の記述のうち、正しいものはどれか。

A　寡婦年金は、当該夫の死亡について、労働基準法の規定による遺族補償が行われるべきものであるときは、支給されない。

B　夫の死亡により死亡一時金の支給を受けることができる妻は、当該夫の死亡について、寡婦年金の支給を受けることはできない。

C　過去に第1号被保険者となったことはないが、任意加入被保険者であったことがある者であって、現に第2号被保険者であるものが死亡したときは、当該死亡に関し、死亡一時金は支給されない。

D　死亡一時金は、死亡した者の死亡日においてその者の死亡により遺族基礎年金を受けることができる者があるときは、当該死亡日の属する月に当該遺族基礎年金の受給権が消滅しても、支給されない。

E　死亡一時金の額は、死亡日の属する月の前月までの第1号被保険者としての被保険者期間に係る死亡日の前日における保険料納付済期間の月数、保険料4分の1免除期間の月数の4分の3に相当する月数、保険料半額免除期間の月数の2分の1に相当する月数及び保険料4分の3免除期間の月数の4分の1に相当する月数を合算した月数に応じて、12万円から32万円までの範囲で定められた額である。

580

速習レッスン　A：P198、B：P200、C：P199、D：P199、E：P200

解説

A　✕　法52条。設問の場合は、死亡日から**6年間**、**支給が停止**されます。つまり、死亡日から6年が経過すれば、寡婦年金は支給されます。遺族基礎年金と共通する支給停止事由です。

B　✕　法52条の6。寡婦年金の支給を受けることもできます。夫の死亡により死亡一時金と寡婦年金の支給を受けることができる妻は、その妻の**選択により**、死亡一時金と寡婦年金の**いずれか一方**の支給を受けることができます。

C　✕　法52条の2第1項、法附則5条9項等。設問の死亡に関しては、任意加入被保険者であった期間において所定の保険料納付に係る要件を満たしていれば、死亡一時金は**支給されます**。死亡一時金の保険料の納付に係る要件は、**第1号被保険者**（**任意加入被保険者を含む**。）としての被保険者期間で満たす必要がありますが、死亡したときに第2号被保険者であっても、過去の第1号被保険者及び**任意加入被保険者**としての被保険者期間で要件を満たすことがあります。

D　✕　法52条の2第2項1号。死亡一時金は**支給されます**。死亡した者の死亡日においてその者の死亡により**遺族基礎年金**を受けることができる者があるときは、原則として、死亡一時金は支給されません（遺族基礎年金を優先）。ただし、**死亡日の属する月**に当該遺族基礎年金の受給権が**消滅**したときは、遺族基礎年金の支給期間となる月がなく、結果的に遺族基礎年金が支給されないため、死亡一時金が**支給されます**。

E　〇　法52条の4第1項。死亡一時金の額は、死亡日の属する月の**前月**までの第1号被保険者としての被保険者期間に係る死亡日の**前日**における**保険料の納付実績月数**（「保険料**納付済**期間の月数＋保険料**4分の1免除**期間の月数×**4分の3**＋保険料**半額免除**期間の月数×**2分の1**＋保険料**4分の3免除**期間の月数×**4分の1**」による月数）に応じて、定められています。その額の範囲は、**12万円～32万円**です。

死亡に関する給付の調整のまとめ

|死亡一時金| と |寡婦年金| ➡ 一方を選択（他方は支給しない）
|遺族基礎年金| と |寡婦年金| ➡ 一方を選択（併給の調整により、他方は支給停止）
|遺族基礎年金| と |死亡一時金| ➡ 死亡一時金は支給しない

解答　E

問題 257

チェック欄

第1号被保険者の独自給付等

過令2

難易度 易　重要度 A

国民年金法に関する次の記述のうち、正しいものはどれか。

A　被保険者又は受給権者が死亡したにもかかわらず、当該死亡についての届出をしなかった戸籍法の規定による死亡の届出義務者は、30万円以下の過料に処せられる。

B　第1号被保険者としての被保険者期間に係る保険料納付済期間を6か月以上有する日本国籍を有しない者（被保険者でない者に限る。）が、日本国内に住所を有する場合、脱退一時金の支給を受けることはできない。

C　障害基礎年金の受給権者が死亡し、その者に支給すべき障害基礎年金でまだその者に支給しなかったものがあり、その者の死亡の当時その者と生計を同じくしていた遺族がその者の従姉弟しかいなかった場合、当該従姉弟は、自己の名で、その未支給の障害基礎年金を請求することができる。

D　死亡した被保険者の子が遺族基礎年金の受給権を取得した場合において、当該被保険者が月額400円の付加保険料を納付していた場合、当該子には、遺族基礎年金と併せて付加年金が支給される。

E　夫が老齢基礎年金の受給権を取得した月に死亡した場合には、他の要件を満たしていても、その者の妻に寡婦年金は支給されない。

A：P226、B：P201、C：P145、D：P195、E：P197

解説

A ✗ 法114条4号。「30万円以下の過料」ではなく、「**10万円以下の過料**」です。被保険者又は受給権者の死亡については、戸籍法の規定による死亡の届出義務者が届出の義務を負います。この届出をしなかったときの罰則は、10万円以下の過料です。

B 〇 法附則9条の3の2第1項1号。脱退一時金の支給要件（保険料納付済期間等の月数が6ヵ月以上であること等）を満たしている者であっても、次のいずれかに該当するときは、その者は、脱退一時金の支給を請求することができません。
①**日本国内に住所を有する**とき。
②**障害基礎年金**その他政令で定める給付の受給権を有したことがあるとき。
③最後に被保険者の**資格を喪失した日**（同日において日本国内に住所を有していた者にあっては、同日後初めて、日本国内に住所を有しなくなった日）から起算して**2年を経過**しているとき。

C ✗ 法19条1項。従姉弟は**4親等**の親族であるため、未支給の障害基礎年金の支給を請求することはできません。未支給年金の支給を請求することができるのは、受給権者の死亡の当時その者と**生計を同じく**していた「**配偶者、子、父母、孫、祖父母、兄弟姉妹**又はこれらの者以外の**3親等内**の親族」です。

D ✗ 法20条1項、43条。付加年金は支給されません。付加年金は、**老齢基礎年金**と併せて支給されるものであり、遺族基礎年金と併せて支給されることはありません。付加年金は、付加保険料に係る保険料納付済期間を有する者が**老齢基礎年金の受給権を取得したとき**に、その者に支給されます。

E ✗ 法18条1項、29条、49条1項。他の要件を満たしていれば、寡婦年金は支給されます。寡婦年金は、死亡した夫が「**老齢基礎年金の支給を受けたことがあるとき**」は支給されませんが、設問では、老齢基礎年金の受給権を取得した月に死亡しているため、死亡した夫は、老齢基礎年金の支給を受けたことがありません。

解答　B

問題 258

給付全般（1）

予想

難易度 難　重要度 B

国民年金の給付に関する次の記述のうち、正しいものはどれか。

A　老齢基礎年金の受給権は、受給権者が死亡したとき又は日本国内に住所を有しなくなったときは、消滅する。

B　振替加算が加算された老齢基礎年金の受給権者が、遺族厚生年金の支給を受けることができるときは、その間、振替加算に相当する部分の支給が停止される。

C　20歳前の傷病による障害基礎年金の受給権者が、受給権取得当時は子を有していなかったが、その後婚姻し、婚姻した配偶者の子（6歳）と養子縁組をした。この場合、当該子が受給権者によって生計を維持していても、当該障害基礎年金の額に子に係る加算額は加算されない。

D　夫の死亡の当時40歳であった妻に遺族基礎年金及び寡婦年金の受給権が発生し、当該妻は遺族基礎年金の支給を受けていたが、妻が48歳のときに生計を同じくする子がいなくなったことにより遺族基礎年金の受給権が消滅した。この場合、妻は、60歳に達した日の属する月の翌月から、寡婦年金の支給を受けることができる。

E　保険料納付済期間等の月数（請求の日の前日において請求の日の属する月の前月までの第1号被保険者（任意加入被保険者を含む。）としての被保険者期間に係る保険料納付済期間の月数、保険料4分の1免除期間の月数の4分の3に相当する月数、保険料半額免除期間の月数の2分の1に相当する月数及び保険料4分の3免除期間の月数の4分の1に相当する月数を合算した月数をいう。）が36ヵ月未満である者は、脱退一時金の支給を請求することができない。

A：P172、B：P166、C：P180、D：P197、E：P201　**解説**

A　✕　法29条。日本国内に住所を有しなくなったときには、消滅しません。老齢基礎年金の受給権が消滅するのは、受給権者が**死亡したときのみ**です。これ以外の事由によって、老齢基礎年金の受給権が消滅することはありません。

B　✕　昭60法附則16条1項。支給は停止**されません**。振替加算に相当する部分の支給が停止されるのは、老齢基礎年金の受給権者が障害基礎年金、障害厚生年金等の**障害**を支給事由とする年金たる給付の支給を受けることができるときです。

C　✕　法33条の2第1項。子に係る加算額は**加算されます**。障害基礎年金の子に係る加算額は、受給権者によって**生計を維持**しているその者の子（年齢要件等を満たす子）があるときに、加算されます。設問のように、**受給権取得後**に養子縁組によって**生計を維持**することとなった子も、加算の対象となります。また、子に係る加算額の加算は、20歳前の傷病による障害基礎年金についても、行われます。

D　〇　法20条1項、49条3項。60歳未満の妻に寡婦年金の受給権が発生した場合は、当該寡婦年金は、妻が**60歳**に達した日の属する月の**翌月**から支給が開始されます。設問のように、同一の死亡により遺族基礎年金を受給していても、その受給権が60歳に達する前に消滅したときは、60歳に達した日の属する月の翌月から、**寡婦年金**の支給を受けることができます。なお、1人1年金の原則により、遺族基礎年金と寡婦年金を同時に受給（併給）することはできません。

E　✕　法附則9条の3の2第1項。「36ヵ月未満」ではなく、「6ヵ月未満」です。脱退一時金に係る保険料納付に関する要件は、設問の保険料納付済期間等の月数が**6ヵ月**以上であることです。保険料納付済期間等の月数が**6ヵ月**以上である者が、**日本国籍**を有しないこと等の他の要件を満たしているときは、脱退一時金の支給を請求することができます。

解答　D

問題 259

給付全般（2）

過令元 変更D

国民年金法に関する次の記述のうち、誤っているものはどれか。

A 被保険者（産前産後期間の保険料免除及び保険料の一部免除を受ける者を除く。）が保険料の法定免除の要件に該当するに至ったときは、当該被保険者の世帯主又は配偶者の所得にかかわらず、その該当するに至った日の属する月の前月からこれに該当しなくなる日の属する月までの期間に係る保険料は、既に納付されたものを除き、納付することを要しない。

B 死亡一時金を受けることができる遺族が、死亡した者の祖父母と孫のみであったときは、当該死亡一時金を受ける順位は孫が優先する。なお、当該祖父母及び孫は当該死亡した者との生計同一要件を満たしているものとする。

C 65歳に達し老齢基礎年金の受給権を取得した者であって、66歳に達する前に当該老齢基礎年金を請求しなかった者が、65歳に達した日から66歳に達した日までの間において障害基礎年金の受給権者となったときは、当該老齢基礎年金の支給繰下げの申出をすることができない。

D 昭和37年4月2日以後生まれの者が、63歳に達した日の属する月に老齢基礎年金の支給繰上げの請求をした場合において、当該支給繰上げによる老齢基礎年金の額の計算に係る減額率は、9.6％である。

E 死亡日の前日において死亡日の属する月の前月までの第1号被保険者としての被保険者期間に係る保険料納付済期間を5年と合算対象期間を5年有する夫が死亡した場合、所定の要件を満たす妻に寡婦年金が支給される。なお、当該夫は上記期間以外に第1号被保険者としての被保険者期間を有しないものとする。

速習レッスン　A：P212・217、B：P200、C：P170、D：P168、E：P197

解説

A ○　法89条1項。法定免除を受けるにあたり、免除事由に該当する必要があるのは被保険者**本人のみ**であり、世帯主又は配偶者の所得等は影響しません。また、法定免除により保険料が免除される期間は、免除事由に該当するに至った日の属する**月の前月**からこれに該当しなくなる日の属する**月**までの期間です。

B ○　法52条の3第1項・2項。死亡一時金を受けることができる遺族の範囲及び順位は、死亡した者の死亡の当時その者と**生計を同じくしていた**①**配偶者**、②**子**、③**父母**、④**孫**、⑤**祖父母**、⑥**兄弟姉妹**です。祖父母と孫とでは、孫が優先します。

C ○　法28条1項。老齢基礎年金の支給繰下げの申出は、老齢基礎年金の受給権を有する者が、**65歳に達したときに**、**他の年金たる給付**（次の①②の年金給付）の受給権者であったとき、又は65歳に達した日から**66歳に達した日まで**の**間**において**他の年金たる給付**の受給権者となったときは、することができません。①付加年金以外の国民年金の年金給付（**障害基礎年金**、遺族基礎年金）②厚生年金保険法による年金たる保険給付（老齢を支給事由とするものを除く。）

D ○　令12条1項。支給繰上げによる老齢基礎年金の額の計算に係る減額率は、昭和37年4月2日以後生まれの者については、「**1,000分の4**（0.4％）× 支給繰上げを請求した日の属する**月から**65歳に達する日の属する月の**前月まで**の月数」により計算します。設問の者は、上記の月数が24であるため、「0.4％×24ヵ月」により、減額率は9.6％となります。

E ×　法49条1項。設問の夫は、保険料納付済期間を5年しか有していないため、寡婦年金は支給されません。寡婦年金が支給されるためには、死亡した夫について、第1号被保険者（原則による任意加入被保険者を含む。）としての「**保険料納付済期間**と**保険料免除期間**」とを合算した期間が**10年以上**であることが必要です。**合算対象期間**は、この10年以上に**含まれません**。

解答　**E**

問題 260

国庫負担、基礎年金拠出金等

予想

難易度 **普**　重要度 **B**

費用に関する次の記述のうち、誤っているものはどれか。

A　国庫は、国民年金法第30条の4に規定する20歳前傷病による障害基礎年金の給付に要する費用については、その全額を負担する。

B　国庫は、当分の間、毎年度、付加年金の給付に要する費用の4分の1に相当する額を負担する。

C　国庫は、毎年度、予算の範囲内で、国民年金事業の事務の執行に要する費用を負担する。

D　政府は、政令の定めるところにより、市町村（特別区を含む。）に対し、市町村長（特別区の区長を含む。）が国民年金法又はこれに基づく政令の規定によって行う事務の処理に必要な費用を交付する。

E　第1号被保険者は、国民年金法第88条の2の産前産後期間の保険料の免除の規定により保険料を納付することを要しないこととされる場合には、所定の事項を記載した届書を市町村長（特別区にあっては、区長とする。）に提出しなければならないが、この届出は、出産の予定日の6ヵ月前から行うことができる。

A：P205、B：P205、C：P206、D：P206、E：P208

A ✕ 法85条1項1号・3号。「全額」ではなく、「6割」です。20歳前傷病による障害基礎年金の給付に要する費用については、特別国庫負担が**2割**、原則的な国庫負担が**4割**、合計で**6割**の国庫負担が行われます。

B ○ 昭60法附則34条1項1号。当分の間の措置として、毎年度、次の①②の総額の**4分の1**に相当する額の国庫負担が行われます。
①**付加年金**の給付に要する費用
②死亡一時金の額のうち、付加保険料の保険料納付済期間が3年以上ある者が死亡した場合の加算額（8,500円）の給付に要する費用

C ○ 法85条2項。事務の執行に要する費用（事務費）に対する国庫負担は、**毎年度**、**予算の範囲内**で、行われます。

D ○ 法86条。国民年金事業の事務の一部は、市町村長が行うこととされていることから、その事務の処理に必要な費用（の全額）を、国民年金の保険者である政府が**市町村に対して**交付することとされています。

E ○ 則73条の7第1項・3項。産前産後期間の保険料は、法律上当然に免除され、被保険者からの申請等は必要ありませんが、**届出**（届書の提出）は必要です。届書には、出産の予定日等を記載し、**市町村長**に提出します。この届出は、**出産の予定日の6ヵ月前**から行うことができます。

8章 国民年金法

解答 A

問題 261

保険料（1）

過平26 改正エ・オ

国民年金法に関する次のアからオの記述のうち、誤っているものの組合せは、後記AからEまでのうちどれか。

ア　第1号被保険者である夫の妻は、夫の保険料を連帯して納付する義務を負う。

イ　保険料の前納は、厚生労働大臣が定める期間につき、6か月又は年を単位として行うものとされているが、厚生労働大臣が定める期間のすべての保険料（既に前納されたものを除く。）をまとめて前納する場合においては、6か月又は年を単位として行うことを要しない。

ウ　付加保険料については、任意に申出を行い納付するものであるため、納期限までにその保険料を納付しなかった場合は、その納期限の日に付加保険料の納付を辞退したものとみなされる。

エ　第1号被保険者が法定免除の事由に該当するに至ったときは、14日以内に市町村長に、所定の事項を記載した届書を提出をしなければならない。ただし、法定免除の事由に該当することが確認されたときは、この限りではない。

オ　納付することを要しないものとされた保険料の一部について追納する場合は、原則として、全額免除期間又は一部免除期間、次いで学生等の納付特例期間又は納付猶予期間の順に、それぞれ先に経過した月の分から順次行うこととされている。

A　（アとイ）　　B　（アとウ）　　C　（イとエ）
D　（ウとオ）　　E　（エとオ）

ア：P207、イ：P218、ウ：P210、エ：P213、オ：P220

解説

ア ○ 法88条3項。保険料の納付義務は、被保険者自身が負いますが、**配偶者**の**一方**は、被保険者たる他方の保険料を**連帯**して納付する義務を負います。なお、**世帯主**も、その世帯に属する被保険者の保険料を連帯して納付する義務を負います。

イ ○ 令7条。保険料の前納は、**6ヵ月**又は**年**を単位として行うことが原則です。ただし、厚生労働大臣が定める期間（**2年間**など）について、そのすべての保険料をまとめて前納することもできます。

ウ × 参考：法87条の2第4項。設問のようなみなし規定は**ありません**。付加保険料の納付を辞退したもの（付加保険料を納付する者でなくなる旨の申出をしたもの）とみなされるのは、「**国民年金基金**の**加入員**となったとき」です。この場合は、国民年金基金の加入員となった日に、上記の申出をしたものとみなされます。

エ ○ 則75条。**法定免除**の事由に該当したときは、申請などすることなく、当然に保険料の納付が免除されます。ただし、原則として、法定免除事由に該当するに至ったことの**届出**を行う必要があります。この届出は、**14日**以内に、届書を市町村長に提出することにより行います。

オ × 法94条2項、平16法附則19条4項、平26法附則14条3項。追納の順序が逆です。一部について追納する場合は、原則として、**学生等の納付特例**期間又は**納付猶予**期間、次いで全額免除期間又は一部免除期間の順に、それぞれ**先に経過した月**の分から順次に行うものとされています。

以上から、誤っているものの組合せは、**D（ウとオ）**です。

解答 **D**

問題 262

保険料（2）

予想

難易度 難　重要度 B

保険料に関する次の記述のうち、正しいものはどれか。

A　国民年金法第88条の２に規定する産前産後期間の保険料免除の規定により保険料を納付することを要しないものとされている者は、付加保険料を納付する者となることができない。

B　国民年金法第89条第１項に規定する法定免除の規定により保険料を納付することを要しないものとされている者が、重ねて同法第88条の２に規定する産前産後期間の保険料免除の規定により保険料を納付することを要しないものとされたときは、産前産後期間の保険料免除の規定が適用され、その期間は、法定免除の規定は適用されない。

C　国民年金法第90条第１項に規定する申請全額免除の規定により納付することを要しないものとされた令和２年４月分の保険料を令和５年３月に追納するときは、追納すべき額は、令和２年４月分の保険料の額に政令で定める額を加算した額となる。

D　特定事由に係る特例保険料は、厚生労働大臣の承認を受けた日の属する月前10年以内の期間の各月についてのみ、納付することができる。

E　被保険者の委託を受けて保険料の納付事務を行う納付受託者は、国民年金保険料納付受託記録簿を備え、これをその完結の日から５年間保存しなければならない。

| 速習 レッスン | Ａ：P208・209、Ｂ：P208、Ｃ：P220、Ｄ：P221、Ｅ：P211 | 解説 |

Ａ　✕　法87条の２第１項。付加保険料を納付する者となることが**できます**。付加保険料を納付する者となることができないのは、次の①〜③の者です。産前産後期間は、保険料の納付が免除されますが、その期間中であっても、**付加保険料を納付することができます**。

①**特例**による任意加入被保険者

②**産前産後期間の保険料免除**以外の規定により保険料の全額又は一部の額につき**納付を免除**されている者

③**国民年金基金**の加入員

Ｂ　〇　法89条１項。つまり、法定免除の規定よりも、**産前産後期間の保険料免除**の規定が**優先**して適用されます。産前産後期間の保険料免除の規定により保険料が免除された期間は、**保険料納付済期間**となり、老齢基礎年金の額の計算において、法定免除の期間（保険料全額免除期間）よりも有利となるためです。

Ｃ　✕　令10条１項。設問の場合は、追納に係る**加算は行われません**ので、加算した額となりません。免除月の属する年度の**４月１日から起算**して**３年以内**（免除月が３月の場合は翌々年の４月まで）に追納する場合は、追納に係る加算は行われません。設問では、令和２年４月１日から起算して３年以内である令和５年３月に追納をしています。

Ｄ　✕　法附則９条の４の９第３項。10年以内の期間に限る旨の記述が誤りです。**特例保険料**の納付については、納付することができる期間（遡及可能期間）に**制限はありません**。なお、特定事由とは、法令に基づいて行われるべき処理が行われなかったこと又はその処理が著しく不当であること（行政側の事務処理の誤り等）をいいます。

Ｅ　✕　法92条の５第１項、則72条の７。「５年間」ではなく、「３年間」です。保険料の納付委託に係る**納付受託者**（国民年金基金等）には、帳簿の備え付け及び保存の義務が課せられています。備え付ける帳簿は、**国民年金保険料納付受託記録簿**であり、その保存期間は、その完結の日から**３年**間です。

8章

国民年金法

解答　Ｂ

問題 263

保険料（3）

過平29

国民年金法に関する次の記述のうち、誤っているものはどれか。

A　第1号被保険者が保険料を前納した後、前納に係る期間の経過前に第2号被保険者となった場合は、その者の請求に基づいて、前納した保険料のうち未経過期間に係る保険料が還付される。

B　国民年金法第89条第2項に規定する、法定免除の期間の各月につき保険料を納付する旨の申出は、障害基礎年金の受給権者であることにより法定免除とされている者又は生活保護法による生活扶助を受けていることにより法定免除とされている者のいずれであっても行うことができる。

C　保険料の半額を納付することを要しないとされた者は、当該納付することを要しないとされた期間について、厚生労働大臣に申し出て付加保険料を納付する者となることができる。

D　全額免除要件該当被保険者等が、指定全額免除申請事務取扱者に全額免除申請の委託をしたときは、当該委託をした日に、全額免除申請があったものとみなされる。

E　一部の額につき納付することを要しないものとされた保険料については、その残余の額につき納付されていないときは、保険料の追納を行うことができない。

速習レッスン　A：P219、B：P213、C：P209、D：P214、E：P220

解説

A ◯ 令9条1項1号ロ。保険料を前納した後、前納に係る期間の経過前に被保険者の**資格を喪失**した場合又は**第2号被保険者**若しくは**第3号被保険者**となった場合は、その者（死亡の場合はその者の相続人）の請求に基づき、前納した保険料のうち**未経過期間**に係るものが**還付**されます。なお、前納に係る期間の保険料につきその全部又は一部の納付が**免除**された場合は、その者の請求に基づき、免除された保険料に係る期間の前納保険料が還付されます。

B ◯ 法89条2項。被保険者又は被保険者であった者は、**法定免除**の事由に該当する場合であっても、免除されるべき保険料について、これを**納付する旨**の**申出**をすることができます。この申出は、その者が該当する法定免除の事由を問わず、することができます。なお、この申出があったときは、当該申出のあった期間に係る保険料に限り、法定免除の規定は適用されません。

C ✕ 法87条の2第1項・2項。設問の者は、付加保険料を納付する者となることが**できません**。付加保険料の納付は、定額の**保険料を全額**納付した月（追納により納付されたものとみなされた月を除く。）又は**産前産後期間**の保険料免除の規定により保険料の納付を免除された月についてのみ、行うことができます。

D ◯ 法109条の2第2項。指定全額免除申請事務取扱者は、全額免除要件該当被保険者等（全額免除の事由に該当する被保険者等）の委託を受けて、保険料の**全額免除申請**をすることができます。この委託をしたときは、当該**委託**をした日に、全額免除申請があったものと**みなされます**。

E ◯ 法94条1項。保険料一部免除に係る保険料の追納を行うことができるのは、免除されない**残余**の額が**納付**されたときに限られます。したがって、残余の額につき納付されていないときは、保険料の**追納**を行うことが**できません**。

解答　C

保険料（4）

保険料に関する次の記述のうち、正しいものはどれか。

A　保険料の一部の額につき納付することを要しないものとされた被保険者は、納付すべき保険料を前納するには、厚生労働大臣の承認を受けなければならない。

B　前納された保険料について保険料納付済期間又は保険料4分の3免除期間、保険料半額免除期間若しくは保険料4分の1免除期間を計算する場合においては、前納に係る期間の各月の初日が到来したときに、それぞれその月の保険料が納付されたものとみなされる。

C　保険料4分の3免除に係る所得基準は、扶養親族等がない場合は、保険料を納付することを要しないものとすべき月の属する年の前年の所得（1月から6月までの月分の保険料については、前々年の所得）が168万円以下であることである。

D　保険料の追納は、追納に係る厚生労働大臣の承認の日の属する月前10年以内の期間に係る保険料に限り、することができる。

E　65歳に達した日に老齢基礎年金の受給権を取得したが、その請求をしていない67歳の者は、保険料免除の規定（産前産後期間の保険料の免除の規定を除く。）によりその全額又は一部の額につき納付することを要しないものとされた保険料の追納をすることができる。

A：P218、B：P219、C：P215、D：P219、E：P220　　解説

A　✕　法93条1項。承認を受ける必要はありません。保険料の前納は、**保険料の全額**について行うことができるほか、**保険料一部免除**の適用を受ける期間の保険料（免除された額以外の残りの額）や**付加保険料**についても行うことができます。これらの保険料を前納するにあたり、厚生労働大臣の承認を必要とする旨の規定は**ありません**。

B　✕　法93条3項。「各月の初日が到来したとき」ではなく、「各月が経過した際」です。前納された保険料について保険料納付済期間等を計算する場合においては、前納に係る期間の**各月が経過した**際に、それぞれその月の保険料が納付されたものとみなされます。

C　✕　法90条の2第1項1号、令6条の8の2、則77条の2。「168万円以下」ではなく、「88万円以下」です。保険料一部免除に係る所得基準は、扶養親族等がない場合は、次のとおりです。

・4分の3免除……**88万円**以下
・半額免除…………128万円以下
・4分の1免除……168万円以下

D　〇　法94条1項。被保険者又は被保険者であった者は、保険料を追納するためには、**厚生労働大臣に承認**を受けなければなりません。追納することができる保険料は、当該**承認**の日の属する**月前10年**以内の期間に係る保険料に限られます。

E　✕　法94条1項。追納をすることができません。**老齢基礎年金**の**受給権者**は、保険料の追納をすることができる被保険者又は被保険者であった者から**除かれて**います。設問のように、老齢基礎年金の受給権が発生しているがまだ請求（裁定請求）をしていない者も、老齢基礎年金の受給権者であることに変わりはないので、保険料の追納をすることが**できません**。

解答　D

問題 265

不服申立て、雑則、罰則

予想　　　　　　　　　　　　　　　　　　　　　難易度 易　重要度 C

国民年金法に関する次の記述のうち、誤っているものはどれか。

A　保険料その他国民年金法の規定による徴収金に関する処分に不服がある者は、社会保険審査官に対して審査請求をすることができる。

B　脱退一時金に関する処分の取消しの訴えは、当該処分についての審査請求に対する社会保険審査会の裁決を経ていなくとも、提起することができる。

C　年金給付を受ける権利に基づき支払期月ごとに支払うものとされる年金給付の支給を受ける権利は、当該年金給付の支給に係る支払期月の翌月の初日から５年を経過したときは、時効によって、消滅する。

D　厚生労働大臣は、必要があると認めるときは、被保険者の資格又は保険料に関する処分に関し、被保険者に対し、出産予定日に関する書類、被保険者若しくは被保険者の配偶者若しくは世帯主若しくはこれらの者であった者の資産若しくは収入の状況に関する書類その他の物件の提出を命じ、又は当該職員をして被保険者に質問させることができる。

E　偽りその他不正な手段により給付を受けた者は、３年以下の懲役又は100万円以下の罰金に処する。

速習レッスン　A：P224〜225、B：P224・225、C：P225、D：P226、E：P226　**解説**

A 　◯　法101条1項。設問の処分に不服がある者は、**社会保険審査官**に対して**審査請求**をし、その決定に不服がある者は、**社会保険審査会**に対して**再審査請求**をすることができます。つまり、保険料その他徴収金に関する処分は、二審制の対象です。

B 　✕　法附則9条の3の2第6項、令14条の4。社会保険審査会の裁決を経ていないときは、提起することができません。**脱退一時金**に関する処分に不服がある者は、**社会保険審査会**に対して**審査請求**をすることができますが、この審査請求に対する社会保険審査会の**裁決を経た後**でなければ、その処分の取消しの訴えを（裁判所に）提起することができません。

C 　◯　法102条1項。設問の「支払期月ごとに支払うものとされる年金給付の支給を受ける権利」とは、いわゆる**支分権**のことです。支分権は、**支払期月の翌月の初日から5年**を経過したときは、時効によって、消滅します。

D 　◯　法106条1項。**被保険者に関する調査命令**等について、正しい記述です。なお、設問の規定によって質問を行う当該職員は、その身分を示す**証票**を携帯し、かつ、関係人の請求があるときは、これを提示しなければなりません。

E 　◯　法111条。**不正受給**の場合の罰則についてです。不正受給をした者は、**最重罰**である「**3年以下の懲役又は100万円以下の罰金**」に処せられます。

解答　**B**

問題 266

国民年金基金（1）

過平27 改正A

国民年金法に関する次の記述のうち、誤っているものはどれか。

A　国民年金基金の加入員が、保険料免除の規定（産前産後期間の保険料免除の規定を除く。）により国民年金保険料の全部又は一部の額について保険料を納付することを要しないものとされたときは、その月の初日に加入員の資格を喪失する。

B　付加保険料を納付する第1号被保険者が国民年金基金の加入員となったときは、加入員となった日に付加保険料の納付の辞退の申出をしたものとみなされる。

C　国民年金基金が支給する一時金は、少なくとも、当該基金の加入員又は加入員であった者が死亡した場合において、その遺族が国民年金法第52条の2第1項の規定による死亡一時金を受けたときには、その遺族に支給されるものでなければならない。

D　国民年金基金は、基金の事業の継続が不能となって解散しようとするときは、厚生労働大臣の認可を受けなければならない。

E　国民年金基金が支給する一時金については、給付として支給を受けた金銭を標準として、租税その他の公課を課することができる。

A：P231、B：P210、C：P232、D：P230、E（参考）P146・232

解説

A ○ 法127条3項3号。産前産後期間の保険料免除の規定**以外**の規定により**保険料**の全額又は一部の額につき納付を**免除**されている者は、国民年金基金の加入員となることが**できません**。したがって、国民年金基金の加入員が保険料免除の規定（産前産後期間の保険料免除の規定を除く。）により保険料の全部又は一部の額について保険料を納付することを要しないものとされた（**保険料の納付を免除された**）ときは、その者は、加入員の資格を**喪失**します。この場合の加入員の資格の喪失日は、保険料の納付を**免除された月の初日**です。

B ○ 法87条の2第4項。付加保険料の納付と国民年金基金への加入は、いずれも**老齢基礎年金**の上乗せ給付を受けることを目的とするものであるため、両者を重複して行うことはできません。したがって、付加保険料を納付する者が国民年金基金の加入員となったときは、**加入員となった日**に、「付加保険料を納付する者」でなくなる旨の申出をしたものと**みなされます**。

C ○ 法129条3項。国民年金基金が支給する**死亡**に関する一時金は、**死亡一時金**に上乗せする形で支給されます。

D ○ 法135条1項2号・2項。国民年金基金は、次の理由によって解散します。①又は②の理由により解散しようとするときは、**厚生労働大臣**の**認可**を受けなければなりません。
①代議員の定数の**4分の3**以上の多数による代議員会の議決
②国民年金基金の事業の**継続の不能**
③厚生労働大臣による解散の命令

E ✕ 法133条による法25条の準用。国民年金基金が支給する一時金について、租税その他の公課を課することは**できません**。国民年金基金が支給する死亡に関する**一時金**については、受給権の保護及び公課の禁止の規定が準用されます。なお、老齢に関する**年金**については、譲り渡し、又は担保に供することはできませんが、差し押さえることができ、また、公課の対象とすることができます。

解答　E

国民年金基金（2）

国民年金基金（以下「基金」という。）に関する次の記述のうち、正しいものはどれか。

A 基金は、厚生労働大臣の認可を受けて、他の基金と吸収合併をすることができるが、合併をする基金が締結する吸収合併契約について、基金は、代議員会において代議員の定数の4分の3以上の多数により議決しなければならない。

B 基金の役員である監事は、代議員会において、学識経験を有する者及び代議員のうちから、それぞれ1人を選挙する。

C 日本国籍を有する者であって、日本国内に住所を有しない20歳以上65歳未満の任意加入被保険者は、基金の加入員となることができない。

D 基金の加入員の資格を取得した月にその資格を喪失したときは、その月は、1ヵ月として加入員期間に算入される。

E 国民年金基金連合会は、中途脱退者及びその加入員である基金に係る解散基金加入員に対し、年金又は死亡を支給事由とする一時金の支給を行うものとされているが、中途脱退者とは、基金の加入員の資格を喪失した者（当該加入員の資格を喪失した日において当該基金が支給する年金の受給権を有する者を除く。）であって、その者の当該基金の加入員期間が10年に満たないものをいう。

| 速習レッスン | Ａ：P230、Ｂ：P229、Ｃ：P231、Ｄ：P231〜232、Ｅ：P233 | 解説 |

Ａ ✗ 法137条の３、137条の３の３。「４分の３以上」ではなく、「３分の２以上」です。基金は、厚生労働大臣の**認可**を受けて、他の基金と吸収合併をすることができます。合併をする基金は、吸収合併契約を締結しなければなりませんが、基金は、この吸収合併契約について代議員会において代議員の**定数の３分の２以上**の多数により議決しなければなりません。

Ｂ 〇 法124条５項。監事は、基金の業務を**監査**します。監事は２人であり、代議員会において、**学識経験**を有する者及び**代議員**のうちから、それぞれ**１人**を選挙します。

Ｃ ✗ 法附則５条12項。基金の加入員となることが**できます**。任意加入被保険者のうち、基金の加入員となることができるのは、次の①又は②に該当するものです。
①日本国内に住所を有する60歳以上65歳未満の者
②日本国籍を有する者であって、日本国内に**住所を有しない**20歳以上65歳未満のもの

Ｄ ✗ 法127条４項。設問の月は、加入員期間に算入**されません**。加入員の資格を取得した月にその資格を喪失した者は、その資格を取得した日に**さかのぼって**、**加入員でなかった**ものとみなされるためです。

Ｅ ✗ 法137条の15第１項、137条の17第１項、基金令45条１項。「10年」ではなく、「**15年**」です。なお、国民年金基金連合会は、その会員である基金から、中途脱退者の当該基金の加入員期間に係る年金の原価に相当する額の交付を受けたときは、当該交付金を原資として、当該中途脱退者に係る年金又は一時金を支給します。

8章 国民年金法

解答 ▶ Ｂ

問題 268

国民年金制度全般（1）

過令4

国民年金法に関する次の記述のうち、正しいものはどれか。

A 20歳未満の厚生年金保険の被保険者は国民年金の第2号被保険者となるが、当分の間、当該被保険者期間は保険料納付済期間として算入され、老齢基礎年金の額に反映される。

B 国民年金法による保険料の納付を猶予された期間については、当該期間に係る保険料が追納されなければ老齢基礎年金の額には反映されないが、学生納付特例の期間については、保険料が追納されなくても、当該期間は老齢基礎年金の額に反映される。

C 基礎年金拠出金の額の算定基礎となる第1号被保険者数は、保険料納付済期間、保険料全額免除期間、保険料4分の3免除期間、保険料半額免除期間及び保険料4分の1免除期間を有する者の総数とされている。

D 大学卒業後、23歳から民間企業に勤務し65歳までの合計42年間、第1号厚生年金被保険者としての被保険者期間を有する者（昭和32年4月10日生まれ）が65歳から受給できる老齢基礎年金の額は満額となる。なお、当該被保険者は、上記以外の被保険者期間を有していないものとする。

E 第1号被保険者又は第3号被保険者が60歳に達したとき（第2号被保険者に該当するときを除く。）は、60歳に達した日に被保険者の資格を喪失する。また、第1号被保険者又は第3号被保険者が死亡したときは、死亡した日の翌日に被保険者の資格を喪失する。

A：P124・158、B：P216・217、C：P206、D：P131・161、E：P129

解説

A ✕ 法7条1項2号、27条、昭60法附則8条4項。当該被保険者期間は、保険料納付済期間として算入されず、老齢基礎年金の額に反映されません。当該被保険者期間は、**第2号被保険者**としての期間のうちの**20歳前**の期間であるため、保険料納付済期間ではなく、合算対象期間に算入されます。合算対象期間は、老齢基礎年金の受給資格期間には算入されますが、老齢基礎年金の額には反映されません。

B ✕ 法27条8号、90条の3第1項、平16法附則19条1項・2項・4項、平26法附則14条1項・3項。設問後半の学生納付特例の期間についても、保険料が追納されなければ、老齢基礎年金の額に反映されません。学生納付特例及び納付猶予による期間は、老齢基礎年金の受給資格期間には算入されますが、保険料を追納しない限り、老齢基礎年金の額には反映されません。

C ✕ 令11条の3。設問中の「保険料全額免除期間」は考慮されません。基礎年金拠出金の額の算定基礎となる被保険者は、次のとおりです。設問は、このうちの第1号被保険者について問うています。

・**第1号被保険者**……保険料**納付済**期間、保険料**4分の1免除**期間、保険料**半額免除**期間又は保険料**4分の3免除**期間を有する者
・**第2号被保険者**……**20歳以上60歳未満**の者
・**第3号被保険者**……**すべて**の者

D ✕ 法5条1項、7条1項2号、27条、昭60法附則8条4項。満額とはなりません。設問の者は、23歳から65歳までの42年間、国民年金の第2号被保険者となりますが、当該第2号被保険者としての期間のうち保険料納付済期間に算入されるのは、23歳から60歳までの37年間のみです。したがって、保険料納付済期間が**480ヵ月（40年間）に満たない**ため、老齢基礎年金の額は**満額となりません**。

E ○ 法9条1号・3号。設問は、第1号被保険者及び第3号被保険者に共通する資格喪失事由（次の2つ）について問うています。これらについては、資格喪失日の違いに注意してください。

・60歳に達したとき → **当日**に資格を喪失する。
・死亡したとき → **翌日**に資格を喪失する。

解答 E

問題 269

国民年金制度全般(2)

過令元 改正A

国民年金法に関する次の記述のうち、誤っているものはどれか。

A 脱退一時金に関する処分に不服がある者は、社会保険審査官に対して審査請求することができるが、当該審査請求は時効の完成猶予及び更新に関しては裁判上の請求とみなされる。

B 障害基礎年金の受給権者に対して更に障害基礎年金を支給すべき事由が生じたときは、前後の障害を併合した障害の程度による障害基礎年金が支給されるが、当該前後の障害を併合した障害の程度による障害基礎年金の受給権を取得したときは、従前の障害基礎年金の受給権は消滅する。

C 被保険者又は被保険者であった者の死亡前に、その者の死亡によって遺族基礎年金又は死亡一時金の受給権者となるべき者を故意に死亡させた者には、遺族基礎年金又は死亡一時金は支給しない。

D 遺族基礎年金の受給権は、受給権者が他の受給権者を故意に死亡させたときは、消滅する。

E 国民年金法第30条第1項の規定により、障害認定日において障害等級に該当した場合に支給する障害基礎年金の受給権の発生日は障害認定日であるが、同法第30条の2第1項の規定によるいわゆる事後重症による障害基礎年金の受給権の発生日はその支給の請求日である。

速習レッスン　A：P225、B：P178、C：P149、D：P149、E：P176

解説

A　✕　法附則9条の3の2第5項・6項。「社会保険審査官」ではなく、「**社会保険審査会**」です。**脱退一時金**に関する処分についての不服申立ては、社会保険審査会に対する審査請求の**一審制**です。なお、設問後半は、正しい記述です。

B　〇　法31条。障害基礎年金の受給権者に対してさらに障害基礎年金を支給すべき事由が生じたときは、**併給の調整（併合認定）**により、**前後の障害を併合**した障害の程度による障害基礎年金が支給されます。併合認定が行われた場合には、**従前**の障害基礎年金の受給権は**消滅**します。

C　〇　法71条1項。被保険者又は被保険者であった者の死亡前に、その者の死亡によって遺族基礎年金又は死亡一時金の受給権者となるべき者を**故意**に死亡させた者は、絶対的給付制限の対象となり、この者に遺族基礎年金又は死亡一時金は**支給されません**。

D　〇　法71条2項。他の受給権者を**故意**に死亡させた遺族基礎年金の受給権者は、絶対的給付制限の対象となり、この者の有する遺族基礎年金の受給権は**消滅**します。

E　〇　法30条1項、30条の2第3項。設問前半の原則的な障害基礎年金については、**障害認定日**にその受給権が発生します。一方、設問後半の事後重症による障害基礎年金については、支給の**請求**があった日にその受給権が発生します。なお、いずれの障害基礎年金についても、実際の支給は、受給権が発生した日の属する月の翌月から開始されます。

解答　A

問題 270

チェック欄

国民年金制度全般（3）

予想　　　　　　　　　　　　　　　　　　　　難易度 **難**　重要度 **B**

国民年金法に関する次の記述のうち、誤っているものはどれか。

A　遺族厚生年金の支給を受けている者であって、保険料納付済期間を15年有し、かつ、付加保険料に係る保険料納付済期間を有するものが65歳に達したときは、この者は、遺族厚生年金と老齢基礎年金及び付加年金を併給することができる。

B　20歳前の傷病による障害基礎年金について、受給権者の前年の所得によりその額の2分の1に相当する部分の支給が停止されるべき場合において、当該障害基礎年金に子に係る加算額が加算されているときは、子に係る加算額を含む障害基礎年金の額の2分の1に相当する部分の支給が停止される。

C　第1号被保険者であった間に初診日がある傷病による障害に係る障害基礎年金を受ける権利の裁定請求の受理及びその請求に係る事実についての審査に関する事務は、市町村長（特別区の区長を含む。）が行う。

D　保険料納付確認団体は、当該団体の構成員その他これに類する者である被保険者からの委託により、当該被保険者に係る保険料が納期限までに納付されていない事実の有無について確認し、その結果を当該被保険者に通知する業務を行うものとする。

E　延滞金の額は、納期限の翌日から徴収金完納又は財産差押えの日の前日までの期間の日数に応じて計算するが、延滞金を計算するにあたり、徴収金額に500円未満の端数があるときは、その端数は切り捨てる。

速習レッスン A：P148・157・195、B：P183、C：(参考) P121・141、D：P211、E：P222　**解説**

A　〇　法20条１項、26条、43条、法附則９条の２の４。設問の者は、保険料納付済期間を有し、老齢基礎年金の受給資格期間を満たしているので、**65歳**に達したときに、老齢基礎年金の受給権を取得します。また、付加保険料納付済期間を有しているので、**老齢基礎年金**の受給権を取得したときに、付加年金の受給権を取得します。受給権者が**65歳**に達しているときは、**遺族厚生年金**と老齢基礎年金及び付加年金を**併給する**ことができます。

B　✕　法36条の３第１項。「子に係る加算額を含む」とする記述が誤りです。受給権者の**所得**により20歳前の傷病による障害基礎年金の額の２分の１に相当する部分の支給が停止されるべき場合において、当該障害基礎年金に子に係る加算額が加算されているときは、子に係る**加算額を控除**した額の**２分の１**に相当する部分の支給が停止されます。

C　〇　令１条の２第３号ハ。給付を受ける権利（受給権）の裁定は、**厚生労働大臣**が行いますが、裁定に関する事務は、市町村長や日本年金機構が行います。市町村長が行う事務（裁定請求の受理等）として、第１号被保険者であった間に**初診日**がある傷病による障害に係る**障害基礎年金**に係る事務や、20歳前の傷病による障害基礎年金に係る事務などがあります。

D　〇　法109条の３第２項。設問の「当該被保険者に係る保険料が納期限までに納付されていない事実」を、「保険料滞納事実」といいます。**保険料納付確認団体**は、被保険者からの委託により、**保険料滞納事実の有無**について**確認**し、その結果を当該被保険者に**通知**する業務を行います。

E　〇　法97条１項・３項。延滞金の額の計算基礎となる日数は、納期限の**翌日**から徴収金完納又は財産差押えの日の**前日**までの期間の日数です。また、延滞金の額を計算する際は、徴収金額の**500円未満**の端数を切り捨てます。なお、計算した延滞金の金額については、50円未満の端数を切り捨てます。

8章

国民年金法

解答　B

問題 271

チェック欄

[選択式] 届出、国民年金原簿

予想

難易度 普　重要度 B

次の文中の ▢ の部分を選択肢の中の最も適切な語句で埋め、完全な文章とせよ。

1　老齢基礎年金の受給権者の属する世帯の世帯主 ▢ A ▢ は、当該受給権者の所在が ▢ B ▢ 以上明らかでないときは、速やかに、所定の事項を記載した届書を日本年金機構に提出しなければならない。

2　▢ C ▢ の受給権者は、その氏名を変更した場合であって氏名変更届の提出を要しないときは、当該変更をした日から14日以内に、氏名の変更の理由等を記載した届書を、日本年金機構に提出しなければならない。

3　厚生労働大臣は、国民年金原簿を備え、これに被保険者の氏名、資格の取得及び喪失、種別の変更、保険料の納付状況、▢ D ▢ その他厚生労働省令で定める事項を記録するものとする。

4　被保険者又は被保険者であった者は、国民年金原簿に記載された自己に係る ▢ E ▢ 国民年金原簿記録（被保険者の資格の取得及び喪失、種別の変更、保険料の納付状況その他厚生労働省令で定める事項の内容をいう。以下同じ。）が事実でない、又は国民年金原簿に自己に係る ▢ E ▢ 国民年金原簿記録が記録されていないと思料するときは、厚生労働大臣に対し、国民年金原簿の訂正の請求をすることができる。

選択肢

① ３ヵ月　　　　② 指定　　　　③ 家族構成　　　　④ その他の親族

⑤ 特定　　　　⑥ １年　　　　⑦ 標準報酬　　　　⑧ ６ヵ月

⑨ 承認　　　　⑩ １ヵ月　　　⑪ 訂正　　　　　　⑫ 基礎年金番号

⑬ 及び当該受給権者の配偶者　　　⑭ 老齢基礎年金又は付加年金

⑮ その他その世帯に属する者　　　⑯ 老齢基礎年金又は障害基礎年金

⑰ 及び法定代理人　　　　　　　　⑱ 遺族基礎年金又は寡婦年金

⑲ 将来の給付の見込み　　　　　　⑳ 障害基礎年金又は遺族基礎年金

| 速習レッスン | A・B：P137、C：P136、D：P139、E：P139 | 解説 |

　A・Bは則23条１項、Cは則52条の３第１項、60条の７の３第１項、Dは法14条、Eは法14条の２第１項。

1　受給権者の**所在不明**の届出についてです。老齢基礎年金等の年金給付の受給権者の所在が明らかでないときは、**速やかに**、届書を日本年金機構に提出しなければなりません。この届書の提出は、受給権者の属する世帯の**世帯主**その他その**世帯に属する者**が、当該受給権者の所在が**１ヵ月以上**明らかでないときに、行わなければなりません。

2　年金給付の受給権者の**氏名変更**の届出は、厚生労働大臣が住民基本台帳法の規定（住民基本台帳ネットワークシステム）により当該受給権者に係る**機構保存本人確認情報**の提供を受けることができる者については、不要です。氏名変更の届出が不要となる場合に、**氏名変更の理由**について届書を提出しなければならないのは、**遺族基礎年金又は寡婦年金**の受給権者です。

3　国民年金原簿に記録する事項は、被保険者の氏名、資格の取得及び喪失、種別の変更、**保険料の納付状況**、**基礎年金番号**その他厚生労働省令で定める事項です。

4　国民年金原簿の**訂正の請求**（訂正請求）についてです。訂正請求は、被保険者又は被保険者であった者が、(1) 国民年金原簿に記録された自己に係る**特定国民年金原簿記録**が事実でない、又は (2) 国民年金原簿に自己に係る**特定国民年金原簿記録**が記録されていないと思料するときに、厚生労働大臣に対して行うことができます。

8章

国民年金法

| 解答 | A ⑮その他その世帯に属する者　B ⑩１ヵ月　C ⑱遺族基礎年金又は寡婦年金　D ⑫基礎年金番号　E ⑤特定 |

問題 272

チェック欄

[選択式] 財政の均衡、遺族基礎年金等

過令2

難易度 普　重要度 Ⓐ

次の文中の[　　]の部分を選択肢の中の最も適切な語句で埋め、完全な文章とせよ。

1　国民年金法第4条では、「この法律による年金の額は、[　A　]その他の諸事情に著しい変動が生じた場合には、変動後の諸事情に応ずるため、速やかに[　B　]の措置が講ぜられなければならない。」と規定している。

2　国民年金法第37条の規定によると、遺族基礎年金は、被保険者であった者であって、日本国内に住所を有し、かつ、[　C　]であるものが死亡したとき、その者の配偶者又は子に支給するとされている。ただし、死亡した者につき、死亡日の前日において、死亡日の属する月の前々月までに被保険者期間があり、かつ、当該被保険者期間に係る保険料納付済期間と保険料免除期間とを合算した期間が[　D　]に満たないときは、この限りでないとされている。

3　国民年金法第94条の2第1項では、「厚生年金保険の実施者たる政府は、毎年度、基礎年金の給付に要する費用に充てるため、基礎年金拠出金を負担する。」と規定しており、同条第2項では、「[　E　]は、毎年度、基礎年金の給付に要する費用に充てるため、基礎年金拠出金を納付する。」と規定している。

┌─ 選択肢 ─────────────────────────────┐

①10年　　　　　　　　　②25年　　　　　　　　③20歳以上60歳未満

④20歳以上65歳未満　　　⑤60歳以上65歳未満　　　⑥65歳以上70歳未満

⑦改定　　　　　　　　　⑧国民生活の安定　　　　⑨国民生活の現況

⑩国民生活の状況　　　　⑪国民の生活水準　　　　⑫所要

⑬実施機関たる共済組合等　⑭実施機関たる市町村　　⑮実施機関たる政府

⑯実施機関たる日本年金機構　⑰是正　　　　　　　　⑱訂正

⑲当該被保険者期間の3分の1

⑳当該被保険者期間の3分の2

└─────────────────────────────────┘

速習レッスン　A・B：P150、C:P186、D:P186、E:P206

解説

A・Bは法4条、C・Dは法37条、Eは法94条の2第2項

1. 国民年金法4条の規定は、年金額の改定に関する基本規定です。同条においては、「**年金の額**は、**国民の生活水準**等の諸事情に著しい変動が生じた場合に、速やかに**改定**の措置が講ぜられなければならない」旨が規定されています。

2. 被保険者であった者であって、**日本国内**に住所を有し、かつ、**60歳以上65歳未満**であるものが死亡したときは、その者の配偶者又は子に、遺族基礎年金が支給されます。

   この死亡について遺族基礎年金が支給されるためには、**保険料納付要件**を満たしていなければなりません。保険料納付要件（原則）は、「死亡した者につき、死亡日の**前日**において、死亡日の属する月の**前々月**までに被保険者期間がある場合には、当該被保険者期間に係る**保険料納付済期間**と**保険料免除期間**とを合算した期間が当該**被保険者期間の3分の2**以上であること」です。つまり、合算した期間が**3分の2**未満であるときは、遺族基礎年金は支給されません。

3. **基礎年金拠出金**は、基礎年金の給付に要する費用に充てるためのものです。基礎年金拠出金は、厚生年金保険の**実施者たる政府**及び**実施機関たる共済組合等**が、**毎年度**、負担し、又は納付します。

解答　A ⑪国民の生活水準　B ⑦改定　C ⑤60歳以上65歳未満　D ⑳当該被保険者期間の3分の2　E ⑬実施機関たる共済組合等

問題 273

チェック欄

1	2	3
8/27 ×	9/16 ×	

［選択式］調整期間、公課の禁止

過令3

難易度 **普**　重要度 **B**

次の文中の□□□の部分を選択肢の中の最も適切な語句で埋め、完全な文章とせよ。

1　国民年金法第16条の２第１項の規定によると、政府は、国民年金法第４条の３第１項の規定により財政の現況及び見通しを作成するに当たり、国民年金事業の財政が、財政均衡期間の終了時に　A　ようにするために必要な年金特別会計の国民年金勘定の積立金を保有しつつ当該財政均衡期間にわたってその均衡を保つことができないと見込まれる場合には、年金たる給付（付加年金を除く。）の額（以下本問において「給付額」という。）を　B　するものとし、政令で、給付額を　B　する期間の　C　を定めるものとされている。

2　国民年金法第25条では、「租税その他の公課は、　D　として、課することができない。ただし、　E　については、この限りでない。」と規定している。

─ 選択肢 ─

①遺族基礎年金及び寡婦年金　　　　　②遺族基礎年金及び付加年金

③開始年度　　　　　　　　　　　　　④開始年度及び終了年度

⑤改定　　　　　　　　　　　　　　　⑥給付額に不足が生じない

⑦給付として支給を受けた金銭を基準　⑧給付として支給を受けた金銭を標準

⑨給付として支給を受けた年金額を基準　⑩給付として支給を受けた年金額を標準

⑪給付の支給に支障が生じない　　　　⑫減額

⑬財政窮迫化をもたらさない　　　　　⑭財政収支が保たれる

⑮終了年度　　　　　　　　　　　　　⑯調整

⑰年限　　　　　　　　　　　　　　　⑱変更

⑲老齢基礎年金及び寡婦年金　　　　　⑳老齢基礎年金及び付加年金

速習 レッスン A～C：P152、D・E：P146　　　　　　　　　　　　　　**解説**

A～Cは法16条の2第1項、D・Eは法25条。

1　**調整期間**についてです。調整期間は、**年金たる給付（付加年金を除く。）の額を調整**する期間です。政府は、財政の現況及び見通しを作成するにあたり、国民年金事業の**財政**が、**財政均衡期間の終了時**に給付の支給に支障が生じないようにするために必要な年金特別会計の国民年金勘定の積立金を保有しつつ当該財政均衡期間にわたってその均衡を保つことができないと見込まれる場合に、**調整期間**の**開始年度**を定めます。なお、調整期間の開始年度は、政令で、**平成17年度**と定められています。

2　給付として支給を受けた金銭を標準として、**租税その他の公課**を課することはできません（公課の禁止）。ただし、例外として、**老齢基礎年金及び付加年金**は、課税の対象となります。

8章

国民年金法

解答　A ⑪給付の支給に支障が生じない　B ⑯調整　C ③開始年度　D ⑧給付として支給を受けた金銭を標準　E ⑳老齢基礎年金及び付加年金

615

チェック欄	1	2	3
	8/27 ○	9/16 ○	

問題 274

[選択式] 障害基礎年金

予想　　　　　　　　　　　　　　　　　　　難易度 普　重要度 Ⓐ

次の文中の　　　の部分を選択肢の中の最も適切な語句で埋め、完全な文章とせよ。

1　疾病にかかり、又は負傷し、かつ、当該傷病に係る初診日要件を満たした者であって、　A　において所定の障害等級に該当する程度の障害の状態になかったものが、同日後　B　までの間において、その傷病により障害等級に該当する程度の障害の状態に該当するに至ったときは、その者は、その期間内に障害基礎年金の支給を請求することができる。

2　障害基礎年金の受給権者に対して更に障害基礎年金を支給すべき事由が生じたときは、　C　障害の程度による障害基礎年金を支給する。

3　障害基礎年金の額は、受給権者　D　しているその者の子（18歳に達する日以後の最初の3月31日までの間にある子及び　E　未満であって障害等級に該当する障害の状態にある子に限る。）があるときは、その子1人につきそれぞれ74,900円に改定率を乗じて得た額（そのうち2人までについては、それぞれ224,700円に改定率を乗じて得た額。）を加算した額とする。

┌─ 選択肢 ─────────────────────────┐
①20歳　　　　　　　　②60歳に達する日の前日　　③と生計を同じく

④65歳に達する日の前日　⑤初診日　　　　　　　　⑥申請日

⑦によって生計を維持　　⑧3年を経過する日　　　　⑨18歳

⑩障害認定日　　　　　　⑪15歳　　　　　　　　　⑫が養育

⑬前後の障害を併合した　⑭30歳　　　　　　　　⑮前後の障害を併合しない

⑯1年6ヵ月を経過する日　⑰が扶養　　　　　　　⑱後発の

⑲従前の　　　　　　　⑳初診日の前日
└────────────────────────────────┘

616

| 速習レッスン | A・B：P176、C：P178、D・E：P180 | 解説 |

A・Bは法30条の2第1項、Cは法31条1項、D・Eは法33条の2第1項。

1 **事後重症**による障害基礎年金についてです。初診日要件及び保険料納付要件を満たした者が、**障害認定日**に障害等級1級又は2級に該当する程度の障害の状態になかった場合において、その後、**65歳**に達する日の**前日**までの間に同一の傷病により障害等級1級又は2級に該当する程度の障害の状態になったときは、その**期間内**に、事後重症による障害基礎年金の支給を請求することができます。なお、事後重症による障害基礎年金は、請求することで初めて受給権が発生する**請求年金**です。

2 **併合認定**についてです。障害基礎年金の受給権者に対して更に障害基礎年金を支給すべき事由が生じたときは、**前後の障害を併合**した障害の程度による障害基礎年金を支給します。なお、併合認定が行われた場合には、従前の障害基礎年金の受給権は**消滅**します。

3 障害基礎年金の**子の加算**ついてです。加算の対象となるのは、障害基礎年金の受給権者によって**生計を維持**している次の①又は②に該当する子です。受給権を取得した当時に生計を維持していた子だけではなく、受給権取得後に生計を維持することとなった子も、加算の対象となります。

> ①**18歳に達する日以後の最初の3月31日までの間にある子**
> ②**20歳未満**であって、**障害等級（1級又は2級）**に該当する障害の状態にある子

8章

国民年金法

| 解答 | A ⑩障害認定日　B ④65歳に達する日の前日 |
| | C ⑬前後の障害を併合した　D ⑦によって生計を維持　E ①20歳 |

617

問題 275

チェック欄

［選択式］保険料の額、付加保険料等

予想　　　　　　　　　　　　　　　　　　　　難易度 易　重要度 B

次の文中の　　　　の部分を選択肢の中の最も適切な語句で埋め、完全な文章とせよ。

1　令和5年度に属する月の月分の保険料の額は、　A　円に保険料改定率を乗じて得た額である。令和5年度における保険料改定率は、　B　である

2　第1号被保険者（一定の者を除く。）は、厚生労働大臣に申し出て、その申出をした日の属する月以後の各月につき、前記1の保険料のほか、　C　円の付加保険料を納付する者となることができる。

3　付加保険料を納付する者となったものは、いつでも、厚生労働大臣に申し出て、その申出をした日の　D　の各月に係る保険料（すでに納付されたもの及び前納されたものを除く。）につき、付加保険料を納付する者でなくなることができる。

4　毎月の保険料は、　E　までに納付しなければならない。

選択肢

① 16,940	② 属する月の翌月以後	③ 属する月の前々月以後
④ 300	⑤ 17,000	⑥ 500
⑦ 0.972	⑧ その月の10日	⑨ 属する月以後
⑩ 翌月末日	⑪ 0.973	⑫ 0.977
⑬ その月の末日	⑭ 400	⑮ 17,320
⑯ 0.976	⑰ 翌月10日	⑱ 200
⑲ 16,900	⑳ 属する月の前月以後	

速習レッスン A・B：P209、C：P209、D：P209、E：P207

解説

Aは法87条3項、Bは改定率の改定等に関する政令2条、Cは法87条の2第1項、Dは法87条の2第3項、Eは法91条。

1　令和5年度の保険料の額は、「**17,000円×保険料改定率**」による額（10円未満の端数を四捨五入した額）です。保険料改定率は毎年度改定されますが、令和5年度の保険料改定率は、**0.972**です。したがって、令和5年度の各月の実際の保険料額は、16,520円（≒17,000円×0.972）となります。

2　第1号被保険者は、厚生労働大臣に**申し出る**ことにより、付加保険料を納付する者となることができます。付加保険料の額は、月額**400**円です。

3　付加保険料を納付する者となったものは、いつでも、厚生労働大臣に**申し出る**ことにより、その申出をした日の**属する月の前月以後**の各月に係る付加保険料を納付する者でなくなることができます。たとえば、4月10日に付加保険料を納付する者でなくなる旨の申出をした場合は、その申出をした日の属する月（4月）の前月である3月以後の月分の付加保険料からこれを納付する者でなくなることができるということです。ただし、すでに納付された月及び前納された月に係る付加保険料については、除かれます。

4　毎月の保険料の納期限は、**翌月末日**です。この納期限は、前記1の保険料及び前記2の付加保険料に共通です。

解答　A ⑤17,000　B ⑦0.972　C ⑭400　D ⑳属する月の前月以後
　　　　E ⑩翌月末日

問題 276

チェック欄

1	2	3
8/26 ✗	9/16 ✗	

［選択式］保険料の免除、保険料の納付

予想

難易度 普　重要度 A

次の文中の　　　　の部分を選択肢の中の最も適切な語句で埋め、完全な文章とせよ。

1　被保険者は、出産の予定日の属する月（以下「出産予定月」という。）の前月（多胎妊娠の場合においては、3ヵ月前）から出産予定月の　**A**　までの期間に係る保険料は、納付することを要しない。

2　平成28年7月から令和12年6月までの期間において、　**B**　に達する日の属する月の前月までの被保険者期間がある第1号被保険者又は第1号被保険者であった者であって納付猶予の事由のいずれかに該当するものから申請があったときは、厚生労働大臣は、当該被保険者期間のうちその指定する期間に係る保険料については、　**C**　ものを除き、これを納付することを要しないものとし、申請のあった日以後、当該保険料に係る期間を保険料全額免除期間に算入することができる。

3　被保険者は、厚生労働大臣に対し、　**D**　から付与される番号、記号その他の符号を通知することにより、当該　**D**　をして当該被保険者の保険料を立て替えて納付させることを希望する旨の申出をすることができる。厚生労働大臣は、この申出を受けたときは、その納付が　**E**　と認められ、かつ、その申出を承認することが保険料の徴収上有利と認められるときに限り、その申出を承認することができる。

選択肢

① 翌月
② 適正
③ 50歳
④ 国民年金事務組合
⑤ すでに納付された
⑥ 有効
⑦ 納付受託者
⑧ 55歳
⑨ 翌々月
⑩ 追納された
⑪ 必要
⑫ 3ヵ月後の月
⑬ 40歳
⑭ 前納された
⑮ 国民年金基金
⑯ 確実
⑰ 45歳
⑱ 指定代理納付者
⑲ 6ヵ月後の月
⑳ すでに納付されたもの及び前納された

| 速習レッスン | A：P208、B・C：P217、D・E：P210 | **解説** |

Aは法88条の２、B・Cは平26法附則14条１項、Dは法92条の２の２第１項、Eは法92条の２の２第２項。

1 **産前産後**期間中の第１号被保険者については、保険料が免除されます。免除される期間は、出産予定月の**前月**（多胎妊娠の場合においては、**３ヵ月前**）から出産予定月の**翌々月**までです。

2 保険料の納付猶予は、**令和12年６月**までの時限措置であり、その対象となるのは、**50歳**に達する日の属する月の**前月**までの被保険者期間がある第１号被保険者又は第１号被保険者であった者（**50歳未満**の者）です。この者が納付猶予の事由のいずれかに該当し、申請をしたときは、厚生労働大臣が指定する期間に係る保険料が免除されます。ただし、**すでに納付された**保険料は、免除されません。

3 被保険者の保険料を**立て替えて**納付させることができるのは、**指定代理納付者**です。厚生労働大臣は、被保険者から、指定納付代理者による保険料の納付を希望する旨の申出を受けたときは、その**納付が確実**と認められ、かつ、その申出を承認することが保険料の**徴収上有利**と認められるときに限り、その申出を承認することができます。

8章 国民年金法

| **解答** | A ⑨翌々月　B ③50歳　C ⑤すでに納付された |
| | D ⑱指定代理納付者　E ⑯確実 |

621

問題 277

チェック欄 1 8/-70 2 4/160 3

［選択式］ 国民年金基金

予想

難易度 普　重要度 C

次の文中の ☐ の部分を選択肢の中の最も適切な語句で埋め、完全な文章とせよ。

1　地域型国民年金基金の地区は、一の都道府県の区域の全部とするが、国民年金法第137条の３の規定による ☐ A ☐ 後存続する地域型国民年金基金にあっては、一以上の都道府県の区域の全部とする。

2　国民年金基金の理事は、☐ B ☐ において互選する。ただし、理事の定数の ☐ C ☐（☐ A ☐ によりその地区を全国とした地域型国民年金基金にあっては、2分の1）を超えない範囲内については、☐ B ☐ 会において、国民年金基金の業務の適正な運営に必要な学識経験を有する者のうちから選挙することができる。

3　老齢基礎年金の受給権者に対し国民年金基金が支給する年金の額は、☐ D ☐ に納付された掛金に係る当該国民年金基金の加入員期間の月数を乗じて得た額を超えるものでなければならない。

4　国民年金基金が支給する一時金の額は、☐ E ☐ を超えるものでなければならない。

―― 選択肢 ――

① 8,500円
② 200円
③ 分割継承
④ 評議員
⑤ 3分の2
⑥ 12,000円
⑦ 300円
⑧ 吸収分割
⑨ 4分の1
⑩ 400円
⑪ 代議員
⑫ 23,000円
⑬ 執行委員
⑭ 4分の3
⑮ 吸収合併
⑯ 100円
⑰ 68,000円
⑱ 3分の1
⑲ 共同設立
⑳ 役員

速習レッスン　A：P228、B・C：P229、D・E：P232

解説

Aは法118条の2第1項、B・Cは法124条2項、Dは法130条2項、Eは法130条3項。

1　国民年金基金の地区は、地域型国民年金基金にあっては、一の都道府県の区域の全部とし、職能型国民年金基金にあっては、全国とします。ただし、**吸収合併**後存続する**地域型国民年金基金**にあっては、**一以上**の都道府県の区域の全部とします。全国国民年金基金は、吸収合併後存続する地域型国民年金基金であり、全国を地区としています。

2　国民年金基金の役員は、理事及び監事です。このうち、理事は、代議員において**互選**されます。ただし、理事の定数の**3分の1**（吸収合併によりその地区を全国とした地域型国民年金基金にあっては、2分の1）を超えない範囲内については、代議員会において、国民年金基金の業務の適正な運営に必要な**学識経験**を有する者のうちから選挙することができます。なお、理事のうち1人を理事長とし、理事が選挙します。

3、4　国民年金基金は、加入員又は加入員であった者に対し、年金（**老齢**に関する年金）の支給を行い、あわせて加入員又は加入員であった者の**死亡**に関し、一時金の支給を行うものとされています。このうち、老齢に関する年金の額は、「200円×国民年金基金の加入員期間の月数」で計算した額を**超える**ものでなければなりません。また、死亡に関する一時金の額は、**8,500円**を**超える**ものでなければなりません。

解答

A　⑮**吸収合併**　B　⑪**代議員**　C　⑱**3分の1**　D　②**200円**
E　①**8,500円**

強制被保険者の要件等

種別※	【要件】国籍	【要件】国内居住	【要件】年齢	【適用除外】
第1号被保険者	不問	必要	20歳以上60歳未満	・老齢給付の受給権者 ・特別の理由のある者
第2号被保険者	不問	不要	不問	・65歳以上の老齢給付等の受給権者
第3号被保険者	不問	原則必要	20歳以上60歳未満	・特別の理由がある者

※種別の優先順位：①第2号被保険者→②第3号被保険者→③第1号被保険者の順

任意加入被保険者の範囲

	【範囲】
原則※1	①国内居住で20歳以上60歳未満＋厚年の老齢給付等の受給権あり※3 ②国内居住で60歳以上65歳未満※3 ③日本国籍を有し国内居住でない20歳以上65歳未満
特例※2	昭和40年4月1日以前生まれで老齢給付等の受給権なし ＋ ①国内居住で65歳以上70歳未満※3 ②日本国籍を有し国内居住でない65歳以上70歳未満

※1：第2号被保険者又は第3号被保険者に該当する場合には、それらの資格を優先
※2：第2号被保険者に該当する場合には、その資格を優先
※3：特別の理由がある者を除く（適用除外）

ポイント解説

産前産後期間の保険料免除（産前産後免除）

①産前産後免除は、他の免除（法定免除・申請免除）よりも**優先**して適用されます。
②**任意加入被保険者**は、産前産後免除の適用を受けることが**できません**。
③産前産後免除により保険料が免除された期間は、**保険料納付済**期間となります。
④産前産後免除の適用を受ける者は、**付加保険料**を**納付**することができます。
⑤産前産後免除の適用を受ける者は、**国民年金基金**の**加入員**となることができます。
　また、国民年金基金の加入員が産前産後免除の適用を受けることとなっても、加入員の資格を**喪失しません**。

第 9 章

厚生年金保険法

難しい科目ですがふんばりどころです！

目的、適用等

予想

厚生年金保険法に関する次の記述のうち、誤っているものはどれか。

A　厚生年金保険は、労働者の老齢、障害又は死亡について、保険給付を行う。

B　適用事業所以外の事業所の事業主は、当該事業所に使用される者（適用除外に該当する者を除く。）の2分の1以上が希望するときは、当該事業所を適用事業所とする旨の申請をしなければならない。

C　厚生労働大臣の権限に係る事務のうち、厚生年金保険原簿の訂正の請求の受理に係る事務は、日本年金機構に行わせるものとされている。

D　厚生年金保険法第32条に規定する同法による保険給付は、老齢厚生年金、障害厚生年金及び障害手当金並びに遺族厚生年金である。

E　適用事業所以外の事業所の事業主は、当該事業所を適用事業所とするためには、厚生労働大臣の認可を受けなければならない。

速習レッスン A：P240、B：P245、C：(参考) P242、D：P241、E：P245　　**解説**

A ○ 法1条。厚生年金保険の保険事故は、**労働者**の**老齢**、**障害又は死亡**です。なお、厚生年金保険法の目的は、設問の保険給付を行い、労働者及びその遺族の**生活の安定**と**福祉の向上**に寄与することです。

B × 参考：法6条4項。設問のような規定はありません。事業所に使用される者の希望により、事業主に当該事業所を任意適用事業所とする旨の**申請義務**が発生することは**ありません**。

C ○ 法100条の4第1項7号の2。厚生年金保険原簿（年金記録）の訂正の請求の受理に係る事務は、**日本年金機構**に委任されています。したがって、年金記録の訂正の請求は、実際には、日本年金機構に対して行います。

D ○ 法32条。厚生年金保険法32条（法本則）に規定する同法による保険給付は、**老齢厚生年金**、**障害厚生年金**及び**障害手当金**並びに**遺族厚生年金**の4種類です。なお、法附則で定める給付として、「脱退」について支給される脱退一時金などがあります。

E ○ 法6条3項。適用事業所以外の事業所の事業主は、**厚生労働大臣の認可**を受けて、当該事業所を適用事業所とすることができます。

任意適用事業所となるための要件と取消しの要件

なるための要件	取消しの要件
①事業所に使用される者の**2分の1**以上の同意 ②事業主の認可申請 ③厚生労働大臣の**認可**	①事業所に使用される者の**4分の3**以上の同意 ②事業主の認可申請 ③厚生労働大臣の**認可**

上記①は、いずれも適用除外事由に該当する者を除きます。また、多数の従業員が希望した場合でも、事業主に**申請義務は生じません**。

解答　B

適用事業所等

過令元

厚生年金保険法に関する次の記述のうち、正しいものはどれか。

A 常時5人以上の従業員を使用する個人経営の畜産業者である事業主の事業所は、強制適用事業所となるので、適用事業所となるために厚生労働大臣から任意適用事業所の認可を受ける必要はない。

B 個人経営の青果商である事業主の事業所は、常時5人以上の従業員を使用していたため、適用事業所となっていたが、その従業員数が4人になった。この場合、適用事業所として継続するためには、任意適用事業所の認可申請を行う必要がある。

C 常時5人以上の従業員を使用する個人経営のと殺業者である事業主は、厚生労働大臣の認可を受けることで、当該事業所を適用事業所とすることができる。

D 初めて適用事業所（第1号厚生年金被保険者に係るものに限る。）となった事業所の事業主は、当該事実があった日から5日以内に日本年金機構に所定の事項を記載した届書を提出しなければならないが、それが船舶所有者の場合は10日以内に提出しなければならないとされている。

E 住所に変更があった事業主は、5日以内に日本年金機構に所定の事項を記載した届書を提出しなければならないが、それが船舶所有者の場合は10日以内に提出しなければならないとされている。

速習レッスン　A：P244〜245、B：P245、C：P244〜245、D：P257、E：P257　　**解説**

A　✕　法6条1項・3項。畜産業（農林水産業）は適用業種ではないため、**個人経営**である限り、常時使用する**従業員数にかかわらず、強制適用事業所となりません**。したがって、適用事業所となるためには、厚生労働大臣から任意適用事業所の**認可**を受ける必要があります。

B　✕　法7条。認可申請を行う必要はありません。強制適用事業所が、従業員の減少等によってその要件に該当しなくなったときは、その事業所について、厚生労働大臣から任意適用事業所の**認可があったものとみなされます**。したがって、任意適用事業所の認可申請を行わなくても、適用事業所として継続します。

C　✕　法6条1項1号ト。と殺業は適用業種であるため、個人経営であっても、**常時5人以上**の従業員を使用する場合は、**強制適用事業所となります**。したがって、設問の事業主は、厚生労働大臣の認可を受ける必要はありません。

D　〇　則13条1項・3項。設問の新規適用事業所の届出の期限は、原則として**5日以内、船舶所有者**にあっては**10日以内**です。

E　✕　則23条1項・3項。船舶所有者の場合は、「10日以内に」ではなく、「**速やかに**」提出しなければなりません。設問は、事業主の氏名等変更届についてですが、この届出の期限は、原則として**5日以内、船舶所有者**にあっては**速やかに**とされています。

9章　厚生年金保険法

解答　D

問題 **280**

チェック欄

1	2	3
9/40	9/160	

被保険者（1）

過令2 変更イ

難易度 **難**　重要度 **B**

厚生年金保険法に関する次のアからオの記述のうち、誤っているものの組合せは、後記AからEまでのうちどれか。

ア 特定適用事業所に使用される者は、その1週間の所定労働時間が同一の事業所に使用される通常の労働者の1週間の所定労働時間の4分の3未満であって、厚生年金保険法の規定により算定した報酬の月額が88,000円未満である場合は、厚生年金保険の被保険者とならない。

イ 特定適用事業所に使用される者は、その1か月間の所定労働日数が同一の事業所に使用される通常の労働者の1か月間の所定労働日数の4分の3未満であって、1週間の所定労働時間が20時間未満である場合は、厚生年金保険の被保険者とならない。

ウ 特定適用事業所でない適用事業所に使用される特定4分の3未満短時間労働者は、事業主が実施機関に所定の申出をしない限り、厚生年金保険の被保険者とならない。

エ 特定適用事業所に該当しなくなった適用事業所に使用される特定4分の3未満短時間労働者は、事業主が実施機関に所定の申出をしない限り、厚生年金保険の被保険者とならない。

オ 適用事業所以外の事業所に使用される70歳未満の特定4分の3未満短時間労働者については、厚生年金保険法第10条第1項に規定する厚生労働大臣の認可を受けて任意単独被保険者となることができる。

A （アとイ）　　**B** （アとエ）　　**C** （イとウ）
D （ウとオ）　　**E** （エとオ）

ア：P32～33・250、イ：P32～33・250、ウ：P33、エ：P33、オ：P33・250

解説

ア ○ 法12条5号ロ。4分の3基準を満たさない短時間労働者が被保険者となるには、次の①～④の要件（4要件）をすべて満たす必要があります。設問の者は、このうちの②を満たしていないため、被保険者となりません。

①1週間の所定労働時間が**20時間以上**であること
②報酬（一定のものを除く。）の月額が**88,000円以上**であること
③**学生等**でないこと
④次のいずれかに該当する**適用事業所**に使用されていること
　(ｱ) **特定適用事業所**
　(ｲ) 労使合意に基づき実施機関に**申出**をした事業所

イ ○ 法12条5号イ。設問の者は、4要件（選択肢アの解説参照）のうち、①を満たしてないため、被保険者となりません。

ウ ○ 平24法附則17条1項・5項・7項。特定4分の3未満短時間労働者とは、4要件のうち①～③を満たす者であって、特定適用事業所以外の適用事業所に使用されるものをいいます。この者が被保険者となるには、事業主が実施機関に所定の**申出**（選択肢アの解説④(ｲ)の申出）をする必要があります。

エ × 平24法附則17条2項。被保険者となります。設問の者は、当該適用事業所が特定適用事業所である間は、被保険者となります。特定適用事業所が特定適用事業所に**該当しなくなった**場合であっても、当該適用事業所に使用される特定4分の3未満短時間労働者は、これのみをもって被保険者の資格を喪失せず、引き続き被保険者となります。なお、この者は、事業主が実施機関に所定の**申出**をすることで資格を喪失します。

オ × 法12条5号。設問の者は、適用事業所以外の事業所に使用されているため、4要件を満たしていません。したがって、**適用除外**に該当し、任意単独被保険者となることができません。

以上から、誤っているものの組合せは、**E（エとオ）**です。

解答　**E**

問題 281

被保険者（2）

予想

難易度 普　重要度 B

被保険者に関する次の記述のうち、正しいものはどれか。

A　法人の代表者は、法人から労務の対償として報酬を受けていても、被保険者とならない。

B　適用事業所以外の事業所に使用される70歳未満の者は、事業主の同意がなくても、保険料の全額を負担する旨を申し出れば、任意単独被保険者となることができる。

C　70歳以上の高齢任意加入被保険者を使用する適用事業所の事業主であって、当該被保険者に係る保険料の半額を負担し、かつ、その被保険者及び自己の負担する保険料を納付する義務を負うことにつき同意をしているものは、この同意を撤回することができない。

D　高齢任意加入被保険者は、75歳に達したときは、その日に、その資格を喪失する。

E　60歳を定年とする適用事業所の被保険者が、定年退職後も1日の空白もなく引き続き再雇用されるときは、使用関係が一旦中断したものとみなし、当該適用事業所の事業主は、被保険者資格喪失届及び被保険者資格取得届を提出することができる。

| 速習
レッスン | A：P32・247、B：P247、C：P248、D：P253、E：P37 | 解説 |

A　✕　昭24.7.28保発74号。被保険者と**なります**。法人の代表者又は業務執行者
であっても、法人から**労務の対償**として**報酬**を受けている者は、法人に使用され
る者として被保険者となります。

B　✕　法10条。事業主の同意がないときは、任意単独被保険者となることが**でき
ません**。適用事業所以外の事業所に使用される70歳未満の者は、**事業主の同意**
を得た上で、厚生労働大臣の**認可**を受けて、任意単独被保険者となることがで
きます。

C　✕　法附則4条の3第8項。撤回することが**できます**。**適用事業所**の事業主が、
その使用する高齢任意加入被保険者について、保険料半額負担等の同意をする
か否かは**任意**です。したがって、この同意は、**撤回**することができます。なお、
同意の撤回は、当該高齢任意加入被保険者の同意を得て、将来に向かってする
ことができます。

D　✕　法附則4条の3第5項、4条の5。75歳に達しても、資格を**喪失しません**。
高齢任意加入被保険者については、年齢の**上限は**ないため、年齢を理由としてそ
の資格を喪失することはありません。

E　○　平25保保発0125第1号。同一の事業所において雇用契約上一旦退職した
者が、1日の空白もなく引き続き再雇用された場合は、事実上の使用関係が存
続していることから、原則として被保険者資格は継続します。ただし、**60歳**以上
の者であって、退職後**継続**して**再雇用**されるものについては、使用関係が一旦中
断したものとみなし、事業主から被保険者資格喪失届及び同日付の被保険者資
格取得届を提出させる取扱い（**同日得喪**）として差し支えないこととされていま
す。

9章
厚生年金保険法

解答　E

問題 282

被保険者（3）

予想   難易度 普 重要度

被保険者等に関する次の記述のうち、正しいものはどれか。

A 事業所の内規等により一定期間は試みに使用すると称して雇い入れられた者は、その試みに使用する期間が満了するまでは、被保険者の資格を取得しない。

B 適用事業所に使用される高齢任意加入被保険者であって、保険料の半額負担及び納付義務についての事業主の同意がないものは、保険料（初めて納付すべき保険料を除く。）を滞納し、督促状に指定する期限までにその保険料を納付しないときは、当該指定する期限の日の翌日に、その資格を喪失する。

C 第1号厚生年金被保険者又は第1号厚生年金被保険者であった者は、いつでも、厚生労働大臣に対し、被保険者の資格の取得及び喪失の確認の請求をすることができるが、この確認の請求は、文書で行わなければならない。

D 被保険者の資格を取得した月にその資格を喪失した場合であって、その月に更に国民年金の第1号被保険者の資格を取得したときは、その月は厚生年金保険の被保険者期間に算入しない。

E 適用事業所に使用される70歳以上の者は、老齢厚生年金、老齢基礎年金その他の老齢又は退職を支給事由とする年金たる給付の受給権を有しない場合であっても、障害厚生年金の受給権を有するときは、高齢任意加入被保険者となることができない。

速習レッスン　A：P32・247・253、B：P249、C：P252、D：P255、E：P248

解説

A　✕　昭26.11.28保文発5177号。設問の者は、**雇入れの当初**から被保険者の資格を取得します。事業所の内規等により一定期間試みに使用される者は、臨時に使用される者と認められないためです。

B　✕　法附則４条の３第６項。資格喪失日は、保険料の**納期限**の属する月の**前月の末日**です。督促状に指定する期限の日の翌日ではありません。なお、初めて納付すべき保険料を滞納し、督促状に指定する期限までにその保険料を納付しないときは、高齢任意加入被保険者とならなかったものとみなされます。

C　✕　法31条１項、則12条１項。確認の請求は、**文書又は口頭**で行うことができます。なお、厚生労働大臣は、確認の請求があった場合において、その請求に係る事実がないと認めるときは、その請求を却下しなければなりません。

D　〇　法19条２項。被保険者の資格を取得した月にその資格を喪失したときは、その月を１ヵ月として厚生年金保険の被保険者期間に算入します（原則）。ただし、その月に更に次の①②の資格を取得した場合は、厚生年金保険の被保険者期間に**算入しません**。設問は、②に該当します。
① （厚生年金保険の）**被保険者**の資格
　⇒ 更に取得した資格について厚生年金保険の被保険者期間に算入します。
②**国民年金**の**被保険者**（第２号被保険者を除く。）の資格
　⇒ 国民年金のみの被保険者期間に算入します。

E　✕　法附則４条の３第１項。設問の者は、高齢任意加入被保険者となることができます。**70歳**以上で、設問の**老齢（退職）年金**の受給権を**有しない**者は、所定の手続きを経て、高齢任意加入被保険者となることができます。障害厚生年金の受給権を有しているか否かは問われません。

解答　**D**

問題 283

届出等（1）

予想

第1号厚生年金被保険者、第1号厚生年金被保険者に係る事業主、第1号厚生年金被保険者期間に基づく保険給付の受給権者等が行う届出に関する次の記述のうち、誤っているものはどれか。

A 障害厚生年金の受給権者であって、その障害の程度の診査が必要であると認めて厚生労働大臣が指定したものは、当該障害厚生年金の額の全部につき支給が停止されているときを除き、厚生労働大臣が指定した年において、指定日までに、指定日前3ヵ月以内に作成されたその障害の現状に関する医師又は歯科医師の診断書を日本年金機構に提出しなければならない。

B 老齢厚生年金の受給権者は、加給年金額対象者である配偶者が65歳に達したことにより加給年金額対象者でなくなったときは、10日以内に、所定の事項を記載した届書を日本年金機構に提出しなければならない。

C 厚生労働大臣が受給権者に係る機構保存本人確認情報の提供を受けることができる老齢厚生年金の受給権者が死亡した場合において、当該受給権者の死亡の日から7日以内に当該受給権者に係る戸籍法の規定による死亡の届出をしたときは、厚生年金保険法第98条第4項に規定する受給権者の死亡の届出を行う必要はない。

D 適用事業所に使用される被保険者が70歳に達し、同一の適用事業所に引き続き使用されることにより70歳以上の使用される者の要件に該当するに至った場合であって、その者の標準報酬月額に相当する額が70歳以上の使用される者の要件に該当するに至った日の前日における標準報酬月額と同額であるときは、事業主は、70歳以上被用者該当届及び被保険者資格喪失届を提出する必要はない。

E 適用事業所に使用される高齢任意加入被保険者（厚生労働大臣が住民基本台帳法の規定により機構保存本人確認情報の提供を受けることができる者を除く。）は、その住所を変更したときは、10日以内に、変更前及び変更後の住所その他の所定の事項を記載した届書を日本年金機構に提出しなければならない。

速習レッスン A：P259、B：P260、C：P260、D：P258、E：P258　　解説

A ○ 則51条の4第1項。障害厚生年金の受給権者に係る**障害の現状に関する届出**です。この届出は、厚生労働大臣が**指定した年**において、**指定日**までに、その障害の現状に関する医師又は歯科医師の**診断書**を日本年金機構に提出することにより、行います。また、当該診断書は、**指定日前3ヵ月以内**に作成されたものである必要があります。

B × 則32条。届書を提出する必要はありません。老齢厚生年金の受給権者は、加給年金額対象者が減額改定事由に該当したときは、**10日以内**に、所定の事項を記載した届書を日本年金機構に提出しなければなりません（加給年金額対象者の不該当の届出）。ただし、**年齢要件**を満たさなくなったことにより減額改定事由に該当したものであるときは、この**届出は不要**です。

C ○ 法98条4項、則41条5項・6項。受給権者が死亡したときは、戸籍法の規定による死亡の届出義務者が、10日以内に、その旨を厚生労働大臣に届け出なければなりません（受給権者の死亡の届出）。ただし、厚生労働大臣が当該受給権者に係る**機構保存本人確認情報**の提供を受けることができる受給権者の死亡について、受給権者の死亡の日から**7日以内**に当該受給権者に係る**戸籍法**の規定による死亡の届出をしたときは、上記の受給権者の死亡の届出は**不要**です。

D ○ 則15条の2第1項、22条1項4号。次の①②のいずれにも該当するときは、「70歳以上被用者該当届」及び「被保険者資格喪失届」の提出は**不要**です。
①適用事業所に使用される被保険者が**同一**の**適用事業所**に引き続き使用されることにより70歳以上の使用される者の要件に該当するに至ったこと。
②その者の標準報酬月額に相当する額が70歳到達前の標準報酬月額と**同額**であること。

E ○ 則5条の5。**適用事業所**に使用される**高齢任意加入被保険者**については、自らが住所変更に関する届出義務を負います。この住所変更の届出は、**10日以内**に行わなければなりません。一方、**適用事業所以外**の事業所に使用される高齢任意加入被保険者は、設問の届出義務を負いません。この高齢任意加入被保険者については、事業主がその届出義務を負うため、事業主にその旨を申し出れば足ります。

9章 厚生年金保険法

解答　B

問題 284

届出等（2）

過令2

難易度 **普**　重要度 **B**

厚生年金保険法に関する次の記述のうち、**誤っているもの**はどれか。

A　第1号厚生年金被保険者は、同時に2以上の事業所に使用されるに至ったときは、その者に係る日本年金機構の業務を分掌する年金事務所を選択し、2以上の事業所に使用されるに至った日から5日以内に、所定の事項を記載した届書を日本年金機構に提出しなければならない。

B　厚生労働大臣による被保険者の資格に関する処分に不服がある者が行った審査請求は、時効の完成猶予及び更新に関しては、裁判上の請求とみなされる。

C　厚生年金保険法第27の規定による当然被保険者（船員被保険者を除く。）の資格の取得の届出は、当該事実があった日から5日以内に、厚生年金保険被保険者資格取得届・70歳以上被用者該当届又は当該届書に記載すべき事項を記録した光ディスク（これに準ずる方法により一定の事項を確実に記録しておくことができる物を含む。）を日本年金機構に提出することによって行うものとされている。

D　適用事業所の事業主（船舶所有者を除く。）は、廃止、休止その他の事情により適用事業所に該当しなくなったときは、原則として、当該事実があった日から5日以内に、所定の事項を記載した届書を日本年金機構に提出しなければならない。

E　被保険者又は被保険者であった者の死亡の当時胎児であった子が出生したときは、父母、孫又は祖父母の有する遺族厚生年金の受給権は消滅する。一方、被保険者又は被保険者であった者の死亡の当時胎児であった子が出生したときでも、妻の有する遺族厚生年金の受給権は消滅しない。

A：P258、B：P346、C：P257、D：P257、E：P319　　解説

A　✕　則1条1項・2項。「5日以内」ではなく、「10日以内」に提出しなければなりません。第1号厚生年金被保険者が同時に2以上の事業所に使用されるに至った場合であって、日本年金機構の業務が**2以上の年金事務所に分掌**されているときは、10日以内に、届書を日本年金機構に提出しなければなりません（**年金事務所の選択**の届出）。なお、同時に2以上の事業所に使用されるに至った場合であって、上記以外のときは、10日以内に、「2以上事業所勤務の届出」を行います。

B　〇　法90条4項。裁判上の請求があると、その事由が終了するまでの間は、時効は完成しません（時効の**完成猶予**）。また、確定判決等により権利が確定したときは、時効はその事由が終了したときから新たにその進行を始めます（時効の**更新**）。**審査請求**が行われたときは、裁判上の請求があったときと同様に時効の完成が猶予され、その権利が確定したときは時効が更新されます。

C　〇　則15条1項。当然被保険者（船員被保険者を除く。）の**資格取得の届出**は、当該事実があった日から5日以内に、届書又は光ディスクを日本年金機構に提出することによって行います。

D　〇　則13条の2第1項。廃止等の事情により適用事業所に該当しなくなった場合に適用事業所の事業主（船舶所有者を除く。）が提出する届書（**適用事業所全喪届**）の提出期限は、当該事実のあった日から5日以内です。

E　〇　法63条。設問の胎児であった子が出生したときは、その子は、出生したときに遺族厚生年金の受給権を取得します。そのため、遺族の順位が「子」より劣後する父母、孫又は祖父母の有する遺族厚生年金の受給権は、**消滅します**。一方、胎児であった子が出生したときでも、子と**同順位である妻**の有する受給権は、**消滅しません**。

解答　A

厚生年金保険原簿の訂正の請求

過平30

厚生年金保険法の規定による厚生年金保険原簿の訂正の請求に関する次の記述のうち、誤っているものはどれか。

A 第2号厚生年金被保険者であった者は、その第2号厚生年金被保険者期間について厚生労働大臣に対して厚生年金保険原簿の訂正の請求をすることができない。

B 第1号厚生年金被保険者であった老齢厚生年金の受給権者が死亡した場合、その者の死亡により遺族厚生年金を受給することができる遺族はその死亡した者の厚生年金保険原簿の訂正の請求をすることができるが、その者の死亡により未支給の保険給付の支給を請求することができる者はその死亡した者の厚生年金保険原簿の訂正の請求をすることができない。

C 厚生労働大臣は、訂正請求に係る厚生年金保険原簿の訂正に関する方針を定めなければならず、この方針を定めようとするときは、あらかじめ、社会保障審議会に諮問しなければならない。

D 厚生労働大臣が行った訂正請求に係る厚生年金保険原簿の訂正をしない旨の決定に不服のある者は、厚生労働大臣に対して行政不服審査法に基づく審査請求を行うことができる。

E 厚生年金基金の加入員となっている第1号厚生年金被保険者期間については、厚生労働大臣に対して厚生年金保険原簿の訂正の請求をすることができる。

| 速習
レッスン | A：P260、B：(参考) P260、C：(参考) P260、D：(参考) P345・346、E：(参考) P260 | 解説 |

A　〇　法31条の３。**厚生労働大臣**に対する厚生年金保険原簿の訂正請求は、**第１号厚生年金被保険者**であり、又はあった者がすることができます。第２号・第３号・第４号厚生年金被保険者であり、又はあった者には、この訂正請求の規定は適用されないため、これらの者は、設問の請求をすることができません。

B　✕　法28条の２第２項。未支給の保険給付の支給を請求することができる者も、厚生年金保険原簿の訂正の請求をすることができます。第１号厚生年金被保険者であり、又はあった者が**死亡**した場合においては、**未支給の保険給付**の請求権者又は**遺族厚生年金**を受けることができる遺族が、厚生年金保険原簿の訂正の請求をすることができます。

C　〇　法28条の３。**厚生労働大臣**は、訂正請求に係る厚生年金保険原簿の**訂正に関する方針**を定めなければなりません。また、厚生労働大臣は、この方針を定め、又は変更しようとするときは、あらかじめ、**社会保障審議会**に諮問しなければなりません。

D　〇　法91条の２、行政不服審査法２条、４条。設問の決定についての不服は、厚生年金保険法に規定する不服申立ての対象となりません。したがって、**行政不服審査法**に基づき、**厚生労働大臣**に対して審査請求をすることができます。

E　〇　法28条の２第１項、則11条の２、89条３号。厚生年金保険原簿の訂正の請求は、**特定厚生年金保険原簿記録**が事実でないと思料するとき等に、することができます。この特定厚生年金保険原簿記録とは、第１号厚生年金被保険者の資格の取得及び喪失の年月日、標準報酬その他厚生労働省令で定める事項の内容をいいます。厚生労働省令で定める事項として、「被保険者の種別及び**厚生年金基金の加入員**であるかないかの区別」などがあり、厚生年金基金の加入員となっている第１号厚生年金被保険者期間について、厚生労働大臣に対して厚生年金保険原簿の訂正の請求をすることができます。

9章　厚生年金保険法

解答　**B**

問題 286

標準報酬（1）

予想

難易度 普　重要度 A

標準報酬月額等に関する次の記述のうち、誤っているものはどれか。

A　標準報酬月額は、被保険者の報酬月額が9万3,000円未満であるときは第1級に該当し、63万5,000円以上であるときは第32級に該当する。

B　厚生年金保険の標準報酬月額の決定又は改定は、被保険者の種別に応じて、実施機関が行う。

C　ある年の4月10日に育児休業を終了し、標準報酬月額について育児休業等を終了した際の改定が行われる被保険者については、その年の定時決定は行われない。

D　厚生年金保険法第23条第1項のいわゆる随時改定は、被保険者が休職による休職給を受けることとなったため、その者の標準報酬月額の基礎となった報酬月額に比べて、著しく高低を生じた場合においても、行われる。

E　ある月に被保険者が受けた賞与額が110万5,650円であるときは、その月における標準賞与額は、当該年度においてその被保険者がそれまでに受けた賞与額にかかわらず、110万5,000円と決定される。

速習レッスン A：P262、B：P262、C：P47・51、D：P48、E：P263

解説

A ○ 法20条1項、等級区分の改定等に関する政令1条。厚生年金保険の標準報酬月額等級は、**第1級の8万8,000円**から**第32級の65万円**までの**32等級**に区分されています。このうちの第1級に該当するのは、被保険者の報酬月額が**9万3,000円未満**の場合であり、第32級に該当するのは、被保険者の報酬月額が**63万5,000円以上**の場合です。

B ○ 法21条1項等。厚生年金保険においては、**実施機関**が標準報酬月額の決定又は改定を行います。一方、健康保険においては、保険者等がこれを行います。

C ○ 法21条3項、23条の2第2項。定時決定は、次の①又は②者については、その年に限り、行われません。設問の被保険者は、7月（育児休業等終了日の翌日から起算して2ヵ月を経過した日の属する月の翌月）から育児休業等を終了した際の改定が行われるため、このうちの②に該当します。

①**6月1日から7月1日まで**の間に被保険者の資格を取得した者

②随時改定、育児休業等を終了した際の改定又は産前産後休業を終了した際の改定の規定により**7月から9月まで**のいずれかの月から標準報酬月額を改定され、又は改定されるべき被保険者

D × 法23条1項、昭36.1.26保発4号。設問の場合には、随時改定は行われません。随時改定が行われるにあっては、昇給又は降給により**固定的賃金**に**変動**があったことが必要です。この固定的賃金の変動には、ベースアップ又はベースダウン及び賃金体系の変更による場合等を含みますが、**休職**による**休職給**を受けた場合は含まないものとされています。

E ○ 法24条の4第1項。標準賞与額は、その月に被保険者が受けた賞与額に基づき、**1,000円未満**の端数を**切り捨てて**、決定されます。したがって、設問の場合の標準賞与額は、1,000円未満の650円を切り捨てて、110万5,000円となります。なお、厚生年金保険の標準賞与額については、**1ヵ月あたり150万円**が上限額とされています。

9章 厚生年金保険法

解答 D

643

問題 287

標準報酬（2）

予想　　　　　　　　　　　　　　　　　　　　難易度 難　重要度

標準報酬月額等に関する次の記述のうち、正しいものはどれか。なお、本問において「養育期間の標準報酬月額の特例」とは、厚生年金保険法第26条に規定する3歳に満たない子を養育する被保険者等の標準報酬月額の特例をいう。

A　毎年3月31日における全被保険者の標準報酬月額を平均した額の100分の150に相当する額が標準報酬月額等級の最高等級の標準報酬月額を超える場合において、その状態が継続すると認められるときは、その翌年の4月1日から、健康保険法に規定する標準報酬月額の等級区分を参酌して、政令で、当該最高等級の上に更に等級を加える標準報酬月額の等級区分の改定を行うことができる。

B　定時決定の算定対象月のうちの一部の月について一時帰休による休業手当等が支払われ、標準報酬月額の決定の際に一時帰休の状態が解消していない場合は、休業手当等が支払われた月のみで標準報酬月額を決定する。

C　超過勤務手当の支給単価や支給割合が変更された場合は、随時改定の対象となる。

D　養育期間の標準報酬月額の特例において、平均標準報酬額の計算の基礎となる標準報酬月額とみなされる従前標準報酬月額は、子を養育することとなった日の属する月の前月において被保険者でない場合は、当該月前2年以内における被保険者であった月のうち直近の月の標準報酬月額となる。

E　養育期間の標準報酬月額の特例の適用を受けるための申出は、3歳に満たない子を養育し、又は養育していた被保険者を使用する事業主が行う。

| 速習レッスン | Ａ：P262、Ｂ：（参考）P48、Ｃ：（参考）P48、Ｄ：P265、Ｅ：P265 | 解説 |

Ａ ✕ 法20条2項。「100分の150」及び「その翌年の4月1日」とする記述が誤りであり、正しくは、「100分の200」及び「その年の9月1日」です。設問の標準報酬月額の上限の弾力的変更は、「**毎年3月31日**における全被保険者の標準報酬月額を平均した額の**100分の200**に相当する額が標準報酬月額等級の最高等級の標準報酬月額を**超える**場合において、その状態が継続すると認められるとき」に、**その年の9月1日**から、行うことができます。

Ｂ ✕ 令3.4.1事務連絡。休業手当等が支払われた月のみで決定するのではありません。たとえば、定時決定の対象月である4・5・6月のうち、4・5月は通常の給与の支払いを受けて6月のみ一時帰休による休業手当等が支払われ、標準報酬月額の決定の際に一時帰休の状態が解消していない場合は、6月分は**休業手当等を含めて**報酬月額を算定した上で、**4・5・6月**の報酬月額を平均して標準報酬月額を決定します。

Ｃ 〇 令3.4.1事務連絡。超過勤務手当の支給単価や支給割合の変更は、**賃金体系の変更**であり、**固定的賃金**の**変動**に該当します。したがって、他の要件を満たせば、随時改定が行われます。なお、単に超過勤務の時間に増減があったために超過勤務手当の額が増減した場合は、随時改定の対象となりません。

Ｄ ✕ 法26条1項。「2年以内」ではなく、「1年以内」です。従前標準報酬月額は、子を養育することとなった日の属する**月の前月**の標準報酬月額です。ただし、その月に被保険者でない場合は、その**月前1年以内**における被保険者であった月のうち直近の月の標準報酬月額となります。

Ｅ ✕ 法26条1項。申出は、「事業主」ではなく、「被保険者又は被保険者であった者」が行います。3歳に満たない子を養育し、又は養育していた**被保険者又は被保険者であった者**が実施機関に**申出**をしたときは、特例の対象期間内にある各月のうち、その標準報酬月額が従前標準報酬月額を下回る月については、**従前標準報酬月額**を平均標準報酬額の計算の基礎となる標準報酬月額とみなします。

9章 厚生年金保険法

解答 Ｃ

問題 288

保険給付の通則（1）

予想　　　　　　　　　　　　　　　　　　　　　難易度 **普**　重要度 **B**

保険給付の通則に関する次の記述のうち、正しいものはどれか。

A　同一人に対して国民年金法による年金たる給付の支給を停止して共済組合が支給する年金たる保険給付を支給すべき場合において、年金たる保険給付を支給すべき事由が生じた月の翌月以後の分として国民年金法による年金たる給付の支払いが行われたときは、その支払われた国民年金法による年金たる給付は、年金たる保険給付の内払いとみなすことができる。

B　年金たる保険給付の受給権者が死亡したためその受給権が消滅したにもかかわらず、その死亡の日の属する月の翌月以後の分として当該年金たる保険給付の過誤払いが行われた場合において、当該過誤払いによる返還金債権に係る債務の弁済をすべき者に支払うべき老齢厚生年金があるときは、当該老齢厚生年金の支払金の金額を当該過誤払いによる返還金債権の金額に充当することができる。

C　年金は、その支給を停止すべき事由が生じたときは、その事由が生じた月からその事由が消滅した月までの間は、支給しない。

D　保険給付を受ける権利を裁定する場合又は保険給付の額を改定する場合において、保険給付の額に5円未満の端数が生じたときは、これを切り捨て、5円以上10円未満の端数が生じたときは、これを10円に切り上げるものとする。

E　年金の支払期月である毎年2月、4月、6月、8月、10月及び12月における支払額に1円未満の端数が生じたときは、これを切り捨てるが、毎年3月から翌年2月までの間に切り捨てた金額の合計額（1円未満の端数が生じたときは、これを切り捨てた額）については、これを当該翌年2月の支払期月の年金額に加算するものとする。

A：P269、B：P269、C：P268、D：P267、E：P267

A ✕ 法39条3項。設問の場合は、内払いとみなすことは**できません**。**国民年金法**による年金たる給付と厚生年金保険法の年金たる保険給付との間では、厚生年金保険法の年金たる保険給付が「**厚生労働大臣**が支給するもの」であるときに限り、**内払い**とみなすことができます。共済組合が支給する年金たる保険給付との間では、この調整は行われません。

B ✕ 法39条の2、則89条の2。老齢厚生年金の支払金の金額を充当することは**できません**。過誤払いによる返還金債権の金額に充当することができるのは、次の者に支払うべき**遺族厚生年金**の支払金の金額のみです。
① A年金が過誤払いされた場合
　⇒ A年金の受給権者の死亡を支給事由とする**遺族厚生年金**の受給権者
② 受給権者が2人以上いた遺族厚生年金が過誤払いされた場合
　⇒ 当該遺族厚生年金の**他の受給権者**（死亡した者以外の受給権者）

C ✕ 法36条2項。支給しない（支給を停止する）のは、「支給を停止すべき事由が生じた月の**翌月**から」その事由が消滅した**月**までです。「支給を停止すべき事由が生じた月から」ではありません。

D ✕ 法35条1項。設問のように10円未満の端数を四捨五入するのではなく、**1円未満**の端数を四捨五入します。つまり、保険給付の額に**50銭**未満の端数が生じたときは、これを切り捨て、**50銭**以上**1円**未満の端数が生じたときは、これを1円に切り上げます。

E ○ 法36条の2。年金は、原則として、毎年2月、4月、6月、8月、10月及び12月の6期（支払期月）に、それぞれその前月分までを支払います。この支払期月における端数処理は、**1円未満**の端数を**切り捨てる**ことにより行います。これにより毎年3月から翌年2月までの間に切り捨てた金額の合計額は、当該**翌年2月**の支払期月の年金額に**加算**します。

解答　**E**

保険給付の通則（2）

保険給付の通則に関する次の記述のうち、誤っているものはどれか。

A 老齢厚生年金を受ける権利は、担保に供することができない。

B 60歳で国民年金の老齢基礎年金の支給を繰り上げた者が、66歳のときに遺族厚生年金の受給権を取得したときは、この者は、当該老齢基礎年金と遺族厚生年金とを併給することができる。

C 同一人の死亡を支給事由とする遺族厚生年金と国民年金法による遺族基礎年金及び同一人の死亡を支給事由とする遺族厚生年金と国民年金法による寡婦年金は、それぞれ、併給することができる。

D 在職老齢年金制度により老齢厚生年金の額の一部につき支給を停止されている受給権者（被保険者であるものとする。）が、当該老齢厚生年金について支給停止の申出をしたときは、停止されていない部分の額の支給が停止される。その後、この者が被保険者の資格を喪失して在職老齢年金制度による支給停止が解除されたときは、当該老齢厚生年金の全額の支給が停止される。

E 脱退一時金の支給を請求した者が、その脱退一時金の支給を受ける前に死亡したときは、その者の所定の遺族は、自己の名で、未支給の脱退一時金の支給を請求することができる。

速習レッスン　A：P271、B：P272、C：P272、D：P273、E：P270

p197

解説

A ○ 法41条1項。保険給付を受ける権利については、譲渡、担保提供及び差押えが禁止されます（受給権の保護）。このうち、例外があるのは差押えの禁止のみであり、**譲渡の禁止**及び**担保提供**の禁止については、**例外はありません。**

B ○ 法38条1項、法附則17条。設問の者は65歳に達しているので、老齢基礎年金と遺族厚生年金とを併給することができます。

C × 法38条1項。**遺族厚生年金**と**寡婦年金**は、同一人の死亡を支給事由とするものであっても、併給することが**できません**。なお、同一人の死亡を支給事由とする遺族厚生年金と遺族基礎年金は、いわゆる2階建て年金として、併給することができます。

D ○ 法38条の2第1項・2項。受給権者による年金たる保険給付の**支給停止の申出**は、その**全額**について行うものです。設問のように、他の規定（在職老齢年金制度）によって一部を支給停止されていた老齢厚生年金の支給停止が解除されたときは、受給権者の申出による支給停止により、老齢厚生年金の**全額**の支給が**停止**されます。

E ○ 法附則29条9項による法37条1項の準用。未支給の保険給付の規定は、脱退一時金について準用されます。したがって、設問の場合は、所定の遺族が、自己の名で、**未支給の脱退一時金**の支給を請求することができます。

ポイント解説

支給事由の異なる年金で併給することが可能な組合せ

支給事由の異なる年金であっても、次の年金については、いずれも受給権者が65歳に達している場合に限り、併給されます。
① **老齢基礎年金＋遺族厚生年金**
② **障害基礎年金＋老齢厚生年金**
③ **障害基礎年金＋遺族厚生年金**

解答　C

問題 290

チェック欄 | 1 9/19 〇 | 2 | 3 |

保険給付の制限等

予想

難易度 **易**　重要度 **C**

次の記述のうち、誤っているものはどれか。

A　障害厚生年金の受給権者が、故意若しくは重大な過失により、又は正当な理由がなくて療養に関する指示に従わないことにより、その障害の回復を妨げたときは、その者の障害の程度が現に該当する障害等級以下の障害等級に該当するものとして、障害厚生年金の額の改定を行うことができる。

B　遺族厚生年金は、受給権者が他の受給権者を故意に死亡させたときは、6年間、その支給を停止する。

C　保険給付の受給権者が死亡し、未支給の保険給付がある場合において、当該受給権者の死亡の当時その者と生計を同じくしていたその者の母と子があるときは、当該子が、その未支給の保険給付の支給を請求することができる。

D　年金たる保険給付は、その受給権者が、正当な理由がなくて、実施機関による調査の命令に従わず、又は当該職員の質問に応じなかったときは、その額の全部又は一部につき、その支給を停止することができる。

E　障害手当金を受ける権利は、これを行使することができる時から5年を経過したときは、時効によって、消滅する。

速習レッスン A：P274、B：P274、C：P270、D：P275、E：P347

解説

A ○ 法74条。障害厚生年金に特有の給付制限です。なお、設問と同様の事由により、障害の程度を**増進**させたときは、障害の程度が増進したことによる障害厚生年金の額の改定を**行わない**ことができます。

B × 法76条2項。設問の場合は、遺族厚生年金の**受給権**は、**消滅**します。6年間、その支給を停止するのではありません。

C ○ 法37条1項、令3条の2。未支給の保険給付を受けるべき者の順位は、死亡した保険給付の受給権者の死亡の当時その者と**生計**を同じくしていたその者の①**配偶者**、②**子**、③**父母**、④**孫**、⑤**祖父母**、⑥**兄弟姉妹**及び⑦これらの者以外の**3親等内の親族**の順です。したがって、設問の場合は、**子**が、未支給の保険給付の支給を請求することができます。

D ○ 法77条。正当な理由がなくて、調査命令に従わなかったとき等の給付制限は、設問のとおり、年金たる保険給付の額の「**全部**又は**一部**につき、その支給を**停止**することができる」です。

E ○ 法92条1項。**保険給付**を受ける権利は、一時金である障害手当金も含め、**5年**を経過したときに、時効によって消滅します。

9章 厚生年金保険法

国民年金法と厚生年金保険法の時効のまとめ

	消滅時効が2年のもの	消滅時効が5年のもの
国民年金	①**保険料**その他徴収金を徴収し、又はその還付を受ける権利 ②**死亡一時金**を受ける権利	**年金給付**を受ける権利
厚生年金	**保険料**その他徴収金を徴収し、又はその還付を受ける権利	**保険給付**を受ける権利

解答　B

651

問題 291

チェック欄

年金額等の自動改定

予想

難易度 難　重要度 B

保険給付の額の改定等に関する次のアからオの記述のうち、正しいものの組合せは、後記AからEまでのうちどれか。

ア　調整率は、公的年金被保険者総数の変動率に、平均余命の伸び率である0.997を乗じて得た率である。

イ　老齢厚生年金及び障害厚生年金の加給年金額に係る改定率の改定は、これらの年金の受給権者が68歳に達する日の属する年度以後にあるときであっても、68歳に達する日の属する年度前にある受給権者と同様の基準によって行う。

ウ　調整期間において、68歳に達する日の属する年度前にある受給権者に係る再評価率の改定は、名目手取り賃金変動率が1以上であるときは、原則として、「名目手取り賃金変動率×(調整率×修正率)」による率を基準として行う。

エ　68歳に達する日の属する年度前にある受給権者に係る再評価率の改定は、調整期間にあるか否かにかかわらず、名目手取り賃金変動率が1を下回り、かつ、物価変動率が名目手取り賃金変動率を上回る場合には、物価変動率を基準として行う。

オ　財政の現況及び見通しに係る財政均衡期間は、財政の現況及び見通しが作成される年以降おおむね50年間である。

A　(アとイ)　　　B　(イとウ)　　　C　(ウとエ)
D　(エとオ)　　　E　(アとオ)

| 速習レッスン | ア：P278、イ：P277、ウ：P278、エ：P153・278、オ：P276 | 解説 |

ア ○ 法43条の4第1項等。「**公的年金被保険者総数**の変動率」とは、被保険者数の減少率のことであり、少子化を表した指標といえます。また、「**平均余命の伸び**」は、高齢化を表した指標といえます。これらは、年金財政にとってマイナスとなる要素であり、調整期間においては、これらを反映させた調整率を保険給付の額の改定基準に加えることにより、保険給付の**額を調整**します。

イ ○ 法44条2項等。加給年金額は、毎年度、**改定率**を改定することによって改定されます。改定率の改定の基準は、本来、68歳到達年度前の者（新規裁定者）と68歳到達年度以後の者（既裁定者）とで異なりますが、加給年金額に係る改定率は、受給権者の**年齢を問わず**、新規裁定者に用いられる基準（原則として、名目手取り賃金変動率）によって改定されます。

ウ × 法43条の4第1項。「修正率」とある部分が誤りであり、正しくは、「**前年度の特別調整率**」です。調整期間における再評価率の改定は、受給権者が68歳に達する日の属する年度前にある（新規裁定者である）ときは、原則として、「**名目手取り賃金変動率×（調整率×前年度の特別調整率）**」による率を基準として行います。なお、上記により計算した率（当該率が1を下回るときは、1）を、**算出率**といいます。

エ × 法43条の2第1項、43条の4第4項。設問の場合に基準となるのは、「物価変動率」ではなく、「名目手取り賃金変動率」です。受給権者が68歳に達する日の属する年度前にある（新規裁定者である）場合の再評価率の改定は、**名目手取り賃金変動率が1を下回り**、かつ、**物価変動率が名目手取り賃金変動率を上回る**場合には、調整期間であっても、名目手取り賃金変動率を基準として行います。 P.155 ④

オ × 法2条の4第2項。50年間ではなく、100年間です。財政の現況及び見通しとは、①厚生年金保険事業の財政に係る**収支**についての現況及び②**財政均衡期間**における見通しをいいます。財政均衡期間とは、財政の現況及び見通しが作成される年以降おおむね100年間とされています。

　以上から、正しいものの組合せは、A（アとイ）です。

| 解答 | A |

9章 厚生年金保険法

老齢厚生年金（1）

予想

難易度 普　重要度

老齢厚生年金に関する次の記述のうち、正しいものはどれか。

A　昭和39年5月1日生まれの女子が、厚生年金保険の被保険者期間として第1号厚生年金被保険者期間のみ18年有している場合は、原則として、63歳から、報酬比例部分のみの特別支給の老齢厚生年金が支給される。

B　特別支給の老齢厚生年金に係るいわゆる坑内員・船員の特例は、被保険者でなく、かつ、坑内員たる被保険者であった期間と船員たる被保険者であった期間とを合算した期間が15年以上である者に、適用される。

C　平成15年4月以後の被保険者期間に係る報酬比例部分の額は、原則として、当該期間の平均標準報酬額の1,000分の7.125に相当する額に、当該被保険者期間の月数を乗じて得た額である。

D　老齢厚生年金を受給している65歳以上の者が基準日である9月1日において前日以前の日から引き続き被保険者である場合は、基準日の属する月前の被保険者であった期間を老齢厚生年金の額の計算の基礎とするものとして、基準日の属する月の翌月から、老齢厚生年金の額が改定される。

E　老齢厚生年金を受給している65歳以上の被保険者がその被保険者の資格を喪失し、かつ、被保険者となることなくして被保険者の資格を喪失した日から起算して1ヵ月を経過したときは、その被保険者の資格を喪失した月前における被保険者であった期間を老齢厚生年金の計算の基礎とするものとして、資格を喪失した日から起算して1ヵ月を経過した日の属する月の翌月から、老齢厚生年金の額が改定される。

速習レッスン　A：P282、B：P284、C：P287、D：P290、E：P290

解説

A　✕　法附則8条、8条の2第2項。「63歳から」ではなく、「**64歳から**」です。**昭和33年**4月2日から**昭和41年**4月1日までの間に生まれた民間の女子については、原則として、生年月日に応じて61歳～64歳から**報酬比例部分**のみの特別支給の老齢厚生年金が支給されます。このうち、**昭和39年**4月2日から**昭和41年**4月1日までの間に生まれた者についての支給開始年齢は、**64歳**となります。

B　✕　法附則9条の4第1項。「被保険者でなく」とする記述が誤りです。坑内員・船員と特例が適用されるために、被保険者の資格を喪失している必要は**ありません**。坑内員・船員の特例は、当該特例の対象となる生年月日にある者が、次の①②の要件をいずれも満たしているときに、適用されます。
①**坑内員**たる被保険者であった期間と**船員**たる被保険者であった期間とを合算した期間が**15年以上**であること。
②老齢基礎年金の**受給資格期間**を満たしていること。

C　✕　法43条1項、平12法附則20条1項。「1,000分の7.125」ではなく、「**1,000分の5.481**」です。報酬比例部分の額は、平成15年4月以後の期間については、原則として、「**平均標準報酬額×1,000分の5.481×被保険者期間の月数**」による額です。なお、平成15年4月前の期間については、原則として、「**平均標準報酬月額×1,000分の7.125×被保険者期間の月数**」による額です。

D　〇　法43条2項。在職定時改定について、正しい記述です。在職定時改定は、老齢厚生年金の受給権者が**毎年9月1日**（基準日）において**被保険者である場合**（基準日に被保険者の資格を取得した場合を除く。）に、行われます。この場合は、基準日の属する**月前**の被保険者であった期間を老齢厚生年金の額の計算の基礎として、**基準日の属する月の翌月**から、年金の額が改定されます。

E　✕　法43条3項。「1ヵ月を経過した日の属する月の翌月から」ではなく、「**1ヵ月を経過した日の属する月から**」です。設問の退職時改定は、被保険者である老齢厚生年金の受給権者が被保険者の**資格を喪失**し、かつ、被保険者となることなくして**1ヵ月を経過**したときに、行われます。この場合は、被保険者の資格を喪失した**月前**における被保険者であった期間を老齢厚生年金の計算の基礎として、資格を喪失した日から起算して**1ヵ月**を経過した日の属する**月**から、年金の額が改定されます。

解答　**D**

問題 293

老齢厚生年金 (2)

過平28 変更D

難易度 **易**　重要度 **B**

厚生年金保険法に関する次の記述のうち、誤っているものはどれか。

A 平成19年4月1日以後に老齢厚生年金の受給権を取得した者の支給繰下げの申出は、必ずしも老齢基礎年金の支給繰下げの申出と同時に行うことを要しない。

B 60歳から受給することのできる特別支給の老齢厚生年金については、支給を繰り下げることができない。

C 障害基礎年金の受給権者が65歳になり老齢厚生年金の受給権を取得したものの、その受給権を取得した日から起算して1年を経過した日前に当該老齢厚生年金を請求していなかった場合、その者は、老齢厚生年金の支給繰下げの申出を行うことができる。なお、その者は障害基礎年金、老齢基礎年金及び老齢厚生年金以外の年金の受給権者となったことがないものとする。

D 老齢厚生年金の支給の繰下げの申出があったときは、その申出があった日の属する月から、その者に対する老齢厚生年金の支給が始められる。

E 特別支給の老齢厚生年金の報酬比例部分の支給開始年齢が61歳である昭和29年4月2日生まれの男性が60歳に達した日の属する月の翌月からいわゆる全部繰上げの老齢厚生年金を受給し、かつ、60歳から62歳まで継続して第1号厚生年金被保険者であった場合、その者が61歳に達したときは、61歳に達した日の属する月前における被保険者であった期間を当該老齢厚生年金の額の計算の基礎とし、61歳に達した日の属する月の翌月から年金額が改定される。

A：P285、B：P285、C：P285、D：P285、E：P291

解説

A ○ 参考：法44条の3。老齢厚生年金の支給繰下げの申出と老齢基礎年金の支給繰下げの申出は、同時に行う必要はありません。なお、現在の支給繰下げの制度は、平成19年4月1日施行の改正により設けられたものであり、同日以後に老齢厚生年金の受給権を取得した者が繰下げの申出をすることができます。

B ○ 参考：法44条の3。老齢厚生年金の支給の繰下げは、65歳から支給される原則支給の老齢厚生年金の支給を繰り下げるものです。特別支給の老齢厚生年金の支給を繰り下げることはできません。

C ○ 法44条の3第1項。老齢厚生年金の支給繰下げの申出は、(1)老齢厚生年金の受給権を取得したときに他の年金たる給付（次の①②）の受給権者であったとき、又は(2)老齢厚生年金の受給権を取得した日から1年を経過した日までの間において他の年金たる給付の受給権者となったときは、することができません。障害基礎年金の受給権者は、これらに該当しないため、老齢厚生年金の支給繰下げの申出をすることができます。
①厚生年金保険の他の年金たる保険給付
②国民年金の年金たる給付（老齢基礎年金、付加年金及び障害基礎年金を除く。）

D × 法44条の3第3項。繰下げによる老齢厚生年金の支給は、繰下げの「申出のあった月の翌月から」始められます。「請求があった日の属する月から」ではありません。

E ○ 法附則8条の2第1項、13条の4第5項。設問の者は、経過的な繰上げ支給の老齢厚生年金を受給し、かつ、繰上げ請求後に引き続き被保険者資格を有しています。この者が報酬比例部分のみの特別支給の老齢厚生年金の支給開始年齢（61歳）に達したときは、被保険者資格を喪失していなくても、その翌月から、老齢厚生年金の額が改定されます。

解答 D

老齢厚生年金（3）

過令3

厚生年金保険法に関する次の記述のうち、誤っているものはどれか。

A　障害等級2級に該当する程度の障害の状態であり老齢厚生年金における加給年金額の加算の対象になっている受給権者の子が、17歳の時に障害の状態が軽減し障害等級2級に該当する程度の障害の状態でなくなった場合、その時点で加給年金額の加算の対象から外れ、その月の翌月から年金の額が改定される。

B　老齢厚生年金の受給権者の子（15歳）の住民票上の住所が受給権者と異なっている場合でも、加給年金額の加算の対象となることがある。

C　厚生年金保険法附則第8条の2に定める「特例による老齢厚生年金の支給開始年齢の特例」の規定によると、昭和35年8月22日生まれの第1号厚生年金被保険者期間のみを有する女子と、同日生まれの第1号厚生年金被保険者期間のみを有する男子とでは、特別支給の老齢厚生年金の支給開始年齢が異なる。なお、いずれの場合も、坑内員たる被保険者であった期間及び船員たる被保険者であった期間を有しないものとする。

D　厚生年金保険法附則第8条の2に定める「特例による老齢厚生年金の支給開始年齢の特例」の規定によると、昭和35年8月22日生まれの第4号厚生年金被保険者期間のみを有する女子と、同日生まれの第4号厚生年金被保険者期間のみを有する男子とでは、特別支給の老齢厚生年金の支給開始年齢は同じである。

E　脱退一時金の額の計算に当たっては、平成15年3月31日以前の被保険者期間については、その期間の各月の標準報酬月額に1.3を乗じて得た額を使用する。

| 速習レッスン | A：P293、B：（参考）P292、C：P282、D：P282、E：P324 | 解説 |

A ✕ 法44条4項9号。「その時点」では、加給年金額の加算の対象から外れません。加給年金額の加算の対象となっている子（障害等級1級又は2級に該当する程度の障害の状態にある子）が、障害等級1級又は2級に該当しなくなったとしても、**18歳**に達する日以後の最初の**3月31日**（**18歳年度末**）までの間にあるときは、引き続き加給年金額の加算の**対象となります**。なお、この場合は、その後障害等級1級又は2級に該当することなく18歳年度末が終了すると、加給年金額の加算の対象から外れ、その月の翌月から年金の額が改定されます。

B 〇 平23年発0323第1号。老齢厚生年金の加給年金額に係る生計維持関係の認定要件は、「受給権者と**生計を同じくし**（生計同一）、厚生労働大臣の定める金額（年収850万円又は所得年額655万5,000円）以上の収入を将来にわたって有すると認められる者以外のもの等であること」です。このうち「生計同一」については、認定対象者の住民票上の住所が受給権者と異なっていても、「現に**起居を共**にし、かつ、消費生活上の**家計を一つ**にしていると認められるとき」等は、生計同一と認められます。

C 〇 法附則8条の2第1項・2項。第1号厚生年金被保険者期間のみを有する者に支給される特別支給の老齢厚生年金は、男子と女子でその支給開始年齢が**異なります**。支給開始年齢は、設問の女子は**62歳**、設問の男子は**64歳**です。

D 〇 法附則8条の2第1項。第2号～第4号厚生年金被保険者期間を有する女子に支給される特別支給の老齢厚生年金の支給開始年齢は、男子に支給されるものと**同じ**です。設問の場合の支給開始年齢は、いずれも**64歳**です。

E 〇 平12法附則22条1項。脱退一時金の額は、被保険者であった期間の平均標準報酬額を基礎として計算します。**平成15年3月31日以前**（総報酬制導入前）は、標準賞与額というものがないため、平均的な賞与額を考慮した乗率である**1.3**を各月の標準報酬月額に乗じることにより、賞与額を平均標準報酬額に反映させます。

9章 厚生年金保険法

解答 **A**

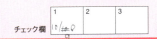

老齢厚生年金（4）

予想　　　　　　　　　　　　　　　難易度 難　重要度 B

老齢厚生年金に関する次の記述のうち、誤っているものはどれか。

A　65歳から支給される老齢厚生年金の受給権者が前月以前の月に属する日から引き続き被保険者である日が属する月において、その者の総報酬月額相当額と基本月額との合計額が支給停止調整額を超えるときは、その月の分の老齢厚生年金について、総報酬月額相当額と基本月額との合計額から支給停止調整額を控除して得た額の2分の1に相当する額の支給が停止される。

B　65歳から支給される老齢厚生年金の額に繰下げ加算額が加算されている場合において、在職老齢年金の仕組みにより繰下げ加算額の除く老齢厚生年金の額の全部の支給が停止されるときは、繰下げ加算額の支給も停止される。

C　在職老齢年金の仕組みによって65歳から支給される老齢厚生年金の額の一部の支給が停止されている者について、標準報酬月額が改定されたときは、改定後の標準報酬月額に基づいて在職老齢年金の仕組みによる支給停止額が再計算され、標準報酬月額の改定が行われた月から、支給停止額が変更される。

D　特別支給の老齢厚生年金は、その受給権者が雇用保険法の規定により基本手当に係る求職の申込みをしたときは、当該求職の申込みがあった月の翌月から、当該基本手当の受給期間が経過した月又は所定給付日数に相当する日数分の基本手当の支給を受け終わった月までの各月において、その支給を停止する。

E　特別支給の老齢厚生年金と雇用保険法の規定による高年齢雇用継続基本給付金との調整は、当該老齢厚生年金の受給権者に係る標準報酬月額がみなし賃金日額に30を乗じて得た額の100分の75に相当する額以上であるときは、行われない。

速習レッスン　A：P296、B：P296、C：P296、D：P297、E：P298

解説

原則支給＝65歳代後半．

A ○ 法46条1項。在職老齢年金の仕組みにより支給停止となる額は、「（**総報酬月額相当額＋基本月額－支給停止調整額**）×**2分の1**」による額です。設問は60歳代後半の在職老齢年金についてですが、支給停止となる額の計算式は、60歳代前半の在職老齢年金及び70歳以上の在職老齢年金においても同様です。

B × 法46条1項。繰下げ加算額の支給は停止されません。在職老齢年金の仕組みにより老齢厚生年金が全額支給停止される場合であっても、**繰下げ加算額**は支給を停止されません。なお、経過的加算額についても同様です。

C ○ 法46条1項。在職老齢年金の仕組みによる支給停止は、**その月**の老齢厚生年金について、**その月**における総報酬月額相当額と基本月額に基づいて行われます。したがって、**標準報酬月額が改定**されたときは、その改定された月から総報酬月額相当額が変動するので、**その月**から、在職老齢年金の仕組みによる支給停止額が変更されます。

D ○ 法附則11条の5による法附則7条の4の準用。特別支給の老齢厚生年金（又は繰上げ支給の老齢厚生年金）と基本手当との調整による老齢厚生年金の支給停止は、基本手当に係る求職の申込みがあった月の**翌月**から、次のいずれかに該当するに至った**月**までの各月について、行われます。
①当該基本手当の受給期間が**経過**したとき。
②**所定給付日数**に相当する日数分の基本手当の支給を受け終わったとき。

E ○ 法附則11条の6第6項1号。高年齢雇用継続基本給付金は、支給対象月に支払われた賃金の額がみなし賃金日額に30を乗じて得た額の**100分の75**以上であるときは、支給されません。設問の**調整を行わない**とする規定は、これに対応するものです。

ポイント解説

基本月額

基本月額とは、**老齢厚生年金**の額（**加給年金額**、**経過的加算額**及び**繰下げ加算額**を**除く。**）を**12で除して**得た額（年金月額）のことです。経過的加算額と繰下げ加算額を除くのは、60歳代後半及び70歳以上の在職老齢年金制度に特有の取扱いです。

解答　B

障害厚生年金 (1)

予想

障害厚生年金に関する次の記述のうち、誤っているものはどれか。

A 傷病に係る初診日において被保険者であり、かつ、初診日の前日において保険料納付要件を満たす者が、当該被保険者の資格を喪失した後の障害認定日においてその傷病により障害等級に該当する程度の障害にあるときは、その者に障害厚生年金が支給される。

B 老齢基礎年金及び老齢厚生年金を繰り上げて受給している者は、いわゆる事後重症による障害厚生年金の支給を請求することができない。

C いわゆる基準障害による障害厚生年金は、基準障害と他の障害とを併合して、初めて、障害等級の3級に該当する程度の障害の状態に該当することとなっても、支給されない。

D 障害厚生年金の給付事由となった障害について障害基礎年金を受けることができない場合において、障害厚生年金の額が国民年金法第33条第1項に規定する障害基礎年金の額に4分の3を乗じて得た額に満たないときは、当該4分の3を乗じて得た額が障害厚生年金の額とされる。

E 障害厚生年金の額については、当該障害厚生年金の支給事由となった障害に係る初診日の属する月後における被保険者であった期間は、その計算の基礎とされない。

A：P301、B：P302、C：P302、D：P305、E：P305　　解説

A　〇　法47条1項。設問の者は、**初診日要件、障害認定日要件**及び**保険料納付要件**をすべて満たしているので、原則的な支給要件による障害厚生年金が支給されます。上記の要件のうち障害認定日要件は、「障害認定日において障害等級に該当する程度の障害にあること」であり、障害認定日に被保険者であるか否かは**問われません。**

B　〇　法附則16条の3第1項。事後重症による障害厚生年金の規定は、**繰上げ支給の老齢厚生年金**の受給権者又は**繰上げ支給の老齢基礎年金**の受給権者には、**適用されません。**したがって、設問の者は、事後重症による障害厚生年金の支給を請求することができません。なお、この者には、基準障害による障害厚生年金の規定も適用されません。

C　〇　法47条の3第1項。基準障害による障害厚生年金は、基準障害と他の障害とを併合して、初めて、**障害等級の1級又は2級**に該当する程度の障害の状態に該当するに至ったときに、支給されます。障害等級3級に該当しても、基準障害による障害厚生年金は支給されません。

D　〇　法50条3項。障害厚生年金の最低保障額について、正しい記述です。障害厚生年金の給付事由となった障害について**障害基礎年金を受けることができない**場合（障害等級3級に該当する場合など）であって、障害厚生年金の額が最低保障額に**満たない**ときは、最低保障額が障害厚生年金の額とされます。最低保障額は、「**障害等級2級の障害基礎年金の額**（国民年金法33条1項に規定する障害基礎年金の額）×**4分の3**」による額です。

E　×　法51条。「初診日」ではなく、「障害認定日」です。障害厚生年金の額の計算の基礎とされないのは、当該障害厚生年金の支給事由となった障害に係る**障害認定日の属する月後**における被保険者であった期間です。言い換えれば、障害認定日が属する月までの期間が、年金額の計算の基礎となります。

解答　E

問題 297

障害厚生年金（2）

過平27 改正B・D

難易度 普　重要度 B

障害厚生年金に関する次の記述のうち、正しいものはどれか。

A 障害等級2級の障害厚生年金と同一の支給事由に基づく障害基礎年金の受給権者が、国民年金の第1号被保険者になり、その期間中に初診日がある傷病によって国民年金法第34条第4項の規定による障害基礎年金とその他障害との併合が行われ、当該障害基礎年金が障害等級1級の額に改定された場合には、障害厚生年金についても障害等級1級の額に改定される。

B 63歳の障害等級3級の障害厚生年金の受給権者（受給権を取得した当時から引き続き障害等級1級又は2級に該当したことはなかったものとする。）が、老齢基礎年金を繰上げ受給した場合において、その後、当該障害厚生年金に係る障害の程度が増進したときは、65歳に達するまでの間であれば実施機関に対し、障害の程度が増進したことによる障害厚生年金の額の改定を請求することができる。

C 障害等級3級の障害厚生年金の受給権者（受給権を取得した当時から引き続き障害等級1級又は2級に該当したことはなかったものとする。）について、更に障害等級2級に該当する障害厚生年金を支給すべき事由が生じたときは、前後の障害を併合した障害の程度による障害厚生年金が支給され、従前の障害厚生年金の受給権は消滅する。

D 40歳の障害厚生年金の受給権者が実施機関に対し障害の程度が増進したことによる年金額の改定請求を行ったが、実施機関による診査の結果、額の改定は行われなかった。このとき、その後、障害の程度が増進しても当該受給権者が再度、額の改定請求を行うことはできないが、障害厚生年金の受給権者の障害の程度が増進したことが明らかである場合として厚生労働省令で定める場合については、実施機関による診査を受けた日から起算して1年を経過した日以後であれば、再度、額の改定請求を行うことができる。

E 障害等級3級の障害厚生年金の支給を受けていた者が、63歳の時に障害の程度が軽減したためにその支給が停止された場合、当該障害厚生年金の受給権はその者が65歳に達した日に消滅する。

速習レッスン A：P308、B：P307、C：P303、D：P307、E：P309 　解説

A ○ 法52条の2第2項。設問では、障害等級2級の障害基礎年金及び障害厚生年金の受給権者である者について、**国民年金の第1号被保険者であるとき**（厚生年金保険の被保険者でないとき）に、**その他障害**が発生しています。この場合は、障害基礎年金のみについてその他障害との併合による額の改定が行われますが、同時に、**併合された障害の程度**に応じて、**障害厚生年金の額が改定**されます。

B × 法52条2項・7項、法附則16条の3第2項。老齢基礎年金を繰り上げ受給した場合は、65歳に達する前であっても、障害の程度が増進したことによる障害厚生年金の額の改定を請求することができません。次の①②の者は、障害の程度が増進したことによる障害厚生年金の**額の改定請求**をすることが**できません**。設問の受給権者は、②に該当します。
①65歳以上で、当初から3級の障害厚生年金の受給権者である者
②**繰上げ支給の老齢基礎年金**の受給権者で、当初から3級の障害厚生年金の受給権者である者

C × 法48条。設問の場合は、前後の障害を併合した障害の程度による障害厚生年金は支給されません。つまり、**併合認定は行われません**。また、**従前**の障害厚生年金の受給権は**消滅しません**。併合認定は、設問のように、従前の障害が**当初から3級**である場合は、**行われません**。

D × 法52条2項・3項。実施機関による診査の結果、額の改定が行われなかった場合に、「その後、障害の程度が増進しても、再度、額の改定請求を行うことはできない」とする旨の規定はありません。この場合は、①実施機関の診査を受けた日から起算して**1年を経過した日後**であるか、又は②障害厚生年金の受給権者の障害の程度が**増進したことが明らか**である場合として厚生労働省令で定める場合であれば、再度、額の改定請求を行うことができます。

E × 法53条2号。設問の場合は、65歳に達した日においては、受給権は**消滅しません**。65歳に達した日において、3級に該当しなくなった日から起算して**3年を経過していない**ためです。

解答　A

障害厚生年金及び障害手当金

予想

障害厚生年金及び障害手当金に関する次の記述のうち、正しいものはどれか。

A 疾病にかかり、又は負傷し、かつ、その傷病に係る初診日において被保険者であった者であって、障害認定日において障害等級に該当する程度の障害の状態になかったものが、同日後65歳に達する日の前日までの間にその傷病により障害等級に該当する程度の障害の状態となったときは、その者は、65歳に達した日以後であっても、事後重症による障害厚生年金の支給を請求することができる。

B 障害の程度が障害等級の1級又は2級に該当する者に支給する障害厚生年金について、その受給権者がその権利を取得した日の翌日以後にその者によって生計を維持しているその者の65歳未満の配偶者を有するに至ったことにより加給年金額を加算することとなったときは、当該配偶者を有するに至った日の属する月から、障害厚生年金の額が改定される。

C 障害等級2級の障害厚生年金の支給を受けていた者が、障害等級に該当する程度の障害の状態に該当しなくなり、当該障害厚生年金の支給を停止された。その後、この者にその他障害が発生し、65歳に達する日の前日までの間に、当該障害厚生年金の支給事由となった障害とその他障害とを併合した障害の程度が障害等級2級に該当するに至ったときは、障害厚生年金の支給停止が解除される。

D 疾病にかかり、又は負傷し、その傷病に係る初診日において被保険者であった者がある場合であっても、その者が当該初診日において日本国内に住所を有していなかったときは、障害手当金は支給されない。

E 障害手当金に係る障害の程度を定めるべき日において障害厚生年金の受給権者である者には、その者が障害等級に該当する程度の障害の状態に該当しなくなったため7年前から当該障害厚生年金の支給を停止され、現にその支給が停止されているときであっても、障害手当金は支給されない。

速習レッスン A：P301〜302、B：P306、C：P309、D：P310、E：P310

解説

A ✕ 法47条の2第1項。65歳に達した日以後は、請求することが**できません**。事後重症による障害厚生年金は、障害認定日に障害等級（1級〜3級）に該当しなかった場合であって、障害認定日後**65歳**に達する日の**前日**までの間に当該傷病により障害等級（1級〜3級）に該当する程度の障害の状態に該当するに至ったときに、その支給を請求することができます。請求は、その期間内（**65歳**に達する日の**前日までの間**）にしなければなりません。

B ✕ 法50条の2第3項。配偶者を有するに至った日の属する「月から」ではなく、その「翌月から」です。障害厚生年金（障害等級1級又は2級に限る。）については、設問のように、**受給権取得後**に受給権者によって生計を維持する配偶者を有することとなった場合でも、当該配偶者に係る加給年金額が加算されます。この場合は、配偶者を有するに至った日の属する月の**翌月**から、障害厚生年金の額が（増額）改定されます。

C ◯ 法54条2項。設問の「**その他障害との併合による支給停止の解除**」は、**65歳**に達する日の前日までの間に、その他障害を併合した障害の程度が障害等級**1級**又は**2級**に該当するに至ったときに、行われます。なお、当初から3級の障害厚生年金については、この「その他障害との併合による支給停止の解除」の規定は適用されません。

D ✕ 法55条1項。初診日において日本国内に住所を有していたか否かは**問われません**。障害手当金は、疾病にかかり、又は負傷し、その傷病に係る**初診日**において**被保険者**であった者が、当該初診日から起算して**5年**を経過する日までの間におけるその傷病の**治った日**において、その傷病により政令で定める程度の障害の状態にある場合に、その者に支給されます。

E ✕ 法56条1号。障害手当金は**支給されます**。障害の程度を定めるべき日において**障害厚生年金**の受給権者であっても、最後に障害等級に該当する程度の障害の状態（障害状態）に該当しなくなった日から起算して障害状態に該当することなく**3年**を経過し、**現**に障害状態に該当しない者には、他の要件を満たせば、障害手当金が支給されます。

解答 C

遺族厚生年金（1）

過平27 改正A・D

遺族厚生年金に関する次の記述のうち、誤っているものはどれか。

A　保険料納付済期間と保険料免除期間とを合算した期間が25年以上である老齢厚生年金の受給権者が死亡したことにより支給される遺族厚生年金の額の計算における給付乗率については、死亡した者が昭和21年4月1日以前に生まれた者であるときは、生年月日に応じた読み替えを行った乗率が適用される。

B　遺族厚生年金の受給権者である妻が実家に復籍して姓も婚姻前に戻した場合であっても、遺族厚生年金の失権事由である離縁による親族関係の終了には該当しないため、その受給権は消滅しない。

C　被保険者が、自己の故意の犯罪行為により、死亡の原因となった事故を生じさせたときは、保険給付の全部又は一部を行なわないことができることとなっており、被保険者が精神疾患のため自殺した場合には遺族厚生年金は支給されない。

D　保険料納付済期間と保険料免除期間とを合算した期間が25年以上である老齢厚生年金の受給権者（その計算の基礎となる被保険者期間の月数は240か月以上。）が死亡したことによりその妻（昭和25年4月2日生まれ）に支給される遺族厚生年金は、その権利を取得した当時、妻が65歳以上であっても、経過的寡婦加算が加算される。なお、当該妻は障害基礎年金及び遺族基礎年金の受給権を有しないものとする。

E　夫（障害の状態にない）に対する遺族厚生年金は、当該夫が60歳に達するまでの期間、支給停止されるが、夫が妻の死亡について遺族基礎年金の受給権を有するときは、支給停止されない。

速習レッスン　A：P316、B：P320、C：P274、D：P318、E：P321

解説

A ○ 法60条1項、昭60法附則59条1項、同別表第7。設問の老齢厚生年金の受給権者の死亡は、**長期要件**に該当します。長期要件による遺族厚生年金の額を計算する場合において、死亡した者が**昭和21年**4月1日以前に生まれた者であるときは、**給付乗率**（1,000分の5.481又は1,000分の7.125）を生年月日に応じて有利に読み替えます。なお、この場合は、被保険者期間の月数について、300月みなしは行われません。

B ○ 法63条1項4号、昭32.2.9保文発9485号。**離縁**によって死亡した被保険者等との親族関係が終了したときは、遺族厚生年金の受給権が消滅しますが、離縁とは、「養子縁組関係の解消」をいいます。設問の「実家に復籍して姓も婚姻前に戻した」ことは離縁ではありませんので、これにより遺族厚生年金の受給権は**消滅しません**。

C × 法73条の2、昭35.10.6保険発123号。被保険者が精神疾患のため自殺した場合には、遺族厚生年金は**支給されます**。**自殺**による死亡については、遺族厚生年金の給付制限は**行われません**。なお、設問前半の相対的給付制限については、正しい記述です。

D ○ 昭60法附則73条1項・2項、同別表第9。経過的寡婦加算は、**昭和31年4月1日以前**に生まれた妻が、次の①②のいずれかに該当する場合に行われます。設問の妻は②に該当しますので、遺族厚生年金に経過的寡婦加算が行われます。
① 中高齢寡婦加算が行われていた妻が**65歳**に達したとき。
② 65歳以上で遺族厚生年金の受給権を取得したとき（夫の死亡が長期要件に該当する場合は、死亡した夫の被保険者期間の月数が**240**以上であるときに限る。）。

E ○ 法65条の2。**夫、父母**又は**祖父母**に対する遺族厚生年金は、いわゆる若年停止により、受給権者が**60歳**に達するまでの期間、その支給が停止されます。ただし、**夫**については、同一の死亡（妻の死亡）について夫が**遺族基礎年金**の受給権を有するときは、60歳未満であっても、遺族厚生年金の支給は**停止されません**。

解答　C

問題 300

チェック欄 1 10/10○ 2 3

遺族厚生年金（2）

予想

難易度 易　重要度 B

遺族厚生年金に関する次のアからオの記述のうち、正しいものの組合せは、後記Ａ からＥまでのうちどれか。

ア　保険料納付済期間と保険料免除期間とを合算した期間が25年以上である被保険 者が死亡したときは、その遺族が遺族厚生年金を請求したときに別段の申出をした 場合を除き、保険料納付済期間と保険料免除期間とを合算した期間が25年以上で ある者の死亡のみに該当し、被保険者の死亡には該当しないものとみなす。

イ　被保険者又は被保険者であった者の死亡の当時その者によって生計を維持して いた母が55歳未満である場合は、障害等級の１級又は２級に該当する障害の状態 にあっても、当該母は、遺族厚生年金を受けることができる遺族とされない。

ウ　被保険者が令和８年４月１日前に65歳未満で死亡した場合は、死亡日の前日に おいて、当該死亡日の属する月の前々月までの１年間のうちに保険料納付済期間及 び保険料免除期間以外の国民年金の被保険者期間がなければ、遺族厚生年金に係 る保険料納付要件を満たすものとされる。

エ　被保険者期間の月数が300以上である被保険者が死亡し、その配偶者に遺族厚生 年金が支給される場合において、当該配偶者が65歳以上で老齢厚生年金の受給権 を有しないときは、当該遺族厚生年金の額は、死亡した被保険者の被保険者期間 を基礎として老齢厚生年金の額の計算の規定の例により計算した額となる。

オ　中高齢寡婦加算額が加算された遺族厚生年金の受給権者である妻が65歳に達し た場合において、当該妻が国民年金の老齢基礎年金の受給権を取得しないときは、 65歳に達した後も、引き続き遺族厚生年金の額に中高齢寡婦加算額が加算される。

A　（アとイ）　　　B　（イとウ）　　　C　（ウとエ）

D　（エとオ）　　　E　（アとオ）

670

| 速習レッスン | ア：P314、イ：P315、ウ：P313、エ：P316、オ：P317 | 解説 |

ア ✕ 法58条2項。**被保険者の死亡**のみに該当し、保険料納付済期間と保険料免除期間とを合算した期間が25年以上である者の死亡には該当しないものとみなします。設問の死亡した者は、短期要件（被保険者の死亡）と長期要件（保険料納付済期間と保険料免除期間とを合算した期間が25年以上である者の死亡）の両方に該当しています。この場合は、遺族が遺族厚生年金を請求したときに別段の申出をしない限り、**短期要件**のみに該当し、長期要件には該当しないものとみなします。

イ ○ 法59条1項。**夫、父母及び祖父母**が遺族厚生年金を受けることができる遺族となるためには、「生計維持要件＋年齢要件（**55歳以上**であること）」を満たす必要があります。障害の有無は関係ありません。したがって、55歳未満である設問の母は、遺族厚生年金を受けることができる遺族とされません。

ウ ○ 昭60法附則64条2項。保険料納付要件の特例についてです。この特例（いわゆる1年要件）は、死亡日が**令和8年4月1日前**であり、かつ、死亡日において**65歳未満**であるときに、適用されます。

エ ✕ 法60条1項。設問の場合の遺族厚生年金の額は、「死亡した被保険者の被保険者期間を基礎として**老齢厚生年金**の額の計算の規定の例により計算した額の**4分の3**に相当する額」となります。

オ ✕ 法62条1項。設問の場合であっても、中高齢寡婦加算は妻が65歳に達すると打ち切られます。中高齢寡婦加算額が加算される期間は、妻が**40歳以上65歳未満**である期間に限られます。妻が老齢基礎年金の受給権を取得しなくても、中高齢寡婦加算は65歳までとなります。

以上から、正しいものの組合せは、**B（イとウ）**です。

9章

厚生年金保険法

| 解答 | B |

671

遺族厚生年金 (3)

遺族厚生年金に関する次の記述のうち、誤っているものはどれか。

A 令和3年10月に被保険者の資格を喪失した者が、被保険者であった令和3年6月に初診日がある傷病により令和5年8月に死亡した場合であって、保険料納付要件を満たすときは、その者の遺族に遺族厚生年金が支給される。

B 被保険者の死亡によりその者の35歳の妻と10歳の子が遺族厚生年金及び遺族基礎年金の受給権を取得した場合において、その後、子の年齢に係る失権事由により当該子の有する遺族基礎年金の受給権が消滅したときは、当該妻に対する遺族厚生年金の額に中高齢寡婦加算が行われる。

C 経過的寡婦加算額が加算された遺族厚生年金の受給権者が、当該遺族厚生年金と国民年金法による障害基礎年金を併せて受給するときは、その間、当該経過的寡婦加算額に相当する部分の支給が停止される。

D 死亡した被保険者又は被保険者であった者の祖父母は、当該被保険者又は被保険者であった者の配偶者、子、父母又は孫が遺族厚生年金の受給権を取得したときは、遺族厚生年金を受けることができる遺族とされない。

E 被保険者である夫が死亡したことにより、その妻及び子（当該妻の子であるものとする。）が遺族厚生年金の受給権者となった場合において、その後当該妻が婚姻をし、当該子が妻と婚姻をした者の養子となったときは、当該妻及び子の有する遺族厚生年金の受給権は、いずれも消滅する。

| 速習レッスン | A：P312・313、B：P317、C：P319、D：P315、E：P319 | 解説 |

A 〇 法58条1項2号。設問の者（被保険者であった者）は、被保険者であった間に**初診日**がある傷病により、当該初診日から起算して**5年**を経過する日前に死亡しています。したがって、保険料納付要件を満たすときは、所定の遺族に遺族厚生年金が支給されます。

B 〇 法62条1項。中高齢寡婦加算に係る妻の要件は、次の①又は②のいずれかに該当することです。

①遺族厚生年金の受給権を取得した当時**40歳**以上**65歳**未満であること。

②**40歳**に達した**当時**死亡した夫の子で遺族基礎年金の受給権者である子と**生計を同じく**していたこと。

　設問の場合には、子の有する遺族基礎年金の受給権が消滅したときに、妻は**40歳以上**（43歳前後）であるため、前記②に該当します。したがって、妻に対する遺族厚生年金の額に、中高齢寡婦加算が行われます。

C 〇 昭60法附則73条1項。経過的寡婦加算額は、老齢基礎年金の額が少なくなるおそれのある高齢の寡婦に対して、65歳以後に受給する年金額が低下しないようにするために、遺族厚生年金に加算するものです。しかし、65歳以後に受給する年金が、老齢基礎年金ではなく（その額が定額である）**障害基礎年金**であるときは、65歳以後に受給する年金額が低下するおそれがないため、**経過的寡婦加算額**に相当する部分の支給が停止されます。

D 〇 法59条2項。遺族厚生年金を受けることができる遺族の順位は、①**配偶者と子**、②**父母**、③**孫**、④**祖父母**の順です。したがって、**祖父母**は、先順位者である**配偶者、子、父母**又は**孫**が遺族厚生年金の受給権を取得したときは、遺族厚生年金を受けることができる遺族とされません。なお、同様に、父母は、配偶者又は子が、孫は、配偶者、子又は父母が遺族厚生年金の受給権を取得したときは、それぞれ遺族厚生年金を受けることができる遺族とされません。

E ✕ 法63条1項。**子**の有する遺族厚生年金の受給権は、**消滅しません**。設問の子からみて、妻と婚姻をした者は、直系姻族に該当します。受給権者が**直系血族**又は**直系姻族**の養子となっても、遺族厚生年金の受給権は消滅しません。なお、妻の有する遺族厚生年金の受給権は、**婚姻**をしたことにより、消滅します。

9章 厚生年金保険法

解答 **E**

問題 302

脱退一時金

予想

脱退一時金に関する次の記述のうち、正しいものはどれか。

A 厚生労働大臣による脱退一時金に関する処分に不服がある者は、社会保険審査官に対して審査請求をし、その決定に不服がある者は、社会保険審査会に対して再審査請求をすることができる。

B 障害厚生年金の受給権を有したことがある者は、すでにその受給権が消滅していても、脱退一時金の支給を請求することができない。

C 脱退一時金を受ける権利を、国税滞納処分により差し押さえることはできない。

D 脱退一時金の額の計算に係る支給率とは、最終月の属する年の前年10月の保険料率（最終月が1月から8月までの場合にあっては、前々年10月の保険料率）に4分の3を乗じて得た率に、被保険者であった期間に応じて政令で定める数を乗じて得た率をいう。

E 国民年金法に規定する脱退一時金の支給を受けることができる者は、厚生年金保険法に規定する脱退一時金の支給を請求することができない。

速習レッスン A：P346、B：P323、C：P271、D：P324、E：P323　　　**解説**

A　×　法附則29条6項。厚生労働大臣による脱退一時金に関する処分に不服がある者は、社会保険審査会に対して審査請求をすることができます。設問のような二審制ではなく、一審制の対象となります。

B　○　法附則29条1項2号。障害厚生年金その他政令で定める保険給付の受給権を有したことがあるときは、脱退一時金の支給を請求することはできません。受給権を有したことがあるか否かが基準であり、受給権が消滅していても、脱退一時金の支給を請求することはできません。

C　×　法41条1項、令14条。差し押さえることができます。保険給付を受ける権利は、譲り渡し、担保に供し、又は差し押さえることができません（受給権の保護）。このうち、差押え禁止の例外として、老齢厚生年金又は脱退一時金を受ける権利は、国税滞納処分（その例による処分を含む。）により差し押さえることができます。

D　×　法附則29条4項。「4分の3」ではなく、「2分の1」です。脱退一時金の額は、「平均標準報酬額（再評価なし）×支給率」による額です。この場合の支給率とは、最終月（最後に被保険者の資格を喪失した日の属する月の前月）の属する年度の前年の10月の保険料率に2分の1を乗じて得た率に、政令で定める数を乗じて得た率をいいます。なお、その率に小数点以下1位未満の端数があるときは、これを四捨五入します。また、支給率は、最終月が1月から8月までの場合は、前々年10月の保険料率を用いて、計算します。

E　×　法附則29条1項。設問のような規定はありません。国民年金の脱退一時金の支給を受けることができる者であっても、所定の要件を満たせば、厚生年金保険の脱退一時金の支給を請求することができます。

9章　厚生年金保険法

解答　B

問題 303

保険給付全般（1）

過令元

難易度 普　重要度 B

厚生年金保険法に関する次の記述のうち、正しいものはどれか。

A　夫の死亡により、前妻との間に生まれた子（以下「夫の子」という。）及び後妻に遺族厚生年金の受給権が発生した。その後、後妻が死亡した場合において、死亡した後妻に支給すべき保険給付でまだ後妻に支給しなかったものがあるときは、後妻の死亡当時、後妻と生計を同じくしていた夫の子であって、後妻の死亡によって遺族厚生年金の支給停止が解除された当該子は、自己の名で、その未支給の保険給付の支給を請求することができる。

B　障害等級2級に該当する障害の状態にある子に遺族厚生年金の受給権が発生し、16歳のときに障害等級3級に該当する障害の状態になった場合は、18歳に達した日以後の最初の3月31日が終了したときに当該受給権は消滅する。一方、障害等級2級に該当する障害の状態にある子に遺族厚生年金の受給権が発生し、19歳のときに障害等級3級に該当する障害の状態になった場合は、20歳に達したときに当該受給権は消滅する。

C　老齢厚生年金と雇用保険法に基づく給付の調整は、特別支給の老齢厚生年金又は繰上げ支給の老齢厚生年金と基本手当又は高年齢求職者給付金との間で行われ、高年齢雇用継続給付との調整は行われない。

D　被保険者期間が6か月以上ある日本国籍を有しない者は、所定の要件を満たす場合に脱退一時金の支給を請求することができるが、かつて、脱退一時金を受給した者が再入国し、適用事業所に使用され、再度、被保険者期間が6か月以上となり、所定の要件を満たした場合であっても、再度、脱退一時金の支給を請求することはできない。

E　被保険者又は被保険者であった者の死亡の当時胎児であった子が出生したときは、その妻の有する遺族厚生年金に当該子の加給年金額が加算される。

| 速習レッスン | A：記載なし、B：P319、C：P297〜298、D：P323、E：P315 | 解説 |

A ○ 法37条1項・2項。遺族厚生年金の受給権者である妻が死亡したことにより未支給の保険給付があるときは、その者の死亡の当時その者と**生計を同じくしていた被保険者等の子**であって、その者の死亡によって遺族厚生年金の**支給の停止が解除**されたものは、**死亡した妻の子と**みなされます。この規定により、設問の子は、（後妻の法律上の子でなくても）未支給の保険給付の支給を請求することができます。

B ✕ 法63条2項1号・2号。設問後半の場合は、**障害等級3級**に該当する障害の状態になった19歳のときに、遺族厚生年金の受給権は**消滅します**。20歳に達したときに消滅するのではありません。

C ✕ 法附則7条の4、7条の5、11条の5、11条の6。「高年齢求職者給付金」と「高年齢雇用継続給付」の記述が逆です。設問の調整は、特別支給の老齢厚生年金又は繰上げ支給の老齢厚生年金と**基本手当**又は**高年齢雇用継続給付**との間で行われ、高年齢求職者給付金との調整は行われません。

D ✕ 法附則29条。設問後半が誤りです。かつて、脱退一時金を受給した者であっても、所定の要件を満たした場合には、**再度**、脱退一時金の支給を**請求することが**できます。

E ✕ 法59条3項。遺族厚生年金に加給年金額を加算する旨の規定はありません。設問の場合は、**将来に向かって**、その子は、被保険者等の死亡の当時その者によって**生計を維持していた子と**みなされます。つまり、その子は、出生した日から遺族厚生年金の受給権を取得します。

9章

厚生年金保険法

| 解答 | **A** |

677

問題 304

保険給付全般（2）

予想　　　　　　　　　　　　　　　　　　　難易度 普　重要度 A

保険給付に関する次の記述のうち、誤っているものはどれか。

A　昭和37年6月に生まれた女子が、特別支給の老齢厚生年金の受給権を取得した当時において、被保険者でなく、かつ、その者の第1号厚生年金被保険者期間が44年以上であるときは、報酬比例部分と定額部分とを合算した額の特別支給の老齢厚生年金が支給される。

B　昭和37年8月に生まれた一般の女子であって、第1号厚生年金被保険者期間を10年以上有し、かつ、国民年金の任意加入被保険者でないものが60歳に達したときは、この者は、63歳に達する前に、老齢厚生年金の支給繰上げの請求をすることができる。

C　障害等級3級に該当して障害厚生年金の受給権を取得した者が、受給権取得後に婚姻をした。その後、障害の程度が増進し障害等級2級に該当するに至った場合において、当該障害厚生年金の受給権者によって生計を維持している配偶者が65歳未満であるときは、当該障害厚生年金の額に配偶者に係る加給年金額が加算される。

D　遺族厚生年金の中高齢寡婦加算の額は、国民年金法第38条に規定する遺族基礎年金の額に4分の3を乗じて得た額であり、当該乗じて得た額に50円未満の端数が生じたときは、これを切り捨て、50円以上100円未満の端数が生じたときは、これを100円に切り上げるものとされている。

E　被保険者の死亡により妻と子が遺族厚生年金の受給権を取得した場合は、子に対する遺族厚生年金の支給が停止されるが、妻の申出により妻に対する遺族厚生年金の支給が停止されている間は、子に対する遺族厚生年金の支給停止が解除される。

速習レッスン　A：P283、B：P284、C：P305、D：P318、E：P320

解説

A ◯　法附則9条の3第1項、20条2項。設問の者は、**長期加入者**の特例に該当します。本来であれば、設問の者については、63歳から**報酬比例部分**のみの特別支給の老齢厚生年金が支給され、定額部分は支給されません。しかし、長期加入者の特例に該当する場合は、63歳から**報酬比例部分**と**定額部分**とを合算した額の特別支給の老齢厚生年金が支給されます。

B ◯　法附則8条の2第2項、13条の4第1項。**報酬比例部分**のみの特別支給の老齢厚生年金の支給開始年齢（特例支給開始年齢）が61歳から64歳までである者は、60歳以後**特例支給開始年齢**に達する前に、老齢厚生年金の支給繰上げの請求をすることができます。設問の者の特例支給開始年齢は、**63歳**です。なお、設問の者は、被保険者期間（保険料納付済期間）を**10年**以上有しているので、老齢厚生年金の受給資格期間を満たしています。

C ◯　法50条の2第1項・3項。障害厚生年金の加給年金額は、障害等級**1級**又は**2級**の障害厚生年金に加算されます。また、加給年金額の対象者は、「受給権者によって**生計を維持**している65歳未満の**配偶者**」です。したがって、設問のように、3級の障害厚生年金の受給権取得後に婚姻し、その後2級に増進したときは、障害等級2級の障害厚生年金の額に配偶者に係る加給年金額が加算されます。

D ◯　法62条1項。中高齢寡婦加算の額は、「**遺族基礎年金**の額（基本額）×**4分の3**」による額です。また、端数処理は、**100円**未満の端数を四捨五入することにより行います。

E ✕　法66条1項。後半が誤りであり、支給停止は解除**されません**。子に対する遺族厚生年金の支給停止が解除されるのは、配偶者に対する遺族厚生年金が次の①～③のいずれかによって支給を停止されている間です。妻（配偶者）の申出により妻に対する遺族厚生年金の支給が停止されているときは、これらに該当しません。

①**若年停止**
②子のみが**遺族基礎年金**の受給権を有すること
③所在不明

解答　E

問題 305

合意分割制度及び3号分割制度（1）

予想　　　　　　　　　　　　　　　　　　　　難易度 **普**　重要度 **B**

合意分割及び3号分割に関する次の記述のうち、正しいものはどれか。なお、「合意分割」とは、厚生年金保険法第3章の2に規定する離婚等をした場合における特例をいい、「3号分割」とは、同法第3章の3に規定する被扶養配偶者である期間についての特例をいう。

A 合意分割に係る標準報酬改定請求は、離婚等をしたときから3年を経過するまでの間に、行うことができる。

B 合意分割において請求すべき按分割合は、第1号改定者及び第2号改定者それぞれの対象期間標準報酬総額の合計額に対する第2号改定者の対象期間標準報酬総額の割合を超え2分の1以下の範囲内で定められなければならない。

C 3号分割の対象となる特定期間に係る被保険者期間については、特定期間の初日の属する月はこれに算入し、特定期間の末日の属する月はこれに算入しないが、特定期間の初日と末日が同一の月に属するときは、その月は1ヵ月として特定期間に係る被保険者期間に算入する。

D 老齢厚生年金の受給権者について、3号分割により標準報酬の改定又は決定が行われたときは、改定又は決定後の標準報酬を老齢厚生年金の額の計算の基礎として、離婚等をした日の属する月の翌月から、年金の額を改定する。

E 振替加算が加算されている老齢基礎年金の受給権者（老齢厚生年金の受給権を有しているものとする。）について3号分割が行われ、老齢厚生年金の額の計算の基礎となる被保険者期間の月数が被扶養配偶者みなし被保険者期間を含めて240以上となっても、引き続き老齢基礎年金に振替加算が加算される。

速習レッスン　A：P326、B：P326、C：P329、D：P327・329、E：P328・329　解説

A　✕　法78条の2第1項。3年ではなく、**2年**です。合意分割に係る標準報酬改定請求は、離婚等をしたときから**2年**を**経過**したとき等は、行うことが**できません**。

B　○　法78条の3第1項。たとえば、対象期間標準報酬総額が、第1号改定者7,000万円、第2号改定者3,000万円である場合は、請求すべき按分割合は、10分の3（30％）を**超え2分の1**（50％）**以下**の範囲内で定められなければなりません。

C　✕　令3条の12の12。特定期間の初日と末日が同一の月に属するときは、その月は、特定期間に係る被保険者期間に**算入しません**。なお、設問前半の記述は正しく、特定期間に係る被保険者期間には、特定期間の初日の属する**月**から特定期間の末日の属する月の**前月**までが算入されます。

D　✕　法78条の18第1項。年金の額の改定は、「離婚等をした日の属する月の翌月から」ではなく、「（3号分割の）**請求**があった日の属する月の**翌月**から」行われます。

E　✕　法78条の14第4項、昭60法附則14条1項ただし書き、経過措置令25条。設問の場合は、振替加算は**加算されなく**なります。**振替加算の調整**（振替加算を行わない場合）に係る老齢厚生年金の額の計算の基礎となる期間（**240月**以上）には、被扶養配偶者みなし被保険者期間が**含まれる**ためです。なお、被扶養配偶者みなし被保険者期間の取扱いは、合意分割による離婚時みなし被保険者期間の取扱いと同じです。

解答　B

合意分割制度及び3号分割制度（2）

過平29

厚生年金保険法に関する次の記述のうち、誤っているものはどれか。なお、本問における合意分割とは、厚生年金保険法第78条の2に規定する離婚等をした場合における標準報酬の改定の特例をいう。

A　障害厚生年金の額の計算の基礎となる被保険者期間に係る標準報酬が、合意分割により改定又は決定がされた場合は、改定又は決定後の標準報酬を基礎として年金額が改定される。ただし、年金額の計算の基礎となる被保険者期間の月数が300月に満たないため、これを300月として計算された障害厚生年金については、離婚時みなし被保険者期間はその計算の基礎とされない。

B　厚生年金保険法第78条の14の規定によるいわゆる3号分割の請求については、当事者が標準報酬の改定及び決定について合意している旨の文書は必要とされない。

C　離婚時みなし被保険者期間は、特別支給の老齢厚生年金の定額部分の額の計算の基礎とはされない。

D　離婚が成立したが、合意分割の請求をする前に当事者の一方が死亡した場合において、当事者の一方が死亡した日から起算して1か月以内に、当事者の他方から所定の事項が記載された公正証書を添えて当該請求があったときは、当事者の一方が死亡した日の前日に当該請求があったものとみなされる。

E　第1号改定者及び第2号改定者又はその一方は、実施機関に対して、厚生労働省令の定めるところにより、標準報酬改定請求を行うために必要な情報の提供を請求することができるが、その請求は、離婚等が成立した日の翌日から起算して3か月以内に行わなければならない。

| 速習レッスン | A：P327、B：P328、C：P328、D：(参考) P326、E：(参考) P326 | 解説 |

A ○ 法78条の10第2項。障害厚生年金の受給権者について、合意分割による標準報酬の改定又は決定が行われたときは、改定又は決定後の標準報酬を計算の基礎として、障害厚生年金の**額が改定**されます。ただし、いわゆる**300月みなし**が適用されている障害厚生年金については、離婚時みなし被保険者期間は計算の基礎と**されません**。

B ○ 法78条の14第1項。3号分割制度は、**被扶養配偶者**の請求により特定被保険者の標準報酬の**2分の1**を分割する制度です。この請求に関し、特定被保険者及び被扶養配偶者の**合意**は要件ではなく、**合意**している旨の文書は必要とされません。

C ○ 法附則17条の10。離婚時みなし被保険者期間は、**報酬比例**の年金額の計算の基礎とされますが、設問のとおり、特別支給の老齢厚生年金の**定額部分**の計算の基礎と**されません**。したがって、定額部分が支給されるべき特別支給の老齢厚生年金の受給権者であっても、その者の厚生年金保険の被保険者期間が離婚時みなし被保険者期間のみである場合は、定額部分の額がゼロとなるため、定額部分は支給されません。

D ○ 令3条の12の7。離婚後、当事者の一方が死亡した場合において、死亡日から**1ヵ月以内**に当事者の他方から所定の方法により合意分割の請求（標準報酬改定請求）があったときは、当事者の一方が死亡した日の**前日**に当該請求があったものとみなされます。

E × 法78条の4第1項。情報の提供の請求について、設問後半のような期限の定めはありません。なお、情報の提供の請求は、標準報酬改定請求後又は離婚等をしたときから**2年**を経過した後は、することができません。

9章 厚生年金保険法

| 解答 | E |

683

問題 307

被保険者の種別に関する規定

予想　　　　　　　　　　　　　　　　難易度 難　重要度 B

厚生年金保険の被保険者の種別に関する次の記述のうち、誤っているものはどれか。なお、この問において「各号の厚生年金被保険者期間」とは「第１号厚生年金被保険者期間、第２号厚生年金被保険者期間、第３号厚生年金被保険者期間又は第４号厚生年金被保険者期間」をいい、「２以上の種別の被保険者であった期間を有する者」とは「各号の厚生年金被保険者期間のうち２以上の被保険者の種別に係る被保険者であった期間を有する者」をいう。

A　第４号厚生年金被保険者期間に基づく保険給付に関する事務は、日本私立学校振興・共済事業団が行う。

B　２以上の種別の被保険者であった期間を有する者に係る老齢厚生年金について、老齢厚生年金の受給権の発生に係る厚生年金保険法第42条の規定を適用する場合においては、各号の厚生年金被保険者期間に係る被保険者期間ごとに適用する。

C　障害厚生年金の受給権者であって、当該障害に係る障害認定日において２以上の種別の被保険者であった期間を有する者に係る当該障害厚生年金の額については、その者の２以上の被保険者の種別に係る被保険者であった期間を合算し、一の期間に係る被保険者期間のみを有するものとみなして、障害厚生年金の額を計算する。

D　２以上の種別の被保険者であった期間を有する者であって、保険料納付済期間と保険料免除期間とを合算した期間が25年以上であるものが死亡した場合において、その者の遺族が一の種別の被保険者期間に基づく遺族厚生年金の支給を受けるときは、他の種別の被保険者期間に基づく遺族厚生年金の支給が停止される。

E　２以上の種別の被保険者であった期間を有する者が、そのうち一の種別の被保険者期間について厚生年金保険法第78条の２第１項の規定によるいわゆる合意分割に係る標準報酬の改定又は決定の請求をするときは、同時に、他の種別の被保険者期間についての当該請求をしなければならない。

速習レッスン A：P241、B：P331、C：P332、D：P333、E：P333　解説

A ○ 法2条の5第1項4号。被保険者の種別と実施機関は、次のとおりです。保険給付に関する事務等は、被保険者の種別に応じた実施機関が行います。
- 第1号厚生年金被保険者……**厚生労働大臣**
- 第2号厚生年金被保険者……国家公務員共済組合及び国家公務員共済組合連合会
- 第3号厚生年金被保険者……地方公務員共済組合、全国市町村職員共済組合連合会及び地方公務員共済組合連合会
- 第4号厚生年金被保険者……**日本私立学校振興・共済事業団**

B ○ 法78条の26第1項。**各号**の厚生年金被保険者期間に係る被保険者期間ごとに適用することにより、**老齢厚生年金の受給権**は、被保険者の**種別**ごとに発生します。つまり、2以上の種別の被保険者であった期間を有する者が老齢厚生年金の支給要件を満たしたときは、その者は、被保険者の種別ごとに、2以上の老齢厚生年金の受給権を取得します。

C ○ 法78条の30。2以上の種別の被保険者であった期間を有する者について当該**障害厚生年金の額**を計算する場合は、その者の2以上の被保険者の種別に係る被保険者であった期間を**合算**します。

D × 法78条の22、78条の32第2項。支給は停止されません。設問の場合に支給される遺族厚生年金は、**長期要件**による**遺族厚生年金**です。2以上の種別の被保険者であった期間を有する者が死亡した場合の長期要件による遺族厚生年金の受給権は、被保険者の**種別**ごとに発生します。被保険者の種別ごとに受給権が発生した2以上の遺族厚生年金は、**併給**することができます。

E ○ 法78条の35第1項。**合意分割**による標準報酬の改定又は決定の**請求**は、2以上の種別の被保険者であった期間を有する者については、すべての被保険者期間について**同時**に行わなければなりません。なお、3号分割による標準報酬の改定及び決定の請求についても同様です。

9章 厚生年金保険法

解答　D

問題 308

保険料（1）

予想

難易度 普　重要度 B

第1号厚生年金被保険者に係る保険料等に関する次の記述のうち、誤っているもの
はどれか。

A　任意単独被保険者を使用する事業主は、その使用する任意単独被保険者及び自
己の負担する毎月の保険料を、翌月末日までに納付しなければならない。

B　被保険者が厚生年金保険法第6条第1項第3号に規定する船舶に使用され、か
つ、同時に船舶以外の事業所に使用されている場合には、船舶所有者以外の事業
主は保険料納付義務を負わず、船舶所有者が当該被保険者に係る保険料を納付す
る義務を負う。

C　保険料その他厚生年金保険法の規定による徴収金を滞納する者があるとき又は繰
上徴収の規定により保険料を徴収するときは、厚生労働大臣は、期限を指定して、
これを督促しなければならない。

D　厚生労働大臣は、督促を受けた納付義務者がその指定の期限までに保険料その
他厚生年金保険法の規定による徴収金を納付しないときは、納付義務者の居住地
又はその者の財産所在地の市町村（特別区を含むものとし、地方自治法に規定す
る指定都市にあっては、区又は総合区とする。）に対して、その処分を請求するこ
とができる。

E　保険料は、被保険者の使用される船舶について船舶所有者の変更があった場合、
又は当該船舶が滅失し、沈没し、若しくは全く運航に堪えなくなるに至った場合
は、納期前であっても、すべて徴収することができる。

速習レッスン A：P338、B：P340、C：P343、D：P343、E：P342

解説

A ◯ 法82条1項・2項、83条1項。任意単独被保険者に係る保険料は、当該任意単独被保険者及び事業主がそれぞれその**半額を負担**し、**事業主**が納付義務を負います。また、毎月の保険料は、**翌月末日**までに、納付しなければなりません。

B ◯ 令4条4号。被保険者が船舶と船舶以外の事業所に使用されている場合には、**船舶所有者**と**被保険者**が保険料を折半して負担し、**船舶所有者**が当該保険料を納付する義務を負います。

C ✕ 法86条1項。**繰上徴収**の規定により保険料を徴収するときは、督促する必要は**ありません**。一方、**保険料**その他厚生年金保険法の規定による**徴収金**を滞納する者があるときは、厚生労働大臣は、期限を指定して、これを**督促**しなければなりません。

D ◯ 法86条5項。厚生労働大臣は、滞納処分を行うときは、次のいずれかの方法によることができます。設問は、このうちの②についてです。
①**国税滞納処分**の例によってこれを処分すること。
②納付義務者の居住地又はその者の財産所在地の**市町村**に対して、その処分を**請求**すること。
　なお、市町村は、上記②の請求を受けたときは、市町村税の例によってこれを処分することができます。また、この場合には、厚生労働大臣は、徴収金の**100分の4**に相当する額を当該市町村に交付しなければなりません。

E ◯ 法85条4号。保険料の繰上徴収についてです。厚生年金保険法においては、**船舶所有者の変更**、船舶の**滅失**、**沈没**等は、繰上徴収の事由の1つです。繰上徴収の事由に該当する場合には、保険料は、**納期前**であっても、すべて徴収することができます。

解答　**C**

保険料 (2)

過令4

次のアからオの記述のうち、厚生年金保険法第85条の規定により、保険料を保険料の納期前であっても、すべて徴収することができる場合として正しいものの組合せは、後記AからEまでのうちどれか。

ア　法人たる納付義務者が法人税の重加算税を課されたとき。
イ　納付義務者が強制執行を受けるとき。
ウ　納付義務者について破産手続開始の申立てがなされたとき。
エ　法人たる納付義務者の代表者が死亡したとき。
オ　被保険者の使用される事業所が廃止されたとき。

A　（アとウ）　　B　（アとエ）　　C　（イとウ）
D　（イとオ）　　E　（ウとオ）

速習レッスン　ア〜オ：P342

解説

ア〜オ　法85条。厚生年金保険法85条は、**保険料の繰上徴収**について規定しています。保険料は、次に掲げる場合においては、**納期前**であっても、すべて徴収することができます。

(1) 納付義務者が、次のいずれかに該当する場合
　①国税、地方税その他の公課の滞納によって、**滞納処分**を受けるとき。
　②**強制執行**を受けるとき。
　③**破産手続開始の決定**を受けたとき。
　④**企業担保権の実行手続の開始**があったとき。
　⑤**競売の開始**があったとき。
(2) 法人たる納付義務者が、**解散**をした場合
(3) 被保険者の使用される事業所が、**廃止**された場合
(4) 被保険者の使用される船舶について**船舶所有者の変更**があった場合、又は当該船舶が**滅失**し、**沈没**し、若しくは**全く運航に堪えなくなる**に至った場合

以上から、納期前であっても保険料をすべて徴収することができる場合として正しいものの組合せは、**D（イとオ）** です。

解答　**D**

雑則

過平24 改正A〜D

厚生年金保険法が定める調査、資料の提供、立入検査等に関する次の記述のうち、誤っているものはどれか。

A 厚生労働大臣は、第1号厚生年金被保険者に係る被保険者の資格、標準報酬、保険料又は保険給付に関する決定に関し、必要があると認めるときは、適用事業所等の事業主及び被保険者に対して、文書その他の物件を差し押え、又は提出させることができる。

B 厚生労働大臣は、第1号厚生年金被保険者に係る被保険者の資格、標準報酬、保険料又は保険給付に関する決定に関し、必要があると認めるときは、当該職員をして事業所に立ち入って関係者に質問し、若しくは帳簿、書類その他の物件を検査させることができる。

C 実施機関は、被保険者の資格、標準報酬又は保険料に関し必要があると認めるときは、官公署（実施機関を除く。）に対し、法人の事業所の名称、所在地その他必要な資料の提供を求めることができる。

D 実施機関は、必要があると認めるときは、年金たる保険給付の受給権者に対して、その者の身分関係、障害の状態その他受給権の消滅、年金額の改定若しくは支給の停止に係る事項に関する書類その他の物件の提出を命じ、又は当該職員をしてこれらの事項に関し受給権者に質問させることができる。

E 受給権者に関する調査において、質問を行う職員は、その身分を示す証票を携帯し、かつ、関係者の請求があるときは、これを提示しなければならない。

A：P348、B：P348、C：P348、D：P348、E：P348

解説

A ✗ 法100条1項。被保険者に対して、設問のようなことができる旨の規定はありません。また、適用事業所等の事業主に対して、文書その他の物件を差し押さえることができる旨の規定もありません。厚生労働大臣は、設問の場合には、**適用事業所等の事業主**に対して、文書その他の**物件を提出**すべきことを命じることができます。

B ○ 法100条1項。立入検査についてです。**立入検査**は、厚生労働大臣が「被保険者の資格、標準報酬、保険料又は保険給付に関する決定」に関し、必要があると認めるときに、行うことができます。

C ○ 法100条の2第2項。資料の提供についてです。**資料の提供**は、実施機関が「被保険者の資格、標準報酬又は保険料」に関し必要があると認めるときに、実施機関以外の**官公署**に対して求めることができます。

D ○ 法96条1項。受給権者に関する調査についてです。保険給付の適正を維持するために、実施機関は、年金たる保険給付の**受給権者**に対して、所定の書類その他の**物件の提出**を命じ、又は当該職員をして**質問**させることができます。

E ○ 法96条2項。選択肢Dの受給権者に関する調査の規定により、質問を行う職員には、身分を示す**証票の携帯**等の義務が課せられています。なお、選択肢Bの立入検査を行う職員にも、同様の義務が課せられています。

解答　A

厚生年金保険制度全般（1）

過平30

厚生年金保険法に関する次の記述のうち、正しいものはどれか。

A 任意適用事業所を適用事業所でなくするための認可を受けようとするときは、当該事業所に使用される者の3分の2以上の同意を得て、厚生労働大臣に申請することとされている。なお、当該事業所には厚生年金保険法第12条各号のいずれかに該当し、適用除外となる者又は特定4分の3未満短時間労働者に該当する者はいないものとする。

B 厚生年金保険法第78条の14第1項の規定による3号分割標準報酬改定請求のあった日において、特定被保険者の被扶養配偶者が第3号被保険者としての国民年金の被保険者の資格（当該特定被保険者の配偶者としての当該資格に限る。）を喪失し、かつ、離婚の届出はしていないが当該特定被保険者が行方不明になって2年が経過していると認められる場合、当該特定被保険者の被扶養配偶者は3号分割標準報酬改定請求をすることができる。

C 第1号厚生年金被保険者が月の末日に死亡したときは、被保険者の資格喪失日は翌月の1日になるが、遺族厚生年金の受給権は死亡した日に発生するので、当該死亡者の遺族が遺族厚生年金を受給できる場合には、死亡した日の属する月の翌月から遺族厚生年金が支給される。

D 障害厚生年金及び当該障害厚生年金と同一の支給事由に基づく障害基礎年金の受給権者が60歳に達して特別支給の老齢厚生年金の受給権を取得した場合、当該障害厚生年金と当該特別支給の老齢厚生年金は併給されないのでどちらか一方の選択になるが、いずれを選択しても当該障害基礎年金は併給される。

E 障害等級2級に該当する障害厚生年金の受給権者が更に障害厚生年金の受給権を取得した場合において、新たに取得した障害厚生年金と同一の傷病について労働基準法第77条の規定による障害補償を受ける権利を取得したときは、一定の期間、その者に対する従前の障害厚生年金の支給を停止する。

A：P245、B：P328、C：P253・268・313、D：P272、E：P304 **解説**

A ✕ 法8条2項。3分の2以上ではなく、**4分の3**以上の同意です。任意適用事業所を適用事業所でなくするための要件は、次の①〜③です。
① 事業所に使用される者（適用除外となる者を除く。）の**4分の3**以上の同意を得ること。
② 事業主が認可申請をすること。
③ **厚生労働大臣の認可**を受けること。

B ✕ 法78条の14第1項、則78条の14第2号イ。「2年」ではなく、「**3年**」が経過していると認められる場合です。3号分割制度における「離婚等」には、被扶養配偶者が国民年金の第3号被保険者の資格を喪失し、かつ、離婚の届出はしていないが特定被保険者が行方不明となって**3年が経過**していると認められる場合等も含まれます。

C 〇 法14条1号、36条1項、58条1項。設問のポイントは、次の点です。
① 被保険者が死亡したときは、その**翌日**に、被保険者の資格を喪失します。
② 遺族厚生年金の受給権は、被保険者等が**死亡した日**に発生します。
③ 年金の支給は、支給すべき事由が生じた（受給権が発生した）月の**翌月**から始めます。

D ✕ 法38条1項、法附則17条。特別支給の老齢厚生年金を選択したときは、障害基礎年金は**併給されません**。厚生年金保険と国民年金の間において、異なる支給事由に基づく年金の併給は、一定の組合せにつき、受給権者が**65歳**に達している場合に**限り**、認められます。特別支給の老齢厚生年金は、**65歳未満**の者に支給されるものです。

E ✕ 法49条2項。設問の場合は、一定の期間、**従前**の障害厚生年金を**支給します**。その支給を停止するのではありません。障害厚生年金の併合認定が行われるべき場合において、新たに取得した障害厚生年金が労働基準法の規定による**障害補償**を受けることができるために6年間支給を停止すべきものであるときは、その停止すべき期間（一定の期間）、その者に対して**従前**の障害厚生年金を**支給**します。

解答　C

問題 312

厚生年金保険制度全般（2）

過平29 変更ウ

厚生年金保険法に関する次のアからオの記述のうち、正しいものの組合せは、後記AからEまでのうちどれか。

- ア 適用事業所以外の事業所に使用される任意単独被保険者の被保険者資格の喪失は、厚生労働大臣の確認によってその効力を生ずる。
- イ 産前産後休業期間中の保険料の免除の申出は、被保険者が第1号厚生年金被保険者又は第4号厚生年金被保険者である場合には当該被保険者が使用される事業所の事業主が、また第2号厚生年金被保険者又は第3号厚生年金被保険者である場合には当該被保険者本人が、主務省令で定めるところにより実施機関に行うこととされている。
- ウ 障害手当金は、障害の程度を定めるべき日において、労働者災害補償保険法の規定による遺族補償給付を受ける権利を有する者には、支給されない。
- エ 厚生年金保険法第47条の3に規定するいわゆる基準障害による障害厚生年金を受給するためには、基準傷病の初診日が、基準傷病以外の傷病（基準傷病以外の傷病が2以上ある場合は、基準傷病以外の全ての傷病）に係る初診日以降でなければならない。
- オ 任意適用事業所に使用される被保険者について、その事業所が適用事業所でなくなったことによる被保険者資格の喪失は、厚生労働大臣の確認によってその効力を生ずる。

A （アとイ）　　B （アとウ）　　C （イとエ）
D （ウとオ）　　E （エとオ）

| 速習 レッスン | ア：P252、イ：P341、ウ：P310、エ：P302、オ：P252 | 解説 |

ア × 法18条1項。任意単独被保険者の資格の喪失のうち、**厚生労働大臣の認可**を受けたことによる資格の喪失については、厚生労働大臣の確認を**要しません**。

イ ○ 法81条の2の2。産前産後休業期間中の保険料免除の申出は、被保険者が使用される事業所の**事業主**が行います。ただし、**第2号**厚生年金被保険者及び**第3号**厚生年金被保険者については、**被保険者**が申出を行います。なお、これらの点は、育児休業等期間中の保険料免除の申出についても同様です。

ウ × 法56条3号。設問の者に障害手当金が支給されないとする規定はありません。障害手当金が支給されないのは、障害の程度を定めるべき日において、次のいずれかに該当する者です。

①厚生年金保険の**年金たる保険給付**の受給権者

②国民年金の**年金たる給付**の受給権者

③当該傷病について労働基準法による**障害補償**、労働者災害補償保険法による**障害（補償）等給付**など他の法律により**障害**を支給事由とする給付を受ける権利を有する者

※①②については、一定の障害厚生年金・障害基礎年金の受給権者を除きます。

エ ○ 法47条の3第1項。基準傷病とは、すでに障害の状態（1級又は2級に不該当）にある者について、**その後に発生**した傷病です。つまり、基準傷病の初診日が、基準傷病**以外**の傷病に係る**初診日以降**でなければなりません。

オ × 法18条1項。任意適用事業所が適用事業所でなくなったこと（**任意適用事業所の取消し**）による被保険者資格の喪失については、厚生労働大臣の確認を**要しません**。

以上から、正しいものの組合せは、**C（イとエ）**です。

9章

厚生年金保険法

| 解答 | C |

695

厚生年金保険制度全般（3）

厚生年金保険法に関する次の記述のうち、正しいものはどれか。

A　昭和61年4月1日から平成3年3月31日までの第3種被保険者であった期間につき被保険者期間を計算する場合には、厚生年金保険法第19条第1項及び第2項によって計算した期間に3分の4を乗じて得た期間をもって厚生年金保険の被保険者期間とする。

B　第1号厚生年金被保険者に係る保険料の納付義務者の住所若しくは居所が国内にないため、又はその住所及び居所がともに明らかでないため、公示送達の方法によって保険料の督促が行われた場合であっても、当該督促に係る保険料額に基づいて計算した延滞金が徴収される。

C　報酬比例部分のみの特別支給の老齢厚生年金の支給開始年齢が63歳である者が、60歳に達した日に当該老齢厚生年金の支給繰上げの請求をした。この者は、当該請求をした日以後引き続き被保険者であったが、62歳に達した日にその資格を喪失した。その後被保険者の資格を取得することなく1ヵ月が経過したときは、被保険者の資格を喪失した月前における被保険者であった期間を計算の基礎として、当該老齢厚生年金の額が改定される。

D　遺族厚生年金の受給権を取得した当時30歳未満である妻が当該遺族厚生年金と同一の支給事由に基づく国民年金法による遺族基礎年金の受給権を取得しないときは、当該遺族厚生年金の受給権は、妻が30歳に達したときに、消滅する。

E　被保険者の死亡により配偶者と子が遺族厚生年金の受給権を取得した場合において、当該死亡について配偶者が国民年金法による遺族基礎年金の受給権を有さず、子が当該遺族基礎年金の受給権を有するときは、その間、配偶者に対する遺族厚生年金の支給が停止される。

A：P256、B：P343、C：P291、D：P319、E：P321

解説

A ✕ 昭60法附則47条4項。「3分の4」ではなく、「5分の6」です。**第3種被保険者**であった期間について被保険者期間を計算する場合には、次の期間を厚生年金保険の被保険者期間とします。なお、以下の「実期間」とは、原則的な計算方法による被保険者期間（厚生年金保険法19条1項及び2項によって計算した期間）のことです。

①**昭和61年3月31日**までの期間
　⇒ 実期間×**3分の4**
②昭和61年4月1日から**平成3年3月31日**までの期間
　⇒ 実期間×**5分の6**
③平成3年4月1日以後の期間
　⇒ 実期間（特例なし）

B ✕ 法87条1項3号。督促が**公示送達**の方法で行われたときは、延滞金は徴収**されません**。

C ✕ 法附則15条の2。設問の1ヵ月を経過したときには、老齢厚生年金の額は改定**されません**。報酬比例部分のみの特別支給の老齢厚生年金の支給開始年齢（特例支給開始年齢）が61歳〜64歳である者が老齢厚生年金の支給を繰り上げた場合は、**特例支給開始年齢に達する前**は、退職時改定は行われません。この者については、特例支給開始年齢に達したときに、被保険者の資格を喪失しているか否かを問わず、その**翌月**から、老齢厚生年金の額が改定されます。

D ✕ 法63条1項5号イ。受給権は、「当該遺族厚生年金の受給権を取得した日から起算して**5年**を経過したとき」に、消滅します。「妻が30歳に達したとき」ではありません。30歳未満の妻の有する遺族厚生年金の受給権は、次の①又は②に該当した日から起算して**5年**を経過したときは、消滅します。

①同一の支給事由に基づく遺族基礎年金の受給権を取得しない（子がない妻である）とき …… **遺族厚生年金**の受給権を**取得**した日
②30歳に到達する日前に同一の支給事由に基づく遺族基礎年金の受給権が消滅したとき …… **遺族基礎年金**の受給権が**消滅**した日

E 〇 法66条2項。**配偶者**に対する遺族厚生年金は、同一の死亡について、配偶者が遺族基礎年金の受給権を有さず、**子が遺族基礎年金**の受給権を**有する**ときは、その間、その支給が停止されます。

解答 **E**

問題 314

チェック欄

[選択式] 定義、費用、適用

過令3

難易度 **普**　重要度 **B**

次の文中の □□□□ の部分を選択肢の中の最も適切な語句で埋め、完全な文章とせよ。

1　厚生年金保険法における賞与とは、賃金、給料、俸給、手当、賞与その他いかなる名称であるかを問わず、労働者が労働の対償として受ける全てのもののうち、 □ A □ 受けるものをいう。

2　厚生年金保険法第84条の3の規定によると、政府は、政令で定めるところにより、毎年度、実施機関（厚生労働大臣を除く。以下本問において同じ。）ごとに実施機関に係る □ B □ として算定した金額を、当該実施機関に対して □ C □ するとされている。

3　厚生年金保険法第8条の2第1項の規定によると、2以上の適用事業所（ □ D □ を除く。）の事業主が同一である場合には、当該事業主は、 □ E □ 当該2以上の事業所を1の事業所とすることができるとされている。

選択肢

①2か月を超える期間ごとに　　　　②3か月を超える期間ごとに
③4か月を超える期間ごとに　　　　④拠出金として交付
⑤国又は地方公共団体　　　　　　　⑥厚生年金保険給付費等
⑦厚生労働大臣に届け出ることによって、
⑧厚生労働大臣の確認を受けることによって、
⑨厚生労働大臣の承認を受けて、　　⑩厚生労働大臣の認可を受けて、
⑪交付金として交付　　　　　　　　⑫執行に要する費用等
⑬事務取扱費等　　　　　　　　　　⑭船舶
⑮その事業所に使用される労働者の数が政令で定める人数以下のもの
⑯特定適用事業所　　　　　　　　　⑰特別支給金として支給
⑱納付金として支給　　　⑲予備費等　⑳臨時に

698

> 速習レッスン A：242、B・C：P336、D・E：P246

解説

Aは法3条1項4号、B・Cは法84条の3、D・Eは法8条の2第1項。

1 賞与の定義についてです。「賞与」とは、賃金、給料、俸給、手当、賞与その他いかなる名称であるかを問わず、労働者が**労働の対償**として受けるすべてのもののうち、**3か月を超える**期間ごとに受けるものをいいます。

2 政府は、政令で定めるところにより、**毎年度**、実施機関（厚生労働大臣を除く。以下同じ。）ごとに実施機関に係る**厚生年金保険給付費等**として算定した金額を、当該実施機関に対して**交付金**として**交付**します。厚生労働大臣を除く実施機関とは、共済組合等のことです。なお、厚生年金保険給付費等とは、厚生年金保険法の規定による保険給付に要する費用として政令で定めるものその他これに相当する給付として政令で定めるものに要する費用のことです。

3 適用事業所の一括についてです。**船舶**以外の2以上の適用事業所の**事業主が同一**である場合には、当該事業主は、**厚生労働大臣**の**承認**を受けて、当該2以上の事業所を一の適用事業所とすることができます。なお、2以上の船舶の船舶所有者が同一である場合には、当該2以上の船舶は、法律上当然に一の適用事業所とします。

9章 厚生年金保険法

「3ヵ月を超える期間ごとに受けるもの」とは

年間を通じ**4回以上**支給されるもの**以外**のものを指します。つまり、年間の支給回数が3回以下のものです。就業規則等の定めによって**年4回以上支給されるもの**については、たとえ名称が「賞与」であっても、**報酬**に該当します。

解答 A ②3か月を超える期間ごとに B ⑥厚生年金保険給付費等 C ⑪交付金として交付 D ⑭船舶 E ⑨厚生労働大臣の承認を受けて、

問題 315

[選択式] 付帯事業、届出

予想

難易度 普　重要度 C

次の文中の □□□ の部分を選択肢の中の最も適切な語句で埋め、完全な文章とせよ。

1　政府等は、厚生年金保険事業の円滑な実施を図るため、厚生年金保険に関し、次に掲げる事業を行うことができる。

(1)　| A |を行うこと。

(2)　被保険者、受給権者その他の関係者（以下本問において「被保険者等」という。）に対し、相談その他の援助を行うこと。

(3)　被保険者等に対し、被保険者等が行う手続きに関する情報その他の被保険者等の| B |に資する情報を提供すること。

2　政府等は、厚生年金保険事業の実施に必要な事務（| C |の負担及び納付に伴う事務を含む。）を円滑に処理し、被保険者等の| B |に資するため、電子情報処理組織の運用を行うものとする。

3　第1号厚生年金被保険者期間に基づく老齢厚生年金の受給権者の| D |は、当該受給権者の所在が| E |以上明らかでないときは、速やかに、所定の事項を記載した届書を日本年金機構に提出しなければならない。

選択肢

①14日　　　　　　　　　②告知及び連携

③属する世帯の世帯主その他その世帯に属する者

④福祉の増進　　　　　⑤国庫負担金　　　　　⑥教育及び広報

⑦制度の理解　　　　　⑧3ヵ月　　　　　　　⑨配偶者

⑩利便の向上　　　　　⑪事務費拠出金　　　　⑫6ヵ月

⑬基礎年金拠出金　　　⑭連絡及び調整　　　　⑮属する世帯の世帯主

⑯生活の安定　　　　　⑰1ヵ月　　　　　　　⑱3親等内の親族

⑲調査及び分析　　　　⑳保険給付費分担金

A・B：P119・240、C：（参考）P240、D・E：P260　　解説

A・Bは法79条1項、Cは法79条2項、D・Eは則40条の2第1項。

1、2 厚生年金保険の**付帯事業**として、政府等（政府及び共済組合等）は、厚生年金保険事業の円滑な実施を図るため、厚生年金保険に関し、次に掲げる事業を行うことができます。

(1) **教育**及び**広報**を行うこと。
(2) 被保険者、受給権者その他の関係者（被保険者等）に対し、**相談その他の援助**を行うこと。
(3) 被保険者等に対し、被保険者等が行う手続きに関する情報その他の被保険者等の**利便の向上**に資する**情報を提供**すること。

また、政府等は、厚生年金保険事業の実施に必要な事務（**基礎年金拠出金**の負担及び納付に伴う事務を含む。）を円滑に処理し、被保険者等の**利便の向上**に資するため、**電子情報処理組織の運用**を行うものとされています。

この付帯事業（厚生年金保険事業の円滑な実施を図るための措置）の内容は、国民年金の付帯事業（国民年金事業の円滑な実施を図るための措置）の内容とほぼ同じです。

3 第1号厚生年金被保険者期間に基づく年金たる保険給付の受給権者の所在が明らかでない場合は、**受給権者の所在不明の届出**を行わなければなりません。この受給権者の所在不明の届出は、受給権者の**属する世帯の世帯主その他その世帯に属する者**が、年金たる保険給付の受給権者の所在が**1ヵ月**以上明らかでないときに、速やかに、届書を日本年金機構に提出することによって行います。

解答　A ⑥教育及び広報　B ⑩利便の向上　C ⑬基礎年金拠出金
D ③属する世帯の世帯主その他その世帯に属する者　E ⑰1ヵ月

問題 316

チェック欄

[選択式] 老齢厚生年金、遺族厚生年金

予想

難易度 普　重要度 B

次の文中の □□□□ の部分を選択肢の中の最も適切な語句で埋め、完全な文章とせよ。

1　昭和21年４月２日以後に生まれた者に支給する老齢厚生年金の定額部分の額を計算するにあたり、計算の基礎となる被保険者期間の月数が │ A │ を超えるときは、これを │ A │ とする。

2　老齢厚生年金の配偶者に係る加給年金額に加算される特別加算額は、当該老齢厚生年金の受給権者が │ B │ 生まれであるときに、最も多い額となる。

3　繰上げ支給の老齢厚生年金と雇用保険の基本手当との調整により、８ヵ月分の老齢厚生年金の支給が停止された者について、基本手当の支給を受けた日とみなされる日数が150であるときは、直近の │ C │ について老齢厚生年金の支給停止が解除される。

4　遺族厚生年金は、当該被保険者又は被保険者であった者の死亡について労働基準法の規定による遺族補償の支給が行われるべきものであるときは、死亡の日から │ D │ 間、その支給が停止される。

5　遺族厚生年金（その受給権者が │ E │ に達しているものに限る。）は、その受給権者が老齢厚生年金の受給権を有するときは、当該老齢厚生年金の額に相当する部分の支給が停止される。

┌─ 選択肢 ─────────────────────────────┐

① ２ヵ月　　　　　　② ３ヵ月　　　　　　③ ４ヵ月

④ ５ヵ月　　　　　　⑤ 65歳　　　　　　　⑥ 300

⑦ ８年　　　　　　　⑧ 昭和９年４月１日以前　⑨ 70歳

⑩ 昭和９年４月２日以後　⑪ 420　　　　　　⑫ ５年

⑬ 444　　　　　　　⑭ 75歳　　　　　　　⑮ ６年

⑯ 昭和18年４月１日以前　⑰ 480　　　　　　⑱ ３年

⑲ 55歳　　　　　　　⑳ 昭和18年４月２日以後

└──────────────────────────────────┘

速習レッスン　A：P289、B：P293、C：P298、D：P320、E：P321

解説

Aは法附則9条の2第2項1号、Bは昭60法附則60条2項、Cは法附則7条の4第3項、Dは法64条、Eは法64条の2。

1　老齢厚生年金の**定額部分**の額の計算の基礎となる被保険者期間の月数には上限があり、受給権者が昭和21年4月2日以後生まれであるときの上限月数は、**480**です。

2　老齢厚生年金の配偶者に係る加給年金額に加算される**特別加算額**は、受給権者の生年月日に応じた額であり、**受給権者が昭和18年4月2日以後生まれ**であるときに、最も多い額（最高額）となります。

3　設問では、老齢厚生年金と基本手当との調整規定のうち、事後精算について問うています。事後精算によって老齢厚生年金の支給停止が解除となる月数（解除月数）は、次の計算式によります。

解除月数＝支給停止月数－（基本手当の支給を受けた日とみなされる日数÷30）
※1未満の端数は1に切上げ

設問をこれにあてはめると、「8－（150÷30）」により、支給停止が解除となる月数は**3ヵ月**となります。

4　同一の死亡について**労働基準法**の規定による遺族補償の支給が行われるべきものであるときは、遺族厚生年金の支給が停止されますが、支給が停止される期間は、死亡の日から**6年間**です。

5　老齢厚生年金の受給権を有することによって遺族厚生年金の支給が停止されるのは、受給権者が**65歳**に達している場合です。この場合は、**老齢厚生年金**が優先して支給され、遺族厚生年金は、差額のみが支給されます。

📍ポイント解説

特別加算額

①配偶者ではなく、**受給権者**の生年月日に応じて額が定められています。
②受給権者が**若い（生年月日が遅い）**ほど、特別加算額は**高い額**となります。
③**昭和18年4月2日以後**生まれの者の特別加算額は、同額かつ**最高額**となります。
④特別加算が行われるのは、**老齢厚生年金の配偶者**に係る加給年金額のみです。子に係る加給年金額及び障害厚生年金の配偶者に係る加給年金額には、特別加算は行われません。

解答　A ⑰480　B ⑳昭和18年4月2日以後　C ②3ヵ月　D ⑮6年
E ⑤65歳

問題 317

チェック欄

[選択式] 保険給付全般

予想

難易度 易　重要度 B

次の文中の □□□ の部分を選択肢の中の最も適切な語句で埋め、完全な文章とせよ。

1　老齢厚生年金の額等の計算の基礎となる平均標準報酬額とは、被保険者期間の計算の基礎となる各月の A に、 B を乗じて得た額の総額を、当該被保険者期間の月数で除して得た額をいう。

2　障害厚生年金の額の計算にあたり、その基礎となる被保険者期間の月数が C に満たないときは、これを C とする。

3　障害の程度が障害等級の1級に該当する者に支給する障害厚生年金の額は、厚生年金保険法第50条第1項に定める額の D に相当する額である。

4　船舶が沈没し、転覆し、滅失し、若しくは行方不明となった際現にその船舶に乗っていた被保険者若しくは被保険者であった者若しくは船舶に乗っていてその船舶の航行中に行方不明となった被保険者若しくは被保険者であった者の生死が E 間分からない場合又はこれらの者の死亡が E 以内に明らかとなり、かつ、その死亡の時期が分からない場合には、遺族厚生年金の支給に関する規定の適用については、その船舶が沈没し、転覆し、滅失し、若しくは行方不明となった日又はその者が行方不明となった日に、その者は、死亡したものと推定する。

選択肢

① 180　　　　　　② 再評価率　　　　③ 100分の150　　④ 6ヵ月
⑤ 標準報酬月額　　⑥ 1ヵ月　　　　　⑦ 300　　　　　　⑧ 調整率
⑨ 100分の125　　⑩ 360　　　　　　⑪ 改定率　　　　　⑫ 報酬月額
⑬ 1年　　　　　　⑭ 100分の110　　⑮ 3ヵ月　　　　　⑯ 240
⑰ 物価変動率　　　　　　　　　　　⑱ 報酬月額及び賞与額
⑲ 標準報酬月額と標準賞与額　　　　⑳ 100分の175

| 速習
レッスン | A・B：P264、C：P305、D：P304、E：P270 | 解説 |

A・Bは法43条1項、Cは法50条1項、Dは法50条2項、Eは法59条の2。

1　**平均標準報酬額**とは、被保険者期間の計算の基礎となる各月の**標準報酬月額と標準賞与額**に**再評価率**を乗じて得た額の総額を、当該被保険者期間の月数で除して得た額をいいます。平均標準報酬額は、**総報酬制**が導入された**平成15年4月1日以後**の期間について、報酬に比例して計算される年金給付の額（報酬比例の年金額）の計算の基礎となります。なお、平成15年4月1日前の期間については、**平均標準報酬月額**が報酬比例の年金額の計算の基礎となります。

2　障害厚生年金の額は、原則として、老齢厚生年金の報酬比例部分の額と同様に計算します。ただし、その計算の基礎となる被保険者期間の月数が**300に満たない**ときは、これを**300**として**計算**します（300月みなし）。

3　障害厚生年金の額は、受給権者の障害等級に応じて、次の額です。

障害等級	年金額
1級	報酬比例の年金額×**100分の125**＋配偶者加給年金額
2級	報酬比例の年金額＋配偶者加給年金額
3級	報酬比例の年金額

4　遺族厚生年金については、その死亡に関して、船舶と航空機の事故に限り、死亡の推定の規定が適用されます。船舶若しくは航空機の事故の際に現にその船舶若しくは航空機に乗っていた、又は船舶若しくは航空機の航行中に行方不明になった被保険者又は被保険者であった者については、次の場合は、**事故の日又は行方不明となった日**に死亡したものと**推定**します。
(1) 生死が**3ヵ月間分からない**場合
(2) 死亡が**3ヵ月**以内に明らかとなり、かつ、その死亡の**時期が分からない**場合

9章
厚生年金保険法

| 解答 | A ⑲**標準報酬月額と標準賞与額**　B ②**再評価率**　C ⑦**300**
D ⑨**100分の125**　E ⑮**3ヵ月** |

問題 318

チェック欄

1	2	3

［選択式］合意分割制度等、不服申立て

予想

難易度 **普**　重要度 **B**

次の文中の ____ の部分を選択肢の中の最も適切な語句で埋め、完全な文章とせよ。

1　厚生年金保険法第78条の２第３項によれば、いわゆる合意分割による標準報酬改定請求は、当事者が標準報酬の改定又は決定の請求をすること及び請求すべき A について合意している旨が記載された B の添付その他の厚生労働省令で定める方法によりしなければならない。

2　厚生年金保険法第78条の13においては、いわゆる３号分割に関し、被扶養配偶者に対する年金たる保険給付に関しては、被扶養配偶者を有する被保険者が負担した保険料について、当該 C 負担したものであるという基本的認識の下に、同法第３章の３に定めるところによる旨が規定されている。

3　厚生労働大臣による被保険者の資格、 D 又は保険給付に関する処分に不服がある者は、社会保険審査官に対して審査請求をし、その決定に不服がある者は、社会保険審査会に対して再審査請求をすることができる。

4　厚生年金保険法第90条第１項の規定により社会保険審査官に審査請求をした日から E 以内に決定がないときは、審査請求人は、社会保険審査官が審査請求を棄却したものとみなすことができる。

選択肢

①認定書　　　　　　　②特定期間　　　　　　③標準報酬

④６ヵ月　　　　　　　⑤按分割合　　　　　　⑥被扶養者がその一部を

⑦離婚証明書　　　　　⑧３ヵ月　　　　　　　⑨厚生年金保険原簿の訂正の請求

⑩請求書　　　　　　　⑪２ヵ月　　　　　　　⑫被保険者が単独で

⑬保険料　　　　　　　⑭改定割合　　　　　　⑮被扶養配偶者が共同して

⑯30日　　　　　　　　⑰公正証書　　　　　　⑱滞納処分

⑲対象期間　　　　　　⑳被保険者及びその者を使用する事業主が分担して

A・B：P326、C：P328、D：P346、E：P346

解説

A・Bは法78条の2第3項、Cは法78条の13、Dは法90条1項、Eは法90条3項。

1 合意分割は、当事者（第1号改定者及び第2号改定者）の**合意**により、**按分割合**に基づいて標準報酬を分割する制度です。合意分割による標準報酬改定請求は、次の(1)及び(2)について当事者が**合意**している旨が記載された**公正証書**の添付その他の厚生労働省令で定める方法によりしなければなりません。
   (1) 標準報酬の改定又は決定の請求をすること
   (2) 請求すべき**按分割合**

2 3号分割は、特定被保険者の標準報酬の**2分の1**を、いわば強制的に被扶養配偶者に分割する制度です。3号分割の制度は、被扶養配偶者を有する**被保険者が負担した保険料**について、当該**被扶養配偶者**が**共同**して**負担**したものであるという基本的認識の下に、設けられています。

3 厚生労働大臣による次の処分に不服がある者は、社会保険審査官に対して審査請求をし、その決定に不服がある者は、社会保険審査会に対して再審査請求をすることができます（二審制）。
   (1) **被保険者の資格**に関する処分
   (2) **標準報酬**に関する処分
   (3) **保険給付**に関する処分

4 不服申立てに関しては、迅速な救済を図る観点から、社会保険審査官に審査請求をした日から**2ヵ月以内**に決定がないときは、審査請求人は、社会保険審査官が審査請求を**棄却**したものと**みなす**ことができます。棄却したものとみなすことにより、社会保険審査会に対する審査請求又は裁判所への訴訟の提起が可能となります。

解答 A ⑤按分割合　B ⑰公正証書　C ⑮被扶養配偶者が共同して
D ③標準報酬　E ⑪2ヵ月

問題 319

チェック欄 1 2 3

［選択式］費用

予想

難易度 **易**　重要度 **B**

次の文中の□□□の部分を選択肢の中の最も適切な語句で埋め、完全な文章とせよ。

1　積立金の運用は、積立金が厚生年金保険の被保険者から徴収された保険料の一部であり、かつ、将来の保険給付の貴重な財源となるものであることに特に留意し、専ら厚生年金保険の　**A**　のために、長期的な観点から、　**B**　行うことにより、将来にわたって、厚生年金保険事業の運営の安定に資することを目的として行うものとする。

2　国庫は、毎年度、厚生年金保険の実施者たる政府が負担する基礎年金拠出金の額の　**C**　に相当する額を負担する。

3　産前産後休業をしている第1号厚生年金被保険者が使用される事業所の事業主が、実施機関に申出をしたときは、当該被保険者に係る保険料であってその産前産後休業を開始した日の属する月からその産前産後休業が終了する　**D**　までの期間に係るものの徴収は行わない。

4　厚生年金保険法第88条においては、第1号厚生年金被保険者に係る保険料その他厚生年金保険法の規定による徴収金の先取特権の順位は、　**E**　に次ぐものと規定されている。

選択肢

① 財政の健全化　　　　② 2分の1　　　　　③ 日が属する月の前月
④ 慎重かつ細心の注意を払って　　　⑤ 日が属する月　　　⑥ 3分の2
⑦ 所得税　　　　　　⑧ 安全かつ効率的に　　⑨ 国税及び地方税
⑩ 柔軟かつ積極的に　⑪ 保険給付の充実　　　⑫ 日の翌日が属する月
⑬ 被保険者の利益　　⑭ 地方税　　　　　　　⑮ 専門的な知見に基づいて
⑯ 3分の1　　　　　　⑰ 4分の1　　　　　　⑱ 受給権者の所得の確保
⑲ 日の翌日が属する月の前月　　　　⑳ 国税及び労働保険料

| 速習レッスン | A・B：P335、C：P336、D：P341、E：P343 | 解説 |

A・Bは法79条の2、Cは法80条1項、Dは法81条の2の2第1項、Eは法88条。

1 積立金の運用の目的は、将来にわたって、厚生年金保険事業の**運営の安定**に資することです。また、この目的の実現のために、(1)積立金が被保険者から徴収された保険料の一部であり、かつ、将来の保険給付の貴重な財源となるものであることに特に留意すること、(2)専ら被保険者の利益のために、長期的な観点から、安全かつ効率的に運用を行うことが掲げられています。

2 政府が負担する基礎年金拠出金に対する国庫負担の割合は、2分の1です。なお、共済組合等が納付する基礎年金拠出金及び共済組合等による厚生年金保険事業の事務の執行に要する費用の負担については、共済各法の定めるところによります。

3 産前産後休業をしている被保険者について保険料を徴収しない（保険料が**免除**される）期間は、産前産後休業を開始した**日の属する月**からその産前産後休業が終了する日の翌日が属する月の前月までです。

4 第1号厚生年金被保険者に係る保険料その他徴収金の先取特権の順位は、国税及び地方税に次ぐものとされています。

9 章

厚生年金保険法

| 解答 | A ⑬被保険者の利益　B ⑧安全かつ効率的に　C ②2分の1 D ⑲日の翌日が属する月の前月　E ⑨国税及び地方税 |

709

問題 320

チェック欄

[選択式] 積立金の運用、障害手当金等

過平26

難易度 **普**　重要度 **B**

次の文中の□□□の部分を選択肢の中の最も適切な語句で埋め、完全な文章とせよ。

1　年金特別会計の厚生年金勘定の積立金（以下「特別会計積立金」という。）の運用は、厚生労働大臣が、厚生年金保険法第79条の2に規定される目的に沿った運用に基づく納付金の納付を目的として、　**A**　に対し、特別会計積立金を　**B**　することにより行うものとする。

2　障害手当金は、疾病にかかり、又は負傷し、その傷病に係る初診日において被保険者であった者が、当該初診日から起算して　**C**　を経過する日までの間におけるその傷病の治った日において、その傷病により政令で定める程度の障害の状態である場合に、その者に支給する。

3　障害手当金の額は、厚生年金保険法第50条第1項の規定の例により計算した額の100分の200に相当する額とする。ただし、その額が障害等級3級の障害厚生年金の最低保障額に　**D**　を乗じて得た額に満たないときは、当該額とする。

4　年金たる保険給付の受給権者が死亡したため、その受給権が消滅したにもかかわらず、その死亡の日の属する月の翌月以後の分として当該年金たる保険給付の過誤払が行われた場合において、当該過誤払による返還金に係る債権に係る債務の弁済をすべき者に支払うべき年金たる保険給付があるときは、厚生労働省令で定めるところにより、当該年金たる保険給付の支払金の金額を当該過誤払による返還金に係る債権の金額　**E**　ことができる。

選択肢

① 1.25　　　　　② 1.5　　　　　③ 2　　　　　　④ 3

⑤ 1年　　　　　⑥ 1年6か月　　⑦ 3年　　　　　⑧ 5年

⑨ 移管　　　　　⑩ 委託　　　　　⑪ 寄託　　　　　⑫ 財務省

⑬ 資産管理運用機関　　⑭ と相殺する　　⑮ に充当する

⑯ 日本年金機構　　⑰ に補填する

⑱ 年金積立金管理運用独立行政法人　　⑲ の内払とみなす　　⑳ 預託

| 速習
レッスン | A・B：P335、C：P310、D：P310、E：P269 | 解説 |

A・Bは法79条の3第1項、Cは法55条1項、Dは法57条、Eは法39条の2。

1　**特別会計積立金**（年金特別会計の厚生年金勘定の積立金）の運用は、厚生労働大臣が、**年金積立金管理運用**独立行政法人に対し、特別会計積立金を**寄託**することによって行うものとされています。なお、積立金には、特別会計積立金のほか、実施機関積立金があります。

2　障害手当金の支給要件の1つとして、「初診日から起算して**5年**を経過する日までの間において傷病が**治ったこと**」があります。

3　障害手当金は一時金として支給され、その額は、3級の障害厚生年金の額（厚生年金保険法50条1項の規定の例により計算した額）の**100分の200**に相当する額です。この額には最低保障額が設けられており、上記により計算した額が次の最低保障額に満たないときは、最低保障額が障害手当金として支給されます。

> **障害手当金の最低保障額 ＝ 障害厚生年金の最低保障額×2**

4　年金の支払調整のうち、**充当**についてです。充当は、「年金たる保険給付の受給権者が**死亡**したためその受給権が消滅したにもかかわらず、その死亡の日の属する月の翌月以後の分として当該年金たる保険給付の**過誤払い**が行われた場合」において、「当該過誤払いによる返還金債権に係る**債務の弁済をすべき者**に支払うべき年金たる保険給付があるとき」に、することができます。

9章

厚生年金保険法

| 解答 | A ⑱年金積立金管理運用独立行政法人　B ⑪寄託　C ⑧5年
D ③2　E ⑮に充当する |

711

老齢厚生年金と障害厚生年金の加給年金額

		老齢厚生年金	障害厚生年金
受給権者の要件		老齢厚生年金の額の計算の基礎となる被保険者期間の月数が240以上であること	障害の程度が障害等級の1級又は2級に該当すること
対象者の要件		受給権取得当時生計を維持していた	65歳未満の配偶者 ①18歳に達する日以後の最初の3月31日（18歳年度末）までの間にある子 ②20歳未満で障害等級の1級又は2級に該当する障害の状態にある子	生計を維持している65歳未満の配偶者
額	配偶者	224,700円×改定率	224,700円×改定率
	子	第1子・2子 224,700円×改定率 第3子以降 74,900円×改定率	
特別加算額		配偶者加給年金額が加算されている場合であって、受給権者が昭和9年4月2日以後生まれのとき	なし
増額改定事由		受給権取得当時胎児であった子が出生したとき	受給権取得後に生計を維持している65歳未満の配偶者を有するに至ったとき
減額改定事由	共通	①死亡したとき ②受給権者による生計維持の状態がやんだとき	①死亡したとき ②受給権者による生計維持の状態がやんだとき ③離婚又は婚姻の取消しをしたとき ④65歳に達したとき（大正15年4月1日以前生まれの者を除く）
	配偶者特有	①離婚又は婚姻の取消しをしたとき ②65歳に達したとき（大正15年4月1日以前生まれの者を除く）	
	子特有	①養子縁組によって受給権者の配偶者以外の者の養子となったとき ②養子縁組による子が、離縁をしたとき ③婚姻をしたとき ④18歳年度末が終了したとき（障害等級の1級又は2級に該当する障害の状態にあるときを除く） ⑤障害等級1級又は2級の障害の状態にある子について、その事情がやんだとき（18歳年度末までの間にあるときを除く） ⑥20歳に達したとき	

第**10**章

社会保険に関する一般常識

最後の科目です。 がんばりましょう!

国民健康保険法（1）

国民健康保険法に関する次の記述のうち、誤っているものはどれか。

A 市町村（特別区を含む。以下本問において同じ。）及び国民健康保険組合（以下本問において「組合」という。）は、世帯主又は組合員がその世帯に属する被保険者に係る被保険者資格証明書の交付を受けている場合において、当該被保険者が保険医療機関又は指定訪問看護事業者について療養を受けたときは、当該世帯主又は組合員に対し、その療養に要した費用について、療養費を支給する。

B 市町村及び組合は、被保険者の出産及び死亡に関しては、条例又は規約の定めるところにより、出産育児一時金の支給又は葬祭費の支給若しくは葬祭の給付を行うものとする。ただし、特別の理由があるときは、その全部又は一部を行わないことができる。

C 都道府県若しくは市町村又は組合は、共同してその目的を達成するため、国民健康保険団体連合会を設立することができる。

D 国民健康保険団体連合会を設立しようとするときは、当該連合会の区域をその区域に含む都道府県を統轄する都道府県知事の認可を受けなければならない。

E 保険給付に関する処分（被保険者証の交付の請求又は返還に関する処分を含む。）又は保険料その他国民健康保険法の規定による徴収金（同法附則第10条第1項に規定する療養給付費等拠出金及び事務費拠出金を除く。）に関する処分に不服がある者は、国民健康保険審査会に審査請求をすることができる。

A：P94、B：P93、C：P97、D：P97、E：P97

解説

A ✕ 国保法54条の3第1項。「療養費」ではなく、「**特別療養費**」を支給します。**保険料の滞納**により世帯主又は組合員がその世帯に属する被保険者の**被保険者証を返還**した場合は、一定の者を除き、これらの被保険者に係る**被保険者資格証明書**が交付されます。これらの被保険者が保険医療機関又は指定訪問看護事業者について療養を受けたときは、療養の給付などの現物給付は行われず、現金給付である**特別療養費**が支給されます。

B 〇 国保法58条1項。国民健康保険の保険給付には、法定必須給付、法定任意給付及び任意給付があります。「**出産育児一時金**の支給又は**葬祭費**の支給若しくは**葬祭の給付**」は、**法定任意給付**です。市町村及び国民健康保険組合は、条例又は規約の定めるところにより、これらを**行うもの**とされています。ただし、特別の理由があるときは、その全部又は一部を**行わないことができます**。

C 〇 国保法83条1項。国民健康保険団体連合会は、**都道府県**若しくは**市町村**又は**国民健康保険組合**が共同してその目的を達成するため、設立するものです。

D 〇 国保法84条1項。国民健康保険団体連合会を設立するためには、**都道府県知事**の**認可**を受けなければなりません。

E 〇 国保法91条1項。次の処分に不服がある者は、**国民健康保険審査会**に審査請求をすることができます。
①**保険給付**に関する処分（被保険者証の交付の請求又は返還に関する処分を含む。）
②**保険料**その他徴収金に関する処分

解答　A

問題 **322**

チェック欄

国民健康保険法（2）

予想

難易度 **難**　重要度 **B**

国民健康保険法に関する次の記述のうち、**誤っているもの**はどれか。

A　国民健康保険法においては、国は、その責務として、国民健康保険事業の運営が健全に行われるよう必要な各般の措置を講ずるとともに、同法の目的の達成に資するため、保健、医療及び福祉に関する施策その他の関連施策を積極的に推進するものとされている。

B　都道府県の区域内に住所を有するに至ったため、都道府県が当該都道府県内の市町村（特別区を含む。以下同じ。）とともに行う国民健康保険（以下「都道府県等が行う国民健康保険」という。）の被保険者の資格を取得した者があるときは、その者の属する世帯の世帯主は、14日以内に、所定の事項を記載した届書を、当該世帯主が住所を有する市町村に提出しなければならない。

C　修学のため一の市町村の区域内に住所を有する被保険者であって、修学していないとすれば他の市町村の区域内に住所を有する他人と同一の世帯に属するものと認められるものは、国民健康保険法の適用については、当該他の市町村の区域内に住所を有するものとみなし、かつ、当該世帯に属するものとみなす。

D　国は、都道府県等が行う国民健康保険について、都道府県及び当該都道府県内の市町村の財政の状況その他の事情に応じた財政の調整を行うため、政令で定めるところにより、都道府県に対して調整交付金を交付する。

E　市町村は、都道府県等が行う国民健康保険事業の適切かつ効率的な実施を図るため、当該市町村の国民健康保険事業の運営に関する方針を定めなければならない。

| 速習レッスン | A：P91、B：P93、C：P92、D：P95、E：(参考) P91 | **解 説** |

A ○ 国保法4条1項。国民健康保険法においては、国の責務として、①国民健康保険事業の運営が健全に行われるよう**必要な各般の措置**を講ずること、及び②保健、医療及び福祉に関する施策その他の**関連施策を積極的に推進**することが掲げられています。

B ○ 国保則2条1項。都道府県等が行う国民健康保険の被保険者の資格を取得した者があるときは、その者の属する世帯の**世帯主**が届出を行います。その届出期限は、資格を取得した日から**14日**以内です。届出先は、当該世帯主が住所を有する**市町村**です。なお、都道府県等が行う国民健康保険の被保険者が、同一の都道府県内の他の市町村の区域内から住所を変更し、市町村の区域内に住所を有するに至ったときも、世帯主が届出を行う必要があります。

C ○ 国保法116条。たとえば、X市にある親元の世帯で被保険者となっていた者が、**修学**のために親元を離れY市に住所を有することとなった場合は、設問の規定（修学中の被保険者の特例）により、引き続き**親元の世帯**に属する**被保険者**とされます。また、保険料も、引き続き親元の世帯の世帯主が納付します。

D ○ 国保法72条1項。国は、都道府県等が行う国民健康保険の財政の安定化を図るため、**都道府県**に対し、療養の給付等に要する費用等について、所定の割合を負担するほか、**調整交付金**を交付します。なお、調整交付金の額は、療養の給付等に要する費用等については、算定対象額の100分の9に相当する額です。

E × 国保法82条の2。市町村が設問のような方針を定めなければならない旨の規定はありません。これに対して、**都道府県**は、都道府県及び当該都道府県内の市町村の国民健康保険事業の運営に関する方針（**都道府県国民健康保険運営方針**）を定めるものとされています。

10章

社会保険に関する一般常識

解答　E

問題 323

高齢者医療確保法（1）

過平30

難易度 普　重要度 B

高齢者医療確保法に関する次の記述のうち、正しいものはどれか。

A　都道府県は、医療費適正化基本方針に即して、5年ごとに、5年を1期として、当該都道府県における医療費適正化を推進するための計画（以下本問において「都道府県医療費適正化計画」という。）を定めるものとする。

B　都道府県は、都道府県医療費適正化計画を定め、又はこれを変更したときは、遅滞なく、これを公表するよう努めるとともに、厚生労働大臣に提出するものとする。

C　偽りその他不正の行為によって後期高齢者医療給付を受けた者があるときは、都道府県は、その者からその後期高齢者医療給付の価額の全部又は一部を徴収することができる。

D　保険医療機関等は療養の給付に関し、保険医等は後期高齢者医療の診療又は調剤に関し、都道府県知事から指導を受けることはない。

E　療養の給付の取扱い及び担当に関する基準並びに療養の給付に要する費用の額の算定に関する基準については、厚生労働大臣が後期高齢者医療広域連合の意見を聴いて定めるものとする。

| 速習レッスン | A：P99、B：P100、C：（参考）P102、D：（参考）P102、E：（参考）P102 | 解説 |

A　✕　高確法9条1項。「5年ごとに、5年を1期」ではなく、「6年ごとに、6年を1期」です。都道府県は、医療費適正化基本方針に即して、当該都道府県における医療費適正化を推進するための計画（**都道府県医療費適正化計画**）を定めます。この都道府県医療費適正化計画は、**6年**ごとに、**6年**を1期として、定めるものとされています。

B　◯　高確法9条8項。都道府県医療費適正化計画の策定又は変更に際しては、都道府県は、遅滞なく、①これを**公表するよう努める**とともに、②厚生労働大臣に提出するものとされています。

C　✕　高確法59条1項。設問の不正利得の徴収を行うことができるのは、「都道府県」ではなく、「後期高齢者医療広域連合」です。**偽りその他不正の行為**によって後期高齢者医療給付を受けた者があるときは、**後期高齢者医療広域連合**は、その者からその後期高齢者医療給付の価額の全部又は一部を徴収することができます。

D　✕　高確法66条1項。都道府県知事の指導を受けることもあります。保険医療機関等は療養の給付に関し、保険医等は後期高齢者医療の診療又は調剤に関し、**厚生労働大臣又は都道府県知事**の指導を受けなければなりません。なお、国民健康保険法にも同様の規定があります。

E　✕　高確法71条1項。意見を聴く相手方は、「後期高齢者医療広域連合」ではなく、「中央社会保険医療協議会」です。設問の①療養の給付の取扱い及び担当に関する基準並びに②療養の給付に要する費用の額の算定に関する基準については、厚生労働大臣が**中央社会保険医療協議会**の意見を聴いて定めるものとされています。

10章

社会保険に関する一般常識

| 解答 | B |

| 問題 | 324 |

チェック欄

1	2	3

高齢者医療確保法（2）

予想

難易度 **普**　重要度 **B**

高齢者医療確保法に関する次のアからオまでの記述のうち、誤っているものの組合せは、後記AからEまでのうちどれか。

ア　後期高齢者医療広域連合は、厚生労働大臣の定める特定健康診査等基本指針に即し、6年ごとに6年を1期として、特定健康診査等実施計画を定める。

イ　被保険者の疾病又は負傷につき、労働者災害補償保険法の規定による療養補償給付、複数事業労働者療養給付若しくは療養給付を受けることができる場合は、療養の給付又は入院時食事療養費、入院時生活療養費、保険外併用療養費、療養費、訪問看護療養費、特別療養費若しくは移送費の支給は行わない。

ウ　後期高齢者医療広域連合は、条例で定めるところにより、特別の理由がある者に対し、保険料を減免し、又はその徴収を猶予することができる。

エ　社会保険診療報酬支払基金は、年度ごとに、保険者から、後期高齢者支援金及び後期高齢者関係事務費拠出金を徴収するが、ここでいう保険者とは、都道府県等が行う国民健康保険にあっては、市町村をいう。

オ　国は、政令で定めるところにより、後期高齢者医療広域連合に対して、負担対象額の12分の3に相当する額を負担する。また、国は、後期高齢者医療の財政を調整するため、政令で定めるところにより、後期高齢者医療広域連合に対して負担対象額の見込額の総額の12分の1に相当する額を調整交付金として交付する。

A　（アとイ）　　**B**　（アとエ）　　**C**　（イとオ）

D　（ウとエ）　　**E**　（ウとオ）

| 速習レッスン | ア：P100、イ：(参考) P102、ウ：(参考) P103、エ：P103、オ：P103 | 解説 |

ア ✕ 高確法19条。「後期高齢者医療広域連合」ではなく、「保険者」です。厚生労働大臣は、特定健康診査等基本指針を定めます。そして、**保険者**（都道府県等が行う国民健康保険にあっては、市町村）は、特定健康診査等基本指針に即して、**6年**ごとに**6年**を1期として、**特定健康診査等実施計画**を定めます。

イ 〇 高確法57条1項。同一の傷病について、**労働者災害補償保険法**の規定による給付や**介護保険法**の規定による給付を受けることができる場合には、高齢者医療確保法に定める**療養の給付等は行いません**。つまり、労働者災害補償保険法の規定による給付や介護保険法の規定による給付を、高齢者医療確保法に定める療養の給付等に優先して行うということです。

ウ 〇 高確法111条。災害により、被保険者の財産について著しい損害を受け、保険料の全部又は一部を（一時的に）納付できないと認められた者など特別の理由がある者の保険料については、**後期高齢者医療広域連合**は、**減額**し、**免除**し、又は保険料の**徴収を猶予**をすることができます。

エ ✕ 高確法118条1項。「市町村」ではなく、「都道府県」をいいます。社会保険診療報酬支払基金は、年度ごとに、**保険者**（都道府県等が行う国民健康保険にあっては、**都道府県**）から、後期高齢者支援金及び後期高齢者関係事務費拠出金を徴収します。なお、社会保険診療報酬支払基金は、後期高齢者医療広域連合に対して、後期高齢者交付金を交付しますが、当該交付金は、上記の後期高齢者支援金をもって充てます。

オ 〇 高確法93条1項、95条。国は、負担対象額の**12分の3**に相当する額を負担（国庫負担）します。さらに、後期高齢者医療の財政を調整するため、**調整交付金**として、負担対象額の見込額の総額の**12分の1**に相当する額を交付します。なお、都道府県及び市町村は、負担対象額の12分の1に相当する額を、それぞれ負担します。

　　以上から、誤っているものの組合せは、**B（アとエ）** となります。

解答 ▶ **B**

10章

社会保険に関する一般常識

船員保険法（1）

過令2 改正A

船員保険法に関する次の記述のうち、誤っているものはどれか。

A 育児休業等をしている被保険者（産前産後休業による保険料免除の適用を受けている被保険者を除く。）を使用する船舶所有者が、厚生労働省令で定めるところにより厚生労働大臣に申出をした場合であって、その育児休業等を開始した日の属する月とその育児休業等が終了する日の翌日が属する月とが異なるときは、その育児休業等を開始した日の属する月からその育児休業等が終了する日の翌日の属する月の前月までの月の当該被保険者に関する保険料は徴収されない。

B 遺族年金を受けることができる遺族の範囲は、被保険者又は被保険者であった者の配偶者（婚姻の届出をしていないが、事実上婚姻関係と同様の事情にある者を含む。）、子、父母、孫、祖父母及び兄弟姉妹であって、被保険者又は被保険者であった者の死亡の当時その収入によって生計を維持していたものである。なお、年齢に関する要件など所定の要件は満たしているものとする。

C 被保険者又は被保険者であった者が被保険者の資格を喪失する前に発した職務外の事由による疾病又は負傷及びこれにより発した疾病につき療養のため職務に服することができないときは、その職務に服することができなくなった日から起算して3日を経過した日から職務に服することができない期間、傷病手当金を支給する。

D 障害年金及び遺族年金の支給は、支給すべき事由が生じた月の翌月から始め、支給を受ける権利が消滅した月で終わるものとする。

E 被保険者が職務上の事由により行方不明となったときは、その期間、被扶養者に対し、行方不明手当金を支給する。ただし、行方不明の期間が1か月未満であるときは、この限りでない。

| 速習レッスン | A：（参考）P107、B：（参考）P105、C：P106、D：（参考）P105、E：P106 | 解説 |

A　〇　船保法118条。育児休業等期間中の保険料免除の規定は、健康保険法及び厚生年金保険法と同様です。船舶所有者が申し出ることにより、設問の育児休業等については、**育児休業等を開始した日の属する月**からその**育児休業等が終了する日の翌日の属する月の前月**までの月の保険料が免除されます。

B　〇　船保法35条1項。遺族年金は、労災保険の遺族（補償）等年金の上乗せ給付であり、遺族の範囲は、遺族（補償）等年金と同様です。つまり、遺族の範囲は、被保険者又は被保険者であった者の**死亡の当時その収入によって生計を維持**していた**配偶者、子、父母、孫、祖父母**及び**兄弟姉妹**となります。なお、妻以外の者にあっては、年齢要件等を満たしている必要があります。

C　✕　船保法69条1項。「**その職務に服することができなくなった日**」から支給します。その日から起算して「3日を経過した日」からではありません。船員保険の傷病手当金には、いわゆる待期期間はない点を押さえておきましょう。なお、支給期間は、支給開始日から起算して**最長で通算3年間**です。

D　〇　船保法41条1項。障害年金及び遺族年金の支給期間は、労災保険の年金たる保険給付の支給期間と同様です。つまり、障害年金及び遺族年金の支給期間は、「**支給すべき事由が生じた月の翌月**から**支給を受ける権利が消滅した月**まで」になります。

E　〇　船保法93条。行方不明手当金は、被保険者が職務上の事由により**1ヵ月以上行方不明**となったときに、被扶養者に対して支給されます。

10章

社会保険に関する一般常識

解答　**C**

船員保険法(2)

船員保険法に関する次の記述のうち、正しいものはどれか。

A 船舶所有者に使用される被保険者が、後期高齢者医療の被保険者等となったときは、その日から船員保険の被保険者の資格を喪失する。

B 行方不明手当金の額は、1日につき、被保険者が行方不明となった当時の標準報酬日額の3分の2に相当する金額である。

C 船員保険は、健康保険法による全国健康保険協会が管掌する。全国健康保険協会には、船員保険事業に関して船舶所有者及び被保険者(その意見を代表する者を含む。)の意見を聴き、当該事業の円滑な運営を図るため、船員保険協議会が置かれる。

D 全国健康保険協会は、船員保険事業に要する費用(前期高齢者納付金等及び後期高齢者支援金等並びに介護納付金の納付に要する費用を含む。)に充てるため、船舶所有者に使用される被保険者に関する保険料を徴収する。

E 被保険者の資格、標準報酬又は保険給付に関する処分に不服がある者は、船員保険審査会に対して審査請求をすることができる。

速習レッスン	A：P105、B：P106、C：P104、D：P104、E：P107	解説

A ✕ 船保法12条。船舶所有者に使用される被保険者（強制被保険者）が、後期高齢者医療の被保険者となった場合であっても、**被保険者の資格は喪失しません**。なお、この場合には、職務上の事由又は通勤に関する保険給付（労災保険の上乗せ給付）は、引き続き船員保険から受けますが、職務外の事由に関する保険給付（健康保険に相当する給付）は後期高齢者医療制度から受けることになります。

B ✕ 船保法94条。行方不明手当金の日額は、被保険者が行方不明となった当時の**標準報酬日額に相当する**金額（標準報酬日額の全額）です。標準報酬日額の３分の２に相当する金額ではありません。行方不明手当金のポイントは、次のとおりです。

①支給要件	被保険者が**職務上の事由**により**１ヵ月以上行方不明**となったとき
②支給対象者	**被扶養者**
③支給期間	被保険者が行方不明となった日の翌日から起算して**３ヵ月**を限度
④支給額	**１日につき標準報酬日額の全額**
⑤報酬との調整	**報酬の額の限度**において支給しない

C ◯ 船保法４条１項、６条１項。船員保険は、**全国健康保険協会**が管掌します。そして、全国健康保険協会には、船員保険事業の円滑な運営を図るため、**船員保険協議会**が置かれます。

D ✕ 船保法114条１項。船舶所有者に使用される被保険者（強制被保険者）に関する保険料を徴収するのは、「全国健康保険協会」ではなく、「**厚生労働大臣**」です。なお、疾病任意継続被保険者に関する保険料は、全国健康保険協会が徴収します。

E ✕ 船保法138条１項。**被保険者の資格**、**標準報酬**又は**保険給付**に関する処分に不服がある者は、「**社会保険審査官**」に対して審査請求をすることができます。「船員保険審査会」というものはありません。船員保険法における不服申し立ての仕組みは、**健康保険法と同様**です。

10章 社会保険に関する一般常識

解答 **C**

問題 327

介護保険法（1）

過令元

難易度 普　重要度 B

介護保険法に関する次の記述のうち、誤っているものはどれか。

A　要介護認定は、その申請のあった日にさかのぼってその効力を生ずる。

B　厚生労働大臣又は都道府県知事は、必要があると認めるときは、介護給付等（居宅介護住宅改修費の支給及び介護予防住宅改修費の支給を除く。）を受けた被保険者又は被保険者であった者に対し、当該介護給付等に係る居宅サービス等の内容に関し、報告を命じ、又は当該職員に質問させることができる。

C　居宅介護住宅改修費は、厚生労働省令で定めるところにより、市町村（特別区を含む。以下本問において同じ。）が必要と認める場合に限り、支給するものとする。居宅介護住宅改修費の額は、現に住宅改修に要した費用の額の100分の75に相当する額とする。

D　市町村は、地域支援事業の利用者に対し、厚生労働省令で定めるところにより、利用料を請求することができる。

E　市町村は、基本指針に即して、3年を1期とする当該市町村が行う介護保険事業に係る保険給付の円滑な実施に関する計画を定めるものとする。

速習レッスン A：P112、B：記載なし、C：P114、D：P115、E：P109　　解説

A　○　介保法27条8項。要介護認定の効力発生の時期は、申請のあった日です。**申請のあった日にさかのぼって効力を生じます**。なお、要介護認定は、有効期間内に限り、その効力を有します。

B　○　介保法24条2項。介護保険においては、設問の被保険者等に対する報告命令等は、**厚生労働大臣**又は**都道府県知事**が、行うことができます。

C　×　介保法45条2項・3項。「100分の75」ではなく、原則として「100分の90」に相当する額です。介護保険の保険給付（一定のものを除く。）の給付割合は、原則として、100分の90（**利用者負担1割**）です。なお、65歳以上で現役並み所得がある者は**3割負担**、一定以上所得がある者は**2割負担**となります。

D　○　介保法115条の45第5項。市町村が行う**地域支援事業**には、介護予防・日常生活支援総合事業、包括的支援事業などがあります。市町村は、地域支援事業の利用者に対し、**利用料を請求することができます**。

E　○　介保法117条1項。**市町村**は、厚生労働大臣が定める基本指針に即して、**3年を1期**とする当該市町村が行う介護保険事業に係る保険給付の円滑な実施に関する計画（**市町村介護保険事業計画**）を定めます。なお、都道府県は、上記の基本指針に即して、3年を1期とする介護保険事業に係る保険給付の円滑な実施の支援に関する計画（都道府県介護保険事業支援計画）を定めます。

介護保険制度の創設の目的

　介護保険制度は、高齢者の介護の問題を一部の限られた問題としてとらえるのではなく、高齢者を等しく社会の構成員としてとらえながら、国民皆で高齢者の介護の問題を支える仕組みです。介護保険制度を創設した目的は、次の4つに集約することができます。
①老後の最大の不安要因である介護を国民皆で支える仕組みを創設
②社会保険方式により給付と負担の関係を明確にし、国民の理解を得られやすい仕組みを創設
③従来の縦割りの制度を再編成し、利用者の選択により、多様な主体から保健医療サービス及び福祉サービスを総合的に受けられる仕組みを創設
④介護を医療保険から切り離し、社会保障構造改革の皮切りとなる制度を創設

（平成17年版厚生労働白書45～46頁参照）

解答　C

介護保険法 (2)

介護保険法に関する次の記述のうち、誤っているものはどれか。

A 指定地域密着型サービス事業者の指定は、地域密着型サービス事業を行う者の申請により、市町村長（特別区にあっては、区長。以下同じ。）が地域密着型サービスの種類及び事業所ごとに行う。

B 介護保険の第1号被保険者とは、市町村又は特別区（以下単に「市町村」という。）の区域内に住所を有する65歳以上の者であり、第2号被保険者とは、市町村の区域内に住所を有する40歳以上65歳未満の医療保険加入者である。

C 介護認定審査会は、原則として市町村に置かれ、その委員は、要介護者等の保健、医療又は福祉に関する学識経験を有する者のうちから、市町村長が任命する。

D 都道府県は、政令で定めるところにより、市町村に対し、介護給付（介護保険施設及び特定施設入居者生活介護に係るものを除く。）及び予防給付（介護予防特定施設入居者生活介護に係るものを除く。）に要する費用の額について、その100分の12.5に相当する額を負担する。

E 介護老人保健施設を開設しようとする者は、厚生労働省令で定めるところにより、都道府県知事の指定を受けなければならない。また、当該指定は、6年ごとにその更新を受けなければ、その期間の経過によって、その効力を失う。

| 速習レッスン | A：P116、B：P110、C：P113、D：P116、E：P115・116 | 解説 |

A 〇 介保法42条の2第1項、78条の2第1項。**指定地域密着型サービス事業者**の指定は、**市町村長**が行います。

B 〇 介保法9条。介護保険の被保険者は、次の①②の2種類です。

①**第1号被保険者** … 市町村又は特別区の区域内に住所を有する**65歳**以上の者

②**第2号被保険者** … 市町村の区域内に住所を有する**40歳**以上**65歳**未満の医療保険加入者

　なお、上記②の「医療保険加入者」とは、各医療保険制度の被保険者、組合員、加入者及びその被扶養者をいいます。

C 〇 介保法14条、15条2項。**介護認定審査会**は、要介護認定及び要支援認定における審査判定業務を行わせるために、**市町村**に置かれています。また、その委員を任命するのは、**市町村長**です。なお、都道府県が市町村の委託を受けて当該審査判定業務を行う場合には、当該都道府県に都道府県介護認定審査会が置かれ、その委員は都道府県知事が任命します。

D 〇 介保法123条1項1号。介護給付及び予防給付に要する費用は、**公費**と**保険料**で賄われています。その負担割合は、下表のとおりです。

			居宅給付費	施設等給付費
公費 (50％)	国	定率負担分	100分の20	100分の15
		調整交付金	100分の5	100分の5
	都道府県		100分の12.5	100分の17.5
	市町村（一般会計）		100分の12.5	100分の12.5
保険料 (50％)	第1号被保険者		100分の23	
	第2号被保険者		100分の27	

E ✕ 介保法94条1項、94条の2第1項。設問中の2箇所にある「指定」が誤りで、正しくは「**許可**」です。介護老人保健施設を開設しようとする者は、**都道府県知事の許可**を受けなければなりません。また、その許可の有効期間は**6年間**であり、6年ごとに更新を受けなければ、その期間の経過によって、効力を失います。

10章 社会保険に関する一般常識

解答　**E**

問題 329

チェック欄

1	2	3

介護保険法（3）

予想

難易度 普　重要度 B

介護保険法に関する次の記述のうち、正しいものはどれか。

A　介護保険法第5条では、国は、介護保険事業の運営が健全かつ円滑に行われるように、必要な助言及び適切な援助をしなければならないと規定している。

B　市町村（特別区を含む。以下本問において同じ。）は、介護報酬の請求に関する審査及び支払いに関する事務を社会保険診療報酬支払基金に委託することができる。

C　市町村は、要介護認定の申請に対する処分を、原則として、当該申請のあった日から60日以内にしなければならない。

D　要介護更新認定の申請は、原則として、当該要介護認定の要介護認定有効期間の満了の日の60日前から当該要介護認定有効期間の満了の日までの間において行うものとされている。

E　保険料の特別徴収に係る「老齢等年金給付」とは、老齢若しくは退職又は障害を支給事由とする年金たる給付であって政令で定めるものをいい、死亡を支給事由とする年金たる給付はこれに含まれない。

| 速習
レッスン | A：P109、B：P113、C：P112、D：P113、E：P117 | 解説 |

A ✕ 介保法5条1項・2項。設問の責務（必要な**助言**及び適切な**援助**）が課されているのは、国ではなく、**都道府県**です。国に課されている責務は、「介護保険事業の運営が健全かつ円滑に行われるよう保健医療サービス及び福祉サービスを提供する体制の確保に関する施策その他の必要な**各般の措置**を講じること」です。

B ✕ 介保法41条10項等。「社会保険診療報酬支払基金」ではなく、「国民健康保険団体連合会」です。市町村は、介護報酬の請求に関する**審査及び支払い**の事務を**国民健康保険団体連合会**に委託することができます。

C ✕ 介保法27条11項。「60日以内」ではなく、「30日以内」です。要介護認定の**申請に対する処分**は、原則として、当該申請のあった日から**30日以内**にしなければなりません。なお、当該申請に係る被保険者の心身の状況の調査に日時を要する等特別な理由がある場合には、処分の期限を延期することができます。

D ◯ **介保則39条。要介護更新認定の申請**は、原則として、有効期間の満了の日の**60日前**から有効期間の満了の日までの間に行わなければなりません。なお、災害その他やむを得ない理由により当該申請に係る要介護認定の有効期間の満了前に当該申請をすることができなかったときは、その理由のやんだ日から1ヵ月以内に限り、要介護更新認定の申請をすることができます。

E ✕ 介保法131条。死亡を支給事由とする年金たる給付も**含まれます**。保険料の特別徴収に係る「老齢等年金給付」とは、**老齢**若しくは**退職**、**障害**又は**死亡**を支給事由とする年金たる給付であって政令で定めるものをいいます。なお、特別徴収とは、老齢等年金給付から天引きする形で保険料を徴収する方法です。

10章 社会保険に関する一般常識

解答　**D**

問題 **330**

チェック欄

1	2	3

社会保険審査官及び社会保険審査会法

予想

難易度 **普**　重要度 **B**

社会保険審査官及び社会保険審査会法に関する次の記述のうち、正しいものはどれか。

A　社会保険審査官は、各地方厚生局（地方厚生支局を含む。）に置かれ、健康保険法、船員保険法、厚生年金保険法及び石炭鉱業年金基金法並びに国民年金法の規定による審査請求の事件に限り、これを取り扱うものとされている。

B　審査請求人は、決定があるまでは、いつでも審査請求を取り下げることができるが、審査請求の取下げは、文書でしなければならない。

C　審査請求は、それが原処分に関する事務を処理したものである場合を除き、審査請求人の居住地を管轄する地方厚生局、日本年金機構の従たる事務所、年金事務所又は当該地方厚生局に置かれた社会保険審査官を経由してすることはできない。

D　健康保険法又は厚生年金保険法の規定による審査請求は、被保険者の資格、標準報酬又は保険給付に関する処分があったことを知った日の翌日から起算して2ヵ月を経過したときは、することができない。ただし、正当な事由によりこの期間内に審査請求をすることができなかつたことを疎明したときは、この限りでない。

E　社会保険審査官の任期は3年であるが、社会保険審査官は再任されることができる。

速習レッスン A：P118、B：P119、C：P119、D：P118、E：P118　　**解説**

A　✕　社審法1条1項。社会保険審査官は、設問に掲げるほか、年金遅延加算金法の規定による審査請求の事件も取り扱います。社会保険審査官が取り扱う審査請求の事件には、①**健康保険法**、②**船員保険法**、③**厚生年金保険法**及び④**石炭鉱業年金基金法**、⑤**国民年金法**並びに⑥**年金遅延加算金法**の6つの法律の規定によるものがあります。

B　〇　社審法12条の2。審査請求の**取下げ**は、審査請求に対する決定があるまでは、**いつでも**することができます。ただし、審査請求の取下げは、文書でする必要があります。これに対して、審査請求及び再審査請求は、ともに**文書又は口頭**ですることができます。

C　✕　社審法5条2項。原処分に関する事務を処理したものでない場合でも、設問の審査請求人の居住地を管轄する地方厚生局等を経由してすることができます。審査請求は、次のものを経由してすることができます。

①原処分に関する**事務を処理**した地方厚生局、日本年金機構の従たる事務所、年金事務所又は健康保険組合等

②審査請求人の**居住地を管轄**する地方厚生局、日本年金機構の従たる事務所、年金事務所又は当該地方厚生局に置かれた社会保険審査官

D　✕　社審法4条1項。「2ヵ月」ではなく、「3ヵ月」です。審査請求は、審査請求に関する処分があったことを知った日の翌日から起算して**3ヵ月**を経過したときは、原則として、することができません。なお、**被保険者**若しくは加入員の資格、**標準報酬**又は標準給与に関する処分に対する審査請求は、原処分があった日の翌日から起算して**2年**を経過したときは、することができません。

E　✕　参考：社審法2条、23条。社会保険審査官に任期の定めは特に**ありません**。一方、**社会保険審査会**の委員長及び委員の任期は、**3年**（補欠の委員長又は委員の任期は、前任者の残任期間）です。また、社会保険審査会の委員長及び委員は、再任されることができます。

10章　社会保険に関する一般常識

解答　B

確定給付企業年金法（1）

確定給付企業年金法に関する次のアからオまでの記述のうち、正しいものの組合せは、後記AからEまでのうちどれか。

ア　常時250人の厚生年金保険の被保険者を使用している厚生年金適用事業所の事業主は、企業年金基金の設立について厚生労働大臣の認可を受けて、基金型企業年金を実施することができる。

イ　確定給付企業年金を実施する厚生年金適用事業所に使用される厚生年金保険の被保険者は、原則として、確定給付企業年金の加入者となるが、ここでいう「厚生年金保険の被保険者」には、厚生年金保険法に規定する第2号厚生年金被保険者及び第3号厚生年金被保険者は含まれない。

ウ　老齢給付金の支給要件に関し、規約において、10年を超える加入者期間を老齢給付金の給付を受けるための要件として定めてはならない。

エ　規約において定める期間以上の加入者期間を有する者は、事業主等に老齢給付金の支給の繰上げの請求をすることができる。

オ　事業主等は、その確定給付企業年金に係る業務の概況について、毎事業年度1回以上、加入者に周知させなければならない。

A　（アとウ）　　B　（アとエ）　　C　（イとウ）
D　（イとオ）　　E　（エとオ）

| 速習レッスン | ア：(参考) P121、イ：P121、ウ：P122、エ：(参考) P122、オ：(参考) P120 | 解説 |

ア ✕ 確給法3条1項、12条1項、同令6条。設問の事業主は、基金型企業年金を実施することはできません。厚生年金適用事業所の事業主が企業年金基金の設立について**厚生労働大臣の認可**を受けるためには、当該事業所において、**常時300人以上**の加入者となるべき厚生年金保険の被保険者を使用していること、又は使用すると見込まれることが必要です。設問の適用事業所で使用する厚生年金保険の被保険者の数は300人に満たないため、厚生労働大臣の認可を受けることができず、基金型企業年金を実施することはできません。

イ 〇 確給法2条3項、25条1項。確定給付企業年金法において「厚生年金保険の被保険者」とは、厚生年金保険の被保険者（厚生年金保険法に規定する**第1号厚生年金被保険者**又は**第4号厚生年金被保険者**に限る。）をいいます。第2号厚生年金被保険者及び第3号厚生年金被保険者は含まれません。

ウ ✕ 確給法36条4項。「10年」ではなく、「20年」です。老齢給付金は、加入者又は加入者であった者が、規約で定める老齢給付金を受けるための要件を満たすこととなったときに、その者に支給されますが、この規約において、**20年を超える**加入者期間を**老齢給付金**の給付を受けるための要件として定めてはならないものとされています。

エ ✕ 参考：確給法37条1項。支給繰上げの請求をすることはできません。確定給付企業年金法においては、老齢給付金の支給の繰上げについての規定は設けられていません。なお、老齢給付金の支給の要件を満たす者であって老齢給付金の支給を請求していないものは、規約で定めるところにより、事業主等に当該老齢給付金の支給の繰下げの申出をすることができます。

オ 〇 確給法73条1項、同則87条1項。事業主等（事業主又は企業年金基金）は、確定給付企業年金に係る**業務の概況**について、**加入者に対して周知**させなければなりません。この加入者に対する業務概況の周知は、**毎事業年度1回以上**、行うものとされています

以上から、正しいものの組合せは、**D（イとオ）**となります。

10章

社会保険に関する一般常識

解答　D

問題 332

チェック欄

1	2	3

確定給付企業年金法（2）

過令2

難易度 **普** 重要度 **B**

確定給付企業年金法に関する次の記述のうち、正しいものはどれか。

A　加入者である期間を計算する場合には、月によるものとし、加入者の資格を取得した月から加入者の資格を喪失した月までをこれに算入する。ただし、規約で別段の定めをした場合にあっては、この限りでない。

B　加入者は、政令で定める基準に従い規約で定めるところにより、事業主が拠出すべき掛金の全部を負担することができる。

C　年金給付の支給期間及び支払期月は、政令で定める基準に従い規約で定めるところによる。ただし、終身又は10年以上にわたり、毎年1回以上定期的に支給するものでなければならない。

D　老齢給付金の受給権者が、障害給付金を支給されたときは、確定給付企業年金法第36条第1項の規定にかかわらず、政令で定める基準に従い規約で定めるところにより、老齢給付金の額の全部又は一部につき、その支給を停止することができる。

E　老齢給付金の受給権は、老齢給付金の受給権者が死亡したとき又は老齢給付金の支給期間が終了したときにのみ、消滅する。

速習レッスン A：P121、B：P123、C：P122、D：(参考) P122、E：P122

解説

A ✕ 確給法28条1項。加入員の資格を喪失した月の「**前月まで**」を算入します。喪失した「月まで」ではありません。その他は、正しい記述です。加入者である期間（加入者期間）は、**月を単位**として計算し、原則として、加入者の資格を**取得した月**から加入者の資格を**喪失した月**の**前月**までを加入者期間に算入します。

B ✕ 確給法55条2項。加入者は、掛金の「一部」を負担することができます。掛金の全部を負担することはできません。掛金は、**事業主が拠出**することを原則とします。この例外として、**加入者**は、政令で定める基準に従い規約で定めるところにより、**掛金の一部**を負担することができます。

C ✕ 確給法33条。「10年以上」ではなく、「5年以上」です。その他の記述は、正しいものです。年金給付の支給期間等の最低基準として、年金給付は、「**終身又は5年以上**にわたり、**毎年1回以上定期的に**」支給するものとされています。

D 〇 確給法39条。老齢給付金の支給停止について、正しい記述です。老齢給付金の受給権者が、障害給付金を支給されたときは、**老齢給付金**の額の全部又は一部につき、その**支給を停止**することができます。なお、確定給付企業年金法36条1項の規定とは、老齢給付金の支給要件に関する規定をいいます。

E ✕ 確給法40条。設問に掲げるときのみではありません。老齢給付金の受給権は、次のいずれかに該当することとなったときは、消滅します。設問は、③が欠落しているため、誤りです。
①老齢給付金の受給権者が死亡したとき。
②老齢給付金の支給期間が終了したとき。
③老齢給付金の**全部を一時金として支給**されたとき。

ポイント解説

確定給付企業年金の2つの形態

労使が合意した年金規約に基づき、企業の事業主と信託会社・生命保険会社等の外部機関が契約を結び当該外部機関において年金資産を管理・運用するものが**規約型**企業年金です。
その企業とは別の法人格を持った企業年金基金を設立し、当該基金において年金資金を管理・運営するものが**基金型**企業年金です。

解答 D

問題 333

チェック欄

1	2	3

確定拠出年金法（1）

過令3

難易度 **普**　重要度 **B**

確定拠出年金法に関する次の記述のうち、誤っているものはどれか。

A　企業型年金加入者の資格を取得した月にその資格を喪失した者は、その資格を取得した月のみ、企業型年金加入者となる。

B　企業型年金において、事業主は、政令で定めるところにより、年1回以上、定期的に掛金を拠出する。

C　企業型年金加入者掛金の額は、企業型年金規約で定めるところにより、企業型年金加入者が決定し、又は変更する。

D　国民年金法第7条第1項第3号に規定する第3号被保険者は、厚生労働省令で定めるところにより、国民年金基金連合会に申し出て、個人型年金加入者となることができる。

E　個人型年金加入者期間を計算する場合には、個人型年金加入者の資格を喪失した後、さらにその資格を取得した者については、前後の個人型年金加入者期間を合算する。

| 速習レッスン | Ａ：記載なし、Ｂ：P127、Ｃ：P127、Ｄ：P127、Ｅ：（参考）P127 | 解説 |

A ✕ 確拠法12条。企業型年金加入者は、原則として、資格取得事由に該当するに至った日（**当日**）に、その資格を取得しますが、同月にその資格を喪失した場合には、資格を取得した日に**さかのぼって加入者で**なかったものとみなされます。つまり、初めから企業型年金加入者の資格を取得しなかったものとみなされます。

B 〇 確拠法19条１項。企業型年金の掛金は、**事業主**が拠出することを原則とし、事業主は、年１回以上、定期的に掛金を拠出します。なお、事業主が拠出する掛金の額は、規約で定めます。

C 〇 確拠法19条４項。企業型年金の掛金は、事業主が拠出することが原則ですが、政令で定める基準に従い企業型年金規約で定めるところにより、企業型年金加入者が**自ら掛金を拠出**することができます（**マッチング拠出**）。企業型年金加入者が拠出する掛金の額は、規約で定めるところにより、企業型年金加入者が決定、又は変更します。

D 〇 確拠法62条１項３号。次の者は、**国民年金基金連合会**に申し出ることにより、個人型年金加入者となることができます。
①国民年金の**第１号被保険者**（保険料免除者を除く。）
②国民年金の**第２号被保険者**（企業型掛金拠出者等を除く。）
③国民年金の第３号被保険者
④国民年金の原則による任意加入被保険者のうち、「日本国内に住所を有する60歳以上65歳未満の者」及び「日本国籍を有する者であって、日本国内に住所を有しない20歳以上65歳未満のもの」

E 〇 確拠法63条２項。個人型年金加入者期間を計算する場合には、月によるものとし、個人型年金加入者の資格を**取得した月**からその資格を**喪失した月の前月**までをこれに算入します。また、個人型年金加入者の資格を喪失した後、さらにその資格を取得した者については、**前後**の個人型年金加入者期間を合算します。

10章

社会保険に関する一般常識

| 解答 | **A** |

問題 334

確定拠出年金法（2）

確定拠出年金法に関する次の記述のうち、誤っているものはどれか。

A 厚生年金適用事業所の事業主が、簡易企業型年金を実施するにあたっては、実施する企業型年金の企業型年金加入者の資格を有する者の数が100人以下であることが要件とされている。

B 事業主は、その実施する企業型年金の企業型年金加入者等に対し、これらの者が行う運用の指図に資するため、資産の運用に関する基礎的な資料の提供その他の必要な措置を継続的に講ずるよう努めなければならない。

C 企業型年金の老齢給付金は、年金として支給するが、企業型年金規約でその全部又は一部を一時金として支給することができることを定めた場合には、企業型年金規約で定めるところにより、一時金として支給することができる。

D 国民年金基金連合会は、個人型年金規約の変更（厚生労働省令で定める軽微な変更を除く。）をしようとするときは、その変更について厚生労働大臣の承認を受けなければならない。

E 企業型運用関連運営管理機関等は、対象運用方法を、35以下で、かつ、3以上（簡易企業型年金を実施する事業主から委託を受けて運用関連業務を行う確定拠出年金運営管理機関等にあっては、2以上）で選定し、企業型年金規約で定めるところにより、企業型年金加入者等に提示しなければならない。

| 速習レッスン | A：P125、B：P129、C：P130、D：P126、E：P129 | 解説 |

A ✕ 確拠法３条５項２号。**簡易企業型年金**を実施することができるのは、実施する企業型年金の企業型年金加入者の資格を有する者の数が**300人以下**であるときです。簡易企業型年金については、設立時に必要な書類等を削減して設立手続を緩和するなどの措置が執られています。

B ◯ 確拠法22条１項　確定拠出年金制度は、加入者等が自ら資産運用を行い、その運用結果に基づく給付を将来受け取る仕組みです。そこで、加入者等が適切な資産運用を行うことができるようにするために、**事業主**は、その実施する企業型年金の加入者等に対し、これらの者が行う運用の指図に資するための資産の運用に関する基礎的な資料の提供その他の必要な措置（**投資教育**）を**継続的**に講ずるよう努めなければならないとされています。

C ◯ 確拠法35条。確定拠出年金の給付のうち、**老齢給付金**は、**年金**として支給することを原則とします。ただし、規約で定めるところにより、その**全部又は一部を一時金**として支給することもできます。これらの点は、障害給付金についても同様です。

D ◯ 確拠法57条１項。個人型年金規約の変更にあたっては、厚生労働大臣の**承認**が必要です。ただし、一定の軽微な変更については、遅滞なく、これを**届け出**れば足りるものとされています。

E ◯ 確拠法23条１項、同令15条の２。運営管理機関等は、加入者等に、**3以上**（簡易企業型年金においては２つ以上）運用方法を提示しなければなりません。また、提示する運用方法の数は**35以下**でなければなりません。

10章 社会保険に関する一般常識

| 解答 | A |

741

社会保険労務士法 (1)

社会保険労務士法に関する次の記述のうち、正しいものはどれか。

A 一般の会社の労働社会保険事務担当者又は開業社会保険労務士事務所の職員のように、他人に使用され、その指揮命令のもとに事務を行う場合は、社会保険労務士又は社会保険労務士法人でない者の業務の制限について定めた社会保険労務士法第27条にいう「業として」行うに該当する。

B 社会保険労務士は、事業における労務管理その他の労働に関する事項及び労働社会保険諸法令に基づく社会保険に関する事項について、裁判所において、補佐人として、弁護士である訴訟代理人とともに出頭し、陳述及び尋問をすることができる。

C 厚生労働大臣は、開業社会保険労務士又は社会保険労務士法人の業務の適正な運営を確保するため必要があると認めるときは、当該開業社会保険労務士又は社会保険労務士法人に対し、その業務に関し必要な報告を求めることができるが、ここにいう「その業務に関し必要な報告」とは、法令上義務づけられているものに限られ、事務所の経営状態等についての報告は含まれない。

D 社会保険労務士法人の事務所には、その事務所の所在地の属する都道府県の区域に設立されている社会保険労務士会の会員である社員を常駐させなければならない。

E 社会保険労務士法人の解散及び清算を監督する裁判所は、当該監督に必要な検査をするに先立ち、必ず厚生労働大臣に対し、意見を求めなければならない。

| 速習レッスン | A：（参考）P133、B：P134、C：記載なし、D：P141、E：（参考）P141 | 解説 |

A　×　全国社会保険労務士会連合会編『社会保険労務士法詳解』（全国社会保険労務士会連合会，2008年）436頁参照。設問の場合は、社会保険労務士法27条にいう「業として」行うには該当しません。「業として」行うとは、営業として**自らの責任**において、一定の事務を反復継続的に遂行する場合を指すものと解されています。したがって、他人に使用され、その指揮命令のもとに事務を行う場合は、法27条にいう「業として」行うことに**該当しません**。

B　×　社労士法２条の２第１項。補佐人としてであっても、「尋問をすること」はできません。社会保険労務士は、事業における労働に関する事項及び社会保険に関する事項について、裁判所において、**補佐人**として、弁護士である訴訟代理人とともに**出頭**し、「陳述をすること」ができます。

C　×　社労法24条１項、全国社会保険労務士会連合会編『社会保険労務士法詳解』（全国社会保険労務士会連合会，2008年）290頁参照。「その業務に関し必要な報告」は、法令上義務づけられているものに限られず、事務所の経営状態等についての報告も**含まれます**。「その業務に関し必要な報告」とは、法令上義務づけられているものであると否とを問わず、開業社会保険労務士及び社会保険労務士法人の社員の**業務に関係する一切の事項**（受託事務の内容、処理経過等、業務に関する諸帳簿、事務所の経営状態等）についての報告をいいます。

D　○　社労法25条の16。たとえば、社会保険労務士法人の事務所がＸ県に所在する場合には、Ｘ県の区域に設立されている**社会保険労務士会の会員**である社員を、当該事務所に**常駐**させなければなりません。

E　×　社労法25条の22の３第２項・３項。設問のように、必ず厚生労働大臣に対し、意見を求めなければならないとする規定はありません。社会保険労務士法人の解散及び清算は、**裁判所の監督**に属しますが、裁判所は、職権で、「**いつでも**」監督に必要な検査をすることができます。なお、解散及び清算を監督する裁判所は、厚生労働大臣に対し、意見を求め、又は調査を嘱託することができます。

10章　社会保険に関する一般常識

解答　D

社会保険労務士法（2）

社会保険労務士法に関する次の記述のうち、正しいものはどれか。

A 紛争解決手続代理業務には、紛争解決手続の開始から終了に至るまでの間に和解の交渉を行うことは含まれるが、紛争解決手続により成立した和解における合意を内容とする契約を締結することは含まれない。

B 開業社会保険労務士は、その業務に関する帳簿をその関係書類とともに、帳簿閉鎖の時から2年間保存しなければならないが、開業社会保険労務士でなくなったときは、そのとき以後、帳簿及び関係書類を保存する必要はない。

C 厚生労働大臣は、社会保険労務士が、故意に、真正の事実に反して申請書等の作成、事務代理又は紛争解決手続代理業務を行ったときは、戒告又は失格処分の処分をすることができる。

D 社会保険労務士法人の社員及び使用人は、社会保険労務士でなければならない。

E 紛争解決手続代理業務を行うことを目的とする社会保険労務士法人は、特定社会保険労務士である社員が常駐していない事務所においては、紛争解決手続代理業務を取り扱うことができない。

速習レッスン　A：P134、B：P137、C：P139、D：P140、E：P141

解説

A　✕　社労士法2条3項。設問後半の契約を締結することも、紛争解決手続代理業務に含まれます。紛争解決手続代理業務には、次の①～③の事務が含まれます。
①紛争解決手続について**相談に応ずる**こと。
②紛争解決手続の開始から終了に至るまでの間に**和解の交渉**を行うこと。
③紛争解決手続により成立した和解における**合意を内容**とする契約を締結すること。

B　✕　社労士法19条2項。後半が誤りです。開業社会保険労務士でなくなったときも、帳簿及び関係書類は、帳簿閉鎖の時から**2年間保存**しなければなりません。

C　✕　社労士法25条の2第1項。「戒告」ではなく、「**1年以内の業務の停止**」です。社会保険労務士が**故意に**設問の行為をしたときの懲戒処分は、**1年以内の業務の停止**又は**失格処分**です。なお、相当の注意を怠り設問の行為をしたときの懲戒処分は、戒告又は1年以内の業務の停止です。

D　✕　社労士法25条の8第1項。使用人は、社会保険労務士である必要はありません。社会保険労務士法人の**社員**は、**社会保険労務士**でなければなりません。一方、社会保険労務士法人の使用人については、社会保険労務士であるか否かは問われません。

E　〇　社労士法25条の16の2。社会保険労務士法人が紛争解決代理業務を行うためには、**特定社会保険労務士**である社員（**特定社員**）がいることが必要です。また、紛争解決手続代理業務は、**特定社員が常駐**している事務所においてのみ、取り扱うことができます。

解答　E

社会保険労務士法(3)

社会保険労務士法令に関する次の記述のうち、誤っているものはどれか。

A 社会保険労務士が、補佐人として、弁護士である訴訟代理人とともに裁判所に出頭し、陳述した場合、当事者又は訴訟代理人がその陳述を直ちに取り消し、又は更正しない限り、当事者又は訴訟代理人が自らその陳述をしたものとみなされる。
B 懲戒処分により、弁護士、公認会計士、税理士又は行政書士の業務を停止された者で、現にその処分を受けているものは、社会保険労務士の登録を受けることができない。
C 社会保険労務士法第16条に定める信用失墜行為を行った社会保険労務士は、同法第33条に基づき100万円以下の罰金に処せられる。
D 社会保険労務士法人が行う紛争解決手続代理業務は、社員のうちに特定社会保険労務士がある社会保険労務士法人に限り、行うことができる。
E 社会保険労務士の登録の拒否及び登録の取消しについて必要な審査を行う資格審査会の委員は、社会保険労務士、労働又は社会保険の行政事務に従事する職員及び学識経験者各同数を委嘱しなければならない。

| 速習
レッスン | Ａ：（参考）P134、Ｂ：P135、Ｃ：P137、Ｄ：P140、Ｅ：（参考）P135 | 解説 |

A 〇 社労士法２条の２第２項。社会保険労務士は、事業における労務管理その他の労働に関する事項及び労働社会保険諸法令に基づく社会保険に関する事項について、裁判所において、**補佐人**として、弁護士である訴訟代理人とともに出頭し、陳述をすることができます。社会保険労務士がした当該陳述は、当事者又は訴訟代理人が当該陳述を直ちに取り消し、又は更正したときを除き、当事者又は訴訟代理人が**自らした**ものとみなされます。

B 〇 社労士法14条の７第１号。懲戒処分により、弁護士等の業務を停止された者で、現にその処分を受けているものは、**登録拒否事由**に該当するため、社会保険労務士の登録を受けることが**できません**。なお、全国社会保険労務士会連合会（以下「連合会」という。）は、登録の申請者が登録拒否事由に該当する者であると認めたときは、資格審査会の議決に基づき、登録を拒否しなければなりません。

C ✕ 社労士法32条～38条。信用失墜行為を行った社会保険労務士について、罰則の適用は**ありません**。なお、社会保険労務士法16条では信用失墜行為の禁止を定めており、社会保険労務士は、社会保険労務士の信用又は品位を害するような行為をしてはならないとされています。

D 〇 社労士法25条の９第２項。社会保険労務士法人のうち、**紛争解決手続代理業務**を行うことができるのは、社員のうちに特定社会保険労務士がある社会保険労務士法人に限られます。

E 〇 社労士法25条の37第２項・５項、同則23条の２第１項。**資格審査会**は、次の者をもって組織されます。設問は、このうちの②についてです。
①会長……………連合会の会長をもってこれに充てる。
②委員（６名）…会長が、厚生労働大臣の承認を受けて、社会保険労務士、労働又は社会保険の行政事務に従事する職員及び学識経験者のうちから各同数を委嘱する。

10章 社会保険に関する一般常識

解答 **C**

| 問題 | 338 | チェック欄 | 1 | 2 | 3 |

児童手当法（1）

予想

難易度 **易**　重要度 **B**

児童手当法に関する次の記述のうち、誤っているものはどれか。

A 児童手当法第1条においては、児童手当は、父母その他の保護者が子育てについての第一義的責任を有するという基本的認識の下に、児童を養育している者に対して支給する旨が定められている。

B 児童手当を支給すべきでないにもかかわらず、児童手当の支給としての支払が行なわれたときは、その支払われた児童手当は、その後に支払うべき児童手当の内払とみなすことができる。

C 支給要件児童を監護し、かつ、これと生計を同じくするその父母等であって、日本国内に住所を有するものについては、その父母等の所得の額にかかわらず、児童手当が支給される。

D 児童手当の支給は、受給資格者がその受給資格及び児童手当の額についての認定の請求をした日の属する月の翌月から始め、児童手当を支給すべき事由が消滅した日の属する月で終わるものとされている。

E 児童手当の支給を受けている一般受給資格者（個人である場合に限る。）は、前年の所得の状況及びその年の6月1日における被用者又は被用者等でない者の別について、毎年6月1日から同月30日までの間に、その年の6月1日における状況を記載した届書を市町村長（特別区の区長を含む。）に提出しなければならない。

748

速習レッスン A：P142、B：P145、C：P144、D：P144、E：P145　　解説

A ○ 児手法1条。児童手当は、児童を養育している者に対して支給されますが、この支給は、「父母その他の保護者が子育てについての第一義的責任を有するという基本的認識の下に」行われます。

B ○ 児手法13条　なお、児童手当の額を減額して改定すべき事由が生じたにもかかわらず、その事由が生じた日の属する月の翌月以降の分として減額しない額の児童手当が支払われた場合における当該児童手当の当該減額すべきであった部分についても、同様に、その支払われた児童手当は、その後に支払うべき児童手当の内払いとみなすことができます。

C × 児手法4条1項1号、5条1項。設問中の「その父母等の所得の額にかかわらず」という記述が誤りです。一般受給資格者（設問の父母等を含む一定の者）のうち、前年の所得（1月から5月までの月分の児童手当については、前々年の所得）が政令で定める額以上である者については、児童手当は支給されません。なお、この者（一定の者に限る。）については、当分の間、特例給付（児童1人につき一律月額5,000円）が行われます。

D ○ 児手法8条2項。児童手当の支給期間は、受給資格者がその受給資格及び児童手当の額についての認定の請求をした日の属する月の翌月から児童手当を支給すべき事由が消滅した日の属する月までです。

E ○ 児手法26条1項、同則4条1項。児童手当の支給を受けている一般受給資格者（個人である場合に限る。）は、市町村長に対し、前年の所得の状況及びその年の6月1日における被用者又は被用者等でない者の別を届け出なければなりません（現況の届出）。現況の届出は、毎年6月1日から同月30日までの間に、届書を提出することにより行います。

解答　C

児童手当法(2)

予想

児童手当法に関する次の記述のうち、正しいものはどれか。

A 就労のため日本国内に住所を有しない父母が、日本国内に住所を有する中学校終了前の支給要件児童の生計を維持しているときは、父又は母に対して児童手当が支給される。

B 一般受給資格者（公務員を除く。）は、児童手当の支給を受けようとするときは、その受給資格及び児童手当の額について、住所地（一般受給資格者が未成年後見人であり、かつ、法人である場合にあっては主たる事務所の所在地とする。）の市町村長（特別区の区長を含む。）の認定を受けなければならない。

C 児童手当は、毎年3月、6月、9月及び12月の4期に、それぞれの前月までの分が受給資格者に支払われる。

D 児童手当の支給を受けている者について、児童手当の額が減額することとなるに至った場合における児童手当の額の改定は、その者がその改定後の額につき認定の請求をした日の属する月の翌月から行う。

E 被用者に対する児童手当の支給に要する費用のうち、3歳に満たない児童に係る児童手当の額に係る部分は、その3分の2に相当する額を国庫が負担し、その6分の1に相当する額を都道府県及び市町村（特別区を含む。）が、それぞれ負担する。

速習レッスン　A：P143、B：P144、C：P144、D：P144、E：P145

解説

A　✕　児手法4条1項1号。設問の場合、父又は母には、児童手当は支給されません。父又は母に児童手当が支給される（父母が受給資格者となる）のは、次の①及び②の要件をいずれも満たす場合です。
①**支給要件児童**を**監護**し、かつ、これと**生計を同じく**すること。
②**日本国内に住所**を有すること。

B　〇　児手法7条1項。一般受給資格者（公務員を除く。）に係る受給資格及び児童手当の額についての認定は、住所地の**市町村長**が行います。

C　✕　児手法8条4項。児童手当は、毎年「**2月**、**6月**及び**10月**の**3期**」に、それぞれの前月までの分が支払われます。「3月、6月、9月及び12月の4期」ではありません。

D　✕　児手法9条3項　「その者がその改定後の額につき認定の請求をした日」ではなく、「その事由が生じた日」の属する月の翌月です。児童手当の減額改定は、その**事由が生じた日**の属する月の**翌月**から行います。なお、児童手当の増額改定は、改定後の額につき認定の請求をした日の属する月の翌月から行います。

E　✕　児手法18条1項。3歳未満の児童について被用者に支給する児童手当に要する費用は、その**45分の16**に相当する額を**国**（国庫）が、その**45分の4**に相当する額を**都道府県及び市町村**がそれぞれ負担します。また、その**15分の7**に相当する額については、**一般事業主**から徴収した拠出金をもって充てます。

解答　B

問題 340

チェック欄 | 1 | 2 | 3 |

社会保険諸法令（1）

過令4

難易度 **易**　重要度 **B**

社会保険制度の保険料及び給付に関する次の記述のうち、誤っているものはどれか。

A　国民健康保険において、都道府県は、毎年度、厚生労働省令で定めるところにより、当該都道府県内の市町村（特別区を含む。以下本問において同じ。）ごとの保険料率の標準的な水準を表す数値を算定するものとされている。

B　船員保険において、被保険者の行方不明の期間に係る報酬が支払われる場合には、その報酬の額の限度において行方不明手当金は支給されない。

C　介護保険において、市町村は、要介護被保険者又は居宅要支援被保険者（要支援認定を受けた被保険者のうち居宅において支援を受けるもの）に対し、条例で定めるところにより、市町村特別給付（要介護状態等の軽減又は悪化の防止に資する保険給付として条例で定めるもの）を行わなければならない。

D　後期高齢者医療制度において、世帯主は、市町村が当該世帯に属する被保険者の保険料を普通徴収の方法によって徴収しようとする場合において、当該保険料を連帯して納付する義務を負う。

E　後期高齢者医療制度において、後期高齢者医療広域連合は、被保険者が、自己の選定する保険医療機関等について評価療養、患者申出療養又は選定療養を受けたときは、当該被保険者に対し、その療養に要した費用について、保険外併用療養費を支給する。ただし、当該被保険者が被保険者資格証明書の交付を受けている間は、この限りでない。

| 速習
レッスン | A：P96、B：P106、C：P113、D：P103・117、E：P93・94・102 | 解説 |

A 〇 国保法82条の３第１項。設問の数値を「**市町村標準保険料率**」といいます。なお、都道府県は、このほか、毎年度、当該都道府県内のすべて市町村の保険料率の標準的な水準を表す数値（都道府県標準保険料率）を算定し、これらの標準保険料率を当該都道府県内の市町村に通知するものとされています。

B 〇 船保法96条。行方不明手当金は、被保険者が**職務上**の事由により**１ヵ月以上**行方不明となったときに、被扶養者に対し、支給されます。ただし、被保険者の行方不明の期間に係る**報酬**が支払われる場合においては、その報酬の額の限度において行方不明手当金は**支給されません**。

C ✕ 介保法18条３号、53条１項、62条。市町村特別給付は、「行わなければならない」ではなく、「行うことができる」という任意給付です。介護保険の保険給付は、次のとおりです。

①**介護給付**（要介護者が対象）……被保険者の要介護状態に関する保険給付
②**予防給付**（要支援者が対象）……被保険者の要支援状態に関する保険給付
③**市町村特別給付**（**任意給付**）……要介護状態等の軽減又は悪化の防止に資する保険給付として**条例**で定めるもの

D 〇 高確法108条２項。後期高齢者医療制度の保険料の徴収については、①**特別徴収**（年金からの天引きによる徴収）の方法による場合を除くほか、②**普通徴収**（市町村の納入の通知による徴収）の方法によらなければなりません。市町村が被保険者の保険料を普通徴収の方法によって徴収しようとする場合には、**世帯主**及び**配偶者の一方**は、保険料の**連帯納付義務**を負います。

E 〇 高確法76条１項。後期高齢者医療制度においては、**後期高齢者医療広域連合**が給付を行います。また、被保険者が保険料の滞納により**被保険者資格証明書**の交付を受けている間は、特別療養費の支給対象となるため、保険外併用療養費等は**支給されません**。国民健康保険法と同様の規定です。

10
章

社会保険に関する一般常識

解答 **C**

社会保険諸法令（2）

予想

次の記述のうち、正しいものはどれか。

A 高齢者の医療の確保に関する法律では、地方公共団体は、国民の高齢期における医療に要する費用の適正化を図るための取組みが円滑に実施され、高齢者医療制度の運営が健全に行われるよう必要な各般の措置を講ずるとともに、同法第1条に規定する目的の達成に資するため、医療、公衆衛生、社会福祉その他の関連施策を積極的に推進しなければならないと規定されている。

B 高齢者の医療の確保に関する法律によれば、後期高齢者医療広域連合の区域内に住所を有する65歳以上75歳未満の者であって、厚生労働省令で定めるところにより、政令で定める程度の障害の状態にある旨の各医療保険の保険者の認定を受けたものは、後期高齢者医療広域連合が行う後期高齢者医療の被保険者となる。

C 介護保険法において「要介護状態」とは、身体上又は精神上の障害があるために、入浴、排せつ、食事等の日常生活における基本的な動作の全部又は一部について、2ヵ月間にわたり継続して、常時介護を要すると見込まれる状態であって、要介護状態区分のいずれかに該当するもの（要支援状態に該当するものを除く。）をいう。

D 介護保険法では、介護支援専門員証の有効期間の更新を受けようとする者は、原則として、都道府県知事が行う更新研修を受けなければならないことを規定している。

E 国民健康保険法では、被保険者が闘争、泥酔又は著しい不行跡によって疾病にかかり、又は負傷したときは、当該疾病又は負傷に係る療養の給付等は、行わないことを規定している。

| 速習 レッスン | A：P99、B：P102、C：P110、D：P115、E：（参考）Ⅱ P17 | 解説 |

A ✕ 高確法3条。設問の責務は、地方公共団体ではなく、**国**に課せられています。なお、**地方公共団体**は、高齢者の医療の確保に関する法律の趣旨を尊重し、住民の高齢期における医療に要する費用の適正化を図るための取組み及び高齢者医療制度の運営が適切かつ円滑に行われるよう所要の**施策を実施**しなければならないと規定されています。

B ✕ 高確法50条2号。「各医療保険の保険者の認定」ではなく、「当該**後期高齢者医療**広域連合の認定」です。後期高齢者医療の被保険者は、次のとおりです。
①後期高齢者医療広域連合の区域内に住所を有する**75歳以上**の者
②後期高齢者医療広域連合の区域内に住所を有する**65歳以上75歳未満**の者であって、厚生労働省令で定めるところにより、政令で定める程度の障害の状態にある旨の当該**後期高齢者医療**広域連合の認定を受けたもの

C ✕ 介保法7条1項、同則3条。2ヵ月間ではなく、**6ヵ月**間です。なお、要介護状態区分は、要介護5から要介護1までの5段階が定められています。

D 〇 介保法69条の8第2項。介護支援専門員証の有効期間は**5年**であり、この有効期間の更新を受けようとする者は、**都道府県知事**が行う**更新研修**を受けなければなりません。なお、現に介護支援専門員の業務に従事しており、かつ、更新研修の課程に相当するものとして都道府県知事が厚生労働省令で定めるところにより指定する研修の課程を修了した者は、更新研修を受ける必要はありません。

E ✕ 国保法61条。「行わない」ではなく、「その**全部又は一部を行わないことができる**」です。「闘争、泥酔又は著しい不行跡」によって疾病にかかり、又は負傷したときの給付制限の内容は、健康保険法と同様に、「**全部又は一部**を行わないことができる」とされています。

10章 社会保険に関する一般常識

| 解答 | D |

755

社会保険諸法令（3）

次の記述のうち、正しいものはどれか。

A 社会保険審査官は、人格が高潔であって、社会保障に関する識見を有し、かつ、法律又は社会保険に関する学識経験を有する者のうちから、厚生労働大臣が任命することとされている。

B 国民健康保険の保険料に関する処分の取消しの訴えは、当該処分についての審査請求に対する裁決を経た後でなければ、提起することができない。

C 介護保険法の要介護認定に関する処分に不服がある者は、都道府県知事に審査請求をすることができる。

D 社会保険審査会の審理は、原則として非公開とされる。ただし、当事者の申立があったときは、公開することができる。

E 全国社会保険労務士会連合会が行う試験事務に係る処分又はその不作為について不服がある者は、地方厚生局長又は都道府県労働局長に対して審査請求をすることができる。

速習レッスン　A：P118、B：P97、C：P117、D：P119、E：(参考) P134

解説

A　✕　社審法2条。社会保険審査官の任命について、設問のような規定はありません。社会保険審査官は、**厚生労働省の職員**のうちから、**厚生労働大臣**が命じます。なお、社会保険審査会の委員長及び委員は、人格が高潔であって、社会保障に関する識見を有し、かつ、法律又は社会保険に関する**学識経験**を有する者のうちから、両議院の同意を得て、厚生労働大臣が任命します。

B　〇　国保法91条1項、103条。国民健康保険に関する次の処分に不服がある者は、**国民健康保険審査会**に審査請求をすることができます。国民健康保険法では、不服申立て前置主義を採っており、当該審査請求に対する**裁決を経た後**でなければ、これらの処分の取消しの訴えを提起することができません。
①**保険給付**に関する処分（被保険者証の交付の請求又は返還に関する処分を含む。）
②**保険料**その他徴収金に関する処分

C　✕　介保法183条1項。介護保険における審査請求先は、都道府県知事ではなく、**介護保険審査会**です。なお、介護保険審査会は、**各都道府県**に置かれます。

D　✕　社審法37条。審理は、**公開**が原則であり、当事者の**申立て**により**非公開**とすることができます。

E　✕　社労士法13条の2。社会保険労務士試験の試験事務についての審査請求先は、地方厚生局長又は都道府県労働局長ではなく、**厚生労働大臣**です。なお、社会保険労務士試験は厚生労働大臣が行いますが、厚生労働大臣は、**全国社会保険労務士会連合会**に社会保険労務士試験の実施に関する事務（合格の決定に関する事務を除く。）を行わせることができます。

解答　B

社会保険の沿革（1）

予想

次の記述のうち、誤っているものはどれか。

A 社会保険方式による日本最初の公的年金制度である船員保険制度は、昭和14年に創設された。

B 工場で働く男子労働者を対象とした労働者年金保険は、昭和19年に女子や事務職員に適用対象が拡大され、名称も厚生年金保険と改められた。

C 昭和48年の年金制度の改正で、物価の変動に合わせて年金額を改定する物価スライド制が導入されるとともに、厚生年金では現役男子の平均月収の6割程度を目安とし、過去の標準報酬を現在の価格に評価し直して計算する標準報酬の再評価（賃金スライド）が行われることとなった。

D 平成6年の厚生年金保険法の改正により、男子の報酬比例部分の支給開始年齢が、平成25年度から平成37年度（令和7年度）にかけて60歳から65歳に引き上げられることとなった。

E 政府が管掌する公的年金事業の運営を担う非公務員型の公法人である日本年金機構は、平成22年に設立された。

速習レッスン A：P160、B：P160、C：P160・162、D：P160、E：P161　　解説

A ○ 平成23年版厚生労働白書37頁参照。**昭和14年**の創設（制定）当時の船員保険制度は、養老年金、廃疾年金（障害年金）等を給付する制度で、年金保険制度と医療保険制度等を兼ねた総合保険制度でした。

B ○ 平成23年版厚生労働白書37頁。労働者年金保険法は、昭和16年に制定され、**昭和19年**に**厚生年金保険法**に改称されました。

C ○ 平成23年版厚生労働白書53〜54頁。**昭和48年**時点の国民年金の**物価スライド制**は、物価指数が５％を超えて変動した場合のみに発動するものでした。その後、**平成元年**の改正で**完全自動物価スライド制**が導入され、わずかな物価の変動でもスライド改定する仕組みとなりました。

D × 平成23年版厚生労働白書68頁参照。平成６年ではなく、**平成12年**です。なお、男子の**定額部分**の支給開始年齢が引き上げられることとなったのは、平成６年の改正によってです。

E ○ 平成26年版厚生労働白書366頁参照。**日本年金機構**は、年金の適用、保険料の徴収、年金の給付、年金記録の管理、年金相談という一連の業務を正確かつ確実に遂行するとともに、提供するサービスの質の向上を図ることを基本的な役割として、**平成22年**に設立されました。

解答　D

社会保険の沿革（2）

過平26

次の記述のうち、正しいものはどれか

A 社会保障のなかで相対的に遅れていた高齢者福祉への国民の関心が、高齢者の増加や人口の都市集中に伴う家族形態の変化などを背景に急速に高まり、昭和28年7月に老人福祉法が制定された。老人福祉施設については、生活保護法に位置づけられてきた養老施設が老人福祉法上の養護老人ホームという類型に引き継がれたほか、新しく特別養護老人ホームと軽費老人ホームという類型が加わった。

B 高齢化が進展する中で、老人福祉法が昭和37年に改正され、翌年1月から老人医療費支給制度が実施された。この制度は、70歳以上（寝たきり等の場合は65歳以上）の高齢者に対して、医療保険の自己負担分を、国と地方公共団体の公費を財源として支給するものであった。

C 高齢者の医療費の負担の公平化を目指して、老人保健法が昭和47年に制定され、翌年2月から施行された。同法においては、各医療保険制度間の負担の公平を図る観点から老人保健拠出金制度が新たに導入された。また、老人医療費の一定額を患者が自己負担することとなった。

D 老人保健法が全面改正された「高齢者の医療の確保に関する法律」に基づき、後期高齢者医療制度が平成10年4月から実施された。本制度は、現役世代と高齢者の費用負担のルールを明確化するとともに、都道府県単位で全ての市町村が加入する後期高齢者医療広域連合を運営主体とすることにより、運営責任の明確化及び財政の安定化を図り、75歳以上の者等を対象とする、独立した医療制度として創設された。

E 深刻化する高齢者の介護問題に対応するため、介護保険法が平成9年に制定され、平成12年4月から施行された。介護保険制度の創設により、介護保険の被保険者は要介護認定を受ければ、原則として費用の1割の自己負担で介護サービスを受けられるようになった。

A：(参考) P163、B：P163、C：P163、D：P164、E：P164 　**解説**

A ✕ 昭38.7.11法律133号、平成19年版厚生労働白書7頁参照。老人福祉法が制定されたのは、「昭和28年7月」ではなく、「昭和38年7月」です。

B ✕ 昭47.6.23法律96号、平成19年版厚生労働白書16頁参照。「昭和37年」とある部分が誤りであり、正しくは「昭和47年」です。**老人医療費支給制度**は、昭和47年の老人福祉法の改正により、翌年1月から実施されました。この制度により、原則として70歳以上の者の医療費が無料化されました。

C ✕ 昭57.8.17法律80号、平成19年版厚生労働白書18頁参照。**老人保健法**が制定されたのは、「昭和47年」ではなく、「昭和57年」です。老人保健法の制定により、老人医療費を全国民で公平に負担する仕組みが導入されました。

D ✕ 平18.6.21法律83号、平成23年版厚生労働白書75頁参照。**後期高齢者医療制度**が実施されたのは、「平成10年4月」からではなく、「平成20年4月」からです。

E 〇 平9.12.17法律123号、平成23年版厚生労働白書67頁参照。**介護保険法**は、国民皆で高齢者の介護の問題を支える仕組みとして**平成9年**に成立し、平成12年4月から施行されました。

解答　E

各種統計等

次の記述のうち、正しいものはどれか。

A 令和元年度の社会保障給付費は123兆9,241億円であり、対前年度伸び率は2.1％である。社会保障給付費を「医療」、「年金」、「福祉その他」に分類して総額に占める割合をみると、「医療」及び「年金」がそれぞれ約40％と、ほぼ同じ割合となっている。

B 公的年金被保険者数は、令和2年度末現在で6,756万人となっており、前年度末に比べて6万人減少している。そのうちの国民年金の第1号被保険者数（任意加入被保険者を含む。）は1,449万人となっており、前年度末に比べて4万人減少している。

C 令和3年の我が国の合計特殊出生率は1.12となり、減少傾向が続いている。また、年齢（5歳階級）別にみると、最も合計特殊出生率が高いのは、30～34歳となっている。

D 令和3年10月1日現在の我が国の総人口は約1億2,550万2,000人であり、総人口に占める65歳以上人口の割合は、22.3％となっている。

E 令和元年度の国民医療費は44.4兆円であり、国民医療費の対国民所得比は、15％を超えている。

速習レッスン A：P166、B：(参考) P167、C：P167、D：P166、E：P167

解説

A ✕ 国立社会保障・人口問題研究所「令和元年度社会保障費用統計」参照。「医療」と「年金」は、ほぼ同じ割合となっていません。各々の総額に占める割合は、「医療」が32.9％、「年金」が44.7％であり、「**年金**」が「医療」を大きく**上回**っています。なお、設問の前半は正しい記述です。

B 〇 厚生労働省「令和2年度厚生年金保険・国民年金事業の概況」参照。令和2年度末現在の**公的年金被保険者数**は、前年度末に比べて**減少**しています。その内訳をみると、前年度末に比べて、国民年金の**第1号被保険者数**（任意加入被保険者を含む。）及び**第3号被保険者数**が**減少**している一方で、**厚生年金被保険者数**（国民年金第2号被保険者のほか、65歳以上で老齢又は退職を支給事由とする年金給付の受給権を有する被保険者を含む。）は、**増加**しています。

C ✕ 厚生労働省「令和3年人口動態統計月報年計（概数）の概況」参照。令和3年の**合計特殊出生率**は、**1.30**です。年次推移をみると、平成18年から上昇傾向が続いていましたが、平成26年には低下し、平成27年は再び上昇し、平成28年から再び低下しています。なお、設問の後半は正しい記述です。

D ✕ 総務省統計局「令和3年10月1日現在人口推計結果の概要」参照。総人口に占める65歳以上人口の割合（**高齢化率**）は、**28.9**％となり、過去最高となりました。なお、一般に、高齢化率が7％を超えると「高齢化社会」、14％を超えると「高齢社会」、21％を超えると「超高齢社会」といいます。

E ✕ 厚生労働省「令和元年度国民医療費の概況」参照。**国民医療費**の対国民所得比は**11.06**％であり、15％を超えていません。なお、国民医療費に占める後期高齢者医療費の割合は、おおむね**3分の1**です。

解答 B

問題 **346**

チェック欄

1	2	3

［選択式］国民健康保険法

予想

難易度 普　重要度 Ⓐ

次の文中の □□□ の部分を選択肢の中の最も適切な語句で埋め、完全な文章とせよ。

1　国民健康保険法は、国民健康保険事業の　A　運営を確保し、もって　B　及び国民保健の向上に寄与することを目的とする。

2　国民健康保険は、被保険者の　C　に関して必要な保険給付を行うものとする。

3　　D　は、安定的な財政運営、市町村の国民健康保険事業の効率的な実施の確保その他の都道府県及び当該都道府県内の市町村の国民健康保険事業の健全な運営について中心的な役割を果たすものとする。

4　市町村及び国民健康保険組合は、保険給付を受けることができる世帯主又は組合員が保険料を滞納しており、かつ、当該保険料の納期限から　E　が経過するまでの間に当該保険料を納付しない場合においては、当該保険料の滞納につき災害その他の政令で定める特別の事情があると認められる場合を除き、厚生労働省令で定めるところにより、保険給付の全部又は一部の支払いを一時差し止めるものとする。

選択肢

① 2年 　　　　② 適正な 　　　　③ 国

④ 1年6ヵ月 　⑤ 医療制度 　　　⑥ 疾病、負傷、出産又は死亡

⑦ 地域社会 　⑧ 6ヵ月 　　　　⑨ 都道府県

⑩ 1年 　　　　⑪ 効率的な 　　　⑫ 市町村

⑬ 健全な 　　⑭ 社会保障 　　　⑮ 負傷、疾病、障害又は死亡

⑯ 有益な 　　⑰ 社会保険 　　　⑱ 都道府県及び当該都道府県内の市町村

⑲ 業務外の事由による疾病、負傷、出産又は死亡

⑳ 業務外の事由による負傷、疾病、障害又は死亡

速習レッスン A～C：P90、D：P91、E：P95

解説

A・Bは国保法1条、Cは同法2条、Dは同法4条2項、Eは同則32条の2。

1 　国民健康保険法の目的は、国民健康保険事業の**健全な**運営を確保し、もって**社会保障**及び**国民保健**の向上に寄与することです。

2 　国民健康保険法の保険事故は、被保険者の**疾病**、**負傷**、**出産又は死亡**です。この保険事故については、業務上であるか否かは問われません。

3 　**都道府県**の責務として、都道府県及び当該都道府県内の市町村の国民健康保険事業の健全な運営について**中心的な役割**を果たすことが定められています。

4 　保険給付の**一時差止め**は、世帯主又は組合員が**保険料を滞納**しており、かつ、当該保険料の納期限から**1年6ヵ月**が経過するまでの間に当該保険料を納付しない場合（当該保険料の滞納につき災害その他の政令で定める特別の事情があると認められる場合を除く。）に行われます。

なお、市町村及び国民健康保険組合は、被保険者資格証明書の交付を受けている世帯主又は組合員であって、保険給付の一時差止めがなされているものが、なお滞納している保険料を納付しない場合においては、あらかじめ、当該世帯主又は組合員に通知して、当該一時差止めに係る保険給付の額から滞納している保険料額を控除することができます。

解答

A ⑬健全な　B ⑭社会保障　C ⑥疾病、負傷、出産又は死亡
D ⑨都道府県　E ④1年6ヵ月

問題 **347**

チェック欄

[選択式] 確定拠出年金法

予想

難易度 **普**　重要度 **B**

次の文中の□□□の部分を選択肢の中の最も適切な語句で埋め、完全な文章とせよ。

1　確定拠出年金法は、少子高齢化の進展、高齢期の生活の多様化等の社会経済情勢の変化にかんがみ、個人又は事業主が拠出した資金を個人が　**A**　運用の指図を行い、高齢期においてその結果に基づいた給付を受けることができるようにするため、確定拠出年金について必要な事項を定め、国民の高齢期における　**B**　に係る自主的な努力を支援し、もって公的年金の給付と相まって国民の生活の安定と福祉の向上に寄与することを目的とする。

2　確定拠出年金法において「第1号等厚生年金被保険者」とは、厚生年金保険の被保険者のうち第1号厚生年金被保険者又は　**C**　をいう。

3　企業型年金の事業主掛金の拠出は、企業型年金加入者期間の計算の基礎となる期間につき、企業型掛金拠出単位期間（原則として、　**D**　までの12ヵ月間）を単位として拠出するものとする。ただし、企業型年金規約で定めるところにより、企業型掛金拠出単位期間を区分して、当該区分した期間ごとに拠出することができる。

4　運用の方法の選定は、その運用から生ずると見込まれる収益の率、収益の変動の可能性その他の収益の性質が　**E**　ことその他政令で定める基準に従って行われなければならない。

┌─ 選択肢 ─────────────────────────────
①1月から12月　　　　②事業主と共同して　　　③健康の維持
④12月から翌年11月　　⑤第3号厚生年金被保険者　⑥類似していない
⑦4月から翌年3月　　　⑧継続して　　　　　　　⑨異ならない
⑩8月から翌年7月　　　⑪第4号厚生年金被保険者　⑫雇用の継続
⑬堅実である　　　　　⑭自己の責任において　　⑮変動しない
⑯尊厳の維持　　　　　⑰第2号厚生年金被保険者　⑱一時的に
⑲所得の確保
⑳第2号厚生年金被保険者若しくは第3号厚生年金被保険者
└───────────────────────────────────

766

A・B：P125、C：P126、D：P127、E：P129　**解説**

A・Bは確拠法1条、Cは同法2条6項、Dは同令10条の2、Eは同法23条2項。

1　確定拠出年金は、個人又は事業主が拠出した資金を**個人が自己の責任**において**運用の指図**を行い、高齢期においてその**結果**に基づいた給付を受ける制度です。確定拠出年金法の目的は、国民の高齢期における**所得の確保**に係る**自主的な努力を支援**し、もって公的年金の給付と相まって国民の生活の安定と福祉の向上に寄与することです。

2　確定拠出年金法において「**第1号等**厚生年金被保険者」とは、厚生年金保険の被保険者のうち**第1号厚生年金被保険者**又は**第4号厚生年金被保険者**をいいます。企業型年金が実施される厚生年金適用事業所（実施事業所）に使用される第1号等厚生年金被保険者は、**企業型年金加入者**となります。

3　企業型年金の掛金は、原則として**事業主**が拠出します。掛金の拠出は、原則として、**拠出単位期間**を単位として行います。この拠出単位期間とは、原則として、**12月**から**翌年11月**までの12ヵ月間です。

4　**運用の方法**の選定は、収益の性質が**類似**していない（リスク・リターン特性が異なる）こと等の基準に従って行われなければなりません。

解答　A ⑭自己の責任において　B ⑲所得の確保　C ⑪第4号厚生年金被保険者　D ④12月から翌年11月　E ⑥類似していない

問題 348

チェック欄

1	2	3

[選択式] 社会保険労務士法

予想

難易度 普　重要度 Ⓐ

次の文中の ___ の部分を選択肢の中の最も適切な語句で埋め、完全な文章とせよ。

1　社会保険労務士は、常に　A　を保持し、業務に関する法令及び実務に精通して、公正な立場で、誠実にその業務を行わなければならない。

2　　B　は、社会保険労務士の登録を受けた者が、次の(1) ～ (3)のいずれかに該当するときは、資格審査会の議決に基づき、当該登録を取り消すことができる。

(1) 登録を受ける資格に関する重要事項について、告知せず又は不実の告知を行って当該登録を受けたことが判明したとき。

(2) 　C　社会保険労務士の業務を行うことができない者に該当するに至ったとき。

(3) 　D　継続して所在が不明であるとき。

　なお、登録の取消しの処分を受けた者で、その処分を受けた日から　E　ものは、社会保険労務士となる資格を有しない。

選択肢

① 2年を経過しない　② 3年を経過しない　③ 厚生労働大臣

④ 良識　⑤ 1年以上　⑥ 社会保険労務士会

⑦ 3ヵ月以上　⑧ 3年を経過した　⑨ 心身の故障により

⑩ 地位　⑪ 6ヵ月以上　⑫ 全国社会保険労務士会連合会

⑬ 2年以上　⑭ 品位　⑮ 知識

⑯ 2年を経過した　⑰ 負傷、疾病、障害又は死亡により

⑱ 裁判所　⑲ 社会保険労務士としての適格性を欠く者として

⑳ 1年以内の業務の停止の処分を受けたことにより

速習レッスン　A：P132、B〜D：P135〜136、E：P134　　解説

Aは社労士法1条の2、B〜Dは同法14条の9第1項、Eは同法5条6号。

1　社会保険労務士の職責についてです。社会保険労務士は、常に**品位**を保持し、業務に関する**法令及び実務**に精通して、**公正な立場**で、**誠実**にその業務を行わなければなりません。

2　登録の取消しについてです。**全国社会保険労務士会連合会**は、社会保険労務士の登録を受けた者が、次の登録取消事由のいずれかに該当するときは、**資格審査会**の議決に基づき、当該登録を**取り消す**ことができます。

● 登録取消事由

(1) 登録を受ける資格に関する重要事項について、**告知せず又は不実の告知**を行って当該登録を受けたことが判明したとき。

(2) **心身の故障**により社会保険労務士の業務を行うことができない者に該当するに至ったとき。

(3) **2年**以上継続して所在が不明であるとき。

また、**登録の取消し**の処分を受けた者で、その処分を受けた日から**3年**を経過しないものは、「欠格事由」に該当するため、社会保険労務士となる**資格を有しません**。

解答　A ⑭品位　B ⑫全国社会保険労務士会連合会
　　　C ⑨心身の故障により　D ⑬2年以上　E ②3年を経過しない

問題 349

［選択式］社会保険諸法令

過平30改　　　　　　　　　　　　　　難易度 普　重要度 A

次の文中の　□□□　の部分を選択肢の中の最も適切な語句で埋め、完全な文章とせよ。

1　介護保険法第129条の規定では、市町村又は特別区が介護保険事業に要する費用に充てるため徴収しなければならない保険料は、第１号被保険者に対し、政令で定める基準に従い条例で定めるところにより算定された保険料率により算定された額とされ、その保険料率は、おおむね　□ A □　を通じ財政の均衡を保つことができるものでなければならないとされている。

2　11歳、８歳、５歳の３人の児童を監護し、かつ、この３人の児童と生計を同じくしている日本国内に住所を有する父に支給する児童手当の額は、１か月につき　□ B □　である。なお、この３人の児童は、施設入所等児童ではなく、かつ、父の所得額は所得制限額未満であるものとする。

3　確定給付企業年金法第29条第１項では、事業主（企業年金基金を設立して実施する確定給付企業年金を実施する場合にあっては、企業年金基金。）は、次に掲げる給付を行うものとすると規定している。

(1) 老齢給付金

(2) 　□ C □

4　確定給付企業年金法第36条の規定によると、老齢給付金は、加入者又は加入者であった者が、規約で定める老齢給付金を受けるための要件を満たすこととなったときに、その者に支給するものとするが、この規約で定める要件は、次に掲げる要件を満たすものでなければならないとされている。

(1) 　□ D □　の規約で定める年齢に達したときに支給するものであること。

(2) 政令で定める年齢以上（1）の規約で定める年齢未満の規約で定める年齢に達した日以後に実施事業所に使用されなくなったときに支給するものであること（規約において当該状態に至ったときに老齢給付金を支給する旨が定められている場合に限る。）。

また、(2) の政令で定める年齢は、　□ E □　であってはならないとされている。

770

チェック欄	1	2	3

選択肢

① 2年

② 3年

③ 5年

④ 10年

⑤ 40歳未満

⑥ 45歳未満

⑦ 50歳未満

⑧ 55歳以上65歳以下

⑨ 55歳未満

⑩ 60歳以上65歳以下

⑪ 60歳以上70歳以下

⑫ 65歳以上70歳以下

⑬ 30,000円

⑭ 35,000円

⑮ 40,000円

⑯ 45,000円

⑰ 遺族給付金

⑱ 障害給付金

⑲ 脱退一時金

⑳ 特別給付金

A：記載なし、B：P144、C：P121、D・E：P122 　解説

　Aは介保法129条3項、Bは児手法6条1項1号、Cは確給法29条1項2号、Dは同法36条2項1号、Eは同法36条3項

1　介護保険制度は、事業計画を3年ごとに見直され、3年を1サイクルとして運営されています。介護保険の保険料率も、**おおむね3年を通じ財政の均衡を保つことができるもの**でなければならないものとされています。

2　児童手当の支給額は、児童の年齢等に応じて、次のとおりです。設問の父は、3歳以上小学校修了前の3人の児童を有しているため、児童手当の額は、1ヵ月につき、第1子及び第2子について各10,000円、第3子について15,000円、合計35,000円（＝10,000円×2＋15,000円）です。

児童の年齢	児童手当 原則	施設等
3歳未満	15,000円	15,000円
3歳以上小学校修了前	第1子・第2子：10,000円 第3子以降：15,000円	10,000円
小学校修了後中学校修了前	10,000円	

3　確定給付企業年金の法定給付には、(1) **老齢給付金**と (2) **脱退一時金**があります。このほか、任意給付として、**障害給付金**及び**遺族給付金**があります。

4　確定給付企業年金の老齢給付金は、加入者等が、規約で定める老齢給付金を受けるための要件を満たすこととなったときに、その者に支給されます。この規約で定める要件は、次の老齢給付金支給開始要件を満たすものでなければなりません。

(1) **60歳以上70歳以下**の規約で定める年齢に達したときに支給するものであること。

(2) **50歳以上**前記(1)の規約で定める年齢未満の規約で定める年齢に達した日以後に実施事業所に使用されなくなったときに支給するものであること（規約においてその旨が定められている場合に限る。）。

解答　A ②3年　B ⑭35,000円　C ⑲脱退一時金
　　　　D ⑪60歳以上70歳以下　E ⑦50歳未満

保険者・国等の責務

(1) 国民健康保険法

保険者	①都道府県及び当該都道府県内の**市町村** ②**国民健康保険組合**
責務 国	・国民健康保険事業の運営が健全に行われるよう**必要な各般の措置を講ずること** ・法の目的の達成に資するため、保健、医療及び福祉に関する施策その他の**関連施策を積極的に推進すること**
責務 都道府県	**安定的な財政運営**、市町村の国民健康保険事業の**効率的な実施の確保**その他の都道府県及び当該都道府県内の市町村の国民健康保険事業の健全な運営について中心的な役割を果たすこと 等
責務 市町村	被保険者の**資格の取得及び喪失**に関する事項、国民健康保険の**保険料の徴収**、保健事業の実施その他の国民健康保険事業を適切に実施すること 等

(2) 高齢者医療確保法

保険者	医療保険各法の保険者 (後期高齢者医療の実施主体は、**後期高齢者医療広域連合**)
責務 国	・国民の高齢期における医療に要する費用の適正化を図るための取組みが円滑に実施され、高齢者医療制度の運営が健全に行われるよう**必要な各般の措置を講ずること** ・法の目的の達成に資するため、医療、公衆衛生、社会福祉その他の**関連施策を積極的に推進すること**
責務 地方公共団体	法の趣旨を尊重し、住民の高齢期における医療に要する費用の適正化を図るための取組み及び高齢者医療制度の運営が適切かつ円滑に行われるよう**所要の施策**を実施すること
責務 保険者	・加入者の高齢期における健康の保持のために必要な事業を**積極的に推進する**よう努めること ・高齢者医療制度の運営が健全かつ円滑に実施されるよう協力すること
責務 医療の担い手等	各般の措置、施策及び事業に協力すること

問題 350

1	2	3

チェック欄

［選択式］年金制度の沿革

予想

難易度 普　重要度 C

次の文中の □□□ の部分を選択肢の中の最も適切な語句で埋め、完全な文章とせよ。

1　昭和34年に制定された国民年金法に基づき、同年 A 1日から無拠出制の福祉年金の支給に係る規定が施行された。その後、昭和36年4月1日から拠出制の年金制度に係る規定が施行された。

2　国民年金の被保険者としての適用について、国籍要件が撤廃されたのは B 1日からである。

3　確定拠出年金法は、一部を除き C 1日から施行された。

4　平成16年の改正により、厚生年金保険法に「離婚等をした場合における特例（以下本問において「合意分割」という。）」及び「被扶養配偶者である期間についての特例（以下本問において「3号分割」という。）」に係る規定が設けられた。合意分割及び3号分割に係る規定は、 D から施行された。

5　国民年金の老齢基礎年金及び厚生年金保険の老齢厚生年金について、その受給資格期間を従来の25年から10年に短縮する改正規定は、 E 1日から施行された。

選択肢

①いずれも平成20年4月1日
②合意分割は平成19年4月1日から、3号分割は平成20年4月1日
③合意分割は平成19年4月1日から、3号分割は平成21年4月1日
④合意分割は平成18年4月1日から、3号分割は平成20年4月1日

⑤7月	⑥9月
⑦11月	⑧12月
⑨平成30年8月	⑩昭和61年4月
⑪平成13年10月	⑫昭和57年1月
⑬平成12年10月	⑭平成30年4月
⑮平成14年10月	⑯昭和61年1月
⑰平成29年8月	⑱昭和57年4月
⑲平成15年10月	⑳平成29年4月

A：P160、B：P160、C：P161、D：P161、E：(参考) P161　　**解説**

Aは昭34.4.16法律141号、Bは昭56.6.12法律86号、Cは平13.6.29法律88号、Dは平16.6.11法律104号、Eは平24.8.22法律62号、平28.11.24法律84号。

1　**昭和34年**に制定された**国民年金法**は同年**11月**1日から施行され、**無拠出制**の福祉年金の支給が開始されました。その後、**昭和36年4月1日**から全面施行され、**拠出制**の年金制度の支給が開始されました。これにより、**国民皆年金体制**が実現しました。

2　国民年金制度は、その制定当初は、日本国民のみを被保険者とする制度でした。この**国籍要件が撤廃**されたのは、**昭和57年1月**1日からです。

3　**確定拠出年金法**が施行されたのは、**平成13年10月**1日です。なお、**確定給付企業年金法**が施行されたのは、**平成14年4月1日**です。

4　離婚等をしたときに**標準報酬を分割**することができるとする厚生年金保険の合意分割及び3号分割に係る規定は、平成16年の改正により設けられました。これらの規定が施行されたのは、**合意分割**については**平成19年**4月1日、**3号分割**については**平成20年**4月1日です。

5　老齢基礎年金及び老齢厚生年金の支給要件の1つとして、「**受給資格期間**を満たしていること」があります。受給資格期間を満たすためには、従来、「保険料納付済期間＋保険料免除期間（＋合算対象期間）」が25年以上必要でしたが、**平成29年8月**1日から、「保険料納付済期間＋保険料免除期間（＋合算対象期間）」が**10年以上**あれば、受給資格期間を満たすこととされました。

解答　A ⑦11月　B ⑫昭和57年1月　C ⑪平成13年10月　D ②合意分割は平成19年4月1日から、3号分割は平成20年4月1日　E ⑰平成29年8月

目的条文

1．国民健康保険法
　この法律は、国民健康保険事業の健全な運営を確保し、もって**社会保障及び国民保健の向上**に寄与することを目的とする。

2．高齢者医療確保法
　この法律は、国民の高齢期における適切な医療の確保を図るため、**医療費の適正化を推進するための計画の作成**及び保険者による**健康診査等の実施に関する措置**を講ずるとともに、高齢者の医療について、国民の**共同連帯**の理念等に基づき、前期高齢者に係る保険者間の**費用負担の調整**、後期高齢者に対する**適切な医療の給付等**を行うために必要な制度を設け、もって国民保健の向上及び高齢者の福祉の増進を図ることを目的とする。

3．船員保険法
　この法律は、船員又はその被扶養者の**職務外の事由**による疾病、負傷若しくは死亡又は出産に関して保険給付を行うとともに、**労働者災害補償保険による保険給付と併せて**船員の職務上の事由又は通勤による疾病、負傷、障害又は死亡に関して保険給付を行うこと等により、船員の生活の安定と福祉の向上に寄与することを目的とする。

4．介護保険法
　この法律は、**加齢**に伴って生ずる心身の変化に起因する疾病等により要介護状態となり、入浴、排せつ、食事等の介護、機能訓練並びに看護及び療養上の管理その他の医療を要する者等について、これらの者が**尊厳を保持**し、その有する能力に応じ自立した日常生活を営むことができるよう、必要な保健医療サービス及び福祉サービスに係る給付を行うため、国民の**共同連帯**の理念に基づき介護保険制度を設け、その行う保険給付等に関して必要な事項を定め、もって国民の保健医療の向上及び福祉の増進を図ることを目的とする。

5．確定給付企業年金法
　この法律は、少子高齢化の進展、産業構造の変化等の社会経済情勢の変化にかんがみ、事業主が従業員と給付の内容を約し、高齢期において従業員が**その内容に基づいた給付**を受けることができるようにするため、確定給付企業年金について必要な事項を定め、国民の高齢期における所得の確保に係る**自主的な努力を支援**し、もって公的年金の給付と相まって国民の生活の安定と福祉の向上に寄与することを目的とする。

6．確定拠出年金法
　この法律は、少子高齢化の進展、高齢期の生活の多様化等の社会経済情勢の変化にかんがみ、個人又は事業主が拠出した資金を**個人が**自己**の責任**において運用の指図を行い、高齢期においてその**結果に基づいた給付**を受けることができるようにするため、確定拠出年金について必要な事項を定め、国民の高齢期における所得の確保に係る**自主的な努力を支援**し、もって公的年金の給付と相まって国民の生活の安定と福祉の向上に寄与することを目的とする。

予想模擬試験

解答・解説

第１回予想模擬試験······················779ページ

第２回予想模擬試験······················833ページ

※問題は別冊になっています。

第1回予想模擬試験

解答・解説

第1回 予想模擬試験解答一覧

　間違えた問題は、解説をよく読んで理解を深めるとともに、本書の「論点別問題」で関連する内容も併せて復習すると効果的です。

▶ 選択式　解答

【問1】労働基準法及び労働安全衛生法

A	⑭	立案、調査及び分析
B	⑥	しないこととする
C	⑱	同居の親族のみを使用する事業及び家事使用人
D	⑩	統括安全衛生責任者との連絡
E	⑯	通報

【問2】労働者災害補償保険法

A	⑱	療養給付
B	⑭	休業給付
C	④	生活介護
D	⑫	特別養護老人ホーム
E	⑮	病院又は診療所

【問3】雇用保険法

A	①	8週間を経過する日の翌日
B	④	4週間
C	⑦	通算して12ヵ月以上
D	⑫	20年
E	⑯	90日

【問4】労務管理その他の労働に関する一般常識

A	⑬	虚偽の表示又は誤解を生じさせる表示
B	③	正確かつ最新の内容に保たなければならない
C	⑨	労働者の性別
D	⑯	福利厚生
E	⑲	定年

【問5】社会保険に関する一般常識

A	①	国民年金基金連合会
B	⑭	60歳未満
C	⑳	障害給付金
D	⑮	25万円以下
E	⑧	2年

【問6】健康保険法

A	⑲	強制執行
B	⑭	破産手続
C	⑦	解散
D	⑤	健康保険組合連合会
E	②	調整保険料

【問7】厚生年金保険法

A	④	基礎年金拠出金
B	⑭	100分の20
C	⑫	被保険者又は被保険者であった者
D	⑨	実施機関に申出をした
E	⑩	平均標準報酬額

【問8】国民年金法

A	③	適正かつ確実
B	⑤	指定全額免除申請事務取扱者
C	⑳	遅滞なく
D	⑧	保険料の納付
E	①	官公署

▶ 択一式　解答

■労働基準法及び労働安全衛生法

問題	1	2	3	4	5	6	7	8	9	10
解答	E	C	B	D	D	B	B	A	A	E	C

■労働者災害補償保険法（徴収法を含む）

問題	1	2	3	4	5	6	7	8	9	10
解答	E	E	C	E	A	B	D	C	E	E

■雇用保険法（徴収法を含む。）

問題	1	2	3	4	5	6	7	8	9	10
解答	D	D	C	C	D	E	B	B	E	D

■労務管理その他の労働及び社会保険に関する一般常識

問題	1	2	3	4	5	6	7	8	9	10
解答	C	B	B	C	D	C	D	C	E	D

■健康保険法

問題	1	2	3	4	5	6	7	8	9	10
解答	E	B	C	C	D	A	D	D	E	A

■厚生年金保険法

問題	1	2	3	4	5	6	7	8	9	10
解答	E	B	C	B	A	D	A	C	A	D

■国民年金法

問題	1	2	3	4	5	6	7	8	9	10
解答	C	C	D	A	E	B	E	D	C	A

第1回 予想模擬試験　選択式

【問1】 労働基準法及び労働安全衛生法

解答 A ⑭立案、調査及び分析　B ⑥しないこととする　C ⑱同居の親族のみを使用する事業及び家事使用人　D ⑩統括安全衛生責任者との連絡　E ⑯通報

解説

A・B：労基法38条の４第１項１号、C：同法116条２項、D：安衛法16条１項、E：同法16条２項

1　企画業務型裁量労働制の対象業務は、次の(1)及び(2)のいずれにも該当する業務とされています。

(1) 事業の運営に関する事項についての**企画、立案、調査及び分析**の業務

(2) 当該業務の性質上これを適切に遂行するにはその遂行の方法を大幅に労働者の裁量に委ねる必要があるため、当該業務の遂行の手段及び時間配分の決定等に関し**使用者が具体的な指示を**しないこととする業務

2　**同居の親族**（事業主と居住及び生計を一にする親族）**のみを使用する事業**及び**家事使用人**（家事一般に従事している者）については、一般の事業及び労働者と同様に取り扱うことが適当でないため、労働基準法は適用されません。

3　安全衛生責任者を選任する必要があるのは、**統括安全衛生責任者を選任すべき事業者**以外の請負人で、当該仕事を自ら行うものです。安全衛生責任者を選任した請負人は、統括安全衛生責任者を選任した事業者に対して、**遅滞なく、その旨**を通報しなければなりません。また、安全衛生責任者が行うべき職務は、**統括安全衛生責任者との**連絡等であり、安全衛生に関する技術的事項を管理することなどは職務にありません。

【問2】 労働者災害補償保険法

解答 A ⑱療養給付　B ⑭休業給付　C ④生活介護　D ⑫特別養護老人ホーム　E ⑮病院又は診療所

解説

A：労災法31条２項等、B：同則44条の２第３項等、C：同法12条の８第４項、D：同則18条の３の３第１号、E：同法12条の８第４項３号

1　**通勤災害**に係る一部負担金は、**療養給付**を受ける労働者から徴収されますが、その徴収は、当該労働者が受ける**休業給付**から一部負担金に相当する額を**控除**す

ることにより行われます。ただし、次の者からは一部負担金は徴収されません。

(1) **第三者の行為**によって生じた事故により療養給付を受ける者

(2) 療養の開始後3日以内に死亡した者その他**休業給付を受けない者**

(3) 同一の通勤災害に係る療養給付について**すでに一部負担金を納付**した者

　なお、上記(1)～(3)の労働者のほか、特別加入者についても、一部負担金は徴収されません。

2　介護補償給付は、次の(1)～(3)に掲げる間は、支給されません。これは、(1)～(3)に掲げる施設等においては、十分な介護サービスが提供されることから親族等から介護を受ける必要がなく、また、当該介護サービスに相当する費用が徴収されていないためです。

(1) **障害者支援施設**に入所している間（**生活介護**を受けている場合に限る。）

(2) 障害者支援施設（**生活介護を行うものに限る。**）に**準ずる施設**として厚生労働大臣が定めるもの（**特別養護老人ホーム**、原子爆弾被爆者特別養護ホーム等）に入所している間

(3) **病院又は診療所**に入院している間

【問3】雇用保険法

解答　A　①**8週間を経過する日の翌日**　B　④**4週間**　C　⑦**通算して12ヵ月以上**
D　⑫**20年**　E　⑯**90日**

解説

A～C：雇保法61条の8第1項、D・E：同法22条1項

1　**出生時育児休業**とは、原則として、子の出生の日から起算して**8週間**を経過する日の**翌日**までの期間内に**4週間以内**の期間を定めて当該子を養育するための休業をいいます。**出生時育児休業給付金**は、被保険者が、出生時育児休業をした場合において、原則として、当該出生時育児休業（当該子について2回目の出生時育児休業をした場合にあっては、初回の出生時育児休業とする。）を開始した日前**2年間**に、みなし被保険者期間が**通算して12ヵ月以上**あるときに支給されます。

2　設問の受給資格者は、一般の受給資格者のことです。一般の受給資格者に係る所定給付日数は、次表のとおりです。算定基礎期間のみに応じて決定され、基準日（離職の日）における年齢は考慮されません。

年齢 ＼ 算定基礎期間	10年未満	10年以上20年未満	20年以上
全年齢	90日	120日	150日

【問4】 労務管理その他の労働に関する一般常識

解答 A ⑬虚偽の表示又は誤解を生じさせる表示　B ③正確かつ最新の内容に保たなければならない　C ⑨労働者の性別　D ⑯福利厚生　E ⑲定年

解説

A：職安法5条の4第1項、B：同法5条の4第2項、C〜E：均等法6条

1、2　令和4年10月1日施行の職業安定法の改正により、「求人等に関する情報の**的確な表示**」の規定が新設されました。公共職業安定所等に対しては、「**虚偽の表示又は誤解を生じさせる表示**をしては**ならない**」ことが、労働者の募集を行う者及び募集受託者に対しては、「**正確かつ最新の内容に保たなければならない**」ことが、条文上明示されました。

3　次の(1)〜(4)に掲げる事項については、**労働者の性別**を理由とする差別的取扱いが**禁止**されています。

(1) 労働者の**配置**（業務の配分及び権限の付与を含む。）、**昇進**、**降格**及び**教育訓練**

(2) 住宅資金の貸付けその他これに準ずる**福利厚生**の措置であって厚生労働省令で定めるもの

(3) 労働者の**職種及び雇用形態の変更**

(4) **退職の勧奨**、**定年**及び**解雇**並びに**労働契約の更新**

【問5】 社会保険に関する一般常識

解答 A ①国民年金基金連合会　B ⑭60歳未満　C ⑳障害給付金　D ⑮25万円以下　E ⑧2年

解説

A〜C：確定拠出法附則3条1項、D：同令60条3項、E：同法附則3条1項7号

確定拠出年金の個人型年金に加入していた者は、次の(1)〜(7)のすべての要件を満たすときは、**脱退一時金**の請求をすることができます。請求は、個人型年金運用指図者にあっては個人型記録関連運営管理機関に、個人型年金運用指図者以外の者にあっては**国民年金基金連合会**に対して行います。

(1) **60歳未満**であること。

(2) 企業型年金加入者でないこと。

(3) 個人型年金加入者となることができる者に該当しないこと。

(4) 日本国籍を有し、日本国内に住所を有しない20歳以上65歳未満のもの（国民

年金の任意加入被保険者となることができる在外邦人）に該当しないこと。

(5) **障害給付金**の受給権者でないこと。

(6) その者の通算拠出期間が1ヵ月以上5年以下であること又は請求した日における個人別管理資産の額が**25万円以下**であること。

(7) 最後に企業型年金加入者又は個人型年金加入者の資格を喪失した日から起算して**2年**を経過していないこと。

【問6】 健康保険法

解答 A ⑲**強制執行** B ⑭**破産手続** C ⑦**解散** D ⑤**健康保険組合連合会** E ⑨**調整保険料**

解説

A～C：健保法172条、D：同法附則2条2項、E：同法附則2条3項

1　(1)保険料の納付義務者が**強制執行**を受けるときや**破産手続**開始の決定を受けたとき等のほか、(2)法人である納付義務者が**解散**をした場合、(3)被保険者の使用される**事業所が廃止**された場合には、保険料の徴収に支障をきたす可能性が高くなるため、**納期前**であっても、保険料をすべて徴収することができます（保険料の繰上徴収）。

2、3　**健康保険組合連合会**は、健康保険組合の財源の不均衡を調整するため、会員である健康保険組合に対する**交付金の交付**の事業を行います。この事業に要する費用に充てるため、会員である健康保険組合は、**健康保険組合連合会**に対し、**拠出金を拠出**します。また、この拠出金の拠出に要する費用に充てるため、**調整保険料**を徴収します。

【問7】 厚生年金保険法

解答 A ④基礎年金拠出金　B ⑭100分の20　C ⑫被保険者又は被保険者であった者　D ⑨実施機関に申出をした　E ⑩平均標準報酬額

解説

A：厚年法80条1項、B：昭60法附則79条1号、C～E：同法26条1項

1　厚生年金保険事業について、毎年度、次の国庫負担が行われます。

基礎年金拠出金	2分の1に相当する額を負担
事務の執行に要する費用	予算の範囲内で負担
保険給付に要する費用	原則：負担なし 例外：昭和36年4月1日前の厚生年金保険の被保険者期間を計算の基礎とするものについては、100分の20（第3種被保険者であった期間に係るものにあっては、100分の25）に相当する額を負担

2　設問の養育期間の標準報酬月額の特例は、**実施機関に申出**をすることによって適用されますが、この申出は、**3歳に満たない子**を養育し、又は養育していた**被保険者又は被保険者であった者**自身が行います。

3　前記2の標準報酬月額の特例は、育児のため勤務時間短縮等の措置を受けた結果、報酬額が従前よりも低下した者について、その報酬額の低下が将来の年金額に影響しないようにするために設けられたものです。したがって、この特例が適用される場合には、現実の標準報酬月額が**従前標準報酬月額を下回る月**については、従前標準報酬月額を**平均標準報酬額の計算の基礎**となる標準報酬月額とみなして、年金額が計算されます。

【問8】 国民年金法

解答 A ③適正かつ確実　B ⑤指定全額免除申請事務取扱者　C ⑳遅滞なく
D ⑧保険料の納付　E ①官公署

解説

A・B：国年法109条の2第1項、C：同法109条の2第3項、D：同法108条の3第1項、E：同法108条の3第2項

1　指定全額免除申請事務取扱者は、全額免除要件該当被保険者等の**委託**を受けて、全額免除要件該当被保険者等に係る**全額免除申請**をすることができます。この指定全額免除申請事務取扱者とは、全額免除申請に関する事務を適正かつ確実に実施することができると認められる者であって、厚生労働大臣が当該者からの申請に基づき**指定**するものをいいます。

2　指定全額免除申請事務取扱者は、全額免除要件該当被保険者等から全額免除申請の委託を受けたときは、遅滞なく、当該**全額免除申請**をしなければなりません。なお、全額免除要件該当被保険者等が指定全額免除申請事務取扱者に全額免除申請の委託をしたときは、当該**委託をした日**に、全額免除申請があったものとみなされます。

3、4　厚生労働大臣は、被保険者等又は受給権者に係る保険料の納付に関する実態等に関し必要な**統計調査**を行います。また、この統計調査に関し必要があると認めるときは、官公署に対し、必要な**情報の提供**を求めることができます。

第1回 予想模擬試験　択一式

労働基準法及び労働安全衛生法

【問1】　解答　E

解説

A　○　労基法1条2項、昭22.9.13発基17号。労働基準法1条2項においては、①同法で定める労働条件の基準が**最低のもの**であることを前提として、②労働関係の当事者が、**この基準を理由**として**労働条件を低下**させることを**禁止**するとともに、③むしろその向上を図るように努めるべきことを定めています。すなわち、この規定については、労働条件の低下が同法の基準を理由としているか否かに重点を置いて判断するものであり、**社会経済情勢の変動**等他に決定的な理由があることにより労働条件を低下させることは、この規定に**抵触しません**。

B　○　昭23.10.30基発1575号。

C　○　労基法2条2項、117条〜120条。労働基準法2条2項は、労働条件の決定に伴う労働者及び使用者の義務に関する**一般的原則**を宣言する訓示的規定と解されています。したがって、同項違反に対する**罰則は定められていません**。

D　○　昭23.12.25基収4281号。男女同一賃金の原則について違反が成立するのは、使用者が賃金について女性であることを理由として**現実**に男性と**差別的取扱い**をした場合です。したがって、設問のように現実に男女差別待遇の事実がないときは、男女同一賃金の原則に**違反しません**。

E　×　労基法6条、昭23.3.2基発381号。「労働者又は第三者から得る利益は含まない」とする記述が誤りです。労働基準法6条（中間搾取の排除）では、何人も、業として他人の就業に介入して利益を得てはならないと定めていますが、ここでいう「利益」は、介入する行為との因果関係が存在していれば、**使用者**より利益を得る場合のみに限らず、**労働者**又は**第三者**より利益を得る場合をも**含む**と解されています。

【問2】　解答　C

解説

ア　○　労基法24条2項、同則8条3号。設問の奨励加給又は能率手当については、**臨時の賃金**等に該当するため、賃金の「毎月1回以上払いの原則」及び「一定期日払いの原則」は**適用されません**。

イ　×　労基法24条1項。「法令に別段の定めがある場合に限り」とする記述が誤り

です。賃金の一部を控除して支払う旨を定めた労使協定がある場合においても、賃金の一部を控除して支払うことができます。

ウ　○　労基法24条1項、同則7条の2第1項。賃金の支払いを、労働者が指定する銀行その他の金融機関に対する当該労働者の預金又は貯金への振込みにより行う場合には、（個々の）労働者の同意を得る必要があります。

エ　×　労基法12条3項。年次有給休暇を取得した期間があっても、その日数及びその期間中の賃金は、平均賃金の算定の基礎となる期間及び賃金の総額から控除しません。

オ　○　昭23.8.18基収2520号。解雇予告手当は、賃金と解されません。

　　以上から、誤っているものの組合せは、C（イとエ）です。

【問3】 解答▶ B

解説

A　×　労基則5条1項・3項・4項。「そのすべてについて」とする記述が誤りです。設問の事項のうち、昇給に関する事項は、書面の交付等により明示する必要はありません。

B　○　平11.1.29基発45号。

C　×　労基則5条1項・3項・4項。「退職に関する事項（解雇の事由を含む。）」は、書面の交付等により明示しなければなりません。

D　×　労基法16条、昭22.9.13発基17号。実際に生じた損害について賠償を請求することは、法16条に違反しないと解されています。

E　×　労基法17条、昭22.9.13発基17号。明らかに身分的拘束を伴わないものは、労働することを条件とする前貸しの債権には含まれません。労働することを条件とする前貸しの債権とは、使用者が前貸しの債権を労働者が労働によって取得する賃金と相殺することによってその債権を返済させる目的で貸し付けた前借金等をいいます。つまり、金銭貸借関係と労働関係とが密接に関係し、身分的拘束を伴うものです。したがって、明らかに身分的拘束を伴わないと認められるものは、労働することを条件とする前貸しの債権には含まれないと解されています。

【問4】 解答▶ D

解説

A　○　昭63.1.1基発1号。フレックスタイム制を採用するためには、就業規則その他これに準ずるものにより、始業及び終業の時刻を労働者の決定に委ねる旨を定め

る必要があります。**派遣労働者**を派遣先においてフレックスタイム制により労働させる場合は、**派遣元**の使用者が、派遣元事業場の就業規則その他これに準ずるものに上記の定めをする必要があります。

B ○ 昭63.1.1基発1号。1ヵ月単位の変形労働時間制では、変形期間を平均し1週間あたりの労働時間が**週法定労働時間を超えない**ようにしなければなりません。そのためには、変形期間の労働時間（所定労働時間）の合計が、変形期間の法定労働時間の**総枠の範囲内**としなければなりません。変形期間の法定労働時間の総枠は、「その事業場の**週法定労働時間×変形期間の暦日数÷7**」により計算されます。

C ○ 労基則12条の4第5項。1年単位の変形労働時間制では、対象期間における連続労働日数は、原則として、**6日**が限度です。ただし、**特定期間**については、**1週間に1日の休日**が確保できる日数が限度となります。したがって、最長で**連続12日**となります。

D × 労基法32条の4第1項4号、同則12条の4第4項。1年単位の変形労働時間制では、**あらかじめ**対象期間の**労働日**と労働日ごとの**労働時間**を**特定する**必要があります。

E ○ 労基法32条、同法別表第1、同則25条の2第1項・4項。

【問5】 解答 B

解説

A × 労基法56条2項、別表第1。物の製造の事業に係る職業については、児童を使用することが**できません**。使用者が、行政官庁（所轄労働基準監督署長）の許可を受けて、**満13歳以上**の児童をその者の修学時間外に使用することができるのは、いわゆる**非工業的事業**に係る職業で、児童の健康及び福祉に有害でなく、かつ、その労働が軽易なものに限られます。物の製造の事業は、非工業的事業に該当しません。

B ○ 労基法34条1項、40条、60条1項、同則32条1項。設問の業務に従事する労働者は、**休憩に関する特例**の対象であり、休憩時間を与えないことができますが、**年少者**（満18歳に満たない者）には、この休憩に関する特例は**適用されません**。したがって、設問の業務に従事する年少者については、原則どおり、労働時間の途中に休憩時間を**与えなければなりません**。

C × 労基法58条2項。設問の労働契約は、**将来に向かって**解除することができます。当該労働契約が締結された時点にさかのぼるのではありません。

D × 労基法61条1項・3項。「特段の手続きをすることなく」とする記述が誤りです。使用者は、**交替制によって労働させる事業**について、年少者を午後10時30

分まで労働させるためには、**行政官庁**（所轄労働基準監督署長）の**許可**を受ける
必要があります。

E ✕ 労基法64条。「行政官庁の認定の有無にかかわらず」とする記述が誤りです。
設問の場合において、その事由について**行政官庁**（所轄労働基準監督署長）の**認
定**を受けたときは、使用者は、必要な旅費（帰郷旅費）を**負担する必要はありませ
ん**。

【問6】 解答▶ B

解説

A ✕ 労基法36条1項、昭61.6.6基発333号。派遣されている労働者数は、設問の
労働者数に**含めなければなりません**。

B 〇 労基法36条1項、38条の4第5項、昭63.3.14基発150号。労使委員会にお
いて36協定に**代替する決議**がなされたときは、使用者は、当該決議を所轄労働基
準監督署長に**届け出なければ**なりません。

C ✕ 労基法37条1項・3項、平21基発0529001号。割増賃金を支払う必要があ
ります。使用者は、労働者に代替休暇を付与した場合であっても、当該60時間を
超えた時間の労働について、割増賃金率の**引上げ分を除いた率**（2割5分以上の
率）で計算した**割増賃金を支払わなければ**なりません。

D ✕ 労基法37条1項、昭25.9.14基収2983号。設問の場合、使用者は、時間外
労働に係る割増賃金を**支払わなければ**なりません。使用者の明白な超過勤務の指示
がなくとも、設問のように超過勤務の**黙示の指示**によって労働者が法定労働時間を
超えて労働した場合には、当該法定労働時間を超える労働は**時間外労働**となるた
めです。

E ✕ 労基法36条6項1号、昭41.9.19基発997号。坑内労働等を9時間行わせる
ことができます。坑内労働等の労働時間の延長は、1日について2時間を超えては
なりませんが、これは、**坑内労働等**の1日における労働時間数が、「1日について
の法定労働時間数（設問の場合は8時間）+**2時間**」を**超える**ことを禁止するもの
です。設問の坑内労働等の労働時間数は9時間であり、10時間（＝8時間＋2時
間）を**超えていない**ため、労働基準法に違反しません。

【問7】 解答▶ A

解説

A ✕ 最判 平15.10.10フジ興産事件。最高裁判所では、就業規則が法的規範とし
ての性質を有するものとして**拘束力を生ずる**ためには、その内容を適用を受ける事

業場の労働者に**周知させる手続き**が採られていることを**要する**と判示しました。

B　○　労基法89条１項、昭63.1.1基発１号。フレックスタイム制を採用する場合には、コアタイム（労働者が労働しなければならない時間帯）やフレキシブルタイム（労働者がその選択により労働することができる時間帯）を設けることができます。これらに関する事項は、就業規則の絶対的必要記載事項の１つである**始業及び終業の時刻に関する事項**に該当するため、就業規則に定めておかなければなりません。

C　○　労基法89条。就業規則の作成及び届出の義務が課せられているのは、**常時10人以上**の労働者を使用する使用者です。ここでいう「常時10人以上の労働者を使用する」とは、時として使用する労働者の数が10人未満となることはあっても、**常態として**10人以上の労働者を使用していることをいいます。したがって、設問のように、繁忙期等において臨時に労働者を雇い入れることによって一時的に10人以上の労働者を使用することとなったとしても、「常時10人以上の労働者を使用する」こととはなりません。

D　○　労基法107条１項。

E　○　労基法114条。付加金の支払い命令の対象となるのは、①解雇予告手当、②休業手当、③割増賃金、④年次有給休暇中の賃金の４種類に限られ、**通常の賃金は対象外**です。

【問8】 解答　A

解説

A　○　安衛法11条１項、同則４条１項１号。なお、安全管理者のほか、総括安全衛生管理者、衛生管理者、安全衛生推進者、衛生推進者及び産業医の選任も、その選任すべき事由が発生した日から**14日以内**に行わなければなりません。

B　×　安衛法10条１項、同令２条２号。「常時100人以上」ではなく、「常時300人以上」です。製造業は、いわゆる**屋内産業的工業的業種**に該当するため、**常時300人以上**の労働者を使用する事業場において、事業者に総括安全衛生管理者の選任義務が発生します。

C　×　平18基発0331004号。設問の派遣労働者を衛生管理者として選任することが**できます**。事業者は、次のすべての要件を満たす場合には、派遣労働者を衛生管理者として選任することができます。

①**その他の業種**の事業場であること。

②衛生管理者として選任する者が、**第１種衛生管理者免許**、第２種衛生管理者免許、衛生工学衛生管理者免許を有する者又は医師、歯科医師、労働衛生コンサ

ルタント等の資格を有する者であること。

③衛生管理者として選任する者に係る労働者派遣契約において、衛生管理者が職務を遂行しようとする事業場に専ら常駐し、かつ、その者が一定期間継続して職務にあたることが明らかにされていること。

D ✕ 高圧則10条１項。免許を受けた後における高圧室内業務への**従事経験は不要**です。

E ✕ 安衛則12条の３、昭63労告73号、昭63労告80号。設問の者以外の者からも安全衛生推進者を選任することができます。たとえば、大学又は高等専門学校を卒業した者でその後**１年以上安全衛生の実務に従事**した経験を有するもの、**５年以上安全衛生の実務に従事**した経験を有する者等も、安全衛生推進者として選任することができます。

【問9】 解答 E

解説

A ○ 安衛法44条の２第７項、昭53.2.10基発77号等。

B ○ 安衛法57条の２第１項。

C ○ 安衛法37条１項。特定機械等に係る製造の**許可**は、**都道府県労働局長**から受けなければなりません。

D ○ 安衛法55条。設問の黄りんマッチ等は、製造等禁止物質に該当します。製造等禁止物質については、原則として、その**製造**、**輸入**、**譲渡**、**提供**及び**使用**が禁止されます。このうち、**譲渡**及び**提供**の禁止については、**例外はありません**。なお、製造、輸入及び使用の禁止については、例外が認められる場合があります。

E ✕ 安衛法45条２項。検査業者に限りません。特定自主検査は、**検査業者**のほか、事業者の使用する**労働者**で所定の**資格を有する**ものに実施させることができます。

【問10】 解答 C

解説

ア ✕ 安衛法29条１項。「指示」ではなく、「指導」です。**元方事業者**は、設問の内容について、**必要な指導**を行わなければなりません。

イ ○ 安衛法25条。

ウ ✕ 安衛則43条。省略することができる場合があります。具体的には、医師による健康診断を受けた後、**３ヵ月**を経過しない者を雇い入れる場合において、その者が当該健康診断の結果を証明する書面を**提出**したときは、当該健康診断の項目に

相当する項目を省略することができます。

エ　〇　安衛法66条の2、同則50条の2。次のいずれの要件をも満たす労働者は、自ら受けた健康診断（自発的健康診断）の結果を証明する書面を事業者に提出することができます。

①**深夜業**に従事する労働者であること。

②**常時使用**され、自発的健康診断を受けた日**前6ヵ月間を平均して1ヵ月あたり4回以上**深夜業に従事したこと。

オ　✕　安衛法66条3項、同令22条3項、同則48条。設問の**歯科医師**による健康診断を定期に行う頻度は、「**6ヵ月以内**ごとに1回」です。「3ヵ月以内ごとに1回」ではありません。

以上から、正しいものの組合せは、**C（イとエ）**です。

労働者災害補償保険法（労働保険の保険料の徴収等に関する法律を含む。）

【問1】 解答 E

解説

A ×　労災法7条2項。「業務の性質を有するものも含めて」とする記述が誤りです。通勤とは、労働者が、就業に関し、次の①～③に掲げる移動を、**合理的な経路及び方法**により行うことをいい、**業務の性質を有するものを除く**ものとされています。設問の移動は、②に該当しますが、業務の性質を有する場合には、通勤には該当しません。

①**住居**と**就業の場所**との間の往復

②厚生労働省令で定める**就業の場所**から**他の就業の場所への移動**

③上記①に掲げる往復に先行し、又は後続する**住居間の移動**（厚生労働省令で定める要件に該当するものに限る。）

B ×　昭25.5.9基収32号。通勤災害となりません。事業主が提供する通勤専用のバスは、**事業場の施設**と認められるため、この利用に起因して災害が発生した場合には、それが当該施設に起因していることの証明がなされる限り、業務起因性が認められ、**業務上の災害**となります。

C ×　労災法7条3項、同則8条、昭62.3.30発労徴23号・基発174号。自動車教習所に立ち寄り教習を受ける行為は、日常生活上必要な行為に**該当しません**。したがって、当該教習を受け終え、合理的な経路に復したとしても、その後の移動は、通勤に該当しません。

D ×　昭49.5.27基収1371号。通勤災害となりません。被災労働者が自宅に向かった行為は、その目的からみて、就業との関連性がない個人的な行為（**私的行為**）に該当するためです。

E ○　昭49.4.9基収314号。アパートについては、**自室の外戸**（ドア）が住居と通勤経路との境界となるため、自室の外にある階段で発生した事故は、**通勤経路上**で発生した災害と認められます。したがって、通勤災害となります。

【問2】 解答 E

解説

ア ×　労災法16条の7。設問の場合は、「労働者の死亡の当時その収入によって生計を維持していなかった**配偶者**」が遺族補償一時金を受ける権利を有する者（受給権者）となります。遺族補償一時金の受給権者となるべき者の順位については、労働者の死亡の当時における生計維持関係の有無にかかわらず、**配偶者**が**最先順**

位とされています。

イ ✕ 昭40法附則43条３項ただし書き。設問の者は、遺族補償年金前払一時金を請求することが**できます**。

ウ ✕ 労災法16条の２第１項。設問の子は、遺族補償年金を受けることができる遺族となります。子が遺族補償年金を受けることができる遺族（受給資格者）となるための要件は、労働者の死亡の当時その収入によって**生計を維持**し、かつ、労働者の死亡の当時において次の①②の**いずれか**に該当することです。設問の子は、労働者の死亡の当時において、生計維持要件を満たし、かつ、②に該当するため、22歳であっても遺族補償年金の受給資格者となります。

①18歳に達する日以後の最初の３月31日までの間にあること。

②厚生労働省令で定める**障害の状態**にあること。

エ ✕ 労災法16条の３第４項。妻の年齢によっては、減額して改定されます。設問の障害の状態にあった妻が、**55歳**に達するまでの間にその障害の状態に該当しなくなったときは、遺族補償年金の額は、**減額**（給付基礎日額の**175日分 → 153日分**）して**改定**されます。

オ ✕ 昭23.11.29基災収2965号。設問の場合は、その労働者の遺族であって**葬祭を行うべき**者に対して葬祭料が支給されます。会社に対して支給されるのではありません。

以上から、誤っているものは五つであるため、正解は**E**です。

【問3】 解答▶ C

解説

A ◯ 昭52.3.30基発192号。いわゆる**海外派遣者**（海外出張として労災保険の適用を受ける者を除く。）については、**特別加入**をすることにより、労災保険の**適用を受ける**ことができます。

B ◯ 昭61.6.30基発383号。派遣労働者と労働契約関係にあり、また、労働基準法上の災害補償責任を負っているのは、**派遣元事業主**です。したがって、派遣労働者については、**派遣元**事業主の事業を適用事業として、労災保険を適用します。

C ✕ 昭44法附則12条、整備令17条、昭50労告35号。設問の事業は、「暫定任意適用事業」ではなく、「強制適用事業」となります。林業の事業が労災保険の暫定任意適用事業となるのは、①**個人経営**で**常時労働者を**（１人も）**使用せず**、かつ、②年間使用延べ労働者数が**300人未満**である場合です。設問の事業は、常時２人の労働者を使用している（上記①の要件に該当しない）ため、**強制適用事業**となり

ます。

D ○ 昭44法附則12条、整備令17条、昭50労告35号。個人経営で常時5人未満の労働者を使用する**農業、畜産業**又は**養蚕業**の事業は、原則として、労災保険の暫定任意適用事業となります。ただし、当該事業のうち、次の①又は②に該当する事業は、**強制適用事業**となります。

①**特定の危険又は有害な作業**（獣毛等のじんあい又は粉末を著しく飛散する場所における作業等）を主として行う事業

②事業主が農業関係の特別加入をしている事業

E ○ 労災法3条1項、昭44法附則12条、整備令17条。船員法1条に規定する**船員を使用**して行う**船舶所有者の事業**は、個人経営で常時5人未満の船員を使用するものであっても、**強制適用事業**となります。

【問4】 解答 E

解説

A ○ 労災法12条の3第1項。

B ○ 労災則21条の2第1項7号ロ。年金たる保険給付の受給権者は、一定の事由に該当する場合には、**遅滞なく**、文書で、その旨を**所轄労働基準監督署長**に届け出なければなりません。

C ○ 労災法47条の3。

D ○ 労災法5条。労災保険法に基づく政令（施行令）及び厚生労働省令（施行規則）を制定する場合には、その草案（原案）について、**労働政策審議会**の意見を聞くこととされています。

E × 労災法2条の2。付帯事業として行うことができるのは、**社会復帰促進等事業**です。二次健康診断等給付は、主たる事業である保険給付として行われます。

【問5】 解答 A

解説

ア × 参考：昭40.7.31基発901号。設問のような規定は、存在しません。なお、事業主は、**休業補償給付**が支給されない休業の最初の3日間（待期期間）については、労働基準法76条に規定する**休業補償**を行わなければなりません。

イ × 労災法12条の8第3項2号、同則18条2項。「1年6ヵ月以上」ではなく、「6ヵ月以上」です。**傷病等級**に係る当該傷病による障害の程度の認定は、**6ヵ月以上**の期間にわたって存する障害の状態により行うこととされています。

ウ ○ 労災法18条2項。傷病補償年金と休業補償給付は、いずれも所得保障を目

的とする保険給付であるため、**併せて受けることは**できません。なお、「療養補償給付と休業補償給付」、「療養補償給付と傷病補償年金」は、それぞれ、併せて受けることができます。

エ　○　労災法18条１項、同法別表第１。

オ　○　労災法14条１項。**部分算定日**とは、労働者が療養のため所定労働時間の**一部分**についてのみ労働する日又は賃金が支払われる休暇をいいます。部分算定日に係る休業補償給付の額は、次の計算式による額となります。

（**給付基礎日額** − **部分算定日**に対して**支払われる賃金**の額）× 100分の60

以上から、誤っているものの組合せは、**A（アとイ）**です。

【問6】　解答　B

解説

A　×　労災則11条の３第１項。二次健康診断等給付は、訪問看護事業者においては行われません。二次健康診断等給付は、**社会復帰促進等事業**として設置された病院若しくは診療所又は**都道府県労働局長の指定**する**病院**若しくは**診療所**（健診給付病院等）において行われます。

B　○　労災法27条、同則18条の17、安衛法66条の４。

C　×　労災則14条５項。加重する前の身体障害に係る障害補償年金は、引き続き支給されます。設問の場合には、「加重した後の身体障害の該当する障害等級に応ずる障害補償年金の額から、加重する前の身体障害の該当する障害等級に応ずる障害補償年金の額を**差し引いた額**」が、加重分の障害補償年金として新たに支給されます。また、これと併せて、加重する前の身体障害に係る障害補償年金も**引き続き**支給されます。

D　×　労災則附則24項。**第１級**については、給付基礎日額の**1,340日分**です。1,000日分ではありません。

E　×　昭23.3.5基発405号。設問の負傷は、**重大な過失**による負傷に**該当します**。無免許運転が危険であることを知りながら「運転免許がある」と詐称し、運転して受けた災害であるからです。

【問7】　解答　D

解説

A　×　労災法38条１項。設問中の「特別支給金」という記述が誤りです。特別支給金に関する決定に不服がある場合であっても、労働者災害補償保険審査官及び

労働保険審査会に対して審査請求及び再審査請求をすることは**できません**。労災保険法において、審査請求及び再審査請求をすることができるのは、保険給付に関する決定に不服がある場合に限られます。

B　✕　労災法40条。再審査請求を経なくても、処分の取消しの訴えを提起することができます。保険給付に関する処分の取消しの訴えは、当該処分についての審査請求に対する**労働者災害補償保険審査官の決定を経た後**でなければ、提起することができませんが、これを経た後であれば、再審査請求を経なくても、提起することができます。

C　✕　労災則46条の20第4項、昭62.1.31基発42号。特別加入者に係る給付基礎日額の算定にあたっては、年齢階層別の最低限度額及び最高限度額は**適用されません**。

D　◯　昭40.11.1基発1454号。

E　✕　労災法34条1項4号。設問の場合には、事業主からの費用徴収を行うことはできません。特別加入者に係る次の①又は②の事故については、事業主からの費用徴収ではなく、保険給付の全部又は一部を行わないことができるとする支給制限が行われます。

①中小事業主の**故意又は重大な過失**によって生じた事故

②**特別加入保険料の滞納期間中**に生じた事故

【問8】 解答 C

解説

A　◯　徴収法12条3項、同則20条、同則別表第3。なお、設問の労災保険率は、メリット制の適用要件に係る連続する3保険年度中の最後の保険年度の3月31日の属する保険年度の**次の次の保険年度**から適用されます。

B　◯　徴収法12条3項。メリット収支率の算定の基礎となる保険給付及び特別支給金の額からは、次のものに係る額が除かれます。設問は①に該当します。

①**失権差額一時金**として支給される**遺族補償一時金**、**障害補償年金差額一時金**及びそれぞれに付随する特別支給金

②**特定疾病**（じん肺等）にかかった者に対する保険給付及び特別支給金

③**第3種特別加入者**に対する保険給付及び特別支給金

C　✕　徴収法12条3項3号、同則17条3項。「160万円」ではなく、「40万円」です。一括有期事業がメリット制の適用を受けるためには、連続する3保険年度中の各保険年度において、**確定保険料**の額が40万円以上でなければなりません

D　◯　徴収法26条2項・3項。

E　○　徴収法41条1項。

【問9】 解答▶ E

解説

A　○　徴収法12条2項。労災保険率の決定にあたっては、労災保険法の適用を受けるすべての事業の**過去3年間**の①**業務災害**、**複数業務要因災害**及び**通勤災害**に係る災害率、②**二次健康診断等給付**に要した費用の額、③**社会復帰促進等事業**として行う事業の種類及び内容、④その他の事情が考慮されます。

B　○　徴収法11条1項・2項。

C　○　徴収法11条3項、同則12条4号、15条。水産動植物の採捕又は養殖の事業に係る賃金総額の特例についてです。この特例では、賃金総額は、「**厚生労働大臣が定める平均賃金**に相当する額×それぞれの労働者の**使用期間**の総日数」により算定します。

D　○　徴収法11条3項、同則12条2号、14条。立木の伐採の事業に係る賃金総額の特例についてです。この特例では、賃金総額は、「**所轄都道府県労働局長**が定める素材1立方メートルを生産するために必要な**労務費**の額×生産するすべての素材の**材積**」により算定します。

E　×　徴収法11条3項、同則12条1号、13条、昭47労告15号。後半が誤りです。設問の場合において、事業主が機械装置の支給を受けても、当該機械装置の価額に相当する額は請負代金の額に**加算しません**。

【問10】 解答▶ E

解説

A　○　徴収則38条2項1号～3号。年金事務所を経由して提出できる申告書は、次の①～③の要件をすべて満たすものに限られます。設問の事業に係る概算保険料申告書は、②の要件を満たしていません。

①**継続事業・一括有期事業**についての**一般保険料**に係る概算保険料又は確定保険料申告書（6月1日から40日以内に提出（＝**年度更新**）する申告書に限る。）であること。

②労働保険事務組合に労働保険事務の処理を**委託していない**社会保険適用事業所の事業主が提出するものであること。

③口座振替による申告書ではないこと。

B　○　徴収法15条1項、19条1項・3項。

C　○　徴収法27条3項。

D ○ 徴収法35条3項。

E × 徴収法33条3項、同則66条。設問の届書（労働保険事務組合業務廃止届）は、「**廃止**しようとする日の**60日前**まで」に提出しなければなりません。「廃止した日から60日以内」ではありません。

雇用保険法（労働保険の保険料の徴収等に関する法律を含む。）

【問1】 解答▶ D

解説

A × 雇保法23条2項2号、同則36条1号、行政手引50305。**自己の責めに帰すべき重大な理由**により解雇された者は、特定受給資格者に**該当しません**。

B × 雇保法21条。「継続して7日に達しない間」ではなく、「**通算して7日に満たない間**」です。設問は、待期期間について問うています。待期期間については、失業している日が**通算**して**7日**あればよく、継続している必要はありません。

C × 雇保法34条2項。新たに取得した受給資格に基づく基本手当は支給されます。求職者給付又は就職促進給付を**不正**に受給し、又は受給しようとしたことにより基本手当の給付制限を受けた者であっても、その後、**新たに受給資格を取得**したときは、その新たに取得した受給資格に基づく**基本手当は支給されます**。

D ○ 雇保法17条2項。①賃金が、労働した**日**若しくは**時間**によって算定され、又は**出来高払制**その他の請負制によって定められている場合及び②賃金の**一部**が、月、週、その他一定の期間によって定められている場合には、それぞれ賃金日額について**最低保障額**が設けられています。

E × 雇保法17条1項。「離職の日以前6ヵ月間」ではなく、「算定対象期間において**被保険者期間**として**計算された最後の6ヵ月間**」です。

【問2】 解答▶ D

解説

A × 雇保法60条の2第2項・3項、行政手引58012。設問の期間が支給要件期間に算入されないとする規定はありません。支給要件期間は、教育訓練給付対象者が基準日（教育訓練を開始した日）までの間に同一の事業主の適用事業に**引き続いて被保険者として雇用**された期間（過去の被保険者であった期間がある場合は、その期間を通算した期間）のうち、次の①～③の期間を除いた期間です。過去における基本手当の受給の有無は、支給要件期間の算定に影響しません。

①被保険者でなくなった日が、その直後に被保険者となった日前**1年の期間内にない**ときは、当該被保険者でなくなった日前の被保険者であった期間

②基準日前に**教育訓練給付金**の支給を受けたことがあるときは、当該給付金に係る基準日前の被保険者であった期間

③被保険者となったことの**確認があった日の2年前**の日より前の期間

B × 雇保法60条の2第4項、同則101条の2の2第1項6号、101条の2の6。

設問の受講料は、専門実践教育訓練に係る教育訓練給付金の額の算定の基礎に**含まれます。**

C　✕　雇保法60条の2第1項・5項、同則101条の2の10。過去に支給を受けた時期によっては、教育訓練給付金は支給されないことがあります。教育訓練給付金は、教育訓練給付対象者が**基準日前3年以内**に教育訓練給付金の支給を受けたことがあるときは、**支給されません。**

D　〇　雇保則101条の2の5第1項。妊娠、出産、育児、疾病その他管轄公共職業安定所の長がやむを得ないと認める理由により**引き続き30日以上**教育訓練を開始することができない者がその旨を申し出た場合における教育訓練給付金のいわゆる受講開始の延長措置の期間は、一般被保険者又は高年齢被保険者でなくなった日から起算して最長で**20年**です。

E　✕　雇保則101条の2の12第1項1号、行政手引58231。事業主が専門実践教育訓練を受講することを承認した場合であっても、設問のキャリアコンサルティングを**受けなければなりません。**

【問3】　解答▶　C

解説

A　〇　雇保法10条の4第1項。

B　〇　雇保法41条1項、同令11条、同令附則4条、行政手引56401。特例受給資格者に対して支給される求職者給付は、特例一時金です。ただし、特例受給資格者が、特例一時金の**支給を受ける前に公共職業訓練等**（30日以上（当分の間は**40日以上**）のものに限る。）を受ける場合には、特例一時金を支給しないものとし、当該公共職業訓練等を受け終わる日までの間に限り、その者を基本手当の**受給資格者とみなして求職者給付**（**傷病手当を除く。**）を支給します。

C　✕　雇保則17条の2第1項。「死亡したことを知った日の翌日から起算して1ヵ月以内」ではなく、「死亡した日の翌日から起算して6ヵ月以内」です。未支給失業等給付請求書は、受給資格者等が**死亡した日の翌日から起算して6ヵ月以内**に提出しなければなりません。この期間内であれば、受給資格者等が死亡したことを知った日の翌日から起算して1ヵ月以内である必要はありません。

D　〇　雇保法40条1項、同法附則8条。特例一時金の額は、基本手当の日額の**30日分**（当分の間は、**40日分**）です。

E　〇　雇保法39条1項、同法附則3条、行政手引55103。

【問4】 解答 C

解説

A ○ 雇保法56条の3第1項1号イ・2項、同則82条1項、82条の4。**就業手当**の支給には、過去に就業促進手当（就業手当、再就職手当、就業促進定着手当又は常用就職支度手当）の支給を受けたことは、影響しません。

B ○ 雇保法56条の3第4項。就業手当の支給があったときは、その**支給した日数**に相当する日数分の**基本手当**の支給があったものと**みなされます**。

C ✕ 雇保法56条の3第1項1号ロ、同則82条1項2号・4号。待期の期間中に職業に就いたときは、再就職手当は**支給されません**。再就職手当は、**待期期間**が経過した**後**職業に就き、又は事業を開始した場合でなければ、支給されません。

D ○ 雇保法56条の3第3項2号。設問の者に係る再就職手当の額は、「**基本手当日額×支給残日数×10分の6**」により算定した額です。

E ○ 雇保法56条の3第3項2号、同則83条の3。就業促進定着手当は、①**再就職手当**の支給を受けた受給資格者が、②再就職手当の支給に係る同一事業主の適用事業にその職業に就いた日から**引き続いて6ヵ月以上**雇用され、③みなし賃金日額（再就職後の賃金日額）が**算定基礎賃金日額**（離職時の賃金日額）を**下回った**ときに支給されます。その支給額は、「基本手当日額×支給残日数×10分の4（早期再就職者については、10分の3）」を限度として、次の計算式により算定した額です。

> （算定基礎賃金日額−みなし賃金日額）× 6ヵ月間の賃金支払基礎日数

【問5】 解答 D

解説

ア ○ 行政手引51252。失業の認定は、**受給資格者本人**の求職の申込みによって行われるものです。したがって、代理人による失業の認定は**認められていません**。なお、未支給の失業等給付に係る失業の認定は、代理人が受けることが認められています。

イ ○ 雇保則28条の2第1項・3項。

ウ ○ 雇保法9条1項。

エ ✕ 徴収法附則2条2項。「4分の3以上」ではなく、「**2分の1以上**」の同意です。

オ ✕ 雇保法6条4号、同則3条の2第2号。「休学中」の昼間学生は、被保険者となります。昼間学生は、原則として、被保険者となりませんが、①**卒業を予定している者**であって、適用事業に雇用され、卒業した後も引き続き当該事業に雇用

されることとなっているもの、②**休学中**の者等は、被保険者となります。

以上から、誤っているものの組合せは、**D（エとオ）**です。

【問6】 解答 E

解説

A ○ 雇保法38条１項、平22厚労告154号。短期雇用特例被保険者とは、被保険者であって、**季節的に雇用**されるもののうち、次の①及び②の**いずれにも該当しない者**（日雇労働被保険者を除く。）をいいます。設問の者は、雇用される期間が４ヵ月であるため、①に該当します。したがって、短期雇用特例被保険者とはなりません。

①**４ヵ月以内**の期間を定めて雇用される者

②１週間の所定労働時間が**20時間以上30時間未満**である者

B ○ 雇保法43条２項。日雇労働被保険者は、①**前２ヵ月の各月**において18日以上同一の事業主の適用事業に雇用された場合又は②同一の事業主の適用事業に継続して**31日以上**雇用された場合には、一般被保険者等に切り替えられます。ただし、**公共職業安定所長の認可**を受けたときは、引き続き、日雇労働被保険者となることができます。

C ○ 行政手引20351。株式会社の**代表取締役**（法人の代表者）は、雇用される労働者に該当しないため、被保険者と**なりません**。

D ○ 行政手引20352。日本国に在住する外国人であって、適用事業に雇用されるものは、原則として、国籍（無国籍を含む。）を問わず、**被保険者となります**。ただし、外国公務員及び外国の失業補償制度の適用を受けていることが立証された者は、被保険者となりません。

E ✕ 行政手引20352。設問の者は、雇用関係が存続していれば、被保険者となります。長期欠勤している労働者については、**雇用関係が存続**する限り、賃金の支払いを受けているか否かにかかわらず、**被保険者となります**。

【問7】 解答 B

解説

A ✕ 雇保法61条６項。「基本手当に係る賃金日額の下限額」ではなく、「基本手当に係る賃金日額の下限額の**100分の80**に相当する額」を超えないときです。

B ○ 雇保則101条の５第３項。

C ✕ 雇保法61条２項。設問の月については、高年齢雇用継続基本給付金は、支

給されません。高年齢雇用継続基本給付金は、所定の要件を満たす支給対象月について支給されますが、支給対象月とされるには、**その月の初日から末日まで引き続いて被保険者**であること等が必要です。

D ×　雇保法61条の２第１項。「200日未満」ではなく、「100日未満」です。高年齢再就職給付金は、次のいずれかに該当するときは、支給されません。

①再就職日の前日における基本手当の**支給残日数が100日未満**であるとき。

②当該再就職後の支給対象月に支払われた賃金の額が、支給限度額以上であるとき。

E ×　雇保法61条の２第１項。算定基礎期間は、「３年以上」ではなく、「**5年以上**」あることが必要です。

【問8】 解答▶ B

解説

A ○　徴収則９条。下請負事業の分離に係る下請負人の事業の規模要件は、①概算保険料の額が**160万円以上**又は②請負金額が**1億8,000万円以上**であることです。

B ×　徴収則８条、昭47.11.24労徴発41号。設問後半の場合には、提出期限経過後に認可申請書を提出することができます。設問の認可申請書の提出期限（本来の提出期限）は、労災保険に係る**保険関係が成立した日の翌日から起算して10日以内**ですが、この期限内に提出することができなかった理由が次の①②等に該当するときは、「やむを得ない理由」があるものとして、本来の提出期限後であっても当該認可申請書を提出することができます。

①天災その他の不可抗力等の客観的理由があるとき。

②**請負方式の特殊性**から事業開始前に下請負契約が成立しないとき。

C ○　徴収法７条２号。有期事業の一括の対象となる有期事業とは、**事業の期間が予定**される事業のことをいいますが、その予定される事業期間の長短については、特に制限はありません。

D ○　徴収法７条５号、同則６条２項１号。有期事業の一括の対象となる事業は、**建設の事業**又は**立木の伐採**の事業に限定されています。設問の「土木、建築その他の工作物の建設、改造、保存、修理、変更、破壊若しくは解体若しくはその準備の事業」とは、建設の事業のことです。

E ○　徴収法９条、同則10条１項。継続事業の一括に関し、一括の対象となる事業について地域を制限する規定はありません。

【問9】 解答 E

解説

A ○ 徴収法19条1項。継続事業（一括有期事業を含む。）の確定保険料の申告・納期限は、原則として、次の保険年度の**6月1日から40日以内**（当日起算）です。ただし、保険年度の中途に**保険関係が消滅**したものについては、当該保険関係が消滅した日から**50日以内**となります。

B ○ 徴収則72条。労働保険徴収法又は労働保険徴収法施行規則による書類の保存期間は、原則として、その**完結の日から3年間**です。ただし、**雇用保険被保険者関係届出事務等処理簿**の保存期間は、その完結の日から**4年間**です。

C ○ 徴収法21条1項。

D ○ 徴収法28条3項・4項。延滞金の計算にあたって、滞納している労働保険料の額及び計算した延滞金の額の端数処理の方法は、次のとおりです。
①滞納している労働保険料の額……**1,000円未満**の端数切捨て
②計算した延滞金の額………………**100円未満**の端数切捨て

E × 徴収法19条5項、同則38条4項・5項。「納付書」ではなく、「**納入告知書**」によって納付しなければなりません。

【問10】 解答 D

解説

A ○ 徴収法15条3項。設問の決定（概算保険料の認定決定）は、次の場合に行われます。
①概算保険料申告書を所定の期限までに**提出しないとき**【無申告】
②提出された概算保険料申告書の**記載に誤りがあるとき**【誤申告】

B ○ 徴収則38条2項7号。

C ○ 徴収則38条の4。口座振替による納付は、**納付書**によって納付が行われる次の労働保険料に限り、認められます。設問は①についてですが、①②いずれについても、継続事業であるか有期事業であるかは**問われません**。
①**概算保険料**（**延納**によるものを含む。）
②**確定保険料の不足額**

D × 参考：徴収法16条。賃金総額の見込額が減少した場合において、概算保険料の差額の還付を請求することができる旨の規定はありません。

E ○ 徴収法16条、同則25条1項。賃金総額の見込額が増加した場合において、次の①②のいずれにも該当するときは、増加概算保険料の申告・納付をしなければなりません。この場合の納期限は、賃金総額の増加が見込まれた日から**30日以内**

です。

①増加後の賃金総額の見込額が増加前の賃金総額の見込額の**100分の200**を**超える**こと。

②増加後の賃金総額の見込額に基づき算定した概算保険料の額とすでに納付した概算保険料の額との差額が**13万円以上**であること。

労務管理その他の労働及び社会保険に関する一般常識

【問1】 解答 C

解説

A　✕　派遣法5条1項。設問後半のような例外的措置は設けられていません。労働者派遣事業を行おうとする者は、労働者派遣の対象となる人数にかかわらず、**厚生労働大臣の許可**を受けなければなりません。

B　✕　派遣法40条の6第1項4号。「労働契約が成立したもの」とみなすのではなく、当該労働者派遣の役務の提供を受ける者から当該労働者派遣に係る派遣労働者に対し「**労働契約の申込みをしたもの**」とみなします。

C　◯　派遣法30条の2第1項、平27職発0930第22号。

D　✕　派遣法30条、同則25条の2第2項。雇用安定措置は、必ずしも設問の求め（派遣先への直接雇用の依頼）により講ずる必要はありません。**派遣元事業主**は、同一の組織単位の業務に継続して**3年間**派遣される見込みがある**特定有期雇用派遣労働者**に対し、雇用安定措置として、①派遣先への直接雇用の依頼、②新たな派遣先の提供（合理的なものに限る。）、③派遣元での（派遣労働者以外としての）無期雇用、④その他安定した雇用の継続を図るための措置の**いずれかを講じなければなりません**。つまり、②〜④のいずれかの措置を講ずる場合は、①の措置を講ずる必要はありません。

E　✕　派遣法40条の2第1項1号、40条の3。設問の**無期雇用**派遣労働者に関しては、**3年を超える**期間継続して労働者派遣の役務の提供を受けても差し支えありません。

【問2】 解答 B

解説

A　◯　育介法6条1項2号、同則8条2号、平23厚労告58号。

B　✕　育介法9条の2第1項。「1年」ではなく、「6ヵ月」です。期間を定めて雇用される者については、申出をする時点で、子の出生日（又は出産予定日）から起算して8週間を経過する日の翌日から**6ヵ月**を経過する日までに労働契約期間が満了することが明らかでない者に限り、**出生時育児休業**の申出をすることができます。

C　◯　育介法9条の6第1項。

D　◯　育介法16条の8第1項。

E　◯　育介法5条1項・2項。労働者は、その養育する子が**1歳に到達する日**までの期間について、育児休業を**2回**まで**分割**して取得することができます。この分

割取得は、出生時育児休業とは別に取得することができます。

【問3】 解答▶ B

解説

ア ✕ 最賃法3条。最低賃金額は、**時間**（のみ）によって定めるものとされています。

イ ○ 最賃法10条1項。

ウ ○ 労働施策総合推進法6条1項。

エ ✕ 労働施策総合推進法9条、同則1条の3第1項。一切禁止しているわけではありません。事業主は、労働者の募集及び採用について、その**年齢にかかわりなく均等な機会**を与えなければなりませんが、定年の定めをしている場合において当該**定年の年齢を下回る**ことを条件として労働者の募集及び採用を行うとき（期間の定めのない労働契約を締結することを目的とする場合に限る。）など一定の場合には、年齢制限を設けることができます。

オ ○ 中退法10条1項。退職金の支給を受けるためには、掛金納付月数が**12ヵ月以上**でなければなりません。

以上から、誤っているものの組合せは、**B（アとエ）**です。

【問4】 解答▶ C

解説

A ○

B ○ 高年法38条1項2号・2項。有料の職業紹介事業を行おうとする者は、原則として、職業安定法の規定に基づき、厚生労働大臣の許可を受けなければなりませんが、シルバー人材センターが、設問の有料の職業紹介事業を行う場合には、**厚生労働大臣に届け出る**ことで足ります。

C ✕ 最判 平7.2.28朝日放送事件。設問の事業主は、使用者にあたるものと解するのが相当であるとされました。労働組合法7条でいう「使用者」の解釈について、最高裁判所は、使用者とは、一般に「労働契約上の**雇用主**」をいうものであるとした上で、労働組合法7条が「団結権の侵害にあたる一定の行為を不当労働行為として排除、是正として正常な労使関係を回復することを目的としていることにかんがみると、**雇用主以外の事業主**であっても、雇用主から労働者の派遣を受けて自己の業務に従事させ、その労働者の基本的な労働条件等について、雇用主と部分的とはいえ同視できる程度に現実的かつ具体的に**支配、決定**することができる地位

にある場合には、その限りにおいて、当該事業主は同条の「**使用者**」に**当たる**ものと解するのが相当である」と判示しました。

D　〇　労組法7条3号、昭27.8.29労収3548号。

E　〇　女性活躍推進法8条1項。**一般事業主行動計画**の策定及び届出が義務とされる一般事業主は、常時雇用する労働者数が100人を超える事業主です。

【問5】 解答 D

解説

A　×　パ労法11条1項。文末が誤りです。設問の教育訓練の実施は、「実施**しなければならない**」とする義務規定です。努力規定ではありません。

B　×　パ労法14条1項、平31基発0130第1号。必ずしも個々の短時間・有期雇用労働者ごとに説明することを要しません。事業主は、短時間・有期雇用労働者を雇い入れたときは、**速やかに**、事業主が講ずることとしている措置の内容について、当該短時間・有期雇用労働者に**説明しなければなりません**。この説明は、雇入れ時の説明会等において複数の短時間・有期雇用労働者に**同時に行う**などの方法によっても差し支えありません。

C　×　障雇法43条2項、同令9条。**一般事業主**に係る障害者雇用率は、100分の2.3です。100分の2.6ではありません。

D　〇　障雇法34条、平27厚労告116号。

E　×　障雇法34条、平27職発0616第1号。法が禁止する差別に該当しません。法が禁止しているのは**障害者**と**障害者でない者**の不当な差別的取扱いであり、障害者間の異なる取扱いは法が禁止する差別に含まれません。

【問6】 解答 C

解説

A　〇　船保法4条1項、6条1項。船員保険を管掌するのは、全国健康保険協会です。また、**船員保険協議会**は、船員保険事業の円滑な運営を図るために、全国健康保険協会に置かれます。

B　〇　船保法31条、93条。行方不明手当金は、被保険者（疾病任意継続被保険者を除く。）が職務上の事由により1ヵ月以上行方不明となったときに、**被扶養者**に対して支給されます。

C　×　船保法14条6号。後期高齢者医療の被保険者等となったときは、その日（当日）に、その資格を喪失します。その日の翌日ではありません。

D　〇　児手法3条1項。児童手当法における「児童」とは、「18歳に達する日以後

の最初の**3月31日**までの間にある者」であって、①**日本国内に住所を有するもの**又は②**留学**等の理由により日本国内に住所を有しないものをいいます。

E ○ 児手法7条1項。

【問7】 解答 D

解説

A × 確定給付法58条1項。「掛金及び給付の額」ではなく、「掛金の額」です。設問の財政再計算の対象となるのは、**掛金の額のみ**です。

B × 確定給付法80条1項。厚生労働大臣の「認可」ではなく、「承認」です。規約型企業年金から企業年金基金への権利義務の移行にあたっては、まず、規約型企業年金の**事業主**が、**厚生労働大臣の承認**を受けて、企業年金基金に権利義務の移転を申し出ます。その後、申出を受けた企業年金基金は、厚生労働大臣の認可を受けて、給付の支給に関する権利義務を承継することができます。

C × 確定給付法91条の5。「5以上」ではなく、「20以上」です。**企業年金連合会**を設立するには、その会員となろうとする**20以上**の事業主等が発起人とならなければなりません。

D ○ 確定給付法55条2項、同令35条1号。

E × 確定給付法4条4号、25条。後半が誤りであり、実施事業所に使用される厚生年金保険の被保険者が加入者となることについて**一定の資格**を定めることができます。

【問8】 解答 C

解説

A ○ 社審法2条、同令1条。

B ○ 社審法4条2項。

C × 令和3年人口動態統計月報年計参照。過去最低の合計特殊出生率は、「1.30」ではなく、「**1.26**」です。なお、過去最低の合計特殊出生率である1.26となったのは、**平成17年**です。

D ○ 内閣府「高齢社会白書」等参照。なお、一般に、高齢化率が7%を超えると「高齢化社会」、14%を超えると「高齢社会」、21%を超えると「**超高齢社会**」といいます。

E ○ 社審法5条1項、12条の2第2項、32条4項、44条。審査請求及び再審査請求の方式は、**文書及び口頭**のいずれも認められます。これに対し、審査請求の取下げ及び再審査請求の取下げの方式は、**文書**に限られます。

【問9】 解答 E

解説

A ✕ 社労士法14条の9第1項3号。「1年以上」ではなく、「2年以上」です。社会保険労務士の登録を受けた者が、**2年以上**継続して**所在が不明**であるときは、全国社会保険労務士会連合会は、資格審査会の議決に基づき、当該登録を**取り消す**ことができます。

B ✕ 社労士法3条2項。**弁護士となる資格**を有する者は、設問にあるような実務経験等を有していなくても、社会保険労務士となる資格を有します。

C ✕ 社労士法25条の8第2項2号。「5年」ではなく、「3年」です。次の①又は②に該当する者は、社会保険労務士法人の社員となることができません。

①懲戒処分により社会保険労務士の**業務の停止**の処分を受け、当該業務の停止の期間を経過しない者

②社会保険労務士法人が**解散**又は**業務の停止**を命ぜられた場合において、その処分の日以前30日内に当該社会保険労務士法人の**社員**であった者でその**処分の日から3年**（業務の停止を命ぜられた場合にあっては、当該業務の停止の期間）を経過しないもの

D ✕ 社労士法25条の15第2項。「特定社員であるか否かにかかわらず」とする記述が誤りです。紛争解決手続代理業務を執行する権利を有し、義務を負うのは、**特定社会保険労務士である社員**（**特定社員**）のみです。

E ◯ 社労士法25条の18第2項。社会保険労務士法人の社員は、**自己又は第三者のために**その社会保険労務士法人の業務の範囲に属する業務を行ってはなりません（**社員の競業の禁止**）。社会保険労務士法人の社員が、この規定に違反して当該業務を行ったときは、当該業務によって当該社員又は第三者が得た**利益の額**は、社会保険労務士法人に生じた**損害**の額と**推定**します。

【問10】 解答 D

解説

ア ✕ 国保法17条1項。「市町村長（特別区の区長を含む。）」ではなく、「**都道府県知事**」の**認可**です。

イ ✕ 国保法58条1項。「出産手当金の支給」ではなく、「出産育児一時金の支給」です。設問は、国民健康保険の保険給付のうち、いわゆる**法定任意給付**についてです。条例又は規約の定めるところにより**行うものとする**（特別の理由があるときを除く。）とされている給付は、**出産育児一時金**の支給、**葬祭費**の支給又は**葬祭の給付**です。

ウ　✕　国保則２条１項。「10日以内」ではなく、「**14日以内**」です。

エ　✕　国保法76条の３第１項。必ず普通徴収の方法によらなければならないとする記述が誤りです。市町村による保険料の徴収については、**特別徴収**（年金からの天引きによる徴収）の方法による場合を除くほか、**普通徴収**の方法によらなければならないものとされています。

オ　◯　国保法６条10号。

以上から、誤っているものは四つであるため、正解は **D** です。

健康保険法

【問1】 解答 E

解説

ア ○ 健保法55条3項。健康保険法の規定による療養の給付等の疾病又は負傷に対する保険給付は、**同一の疾病又は負傷**について、**介護保険法**の規定によりこれらに相当する給付を受けることができる場合には、**行われません。**

イ ○ 健保法61条。

ウ ○ 健保法58条1項・2項。保険者は、不正行為に加担した事業主にも責任があるものとして、**保険給付を受けた者に連帯して**、不正利得に係る徴収金を納付すべきことを命ずることができます。

エ × 健保法119条、昭26.5.9保発37号。「30日間」ではなく、「**10日間**」を基準として制限が行われます。

オ × 健保法117条。「行わない」ではなく、「その**全部**又は**一部**を行わないことが**できる**」です。保険給付（の全部）が行われないのは、被保険者又は被保険者であった者が、自己の故意の犯罪行為により、又は故意に給付事由を生じさせたときです。

以上から、誤っているものの組合せは、**E（エとオ）**です。

【問2】 解答 B

解説

A ○ 健保法63条4項。

B × 平18厚労告495号。選定療養に該当しません。病床数**200以上**の病院での初診は、原則として、選定療養に該当します。ただし、①他の病院又は診療所からの**文書による紹介**がある場合及び②**緊急その他やむを得ない事情**がある場合に受けたものは、選定療養に**該当しません。**

C ○ 平18厚労告495号、平18保医発0313003号。

D ○ 健保法87条2項。

E ○ 平9.4.17保険発57号。

【問3】 解答 C

解説

A × 健保法11条2項、同令1条の3第2項。「5,000人以上」ではなく、「**3,000**

人以上」です。適用事業所の事業主は、健康保険組合を設立することができますが、設立時の被保険者数についての要件は、次のとおりです。設問は、②について問うています。

①単一組合…1又は2以上の適用事業所について**常時700人以上**の被保険者を使用すること。

②総合組合…合算して**常時3,000人**以上の被保険者を使用すること。

B　×　健保法4条。**全国健康保険協会**のみならず、**健康保険組合**も、任意継続被保険者の保険の保険者となり得ます。なお、日雇特例被保険者の保険の保険者は、全国健康保険協会のみです。

C　○　健保法69条。いわゆる個人開業医や個人薬局については、その診療所又は薬局の開設者である医師若しくは歯科医師又は薬剤師について保険医又は保険薬剤師の**登録**があったときに、その診療所又は薬局について、保険医療機関又は保険薬局の**指定**があったものとみなされます。

D　×　健保法79条2項。「**1ヵ月以上**」の予告期間を設ければ足ります。「3ヵ月以上」ではありません。

E　×　健保法73条1項。「保険者が指定した診療又は調剤に関する学識経験者」ではなく、「**厚生労働大臣**」の指導を受けなければなりません。

【問4】 解答▶ C

解説

A　○　健保法3条7項1号、昭52.4.6保発9号・庁保発9号。被扶養者としての認定対象者が、**60歳以上**の者であって、被保険者と**同一の世帯に属している**場合の認定基準は、次の①②のいずれにも該当することです。設問の母は、この基準を満たしているため、被扶養者と認められます。

①認定対象者の年間収入が**180万円未満**であること。

②認定対象者の年間収入が被保険者の年間収入の**2分の1未満**であること。

B　○　健保法3条7項2号。配偶者の孫は、**3親等内**の親族（2親等の姻族）に該当します。したがって、被保険者と**同一の世帯**に属し、主としてその被保険者により**生計を維持**していれば、被扶養者と認められます。

C　×　健保法45条1項。翌年3月は、「90万円」ではなく、「100万円」です。標準賞与額の年度累計の上限額は**573万**円であり、設問の場合には、年度累計額が550万円となり、上限額である573万円に達していません。したがって、標準賞与額は、6月が200万円、12月が250万円、翌年3月が**100万円**と決定されます。

D　○　健保法40条2項。

E　〇　昭36.1.26保発 4 号。

【問 5 】 解答 D

解説

A　〇　健保令41条 3 項。**70歳以上の被保険者又はその被扶養者が同一の月に受け**た療養に係る一部負担金等の額を同一の世帯で合算した額を、70歳以上一部負担金等世帯合算額といいます。この70歳以上一部負担金等世帯合算額は、金額の多寡を問わず、**すべて**の**一部負担金等の額を合算**したものです。

B　〇　健保令42条 1 項 3 号。70歳未満で標準報酬月額が**53万円以上83万円未満**である者に係る高額療養費多数回該当の場合の高額療養費算定基準額は、**93,000円**です。

C　〇　健保令42条 1 項 2 号。

D　✕　健保令41条 9 項、42条 9 項、昭59厚告156号、平18厚労告489号。「10,000円」ではなく、「20,000円」を超えるときです。長期高額特定疾病患者に係る高額療養費算定基準額は、原則として**10,000円**です。ただし、**70歳未満**で療養のあった月の標準報酬月額が**53万円以上の被保険者又はその70歳未満の被扶養者**が、人工腎臓を実施している慢性腎不全に係る療養を受けた場合は、高額療養費算定基準額は**20,000円**となります。

E　〇　健保令43条。高額療養費の現物給付の対象となるのは、同一人が同一の月に一の保険医療機関等又は指定訪問看護事業者から受けた①**入院療養**、②**外来療養**又は③**指定訪問看護**に係る高額療養費です。

【問 6 】 解答 A

解説

A　〇　健保法106条。

B　✕　健保法102条 1 項。「同年 3 月16日」からではなく、「同年 3 月12日から」です。出産の日が出産の予定日後である場合の出産手当金の支給期間は、**出産の予定日以前42日**から**出産の日後56日**までの間において労務に服さなかった期間です。設問の場合、出産の予定日が令和 5 年 4 月22日、出産の日が同年 4 月26日であるため、つまり、「同年 **3 月12日**から 6 月21日まで」の間、出産手当金が支給されます。

C　✕　健保法102条 2 項。設問のような規定はありません。出産手当金の額（ 1 日あたりの額）は、多胎妊娠であるか否かを問わず（子が何人であっても）、**同じ額**です。多胎妊娠の場合に支給額が多くなる（子の数に応じた額が支給される）の

は、出産育児一時金です。

D ✕ 平23保発0131第2号。必ずしも直接支払制度を利用する必要はありません。直接支払制度を利用するかどうかは、**被保険者の選択**によります。

E ✕ 昭24.3.26保文発523号、昭27.6.16保文発2427号。出産育児一時金は支給されます。業務上の事由による流産、早産等であっても、**妊娠4ヵ月**以上の出産については、健康保険の出産に関する保険給付が**行われます**。

【問7】 解答▶ D

解説

A ○ 健保法3条1項7号。**後期高齢者医療**の**被保険者**は、健康保険の**適用除外**に該当し、被保険者となりません。

B ○ 健保法3条1項、平4.3.31保険発38号・庁文発1244号。**適法に就労する外国人**に対しては日本人と**同様**の取扱いをするため、適用事業所に使用される設問の外国人は、適用除外事由に該当する者を除き、被保険者となります。

C ○ 健保法3条1項、昭13.10.22社庶229号。事業所の内規等により、一定期間は臨時若しくは試みに使用される者、又は使用される者の出入りが頻繁であり、使用関係が永続するかどうか不明であるため試みに使用される者等であっても、**期間の定めのない**雇用契約により使用されるものは、適用除外事由の1つである「臨時に使用される者」とは**認められません**。したがって、このような者は、他の適用除外事由に該当する者を除き、その**雇入れの当初**より被保険者となります。

D ✕ 健保則168条4項。設問の申出は、原則として、「**年金証書等が到達**した日の翌日から起算して**3ヵ月**以内」にしなければなりません。「被保険者の資格を喪失した日から20日以内」ではありません。

E ○ 健保法35条、昭50.3.29保険発25号・庁保険発8号。

【問8】 解答▶ D

解説

A ✕ 健保法104条。同一の保険者の管掌する健康保険でなくても差し支えありません。転職等により保険者が変わっても、被保険者の**資格が継続**していれば、被保険者であった期間は**通算**されます。

B ✕ 健保則19条。設問の新規適用事業所の届出は、光ディスクを提出することによって行うことは**できません**。

C ✕ 健保則25条3項。「法人であるすべての事業所の事業主」とする記述が誤りです。設問の定時決定に関する届出（報酬月額算定基礎届）について、**電子情報**

処理組織を使用して行うものとされているのは、「**特定法人**の事業所の事業主」です。

D ○ 健保法76条4項・5項。

E × 健保法164条1項。健康保険組合であっても、保険料の納期限を別に定めることは**できません**。一般の被保険者に関する毎月の保険料の納期限は、**翌月末日**です。

【問9】 解答 E

解説

A × 平12保発69号。「週1回」ではなく、「週3回」です。**指定訪問看護**についての費用の算定は、末期の悪性腫瘍の患者等の厚生労働大臣が定める患者等を除き、利用者1人につき**週3回を限度**として行われます。

B × 健保法89条2項・3項。設問の指定居宅サービス事業者の指定の取消しは、指定訪問看護事業者の指定の効力に**影響を及ぼしません**。つまり、指定訪問看護事業者の指定の取消しがあったものとは**みなされません**。

C × 健保則84条の2第7項。設問の場合には、「平均した額」ではなく、「いずれか**多い額**」が支給されます。

D × 健保法99条4項。「同年（令和5年）5月1日から」ではなく、「令和4年12月1日から」です。傷病手当金の支給期間は、**同一の傷病等**に関し、（最初の）**支給開始日**から**通算して1年6ヵ月間**です。設問の場合の支給開始日は令和4年12月1日であり、傷病手当金の支給期間は、**令和4年12月1日**から通算して1年6ヵ月間となります。

E ○ 健保法100条2項、同則85条2項2号。埋葬費の額は、埋葬料の金額（5万円）の範囲内においてその**埋葬に要した費用**に相当する金額（実費）です。このため、埋葬費の支給申請書には、埋葬に要した費用の金額に関する証拠書類を添付する必要があります。

【問10】 解答 A

解説

A ○ 健保法154条の2。

B × 健保令43条の2第1項1号。設問の場合は、一部負担金等の額から高額療養費の支給額を**控除した額**を用います。高額療養費が支給されないものとしたときの一部負担金等の額（高額療養費の支給額を控除しない額）を用いるのではありません。

C ✕ 健保法145条1項。「7月31日まで」ではなく、「**6月30日**まで」です。特別療養費の支給期間は、日雇特例被保険者手帳の交付を受けた時期に応じて、次のように定められています。設問は、②に該当します。

①月の途中で交付を受けた場合：交付を受けた日の属する月の**初日から起算して3ヵ月**

②**月の初日**に交付を受けた場合：**2ヵ月**

D ✕ 健保法152条1項。「財政状況を勘案して」算定するのではありません。健康保険組合に対する国庫負担金は、各健康保険組合における被保険者数を基準として、**厚生労働大臣**が算定します。

E ✕ 健保法158条。「その翌月以後」ではなく、「その月以後」です。設問の場合に保険料が徴収されない（免除される）期間は、拘禁されたその月以後、拘禁されなくなった**月の前月**までの期間です。

厚生年金保険法

【問1】 解答▶ E

解説

A ✕ 厚年法12条3号。被保険者となります。被保険者としての適用を除外される「季節的業務に使用される者」から、船舶所有者に使用される**船員**は除かれています。つまり、船舶所有者に使用される70歳未満の船員は、季節的業務に使用される場合であっても、その使用される期間の長短を問わず、**被保険者となります**。

B ✕ 厚年法12条2号。「継続して6ヵ月を超えて使用されるべき場合を除き」とする記述が誤りです。**所在地が一定しない事業所**に使用される者は、その使用される期間の**長短を問わず**、被保険者となりません。

C ✕ 昭24.7.28保発74号。被保険者となります。法人の理事等の法人の代表者又は業務執行者であっても、法人から**労務の対償**として報酬を受けている者は、法人に使用される者として**被保険者となります**。

D ✕ 厚年法11条。厚生労働大臣への申出では足りず、認可を受ける必要があります。また、事業主の**同意**を得る必要は**ありません**。

E ○ 厚年法附則4条の3第1項。高齢任意加入被保険者となるためには、「老齢厚生年金、老齢基礎年金等の老齢（退職）年金の受給権を**有していないこと**」が前提となります。老齢基礎年金の受給権を有している設問の者は、高齢任意加入被保険者となることができません。

【問2】 解答▶ B

解説

A ✕ 厚年法100条1項・4項。設問中の「及び第4号厚生年金被保険者」という記述が不要です。設問の立入検査等の規定は、第2号厚生年金被保険者、第3号厚生年金被保険者又は第4号厚生年金被保険者及びこれらの者に係る事業主については、**適用しない**ものとされています。

B ○ 厚年法100条の2第1項。

C ✕ 厚年法87条1項。設問は、「保険料完納又は財産差押えの日まで」という記述が誤っています。延滞金の額の計算の基礎となる日数は、**納期限の翌日**から**保険料完納又は財産差押えの日の前日**までの期間の日数です。

D ✕ 厚年法附則9条の2第2項・5項。報酬比例部分と定額部分とを合わせた額に改定されるのは、**令和4年11月**（**障害厚生年金**を受けることができることとなった月の翌月）からです。特別支給の老齢厚生年金の額に係る障害者の特例は、

請求することによって適用され、**請求**があった月の**翌月**から年金額が改定されます。ただし、障害厚生年金等の受給権者については、請求が遅れても、特例に係る要件を満たした日に、**請求**があったものと**みなされます**。設問の場合において、特例に係る要件を満たした日は、令和4年10月の障害厚生年金を受けることができることとなった日です。

E ✕ 昭60法附則60条2項。設問中の「最も少ない額」及び「33,200円」とする部分が誤りであり、正しくは、「最も多い額」及び「165,800円」です。老齢厚生年金の配偶者に係る加給年金額に加算される特別加算額は、受給権者が**昭和18年4月2日以後**生まれのときに最も**多い**額となり、その額は、「**165,800円**×改定率」による額（所定の端数処理をした額）です。

【問3】 解答 C

解説

A ◯ 厚年法46条1項。

B ◯ 厚年法46条1項等。総報酬月額相当額は、在職老齢年金制度が適用される**その月**の標準報酬月額等を基礎として計算します。したがって、標準報酬月額が変更されたときは、その月から、総報酬月額相当額が改定されます。また、在職老齢年金制度による支給停止額は、**その月**の総報酬月額相当額と基本月額に基づいて計算するため、**標準報酬月額が変更された月**から、新たな（改定された）総報酬月額相当額に基づき支給停止額を再計算します。

C ✕ 厚年法46条1項、昭60法附則62条1項。繰下げ加算額も、基本月額の計算の基礎に含めません。60歳代後半及び70歳以上の在職老齢年金制度に係る基本月額を計算するにあたって、**加給年金額**、**繰下げ加算額**及び**経過的加算額**は、その計算の基礎となる老齢厚生年金の額から**除かれます**。

D ◯ 厚年法46条3項。

E ◯ 厚年法78条の11。

【問4】 解答 B

解説

A ✕ 厚年法54条1項。設問の場合には、障害厚生年金の支給は停止されません。障害厚生年金が6年間支給を停止されるのは、当該障害厚生年金の**支給事由となった傷病**（**同一**の傷病）について労働基準法の規定による**障害補償**を受ける権利を取得したときです。

B ◯ 厚年法53条3号。

C　×　参考：厚年法54条。設問のような規定はありません。障害厚生年金は、その障害等級を問わず、受給権者が日本国内に住所を有しないことを理由として、支給が停止されることはありません。

D　×　厚年法附則7条の3第4項、同令6条の3。経過的加算額も減額されます。老厚生年金の支給を繰り上げたときは、老齢厚生年金の額が減額されますが、この減額は、**報酬比例部分の額**及び**経過的加算額**のいずれについても行われます。

E　×　厚年法46条6項、同令3条の7。加給年金額に相当する部分の支給は停止されます。老齢厚生年金の配偶者に係る加給年金額は、配偶者が**老齢、退職又は障害**を支給事由とする一定の給付の支給を受けることができるときは、その支給が停止されます。配偶者が受けることができる給付が**老齢又は退職**を支給事由とする給付である場合は、その支給を受けているかその全額が支給停止されているかを問わず、加給年金額の**支給は停止されます**。

【問5】 解答 A

解説

ア　○　厚年法28条の2第1項。

イ　○　厚年法43条1項、平12法附則20条1項。平成15年4月以後の期間とは、総報酬制導入後の期間であり、この期間については、**標準報酬月額**及び**標準賞与額**に基づいて、**平均標準報酬額**を計算します。

ウ　×　昭60法附則53条。設問中2箇所の「10,000円」が誤りであり、正しくは、「12,000円」です。つまり、昭和44年11月1日前の船員保険の被保険者であった期間の標準報酬月額については、**12,000円**が最低保障額となります。

エ　×　厚年法81条の2の2第1項。「5月分まで」ではなく、「4月分まで」です。産前産後休業期間中の保険料の免除は、当該休業を**開始した日の属する月**から当該休業が**終了する日の翌日が属する月の前月**までの期間につき行われます。したがって、設問の場合は、2月から**4月**までの各月に係る保険料が免除されます。

オ　×　厚年法100条の10第1項4号。裁定を日本年金機構に行わせるものとはされていません。保険給付を受ける権利の裁定に係る事務は、事務の委託の規定により、日本年金機構に行わせるものとされていますが、当該委託される事務からは、**裁定は除かれています**。

以上から、正しいものの組合せは、**A（アとイ）**です。

【問6】 解答▶ D

解説

A ○ 厚年法58条2項。死亡した者が短期要件と長期要件のいずれにも該当するときは、その遺族が遺族厚生年金を請求したときに**別段の申出**をした場合を**除き**、短期要件のみに該当し、長期要件には該当しないものとみなされます。

B ○ 昭60法附則74条2項。子（又は子のある配偶者）が遺族厚生年金の受給権を有する場合は、通常であれば、同時に遺族基礎年金の受給権も有することとなります。ただし、一定の状況においては、遺族基礎年金の受給権を取得しないことがあり、この場合は、設問のとおり、遺族厚生年金の額に**遺族基礎年金の額**に相当する額（子の加算額を含む。）が加算されます。

C ○ 参考：厚年法64条の2等。埋葬料が支給されることを理由として、遺族厚生年金の額が減額されることはありません。つまり、同一の死亡に基づく遺族厚生年金と埋葬料は、減額等されることなく、それぞれに定める額がそのまま支給されます。

D × 厚年法附則29条3項。設問中の「最後に被保険者の資格を喪失した日の属する月の前月の標準報酬月額」ではなく、「被保険者であった期間の平均標準報酬額」です。脱退一時金の額は、被保険者であった期間に応じて、「その期間の平均標準報酬額×支給率」による額です。

E ○ 厚年法附則29条1項2号。

【問7】 解答▶ A

解説

A × 厚年法47条1項。設問の場合の障害認定日は、初診日から起算して8ヵ月を経過した日（＝傷病が治った日）です。障害認定日とは、**初診日**から起算して**1年6ヵ月**を経過した日ですが、その期間内に**傷病が治ったとき**（症状固定となったときを含む。）は、その治った日となります。

B ○ 厚年法47条1項。保険料納付要件は、初診日の属する月の前々月までに国民年金の被保険者期間がある場合に、満たさなければなりません。設問の者は、初診日の属する月（令和4年11月）の前々月までに、国民年金の被保険者期間を有していないため、保険料納付要件は**問われません**。

C ○ 厚年法50条1項。障害厚生年金の額は、原則として、「平均標準報酬額×1,000分の5.481×被保険者期間の月数」による額（報酬比例の年金額）です。この年金額の計算においては、300月みなしが適用され、被保険者期間の月数が300に満たないときは、これを300として計算します。

D 〇 厚年法55条。

E 〇 厚年法57条。

【問8】 解答 C

解説

A × 厚年法78条の13。「当該被扶養配偶者のためにも負担したものである」とする記述が誤りです。3号分割制度に係る基本的認識として、被扶養配偶者を有する**被保険者が負担した保険料**について、当該被扶養配偶者が共同して負担したものである旨が、法律上、明記されています。

B × 厚年法78条の18第1項。老齢厚生年金の額が改定されるのは、**請求**のあった日の属する**月の翌月**からです。その月からではありません。

C 〇 厚年法78条の20第1項。特定被保険者又は被扶養配偶者が、3号分割制度による標準報酬の分割（改定及び決定）が行われていない**特定期間の全部又は一部**を対象期間として合意分割制度による標準報酬の分割（改定又は決定）の請求をしたときは、当該請求をしたときに、3号分割制度による標準報酬の分割の**請求があったものとみなされます**。

D × 厚年法65条の2。支給を停止されません。受給権者が**60歳**に達するまでの期間、遺族厚生年金の支給が停止される（若年停止となる）のは、**夫、父母**又は**祖父母**に対する遺族厚生年金です。妻に対する遺族厚生年金が、若年停止となることはありません。

E × 厚年法63条1項5号イ。「妻が30歳に達したとき」ではなく、「当該遺族厚生年金の受給権を取得した日から起算して5年を経過したとき」です。30歳未満の妻の有する遺族厚生年金の受給権は、次の①②の区分に従い、それぞれに掲げる日から起算して**5年**を経過したときに、消滅します。設問は、①についてです。
①子のない30歳未満の妻……遺族厚生年金の受給権を取得した日
②30歳に到達する日前に遺族基礎年金の受給権が消滅した妻……遺族基礎年金の**受給権が消滅した日**

【問9】 解答 A

解説

A 〇 厚年法2条の5第1項2号。

B × 昭60法附則47条4項。「20ヵ月」ではなく、「**18ヵ月**」です。**昭和61年4月1日から平成3年3月31日までの第3種被保険者であった期間**については、被保険者期間の計算の特例により、「原則的な計算方法による被保険者期間×5分の6」

による月数を、当該期間の被保険者期間とします。設問の場合は、第３種被保険者としての被保険者期間が15ヵ月であるため、「15ヵ月×５分の６」により、被保険者期間は**18ヵ月**となります。

C　　✕　　厚年則５条の６。設問の場合は、「速やかに、届書を日本年金機構に提出」しなければなりません。設問の適用事業所に使用される高齢任意加入被保険者の個人番号の変更の届出は、**被保険者自ら**が、**速やかに**、届書を**日本年金機構**に提出することによって行います。

D　　✕　　厚年法36条２項。「令和４年１月から」ではなく、「令和４年２月から」です。年金は、その支給を停止すべき事由が生じたときは、その**事由が生じた月の翌月**からその**事由が消滅した月**までの間は、支給されません。設問の場合の支給停止期間は、事由が生じた月（令和４年１月）の翌月である**令和４年２月**から、事由が消滅した月である令和５年６月までとなります。

E　　✕　　厚年法38条の２第３項。設問の申出の撤回は、**いつでも**、**将来に向かって**することができます。

【問10】　解答　D

解説

ア　　✕　　厚年法附則29条６項。「社会保険審査官」ではなく、「**社会保険審査会**」に対して審査請求を行うことができます。

イ　　✕　　厚年法78条の33第１項。「障害認定日」ではなく、「**初診日**」です。障害厚生年金の支給要件を満たした者が２以上の種別の被保険者であった期間を有する場合は、**初診日における被保険者の種別**により、その種別に応じた実施機関（厚生労働大臣又は共済組合等）が、当該障害厚生年金を支給します。

ウ　　〇　　厚年法78条の22。２以上の種別の被保険者であった期間を有する者については、老齢厚生年金の受給権は、各号の厚生年金被保険者期間に係る**被保険者期間**（被保険者の種別）**ごとに発生**します。被保険者の種別ごとに受給権が発生した２以上の老齢厚生年金は、その種別に応じて実施機関が支給し、この２以上の老齢厚生年金は、**併給**することができます。

エ　　✕　　厚年法78条の27。加給年金額は**加算されます**。老齢厚生年金の加給年金額の加算に係る要件（被保険者期間の月数が**240以上**）に該当するか否かを判断する場合は、２以上の種別に係る被保険者期間を**合算**します。設問の場合、被保険者期間は合算して30年（360月）となります。

オ　　✕　　厚年法90条１項ただし書き。**厚生年金保険原簿の訂正の請求**に対する決定（訂正する旨の決定又は訂正しない旨の決定）については、社会保険審査官に対す

る審査請求等をすることが**できません**。

したがって、誤っているものは四つであるため、正解は D です。

国民年金法

【問1】 解答 C

解説

A ✕ 国年法37条。設問の場合、所定の要件に該当する配偶者又は子があれば、遺族基礎年金は支給されます。設問の者は、保険料納付済期間を20年、保険料免除期間を10年有しており、**保険料納付済期間と保険料免除期間とを合算した期間が25年以上**です。この者が死亡した場合は、保険料納付要件を問わず、所定の遺族に遺族基礎年金が支給されます。

B ✕ 国年法5条7項、37条の2第1項。後半が誤りです。遺族基礎年金を受けることができる子は、死亡した被保険者又は被保険者であった者の**法律上の子**（実子又は養子）に限られます。届出をしていないが事実上養子縁組関係と同様の事情にある者は、遺族基礎年金を受けることができる子となりません。

C ○ 国年法37条、昭60法附則20条2項、平6法附則11条1項等。設問の場合は、**保険料納付要件を満たさない**ため、遺族基礎年金は支給されません。設問は「被保険者の死亡」であることから、遺族基礎年金が支給されるためには、保険料納付要件を満たさなければなりません。設問の者は、原則による保険料納付要件（3分の2要件）を満たしておらず、また、特例による任意加入被保険者（**65歳以上**）であるため、特例による保険料納付要件は適用されません。

D ✕ 国年法39条の2第2項。「増減を生じた日の属する月から」ではなく、「増減を生じた日の属する月の翌月から」です。子に遺族基礎年金が支給されている場合において、受給権を有する子の数に増減を生じたときは、年金額の計算に係る支給総額及び子の数が変わるため、遺族基礎年金の額を改定します。この年金額の改定は、子の数に**増減を生じた日の属する月の翌月**から行います。

E ✕ 国年法41条の2第2項。設問の支給停止の解除の申請は、**いつでも、する**ことができます。

【問2】 解答 C

解説

A ○ 国年法33条の2第1項。

B ○ 国年法34条1項。障害の程度が変わった場合の年金額の改定には、①設問の**厚生労働大臣の診査**による改定、②障害の程度が**増進**したときの**受給権者の改定請求**、③「その他障害」による受給権者の改定請求があります。このうち、①及び②については、受給権者の**年齢は問われません**。

C × 平21厚労告530号。現金納付によって行うこともできます。保険料の前納は、**6ヵ月又は年**を単位とすることを原則とします。ただし、これには例外があり、最大で**2年間**の保険料を前納することもできます。2年間の保険料の前納は、**現金納付又は口座振替納付**のいずれの方法でも行うことができます。

D ○ 国年法附則9条の3の2第3項、同令14条の3の2。

E ○ 国年法93条3項。

【問3】 解答 D

解説

A ○ 国年法124条5項。

B ○ 国年法127条3項1号、同法附則5条6項1号・12項。日本国内に住所を有する60歳以上65歳未満の任意加入被保険者は、国民年金基金の加入員となることができます。加入員である上記の任意加入被保険者が**65歳**に達したときは、その日に被保険者の資格を喪失し、**その日**（同時）に加入員の資格を喪失します。

C ○ 国年法130条2項。

D × 国年法125条の4。後半が誤りです。設問の場合に国民年金基金を代表するのは、**学識経験**を有する者のうちから選任された**監事**です。「理事のうちから、あらかじめ理事長が指定する者」ではありません。

E ○ 国年法134条の2第1項。

【問4】 解答 A

解説

A × 国年法12条6項・8項。後半が誤りであり、全国健康保険協会に委託することはできません。事業主が届出の経由に係る事務の**一部を委託**することができるのは、当該事業主が設立する**健康保険組合**に対してです。

B ○ 国年則19条1項。

C ○ 国年則10条1項。**基礎年金番号通知書**の作成及び交付は、**厚生労働大臣**が、初めて被保険者の資格を取得した者等に対して行います。

D ○ 国年法24条。

E ○ 国年法18条の4。失踪の宣告を受けたことにより死亡したとみなされた者に係る遺族基礎年金等の支給については、**行方不明**となった時点で**保険料納付要件**、**被保険者資格**及び**生計維持関係**が判断され、死亡したとみなされた時点で**身分関係**、**年齢**及び**障害の状態**が判断されます。

【問5】 解答 E

解説

ア ○ 平6法附則11条9項、平16法附則23条9項。

イ ○ 平6法附則11条1項、平16法附則23条1項。特例による任意加入被保険者となることができるのは、次の①から③までの要件をすべて満たす者（第2号被保険者を除く。）です。昭和40年4月2日以後に生まれた者は、①の要件を満たさないため、特例による任意加入被保険者となることはできません。

①昭和40年4月1日以前に生まれたこと。

②老齢給付等の受給権を有していないこと。

③次のいずれかに該当すること。

　　(ｱ)日本国内に住所を有する65歳以上70歳未満の者（適用を除外すべき特別の理由がある者を除く。）

　　(ｲ)日本国籍を有する者であって、日本国内に住所を有しない65歳以上70歳未満のもの

ウ ○ 国年法附則5条4項、平6法附則11条5項、平16法附則23条5項。任意加入被保険者（原則及び特例）は、いつでも、厚生労働大臣に申し出て、当該被保険者の資格を喪失することができます。

エ × 国年法附則5条1項。日本国内に住所を有する60歳以上65歳未満の者は、設問の老齢給付等の受給権を有するか否かにかかわらず、任意加入被保険者（原則による任意加入被保険者）となることができます。

オ × 国年法附則5条10項。保険料の免除の規定は適用されません。設問では日本国内に住所を有する60歳以上65歳未満の任意加入被保険者について問っていますが、保険料の免除の規定が適用されない点は、すべての任意加入被保険者（原則及び特例）に共通です。

以上から、誤っているものの組合せは、E（エとオ）です。

【問6】 解答 B

解説

A × 昭60法附則14条1項、経過措置令24条。「高い率」ではなく、「低い率」です。

B ○ 昭60法附則14条1項、経過措置令25条1号。振替加算は、その対象者である老齢基礎年金の受給権者が老齢厚生年金（その額の計算の基礎となる被保険者期間の月数が240以上であるものに限る。）を受けることができるときは、行われま

せん。

C ✕ 昭60法附則14条1項2号。設問の場合は、振替加算は**行われません**。障害等級3級の障害厚生年金には、加給年金額が加算されないためです。

D ✕ 昭60法附則14条2項。設問の場合における生計維持関係は、「妻が65歳に達した日」ではなく、「**夫が老齢厚生年金の受給権を取得**した当時」において、判断します。振替加算は、設問のように、老齢基礎年金の受給権者が65歳に達した日以後に、その配偶者が加給年金額の要件に該当することとなった場合にも、行われます。この場合は、**配偶者**が**加給年金額の要件に該当**した時点（設問の場合は、夫が老齢厚生年金の受給権を取得した当時）において、配偶者（設問では夫）によって生計を維持していれば、振替加算が行われます。

E ✕ 昭60法附則14条1項。老齢基礎年金の支給を繰り上げた場合であっても、振替加算は**65歳**から行われます。なお、振替加算の額が**減額されない**とする点は、正しい記述です。

【問7】 解答 E

解説

A 〇 国年法74条2項・3項。

B 〇 国年法3条3項。たとえば、第1号被保険者（任意加入被保険者を含む。）としての被保険者期間のみを有する者に支給する老齢基礎年金を受ける権利の裁定の請求の受理及びその請求に係る事実についての審査に関する事務は、市町村長が行うこととされています。

C 〇 国年法5条5項。保険料が**追納**された期間は、**保険料納付済期間**となり、保険料半額免除期間に含まれません。

D 〇 国年法28条2項2号。66歳に達した日後に次の①又は②に掲げる者が老齢基礎年金の支給繰下げの申出をしたときは、それぞれに掲げる日において、支給繰下げの**申出**があったものと**みなされます**。設問は、②についてです。

①75歳に達する日前に**他の年金たる給付**の受給権者となった者

……他の年金たる給付を**支給すべき事由が生じた日**

②**75歳に達した日後**にある者（①に該当する者を除く。）

……**75歳**に達した日

E ✕ 国年法35条3号。「障害等級1級又は2級」ではなく、「厚生年金保険法に規定する障害等級」です。障害基礎年金の受給権は、受給権者が**厚生年金保険法に規定する障害等級**（1級～**3級**）に該当する程度の障害の状態に該当しなくなった日から起算して当該障害の状態に該当しないまま**3年を経過**したとき（65歳未

満であるときを除く。）に、消滅します。

【問8】 解答 D

解説

A × 平16法附則19条2項、平26法附則14条1項。「令和7年3月まで」ではなく、「**令和12年6月**まで」の措置とされています。

B × 国年令6条の6。原則として、大学の夜間部に在学する学生及び通信制の大学に在学する学生も**含まれます**。

C × 国年法90条の2第3項、同令6条の9の2、同則77条の2。「88万円以下」ではなく、「**168万円以下**」であるときです。88万円以下は、保険料4分の3免除に係る所得基準です。

D ○ 参考：法87条の2第3項。

E × 国年法87条の2第3項。前納した付加保険料は**還付されません**。付加保険料を納付する者でなくなることの申出は、申出をした日の属する月の前月以後の各月に係る付加保険料についてすることができますが、「**すでに納付**したもの（付加保険料）及び**前納**したもの（付加保険料）」は、この申出の対象となる付加保険料から**除かれます**。したがって、前納した付加保険料が還付されることはありません。

【問9】 解答 C

解説

A ○ 国年令4条。

B ○ 国年法16条の2第1項。調整期間においては、**付加年金以外の年金たる給付の額**を調整するものとされています。

C × 国年法7条1項3号。第3号被保険者となることがあります。第3号被保険者は、**国内居住**が原則ですが、国内に居住していなくても、外国において留学をする学生その他の日本国内に住所を有しないが渡航目的その他の事情を考慮して**日本国内に生活の基礎**があると認められる者として厚生労働省令で定める者は、例外的に第3号被保険者と認められます。

D ○ 国年令12条の4。昭和37年4月2日以後生まれの者に係る減額率は、「**1,000分の4**×支給繰上げを請求した日の属する**月**から65歳に達する日の属する**月の前月**までの月数」により計算されます。

E ○ 国年法27条の3第1項。

【問10】 解答 A

解説

A ○ 国年法36条の2第1項2号、同則34条の4第1号。20歳前の傷病による障害基礎年金には、次のような特有の支給停止事由があります。設問は、このうちの②に該当します。

①**恩給法**に基づく年金たる給付、**労災保険法**の規定による年金たる給付その他の**年金たる給付**であって政令で定めるものを受けることができるとき。

②**刑事施設**、**労役場**その他これらに準ずる施設に拘禁されているとき及び**少年院**その他これに準ずる施設に収容されているとき（一定の場合に限る。）。

③**日本国内に住所を有しない**とき。

④**受給権者の前年の所得が**、その者の扶養親族等の有無及び数に応じて、政令で定める額を超えるとき。

B × 国年法32条1項。前後の障害を併合した障害の程度による障害基礎年金が支給されるのではありません。設問の場合は、従前の障害基礎年金の支給を停止すべきであった期間、前後の障害を併合した障害の程度による障害基礎年金の**支給が停止**され、その間、**従前の障害を併合しない**障害（後発の障害）の程度による障害基礎年金が支給されます。

C × 国年法52条の4第1項。**改定率は乗じません**。死亡一時金の最高額は、**320,000円**です。死亡一時金の額は、所定の方法で計算した月数の区分（6区分）に応じて、**120,000円～320,000円**の範囲内で定められた額です。

D × 国年法50条。寡婦年金の額は、設問の額の4分の3に相当する額です。つまり、寡婦年金の額は、「死亡した夫の**第1号被保険者期間に基づく老齢基礎年金の額×4分の3**」による額となります。

E × 国年法51条、同法附則9条の2第5項。特別支給の老齢厚生年金の受給権を取得しても、寡婦年金の受給権は**消滅しません**。

第2回予想模擬試験

解答・解説

第2回 予想模擬試験解答一覧

　間違えた問題は、解説をよく読んで理解を深めるとともに、本書の「論点別問題」で関連する内容も併せて復習すると効果的です。

▶ 選択式　解答

【問1】労働基準法及び労働安全衛生法

A	⑪	雇入れ
B	⑮	業務の種類
C	⑭	すべての業務
D	⑫	深夜業
E	⑯	作業環境測定

【問2】労働者災害補償保険法

A	①	3,500円から25,000円
B	⑮	厚生労働省労働基準局長
C	⑩	業務上の事由
D	⑫	脳血管疾患
E	②	いずれの項目にも

【問3】雇用保険法

A	⑩	65歳以上
B	④	20時間
C	⑤	5時間
D	⑱	受け終わった後
E	③	職業指導

【問4】労務管理その他の労働に関する一般常識

A	⑫	関係派遣先
B	⑰	総労働時間
C	⑮	100分の80
D	①	ラッカー・プラン
E	⑨	労働分配率

【問5】社会保険に関する一般常識

A	⑤	標準報酬月額及び標準賞与額の決定
B	⑫	疾病任意継続被保険者
C	⑲	災害保健福祉保険料率
D	④	130
E	②	翌月末日

【問6】健康保険法

A	⑳	1ヵ月以下
B	⑥	14日以上
C	⑧	心身の状況
D	⑩	看護師
E	⑱	厚生労働大臣

【問7】厚生年金保険法

A	⑰	国民の生活水準、賃金
B	⑦	保険料及び国庫負担の額
C	⑲	財政均衡期間
D	⑯	150万円
E	⑬	10日

【問8】国民年金法

A	⑧	第1号被保険者
B	⑰	月以後
C	⑲	400円
D	⑭	3年
E	⑩	保険料納付の実績

▶ 択一式　解答

■労働基準法及び労働安全衛生法

問題	1	2	3	4	5	6	7	8	9	10
解答	C	B	A	B	D	E	A	E	E	D

■労働者災害補償保険法（徴収法を含む。）

問題	1	2	3	4	5	6	7	8	9	10
解答	B	D	E	B	D	C	A	C	D	B

■雇用保険法（徴収法を含む。）

問題	1	2	3	4	5	6	7	8	9	10
解答	C	E	B	A	D	D	E	C	B	E

■労務管理その他の労働及び社会保険に関する一般常識

問題	1	2	3	4	5	6	7	8	9	10
解答	A	C	B	E	B	D	A	B	B	C

■健康保険法

問題	1	2	3	4	5	6	7	8	9	10
解答	A	E	C	D	C	C	B	D	C	C

■厚生年金保険法

問題	1	2	3	4	5	6	7	8	9	10
解答	E	C	B	B	C	C	C	D	A	D

■国民年金法

問題	1	2	3	4	5	6	7	8	9	10
解答	D	B	D	B	E	C	C	A	D	B

第2回 予想模擬試験　選択式

【問1】労働基準法及び労働安全衛生法

解答　A ⑪雇入れ　B ⑮業務の種類　C ⑭すべての業務　D ⑫深夜業　E ⑯作業環境測定

解説

A：最判 昭48.12.12三菱樹脂事件、B：労基法22条1項、C：同法64条の2第1号、D・E：安衛法66条の5第1項

1　最高裁判所の判例においては、均等待遇を定めた労働基準法3条の規定は、「**雇入れ**後における労働条件についての制限であって、**雇入れ**そのものを制約する規定ではない」としています。

2　退職時の証明書により使用者が証明すべき事項は、(1)**使用期間**、(2)**業務の種類**、(3)**その事業における地位**、(4)**賃金**、(5)**退職の事由**（退職の事由が**解雇**の場合にあっては、**その理由を含む。**）の5事項のうち、労働者が**請求した**事項です。

3　使用者は、次表の①～④に掲げる女性をそれぞれに定める業務に就かせてはなりません。設問は、①②の女性について問うています。

①**妊娠中の女性**（妊婦）		坑内で行われる**すべての業務**が禁止（坑内労働が全面禁止）
産後1年を経過しない女性（産婦）	②**使用者への申出あり**	
	③**使用者への申出なし**	坑内で行われる業務のうち**人力により行われる掘削の業務**その他の**女性に有害な業務**として厚生労働省令で定めるものが禁止
④上記以外の満18歳以上の女性（一般女性）		

4　事業者は、健康診断の結果についての医師等の意見を勘案して、その必要があると認めるときは、次の措置を講じなければなりません。

(1)　就業場所の変更、作業の転換、労働時間の短縮、**深夜業**の回数の減少等の措置

(2)　**作業環境測定**の実施、施設又は設備の設置又は整備、医師又は歯科医師の意見の衛生委員会等への報告その他の適切な措置

【問2】 労働者災害補償保険法

解答 A ①3,500円から25,000円　B ⑮厚生労働省労働基準局長　C ⑩業務上の事由　D ⑫脳血管疾患　E ②いずれの項目にも

解説

A：労災則46条の20第1項、B：同則46条の26、C〜E：同法26条1項

1　中小事業主等の特別加入者の給付基礎日額は、原則として、**3,500円から25,000円**までの範囲内で16階級の額が定められており、この額のうちから、**特別加入者が希望**する額に基づいて**都道府県労働局長**が決定します。

2　特別加入者の業務又は作業の内容は、一般の労働者と異なり、他人の指揮命令により決まるものではなく、当人の判断によって主観的に決まる場合も多いことから、その範囲を確定することは通常困難です。このため、特別加入者についての業務上外等の認定は、**厚生労働省労働基準局長**が定める**基準**によって行われます。

3　二次健康診断等給付は、業務上の事由による**脳血管疾患**及び心臓疾患の発症を予防するために行われる給付です。そのため、一次健康診断の結果その他の事情によりすでに脳血管疾患又は心臓疾患の症状を有すると認められる者については、二次健康診断等給付は行われません。

　　また、二次健康診断等給付の対象となるのは、一次健康診断において、**業務上の事由**による脳血管疾患及び心臓疾患の発生にかかわる身体の状態に関する4項目の検査を受けた労働者であって、その**いずれの項目にも**異常の所見があると診断されたものです。

【問3】 雇用保険法

解答 A ⑩65歳以上　B ④20時間　C ⑤5時間　D ⑱受け終わった後　E ③職業指導

解説

A・B：雇保法37条の5第1項、C：同則65条の7、D・E：同法29条1項

1　次の(1)〜(3)のいずれにも該当する者は、厚生労働大臣に申し出て、申出を行った日から高年齢被保険者となることができます。この申出により被保険者となった者を**特例高年齢被保険者**といいます。

> (1) 二以上の事業主の適用事業に雇用される**65歳以上**の者であること。
>
> (2) 一の事業主の適用事業における1週間の所定労働時間が**20時間未満**であること。

（3）二の事業主の適用事業（申出を行う労働者の一の事業主の適用事業における
　　１週間の所定労働時間が5時間以上であるものに限る。）における１週間の所
　　定労働時間の合計が20時間以上であること。

2　延長給付を受けている受給資格者が、正当な理由がなく、次の(1)又は(3)に掲げ
　ることを拒んだ場合には、その拒んだ日以後基本手当は支給しません。この給付制
　限の対象となる者は、公共職業訓練等を受け終わった後に行われる訓練延長給付
　（訓練終了後の訓練延長給付）、個別延長給付、広域延長給付、全国延長給付又は
　地域延長給付を受けている受給資格者です。
　(1) 公共職業安定所の紹介する職業に就くこと。
　(2) 公共職業安定所長の指示した公共職業訓練等を受けること。
　(3) 公共職業安定所が行うその者の再就職を促進するために必要な職業指導を受け
　　ること。

【問4】 労務管理その他の労働に関する一般常識

解答 A ⑫関係派遣先　B ⑰総労働時間　C ⑮100分の80　D ①ラッカー・プラン　E ⑨労働分配率

解説

A～C：労働者派遣法23条の2

1　いわゆるグループ企業内派遣の制限についてです。関係派遣先に労働者派遣をす
　る派遣元事業主については、関係派遣先への派遣割合を100分の80以下となるよ
　うにしなければなりません。
　　ここでいう「関係派遣先」とは、派遣元事業主の経営を実質的に支配することが
　可能となる関係にある者その他の当該派遣元事業主と特殊の関係にある者（いわゆ
　る親会社、親会社の子会社等）のことです。
　　また、「派遣割合」は、事業年度単位で、「派遣労働者の関係派遣先での派遣就
　業に係る総労働時間（60歳以上の定年退職者に係る総労働時間を除く。）÷派遣労
　働者のすべての派遣就業に係る総労働時間」により算定します。

2　賃金の総額を決定する方法として代表的なものに、次の2つがあります。いずれ
　の方法も、我が国においては、成果配分の考え方として、主に賞与総額の決定方
　式として用いられてきました。

ラッカー・プラン	付加価値を基準として賃金総額を決定する方法 賃金総額 ＝ 付加価値 × 一定の労働分配率
スキャンロン・プラン	売上高を基準として賃金総額を決定する方法 賃金総額 ＝ 売上高 × 一定の人件費比率

ラッカー・プランにおいて用いられる労働分配率とは、企業の生み出した付加価値のうち、労働者に分配される割合のことです。

【問5】 社会保険に関する一般常識

解答 A ⑤標準報酬月額及び標準賞与額の決定　B ⑫疾病任意継続被保険者
C ⑲災害保健福祉保険料率　D ④130　E ②翌月末日

解説

A、B：船保法4条2項、C：同法120条1項、D：同法121条1項、E：同法127条1項

1　船員保険の保険者は**全国健康保険協会**ですが、船員保険事業に関する業務のうち、次のもの（疾病任意継続被保険者に係るものを除く。）は、**厚生労働大臣**が行います。

(1) 被保険者の**資格の取得及び喪失**の確認

(2) 標準報酬月額及び標準賞与額の決定

(3) **保険料の徴収**

(4) 上記(1)〜(3)に附帯する業務

2　船員保険は、健康保険に相当する給付と労災保険の上乗せ給付を行います。疾病保険料率は健康保険に相当する給付に対応する保険料率であり、災害保健福祉保険料率は労災保険の上乗せ給付に対応する保険料率です。**一般保険料率**は、原則として、**疾病保険料率**と**災害保健福祉保険料率**とを合計して得た率です。それぞれの保険料率は、次の範囲内で、**全国健康保険協会**が決定します。

(1) 疾病保険料率……………1,000分の40から1,000分の130まで

(2) 災害保健福祉保険料率……1,000分の10から1,000分の35まで

3　毎月の保険料の納期限は、翌月末日です。ただし、疾病任意継続被保険者に関する保険料の納期限は、**その月の10日**（初めて納付すべき保険料については、全国健康保険協会が指定する日）です。保険料の納期限も、健康保険法と同様です。

【問6】 健康保険法

解答 A ⑳1ヵ月以下　B ⑥14日以上　C ⑧心身の状況　D ⑩看護師　E ⑱
厚生労働大臣

解説

A・B：健保法159条1項、C：同法90条1項、D・E：同法91条

1　育児休業等期間中の保険料免除に係る問題を解消するため、令和4年10月1日
より、その要件の見直しが行われました。具体的には、**同一月**内に育児休業等の開
始日と終了日があるときは、その月内において**14日以上**の育児休業等を取得して
いるときに保険料免除の対象とします。また、育児休業等の期間が**1ヵ月以下**であ
る者については、**標準報酬月額**に係る保険料は免除の対象としますが、標準賞与額
に係る保険料は免除の対象としません。

2　指定訪問看護事業者が提供する**指定訪問看護**は、指定訪問看護の事業の運営に
関する基準に従い、訪問看護を受ける者の**心身の状況**等に応じて行うものとされて
います。

3　指定訪問看護事業者及び当該指定に係る訪問看護事業所の**看護師**その他の従業
者に対し、指定訪問看護に関して**指導**を行うのは、**厚生労働大臣**です。

【問7】 厚生年金保険法

解答 A ⑰国民の生活水準、賃金　B ⑦保険料及び国庫負担の額　C ⑲財政均
衡期間　D ⑯150万円　E ⑬10日

解説

A：厚年法2条の2、B・C：同法2条の4第1項、D：同法24条の4第1項、E：同則19条の5
第5項

1　厚生年金保険は、年金を給付することにより長期間にわたって所得を保障する制
度であり、年金の実質的価値を保つことが重要です。厚生年金保険法では、年金
の実質的価値を変動させる要因として、**国民の生活水準、賃金**その他の諸事情が
掲げられています。これらに著しい変動が生じた場合には、**年金たる保険給付の額**
について、**速やかに**改定の措置が講ぜられなければなりません。

2　政府は、少なくとも**5年**ごとに、**財政の現況及び見通し**を作成しなければなりま
せん。「財政の現況及び見通し」とは、厚生年金保険事業の財政に係る**収支の現況**
及び**財政均衡期間**における見通しのことです。**保険料及び国庫負担の額**は、厚生
年金保険事業の財政における収入の主たる部分となります。

3　標準賞与額は、被保険者が受けた賞与額に基づき、これに**1,000円未満の端数**があるときは、これを**切り捨て**て、決定されます。標準賞与額には上限が設けられており、その額は、厚生年金保険では、**1ヵ月あたり150万円**とされています。

4　被保険者の賞与額に関する届出（被保険者賞与支払届）の提出期限は、次のとおりです。

・船員被保険者以外の被保険者……賞与を支払った日から**5日以内**

・船員被保険者………………………賞与を支払った日から**10日以内**

【問8】国民年金法

解答　A　⑧**第1号被保険者**　B　⑰**月以後**　C　⑲**400円**　D　⑭**3年**　E　⑩**保険料納付の実績**

解説

A～C：国年法87条の2第1項、D：同則72条の7第2項、E：同法14条の5

1　付加保険料を納付する旨の申出をした**第1号被保険者**（法定免除、申請全額免除、保険料一部免除又は学生納付特例若しくは納付猶予の規定により保険料の全額又は一部の額につき納付することを要しないものとされている者、特例による任意加入被保険者及び国民年金基金の加入員を除く。）は、その申出をした日の属する**月以後**の各月につき、国民年金保険料に加えて、**400円**の付加保険料を納付することができます。

2　保険料の**納付受託者**は、帳簿を備え付け、これに納付事務に関する事項を記載し、及びこれを保存しなければなりません。この帳簿（国民年金保険料納付受託記録簿）の保存期間は、その完結の日から**3年間**です。

3　厚生労働大臣は、被保険者に対し、当該被保険者の**保険料納付の実績**及び**将来の給付**に関する必要な情報を分かりやすい形で通知します。この通知は、国民年金制度に対する国民の理解を増進させ、その信頼を向上させるために行われるものであり、具体的には、**ねんきん定期便**により、毎年1回、誕生月に、年金加入履歴、保険料納付状況、年金見込額などが通知されています。

第2回 予想模擬試験 択一式

労働基準法及び労働安全衛生法

【問1】 解答 C

解説

A **○** 労基法別表第1。労働基準法別表第1には、第1号から第15号まで各種の事業が掲げられていますが、これらに該当しない事業であっても、**労働者を1人でも使用するもの**については、原則として、労働基準法が**適用されます**。

B **○** 労基法9条、昭22.11.27基発400号。労働基準法において、「労働者」とは、職業の種類を問わず、事業に使用される者で、賃金を支払われる者をいいます。一般に新聞販売店と新聞配達人との間には、**使用従属関係が存在する**ため、新聞配達人は、労働基準法でいう労働者に該当します。

C **×** 労基法9条、昭23.1.9基発14号。事業主体との関係において使用従属関係にない**法人の代表者**は、労働者には**該当しません**。

D **○** 労基法10条、昭22.9.13発基17号。労働基準法でいう「使用者」とは、同法各条に規定する義務についての履行の責任者をいいます。使用者に該当するか否かの認定は、部長、課長等の役職名によってではなく、各事業において、同法各条に規定する義務について実質的に一定の**権限を与えられている**か否かによりなされます。したがって、そのような権限が与えられておらず、単に上司の命令の伝達者にすぎないものは、同法でいう使用者には該当しません。

E **○** 昭61.6.6基発333号。

【問2】 解答 B

解説

A **○** 昭23.4.19基収1397号。休日を振り替えるためには、①就業規則等において休日の振替を必要とする場合には休日を振り替えることができる旨の**規定を設け**、②これによって休日を振り替える前に**あらかじめ振り替えるべき日を特定**することが必要です。

B **×** 労基法35条2項、昭22.9.13発基17号。設問の4週4休日（いわゆる変形休日制）を採用するにあたっては、具体的な定めをしなくとも差し支えありません。なお、できる限り就業規則等により定めをするよう指導されています。

C **○** 労基法34条1項、昭22.11.27基発401号。与えなければならない休憩時間の長さは、労働時間の長さに応じて、**6時間を超える**場合には少なくとも**45分**、8

時間を超える場合には少なくとも**1時間**ですが、この場合の労働時間は、所定労働時間ではなく、**実労働時間**をいいます。

D　〇　労基法38条2項。**坑内労働**については、その作業の性質上、休憩時間の**一斉付与**及び休憩時間の**自由利用**に関する規定を適用することは困難であることから、これらの適用が**除外**されています。

E　〇　労基法41条。

【問3】 解答 A

解説

ア　✕　労基法39条1項・2項。「16労働日」ではなく、「**14労働日**」です。設問の労働者は、令和2年4月1日（雇入れの日）から令和5年9月30日までの**3年6ヵ月**継続勤務しています。したがって、この労働者に対して付与され得る年次有給休暇の日数は、**14労働日**です。

イ　〇　昭63.3.14基発150号。継続勤務とは、**労働契約の存続期間**（在籍期間）をいいます。したがって、定年退職後も引き続き再雇用されている労働者について、年次有給休暇の付与要件に係る継続勤務の期間を算定する場合には、その者の**退職前後の勤務年数を通算**します。

ウ　✕　労基法39条7項。「年次有給休暇が付与されるすべての労働者に対して」とする記述が誤りです。設問の規定（**付与義務**）の対象となるのは、**10労働日**以上の年次有給休暇が付与される労働者です。

エ　〇　労基法39条5項。

オ　〇　労基法39条9項、同則25条2項、平21基発0529001号。時間単位年休として与えた時間に係る（1時間あたりの）賃金は、「**基準となる賃金額**÷時間単位年休取得日の**所定労働時間数**」の金額としなければなりません。また、この場合の**基準となる賃金額**は、日単位による取得の場合について選択したものと同様としなければなりません。

以上から、誤っているものの組合せは、**A（アとウ）**です。

【問4】 解答 B

解説

A　✕　労基法65条3項、昭61.3.20基発151号・婦発69号。設問は後半の記述が誤りです。軽易な業務への転換に関する規定は、原則として、**妊娠中の女性が請求した業務**に転換させる趣旨です。ただし、転換させるべき軽易な業務がないときは、

使用者は、新たにこれを**創設**してまで転換させる必要は**ありません**。

B　○　労基法65条2項、昭26.4.2婦発113号、昭33.9.29婦発310号。**産後8週間**の期間については、法律上当然に、女性の労働が制限されます。この産後8週間の期間は、**現実の出産日を基準**として計算するものとされており、人工流産の場合にあっては、当該人工流産を行った日を基準として計算するものとされています。

C　×　労基法66条3項、昭61.3.20基発151号・婦発69号。管理監督者である妊産婦についても、**適用されます**。管理監督者については、**労働時間、休憩及び休日**に関する規定の適用が**除外**されますが、**深夜業**に関する規定の適用は**除外されません**。つまり、深夜業に関する規定は適用されるため、管理監督者である妊産婦から深夜業の制限に係る請求があったときは、使用者は、当該妊産婦に**深夜業をさせてはなりません**。

D　×　労基法67条1項、昭36.1.9基収8996号。設問の場合には、**1日1回**、育児時間を与えれば足ります。労働基準法67条に規定する育児時間は、1日の労働時間を8時間とする通常の勤務態様を予想して、1日2回の付与を義務づけています。したがって、1日の労働時間が**4時間以内**であるような場合には、**1日1回**の付与で足りるものとされています。

E　×　労基法68条、昭23.5.5基発682号。設問は後半の記述が誤りです。生理休暇を請求することができる**日数**を就業規則等により**限定**することは**許されない**ものとされています。

【問5】　解答　D

解説

A　×　労基法26条、昭23.6.11基収1998号。親会社の経営難から下請工場が資金資材の供給を受けることができず休業した場合は、休業手当の支払要件である**使用者の責めに帰すべき事由**に該当します。

B　×　昭24.3.22基収4077号。休業手当の支払義務は、労働協約、就業規則又は労働契約により**休日**と定められている日については、**発生しません**。

C　×　労基法25条、同則9条。設問の場合には、使用者は、支払期日前に既往の労働に対する賃金を支払う必要はありません。使用者が、支払期日前であっても、既往の労働に対する賃金を支払わなければならないのは、**労働者**又はその収入によって**生計を維持する者**が、次の①〜③の事由に該当した場合です。
①**出産**し、**疾病**にかかり、又は**災害**を受けた場合
②**結婚**し、又は**死亡**した場合
③やむを得ない事由により**1週間以上にわたって帰郷**する場合

D ○ 労基法13条。

E × 労基法14条1項。設問の場合には、5年を超える期間について締結することができます。満60歳以上の労働者との間で期間の定めのある労働契約を締結する場合には、**5年を超える契約期間を定めることはできません**。ただし、一定の事業の完了に必要な期間を定める労働契約を締結する場合には、5年を超える契約期間を定めることができます。

【問6】 解答 E

解説

A ○ 労基法38条の2第1項、昭63.1.1基発1号。事業場外労働に関するみなし労働時間制の対象となるのは、**事業場外**で業務に従事した場合において、使用者の具体的な指揮監督が及ばず労働時間を算定することが困難なときに限られます。

B ○ 労基法38条の4第1項、平12.1.1基発1号。企画業務型裁量労働制を採用するにあたっては、労使委員会が設置された事業場において、次の①及び②の手続きを経なければなりません。

①労使委員会がその**委員の5分の4以上**の多数による議決により所定の事項に関する**決議**をすること。

②使用者が上記①の決議を行政官庁（所轄労働基準監督署長）に届け出ること。

C ○ 労基法38条の3。

D ○ 昭63.3.14基発150号。専門業務型裁量労働制に係る労働時間のみなしに関する規定が適用される場合であっても、休憩、深夜業、休日に関する規定の適用は排除されません。すなわち、当該制度に係る対象業務に従事する労働者についても、**休憩、深夜業、休日**に関する規定は**適用されます**。

E × 労基法38条の3第1項。労使協定により、設問の事項を定める必要はありません。専門業務型裁量労働制を採用する場合には、対象業務に従事する労働者の同意は不要です。

【問7】 解答 A

解説

A × 労基法20条1項、昭24.1.8基収54号。労働者が解雇予告手当と同額の借金を負っていたとしても、借金と解雇予告手当とを**相殺することはできません**。

B ○ 昭23.1.16基発56号。契約期間の満了は解雇には該当せず、解雇制限の規定は適用されません。したがって、設問の労働者の労働契約もその**契約期間満了**とともに**当然に終了**します。

844

C ○ 労基法19条１項。設問のように、６週間（多胎妊娠の場合にあっては、14週間）以内に出産する予定の女性労働者が**休業せずに就業している**ときは、当該産前の期間については解雇制限の規定は**適用されません**。

D ○ 労基法20条１項、昭25.9.21基収2824号。解雇の予告を受けた労働者が、解雇予告期間中に他の使用者と労働契約を結ぶことは可能です。ただし、自ら契約を解除した場合を除き、予告期間満了までは従来の使用者のもとで勤務する義務があります。

E ○ 労基法21条２号、昭24.9.21基収2751号。**２ヵ月以内**の期間を定めて使用される者については、原則として、解雇の予告の規定の適用が除外されています。ただし、設問のように短期の雇用契約を数回にわたって更新し、恒久的に同一内容の作業に従事させる場合には、実質的に**期間の定めのない契約と同一のもの**として取り扱うべきものとされており、この者を解雇する場合には、解雇の予告の規定が**適用されます**。

【問8】 解答 E

解説

A × 安衛法60条、同令19条１号。設問後半のような例外規定はありません。事業者は、その事業場の業種が職長等教育の対象となる業種（**建設業、一定の製造業、電気業、ガス業、自動車整備業、機械修理業**）である限り、その**事業場の規模にかかわらず**、職長等教育を行わなければなりません。

B × 安衛法59条１項、同令２条、同則35条１項。後半の記述が誤りです。総括安全衛生管理者の選任に係る**その他の業種**の事業場の労働者については、雇入れ時の教育のうち、作業手順に関することその他所定の事項についての教育を省略することができますが、**各種商品小売業**はその他の業種ではないため、上記の事項についての教育を**省略することはできません**。

C × 安衛法59条２項、昭47.9.18基発602号。作業設備、作業方法等の**変更が軽易**なものであるときは、作業内容変更時の教育を行う**必要はありません**。

D × 安衛則38条。後半の記述が誤りです。都道府県労働局長に対して特別の教育（特別教育）の記録の写しを提出する旨の規定は、存在しません。

E ○ 安衛法59条３項、同則36条３号、昭47労告92号（安全衛生特別教育規程）。

【問9】 解答 E

解説

A ○ 安衛則19条5号。

B ○ 安衛法15条の3第1項、同則18の8第1号・2号。

C ○ 安衛法35条。なお、包装されていない貨物で、その重量が一見して明らかであるものを発送しようとするときは、その重量を表示する必要はありません。

D ○ 安衛法88条3項、同則90条1号。事業者は、次に掲げる仕事等（**建設業・土木採取業の一定の仕事**（特に大規模な仕事を除く。））を開始しようとするときは、その計画を当該仕事の開始の日の**14日前**までに、**労働基準監督署長**に届け出なければなりません。

①高さ**31メートルを超える**建築物の建設等の仕事

②最大支間**50メートル以上**の橋梁の建設等の仕事

③石綿等が吹き付けられている耐火建築物等の石綿等の除去作業の仕事

④ずい道等の建設等の仕事　等

E ✕ 安衛法31条1項。設問は、「その事業の業種を問わず」とする記述が誤りです。設問の措置を講じなければならないのは、**特定事業**（**建設業**又は**造船業**に属する事業）の注文者のみです。

【問10】 解答 D

解説

A ✕ 安衛則44条2項、平10労告88号。「40歳未満のすべての者」とする記述が誤りです。40歳未満の者のうち**35歳の者**については、原則として、腹囲の検査を**省略することができません**。

B ✕ 安衛則52条の13第2項。「10年間」ではなく、「**5年間**」保存しなければなりません。

C ✕ 安衛則45条の2第1項。設問は、「派遣期間の長短にかかわらず」とする記述が誤りです。**海外派遣労働者**の健康診断は、派遣期間が**6ヵ月以上**の場合に行わなければならないものです。なお、本邦外の地域に6ヵ月以上派遣した労働者を本邦の地域内における業務に就かせる場合（一時的に就かせる場合を除く。）にも、海外派遣労働者の健康診断を行わなければなりません。

D ○ 安衛則52条の3第1項・3項。なお、**産業医**は、長時間労働に関する面接指導の対象となる労働者に対して、設問の申出を行うよう**勧奨**することができます。

E ✕ 安衛法66条の7第1項。設問の保健指導は、「行わなければならない」ではなく、「行うように**努めなければならない**」とされています。

労働者災害補償保険法（労働保険の保険料の徴収等に関する法律を含む。）

【問1】 解答 B

解説

A ○ 昭25.5.8基収1006号。設問の労働者が、飛ばされた防寒帽を追う行為は、業務行為そのものとはいえませんが、突発的な原因による**反射的な行為**として、業務に付随する行為と認められます。業務に付随する行為をする間については業務からの離脱はなかったものとされ、当該行為に起因する災害は、**業務災害と認められます**。したがって、設問の死亡は、業務上の死亡に該当します。

B ✕ 昭30.5.12基発298号。設問の負傷は、業務上の負傷に該当します。労働者が事業場の休憩所等の事業場施設内にいる限り、事業主の支配下・管理下にあると認められますが、休憩時間や就業時間前後の実際に業務に従事していない間の個々の行為そのものは私的行為に該当します。私的行為による災害は、原則的には、業務上の災害とは認められません。ただし、次の①又は②の場合は、業務上の災害と認められます。設問の負傷は、就業時間後の私的行為の際の負傷ですが、次の②の作業と関連した行為から生じた災害と認められ、業務上の負傷に該当します。

①**事業場の施設・設備やその管理状況が原因**の災害の場合

②就業中であれば**業務に付随する行為**と考えられる行為（生理的行為、作業と関連した行為等）に際して発生した災害の場合

C ○ 平21基発0723第14号。突発事故、天災地変等により事業場に緊急の事態が生じた場合における業務に従事する労働者として行うべき同僚労働者の救護、事業場施設の防護等の緊急行為は、事業主からの命令があるか否かにかかわらず、私的行為ではなく、**業務として取り扱われます**。したがって、設問の負傷は、業務上の負傷に該当します。

D ○ 昭23.1.9基災発13号。再発は、原因である業務上の負傷又は疾病の連続であって、独立した別個の負傷又は疾病ではないため、治ゆした業務上の負傷又は疾病が再発した場合は、たとえ解雇後であっても、業務上の負傷又は疾病と認められます。

E ○ 令3基発0914第1号。認定基準によれば、業務による明らかな過重負荷を受けたことにより発症した脳・心臓疾患は、業務に起因する疾病として取り扱われます。業務の過重の有無の判断にあたり、発症前1ヵ月間に100時間又は**2～6ヵ月間**平均で月**80時間**を超える**時間外労働**が行われたことにより発症した脳・心臓疾患は、業務上の疾病として取り扱われます。また、この時間外労働の水準には至

らない場合であっても、これに近い時間外労働が行われ、さらに、一定の労働時間以外の負荷要因があるときは、労働時間と労働時間以外の負荷要因を**総合評価**することにより、業務上の疾病に該当するかが判断されます。

【問2】 解答 D

解説

A **×** 労災法13条3項、同則11条の2。療養の費用の支給は、設問の療養の給付をすることが困難な場合のほか、「療養の給付を受けないことについて労働者に**相当の理由**がある場合」にも行われます。

B **×** 労災法13条2項。設問に掲げるもののほか、**移送**も療養の給付の範囲に含まれます。

C **×** 労災則12条1項。療養の給付に係る請求書は、当該療養の給付を受けようとする**指定病院等**を経由して、提出しなければなりません。

D **○** 労災則11条1項。療養の給付は、①**社会復帰促進等事業**として設置された病院又は診療所（労災病院等）、②**都道府県労働局長の指定**する病院、診療所、薬局又は訪問看護事業者において、行われます。

E **×** 労災則12条の2第2項・3項。すべての額について設問の書類を添えなければならないのではありません。設問の書類を添えなければならないのは、療養に要した費用の額に**看護**（病院又は診療所の労働者が提供するもの及び訪問看護を除く。）又は**移送**に要した費用の額が含まれる場合におけるこれらの額についてのみです。これ以外の療養に要した費用については、書類の添付は不要ですが、診療担当者の証明を受けなければなりません。

【問3】 解答 E

解説

ア **○** 労災法19条の2、同則18条の3の4。介護（補償）等給付は、**月を単位**として支給され、その月額は、常時又は随時介護を受ける場合に通常要する費用を考慮して**厚生労働大臣**が定める額です。具体的な支給額は、介護に要する費用として、その月に支出された**実費**です。ただし、その月額には介護を要する状態に応じた上限額が設けられており、上限額を超えた部分について、保険給付は**行われません**。

イ **×** 労災法12条の8第4項、同則18条の3の2、同則別表第3。「障害の種類にかかわらず」という記述が誤りです。傷病等級又は障害等級の第2級に該当する傷病（補償）等年金又は障害（補償）等年金の受給権者について、介護（補償）等

給付が支給されるのは、その障害が、神経系統の機能若しくは精神又は胸腹部臓器の機能に関するものに**限られます**。

ウ ✕ 労災法10条。設問の場合は、労働者の生死が分からない期間が1ヵ月間であるため、死亡の推定は行われません。設問の労働者について死亡の推定が行われるのは、その労働者の生死が**3ヵ月間**分からない場合又はその労働者の死亡が**3ヵ月以内**に明らかとなり、かつ、その死亡の時期が分からない場合です。

エ ✕ 労災法12条の2の2第1項、平8.3.1基発95号。介護（補償）等給付は、設問の（絶対的）支給制限の対象となります。絶対的支給制限の対象となる保険給付は、**二次健康診断等給付以外**の保険給付です。

オ ◯ 労災法12条3項。

以上から、正しいものの組合せは、**E（アとオ）**です。

【問4】 解答 B

解説

ア ◯ 労災法31条1項3号、昭47.9.30基発643号。事業主が**故意又は重大な過失**により生じさせた業務災害の原因である事故について保険給付が行われた場合には、事業主からの費用徴収の対象となります。この場合の徴収額は、「保険給付の額×**100分の30**」に相当する額です。

イ ✕ 労災法32条。国庫が労災保険事業に要する費用を負担することはありません。労災保険事業に要する費用は、原則として、事業主が負担する保険料により賄われます。ただし、予算の範囲内において、その費用の**一部を補助**することができます。

ウ ✕ 労災法42条1項、平13.3.30基発233号。二次健康診断等給付の時効の起算日は、労働者が**一次健康診断の結果を了知し得る日の翌日**です。労働者が一次健康診断を受診した日の翌日ではありません。

エ ◯ 労災法42条1項、民法166条。

オ ◯ 特別支給金則5条の2第3項。傷病特別支給金の申請可能期間は、その支給要件に該当することとなった日の翌日から起算して**5年以内**とされています。

以上から、誤っているものは二つであるため、正解は**B**です。

【問5】 解答 D

解説

A ○ 特別支給金則2条。特別支給金は、保険給付の上乗せ分として支給されますが、①療養（補償）等給付、②介護（補償）等給付、③葬祭料等（葬祭給付）及び④二次健康診断等給付と関連して支給されることはありません。

B ○ 特別支給金則12条。休業特別支給金の額を算定する際に、特別給与の額は用いませんが、**休業特別支給金**の最初の支給申請の際に、**特別給与の総額**についての**届出**を義務づけています。

C ○ 特別支給金則4条3項。

D × 特別支給金則5条2項。労働者の収入によって生計を維持していたものに**限られません**。遺族特別支給金の支給を受けることができる遺族は、「労働者の配偶者（いわゆる内縁関係にあった者を含む。）、子、父母、孫、祖父母及び兄弟姉妹」です。つまり、**生計を維持していなかった者**も、遺族特別支給金の支給を受けることができる**遺族**となります。

E ○ 特別支給金則13条2項。**遺族特別年金**は、遺族補償年金前払一時金が支給されたことにより、遺族補償年金の支給を停止すべき事由が生じた場合であっても、**支給されます**。

【問6】 解答 C

解説

A ○ 労災則14条2項。同一の事由により障害が2以上残った場合であって、1つの障害を除いた**他のすべての障害の障害等級が第14級**であるときは、これらの障害の中で最も**重い方**の障害等級をもって全体の障害等級とします。したがって、設問の場合の（全体の）障害等級は、**第8級**となります。

B ○ 労災則14条3項。併合繰上げによる障害等級の決定方法は、次の①〜③のとおりです。また、障害が3以上残った場合には、そのうちの1番目と2番目に重い障害をもって障害等級の併合の処理を行います。設問の2つの場合（「第6級及び第8級」、「第6級、第7級及び第13級」）は、いずれも②に該当するため、（全体の）障害等級は、**第4級**となります。
①**第13級以上**の障害が2以上：**重い方**の障害等級を**1級繰上げ**
②**第8級以上**の障害が2以上：**重い方**の障害等級を**2級繰上げ**
③**第5級以上**の障害が2以上：**重い方**の障害等級を**3級繰上げ**

C × 労災法15条の2。「障害補償給付」とする記述が誤りです。設問の取扱い（**障害等級の変更**）の対象となるのは、**障害補償年金**です。障害補償一時金は対象

850

となりません。

D ○ 労災法附則58条5項による同法16条の9第1項の準用。

E ○ 労災法附則58条1項。

【問7】 解答▶ A

解説

A × 昭27.8.8基収3208号。設問の日は、待期期間に算入されます。業務上の傷病が当日の**所定労働時間内**に発生し、所定労働時間の一部について労働することができない場合には、その日は、休業補償給付に係る待期期間に**算入されます**。

B ○ 労災法8条の2第2項。休業給付基礎日額に係る年齢階層別の最低限度額及び最高限度額が適用される時期は、**療養を開始**した日から起算して**1年6ヵ月を経過した日以後**です。

C ○ 労災法8条の3第2項。遺族（補償）等年金の額の算定の基礎として用いる給付基礎日額に係る年齢階層別の最低限度額及び最高限度額は、**死亡した労働者**（被災労働者）が死亡しなかったものと仮定した場合における当該被災労働者の**8月1日における年齢**をもって、適用します。

D ○ 労災法14条の2第1号、20条の4第2項、22条の2第2項、同則12条の4第1号。

E ○ 令2基発0821第1号。複数業務要因災害とは、**複数事業労働者の2以上の事業の業務を要因**とする**負傷、疾病、障害又は死亡**をいいます。複数業務要因災害として保険給付が行われるのは、複数事業労働者について、その者を使用する一の事業における業務上の負荷のみでは業務と疾病等との間に因果関係が認められない場合（業務災害とは認められない場合）であって、その者を使用する複数の事業における業務上の負荷を**総合的に評価**すれば業務と疾病等との間に因果関係が認められるときです。

【問8】 解答▶ C

解説

A × 徴収法3条。保険関係成立日は、労災保険の適用事業が**開始された日**です。開始された日の翌日ではありません。

B × 徴収則77条。「その事業の種類にかかわらず」という記述が誤りです。**労災保険関係成立票**を掲げなければならないのは、労災保険に係る保険関係が成立している事業のうち**建設の事業**に係る事業主のみです。

C ○ 整備法5条3項。いわゆる**擬制任意適用事業**についてです。ここでは、①該

当するに至った日の翌日に**任意加入の認可があったとみなされる**こと、②特に**手続きを要しない**ことがポイントです。

D ✕ 整備法8条2項1号。「4分の3以上」ではなく、「**過半数**」の同意を得れば足ります。

E ✕ 整備法5条2項。設問の場合には、労災保険の加入に係る申請をしなければなりません。労災保険暫定任意適用事業の事業主は、その事業に使用される労働者の**過半数**が**希望**するときは、労災保険の加入に係る申請をしなければなりません。

【問9】 解答 D

解説

A ○ 報奨金則2条。

B ○ 徴収則67条2項。

C ○ 徴収則65条。

D ✕ 徴収法33条1項、同則62条2項。小売業を主たる事業とする事業主は、常時使用する労働者数が**50人以下**でなければ、労働保険事務組合に労働保険事務の処理を委託することができません。労働保険事務組合に労働保険事務の処理を委託することができるのは、次表に該当する事業主です。

事業の種類	規模（常時使用する労働者数）
①金融業、保険業、不動産業、小売業	50人以下
②卸売業、サービス業	100人以下
上記①②以外の事業（原則）	300人以下

E ○ 徴収法33条1項。労働保険事務組合に委託することのできない労働保険事務は、次のとおりです。
①**印紙保険料**に関する事務
②労災保険及び雇用保険の**保険給付**に関する請求等に係る事務
③**雇用保険二事業**に係る事務

【問10】 解答 B

解説

A ✕ 徴収法18条、同則29条1項。「30日以内」ではなく、「15日以内」です。認定決定された概算保険料の延納の方法は、一般の概算保険料の場合と同様ですが、

最初の期分の納期限は、当該**認定決定に係る通知を受けた日の翌日**から起算して**15日以内**となります。

B　○　徴収法18条、同則26条、31条。追加徴収に係る概算保険料の延納は、増加概算保険料の延納の方法に準じて行われますが、最初の期分の納期限は、当該**追加徴収に係る通知を発する日**から起算して**30日を経過**した日です。

C　×　徴収法18条、同則30条1項。増加前の概算保険料を延納していない場合には、増加後の概算保険料の額にかかわらず、増加概算保険料を延納することは**できません**。増加概算保険料の延納は、**当初の概算保険料を延納**する事業主に限り、認められます。

D　×　徴収法18条、同則27条1項。延納することができません。**10月1日以後**に保険関係が成立した継続事業については、労働保険事務の処理を労働保険事務組合に委託しているか否かを問わず、当該保険年度における概算保険料を延納することは**できません**。

E　×　徴収法18条、同則28条1項。延納することができません。有期事業について概算保険料の延納が認められるのは、次の①及び②の要件を満たす場合に限られます。設問の有期事業は、①の要件を満たしておらず、概算保険料を延納することができません。

①事業の全期間が**6ヵ月を超える**事業であること。

②次のア又はイのいずれかの要件を満たすこと。

　　ア　概算保険料の額が**75万円以上**の事業であること。

　　イ　労働保険事務組合に**労働保険事務の処理を委託している**事業であること。

雇用保険法（労働保険の保険料の徴収等に関する法律を含む。）

【問1】 解答 C

解説

A ✕ 雇保法14条2項、行政手引50103。通算することができません。過去にすでに受給資格等の決定を受けたことがある場合には、当該受給資格等に係る離職の日以前の被保険者であった期間は、被保険者期間を計算する場合において、通算することができません。当該受給資格等に基づいて基本手当等を受給したか否かは問われません。

B ✕ 行政手引21454。現実に労働した日のことではありません。賃金支払基礎日数に算入される「賃金の支払いの基礎となった日」には、現実に労働した日のほか、労働基準法26条の規定による休業手当が支給された場合における当該休業手当の支給の対象となった日、同法39条の規定による年次有給休暇がある場合における当該休暇の日等も含まれます。

C 〇 雇保法13条1項、同則18条5号、行政手引50152。設問では、引き続き30日以上賃金の支払いを受けることができなかった理由として、「3歳未満の子の育児」が挙げられています。算定対象期間の延長は、このような理由であっても認められますが、これについては、管轄公共職業安定所長がやむを得ないと認めたものでなければなりません。

D ✕ 雇保法20条2項、同則31条の2第1項。「4年」ではなく「2年」です。求職の申込みをしないことを希望する期間の限度が、1年とされているためです。

E ✕ 雇保法20条3項。いずれかを選択するのではありません。設問の場合には、前の受給資格に基づく基本手当は支給されません。つまり、新たに取得した受給資格に基づく基本手当のみを受給することができます。

【問2】 解答 E

解説

A ✕ 雇保法58条1項。公共職業安定所の紹介による就職である場合に限りません。移転費は、受給資格者等が公共職業安定所、特定地方公共団体若しくは職業紹介事業者の紹介した職業に就くため、又は公共職業安定所長の指示した公共職業訓練等を受けるため、その住所又は居所を変更する場合において、所定の要件を満たすときに、支給されます。

B ✕ 雇保則14条の2第1項。雇用保険被保険者休業開始時賃金証明書は、「当該育児休業を開始した日の翌日から起算して10日以内に」、提出するのではありま

せん。被保険者が育児休業給付受給資格確認票・（初回）育児休業給付金支給申請書又は育児休業給付受給資格確認票・出生時育児休業給付金支給申請書の提出をする日までに、提出します。

C × 雇保法61条の４第１項、同則101条の17。対象家族とは、被保険者の**配偶者**、**父母、子、祖父母、兄弟姉妹**及び**孫**並びに**配偶者の父母**をいいます。これらの者であれば、同居や扶養の有無を問いません。

D × 雇保法61条の４第４項、同法附則12条。「100分の50」ではなく、「100分の67」です。介護休業給付金の額は、一支給単位期間について、「**休業開始時賃金日額×支給日数×支給率**」によって算定されます。この支給率は、当分の間、法本来の率である**100分の40**から100分の67に引き上げられています。

E ○ 雇保法61条の７第６項、61条の８第８項。賃金が支払われない支給単位期間について支給される育児休業給付金の額は、①育児休業を開始した日から起算し育児休業給付金（出生時育児休業給付金を含む。）の支給に係る休業日数が通算して**180日に達するまでの間**については「休業開始時賃金日額×支給日数×100分の67」、②その後の期間については「休業開始時賃金日額×支給日数×100分の50」によって算定した額です。

【問3】 解答 B

解説

A ○ 雇保則57条１項。「自己の労働によって収入を得たことにより基本手当が支給されないこととなる日」は、設問の「基本手当の支給の対象となる日」に含まれます。したがって、公共職業安定所長の指示した公共職業訓練等を受けた日のうち、自己の労働によって収入を得たことにより基本手当が支給されないこととなる日についても、受講手当は支給されます。

B × 雇保則59条１項。通所手当は、自動車等を使用する場合であっても、所定の要件を満たせば、支給されます。

C ○ 雇保則60条２項。寄宿手当は、受給資格者が公共職業安定所長の指示した公共職業訓練等を受けるため、その者により生計を維持されている**同居の親族**（以下「親族」という。）**と別居して寄宿**している場合に、当該親族と別居して寄宿していた期間について、支給されます。したがって、受給資格者が親族と別居して寄宿していない日等のある月の寄宿手当の月額は、これらの日数のその月の現日数に占める割合に応じて（**日割り**で）減額されます。

D ○ 雇保法37条１項、行政手引53002。傷病手当は、受給資格者が、離職後公共職業安定所に出頭し、**求職の申込みをした後**において、疾病又は負傷のために職

業に就くことができない場合に、基本手当に代えて支給されるものです。したがって、設問の場合には、傷病手当は支給されません。

E 　○　雇保法37条４項。傷病手当を支給する日数は、受給資格者の**所定給付日数**から当該受給資格に基づきすでに**基本手当を支給した日数**を差し引いた日数です。したがって、設問の受給資格者に対して支給される傷病手当の日数は、最大で30日（＝90日－60日）となります。

【問４】 解答 　A

解説

A 　×　雇保法28条２項。設問の場合には、広域延長給付が優先して行われ、その間は、全国延長給付は行われません。

B 　○　雇保法23条１項２号ロ・４号ロ。設問の者のうち、基準日において32歳の者に係る所定給付日数は**210日**であり、基準日において50歳の者に係る所定給付日数は**270日**です。

C 　○　雇保法22条３項２号。

D 　○　雇保法37条の３第１項。なお、算定対象期間（離職の日以前１年間）については、基本手当の受給資格に係る算定対象期間と同様に、延長措置が設けられています。

E 　○　雇保法37条の４第１項１号。高年齢求職者給付金の額は、算定基礎期間に応じて次のように定められています。

①算定基礎期間が**１年未満**の場合…基本手当の日額の**30日分**に相当する額

②算定基礎期間が**１年以上**の場合…基本手当の日額の**50日分**に相当する額

　なお、失業の認定があった日から受給期限日までの日数が上記①②の日数（30日又は50日）に満たない場合は、当該認定のあった日から受給期限日までの日数分に相当する額となります。

【問５】 解答 　D

解説

A 　×　雇保則75条１項、行政手引90451。「その者の住所又は居所を管轄する公共職業安定所」ではなく、「その者の選択する公共職業安定所」です。**普通給付**に係る失業の認定は、その者の**選択する**公共職業安定所において行われます。

B 　×　雇保法54条１号。「70日分」ではなく、「**60日分**」です。

C 　×　雇保法52条３項。設問の場合に日雇労働求職者給付金が支給されないのは、「その支給を受けた**月及びその月の翌月から３ヵ月間**」です。

D ○ 雇保法附則11条の2第1項。教育訓練支援給付金については、「専門実践教育訓練の**受講を開始した日**において**45歳未満**であること」という年齢要件が設けられています。

E × 雇保法附則11条の2第1項・3項、行政手引58522。「100分の50」ではなく、「100分の80」です。教育訓練支援給付金の額は、「**基本手当日額**と同様に計算して得た額×**100分の80**」の額です。

【問6】 解答 D

解説

A ○ 雇保法15条3項。なお、公共職業安定所長の指示した**公共職業訓練等を受ける受給資格者**に係る失業の認定は、失業の認定日の特例により、**1ヵ月に1回**、**直前の月に属する各日**（すでに失業の認定の対象となった日を除く。）について行われます。

B ○ 雇保法19条3項。

C ○ 雇保法62条1項、63条1項、64条。雇用保険二事業の対象者は、①被保険者、②**被保険者であった者**及び③**被保険者になろうとする者**です。つまり、被保険者（であった者）のみならず、たとえば、学卒未就職者や自営廃業者などもその対象になり得ます。

D × 雇保法60条の2第4項、同則101条の2の7第1号の2、101条の2の8第1項1号の2。「20万円」ではなく、「16万円」です。特定一般教育訓練に係る教育訓練給付金の額は、「受講のために支払った費用の額×**100分の40**」による額（上限額は**20万円**）です。したがって、設問では、前記の計算式によって算定された16万円（＝40万円×100分の40）が、教育訓練給付金として支給されます。

E ○ 雇保法62条1項2号。設問の事業は、雇用安定事業として行われる労働者の再就職を支援するためのものです。具体的には、事業主に対して、労働移動支援助成金が支給されます。

【問7】 解答 E

解説

A × 労審法38条1項。「1ヵ月」ではなく、「**2ヵ月**」です。

B × 雇保法74条1項。「5年」ではなく、「**2年**」です。

C × 雇保則143条。設問の書類のうち、**被保険者に関する書類**の保管期間は、その完結の日から**4年間**です。

D × 雇保法69条1項。設問の者は、雇用保険審査官に対して、審査請求をする

ことが**できません**。

E 〇 雇保法66条6項。国庫は、雇用保険事業に要する費用の一部を一定の割合で負担するほか、毎年度、**予算の範囲内**において、就職支援法事業に要する費用（職業訓練受講給付金に要する費用を除く。）及び雇用保険事業の事務の執行に要する経費を負担します。

【問8】 解答 C

解説

ア × 徴収法2条2項。「臨時に支払われるもの」は、労働保険徴収法における賃金に含まれます。同法において「賃金」とは、賃金、給料、手当、賞与その他名称のいかんを問わず、**労働の対償**として**事業主が労働者に支払うもの**（通貨以外のもので支払われるものであって、厚生労働省令で定める範囲外のものを除く。）をいいます。

イ 〇 徴収法1条。

ウ × 徴収法39条1項、同則70条。国の行う事業については、設問の規定は適用されません。設問は、国の行う事業が二元適用事業に該当するか否かについて問うていますが、国の行う事業は、**二元適用事業に該当しません**。

エ 〇 雇保法附則2条1項2号、同令附則2条。個人経営であって、**常時5人未満の労働者を雇用する水産の事業**は、原則として、雇用保険の暫定任意適用事業となります。ただし、水産の事業のうち、船員法1条に規定する船員が雇用される事業については、雇用される船員の人数にかかわらず、強制適用事業となります。

オ × 徴収法9条、雇保則3条、行政手引22003。設問の認可があったときであっても、雇用保険の被保険者に関する事務については、指定事業の事業主が一括して行うこととはなりません。継続事業の一括が行われた場合であっても、次の①〜③の事務については、当該一括の効果が及ばないため、一括の対象となる事業（それぞれの事業：本社、支社等）ごとに行わなければなりません。設問は、①について問うています。

①雇用保険の**被保険者**に関する事務

②労災保険及び雇用保険の**給付**に関する事務

③**印紙保険料**の納付に関する事務

以上から、正しいものの組合せは、C（イとエ）です。

【問9】 解答▶ B

解説

A ○ 徴収則41条2項。雇用保険印紙の譲渡及び譲受けは、一切認められていません。

B × 徴収法23条2項・3項。例外はあります。印紙保険料の納付は、**雇用保険印紙**によって納付すること（設問の方法）を原則としていますが、**印紙保険料納付計器**によって納付することもできます。

C ○ 徴収法22条1項。

D ○ 徴収則43条2項。事業主は、次の①～③の場合においては、その保有する雇用保険印紙の買戻しを申し出ることができます。設問は、③について、正しい記述です。

① 雇用保険に係る保険関係が消滅したとき
→あらかじめ**所轄公共職業安定所長の確認**が必要

② 日雇労働被保険者を使用しなくなったとき（保有する雇用保険印紙の等級に相当する賃金日額の日雇労働被保険者を使用しなくなったときを含む。）
→あらかじめ**所轄公共職業安定所長の確認**が必要

③ **雇用保険印紙が変更**されたとき
→買戻しの期間は、雇用保険印紙が**変更された日から6ヵ月間**

E ○ 徴収法24条。

【問10】 解答▶ E

解説

A × 徴収法13条、14条1項、14条の2第1項。特別加入保険料（第1種特別加入保険料、第2種特別加入保険料及び第3種特別加入保険料）は、**労災保険のみ**に係る保険料です。

B × 徴収法12条3項。厚生労働大臣が考慮する事情として、「過去3年間の二次健康診断等給付に要した費用の額」が欠落しています。非業務災害率は、過去3年間の**複数業務要因災害**に係る災害率、**通勤災害**に係る災害率、**二次健康診断等給付**に要した費用の額及び厚生労働省令で定めるところにより算定された**複数事業労働者**に係る給付基礎日額を用いて算定した保険給付の額その他の事情を考慮して厚生労働大臣が定めます。

C × 参考：徴収法19条4項。設問の場合において、確定保険料申告書の修正を求めるものとする規定はありません。事業主が提出した確定保険料申告書の**記載に誤りがある**と認めるときは、政府は、確定保険料の額を決定し（**認定決定を行い**）、

これを事業主に通知することとされています。

D　×　徴収法27条１項・２項。「５日以上」ではなく、「10日以上」です。労働保険料その他労働保険徴収法の規定による徴収金を納付しない者があるときは、政府は、期限を指定して**督促しなければなりません**（義務）。この督促は、納付義務者に対して督促状を発することにより行いますが、督促状により指定すべき期限は、**督促状を発する日**から起算して**10日以上経過した日**でなければなりません。

E　○　徴収法19条６項、同則36条１項。

労務管理その他の労働及び社会保険に関する一般常識

【問1】 解答 A

解説

A ✕ 労契法19条、平24基発0810第2号。設問の雇止め法理の規定の対象となるのは、設問の場合に**限られません**。更新されたことがなくても、労働者が、有期労働契約の契約期間の満了時に当該契約が更新されるものと期待することについて合理的な理由が認められる場合も、対象となります。

B ◯ 労契法2条2項、平24基発0810第2号。労働契約法における「使用者」とは、労働契約の**締結当事者**であり、その使用する労働者に対して**賃金を支払う者**をいいます。これは、労働基準法10条の**事業主**に相当するものです。

C ◯ 労契法15条、最判 昭49.3.15日本鋼管事件。最高裁判所の判例によれば、**私生活上の行為**に対しても、会社は、その懲戒権を**及ぼし得る**とされています。

D ◯ 労契法3条4項。

E ◯ 労契法6条、平24基発0810第2号。労働契約は、「労働者が使用者に使用されて労働すること」及び「使用者がこれに対して賃金を支払うこと」についての**労働者及び使用者の合意のみ**により**成立**します。したがって、この合意があれば、労働条件を詳細に定めていなかった場合でも、労働契約そのものは成立します。

【問2】 解答 C

解説

A ◯ 職安法29条1項。

B ◯ 職安法36条1項・2項。

C ✕ 労働施策総合推進法28条1項。設問の届出義務を負うのは、**すべての事業主**です。事業主は、新たに外国人を雇い入れた場合又はその雇用する外国人が離職した場合には、厚生労働省令で定めるところにより、その者の氏名、在留資格、在留期間その他厚生労働省令で定める事項について確認し、当該事項を厚生労働大臣に**届け出なければなりません**。

D ◯ 高年法16条1項、同則6条の2第2項。なお、多数離職届は、1ヵ月以内の期間に**5人以上**の再就職援助対象高年齢者等が定年、解雇等により離職する場合に、事業主が提出すべきものです。

E ◯ 高年法9条1項、平24厚労告560号。

【問3】 解答　B

解説

A　✕　労組法15条3項・4項。「60日前」ではなく、「**90日前**」です。

B　○　労調法37条1項。

C　✕　個別紛争法5条1項。カッコ内の記述が誤りです。個別労働関係紛争解決促進法のあっせんの対象から、労働者の**募集及び採用**に関する事項についての紛争は**除かれています**。

D　✕　労働時間等設定改善法2条1項。設問の規定は、「講じなければならない」とする義務規定ではなく、「講ずるように**努めなければ**ならない」とする努力義務規定です。

E　✕　職能法16条2項。市町村が設置することができるのは、**職業能力開発校**です。職業能力開発短期大学校を設置することはできません。

【問4】 解答　E

解説

A　✕　均等法9条1項・2項。退職理由として予定する定めをすることも禁止されています。事業三は、女性労働者が**婚姻**し、**妊娠**し、又は**出産**したことを**退職理由**として予定する定めをしてはなりません。

B　✕　均等法5条、平18雇児発1011002号。男女雇用機会均等法に違反します。事業主は、労働者の**募集及び採用**について、その**性別**にかかわりなく**均等な機会を与えなければなりません**。募集及び採用について、設問のように男性又は女性一般に対する社会通念や平均的な就業実態等を理由に男女で異なる取扱いをすることは、同法5条に定める「その性別にかかわりなく均等な機会を与え」ることには該当しません。

C　✕　賃確法7条、同令4条1項。「100分の60」ではなく、「100分の80」です。政府は、未払賃金の立替払事業として、未払賃金総額の**100分の80**に相当する額を事業主に代わって弁済します。

D　✕　育介法2条1号・2号。介護休業の申出もすることはできません。育児・介護休業法において、「育児休業」とは、労働者が、その子を養育するためにする休業をいい、「介護休業」とは、労働者が、その要介護状態にある対象家族を介護するためにする休業をいいますが、これらの対象となる労働者から**日々雇用される者**は、**除かれています**。

E　○　パ労法13条。事業主は、その雇用する短時間・有期雇用労働者について、通常の労働者への転換を推進するための措置を**講じなければなりません**。具体的に

は、次の**いずれか**の措置を講ずれば足り、設問は、このうちの②の措置に該当します。

① 通常の労働者の募集を行う場合において、その**募集に係る事項**を事業所に掲示すること等により短時間・有期雇用労働者に**周知**すること。

② 通常の労働者の配置を新たに行う場合において、その配置の希望を**申し出る機会**を短時間・有期雇用労働者に対して**与える**こと。

③ 一定の資格を有する短時間・有期雇用労働者を対象とした通常の労働者への転換のための**試験制度**を設けることその他の措置を講ずること。

【問5】 解答 B

解説

ア ○ 厚生労働省「令和3年度雇用均等基本調査」参照。

イ × 厚生労働省「令和3年度雇用均等基本調査」参照。10～29人規模で最も高くなっています。企業規模が大きくなるほどその割合が高くなっているのではありません。

ウ × 厚生労働省「令和3年度雇用均等基本調査」参照。最も高いのは「事実関係を確認した」です。相談実績又は事案のあった企業のうち、その事案にどのように対応したかをみると（複数回答）、「事実関係を確認した」が90.6%、「被害者に対する配慮を行った」が80.4%、「行為者に対する措置を行った」が76.8%となっています。

エ × 厚生労働省「令和3年労働安全衛生調査（実態調査）」参照。「21.1%」ではなく、「41.1%」です。傷病（がん、糖尿病等の私傷病）を抱えた何らかの配慮を必要とする労働者に対して、治療と仕事を両立できるような取組がある事業所の割合は41.1%となっています。

オ ○ 厚生労働省「令和3年労働安全衛生調査（実態調査）」参照。メンタルヘルス対策に取り組んでいる事業所の割合は59.2%となっており、前回調査（令和2年調査61.4%）より2.2ポイント低下しています。

以上から、正しいものの組合せは、**B（アとオ）**です。

【問6】 解答 D

解説

A × 介保法46条1項。**指定居宅介護支援事業者**の指定は、**市町村長**が行います。都道府県知事ではありません。

B ✕ 介保法27条8項。要介護認定は、常に、その**申請のあった日に**さかのぼってその効力を生じます。市町村が特に必要と認めるときに限るものではありません。なお、要支援認定の効力の発生についても同様です。

C ✕ 介保法27条3項。市町村が意見を求めるのは、要介護認定の申請に係る被保険者の主治の医師に対してです。

D ◯ 介保法121条1項2号。**施設等給付費**についての国の負担割合は、設問のとおり、調整交付金を除き、**100分の15**です。

E ✕ 介保法116条1項・3項。あらかじめ協議するのは、「内閣総理大臣」ではなく、「**総務大臣**その他関係行政機関の長」です。

【問7】 解答 A

解説

A ◯ 高確法47条。後期高齢者医療の対象となる事故(保険事故)は、**高齢者の**疾病、負傷又は死亡です。後期高齢者医療においては、これらについて必要な給付を行います。

B ✕ 高確法9条1項。「5年ごとに、5年を1期」ではなく、「**6年**ごとに、**6年を1期**」です。

C ✕ 高確法50条2号。60歳の者は、後期高齢者医療の被保険者となりません。後期高齢者医療の被保険者となるのは、次の①②のいずれかに該当する者です。設問の者は、いずれにも該当しません。

①後期高齢者医療広域連合の区域内に住所を有する**75歳以上**の者

②後期高齢者医療広域連合の区域内に住所を有する**65歳**以上75歳未満の者であって、政令で定める程度の障害の状態にある旨の当該**後期高齢者医療広域連合の認定**を受けたもの

D ✕ 高確則10条1項。設問の届書の提出期限は、「10日以内」ではなく、「**14日以内**」です。

E ✕ 高確法20条。「45歳以上」ではなく、「**40歳以上**」です。保険者は、特定健康診査等実施計画に基づき、厚生労働省令で定めるところにより、**40歳以上**の加入者に対し、特定健康診査を行います。

【問8】 解答 B

解説

ア ✕ 社労士法2条4項。設問の事務を業として行うことは、社会保険労務士の業務には含まれません。社会保険労務士が業として行う事務には、次の事務は含ま

れません。設問は、このうちの②についてです。

①その事務を行うことが**他の法律**において制限されている事務（弁護士法に規定する法律事務など）

②労働社会保険諸法令に基づく**療養の給付**及びこれに相当する給付の費用についてこれらの給付を担当する者のなす請求に関する事務（医療機関が行う医療費請求の事務）

イ ○　社労士法2条1項1号の6・2項。

ウ ○　社労士法19条1項、同則15条。

エ ×　社労士法25条の3、参考：同法30条、同則34条。懲戒処分に係る厚生労働大臣の権限は、全国社会保険労務士会連合会に委任されていません。社会保険労務士の懲戒処分は、**厚生労働大臣**が行います。

オ ○　社労士法5条3号。懲戒処分により社会保険労務士の失格処分を受け、その処分を受けた日から**3年を経過していない**ことは、欠格事由に該当します。したがって、設問の者は、社会保険労務士となる資格を有しません。

以上から、誤っているものの組合せは、**B（アとエ）**です。

【問9】 解答▶ B

解説

A ○　特定障害者給付金法6条。

B ×　年金生活者支援給付金法17条1項。「市町村長」ではなく、「厚生労働大臣」です。年金生活者支援給付金法による給付の支給要件に該当する者は、給付の支給を受けようとするときは、**厚生労働大臣**に対し、その受給資格及び給付の額について認定の請求をしなければなりません。

C ○　社会保障協定は、年金制度への二重加入の防止と、両国間で年金加入期間を通算することによる年金受給権の確保などを目的として締結される2国間の協定です。我が国においては、**平成12年2月にドイツ**との間で、初めて社会保障協定が発効しました。なお、令和4年9月1日現在では、22ヵ国との間で協定が発効しています。

D ○　平成24.8.22法律63号。被用者年金一元化は、今後の少子高齢化の進展等に備えて、年金制度の安定性を高めること及び年金制度の公平性を確保することを通じて、公的年金に対する国民の信頼を高めることを目的として、**平成27年10月1日**から行われました。この結果、従来、共済年金に加入していた公務員や私立学校教職員が厚生年金保険の被保険者となりました。

E ○ 平19.7.6法律109号、平20.12.19政令387号。平成22年1月1日に、旧社会保険庁が廃止され、政府が管掌する公的年金事業の運営を担う非公務員型の公法人である日本年金機構が設立されました。

【問10】 解答 C

解説

A ○ 確定拠出法57条1項。

B ○ 確定拠出法63条1項。

C × 確定拠出法19条1項。掛金の拠出は、「毎月1回」ではなく、「年1回以上」、行います。企業型年金の掛金は、事業主が、**年1回以上、定期的**に拠出します。

D ○ 国保法116条。

E ○ 高確法67条1項。療養の給付に係る一部負担金の割合は、原則として**100分の10**であり、現役並み所得者は、**100分の30**とされていました。これが、令和4年10月1日施行の改正により、100分の10とされていた者のうち一定以上の所得（課税所得が28万円以上かつ年収200万円以上など）である者について、**100分の20**とされました。

健康保険法

【問1】 解答 A

解説

A ✕ 健保法16条2項、同令10条3項。健康保険組合の規約の変更（一定の事項に係るものを除く。）の議事は、**組合会議員の定数の3分の2以上の多数**で決します。「出席した組合会議員の過半数」で決するのではありません。

B ○ 健保法8条。

C ○ 健保法28条1項・2項、同令30条1項。健康保険事業の収支が均衡しない健康保険組合であって、政令で定める要件に該当するものとして厚生労働大臣の指定を受けたものを指定健康保険組合といいます。指定健康保険組合は、**健全化計画**を定め、**厚生労働大臣の承認**を受けなければなりません。

D ○ 健保法7条の11第3項・4項。全国健康保険協会の理事の任命は、**理事長**が行います。理事を任命したときは、理事長が、**遅滞なく**、これを**厚生労働大臣に届け出る**とともに、**公表**しなければなりません。

E ○ 健保法7条の30。全国健康保険協会の各事業年度に係る業績評価は、**厚生労働大臣**が行います。厚生労働大臣は、この業績評価を行ったときは、**遅滞なく**、全国健康保険協会に対し、評価の結果を**通知**するとともに、これを**公表**しなければなりません。

【問2】 解答 E

解説

A ○ 健保法1条。

B ○ 健保法53条。**健康保険組合**は、規約で定めるところにより、付加給付（その他の給付）を行うことができます。

C ○ 健保法57条2項。保険給付を受ける権利を有する者が第三者から同一の事由について損害賠償を受けたときは、保険者は、その**価額の限度**において、**保険給付を行う責め**を免れます。

D ○ 健保法119条。

E ✕ 健保則1条の2第1項、2条1項。「20日以内」ではなく、「10日以内」です。同時に2以上の事業所に使用される場合において、保険者が2以上あるときは、被保険者は、その者の保険を管掌する**保険者を選択**しなければなりません。この選択は、同時に2以上の事業所に使用されるに至った日から**10日以内**に、届書を、全国健康保険協会を選択しようとするときは厚生労働大臣に、健康保険組合

を選択しようとするときは健康保険組合に提出することによって行います（保険者の選択の届出）。

【問3】 解答▶ C

解説

A ○ 平4.3.31保険発38号・庁文発1244号。適法に就労する外国人は、日本人と同様に取り扱われます。したがって、適用事業所に常時使用される場合は、被保険者となります。

B ○ 健保法75条の2第1項。

C × 昭17.2.27社発206号。設問の場合は、療養の給付は行われません。**正常分娩**の場合において受けた医師の手当は、**療養の給付の対象とならない**ためです。なお、これに対し、異常分娩の場合において保険医療機関において受けた手当は、療養の給付の対象となります。

D ○ 昭26.10.16保文発4111号。療養の給付その他の傷病に関する保険給付は、被保険者の疾病又は負傷に関して行われます。また、被保険者の**資格取得が適正**である限り、その**資格取得前**の疾病又は負傷に関しても、被保険者として受けることのできる期間、保険給付が行われます。

E ○ 健保則47条3項。新たに被保険者の資格を取得した被保険者（任意継続被保険者を除く。）に対する被保険者証の交付は、事業主を経由して行われますが、**保険者が支障がないと認めるとき**は、事業主を経由せず、被保険者に直接送付することができることとされています。

【問4】 解答▶ D

解説

A ○ 昭2.3.11保理1085号。傷病手当金に係る待期は、同一の疾病又は負傷について**1回満たす**ことで足ります。したがって、すでに待期を満たして傷病手当金の支給を受けていた被保険者が、いったん労務に服し、その後同一の疾病又は負傷について再度労務不能となった場合には、**再度の待期の適用はなく**、当該労務不能となった日から、傷病手当金が支給されます。

B ○ 昭29.12.9保文発14236号。設問の場合は、労務不能と認められないため、傷病手当金は支給されません。

C ○ 健保法137条。日雇特例被保険者本人の出産に関する保険給付（出産育児一時金・出産手当金）に係る保険料納付要件は、「出産の日の属する月の**前4ヵ月間に通算して26日分以上**の保険料が納付されていること」です。

D　×　健保法108条３項。「障害厚生年金の支給事由にかかわらず」とする記述が誤りです。傷病手当金と障害厚生年金との支給調整が行われるのは、同一の傷病につき障害厚生年金の支給を受けることができるときです。

E　○　健保法105条１項。次のいずれかに該当する場合は、資格喪失後の死亡に関する給付が行われます。設問は③についてですが、この場合には、資格喪失前の被保険者であった期間の長短は問われません。

①傷病手当金又は出産手当金の継続給付を受けている者が死亡したとき。

②傷病手当金又は出産手当金の継続給付を受けていた者が、その給付を受けなくなった日後３ヵ月以内に死亡したとき。

③上記①②以外の被保険者であった者がその資格を喪失した日後３ヵ月以内に死亡したとき。

【問5】 解答 C

解説

A　×　健保法42条１項２号。日、時間、出来高又は請負によって報酬が定められる者の被保険者の資格取得時の標準報酬月額は、原則として、被保険者の資格を取得した月前１ヵ月間に、当該事業所で、同様の業務に従事し、かつ、同様の報酬を受ける者が受けた報酬の額を平均した額を報酬月額として決定されます。

B　×　健保法41条１項、昭36.1.26保発４号。設問の事業所においては、３月20日締切分、４月20日締切分及び５月20日締切分の賃金が、定時決定に係る報酬月額の算定の基礎となります。定時決定の対象となる７月１日前「３ヵ月間に受けた報酬」とは、現実にその３ヵ月間に受けた報酬を指します。たとえば、設問の事業所のように、３月20日締切分（２月21日から３月20日までの間に提供された労働）の賃金を４月５日に支払う場合には、これを４月に受けた報酬として取り扱います。したがって、設問の事業所においては、３月20日締切分、４月20日締切分、５月20日締切分の賃金が、４月、５月、６月の３ヵ月間に受けた報酬となります。

C　○　昭36.1.26保発４号等。随時改定が行われるためには、固定的賃金が変動していなければなりません。残業手当は、非固定的賃金に該当するため、これが変動したのみでは、随時改定の対象とはなりません。

D　×　健保法43条の２第２項。「１ヵ月」ではなく、「２ヵ月」を経過した日の属する月の翌月です。育児休業等を終了した際の改定は、育児休業等終了日の翌日から起算して２ヵ月を経過した日の属する月の翌月から、行われます。なお、有効期間については、正しい記述です。

E　×　健保法43条１項、昭36.1.26保発４号。随時改定は行われません。第49級の

標準報酬月額に該当する者について昇給等が行われ、報酬月額が「**1,415,000円以上**」となった場合は、**実質的に２等級以上の差**が生じたものとして、随時改定（第49級から第50級への改定）が行われます。設問の場合は、昇給後の報酬月額が1,355,000円であるため、これに該当しません。

【問6】 解答 C

解説

A ○ 健保法85条の２第３項。厚生労働大臣が**生活療養**に関する費用の額の**基準**を定めようとするときの諮問先は、中央社会保険医療協議会です。

B ○ 健保法85条８項、同則62条。保険医療機関等である病院又は診療所は、食事療養に要した費用の支払いをした被保険者に対して、**領収証を交付しなければな**りません。この領収証には、被保険者から支払いを受けた費用の額のうち、食事療養標準負担額とその他の費用の額とを区分して記載する必要があります。

C × 健保法63条２項１号、85条の２第１項。「60歳」ではなく、「65歳」です。

D ○ 平８厚告203号。生活療養標準負担額とは、食費、光熱水費等の費用について被保険者が負担する額であり、１日についての**370円**は、いわゆる居住費に相当するものです。なお、食費については、１日３食が限度とされます。

E ○ 平6.9.9保険発119号・庁保険発９号。移送費は、次のいずれにも該当すると保険者が認める場合に支給されます。設問の場合には、これらの要件をすべて満たしたものとして、移送費が支給されます。

①移送により法に基づく**適切な療養**を受けたこと。

②移送の原因である疾病又は負傷により移動をすることが**著しく困難**であったこと。

③**緊急その他やむを得なかった**こと。

【問7】 解答 B

解説

A × 健保法３条３項２号。厚生労働大臣の認可を受ける必要はありません。設問の事業所は、強制適用事業所に該当するため、法律上当然に適用事業所となります。法人の事業所は、**常時**（１人でも）**従業員を使用**していれば、業種にかかわらず、強制適用事業所に該当します。

B ○ 健保法34条１項。

C × 健保法31条。「４分の１以上の同意」ではなく、「**2分の１以上の同意**」です。

D × 健保法３条３項。強制適用事業所となりません。農林水産業はいわゆる**非適**

用業種に該当するため、農林水産業の事業所が**個人経営**である場合は、その使用する**従業員数にかかわらず**、強制適用事業所となりません。

E　✕　健保法32条、36条。設問の場合には、被保険者の資格は喪失しません。強制適用事業所が従業員の減少等により強制適用事業所の要件に該当しなくなったときは、その事業所について任意適用事業所となるための認可があったものとみなします（**擬制任意適用事業所**）。つまり、自動的に（手続きを要せずに）任意適用事業所となるため、当該事業所に使用される被保険者の資格は継続します（喪失しない。）。

【問8】 解答▶ D

解説

ア　〇　健保法36条1号、110条1項、昭27.10.3保文発5383号。家族療養費を含む被扶養者に関する保険給付は、被保険者に対して支給されます。したがって、被保険者が死亡した場合には、当該被保険者が**死亡した日の翌日**（被保険者の資格を喪失した日）以後、被扶養者に関する保険給付は支給されません。

イ　〇　健保法110条2項1号ロ、111条2項。被扶養者が**6歳に達する日以後の最初の3月31日以前**である場合における家族訪問看護療養費の支給割合は、指定訪問看護につき算定した費用の額の100分の80です。

ウ　✕　健保法37条1項、昭2.2.1保理330号。任意継続被保険者の資格の取得日は、「**被保険者**（一般の被保険者）**の資格を喪失した日**」です。つまり、**さかのぼって**資格を取得するのであって、申出をした日から取得するのではありません。

エ　〇　健保法38条7号。任意継続被保険者は、任意継続被保険者でなくなることを希望する旨を**保険者に申し出る**ことにより、その資格を喪失することができます。なお、この場合の資格喪失の時期は、**申出が受理された日の属する月の末日の翌日**（申出が受理された日の属する月の翌月1日）です。

オ　✕　健保法114条。被保険者の被扶養者である子が出産したときも、家族出産育児一時金は支給されます。家族出産育児一時金は、被保険者の**被扶養者が出産**したときに支給されるものです。

以上から、誤っているものの組合せは、D（ウとオ）です。

【問9】 解答 C

解説

A × 健保法161条2項、昭2.2.18保理578号。設問の場合であっても、事業主は、自己の負担すべき保険料の額だけでなく、被保険者の負担すべき保険料の額も合わせた保険料の全額を納付する義務を負います。事業主には、その使用する**被保険者及び自己の負担する保険料を納付する義務**があり、この義務は、被保険者に支払う報酬がないため保険料を控除することができない場合や、報酬から控除した保険料の額が被保険者の負担すべき額に満たない場合であっても、免れません。

B × 健保法170条2項。追徴金の額は、決定された保険料額の「**100分の25**」に相当する額です。

C ○ 健保法72条。

D × 健保法173条1項。日雇拠出金は、「日雇特例被保険者を使用する事業主」からではなく、「日雇特例被保険者を使用する事業主の設立する健康保険組合」（**日雇関係組合**）から徴収します。日雇拠出金は、保険料等とともに、日雇特例被保険者に係る健康保険事業に要する費用（前期高齢者納付金等及び後期高齢者支援金等並びに介護納付金の納付に要する費用を含む。）に充てられます。

E × 保険医療機関及び保険医療養担当規則9条。保存期間は、帳簿及び書類その他の記録については**3年間**、患者の診療録については**5年間**です。

【問10】 解答 C

解説

ア × 健保法126条1項。日雇特例被保険者手帳の交付の申請は、**厚生労働大臣**に対して行います。全国健康保険協会に対して行うのではありません。

イ ○ 健保法40条1項。

ウ ○ 健保法3条5項、108条1項、昭10.4.20保規123号。疾病にかかり、又は負傷した場合において報酬の全部又は一部を受けることができる者に対しては、これを受けることができる期間は、原則として、傷病手当金は支給されません。設問の傷病見舞金は、恩恵的に支給されるものであり、労務の対償ではない（**報酬に該当しない**）ため、傷病手当金との調整は行われません。

エ × 健保法193条1項、昭3.7.6保発514号。設問の消滅時効の起算日は、その**保険料を納付した日の翌日**です。

オ × 健保法附則3条4項。特例退職被保険者の標準報酬月額に係る範囲を定めるにあたって、「前年の全被保険者の標準賞与額を平均した額の12分の1に相当する額」は、考慮されません。特例退職被保険者の標準報酬月額については、「当該

特定健康保険組合が管掌する前年（１月から３月までの標準報酬月額については、前々年）の**９月30日**における**特例退職被保険者以外の全被保険者**の同月の標準報酬月額を平均した額」の範囲内においてその**規約**で定めた額を標準報酬月額の基礎となる報酬月額とみなしたときの標準報酬月額とされます。

以上から、誤っているものは三つであるため、正解は**C**です。

厚生年金保険法

【問1】 解答 E

解説

A ✕ 厚年則14条の3第1項。「10日以内」ではなく、「5日以内」です。適用事業所が初めて特定適用事業所となったときは、当該事業所の事業主は、**5日以内**に、届書を日本年金機構に提出しなければなりません。

B ✕ 厚年則29条の2。設問の船長等の代理に関しては、届出は不要です。

C ✕ 参考：厚年則33条。在職老齢年金の仕組みによる支給停止に関し、届書を提出する旨の規定はありません。

D ✕ 厚年則47条の3第1項。「その該当する障害等級を問わず」とする記述が誤りです。設問の「配偶者を有するに至ったときの届出」は、**障害等級1級又は2級**の障害の状態にある障害厚生年金の受給権者が行う届出です。

E ◯ 厚年則32条。

【問2】 解答 C

解説

A ✕ 厚年法37条1項。年金たる保険給付のみではありません。障害手当金や脱退一時金（すでに請求が行われているものに限る。）等の**一時金たる保険給付**も未支給の保険給付に関する規定の対象となります。

B ✕ 厚年法41条1項。差し押さえることもできません。国税滞納処分（その例による処分を含む。）により差し押さえることができるのは、**老齢厚生年金**及び**脱退一時金**を受ける権利です。

C ◯ 厚年法39条の2、同則89条の2第1号。充当は、年金たる保険給付の受給権者が**死亡**し、保険給付の**過誤払い**が行われた場合において、その返還金債権に係る債務の弁済をすべき者が次の保険給付の受給権者であるときに、行われます。設問は、①に該当します。

①年金たる保険給付の受給権者の死亡を支給事由とする**遺族厚生年金**

②遺族厚生年金の受給権者が死亡した場合における当該遺族厚生年金と同一の支給事由に基づく**遺族厚生年金**

D ✕ 厚年法88条。地方税と同順位ではありません。保険料その他厚生年金保険法の規定による徴収金の先取特権の順位は、**国税及び地方税に次ぐ**ものとされています。これは、健康保険法、国民年金法等においても同様です。

E ✕ 厚年法95条。「実施機関又は事業主」ではなく、「**実施機関又は受給権者**」

です。

【問3】 解答 B

解説

A ○ 厚年法附則9条の2第2項1号、平16法附則36条1項等。

B × 厚年法附則7条の5第1項。支給が停止される額は、「1万8,000円」ではなく、「9,000円」です。設問の場合は、標準報酬月額がみなし賃金日額に30を乗じて得た額の100分の50（＝15万円÷30万円）となり、**100分の61未満であること**から、その月分の老齢厚生年金の額について、標準報酬月額に100分の6を乗じて得た額が支給停止となります。したがって、支給停止となる額は、9,000円（＝15万円×100分の6）です。

C ○ 厚年法43条1項、昭60法附則59条1項、同別表第7。

D ○ 厚年法附則11条の5による法附則7条の4の準用、同令6条の4。特別支給の老齢厚生年金と基本手当との調整が行われる場合は、調整対象期間に属する各月について、老齢厚生年金の支給が停止されます。この支給停止の例外として、**基本手当の支給を受けた日とみなされる日**及びこれに**準ずる日**（待期期間又は給付制限期間に属する日）が**1日もない月**については、調整対象期間であっても、老齢厚生年金の支給は停止されません。給付制限期間に属する日が1日でもあれば例外に該当しないため、設問のように給付制限期間であることにより基本手当が支給されない月についても、老齢厚生年金の支給は停止されます。

E ○ 厚年法附則7条の4第3項。事後精算は、次の計算式による数（支給停止解除月数）が**1以上**であるときに、その数に相当する月数分の直近の各月について行われます。

> 支給停止月数 −（基本手当の支給を受けた日とみなされる日数÷30）
> ※（　）内の計算式の1未満の端数は1に切上げ

設問をこれにあてはめると、「5 −（100÷30）＝1」となります。事後精算により、年金停止月（老齢厚生年金の支給が停止された月）のうち、直近の1ヵ月について、老齢厚生年金の支給停止が行われなかったものとみなされます（さかのぼって支給停止が解除される。）。

【問4】 解答 B

解説

A ○ 厚年法66条2項。配偶者と子が遺族厚生年金の受給権を有する場合であっ

て、**子のみ**が遺族基礎年金の受給権を有するときは、その間、**配偶者**に対する遺族厚生年金の**支給が停止**されます。

B　×　厚年法56条３号。所定の要件を満たせば、支給されます。障害手当金が支給されないのは、障害手当金に係る傷病と同一の傷病について、労災保険法による障害補償給付等を受ける権利を有する者です。

C　○　厚年法59条１項。

D　○　厚年法51条。障害厚生年金の額については、当該障害厚生年金の支給事由となった障害に係る**障害認定日の属する月後**における被保険者であった期間は、その計算の**基礎とされません**。つまり、計算の基礎とされるのは、**障害認定日の属する月まで**の被保険者であった期間です。これは、事後重症による障害厚生年金の額についても同様であり、設問の場合は、障害認定日の属する月である**令和元年８月まで**の被保険者であった期間が、その計算の基礎とされます。

E　○　厚年法59条１項２号。

【問5】 解答　C

解説

A　○　厚年法85条４号。

B　○　厚年法84条１項。

C　×　厚年法82条３項、同令４条４項。設問の場合には、船舶所有者が、被保険者に係る**保険料の半額を負担**し、当該保険料及び当該被保険者の負担する保険料を**納付する義務**を負います。船舶所有者以外の事業主は、保険料を負担する必要はなく、保険料を納付する義務も負いません。

D　○　厚年法83条１項。保険料を全額自己負担する高齢任意加入被保険者に係る保険料の納期限は、**翌月末日**です。厚生年金保険の保険料の納期限は、第４種被保険者に係るもの（その月の10日）を除き、すべて翌月末日です。

E　○　厚年法83条２項。

【問6】 解答　C

解説

A　○　厚年法附則12条。

B　○　厚年法86条３項。

C　×　厚年法52条の２第１項。設問の場合は、前後の障害を併合した障害の程度に応じて、障害厚生年金の額が改定されます。後発の障害について障害基礎年金のみの受給権が発生し、障害基礎年金について**併合認定**が行われた場合には、障害

基礎年金と障害厚生年金の障害等級が**同じもの**となるように、障害厚生年金の額が**改定されます**。

D　◯　厚年法78条の35第１項。

E　◯　厚年法96条２項。

【問7】 解答▶ D

解説

ア　✕　厚年法46条６項。設問の場合は、配偶者に係る加給年金額に相当する部分の支給が停止されます。配偶者に係る加給年金額は、当該配偶者が①**老齢厚生年金**（その年金額の計算の基礎となる被保険者期間の月数が**240以上**であるものに限る。）、②**障害厚生年金**、国民年金法による**障害基礎年金**、③その他政令で定める老齢、退職又は障害を支給事由とする年金たる給付の支給を受けることができるときは、その間、その支給が停止されます。

イ　✕　厚年法44条２項。設問の場合において、「224,700円に改定率を乗じて得た額」となるのは、配偶者及び子のうち２人であり、「74,900円に改定率を乗じて得た額」となるのは、子のうち１人です。

ウ　✕　厚年法44条１項・４項８号～10号。老齢厚生年金の加給年金額が再度加算されることはありません。子に係る加給年金額が20歳まで加算されるのは、子について、18歳に達した日以後の最初の３月31日（18歳年度末）が終了したときに、障害等級の１級又は２級に該当する障害の状態にある場合です。設問のように、18歳年度末終了後20歳前に障害の状態となっても、加給年金額は加算されません。

エ　◯　厚年法附則８条、８条の２第１項。

オ　◯　厚年法43条２項、同法附則９条。在職定時改定の規定は、**65歳以上**の老齢厚生年金の受給権者に限り、適用されます。

以上から、正しいものの組合せは、**D（エとオ）**です。

【問8】 解答▶ A

解説

A　✕　昭60法附則73条１項。設問の65歳以上の妻については、次の①②の要件を満たせば、遺族厚生年金の額に経過的寡婦加算が行われます。妻が老齢基礎年金の受給権を有しているか否かは問われません。

①妻が**昭和31年４月１日以前**生まれであること。

②夫の死亡が長期要件に該当する場合は、**中高齢寡婦加算**に係る死亡した夫の要

件（被保険者期間の月数が240以上であること）を満たしていること。

B　○　厚年法58条1項。

C　○　厚年法58条1項3号。

D　○　厚年法59条1項・2項。遺族厚生年金の受給順位において、**配偶者と子は同順位**です。したがって、配偶者及び子がそれぞれ要件を満たすときは、当該**配偶者及び子**は、遺族厚生年金の受給権を取得します。

E　○　厚年法62条1項。

【問9】　解答　B

解説

A　○　厚年令3条の12の4。対象期間とは、婚姻期間等（日を単位）であり、対象期間に係る被保険者期間とは、標準報酬の改定又は決定が行われる月を単位とする期間です。対象期間に係る被保険者期間は、原則として、対象期間の**初日の属する月**から対象期間の**末日の属する月の前月**までをいいます。したがって、設問の場合の対象期間に係る被保険者期間は、**平成25年9月から令和5年2月まで**となります。

B　×　厚年法78条の10第2項。額の改定は行われます。障害厚生年金の受給権者について、その額の計算の基礎となる被保険者期間に係る標準報酬が合意分割制度により改定され、又は決定されたときは、改定又は決定後の標準報酬を基礎として障害厚生年金の額が改定されますが、設問のように**300月みなしが適用されている障害厚生年金については、離婚時みなし被保険者期間（新たに決定された標準報酬に係る期間）は、その**計算の基礎とされません**。設問の場合に障害厚生年金の額の計算の基礎となるのは、障害認定日の属する月である**平成29年8月以前**の被保険者期間です。そのうち離婚時みなし被保険者期間である平成28年4月以後の期間は計算の基礎とされませんが、平成20年6月から**平成28年3月まで**の各月について**改定**された標準報酬を基礎として、障害厚生年金の**額が改定**されます。

C　○　厚年法78条の3第1項。請求すべき按分割合は、「①当事者それぞれの対象期間標準報酬総額の合計額」に対する「②**第2号改定者**の対象期間標準報酬総額」の割合を**超え2分の1以下**の範囲内で定められなければなりません。設問の場合は、①が1億円、②が2,500万円であり、①に対する②の割合は4分の1となりますので、請求すべき按分割合は、**4分の1を超え2分の1以下**の範囲内で定められなければなりません。

D　○　厚年法78条の6第1項。改定割合は、第1号改定者の改定前の標準報酬のうち**第2号改定者に分割する割合**です。設問の場合は、44万円の4分の1（＝11

万円）を分割しますので、分割（改定）後の標準報酬月額は、第１号改定者については**33万円**、第２号改定者については**41万円**となります。

E　○　厚年法附則17条の10、29条１項。離婚時みなし被保険者期間は、**脱退一時金**の支給要件となる被保険者期間（６ヵ月以上）に**含まれません**。したがって、被保険者期間のすべてが離婚時みなし被保険者期間である設問の者は、脱退一時金の支給を請求することができません。

【問10】 解答 D

解説

A　○　厚年法63条１項・２項。

B　○　厚年法63条１項２号。「婚姻をしたこと」は、遺族厚生年金の受給権を有するすべての者に共通する失権（受給権の消滅）事由です。ここでいう婚姻には、届出をしていないが、**事実上婚姻関係と同様の事情にある場合が含まれます**。

C　○　厚年法76条１項。

D　×　厚年法74条。設問の場合に減額改定を行うことはできません。この場合には、**増額改定を行わない**ことができます。

E　○　昭60法附則56条６項。受給権者が65歳に達している場合は、「**遺族厚生年金**」と「旧厚生年金保険法の**老齢年金×２分の１**」が併給されます。言い換えれば、設問のとおり、老齢年金の残りの２分の１について、支給が停止されることとなります。

国民年金法

【問1】 解答▶ D

解説

ア ✕ 国年法30条の２第１項。「60歳」ではなく、「65歳」に達する日の前日までです。事後重症による障害基礎年金の受給権は、障害認定日において障害等級に該当する程度の障害の状態になかった者が、**障害認定日後65歳に達する日の前日**までの間において、その傷病により当該障害の状態に該当し、かつ、その期間内（障害認定日後65歳に達する日の前日までの間）に請求することにより、発生します。

イ ✕ 国年法30条の３第２項。保険料納付要件は、**基準傷病**について満たしていれば足り、すべての傷病について満たしている必要はありません。

ウ ○ 国年法36条の３第１項。基準障害による障害基礎年金の支給停止事由に、受給権者の所得を理由とするものはありません。受給権者の所得によって支給が停止されることがあるのは、**20歳前の傷病による障害基礎年金**のみです。

エ ✕ 国年法36条１項。支給が停止される期間は、「６年間」です。「当該障害基礎年金の合計額が当該障害補償の額に達するに至るまでの期間」ではありません。障害基礎年金は、その受給権者が同一の傷病による障害について、**労働基準法**の規定による**障害補償**を受けることができるときは、**６年間**、その支給が停止されます。

オ ✕ 国年法30条１項、30条の４第１項。設問の場合は、障害認定日には、20歳前の傷病による障害基礎年金の受給権は発生しません。障害認定日（遅くとも、初診日から起算して１年６ヵ月を経過した日）において20歳に達していないためです。20歳前の傷病による障害基礎年金のうち、いわゆる当然支給型の受給権が発生するのは、次の①②の区分に従い、それぞれに掲げる日です。設問は①に該当するため、受給権が発生するのは、20歳に達した日となります。
①**障害認定日以後に20歳に達したとき**……………**20歳に達した日**
②障害認定日が**20歳に達した日後**であるとき……**障害認定日**

以上から、誤っているものは四つであるため、正解は**D**です。

【問2】 解答▶ B

解説

A ✕ 国年法101条１項、同法附則９条の３の２第５項。設問の処分のうち、**保険**

料その他徴収金に関する処分に不服がある者は、**社会保険審査官**に対して**審査請求**をし、その決定に不服がある者は、社会保険審査会に対して再審査請求をすることができます。直接社会保険審査会に対して審査請求をすることはできません。

B　〇　国年法18条3項。

C　×　国年法135条。厚生労働大臣の認可を受けなければなりません。国民年金基金は、次の理由により解散しますが、①②の理由により解散しようとするときは、**厚生労働大臣の認可**を受けなければなりません。

①代議員の**定数の4分の3以上の多数**による代議員会の議決

②国民年金基金の**事業の継続の不能**

③厚生労働大臣による**解散の命令**

D　×　国年法137条の17第1項、基金令45条1項。「20年」ではなく、「15年」です。中途脱退者とは、次の要件をすべて満たす者をいいます。

①国民年金基金の加入員の資格を喪失していること。

②加入員資格を喪失した日において当該国民年金基金が支給する年金の受給権を有していないこと。

③当該国民年金基金の加入員期間が**15年**に満たないこと。

E　×　国年法96条3項。督促状による指定期限は、**督促状を発する日から起算して10日以上**を経過した日でなければなりません。14日以上ではありません。

【問3】 解答▶ D

解説

ア　〇　国年法附則5条8項4号。

イ　〇　平6法附則11条3項・4項、平16法附則23条3項・4項。

ウ　×　国年法9条6号。資格を喪失するのは、「その死亡した日」ではなく、「その死亡した日の翌日」です。設問の者は、第2号被保険者の死亡により**被扶養配偶者でなくなる**ため、**その日の翌日**に、第3号被保険者の資格を喪失します。

エ　×　国年法7条1項2号、同法附則3条。設問の者は、第2号被保険者の資格を取得しません。**65歳以上の厚生年金保険の被保険者は、老齢給付等の受給権を有しない**ときに限り、第2号被保険者となります。設問の者は、老齢給付等の受給権を有しているため、厚生年金保険の被保険者の資格を取得しても、第2号被保険者となりません。

オ　〇　国年法9条2号。

以上から、誤っているものの組合せは、**D（ウとエ）**です。

【問4】 解答 B

解説

A ✕ 国年法27条4号・5号。「480から保険料納付済期間の月数を控除して得た月数」とする記述が誤りです。平成21年4月以後の保険料半額免除期間の月数のうち、4分の3に相当する月数が老齢基礎年金の額の計算の基礎とされるのは、「480から**保険料納付済期間の月数**及び**保険料4分の1免除期間の月数**を合算した月数」を控除して得た月数です。つまり、「480－（保険料納付済期間の月数＋保険料4分の1免除期間の月数）」までの月数は4分の3と評価し、これを超える月数は4分の1と評価します。

B 〇 国年法26条。老齢基礎年金は、次の①～③の要件をすべて満たす者に支給されます。設問の者は、保険料納付済期間と保険料免除期間とを合算した期間を12年有し（②の要件を満たし）、かつ、①③の要件も満たしています。

①保険料納付済期間又は保険料免除期間（学生納付特例及び納付猶予による期間を**除く**。）を有すること。

②**保険料納付済期間**と**保険料免除期間**とを合算した期間が**10年以上**ある（受給資格期間を満たしている）こと。

③**65歳に達した**こと。

C ✕ 昭60法附則8条5項8号。「65歳未満」ではなく、「60歳未満」です。国会議員であった期間のうち、合算対象期間に算入されるのは、昭和36年4月1日から**昭和55年3月31日**までの期間であって、**60歳未満**の期間です。

D ✕ 国年法29条。日本国内に住所を有しなくなっても、老齢基礎年金の受給権は消滅しません。老齢基礎年金の受給権が消滅するのは、受給権者が**死亡**したときのみです。

E ✕ 国年法28条1項。支給繰下げの申出をすることができます。老齢基礎年金の支給繰下げの申出をすることができないのは、①**65歳に達したときに他の年金たる給付**（障害基礎年金等）の受給権者であった者及び②**65歳に達した日から66歳に達した日までの間**において**他の年金たる給付**の受給権者となった者です。設問の障害基礎年金は、65歳に達したときにその受給権が消滅しているため、上記①②に該当せず、老齢基礎年金の支給繰下げの申出をすることができます。

【問5】 解答 E

解説

A 〇 国年法25条。**老齢基礎年金**及び**付加年金**は、公課の禁止の例外として、租税その他の公課の対象となります。

B ○ 国年法69条。

C ○ 国年法73条。

D ○ 国年法18条1項、49条1項、51条。寡婦年金の支給期間は、夫の死亡当時の妻の年齢に応じて、次のとおり定められています。設問の妻は、夫の死亡当時の年齢が60歳以上であるため、支給開始の時期は、「夫の死亡日の属する月の翌月」であり、支給の終了時期は、「65歳に達した日の属する月」です。

妻の年齢	支給の開始時期	支給の終了時期
60歳未満	60歳に達した日の属する月の翌月から	65歳に達した日の属する月まで
60歳以上	夫の死亡日の属する月の翌月から	

E × 国年法49条1項。「死亡日の属する月の前々月まで」ではなく、「死亡日の属する月の前月まで」です。寡婦年金に係る死亡した夫の保険料の納付に係る要件は、死亡日の**前日**において、**死亡日の属する月の**前月までの第1号被保険者（原則による任意加入被保険者を含む。）としての保険料納付済期間と保険料免除期間とを合算した期間が**10年以上**であることです。

【問6】 解答 C

解説

A ○ 国年法43条、46条1項、同法附則9条の2第3項。付加年金は、老齢基礎年金と一体のものとして扱われます。老齢基礎年金の支給を繰り上げ、又は繰り下げる場合は、**付加年金**の支給も、同様に繰り上げ、又は繰り下げられます。なお、この場合は、老齢基礎年金の額と同様に、付加年金の額も減額又は増額されます。

B ○ 国年法48条。

C × 国年法52条の6。設問の場合は、その者の選択により、死亡一時金と寡婦年金のうち、**いずれか一方が支給**され、他方は支給されません。寡婦年金が優先されるのではありません。

D ○ 国年法52条の2第1項。

E ○ 国年法附則9条の3の2第1項3号。脱退一時金の支給の請求は、原則として、最後に被保険者の**資格を喪失**した日から起算して**2年以内**にしなければなりません。ただし、当該資格を喪失した日において日本国内に住所を有していた者については、同日後初めて、**日本国内に住所を有しなくなった**日から起算して**2年以内**にしなければなりません。

【問7】 解答 C

解説

A ✕ 国年法94条3項、同令10条1項。設問の場合は、加算は行われません。追納の際に納付すべき額は、追納に係る期間の当時の保険料の額に一定の額を加算した額となります。ただし、免除月の属する**年度の4月1日から起算して3年以内**（免除月が3月の場合は翌々年の4月まで）に追納をする場合には、**加算は行われません**。設問の場合は、免除月が令和2年度ですので、令和2年4月1日から起算して3年以内である令和5年3月31日までに追納をすれば、加算は行われません。

B ✕ 国年法94条1項。**老齢基礎年金の受給権者**（受給権を有する者）は、老齢基礎年金の請求（裁定請求）をしているか否かにかかわらず、追納をすることができません。

C ○ 国年法109条の2の2第2項。

D ✕ 国年法92条1項。保険料の通知は、毎年度、**厚生労働大臣**が行います。市町村長が行うのではありません。

E ✕ 国年法102条1項・4項。設問に掲げる給付のうち**死亡一時金**を受ける権利は、これを行使することができる時から**2年**を経過したときに、時効によって消滅します。

【問8】 解答 A

解説

A ○ 国年法88条の2。第1号被保険者の産前産後において保険料が免除される期間は、**出産予定月の前月**（多胎妊娠の場合は、3ヵ月前）から**出産予定月の翌々月**までです。

B ✕ 国年法附則5条10項、平6法附則11条10項、平16法附則23条10項。保険料の納付は免除されません。任意加入被保険者は、産前産後期間の保険料免除の規定の適用を受けることができません。

C ✕ 国年法94条の3第2項、同令11条の3。保険料納付済期間を有する者のみではありません。保険料4分の1免除期間、保険料半額免除期間又は保険料4分の3免除期間を有する者も含まれます。基礎年金拠出金の額の算定にあたり、その算定の基礎となる当該年度における被保険者の総数は、次の者を基礎として計算します。

・第1号被保険者：**保険料納付済期間**、**保険料4分の1免除期間**、**保険料半額免除期間**又は**保険料4分の3免除期間**を有する者

・第2号被保険者：**20歳以上60歳未満**の者

・第3号被保険者：**すべての者**

D　×　国年法85条1項1号。「4分の1」ではなく、「**2分の1**」です。国庫は、毎年度、第1号被保険者に係る基礎年金給付費（特別国庫負担の額を除いた額）の**2分の1**に相当する額を負担します。

E　×　国年法85条1項1号・3号。「100分の50」ではなく、「**100分の60**」です。**20歳前の傷病による障害基礎年金**の給付に要する費用については、まず、その100分の20について特別国庫負担が行われ、残りの2分の1（＝全体の100分の40）について原則的な国庫負担が行われます。これらを合わせて、国庫負担の割合は、**100分の60**となります。

【問9】 解答 D

解説

A　○　国年法7条1項1号。第1号被保険者は、①**日本国内に住所を有する20歳以上60歳未満**の者であって、②第2号被保険者及び第3号被保険者のいずれにも**該当しない**ものです。障害基礎年金の受給権者も、これらの要件に該当すれば、適用除外に該当しない限り、第1号被保険者となります。

B　○　国年則1条の4第1項。第1号被保険者は、その資格を取得したときは、その事実があった日から**14日以内**に、市町村長に届け出なければなりません。ただし、**20歳**に達したことにより第1号被保険者の資格を取得する場合であって、厚生労働大臣が機構保存本人確認情報の提供を受けることにより20歳に達した**事実を確認**できるときは、この届出は**不要**です。

C　○　国年則33条1項・2項。

D　×　平27年管管発0930第6号。**死亡一時金**については、損害賠償額との調整は**行われません**。

E　○　国年法17条1項。

【問10】 解答 B

解説

A　○　国年法89条1項1号。法定免除の規定により保険料の納付が免除される期間は、法定免除の事由に**該当するに至った日の属する月の前月**からこれに**該当しなくなる日の属する月**までです。したがって、設問の場合は、令和5年5月以降の期間に係る保険料の納付が免除されます。

B ✕ 国年法89条１項１号、同令６条の５第２項１号。設問の者は、法定免除の規定の適用を受けることができます。障害基礎年金の受給権者のうち、法定免除の規定の適用を受けることができないのは、最後に厚生年金保険法に規定する障害等級（**１級〜３級**）に該当する程度の障害状態に該当しなくなった日から起算して障害状態に該当することなく**３年を経過した**受給権者（現に障害状態に該当しない者に限る。）です。したがって、現に障害等級３級に該当している障害基礎年金の受給権者は、障害基礎年金の支給を停止されていても、法定免除の規定の適用を受けることができます。

C ◯ 国年法41条２項。

D ◯ 国年法39条３項３号、40条２項。設問の場合は、加算の対象となった**すべての子**が**減額改定事由のいずれかに該当**したこととなり、配偶者の有する遺族基礎年金の受給権は消滅します。「配偶者以外の者の養子となったこと」は、減額改定事由の１つです。

E ◯ 国年法39条２項。設問の出生した子は、配偶者がその権利を取得した当時遺族の範囲に係る子の要件に該当し、かつ、その者（配偶者）と**生計を同じくした子とみなします**。つまり、加算対象となる子の数が増加することとなり、その**翌月**から、遺族基礎年金の額を改定（増額改定）します。

─MEMO─

— MEMO —

─MEMO─

─MEMO─

―MEMO―

著者紹介

ユーキャン社労士試験研究会

本会は、ユーキャン社労士通信講座で、教材の制作や添削・質問指導、講義を担当している現役講師の中から、選りすぐりの精鋭が集まり結成されました。通信講座で蓄積したノウハウを活かし、分かりやすい書籍作りのために日々研究を重ねています。

■ 常深 孝英（監修）
ユーキャン社労士試験研究会主宰。平成10年から社労士の受験指導を始める。講義・執筆では「分かりやすさ」の追求に余念がなく、毎年多くの学習者を合格に導いている。

■ 窪田 信一郎
平成16年から社労士の受験指導を始める。理系出身の特性を生かし、論理的で無駄のない講義と、執筆ぶりに定評がある。実務面にも強い。

■ 中岡 勇二
平成16年から社労士の受験指導を始める。理解度に応じた的確な指導に定評があるが、本書の執筆でもその能力を遺憾なく発揮している。

■ 中野 博文
平成16年から社労士の受験指導を始める。幅広い知識と受験指導に対する熱意には定評がある。親しみやすい人柄で受講生からの支持も多い。

■ 原沢 徹
平成20年から社労士の受験指導を始める。誠実な人柄と受講生の立場に立った懇切丁寧な解説は、講義の場でも分かりやすいと支持されている。

■ 中丸 知子
平成19年から社労士の受験指導を始める。質問指導の経験を豊富に有し、優しく丁寧な指導に定評がある。明るく前向きになれる講義も人気が高い。

■ 近藤 眞理子
平成16年から社労士の受験指導を始める。法律事務所での実務経験を活かした法律を読み解く力と鋭い出題予想に定評がある。

■ 濱田 寿剛
平成21年から社労士の受験指導を始める。受験指導に対する真摯で真面目な姿勢と、気さくな語り口調で分かりやすい講義には定評がある。

似顔絵制作：kenji

本文デザイン：荒川 浩美（ことのはデザイン）

―MEMO―

●法改正・正誤等の情報につきましては、下記「ユーキャンの本」ウェブサイト内「追補（法改正・正誤）」をご覧ください。
　　https://www.u-can.co.jp/book/information
●本書の内容についてお気づきの点は
・「ユーキャンの本」ウェブサイト内「よくあるご質問」をご参照ください。
　　https://www.u-can.co.jp/book/faq
・郵送・FAX でのお問い合わせをご希望の方は、書名・発行年月日・お客様のお名前・ご住所・FAX 番号をお書き添えの上、下記までご連絡ください。
【郵送】〒 169-8682　東京都新宿北郵便局郵便私書箱第 2005 号
　　　　「ユーキャン学び出版　社労士資格書籍編集部」係
【FAX】03-3378-2232
◎より詳しい解説や解答方法についてのお問い合わせ、他社の書籍の記載内容等に関しては回答いたしかねます。

●お電話でのお問い合わせ・質問指導は行っておりません。

2023年版　ユーキャンの 社労士　過去＆予想問題集

2006年 2月20日　初　版　第1刷発行	編　者	ユーキャン社労士試験研究会
2022年10月26日　第18版　第1刷発行	発行者	品川泰一
	発行所	株式会社 ユーキャン 学び出版
		〒151-0053
		東京都渋谷区代々木1-11-1
		Tel 03-3378-1400
	組　版	有限会社 中央制作社
	発売元	株式会社 自由国民社
		〒171-0033
		東京都豊島区高田3-10-11
		Tel 03-6233-0781（営業部）
	印刷・製本	望月印刷株式会社

※落丁・乱丁その他不良の品がありましたらお取り替えいたします。お買い求めの書店か自由国民社営業部（Tel 03-6233-0781）へお申し出ください。

© 　U-CAN, Inc. 2022　Printed in Japan　ISBN 978-4-426-61430-0

本書の全部または一部を無断で複写複製（コピー）することは，著作権法上の例外を除き，禁じられています。

2023 年版
ユーキャンの
社労士
過去&予想問題集

= 予想模擬試験 =
[問題編]

予想模擬試験

第１回予想模擬試験……………………003ページ
第２回予想模擬試験……………………063ページ

　　予想模擬試験は、第１回・第２回とも国家試験と同じ選択式８問、択一式70問で構成しています。時間配分を意識し、本試験をイメージして問題を解いてみましょう。
　　実際の試験時間は以下のとおりです。

　　　　選択式　　１時間20分
　　　　択一式　　３時間30分

　　実際の問題・解答形式や出題傾向を把握し、それに慣れておくことはとても重要です。また、間違えた問題については必ず復習し、再度チャレンジしてください。

　　解答解説は本体の巻末（P777～）に掲載しています。予想模擬試験終了後、採点と弱点補強のために、ご活用ください。

第1回予想模擬試験
選択式試験問題

1 解答は、巻末の解答用紙をご利用ください。
2 各問ごとに、正解と思う語句に付されている番号を解答用紙の所定の欄に1つ表示してください。

〈得点表〉

【選択式】
選択式では各科目60%以上、合計で70%以上の正解率を目指しましょう。

労働基準法及び 労働安全衛生法	／5
労働者災害補償保険法	／5
雇用保険法	／5
労務管理その他の労働に関する 一般常識	／5
社会保険に関する一般常識	／5
健康保険法	／5
厚生年金保険法	／5
国民年金法	／5

合　計	／40

労働基準法及び労働安全衛生法

[問　1]　次の文中の　　　　の部分を選択肢の中の最も適切な語句で埋め、完全な
文章とせよ。

1　労働基準法第38条の4第1項第1号に定める企画業務型裁量労働制の
対象業務とは、「事業の運営に関する事項についての企画、　A　の業務
であって、当該業務の性質上これを適切に遂行するにはその遂行の方法
を大幅に労働者の裁量に委ねる必要があるため、当該業務の遂行の手段
及び時間配分の決定等に関し使用者が具体的な指示を　B　業務」をい
う。

2　労働基準法第116条第2項においては、「この法律は、　C　について
は、適用しない。」と規定されている

3　労働安全衛生法第16条によれば、統括安全衛生責任者を選任すべき事
業者以外の請負人で、当該仕事を自ら行うものは、安全衛生責任者を選
任し、その者に　D　その他の厚生労働省令で定める事項を行わせなけ
ればならず、安全衛生責任者を選任した請負人は、統括安全衛生責任者
を選任した事業者に対し、遅滞なく、その旨を　E　しなければならな
い。

選択肢

①　立案、実施及び分析　　　　　②　することが困難な

③　労働基準監督署長への報告　　④　実施、調査及び報告

⑤　作業計画の作成　　　　　　　⑥　しないこととする　　　⑦　公示

⑧　実施、調査及び分析　　　　　⑨　することができる

⑩　統括安全衛生責任者との連絡　⑪　船員法に規定する船員及び家事使用人

⑫　することが不可能な　　　　　⑬　地方公務員及び家事使用人

⑭　立案、調査及び分析　　　　　⑮　労働災害の原因となる危険有害物の除去

⑯　通報　　　　　　　　　　　　⑰　公表

⑱　同居の親族のみを使用する事業及び家事使用人

⑲　掲示　　　⑳　同居の親族のみを使用する事業及び船員法に規定する船員

4

労働者災害補償保険法

[問 2] 次の文中の 　　 の部分を選択肢の中の最も適切な語句で埋め、完全な
文章とせよ。

1 政府は、 A を受ける労働者（厚生労働省令で定める者を除く。）か
ら徴収する一部負担金に充てるため、当該労働者に B を支給すべき
場合に、当該 B の額から当該一部負担金の額に相当する額を控除す
ることができる。

前記の「厚生労働省令で定める者」は、次の(1)から(3)までに掲げる
者である。

(1) 第三者の行為によって生じた事故により A を受ける者
(2) 療養の開始後3日以内に死亡した者その他 B を受けない者
(3) 同一の通勤災害に係る A についてすでに一部負担金を納付した
者

2 介護補償給付は、次の(1)から(3)までに掲げる間は、支給されない。
(1) 障害者の日常生活及び社会生活を総合的に支援するための法律第5
条第11項に規定する障害者支援施設（以下「障害者支援施設」とい
う。）に入所している間（同条第7項に規定する C （以下「 C 」
という。）を受けている場合に限る。）
(2) 障害者支援施設（ C を行うものに限る。）に準ずる施設として厚
生労働大臣が定めるもの（ D 、原子爆弾被爆者特別養護ホーム等）
に入所している間
(3) E に入院している間

選択肢

①	就労移行支援施設	②	自立訓練	③	肢体不自由者施設
④	生活介護	⑤	傷病年金	⑥	遺族給付
⑦	地域活動支援施設	⑧	共同生活支援ホーム	⑨	休業年金
⑩	障害年金差額一時金	⑪	外科後処置	⑫	特別養護老人ホーム
⑬	障害給付	⑭	休業給付	⑮	病院又は診療所
⑯	療養支援特別ホーム	⑰	リハビリテーション	⑱	療養給付
⑲	障害年金前払一時金	⑳	重度障害者等養護施設		

雇用保険法

[問　3]　次の文中の　□　の部分を選択肢の中の最も適切な語句で埋め、完全な文章とせよ。

1　出生時育児休業給付金は、被保険者が、厚生労働省令で定めるところにより、その子の出生の日から起算して　A　まで（出産予定日前に当該子が出生した場合にあっては当該出生の日から当該出産予定日から起算して　A　までとし、出産予定日後に当該子が出生した場合にあっては当該出産予定日から当該出生の日から起算して　A　までとする。）の期間内に　B　以内の期間を定めて当該子を養育するための休業（当該被保険者が出生時育児休業給付金の支給を受けることを希望する旨を公共職業安定所長に申し出たものに限る。以下「出生時育児休業」という。）をした場合において、原則として、当該出生時育児休業（当該子について２回目の出生時育児休業をした場合にあっては、初回の出生時育児休業とする。）を開始した日前２年間に、みなし被保険者期間が　C　であったときに、支給する。

2　特定受給資格者及び特定理由離職者以外の基本手当の受給資格者（雇用保険法第22条第２項の厚生労働省令で定める理由により就職が困難な者を除く。）に係る所定給付日数は、次の(1)から(3)までに掲げる受給資格者の区分に応じ、それぞれに定める日数とする。

(1)　算定基礎期間が　D　以上である受給資格者…………………150日

(2)　算定基礎期間が10年以上　D　未満である受給資格者……120日

(3)　算定基礎期間が10年未満である受給資格者…………………　E

- 選択肢 -

①　8週間を経過する日の翌日	②　25年	③　60日
④　4週間　　⑤　30日	⑥　2週間	⑦　通算して12ヵ月以上
⑧　継続して12ヵ月以上	⑨　30年	⑩　1年を経過する日の翌日
⑪　6ヵ月を経過する日	⑫　20年	⑬　15年　　⑭　3週間
⑮　継続して6ヵ月以上	⑯　90日	⑰　100日
⑱　3ヵ月を経過する日	⑲　通算して6ヵ月以上	⑳　6週間

6

労務管理その他の労働に関する一般常識

[問　4]　次の文中の　□　の部分を選択肢の中の最も適切な語句で埋め、完全な
　　　　文章とせよ。

　　1　職業安定法第5条の4第1項によれば、公共職業安定所、特定地方公
　　　　共団体及び職業紹介事業者、労働者の募集を行う者及び募集受託者、募
　　　　集情報等提供事業を行う者並びに労働者供給事業者は、職業安定法に基
　　　　づく業務に関して広告等により求人等に関する情報を提供するときは、
　　　　当該情報について　A　をしてはならない。

　　2　職業安定法第5条の4第2項によれば、労働者の募集を行う者及び募
　　　　集受託者は、職業安定法に基づく業務に関して広告等により労働者の募
　　　　集に関する情報その他厚生労働省令で定める情報を提供するときは、
　　　　B　。

　　3　男女雇用機会均等法第6条によれば、事業主は、次に掲げる事項につ
　　　　いて、　C　を理由として、差別的取扱いをしてはならない。

　　(1)　労働者の配置（業務の配分及び権限の付与を含む。）、昇進、降格及
　　　　び教育訓練

　　(2)　住宅資金の貸付けその他これに準ずる　D　の措置であって厚生労
　　　　働省令で定めるもの

　　(3)　労働者の職種及び雇用形態の変更

　　(4)　退職の勧奨、　E　及び解雇並びに労働契約の更新

選択肢

① 事実と異なる表示　②　女性労働者が妊娠中又は出産後1年以内であること

③ 正確かつ最新の内容に保たなければならない　　　④　労働者の年齢

⑤ 懲戒　　　　　⑥　正確かつ最新の内容に保つよう努めなければならない

⑦ 雇用調整　　　⑧　指針に従った内容に保たなければならない

⑨ 労働者の性別　　⑩　制裁

⑪ 指針に従った内容に保つよう努めなければならない　　⑫　施設の利用

⑬ 虚偽の表示又は誤解を生じさせる表示　　　⑭　労働者の学歴

⑮ 虚偽の説明又は事実を誤認させるような説明　　⑯　福利厚生

⑰ 財産形成　　　⑱　金品の貸付け　　　⑲　定年

⑳ 正しい内容に基づかない説明

社会保険に関する一般常識

[問　5]　確定拠出年金法に関する次の文中の ☐ の部分を選択肢の中の最も適切な語句で埋め、完全な文章とせよ。

　　　確定拠出年金法附則第3条第1項によると、当分の間、次の(1)から(7)までのいずれにも該当する者は、個人型年金運用指図者にあっては個人型記録関連運営管理機関に、個人型年金運用指図者以外の者にあっては ☐ A ☐ に、それぞれ脱退一時金の支給を請求することができる。

(1)　☐ B ☐ であること。

(2)　企業型年金加入者でないこと。

(3)　同法第62条第1項各号に掲げる者（個人型年金加入者となることができる者）に該当しないこと。

(4)　国民年金法附則第5条第1項第3号に掲げる者（日本国籍を有する者その他政令で定める者であって、日本国内に住所を有しない20歳以上65歳未満のもの）に該当しないこと。

(5)　☐ C ☐ の受給権者でないこと。

(6)　その者の通算拠出期間が1ヵ月以上5年以下であること又は請求した日における個人別管理資産の額として政令で定めるところにより計算した額が ☐ D ☐ であること。

(7)　最後に企業型年金加入者又は個人型年金加入者の資格を喪失した日から起算して ☐ E ☐ を経過していないこと。

選択肢

①　国民年金基金連合会	②　45歳以上	③　50万円以下
④　6ヵ月	⑤　企業年金連合会	⑥　60歳以上
⑦　5万円未満	⑧　2年	⑨　遺族給付金
⑩　70歳未満	⑪　100万円未満	⑫　1年
⑬　死亡一時金	⑭　60歳未満	⑮　25万円以下
⑯　5年	⑰　資産管理機関	⑱　障害給付金及び遺族給付金
⑲　実施機関	⑳　障害給付金	

健康保険法

[問 6] 次の文中の □ の部分を選択肢の中の最も適切な語句で埋め、完全な文章とせよ。

1 保険料は、次に掲げる場合においては、納期前であっても、すべて徴収することができる。

(1) 納付義務者が、次のいずれかに該当する場合

ア 国税、地方税その他の公課の滞納によって、滞納処分を受けるとき。

イ □A□ を受けるとき。

ウ □B□ 開始の決定を受けたとき。

エ 企業担保権の実行手続の開始があったとき。

オ 競売の開始があったとき。

(2) 法人である納付義務者が、□C□ をした場合

(3) 被保険者の使用される事業所が、廃止された場合

2 □D□ の会員である健康保険組合は、□D□ が行う交付金の交付の事業に要する費用に充てるため、□D□ に対し、政令で定めるところにより、拠出金を拠出するものとする。

3 □D□ の会員である健康保険組合は、前記2の規定による拠出金の拠出に要する費用に充てるため、□E□ を徴収する。

選択肢
---

① 税務調査　　　　　　　　　　② 民事再生手続

③ 代表者の変更　　　　　　　　④ 特別清算手続

⑤ 健康保険組合連合会　　　　　⑥ 組合加算保険料

⑦ 解散　　　　　　　　　　　　⑧ 国民健康保険団体連合会

⑨ 調整保険料　　　　　　　　　⑩ 企業年金連合会

⑪ 本店所在地の移転　　　　　　⑫ 立入検査

⑬ 事業規模の縮小　　　　　　　⑭ 破産手続

⑮ 社会保険診療報酬支払基金　　⑯ 銀行取引停止処分

⑰ 特別保険料　　　　　　　　　⑱ 拠出相当保険料

⑲ 強制執行　　　　　　　　　　⑳ 会社更生手続

厚生年金保険法

[問 7] 次の文中の　　　の部分を選択肢の中の最も適切な語句で埋め、完全な
文章とせよ。

1　国庫は、毎年度、厚生年金保険の実施者たる政府が負担する　**A**　の
額の2分の1に相当する額を負担するほか、厚生年金保険法による保険
給付等に要する費用のうち、昭和36年4月1日前の厚生年金保険の被保
険者期間（旧第3種被保険者であった期間等を除く。）を計算の基礎とす
る費用に相当するものとして政令で定める部分に相当する額については、
その　**B**　に相当する費用を負担する。

2　厚生年金保険法第26条に規定する3歳に満たない子を養育する被保険
者等の標準報酬月額の特例は、3歳に満たない子を養育し、又は養育し
ていた　**C**　が、主務省令で定めるところにより　**D**　ときに、その対
象となる期間の各月につき、適用される。

3　前記2の特例が適用される場合にあっては、その対象となる期間の各
月のうち、その標準報酬月額が従前標準報酬月額を下回る月については、
従前標準報酬月額を当該下回る月の同法第43条第1項に規定する　**E**
の計算の基礎となる標準報酬月額とみなす。

選択肢

① 厚生労働大臣の承認を受けた　　　② 保険料額

③ 100分の30　　　　　　　　　　④ 基礎年金拠出金

⑤ 実施機関に届出をした　　　　　⑥ 被保険者を使用する事業主

⑦ 被保険者　　　　　　　　　　　⑧ 厚生労働大臣の認定を受けた

⑨ 実施機関に申出をした　　　　　⑩ 平均標準報酬額

⑪ 100分の40　　　　　　　　　　⑫ 被保険者又は被保険者であった者

⑬ 総報酬月額相当額　　　　　　　⑭ 100分の20

⑮ 平均標準報酬額及び保険料額

⑯ 被保険者を使用する事業主又は被保険者であった者

⑰ 特別会計積立金　　　　　　　　⑱ 厚生年金保険給付費等

⑲ 100分の60

⑳ 厚生年金保険事業の円滑な実施を図るための措置に要する費用

国民年金法

[問 8] 次の文中の ☐ の部分を選択肢の中の最も適切な語句で埋め、完全な文章とせよ。

1 国民年金法第90条第1項の全額免除申請に関する事務を **A** に実施することができると認められる者であって、厚生労働大臣が当該者からの申請に基づき指定するもの（以下「**B**」という。）は、全額免除要件該当被保険者等の委託を受けて、全額免除要件該当被保険者等に係る全額免除申請をすることができる。

2 **B** は、全額免除要件該当被保険者等から全額免除申請の委託を受けたときは、**C**、厚生労働省令で定めるところにより、当該全額免除申請をしなければならない。

3 厚生労働大臣は、国民年金法第1条の目的を達成するため、被保険者若しくは被保険者であった者又は受給権者に係る **D** に関する実態その他の厚生労働省令で定める事項に関し必要な統計調査を行うものとする。

4 厚生労働大臣は、前記3の統計調査に関し必要があると認めるときは、**E** に対し、必要な情報の提供を求めることができる。

選択肢

① 官公署　　　　　　　② 14日以内に　　　　　③ 適正かつ確実

④ 国民年金事務組合　　⑤ 指定全額免除申請事務取扱者

⑥ 健康保険組合　　　　⑦ 資格の取得及び喪失　⑧ 保険料の納付

⑨ 公平かつ効率的　　　⑩ 速やかに　　　　　　⑪ 市町村

⑫ 保険料納付確認団体　⑬ 正確かつ経済的　　　⑭ 将来又は現在の給付

⑮ 収入の状況　　　　　⑯ 指定免除受託者　　　⑰ 1ヶ月以内に

⑱ 共済組合等　　　　　⑲ 迅速かつ的確　　　　⑳ 遅滞なく

12

第1回予想模擬試験
択一式試験問題

1 解答は、巻末の解答用紙をご利用ください。
2 各問ごとに、正解と思うものの符号を解答用紙の所定の欄に1つ表示してください。

〈得点表〉

【択一式】

択一式では各科目40%以上、合計で70%以上の正解率を目指しましょう。

労働基準法及び 労働安全衛生法	／10
労働者災害補償保険法（労働保険の保険料の徴収等に関する法律を含む。）	／10
雇用保険法（労働保険の保険料の徴収等に関する法律を含む。）	／10
労務管理その他の労働及び 社会保険に関する一般常識	／10
健康保険法	／10
厚生年金保険法	／10
国民年金法	／10

合　計	／70

総　合	／110

労働基準法及び労働安全衛生法

[問　1]　労働基準法に関する次の記述のうち、誤っているものはどれか。

　　　A　労働基準法第1条第2項においては、労働関係の当事者が、同法で定める労働条件の基準を理由として労働条件を低下させることを禁止しているが、社会経済情勢の変動等他に決定的な理由があることにより労働条件を低下させることは、この規定に抵触しない。

　　　B　使用者が、就業時間外に選挙権を行使すべき旨を定め、労働者が就業時間中に選挙権の行使を請求することを拒否することは、公民権行使の保障を定めた労働基準法第7条に違反する。

　　　C　労働基準法第2条第2項では、労働者及び使用者が、労働協約、就業規則及び労働契約を遵守し、誠実に各々その義務を履行しなければならない旨を定めているが、労働者又は使用者がこの規定に違反した場合の罰則は定められていない。

　　　D　就業規則に労働者が女性であることを理由として、賃金について男性と差別的取扱いをする趣旨の規定がある場合であっても、現実に賃金について男女差別待遇の事実がないときは、男女同一賃金の原則を定めた労働基準法第4条に違反しない。

　　　E　労働基準法第6条では、何人も、法律に基づいて許される場合の外、業として他人の就業に介入して利益を得てはならないと定めているが、ここでいう「利益」は、使用者から得る利益のみに限られ、労働者又は第三者から得る利益はこれに含まれない。

[問　2]　労働基準法に定める賃金に関する次のアからオまでの記述のうち、誤っているものの組合せは、後記AからEまでのうちどれか。

　　　ア　1ヵ月を超える期間にわたる事由によって算定される奨励加給又は能率手当は、労働基準法第24条第2項の規定にかかわらず、毎月1回以上、一定の期日を定めて支払う必要はない。

　　　イ　賃金は、その全額を支払わなければならないが、法令に別段の定めがある場合に限り、賃金の一部を控除して支払うことができる。

　　　ウ　使用者は、労働者の同意を得た場合には、当該労働者が指定する銀行その他の金融機関に対する当該労働者の預金又は貯金への振込みにより、賃金を支払うことができる。

エ　平均賃金の算定期間中に、労働基準法第39条に規定する年次有給休暇を取得した期間があるときは、その日数及びその期間中の賃金は、平均賃金の算定の基礎となる期間及び賃金の総額から控除する。

オ　労働基準法第20条の規定に基づき、解雇の予告に代えて支払われる解雇予告手当は、同法第11条に規定する賃金と解されない。

A（アとウ）　　　　B（イとウ）　　　　C（イとエ）
D（アとオ）　　　　E（エとオ）

[問　3]　労働基準法に定める労働契約等に関する次の記述のうち、正しいものはどれか。

A　労働契約の締結に際し、使用者が労働者に対して明示しなければならないこととされている労働条件のうち、「賃金（退職手当等を除く。以下本問において同じ。）の決定、計算及び支払いの方法、賃金の締切り及び支払いの時期並びに昇給に関する事項」は、そのすべてについて書面の交付等により明示しなければならない。

B　労働契約の締結に際し、労働者に対して書面の交付等により明示しなければならないこととされている労働条件については、使用者は、当該労働者に適用する部分を明確にして就業規則を労働契約の締結の際に交付することとしても差し支えないものとされている。

C　労働契約の締結に際し、使用者が労働者に対して明示しなければならないこととされている労働条件のうち、「退職に関する事項（解雇の事由を含む。）」については、書面の交付等により明示する必要はない。

D　労働基準法第16条では、使用者が、労働契約の不履行について違約金を定め、又は損害賠償額を予定する契約をすることを禁じているが、損害賠償額を予定せず、実際に生じた損害について賠償を請求することも、同条に違反すると解されている。

E　労働基準法第17条では、使用者が、前借金その他労働することを条件とする前貸しの債権と賃金を相殺することを禁じているが、この「労働することを条件とする前貸しの債権」には、労働者が使用者から人的信用に基づいて受ける金融、弁済期の繰上げ等で明らかに身分的拘束を伴わないものが含まれる。

15

[問　4]　労働基準法に定める労働時間等に関する次の記述のうち、誤っているものはどれか。

A　派遣労働者を派遣先においてフレックスタイム制の下で労働させる場合には、派遣元の使用者は、派遣元事業場の就業規則その他これに準ずるものにより、始業及び終業の時刻を派遣労働者の決定にゆだねる旨を定める必要がある。

B　1ヵ月単位の変形労働時間制を採用する場合、変形期間における所定労働時間の合計を「その事業場の週法定労働時間×変形期間の暦日数÷7」により計算される法定労働時間の総枠の範囲内とする必要がある。

C　1年単位の変形労働時間制においては、対象期間における連続して労働させる日数の限度は6日であるが、労使協定で特定期間として定められた期間においては、最長で連続して12日まで労働させることができる。

D　1年単位の変形労働時間制においては、1日10時間、1週52時間という労働時間の上限の範囲内で労働させる限り、対象期間における労働日ごとの労働時間をあらかじめ特定する必要はない。

E　常時5人の労働者を使用する飲食店の事業は、労働基準法施行規則第25条の2に定める労働時間の特例の対象事業であるが、当該事業において1週間単位の非定型的変形労働時間制を採用する場合には、1週間の労働時間は40時間以下としなければならない。

[問　5]　労働基準法に定める年少者等に関する次の記述のうち、正しいものはどれか。

A　使用者は、物の製造の事業に係る職業で、児童の健康及び福祉に有害でなく、かつ、その労働が軽易なものについては、行政官庁の許可を受けて、満13歳以上の児童をその者の修学時間外に使用することができる。

B　使用者は、労働基準法別表第1第11号に掲げる事業に使用される労働者で屋内勤務者30人未満の日本郵便株式会社の営業所（簡易郵便局法第2条に規定する郵便窓口業務を行うものに限る。）において郵便の業務に従事するものについては、労働時間が6時間を超える場合であっても、休憩時間を与えないことができるが、当該業務に従事する満18歳に満たない者については、労働時間の途中に休憩時間を与えなければならない。

C 労働基準法第58条第2項によれば、親権者若しくは後見人又は行政官庁は、労働契約が未成年者に不利であると認める場合においては、当該労働契約が締結された時点にさかのぼって、これを解除することができる。

D 使用者は、満18歳に満たない者を午後10時から午前5時までの間において使用してはならないが、交替制によって労働させる事業については、特段の手続きをすることなく、午後10時30分まで労働させることができる。

E 満18歳に満たない者がその責めに帰すべき事由に基づいて解雇され、当該解雇の日から14日以内に帰郷する場合においては、使用者は、その事由についての行政官庁の認定の有無にかかわらず、必要な旅費を負担しなければならない。

[問 6] 労働基準法に定める労働時間等に関する次の記述のうち、正しいものはどれか。なお、本問においては、同法第36条に規定する時間外労働及び休日労働に関する労使協定を、「36協定」という。

A 36協定を締結しようとする使用者は、当該事業場に労働者の過半数で組織する労働組合がない場合は、当該事業場の労働者の過半数を代表する者との間で36協定を締結しなければならないが、派遣元の事業場においてこの「労働者の過半数を代表する者」を選出するにあたって算定すべき当該事業場の労働者数には、派遣先の事業場に派遣されている労働者数を含めない。

B 36協定は、これを所轄労働基準監督署長に届け出ることによって、初めてその効力が発生するものであるが、36協定に代えて労働基準法第38条の4第1項に定めるいわゆる労使委員会の決議をする場合においても、当該決議を所轄労働基準監督署長に届け出なければならない。

C 使用者は、労働基準法第32条の労働時間を延長して労働させた場合において、当該延長して労働させた時間が1ヵ月について60時間を超えたときは、その超えた時間の労働については、通常の労働時間の賃金の計算額の5割以上の率で計算した割増賃金を支払わなければならないが、当該労働者に対して同法第37条第3項の規定に基づくいわゆる代替休暇を付与したときは、当該60時間を超えた時間の労働に係る割増賃金を支払うことを要しない。

D　使用者が具体的に指示した仕事の内容が、客観的にみて法定労働時間内では行い得ない場合のように、超過勤務の黙示の指示により、労働者が法定労働時間を超えて労働した場合であっても、明白な超過勤務の指示がない限り、使用者は、当該労働者に対して、当該法定労働時間を超えてなされた労働について、労働基準法第37条第1項の規定による割増賃金を支払うことを要しない。

E　36協定を適法に締結している事業場（労働基準法第32条の2等の規定によるいわゆる変形労働時間制は採用していないものとする。）であっても、使用者は、同一日中に、同一の労働者について、坑内労働その他厚生労働省令で定める健康上特に有害な業務（以下「坑内労働等」という。）以外の業務を3時間行わせた後に、引き続いて坑内労働等を9時間行わせることはできない。

[問　7]　労働基準法に関する次の記述のうち、誤っているものはどれか。

A　就業規則が法的規範としての性質を有するものとして拘束力を生ずるためには、その作成及び届出が適正に行われていることで足り、その内容を適用を受ける事業場の労働者に周知させる手続きが採られていることまでは要しないとするのが最高裁判所の判例である。

B　始業及び終業の時刻に関する事項は、就業規則のいわゆる絶対的必要記載事項であるが、使用者が、労働基準法第32条の3に定めるフレックスタイム制を採用する場合において、コアタイムやフレキシブルタイムを設けるときは、これらを始業及び終業の時刻に関する事項として、就業規則に定めておかなければならない。

C　常時使用する労働者の数は7人であるが、繁忙期等においては臨時に3人の労働者を雇い入れることとしている事業場の使用者は、就業規則を作成し、これを行政官庁に届け出る必要はない。

D　使用者は、日々雇い入れられる者のみを使用する場合には、労働者名簿を当該事業場において調製する必要はない。

E　裁判所は、割増賃金を支払わなかった使用者に対して、労働者の請求により、使用者が支払わなければならない金額についての未払金のほか、これと同一額の付加金の支払いを命ずることができるが、通常の賃金を支払わなかった使用者に対しては、労働者の請求があったとしても、未払金のほかに、これと同一額の付加金の支払いを命ずることはできない。

[問 8] 労働安全衛生法に定める安全衛生管理体制に関する次の記述のうち、正しいものはどれか。

A　安全管理者の選任は、安全管理者を選任すべき事由が発生した日から14日以内に行わなければならない。

B　製造業に属する業種の事業者は、常時100人以上の労働者を使用する事業場ごとに、総括安全衛生管理者を選任しなければならない。

C　労働安全衛生規則第7条第1項第3号ロに掲げる業種（その他の業種）の事業場において、事業者は、当該事業場に派遣されている労働者であって第1種衛生管理者免許を有するものを衛生管理者として選任することはできない。

D　事業者は、高圧室内作業については、高圧室内作業主任者免許を受け、その後、高圧室内業務に2年以上従事した者のうちから、作業室ごとに、高圧室内作業主任者を選任しなければならない。

E　事業者は、安全衛生推進者を選任する場合には、都道府県労働局長の登録を受けた者が行う講習を修了した者のうちから選任しなければならない。

[問 9] 労働安全衛生法に関する次の記述のうち、誤っているものはどれか。

A　型式検定を受けるべき機械等は、交付された型式検定合格証の有効期間が満了したときであっても、型式検定合格標章が付されているときには、使用することができる。

B　通知対象物を譲渡する者は、主として一般消費者の生活の用に供される製品として譲渡する場合を除き、文書の交付等により所定の事項を相手方に通知しなければならない。

C　特定機械等を製造しようとする者は、あらかじめ、都道府県労働局長の許可を受けなければならない。

D　黄りんマッチその他の労働者に重度の健康障害を生ずる物で、政令で定めるものは、いかなる場合であっても、これを譲渡してはならない。

E　事業者は、特定自主検査を行うときは、検査業者に限り、これを実施させることができる。

19

[問 10] 労働安全衛生法に関する次のアからオまでの記述のうち、正しいものの組合せは、後記AからEまでのうちどれか。

ア 元方事業者は、関係請負人及び関係請負人の労働者が、当該仕事に関し、労働安全衛生法又はこれに基づく命令の規定に違反しないよう必要な指示を行わなければならない。

イ 事業者は、労働災害発生の急迫した危険があるときは、直ちに作業を中止し、労働者を作業場から退避させる等必要な措置を講じなければならない。

ウ 雇入れ時の健康診断は、所定の11項目すべてについて行わなければならず、その項目を省略することは一切認められていない。

エ 労働安全衛生法第66条の2の規定に基づき自ら受けた健康診断の結果を証明する書面を事業者に提出することができるのは、深夜業に従事する労働者であって、常時使用され、自ら受けた健康診断を受けた日前6ヵ月間を平均して1ヵ月あたり4回以上深夜業に従事したものである。

オ 事業者は、塩酸等の歯又はその支持組織に有害な物のガス、蒸気又は粉じんを発散する場所における業務に常時従事する労働者に対し、その雇入れの際、当該業務への配置替えの際及び当該業務についた後3ヵ月以内ごとに1回、定期に、歯科医師による健康診断を行わなければならない。

A （アとイ）　　　　　B （アとウ）　　　　　C （イとエ）
D （ウとオ）　　　　　E （エとオ）

20

労働者災害補償保険法
（労働保険の保険料の徴収等に関する法律を含む。）

[問　1]　通勤災害に関する次の記述のうち、正しいものはどれか。なお、以下において、「労災保険」とは「労働者災害補償保険」のことであり、「労災保険法」とは「労働者災害補償保険法」のことであり、「労働保険徴収法」とは「労働保険の保険料の徴収等に関する法律」のことである。

A　労働者が、就業に関し、厚生労働省令で定める就業の場所から他の就業の場所への移動を、合理的な経路及び方法により行うことは、業務の性質を有するものも含めて、通勤に該当する。

B　労働者が、事業主が提供する通勤専用のバスに乗車しようとしたところ、当該バスが突然動いたため、負傷した。本件は、通勤災害となる。

C　労働者が、通勤の途中において、自動車教習所に立ち寄り教習を受ける行為は、労災保険法施行規則第8条に規定する日常生活上必要な行為に該当するため、当該教習を受け終え、合理的な経路に復した後の移動は、通勤に該当する。

D　マイカー通勤をしている労働者が、昼休み時間を利用して勤務先で食事をとった後、近くの歯科医院へ治療に来ていた妻子を自宅まで送ろうとして、いつも利用している通勤経路を通って妻子の待っている場所に向かう途中、電車と衝突して死亡した。本件は、通勤災害となる。

E　労働者が、出社するため、アパートの2階の自室を出て階段を降りるとき、下から2段目のところで、靴のかかとが階段にひっかかって転倒し、負傷した。本件は、通勤災害となる。

[問　2]　労災保険の保険給付に関する次の記述のうち、誤っているものはいくつあるか。

ア　遺族補償一時金を受けることができる遺族が、労働者の死亡の当時その収入によって生計を維持していた子と労働者の死亡の当時その収入によって生計を維持していなかった配偶者である場合には、当該子が遺族補償一時金を受ける権利を有する者とされる。

イ　遺族補償年金を受ける権利を有する者が60歳未満であることを理由として当該遺族補償年金の支給を停止されているときは、その者は、その間、遺族補償年金前払一時金を請求することができない。

21

ウ　労働者が業務上の事由により死亡した当時その収入によって生計を維持していたその者の22歳の子は、当該死亡の当時において厚生労働省令で定める障害の状態にあるときであっても、遺族補償年金を受けることができる遺族とならない。

エ　遺族補償年金の受給権者が労働者の死亡の当時厚生労働省令で定める障害の状態にあった妻である場合において、当該妻と生計を同じくしている遺族補償年金を受けることができる遺族がないときは、当該妻の年齢にかかわらず、妻が当該障害の状態でなくなったとしても、当該遺族補償年金の額は減額して改定されない。

オ　会社が、業務上死亡した労働者の葬祭を恩恵的に社葬として行ったが、その労働者の遺族であって葬祭を行うべき者が郷里に帰って再び葬祭を行った。この場合は、先に葬祭を行った会社に対して葬祭料が支給される。

A　一つ
B　二つ
C　三つ
D　四つ
E　五つ

[問　3]　労災保険法の適用に関する次の記述のうち、誤っているものはどれか。

A　日本国内で行われる事業（有期事業を除く。）から派遣されて海外で行われる事業に従事する労働者（海外出張として日本における労災保険の適用を受ける者を除く。）については、特別加入の手続きを行わない限り、労災保険を適用しない。

B　派遣労働者については、派遣元事業主の事業を適用事業として、労災保険を適用する。

C　個人経営で常時2人の労働者を使用する林業の事業は、暫定任意適用事業となる。

D　個人経営で常時4人の労働者を使用する畜産業の事業であって、獣毛等のじんあいを著しく飛散する場所における作業を主として行うものは、強制適用事業となる。

E　個人経営で常時3人の船員を使用して行う船舶所有者の事業は、強制適用事業となる。

［問　4］　労災保険に関する次の記述のうち、誤っているものはどれか。

A　偽りその他不正の手段により保険給付を受けた者があるときは、政府は、その保険給付に要した費用に相当する金額の全部又は一部をその者から徴収することができる。

B　傷病補償年金の受給権者は、その負傷又は疾病による障害の程度に変更があった場合は、遅滞なく、文書で、その旨を所轄労働基準監督署長に届け出なければならない。

C　政府は、年金たる保険給付の受給権者が、正当な理由がなくて、労災保険法施行規則第21条の規定による定期報告書を提出しないときは、当該年金たる保険給付の支払いを一時差し止めることができる。

D　労災保険法に基づく政令及び厚生労働省令は、その草案について、労働政策審議会の意見を聞いて、これを制定する。

E　労災保険は、主たる事業として保険給付を行うほか、付帯事業として二次健康診断等給付を行うことができる。

［問　5］　労災保険の保険給付に関する次のアからオまでの記述のうち、誤っているものの組合せは、後記AからEまでのうちどれか。

ア　休業給付が支給されない休業の最初の3日間については、事業主は、労働基準法第76条に規定する休業補償に準ずる補償を行うように努めなければならない。

イ　傷病補償年金が支給されるためには、当該傷病による障害の程度が傷病等級に該当する必要があるが、この「障害の程度」は、1年6ヵ月以上の期間にわたって存する障害の状態により認定するものとされている。

ウ　傷病補償年金を受ける者は、併せて休業補償給付を受けることはできない。

エ　業務上の傷病により傷病等級第1級に該当する障害の状態にある者に支給される傷病補償年金の額は、給付基礎日額の313日分である。

オ　休業補償給付の額は、労働者が療養のため所定労働時間の一部についてのみ労働する日又は賃金が支払われる休暇（以下本肢において「部分算定日」という。）については、給付基礎日額から部分算定日に対して支払われる賃金の額を控除して得た額の100分の60に相当する額となる。

A（アとイ）　　　　　B（イとウ）　　　　　C（ウとエ）
D（エとオ）　　　　　E（アとオ）

23

[問　6]　労災保険に関する次の記述のうち、正しいものはどれか。

A　二次健康診断等給付は、社会復帰促進等事業として設置された病院若しくは診療所又は都道府県労働局長の指定する病院、診療所若しくは訪問看護事業者において行われる。

B　二次健康診断を受けた労働者から、当該二次健康診断の実施の日から3ヵ月以内に当該二次健康診断の結果を証明する書面の提出を受けた事業者は、当該健康診断の結果（当該健康診断の項目に異常の所見があると診断された労働者に係るものに限る。）に基づき、当該労働者の健康を保持するために必要な措置について、医師の意見を聴かなければならない。

C　すでに障害補償年金を受けている者が、新たな業務災害により同一の部位について障害の程度を加重した場合には、その加重した後の身体障害の該当する障害等級に応ずる新たな障害補償年金が支給され、加重する前の身体障害に係る障害補償年金は支給されない。

D　障害補償年金前払一時金の上限額は、障害等級の第1級については給付基礎日額の1,000日分であり、第7級については給付基礎日額の560日分である。

E　無免許運転が危険であることを知りながら「運転免許所持者である」と詐称した労働者が、無免許のまま貨物自動車を運転したため事故が発生し、当該労働者が負傷したときは、当該負傷は、重大な過失による負傷には該当しない。

[問　7]　労災保険に関する次の記述のうち、正しいものはどれか。

A　保険給付及び特別支給金に関する決定に不服のある者は、労働者災害補償保険審査官に対して審査請求をし、その決定に不服のある者は、労働保険審査会に対して再審査請求をすることができる。

B　保険給付に関する処分の取消しの訴えは、当該処分についての再審査請求に対する労働保険審査会の裁決を経た後でなければ、提起することができない。

C　中小事業主等の特別加入者に係る年金たる保険給付の額の算定の基礎として用いる給付基礎日額を算定するにあたっては、年齢階層別の最低限度額及び最高限度額が適用される。

D　一人親方等の団体が解散したときは、一人親方等としての特別加入者
　　　たる地位は、自動的に消滅する。
　　E　特別加入者である中小事業主に係る業務災害の原因である事故が、当
　　　該事業主の重大な過失によって生じたものであるときは、政府は、当該
　　　業務災害について保険給付を受けた事業主から費用徴収を行うことがで
　　　きる。

［問　8］　労働保険徴収法に関する次の記述のうち、誤っているものはどれか。な
　　お、本問において、「有期事業の一括」とは労働保険徴収法第7条の規定に
　　より二以上の事業を一の事業とみなすことをいう。
　　A　継続事業についてメリット制が適用される場合には、当該事業につい
　　　ての労災保険率から非業務災害率を減じた率を100分の40の範囲内で引
　　　き上げ、又は引き下げた率に非業務災害率を加えた率が、当該事業に係
　　　る労災保険率となる。
　　B　労災保険のメリット制に係るメリット収支率の算定にあたっては、失
　　　権差額一時金として支給される遺族補償一時金及び障害補償年金差額一
　　　時金並びにそれぞれに付随する特別支給金の額は、その算定の基礎とな
　　　る保険給付等の額には含まれない。
　　C　有期事業の一括の適用を受けている建設の事業又は立木の伐採の事業
　　　が、メリット制の適用を受けるためには、連続する3保険年度中の各保
　　　険年度において、当該事業に係る当該保険年度の確定保険料の額が160万
　　　円以上でなければならない。
　　D　厚生労働大臣は、特例対象者を雇用していた事業主であって、雇用保
　　　険に係る保険関係が成立していたにもかかわらず、保険関係成立届の提
　　　出をしていなかったものに対して、特例納付保険料の納付を勧奨しなけ
　　　ればならず、当該勧奨を受けた事業主は、特例納付保険料を納付する旨
　　　を、厚生労働大臣に対し、書面により申し出ることができる。
　　E　労働保険料その他労働保険徴収法の規定による徴収金を徴収し、又は
　　　その還付を受ける権利は、これらを行使することができる時から2年を
　　　経過したときは、時効によって消滅する。

[問　9]　労働保険料等に関する次の記述のうち、誤っているものはどれか。

A　労災保険率は、労災保険法の規定による保険給付及び社会復帰促進等事業に要する費用の予想額に照らし、将来にわたって、労災保険の事業に係る財政の均衡を保つことができるものでなければならないものとし、政令で定めるところにより、労災保険法の適用を受けるすべての事業の過去３年間の業務災害、複数業務要因災害及び通勤災害に係る災害率並びに二次健康診断等給付に要した費用の額、社会復帰促進等事業として行う事業の種類及び内容その他の事情を考慮して厚生労働大臣が定める。

B　一般保険料の額は、賃金総額に一般保険料に係る保険料率を乗じて得た額であるが、この「賃金総額」とは、原則として、事業主がその事業に使用するすべての労働者に支払う賃金の総額をいう。

C　労災保険に係る保険関係が成立している水産動植物の採捕又は養殖の事業であって、賃金総額を正確に算定することが困難なものについては、その事業の労働者につき労働基準法第12条第8項の規定に基づき厚生労働大臣が定める平均賃金に相当する額に、それぞれの労働者の使用期間の総日数を乗じて得た額の合算額を賃金総額とする。

D　労災保険に係る保険関係が成立している立木の伐採の事業であって、賃金総額を正確に算定することが困難なものについては、所轄都道府県労働局長が定める素材１立方メートルを生産するために必要な労務費の額に、生産するすべての素材の材積を乗じて得た額を賃金総額とする。

E　労災保険に係る保険関係が成立している請負による建設の事業のうち、機械装置の組立て又は据付けの事業であって、賃金総額を正確に算定することが困難なものについては、請負金額に労務費率を乗じて得た額を賃金総額とするが、この場合において、事業主が注文者その他の者からその事業に使用する機械装置の支給を受けたときは、当該機械装置の価額に相当する額を請負代金の額に加算した額を請負金額とする。

[問　10]　労働保険徴収法に関する次の記述のうち、誤っているものはどれか。

A　労働保険事務組合に労働保険事務の処理を委託している継続事業に係る概算保険料申告書は、口座振替による申告書でない場合であっても、年金事務所を経由して提出することができない。

26

B　継続事業（一括有期事業を含む。）においては、原則として、各保険年度の６月１日から40日以内に、前年度の確定保険料の申告及び精算と当該年度の概算保険料の申告及び納付を同時に行う。

C　労働保険料その他労働保険徴収法の規定による徴収金の納付について督促を受けた者が、その指定の期限までに、これを納付しないときは、政府は、国税滞納処分の例によって、これを処分する。

D　政府は、労働保険事務組合が納付すべき徴収金については、当該労働保険事務組合に対して国税滞納処分の例による処分をしてもなお徴収すべき残余がある場合に限り、その残余の額を、当該労働保険事務組合に労働保険事務の処理を委託している事業主から徴収することができる。

E　労働保険事務組合は、その業務を廃止したときは、廃止した日から60日以内に、所定の届書を当該労働保険事務組合の主たる事務所の所在地を管轄する都道府県労働局長に提出しなければならない。

雇用保険法
（労働保険の保険料の徴収等に関する法律を含む。）

[問　1]　基本手当に関する次の記述のうち、正しいものはどれか。

　　A　自己の責めに帰すべき重大な理由により解雇された者であっても、特定受給資格者に該当することがある。

　　B　基本手当は、受給資格者が当該基本手当の受給資格に係る離職後最初に公共職業安定所に求職の申込みをした日以後において、失業している日が継続して7日に達しない間は、支給されない。

　　C　偽りその他不正の行為により基本手当の支給を受けようとしたため基本手当が支給されないこととされた者が、その後新たに基本手当の受給資格を取得した場合であっても、当該新たに取得した受給資格に基づく基本手当は支給されない。

　　D　賃金が、労働した日若しくは時間によって算定され、又は出来高払制その他の請負制によって定められている場合及び賃金の一部が、月、週その他一定の期間によって定められている場合には、基本手当の日額の算定の基礎となる賃金日額について最低保障額が設けられている。

　　E　基本手当の日額の算定の基礎となる賃金日額は、離職の日以前6ヵ月間に支払われた賃金（臨時に支払われる賃金及び3ヵ月を超える期間ごとに支払われる賃金を除く。）の総額を180で除して得た額とされている。

[問　2]　教育訓練給付に関する次の記述のうち、正しいものはどれか。

　　A　教育訓練給付対象者が教育訓練を開始した日前に基本手当の支給を受けたことがある場合には、当該基本手当に係る離職の日前の被保険者であった期間は、教育訓練給付金の支給に係る支給要件期間に算入されない。

　　B　専門実践教育訓練の期間が2年を超えるときは、当該2年を超える部分に係る受講料は、当該専門実践教育訓練に係る教育訓練給付金の額の算定の基礎から除かれる。

　　C　教育訓練給付金は、一定期間以上の支給要件期間があること等の要件を満たす限り、過去に教育訓練給付金の支給を受けたことがある教育訓練給付対象者に対しても、その支給を受けた回数や時期にかかわらず、支給される。

D　育児を理由として引き続き30日以上教育訓練を開始することができなかった一般被保険者であった者が、当該一般被保険者でなくなった日から起算して20年を経過する日までの間に教育訓練を開始した場合においては、所定の要件を満たすことにより、その者に対して教育訓練給付金が支給される。

E　教育訓練給付対象者であって、専門実践教育訓練に係る教育訓練給付金の支給を受けようとするものは、当該教育訓練を受講する前に、キャリアコンサルタントから、その者の就業に関する目標その他職業能力の開発及び向上に関する事項についてキャリアコンサルティングを受けなければならないが、その者を雇用する適用事業の事業主が当該専門実践教育訓練を受講することを承認した場合には、この限りでない。

[問　3]　雇用保険制度に関する次の記述のうち、誤っているものはどれか。

A　偽りその他不正の行為により失業等給付の支給を受けた者がある場合には、政府は、その者に対して、支給した失業等給付の全部又は一部を返還することを命ずることができる。

B　特例受給資格者が、当該特例受給資格に基づく特例一時金の支給を受ける前に公共職業安定所長の指示した公共職業訓練等（30日以上（当分の間は40日以上）のものに限る。）を受ける場合には、特例一時金は支給されず、当該公共職業訓練等を受け終わる日までの間に限り、その者を基本手当の受給資格者とみなして求職者給付（傷病手当を除く。）が支給される。

C　未支給の失業等給付の支給を請求しようとする者は、受給資格者等が死亡したことを知った日の翌日から起算して1ヵ月以内に、未支給失業等給付請求書に所定の書類を添えて死亡者に係る公共職業安定所の長に提出しなければならない。

D　特例一時金の額は、特例受給資格者を基本手当に係る受給資格者とみなした場合にその者に支給されることとなる基本手当の日額の30日分（当分の間、40日分）の額である。

E　短期雇用特例被保険者が失業した場合の特例受給資格に係る被保険者期間は、当分の間、暦月をもって計算し、各月において賃金の支払いの基礎となった日数が11日以上であるときは、その月を被保険者期間1ヵ月として計算する。

[問　4]　就職促進給付に関する次の記述のうち、誤っているものはどれか。

A　就業手当は、職業に就いた日前3年以内の再就職について再就職手当の支給を受けたことがある場合であっても、その他の要件を満たしていれば、支給される。

B　厚生労働省令で定める安定した職業以外の職業に10日間就いた者に10日分の就業手当が支給されたときは、10日分の基本手当が支給されたものとみなされる。

C　受給資格者が求職の申込みをした日以後に雇入れをすることを約した事業主に雇用される場合であれば、雇用保険法第21条の規定による待期の期間中に厚生労働省令で定める安定した職業に就いたときであっても、その他の要件を満たす限り、再就職手当が支給される。

D　厚生労働省令で定める安定した職業に就いた者であって、当該職業に就いた日の前日における基本手当の支給残日数（以下「支給残日数」という。）が当該受給資格に基づく所定給付日数の3分の1以上であるもの（早期再就職者を除く。）に支給する再就職手当の額は、基本手当日額に支給残日数に相当する日数に10分の6を乗じて得た数を乗じて得た額である。

E　早期再就職者に支給される就業促進定着手当の額は、基本手当日額に支給残日数に相当する日数に10分の3を乗じて得た数を乗じて得た額を限度として、算定基礎賃金日額からみなし賃金日額を減じて得た額に同一事業主の適用事業にその職業に就いた日から引き続いて雇用された6ヵ月間のうち賃金の支払いの基礎となった日数を乗じて得た額である。

[問　5]　雇用保険法に関する次のアからオまでの記述のうち、誤っているものの組合せは、後記AからEまでのうちどれか。

ア　基本手当に係る失業の認定（未支給の基本手当に係るものを除く。）は、受給資格者の代理人により、これを受けることはできない。

イ　管轄公共職業安定所の長は、失業の認定にあたって、受給資格者から提出された失業認定申告書に記載された求職活動の内容を確認するとともに、当該確認の際に、受給資格者に対し、職業紹介又は職業指導を行うものとされている。

ウ　厚生労働大臣は、事業主による届出若しくは被保険者若しくは被保険者であった者による請求により、又は職権で、労働者が被保険者となったこと又は被保険者でなくなったことの確認を行うものとする。

エ　暫定任意適用事業の事業主は、その事業に使用される労働者の4分の3以上の同意を得なければ、雇用保険の任意加入の申請を行うことができない。

オ　いわゆる昼間学生は、休学中において適用事業に雇用される場合であっても、被保険者となることはない。

A（アとイ）　　　B（イとウ）　　　C（ウとエ）

D（エとオ）　　　E（アとオ）

[問　6]　雇用保険の被保険者に関する次の記述のうち、誤っているものはどれか。

A　4ヵ月の期間を定めて季節的に雇用される者は、1週間の所定労働時間が30時間以上である場合であっても、短期雇用特例被保険者とならない。

B　日雇労働被保険者が前2ヵ月の各月において18日以上同一の事業主の適用事業に雇用された場合において、公共職業安定所長の認可を受けたときは、その者は、引き続き、日雇労働被保険者となることができる。

C　株式会社の代表取締役は、その実態として、従業員が従事する業務と同一の業務に従事することを常態とする者であっても、被保険者とならない。

D　日本国に在住する外国人であって、適用事業に雇用されるものは、外国公務員及び外国の失業補償制度の適用を受けていることが立証された者を除き、国籍を問わず、被保険者となる。

E　私傷病により長期に欠勤し、賃金の支払いを受けていない労働者は、雇用関係が存続していても、被保険者とならない。

[問　7]　高年齢雇用継続給付に関する次の記述のうち、正しいものはどれか。

A　高年齢雇用継続基本給付金は、支給対象月における高年齢雇用継続基本給付金の額として算定された額が基本手当に係る賃金日額の下限額を超えないときは、当該支給対象月については、支給されない。

B　事業主は、その雇用する被保険者又はその雇用していた被保険者が高年齢雇用継続給付受給資格確認票・（初回）高年齢雇用継続給付支給申請書を提出するため60歳到達時等賃金証明書の交付を求めたときは、これをその者に交付しなければならない。

C　月の途中で被保険者の資格を喪失した者に対する高年齢雇用継続基本給付金は、その月については、その資格を喪失した日の前日までの日数に応じて日割りで計算した額が支給される。

D　高年齢再就職給付金は、再就職日の前日における基本手当の支給残日数が200日未満であるときは、支給されない。

E　高年齢再就職給付金が支給されるためには、受給資格に係る離職の日における算定基礎期間が3年以上あり、かつ、当該受給資格に基づく基本手当の支給を受けたことがある受給資格者が、60歳に達した日以後安定した職業に就くことにより被保険者（短期雇用特例被保険者及び日雇労働被保険者を除く。）となったことが必要である。

[問　8]　労働保険徴収法に関する次の記述のうち、誤っているものはどれか。なお、本問において、「有期事業の一括」とは労働保険徴収法第7条の規定により二以上の事業を一の事業とみなすことをいい、「継続事業の一括」とは同法第9条の規定により二以上の事業について成立している保険関係の全部又は一部を一の保険関係とすることをいう。

A　労働保険徴収法第8条第2項の規定に基づき、下請負人をその請負事業の事業主とする認可を受けるためには、当該下請負人の請負に係る事業について、概算保険料の額が160万円以上又は請負金額が1億8,000万円以上であることが必要である。

B　労働保険徴収法第8条第2項の規定に基づき、下請負人をその請負事業の事業主とする認可を受けようとする元請負人及び下請負人は、労災保険に係る保険関係が成立した日の翌日から起算して10日以内に、下請負人を事業主とする認可申請書を所轄都道府県労働局長に提出しなければならないが、請負方式の特殊性から事業開始前に下請負契約が成立せず、当該申請書の提出期限が経過したときは、当該認可を受けるための申請をすることはできない。

C　労働保険徴収法第7条第2号では、有期事業の一括の要件の1つとして、「それぞれの事業が、事業の期間が予定される事業（以下「有期事業」という。）であること」を定めているが、ここでいう有期事業については、予定される事業の期間の長短に関して特に制限はない。

D　有期事業の一括が行われるためには、それぞれの事業が、労災保険に係る保険関係が成立している事業のうち、土木、建築その他の工作物の建設、改造、保存、修理、変更、破壊若しくは解体若しくはその準備の事業であり、又は立木の伐採の事業であることが必要である。

E　事業主が同一人である二以上の継続事業は、それぞれの事業が、同一の都道府県労働局の管轄区域又はこれと隣接する都道府県労働局の管轄区域内で行われるものでなくても、継続事業の一括の対象となる。

[問　9]　労働保険徴収法に関する次の記述のうち、誤っているものはどれか。

A　保険年度の中途に保険関係が消滅した継続事業の事業主が提出すべき確定保険料申告書の提出期限は、当該保険関係が消滅した日から50日以内である。

B　事業主若しくは事業主であった者又は労働保険事務組合若しくは労働保険事務組合であった団体は、雇用保険被保険者関係届出事務等処理簿を、その完結の日から4年間保存しなければならない。

C　政府は、事業主が認定決定された確定保険料又はその不足額を納付しなければならない場合には、原則として、その納付すべき額（その額に1,000円未満の端数があるときは、その端数は、切り捨てる。）に100分の10を乗じて得た額の追徴金を徴収する。

D　延滞金の計算において、滞納している労働保険料の額に1,000円未満の端数があるときは、その端数は切り捨て、また、計算した延滞金の額に100円未満の端数があるときは、その端数は切り捨てる。

E　所定の期限までに確定保険料申告書を提出しなかったことにより、所轄都道府県労働局歳入徴収官から確定保険料の認定決定の通知を受けた事業主は、当該決定された確定保険料の額又はその不足額を、当該通知を受けた日から15日以内に、納付書によって納付しなければならない。

[問 10] 労働保険徴収法に関する次の記述のうち、誤っているものはどれか。

A　政府は、事業主が概算保険料申告書を所定の期限までに提出しないとき、又は概算保険料申告書の記載に誤りがあると認めるときは、労働保険料の額を決定し、これを事業主に通知する。

B　概算保険料申告書の提出は、一定の区分に従い、日本銀行（本店、支店、代理店及び歳入代理店をいう。）、年金事務所、所轄労働基準監督署長又は所轄公共職業安定所長を経由して行うことができるが、口座振替によって概算保険料を納付する場合について認められる可能性のある経由先は、所轄労働基準監督署長のみである。

C　口座振替による納付は、納付書によって行われる労働保険徴収法第15条第2項の規定により納付すべき有期事業に係る概算保険料の納付についても、認められる。

D　継続事業の事業主は、保険年度の中途において賃金総額の見込額が減少した場合であって一定の要件に該当するときは、当該賃金総額の減少が見込まれた日から10日以内に、減少後の賃金総額の見込額に基づき算定した概算保険料の額とすでに納付した概算保険料の額との差額の還付を請求することができる。

E　事業主は、賃金総額の見込額が増加した場合において、増加後の賃金総額の見込額が増加前の賃金総額の見込額の100分の200を超え、かつ、増加後の賃金総額の見込額に基づき算定した概算保険料の額とすでに納付した概算保険料の額との差額が13万円以上であるときは、当該賃金総額の増加が見込まれた日から30日以内に、当該差額を納付しなければならない。

労務管理その他の労働及び社会保険に関する一般常識

[問　1]　労働者派遣事業の適正な運営の確保及び派遣労働者の保護等に関する法律に関する次の記述のうち、正しいものはどれか。

A　労働者派遣事業を行おうとする者は、原則として、厚生労働大臣の許可を受けなければならないが、その者が常時雇用する労働者であって、労働者派遣の対象としようとするものの数が10人以下である場合には、厚生労働大臣に届け出ることで足りる。

B　労働者派遣の役務の提供を受ける者（国、地方公共団体等の機関を除く。）が、派遣期間の制限の規定に違反して労働者派遣の役務の提供を受けた場合には、その時点において、その者と当該労働者派遣に係る派遣労働者との間において、その時点における当該派遣労働者に係る労働条件と同一の労働条件を内容とする労働契約が成立したものとみなす。

C　派遣元事業主は、その雇用する派遣労働者が段階的かつ体系的に派遣就業に必要な技能及び知識を習得することができるように、有給かつ無償で、教育訓練を実施しなければならない。

D　派遣元事業主は、派遣先に対し、その雇用する特定有期雇用派遣労働者であって、派遣先の事業所における同一の組織単位の業務について継続して３年間当該労働者派遣に係る労働に従事する見込みがあるものに対して労働契約の申込みをすることを求めることにより、いわゆる雇用安定措置を講じなければならない。

E　派遣先は、派遣元事業主に期間を定めないで雇用される派遣労働者に関しても、派遣可能期間が延長された場合における当該派遣先の事業所その他派遣就業の場所における組織単位ごとの業務について、派遣元事業主から３年を超える期間継続して、同一の派遣労働者に係る労働者派遣の役務の提供を受けてはならない。

[問　2]　育児休業、介護休業等育児又は家族介護を行う労働者の福祉に関する法律（以下本問において「育児・介護休業法」という。）に関する次の記述のうち、誤っているものはどれか。

A　事業主は、労使協定で、１週間の所定労働日数が２日以下の労働者を、育児休業をすることができない者として定めることができる。

B　労働者は、その養育する子について、事業主に申し出ることにより、出生時育児休業をすることができるが、期間を定めて雇用される者にあっては、原則として、その養育する子の出生の日から起算して8週間を経過する日の翌日から1年を経過する日までに、その労働契約が満了することが明らかでない者に限り、当該申出をすることができる。

C　育児・介護休業法第9条の6の「同一の子について配偶者が育児休業をする場合の特例」（いわゆるパパ・ママ育休プラス）の規定により育児休業を取得する場合であっても、その取得することができる育児休業期間（出生時育児休業を取得した期間を含み、出産した女性の場合は、子の出生日以後の産前産後休業期間を含む。）は、1年間が限度となる。

D　事業主は、3歳に満たない子を養育する労働者（一定の労働者を除く。）が当該子を養育するために請求した場合においては、事業の正常な運営を妨げるときを除き、所定労働時間を超えて労働させてはならない。

E　労働者は、その養育する子が1歳到達日までの期間（当該子を養育していない期間を除く。）内に、出生時育児休業を除き、2回の育児休業を取得することができる。

[問　3]　労働関係法規に関する次のアからオまでの記述のうち、誤っているものの組合せは、後記AからEまでのうちどれか。なお、本問において、「労働施策総合推進法」とは、「労働施策の総合的な推進並びに労働者の雇用の安定及び職業生活の充実等に関する法律」のことである。

ア　最低賃金法によれば、最低賃金額は、月、日又は時間によって定めるものとされている。

イ　最低賃金法によれば、厚生労働大臣又は都道府県労働局長は、一定の地域ごとに、中央最低賃金審議会又は地方最低賃金審議会の調査審議を求め、その意見を聴いて、地域別最低賃金を決定しなければならない。

ウ　労働施策総合推進法によれば、事業主は、その雇用する労働者の労働時間の短縮その他の労働条件の改善その他の労働者が生活との調和を保ちつつその意欲及び能力に応じて就業することができる環境の整備に努めなければならない。

エ　労働施策総合推進法第9条では、事業主が労働者の募集及び採用にあたって年齢制限を設けることを一切禁止している。

オ　中小企業退職金共済法によれば、被共済者が退職した場合において、当該被共済者に係る掛金納付月数が12ヵ月に満たないときは、同法に基づく退職金は支給されない。

A　（アとイ）　　　　　B　（アとエ）　　　　　C　（イとウ）
D　（ウとオ）　　　　　E　（エとオ）

[問　4]　労働関係法規等に関する次の記述のうち、誤っているものはどれか。なお、本問において、「高年齢者雇用安定法」とは「高年齢者等の雇用の安定等に関する法律」のことであり、「女性活躍推進法」とは「女性の職業生活における活躍の推進に関する法律」のことである。

A　我が国における賃金体系の中心を占める基本給は、一般に、仕事給、属人給及び総合決定給によって構成され、仕事給は、職務給、職能給及び職種給によって構成される。このうちの職務給とは、各職務について、その職務の困難度及び重要性を基準として相対的価値を評価し、その価値に応じて決定される賃金をいう。

B　高年齢者雇用安定法によれば、シルバー人材センターは、厚生労働大臣に届け出て、臨時的かつ短期的な雇用による就業又はその他の軽易な業務に係る就業（雇用によるものに限る。）を希望する高年齢退職者のために、有料の職業紹介事業を行うことができる。

C　雇用主以外の事業主は、雇用主から労働者の派遣を受けて自己の業務に従事させ、その労働者の基本的な労働条件等について、雇用主と部分的とはいえ同視できる程度に現実的かつ具体的に支配、決定することができる地位にある場合であっても、労働組合法第7条の「使用者」にあたらないものと解するのが相当であるとするのが、最高裁判所の判例である。

D　労働者が争議行為に参加して労務の提供をしなかった場合において、労務の提供のなかった限りにおいて賃金を差し引かずにこれを支給することは、労働組合法第7条に定める不当労働行為となる。

E　女性活躍推進法によれば、一般事業主であって、常時雇用する労働者の数が100人を超えるものは、事業主行動計画策定指針に即して、一般事業主行動計画を定め、厚生労働省令で定めるところにより、厚生労働大臣に届け出なければならない。

[問　5]　労働関係法規に関する次の記述のうち、正しいものはどれか。なお、本問において、「パートタイム・有期雇用労働法」とは「短時間労働者及び有期雇用労働者の雇用管理の改善等に関する法律」のことであり、「障害者雇用促進法」とは「障害者の雇用の促進等に関する法律」のことである。

A　パートタイム・有期雇用労働法によれば、事業主は、通常の労働者に対して実施する教育訓練であって、当該通常の労働者が従事する職務の遂行に必要な能力を付与するためのものについては、一定の場合を除き、職務内容同一短時間・有期雇用労働者（通常の労働者と同視すべき短時間・有期雇用労働者を除く。）に対しても、これを実施するように努めるものとされている。

B　パートタイム・有期雇用労働法によれば、事業主は、短時間・有期雇用労働者を雇い入れたときは、速やかに、短時間・有期雇用労働者について事業主が講ずる雇用管理の改善等の措置の内容を、個々の短時間・有期雇用労働者ごとに説明しなければならない。

C　障害者雇用促進法によれば、一般事業主に係る障害者雇用率は、100分の2.6である。

D　障害者雇用促進法に関し、労働者の募集に際して一定の能力を有することを条件とすることは、当該条件が当該企業において業務遂行上特に必要なものと認められる場合には、当該条件により特定の障害者が応募できなくなるときであっても、同法が禁止する差別に該当しない。

E　障害者雇用促進法に関し、障害者のみを対象として労働者を募集する場合において、障害種別を限定して募集を行うことは、同法が禁止する差別に該当する。

[問　6]　船員保険法及び児童手当法に関する次の記述のうち、誤っているものはどれか。

A　船員保険は、健康保険法による全国健康保険協会が、管掌する。船員保険事業に関して船舶所有者及び被保険者（その意見を代表する者を含む。）の意見を聴き、当該事業の円滑な運営を図るため、全国健康保険協会に船員保険協議会を置く。

B　船員保険法によれば、被保険者（疾病任意継続被保険者を除く。）が職務上の事由により1ヵ月以上行方不明となったときは、被扶養者に対し、行方不明手当金を支給する。

C 船員保険法によれば、疾病任意継続被保険者は、後期高齢者医療の被保険者等となったときは、その日の翌日から、その資格を喪失する。

D 児童手当法によれば、「児童」とは、18歳に達する日以後の最初の3月31日までの間にある者であって、日本国内に住所を有するもの又は留学その他の内閣府令で定める理由により日本国内に住所を有しないものをいう。

E 児童手当法によれば、一般受給資格者（公務員である者を除く。）は、児童手当の支給を受けようとするときは、その受給資格及び児童手当の額について、住所地（一般受給資格者が未成年後見人であり、かつ、法人である場合にあっては、主たる事務所の所在地）の市町村長（特別区の区長を含む。）の認定を受けなければならない。

[問 7] 確定給付企業年金法に関する次の記述のうち、正しいものはどれか。

A 確定給付企業年金を実施する事業主等は、将来にわたって財政の均衡を保つことができるよう、少なくとも5年ごとに掛金及び給付の額を再計算しなければならない。

B 規約型企業年金の事業主は、当該事業主が企業年金基金を設立しているとき、又は設立することとなるときは、厚生労働大臣の認可を受けて、当該企業年金基金に、当該規約型企業年金の加入者等に係る給付の支給に関する権利義務の移転を申し出ることができる。

C 企業年金連合会を設立するには、その会員となろうとする5以上の事業主等が発起人とならなければならない。

D 加入者は、政令で定める基準に従い規約で定めるところにより、掛金の一部を負担することができる。加入者が負担する掛金の額は、当該加入者に係る掛金の額の2分の1を超えてはならない。

E 確定給付企業年金の実施事業所に使用される厚生年金保険の被保険者は加入者とされ、実施事業所に使用される厚生年金保険の被保険者が加入者となることについて一定の資格を定めることはできない。

[問 8] 次の記述のうち、誤っているものはどれか。

A 社会保険審査官及び社会保険審査会法及び同法施行令によれば、社会保険審査官は、厚生労働省の職員のうちから厚生労働大臣が任命し、その定数は、103人とする。

B　社会保険審査官及び社会保険審査会法によれば、被保険者若しくは加入員の資格、標準報酬又は標準給与に関する処分に対する審査請求は、原処分があった日の翌日から起算して２年を経過したときは、することができない。

C　我が国の合計特殊出生率は、急速な少子化の進行により、平成17年においては過去最低の1.30となった。

D　高齢化率とは、総人口に占める65歳以上人口の割合をいう。

E　社会保険審査官及び社会保険審査会法によれば、審査請求及び再審査請求は、文書又は口頭ですることができるが、審査請求の取下げ及び再審査請求の取下げは、文書でしなければならない。

[問　9]　社会保険労務士法に関する次の記述のうち、正しいものはどれか。

A　全国社会保険労務士会連合会は、社会保険労務士の登録を受けた者が、１年以上継続して所在が不明であるときは、当該登録を取り消すことができる。

B　弁護士となる資格を有する者は、労働社会保険諸法令に関する厚生労働省令で定める事務に従事した期間が通算して２年以上になるものに限り、社会保険労務士となる資格を有する。

C　社会保険労務士法人が厚生労働大臣から解散又は業務の停止を命ぜられた場合において、その処分の日以前30日内に当該社会保険労務士法人の社員であった者でその処分の日から５年（業務の停止を命ぜられた場合にあっては、当該業務の停止の期間）を経過しないものは、社会保険労務士法人の社員となることができない。

D　紛争解決手続代理業務を行うことを目的とする社会保険労務士法人の社員は、特定社会保険労務士である社員（以下「特定社員」という。）が常駐している事務所においては、特定社員であるか否かにかかわらず、紛争解決手続代理業務を執行する権利を有し、義務を負う。

E　社会保険労務士法人の社員が、社会保険労務士法第25条の18第１項の規定（社員の競業の禁止）に違反して自己又は第三者のためにその社会保険労務士法人の業務の範囲に属する業務を行ったときは、当該業務によって当該社員又は第三者が得た利益の額は、社会保険労務士法人に生じた損害の額と推定する。

[問　10]　国民健康保険法に関する次の記述のうち、誤っているものはいくつある
か。

ア　国民健康保険組合を設立しようとするときは、主たる事務所の所在地
の市町村長（特別区の区長を含む。）の認可を受けなければならない。

イ　市町村（特別区を含む。以下同じ。）及び国民健康保険組合は、被保険
者の出産及び死亡に関しては、条例又は規約の定めるところにより、出
産手当金の支給又は葬祭費の支給若しくは葬祭の給付を行うものとする。
ただし、特別の理由があるときは、その全部又は一部を行わないことが
できる。

ウ　都道府県の区域内に住所を有するに至ったため、当該都道府県が当該
都道府県内の市町村とともに行う国民健康保険（以下「都道府県等が行
う国民健康保険」という。）の被保険者の資格を取得した者があるとき
は、その者の属する世帯の世帯主は、10日以内に、届書を、当該世帯主
が住所を有する市町村に提出しなければならない。

エ　市町村による保険料の徴収については、必ず普通徴収（市町村が世帯
主に対し、納入の通知をすることによって保険料を徴収することをい
う。）の方法によらなければならない。

オ　都道府県の区域内に住所を有する者であっても、国民健康保険組合の
被保険者であるものは、当該都道府県等が行う国民健康保険の被保険者
とならない。

A　一つ

B　二つ

C　三つ

D　四つ

E　五つ

41

健康保険法

[問　1]　健康保険法に関する次のアからオまでの記述のうち、誤っているものの組合せは、後記AからEまでのうちどれか。

　　ア　被保険者に係る療養の給付は、同一の疾病又は負傷について、介護保険法の規定によりこれに相当する給付を受けることができる場合には、行わない。

　　イ　保険給付を受ける権利は、譲り渡し、担保に供し、又は差し押さえることができない。

　　ウ　偽りその他不正の行為によって保険給付を受けた者がある場合において、事業主が虚偽の報告又は証明をしたため、その保険給付が行われたものであるときは、保険者は、当該事業主に対し、保険給付を受けた者に連帯してその給付の価額の全部又は一部についての徴収金を納付すべきことを命ずることができる。

　　エ　保険者は、被保険者又は被保険者であった者が、正当な理由なしに療養に関する指示に従わないときは、保険給付の一部を行わないことができるが、この場合の療養の給付の制限期間は、おおむね30日間を基準とすることとされている。

　　オ　被保険者が、闘争、泥酔又は著しい不行跡によって給付事由を生じさせたときは、当該給付事由に係る保険給付は、行わない。

　　A（アとイ）　　　　　B（アとエ）　　　　　C（イとウ）
　　D（ウとオ）　　　　　E（エとオ）

[問　2]　保険給付に関する次の記述のうち、誤っているものはどれか。

　　A　患者申出療養に係る申出は、厚生労働大臣に対し、当該申出に係る療養を行う臨床研究中核病院（保険医療機関であるものに限る。）の開設者の意見書その他必要な書類を添えて行うものとされている。

　　B　被保険者が受診した診療所において文書による紹介をされたため、病床数が200以上の病院で受けた初診は、選定療養に該当する。

42

C　医薬品、医療機器等の品質、有効性及び安全性の確保等に関する法律に規定する治験（一定のものに限る。）に係る診療は、評価療養に該当するが、保険外併用療養費の支給対象となる治験は、患者に対する情報提供を前提として、患者の自由な選択と同意がなされたものに限られるため、治験の内容を患者等に説明することが医療上好ましくないと認められる場合には、保険外併用療養費の支給対象とならない。

D　療養費の額は、当該療養（食事療養及び生活療養を除く。）について算定した費用の額から一部負担金に相当する額を控除した額及び当該食事療養又は生活療養について算定した費用の額から食事療養標準負担額又は生活療養標準負担額を控除した額を基準として、保険者が定める。

E　柔道整復師が医師の同意を得て行った施術であっても、内科的原因による疾患や単なる肩こり、筋肉疲労に対するものは、療養費の支給対象とならない。

[問　3]　健康保険法に関する次の記述のうち、正しいものはどれか。

A　適用事業所の事業主は、共同して健康保険組合を設立することができるが、この場合において、被保険者の数は、合算して常時5,000人以上でなければならない。

B　任意継続被保険者の保険の保険者は、全国健康保険協会のみである。

C　診療所が医師の開設したものであり、かつ、当該開設者である医師のみが診療に従事している場合において、当該医師について保険医の登録があったときは、原則として、当該診療所について、保険医療機関の指定があったものとみなす。

D　保険医又は保険薬剤師は、その登録の抹消を求めるときは、3ヵ月以上の予告期間を設けなければならない。

E　保険医療機関及び保険薬局は療養の給付に関し、保険医及び保険薬剤師は健康保険の診療又は調剤に関し、保険者が指定した診療又は調剤に関する学識経験者の指導を受けなければならない。

[問　4]　健康保険法に関する次の記述のうち、誤っているものはどれか。

A　被保険者と同一の世帯に属する63歳の母（日本国内に住所を有しているものとする。）は、その年間収入が150万円であって、かつ、被保険者の年間収入の2分の1未満である場合は、被扶養者と認められる。

B　被保険者の配偶者の孫（日本国内に住所を有しているものとする。）
は、その被保険者と同一の世帯に属し、主としてその被保険者により生
計を維持するものであるときは、被扶養者と認められる。

C　被保険者が、6月に200万円、12月に250万円、翌年3月に100万円の
賞与を受けた場合には、その者の標準賞与額は、6月が200万円、12月が
250万円、翌年3月が90万円と決定される。

D　いわゆる標準報酬月額等級の上限の弾力的変更については、「その年の
3月31日において、改定後の標準報酬月額等級の最高等級に該当する被
保険者数の同日における被保険者総数に占める割合が100分の0.5を下回
ってはならない」とされている。

E　随時改定を行うべき場合において、昇給が遡及したため、それに伴う
差額支給によって報酬月額に変動が生じたものであるときは、保険者算
定による随時改定が行われる。

[問　5]　高額療養費に関する次の記述のうち、誤っているものはどれか。

A　70歳以上の被保険者又はその被扶養者が療養を受けた場合において、
70歳以上一部負担金等世帯合算額が高額療養費算定基準額を超えるとき
は、その超える額が高額療養費として支給されるが、当該70歳以上一部
負担金等世帯合算額の計算においては、21,000円未満の一部負担金等も合
算することができる。

B　70歳未満で療養のあった月の標準報酬月額が68万円である被保険者に
係る高額療養費算定基準額は、高額療養費多数回該当の場合には、93,000
円である。

C　70歳未満で、療養のあった月の標準報酬月額が83万円以上の被保険者
に係る高額療養費算定基準額は、高額療養費多数回該当の場合を除き、
「252,600円＋（医療費－842,000円）×100分の1」による額である。

D　標準報酬月額が53万円以上である70歳未満の被保険者が、人工腎臓を
実施している慢性腎不全に係る療養を同一の月に一の病院等から受けた
場合において、当該療養に係る一部負担金等の合計額が10,000円を超え
るときは、その超える額が高額療養費として支給される。

E　高額療養費の現物給付の対象となるのは、被保険者又はその被扶養者が、同一の月に一の保険医療機関等から受けた入院療養及び外来療養に係る高額療養費のほか、同一の月に一の指定訪問看護事業者から受けた指定訪問看護に係る高額療養費である。

[問　6]　保険給付に関する次の記述のうち、正しいものはどれか。

A　一般の被保険者の資格を喪失した日の前日まで引き続き1年以上被保険者（任意継続被保険者又は共済組合の組合員である被保険者を除く。）であった者が被保険者の資格を喪失した日後6ヵ月以内に出産したときは、被保険者として受けることができるはずであった出産育児一時金の支給を最後の保険者から受けることができる。

B　令和5年4月22日が出産予定日である一般の被保険者（多胎妊娠ではない。）が、同年3月1日から出産準備のために休業に入り、同年4月26日に出産した後、同年8月1日から職場に復帰をした。この場合には、同年3月16日から6月21日までの間、出産手当金が支給される。

C　被保険者が双子を出産した場合に支給される出産手当金の額は、子が1人である場合に支給される額の2倍に相当する額である。

D　被保険者は、出産育児一時金及び家族出産育児一時金の直接支払制度を導入している医療機関等において出産する場合においては、出産育児一時金の支給について当該直接支払制度を利用しなければならない。

E　妊娠6ヵ月の被保険者が、業務上の事由により流産した場合には、出産育児一時金は支給されない。

[問　7]　被保険者に関する次の記述のうち、誤っているものはどれか。

A　適用事業所に使用される者であっても、後期高齢者医療の被保険者であるものは、健康保険の被保険者とならない。

B　適用事業所に使用され、適法に就労する外国人は、適用除外事由に該当しない限り、健康保険の被保険者となる。

C　期間の定めのない雇用契約により適用事業所に使用されるに至った者は、使用関係が永続するか否かが不明であるため試みの使用期間が設けられた場合であっても、適用除外事由に該当しない限り、その雇入れの当初から健康保険の被保険者となる。

D　特例退職被保険者となろうとする者は、特定健康保険組合に対し、被
保険者の資格を喪失した日から20日以内に申し出なければならない。

E　雇用契約が成立し、適用事業所に使用されることとなった者（適用除
外事由に該当する者を除く。）が、当初から自宅待機とされた場合におい
て、休業手当等が支払われるときは、その者は、当該休業手当等の支払
いの対象となった日の初日に、被保険者の資格を取得する。

[問　8]　健康保険法に関する次の記述のうち、正しいものはどれか。

A　出産手当金の継続給付を受けるためには、被保険者の資格を喪失した
日（任意継続被保険者の資格を喪失した者にあっては、その資格を取得
した日）の前日まで引き続き1年以上、同一の保険者の管掌する健康保
険において、その被保険者（任意継続被保険者又は共済組合の組合員で
ある被保険者を除く。）であったことが必要である。

B　初めて適用事業所となった事業所の事業主は、当該事実のあった日か
ら5日以内に、所定の事項を記載した届書を提出しなければならないが、
この届出は、記載すべき事項を記録した光ディスクを提出することによ
って行うことができる。

C　事業主が行う届出のうち、毎年7月1日現に使用する被保険者の報酬
月額に関する届出は、法人であるすべての事業所の事業主にあっては、
原則として、電子情報処理組織を使用して行うものとされている。

D　保険者は、保険医療機関又は保険薬局から療養の給付に関する費用の
請求があったときは、審査の上、その費用を支払うが、この審査及び支
払いに関する事務については、これを社会保険診療報酬支払基金又は国
民健康保険団体連合会に委託することができる。

E　被保険者に関する毎月の保険料（任意継続被保険者に関するものを除
く。）は、翌月末日までに、納付しなければならないが、健康保険組合
は、規約で定めるところにより、別に納期限を定めることができる。

[問　9]　保険給付に関する次の記述のうち、正しいものはどれか。

A　指定訪問看護についての費用の算定は、末期の悪性腫瘍の患者等の厚
生労働大臣が定める患者等を除き、利用者1人につき週1回を限度とし
て行われる。

B　介護保険法の規定による指定居宅サービス事業者の指定があったことにより、訪問看護事業を行う者について指定訪問看護事業者の指定があったものとみなされた場合において、その後、同法の規定により当該指定居宅サービス事業者の指定を取り消されたときは、その取消しの日に、当該指定訪問看護事業者の指定の取消しがあったものとみなされる。

C　傷病手当金の支給を受けている期間に、別の傷病につき傷病手当金の支給を受けることができるときは、それぞれの傷病に係る傷病手当金について健康保険法第99条第2項の規定により算定される額を平均した額が支給される。

D　令和4年12月1日から疾病により傷病手当金の支給を受けていた被保険者が、令和5年4月1日に職場復帰をし、傷病手当金が支給されなくなった。この者が同一の疾病により同年5月1日から再び労務不能の状態となった場合は、同年5月1日から通算して1年6ヵ月間、傷病手当金の支給を受けることができる。

E　被保険者が死亡し、埋葬料の支給を受けるべき者がない場合においては、埋葬を行った者に対し、埋葬費が支給されるが、その支給申請書には、埋葬に要した費用の金額に関する証拠書類を添えなければならない。

［問　10］　健康保険法に関する次の記述のうち、正しいものはどれか。

A　国庫は、予算の範囲内において、健康保険事業の執行に要する費用のうち、特定健康診査及び特定保健指導の実施に要する費用の一部を補助することができる。

B　高額介護合算療養費の支給にあたり、健康保険に係る一部負担金等の額については、高額療養費が支給される場合は、高額療養費が支給されないものとしたときの一部負担金等の額を用いる。

C　令和5年5月1日に初めて日雇特例被保険者手帳の交付を受けた日雇特例被保険者が特別療養費の支給を受けることができるのは、その年の7月31日までである。

D　健康保険組合に対して交付する国庫負担金は、各健康保険組合の財政状況を勘案して、厚生労働大臣が算定する。

E　前月から引き続き被保険者（任意継続被保険者を除く。）である者が刑事施設、労役場その他これらに準ずる施設に拘禁されたときは、その翌月以後、拘禁されなくなった月の前月までの期間、保険料は徴収されない。

厚生年金保険法

[問　1]　被保険者に関する次の記述のうち、正しいものはどれか。

A　船舶所有者に使用される70歳未満の船員であって、季節的業務に3ヵ月の期間を定めて使用されるものは、被保険者とならない。

B　所在地が一定しない事業所に使用される70歳未満の者は、継続して6ヵ月を超えて使用されるべき場合を除き、被保険者とならない。

C　法人の理事、監事、取締役等の法人の代表者又は業務執行者は、法人から労務の対償として報酬を受けていても、被保険者とならない。

D　任意単独被保険者は、事業主の同意を得た上で、厚生労働大臣に申し出ることにより、その資格を喪失することができる。

E　初めて適用事業所に使用されることとなった70歳以上の者が老齢基礎年金の受給権を有している場合は、この者は、高齢任意加入被保険者となることができない。

[問　2]　厚生年金保険法に関する次の記述のうち、正しいものはどれか。

A　厚生労働大臣は、第1号厚生年金被保険者及び第4号厚生年金被保険者の資格、標準報酬、保険料又は保険給付に関する決定に関し、必要があると認めるときは、適用事業所等の事業主に対して、文書その他の物件を提出すべきことを命じ、又は当該職員をして事業所に立ち入って関係者に質問し、若しくは帳簿、書類その他の物件を検査させることができる。

B　実施機関は、相互に、被保険者の資格に関する事項、標準報酬に関する事項、受給権者に対する保険給付の支給状況その他実施機関の業務の実施に関して必要な情報の提供を行うものとされている。

C　延滞金の額は、納期限の翌日から保険料完納又は財産差押えの日までの期間の日数を基礎として計算する。

D　報酬比例部分のみの特別支給の老齢厚生年金の受給権者（被保険者でないものとする。）が、令和4年10月に障害厚生年金の支給を受けることができることとなったが、引き続き当該老齢厚生年金を受給していた。この者が、令和5年3月に老齢厚生年金の額に係る障害者の特例を請求したときは、当該老齢厚生年金の額は、令和5年4月から、報酬比例部分と定額部分とを合わせた額に改定される。

E　老齢厚生年金の配偶者に係る加給年金額に加算される特別加算額は、
　　受給権者が昭和18年4月2日以後に生まれた者であるときに最も少ない
　　額となり、その額は、33,200円に改定率を乗じて得た額について所定の端
　　数処理をした額である。

[問　3]　在職老齢年金に関する次の記述のうち、誤っているものはどれか。
　　　A　65歳から支給される老齢厚生年金の受給権者が前月以前の月に属する
　　　　日から引き続き被保険者である日が属する月であっても、その者の総報
　　　　酬月額相当額と基本月額との合計額が支給停止調整額以下であるときは、
　　　　在職老齢年金制度による老齢厚生年金の支給停止は行われない。
　　　B　在職老齢年金制度により老齢厚生年金の一部の支給を停止されている
　　　　者について、標準報酬月額の定時決定によりその標準報酬月額が変更さ
　　　　れたときは、その変更された月から、新たな総報酬月額相当額に基づき、
　　　　在職老齢年金制度による支給停止額が再計算される。
　　　C　60歳代後半の在職老齢年金制度により老齢厚生年金の額を調整する場
　　　　合において、当該老齢厚生年金の額に繰下げ加算額及び経過的加算額が
　　　　加算されているときは、繰下げ加算額は当該在職老齢年金制度に係る基
　　　　本月額の計算の基礎に含めるが、経過的加算額はこれに含めない。
　　　D　在職老齢年金制度に係る支給停止調整額の改定は、物価変動率に実質
　　　　賃金変動率を乗じて得た率を基準として行われる。
　　　E　合意分割制度により標準賞与額の決定を受けた被保険者について在職
　　　　老齢年金制度による老齢厚生年金の額の調整を行う場合は、当該決定を
　　　　受けた標準賞与額は、総報酬月額相当額の計算の基礎から除かれる。

[問　4]　厚生年金保険の保険給付に関する次の記述のうち、正しいものはどれか。
　　　A　障害厚生年金は、その受給権者が当該障害厚生年金の支給事由となっ
　　　　た傷病以外の傷病について労働基準法の規定による障害補償を受ける権
　　　　利を取得したときは、6年間、その支給が停止される。
　　　B　障害厚生年金の受給権は、受給権者が障害等級に該当する程度の障害
　　　　の状態に該当しなくなった日から起算して障害等級に該当する程度の障
　　　　害の状態に該当することなく3年を経過した場合であっても、当該3年
　　　　を経過した日において当該受給権者が65歳未満であるときは、消滅しな
　　　　い。

C その権利を取得した当時から引き続き障害等級3級に該当する者に支給される障害厚生年金は、受給権者が日本国内に住所を有しないときは、その間、その支給が停止される。

D 昭和38年6月生まれの男子が、60歳に達した日に老齢厚生年金の支給繰上げの請求をした場合は、老齢厚生年金の額は、報酬比例部分の額は減額されるが、経過的加算額は減額されない。

E 加給年金額が加算されている老齢厚生年金について、加算の対象である配偶者が、その年金額の計算の基礎となる被保険者期間の月数が240以上である老齢厚生年金の支給を受けることができる場合であっても、当該配偶者に対する老齢厚生年金がその全額の支給を停止されているときは、当該配偶者について加算される加給年金額に相当する部分の支給は停止されない。

[問 5] 厚生年金保険法に関する次のアからオまでの記述のうち、正しいものの組合せは、後記AからEまでのうちどれか。

ア 第1号厚生年金被保険者であり、又はあった者は、厚生年金保険原簿に記録された自己に係る第1号厚生年金被保険者の資格の取得及び喪失の年月日が事実でないと思料するときは、厚生労働大臣に対し、厚生年金保険原簿の訂正の請求をすることができる。

イ 平均標準報酬額とは、平成15年4月以後の被保険者期間について、その計算の基礎となる各月の標準報酬月額と標準賞与額に、それぞれ再評価率を乗じて得た額の総額を、当該被保険者期間の月数で除して得た額をいう。

ウ 昭和44年11月1日前に船員保険の被保険者であった者に支給する老齢厚生年金につき平均標準報酬月額を計算する場合には、その計算の基礎となる標準報酬月額に10,000円に満たないものがあるときは、これを10,000円とする。

エ 令和5年2月10日から同年5月15日まで産前産後休業をした第1号厚生年金被保険者に係る保険料は、その者を使用する事業所の事業主の申出により、同年2月分から5月分までが免除される。

オ　厚生労働大臣は、厚生年金保険法第33条に規定する保険給付を受ける
　権利の裁定に係る事務のうち、当該裁定を日本年金機構に行わせるもの
　とされている。

A　（アとイ）　　　　　B　（アとエ）　　　　　C　（イとウ）
D　（ウとオ）　　　　　E　（エとオ）

[問　6]　厚生年金保険の保険給付に関する次の記述のうち、誤っているものはど
　　　　れか。

　　A　保険料納付済期間と保険料免除期間とを合算した期間が25年以上であ
　　　る被保険者が死亡し、遺族厚生年金が支給される場合は、その遺族が遺
　　　族厚生年金を請求したときに別段の申出をした場合を除き、厚生年金保
　　　険法第58条第1項第1号（短期要件）のみに該当し、同条第1項第4号
　　　（長期要件）には該当しないものとみなされる。

　　B　子に支給する遺族厚生年金の額は、その支給事由である死亡について
　　　当該子が遺族基礎年金の受給権を取得しないときは、遺族基礎年金の額
　　　及び子の加算額に相当する額を加算した額とする。

　　C　遺族厚生年金は、その支給事由である死亡について健康保険法の規定
　　　による埋葬料の支給が行われるべきものであるときであっても、その額
　　　が減額されることはない。

　　D　脱退一時金の額は、最後に被保険者の資格を喪失した日の属する月の
　　　前月の標準報酬月額に、被保険者であった期間に応じた支給率を乗じて
　　　得た額である。

　　E　障害厚生年金の受給権を有したことがある者は、実際にその支給を受
　　　けたことがあるか否かにかかわらず、脱退一時金の支給を請求すること
　　　はできない。

[問　7]　障害厚生年金及び障害手当金に関する次の記述のうち、誤っているもの
　　　　はどれか。

　　A　障害厚生年金の支給要件に係る障害認定日は、傷病に係る初診日から
　　　起算して8ヵ月を経過した日に当該傷病が治った場合であっても、傷病
　　　に係る初診日から起算して1年6ヵ月を経過した日となる。

B　令和4年10月に18歳で初めて厚生年金保険の被保険者となった者について、傷病に係る初診日が同年11月にあるときは、当該傷病に係る障害厚生年金の支給に関し、保険料納付要件は問われない。

C　障害厚生年金の額を計算する場合において、当該障害厚生年金の額の計算の基礎となる被保険者期間の月数が300に満たないときは、これを300とする。

D　障害手当金は、疾病にかかり、又は負傷し、その傷病に係る初診日において被保険者であった者が、当該初診日から起算して5年を経過する日までの間におけるその傷病の治った日において、その傷病により政令で定める程度の障害の状態にある場合であって、当該初診日の前日において保険料納付要件を満たしているときに、その者に支給される。

E　障害手当金の額は、原則として、厚生年金保険法第50条第1項に規定する障害厚生年金の額の計算の例により計算した額の100分の200に相当する額である。

[問　8]　厚生年金保険法に関する次の記述のうち、正しいものはどれか。なお、本問における合意分割制度とは、厚生年金保険法第3章の2に規定する「離婚等をした場合における特例」に係る制度をいい、3号分割制度とは、同法第3章の3に規定する「被扶養配偶者である期間についての特例」に係る制度をいう。

A　被扶養配偶者に対する年金たる保険給付に関しては、被扶養配偶者を有する被保険者が負担した保険料は当該被扶養配偶者のためにも負担したものであるという基本的認識の下に、3号分割制度によるものとされている。

B　老齢厚生年金の受給権者について、3号分割制度による標準報酬の改定又は決定が行われたときは、当該改定又は決定後の標準報酬を老齢厚生年金の額の計算の基礎とするものとし、当該標準報酬の改定及び決定の請求のあった日の属する月から、老齢厚生年金の額を改定する。

C　特定被保険者又は被扶養配偶者が、離婚等をした場合において、3号分割制度による標準報酬の改定及び決定が行われていない特定期間の全部又は一部を対象期間として、合意分割制度による標準報酬の改定又は決定の請求をしたときは、原則として、当該請求をしたときに、3号分割制度による標準報酬の改定及び決定の請求があったものとみなされる。

53

D　被保険者が死亡したことにより58歳の妻が遺族厚生年金の受給権を取得した場合であって、当該妻が当該被保険者の死亡について国民年金法による遺族基礎年金の受給権を有しないときは、当該妻に対する遺族厚生年金は、妻が60歳に達するまでの期間、その支給が停止される。

E　遺族厚生年金の受給権を取得した当時28歳である妻が当該遺族厚生年金と同一の支給事由に基づく国民年金法による遺族基礎年金の受給権を取得しないときは、当該妻の有する遺族厚生年金の受給権は、妻が30歳に達したときに、消滅する。

[問　9]　厚生年金保険法に関する次の記述のうち、正しいものはどれか。

A　第2号厚生年金被保険者に係る事務の実施機関は、国家公務員共済組合及び国家公務員共済組合連合会である。

B　昭和62年1月から昭和63年3月までの15ヵ月が第3種被保険者としての被保険者期間である者について被保険者期間を計算する場合は、この期間を20ヵ月として厚生年金保険の被保険者期間とする。

C　適用事業所に使用される高齢任意加入被保険者は、その個人番号を変更したときは、10日以内に、変更後の個人番号を事業主に申し出なければならない。

D　令和4年1月10日に障害厚生年金の支給を停止すべき事由が生じ、その事由が令和5年6月15日に消滅したときは、当該障害厚生年金は、令和4年1月から令和5年6月までの間は、支給されない。

E　年金たる保険給付の全額が、その受給権者の申出により支給を停止されている場合における当該申出の撤回は、当該申出をした日から1年を経過した日以後でなければ、することができない。

[問　10]　厚生年金保険法に関する次の記述のうち、誤っているものはいくつあるか。

ア　厚生労働大臣による脱退一時金に関する処分に不服がある者は、社会保険審査官に対して審査請求をすることができる。

イ　2以上の種別の被保険者であった期間を有する者に係る障害厚生年金の支給に関する事務は、当該障害に係る障害認定日における被保険者の種別に応じて、厚生年金保険法第2条の5第1項各号に定める実施機関が行う。

ウ　第1号厚生年金被保険者期間及び第2号厚生年金被保険者期間を有する者は、第1号厚生年金被保険者期間に基づく老齢厚生年金と第2号厚生年金被保険者期間に基づく老齢厚生年金を併給することができる。

エ　65歳に達して老齢厚生年金の受給権を取得した者の被保険者期間が、15年の第1号厚生年金被保険者期間と15年の第4号厚生年金被保険者期間であるときは、加給年金額対象者の要件に該当する配偶者又は子がいても、当該老齢厚生年金の額に、加給年金額は加算されない。

オ　第1号厚生年金被保険者であり、又はあった者は、標準報酬に関する厚生年金保険原簿の訂正の請求をし、当該訂正の請求に対する厚生労働大臣の決定があった場合において、これに不服があるときは、社会保険審査官に対して審査請求をすることができる。

A　一つ

B　二つ

C　三つ

D　四つ

E　五つ

国民年金法

[問　1]　遺族基礎年金に関する次の記述のうち、正しいものはどれか。

A　日本国内に住所を有する被保険者でない者であって、保険料納付済期間を20年、保険料免除期間を10年有するものが63歳で死亡した場合、死亡した者につき、死亡日の前日において、当該死亡日の属する月の前々月以前における直近の被保険者期間に係る月までの1年間のうちに保険料納付済期間及び保険料免除期間以外の被保険者期間があるときは、当該死亡について、遺族基礎年金は支給されない。

B　遺族基礎年金を受けることができる配偶者には、婚姻の届出をしていないが事実上婚姻関係と同様の事情にある者を含み、子には、届出をしていないが事実上養子縁組関係と同様の事情にある者を含む。

C　特例による任意加入被保険者が令和8年4月1日前に死亡し、当該死亡日の前日において死亡日の属する月の前々月までに被保険者期間があり、かつ、当該被保険者期間に係る保険料納付済期間と保険料免除期間とを合算した期間が当該被保険者期間の3分の2に満たないときは、当該死亡を支給事由とする遺族基礎年金は支給されない。

D　子のみが遺族基礎年金の受給権を有する場合において、遺族基礎年金の受給権を有する子の数に増減を生じたときは、増減を生じた日の属する月から、遺族基礎年金の額を改定する。

E　1年以上その所在が不明であったため、遺族基礎年金の受給権を有する子の申請によって遺族基礎年金の支給を停止された妻は、当該子の申請があった日から起算して1年を経過した日後でなければ、その支給停止の解除を申請することができない。

[問　2]　国民年金法に関する次の記述のうち、誤っているものはどれか。

A　障害基礎年金に係る子の加算は、受給権者が当該受給権を取得した日の翌日以後に、その者により生計を維持する18歳に達する日以後の最初の3月31日までの間にある子を有することとなった場合も、行われる。

B　厚生労働大臣は、障害基礎年金の受給権者について、その障害の程度を診査し、その程度が従前の障害等級以外の障害等級に該当すると認めるときは、当該受給権者が65歳に達していても、当該障害基礎年金の額を改定することができる。

C　保険料は、最大で２年間について前納することができるが、２年間の保険料の前納は、口座振替納付によってのみ行うことができ、現金納付によって行うことはできない。

D　脱退一時金の額は、対象月数に応じて10段階に区分された額であり、対象月数が60ヵ月以上であるときに、その額が最も多くなる。

E　前納された保険料について保険料納付済期間又は保険料４分の３免除期間、保険料半額免除期間若しくは保険料４分の１免除期間を計算する場合においては、前納に係る期間の各月が経過した際に、それぞれその月の保険料が納付されたものとみなされる。

[問　3]　国民年金基金に関する次の記述のうち、誤っているものはどれか。

A　国民年金基金の監事は、代議員会において、学識経験を有する者及び代議員のうちから、それぞれ１人を選挙する。

B　国民年金基金の加入員であって、日本国内に住所を有する60歳以上65歳未満の任意加入被保険者であるものは、65歳に達したときは、その日に、加入員の資格を喪失する。

C　老齢基礎年金の受給権者に対し国民年金基金が支給する年金の額は、原則として、200円に納付された掛金に係る当該国民年金基金の加入員であった期間の月数を乗じて得た額を超えるものでなければならない。

D　国民年金基金と理事長との利益が相反する事項については、理事長は、代表権を有しない。この場合においては、理事のうちから、あらかじめ理事長が指定する者が国民年金基金を代表する。

E　国民年金基金は、掛金を滞納する者があるときは、期限を指定してこれを督促することができる。

[問　4]　国民年金法に関する次の記述のうち、誤っているものはどれか。

A　第３号被保険者に関する事項の届出は、その配偶者である第２号被保険者が第１号厚生年金被保険者であるときは、当該第２号被保険者を使用する事業主を経由して行うが、当該第２号被保険者を使用する事業主は、経由に係る事務の一部を、全国健康保険協会に委託することができる。

B　老齢基礎年金の受給権者は、その氏名を変更した場合であっても、厚生労働大臣が当該受給権者に係る機構保存本人確認情報の提供を受けることができるときは、氏名変更の届出を行う必要はない。

C　厚生労働大臣は、初めて国民年金の被保険者の資格を取得した者（一定の者を除く。）に対し、基礎年金番号通知書を作成して交付しなければならない。

D　死亡一時金を受ける権利は、譲り渡し、担保に供し、又は差し押さえることができず、これらに例外はない。

E　失踪の宣告を受けたことにより死亡したとみなされた者に係る遺族基礎年金の支給に係る保険料納付要件については、行方不明となった日を死亡日として取り扱う。

[問　5]　被保険者に関する次のアからオまでの記述のうち、誤っているものの組合せは、後記AからEまでのうちどれか。

ア　特例による任意加入被保険者としての被保険者期間は、死亡一時金及び脱退一時金の規定の適用については、第1号被保険者としての被保険者期間とみなされる。

イ　昭和40年4月2日以後に生まれた者は、特例による任意加入被保険者となることはできない。

ウ　任意加入被保険者及び特例による任意加入被保険者は、いつでも、厚生労働大臣に申し出て、当該被保険者の資格を喪失することができる。

エ　日本国内に住所を有する60歳以上65歳未満の者（第2号被保険者及び国民年金法の適用を除外すべき特別の理由がある者として厚生労働省令で定める者を除く。）は、老齢基礎年金、厚生年金保険法による老齢厚生年金その他の老齢又は退職を支給事由とする年金たる給付であって政令で定める給付の受給権を有しないときに限り、任意加入被保険者となることができる。

オ　日本国内に住所を有する60歳以上65歳未満の任意加入被保険者については、保険料の免除の規定が適用される。

A（アとウ）　　　　　　B（イとウ）　　　　　　C（イとエ）
D（アとオ）　　　　　　E（エとオ）

[問　6]　振替加算に関する次の記述のうち、正しいものはどれか。

　　　A　振替加算の額は、224,700円に改定率を乗じて得た額に振替加算が行われる老齢基礎年金の受給権者の生年月日に応じて政令で定める率を乗じて得た額であるが、この政令で定める率は、大正15年4月2日生まれの受給権者よりも昭和41年4月1日生まれの受給権者の方が高い率である。

　　　B　老齢基礎年金の受給権者が、老齢厚生年金（その額の計算の基礎となる厚生年金保険の被保険者期間の月数が240以上であるものとする。）を受けることができるときは、当該老齢基礎年金の額に振替加算は行われない。

　　　C　大正15年4月2日から昭和41年4月1日までの間に生まれた者が65歳に達して老齢基礎年金の受給権を取得した場合であって、当該65歳に達した日において障害等級3級の障害厚生年金の受給権者である配偶者によって生計を維持していたときは、当該老齢基礎年金の額に振替加算が行われる。

　　　D　昭和33年生まれで老齢基礎年金の受給権者である妻が65歳に達した日以後に、昭和35年生まれの夫に65歳から支給される老齢厚生年金（その額の計算の基礎となる被保険者期間の月数が240以上であるものとする。）の受給権が発生した場合は、妻が65歳に達した日において夫によって生計を維持していれば、妻に対する老齢基礎年金の額に振替加算が行われる。

　　　E　老齢基礎年金の支給繰上げの請求をした場合は、繰上げ支給を受けるときから振替加算が行われるが、振替加算の額は、減額されない。

[問　7]　国民年金法に関する次の記述のうち、誤っているものはどれか。

　　　A　政府は、国民年金事業の実施に必要な事務を円滑に処理し、被保険者等の利便の向上に資するため、電子情報処理組織の運用を行うものとする。政府は、当該運用の全部又は一部を日本年金機構に行わせることができる。

　　　B　国民年金事業の事務の一部は、政令の定めるところにより、市町村長（特別区の区長を含む。）が行うこととすることができる。

　　　C　保険料半額免除の規定により保険料の半額につき納付することを要しないものとされた期間のうち、保険料が追納された期間は、保険料半額免除期間に含まれない。

59

D　65歳に達した日に老齢基礎年金の受給権を取得した者（他の年金たる
給付の受給権を有していないものとする。）が、76歳に達した日の属する
月に当該老齢基礎年金の支給繰下げの申出をしたときは、75歳に達した
日において、支給繰下げの申出があったものとみなされる。

E　障害基礎年金の受給権者が、障害等級1級又は2級に該当する程度の
障害の状態に該当しなくなった日から起算して当該障害の状態に該当す
ることなく3年を経過したとき（3年を経過した日において65歳未満で
あるときを除く。）は、当該障害基礎年金の受給権は、消滅する。

[問　8]　保険料に関する次の記述のうち、正しいものはどれか。

A　50歳未満の第1号被保険者に係る納付猶予は、令和7年3月までの措
置とされている。

B　学生納付特例制度の対象となる学生等には、大学の夜間部に在学する
学生及び通信制の大学に在学する学生は含まれない。

C　保険料4分の1免除に係る所得基準は、扶養親族等がないときは、免
除すべき月の属する年の前年の所得（1月から6月までの月分の保険料
については、前々年の所得）が88万円以下であるときである。

D　付加保険料を納付する者となった者が、付加保険料を納期限までに納
付しなかったときであっても、付加保険料を納付する者でなくなること
の申出をしたものとはみなされない。

E　付加保険料を納付する者となった者が、付加保険料を前納した後、前
納に係る期間の経過前に、厚生労働大臣に付加保険料を納付する者でな
くなる旨の申出をした場合には、前納した付加保険料のうち、その申出
をした日の属する月の前月以後の期間に係るものは、還付される。

[問　9]　国民年金法に関する次の記述のうち、誤っているものはどれか。

A　第3号被保険者に関し、主として第2号被保険者の収入により生計を
維持することの認定は、健康保険法、国家公務員共済組合法、地方公務
員等共済組合法及び私立学校教職員共済法における被扶養者の認定の取
扱いを勘案して日本年金機構が行う。

B　政府は、国民年金事業の財政が、財政均衡期間の終了時に給付の支給に支障が生じないようにするために必要な積立金を保有しつつ、当該財政均衡期間にわたってその均衡を保つことができないと見込まれる場合には、年金たる給付（付加年金を除く。）の額を調整するものとする。

C　第2号被保険者の配偶者（20歳以上60歳未満であって、第2号被保険者でないものとする。）は、主として第2号被保険者の収入により生計を維持する者であっても、日本国内に住所を有していないときは、第3号被保険者となることはない。

D　昭和37年4月2日以後生まれの者に係る繰上げ支給の老齢基礎年金の額に係る減額率は、1,000分の4に当該年金の支給の繰上げを請求した日の属する月から65歳に達する日の属する月の前月までの月数を乗じて得た率である。

E　受給権者が65歳に達した日の属する年度の初日の属する年の3年後の年の4月1日の属する年度以後において適用される改定率の改定については、調整期間でない場合は、原則として、物価変動率を基準とする。

[問　10]　国民年金法に関する次の記述のうち、正しいものはどれか。

A　20歳前の傷病による障害基礎年金は、受給権者が懲役の刑の執行のため刑事施設に拘置されているときは、その間、その支給が停止される。

B　期間を定めて支給を停止されている障害基礎年金の受給権者に対してさらに障害基礎年金を支給すべき事由が生じたときは、そのときから、前後の障害を併合した障害の程度による障害基礎年金が支給される。

C　死亡一時金の額は、死亡した者の第1号被保険者としての保険料納付済期間等について所定の方法で計算した月数が420以上であるときに最も多い額となり、その額は、320,000円に改定率を乗じて得た額である。

D　寡婦年金の額は、死亡日の属する月の前月までの第1号被保険者としての被保険者期間に係る死亡日の前日における保険料納付済期間及び保険料免除期間につき、老齢基礎年金の額の計算の例によって計算した額である。

E　寡婦年金の受給権は、受給権者が厚生年金保険法による特別支給の老齢厚生年金の受給権を取得したときは、消滅する。

61

第2回予想模擬試験
選択式試験問題

1 解答は、巻末の解答用紙をご利用ください。
2 各問ごとに、正解と思う語句に付されて
  いる番号を解答用紙の所定の欄に1つ表
  示してください。

〈得点表〉

【選択式】
選択式では各科目60%以上、合計で70%以上の正解率を
目指しましょう。

労働基準法及び 労働安全衛生法	／5
労働者災害補償保険法	／5
雇用保険法	／5
労務管理その他の労働に関する 一般常識	／5
社会保険に関する一般常識	／5
健康保険法	／5
厚生年金保険法	／5
国民年金法	／5

合　計	／40

労働基準法及び労働安全衛生法

[問　1]　次の文中の　　　　の部分を選択肢の中の最も適切な語句で埋め、完全な
文章とせよ。

1　最高裁判所の判例によれば、「労働基準法３条は労働者の信条によって
賃金その他の労働条件につき差別することを禁じているが、これは、
　A　後における労働条件についての制限であって、　A　そのものを
制約する規定ではない」とされている。

2　労働者が、退職の場合において、使用期間、　B　、その事業におけ
る地位、賃金又は退職の事由（退職の事由が解雇の場合にあっては、そ
の理由を含む。）について証明書を請求した場合においては、使用者は、
遅滞なくこれを交付しなければならない。

3　労働基準法第64条の２第１号によれば、使用者は、妊娠中の女性及び
坑内で行われる業務に従事しない旨を使用者に申し出た産後１年を経過
しない女性を坑内で行われる　C　に就かせてはならない。

4　労働安全衛生法第66条の５第１項によれば、事業者は、健康診断の結
果についての医師又は歯科医師の意見を勘案し、その必要があると認め
るときは、当該労働者の実情を考慮して、就業場所の変更、作業の転換、
労働時間の短縮、　D　の回数の減少等の措置を講ずるほか、　E　の
実施、施設又は設備の設置又は整備、当該医師又は歯科医師の意見の衛
生委員会若しくは安全衛生委員会又は労働時間等設定改善委員会への報
告その他の適切な措置を講じなければならない。

選択肢
① 危険性又は有害性等の調査　　② 募集　　　　　　　　③ 採用内定
④ 事業場外労働　　　　　　　　⑤ 深夜業の回数　　　　⑥ 面接指導
⑦ １日の労働時間　　　　　　　⑧ 就業の場所
⑨ 業務のうち軽易な業務以外のもの　　⑩ 業務のうち臨時の業務以外のもの
⑪ 雇入れ　　⑫ 深夜業　　　⑬ 配置　　⑭ すべての業務
⑮ 業務の種類　⑯ 作業環境測定　⑰ 出張　　⑱ 安全衛生診断
⑲ 転勤　　　⑳ 業務のうち妊娠又は出産に係る機能に有害である業務

労働者災害補償保険法

[問　2]　次の文中の　　　　の部分を選択肢の中の最も適切な語句で埋め、完全な
　　　　文章とせよ。

　　　1　労働者災害補償保険法第33条第1号及び第2号に掲げる者（中小事業
　　　　主等の特別加入者）の給付基礎日額は、　A　までのうちから定める。

　　　2　労働者災害補償保険法第33条各号に掲げる者（特別加入者）に係る業
　　　　務災害、複数業務要因災害及び通勤災害の認定は、　B　が定める基準
　　　　によって行う。

　　　3　二次健康診断等給付は、労働安全衛生法第66条第1項の規定による健
　　　　康診断又は当該健康診断に係る同条第5項ただし書の規定による健康診
　　　　断のうち、直近のもの（以下「一次健康診断」という。）において、血圧
　　　　検査、血液検査その他　C　による　D　及び心臓疾患の発生にかかわ
　　　　る身体の状態に関する検査であって、厚生労働省令で定めるものが行わ
　　　　れた場合において、当該検査を受けた労働者がその　E　異常の所見が
　　　　あると診断されたときに、当該労働者（当該一次健康診断の結果その他
　　　　の事情によりすでに　D　又は心臓疾患の症状を有すると認められるも
　　　　のを除く。）に対し、その請求に基づいて行う。

選択肢

① 3,500円から25,000円　　② いずれの項目にも　　③ 神経疾患
④ 業務上の事由又は通勤　　⑤ 3,000円から20,000円
⑥ 労働基準監督署長　　　　⑦ 呼吸器疾患
⑧ 3,500円から20,000円　　⑨ 三以上の項目に　　⑩ 業務上の事由
⑪ 3,000円から25,000円　　⑫ 脳血管疾患
⑬ 都道府県労働局長　　　　⑭ いずれかの項目に
⑮ 厚生労働省労働基準局長　⑯ 厚生労働大臣
⑰ 二以上の項目に　　　　　⑱ 精神疾患
⑲ 業務上の事由又は複数事業労働者の二以上の事業の業務を要因とする事由
⑳ 業務上の事由、複数事業労働者の二以上の事業の業務を要因とする事由又は
　　通勤

雇用保険法

[問　3]　次の文中の ▢ の部分を選択肢の中の最も適切な語句で埋め、完全な
文章とせよ。

1　次に掲げる要件のいずれにも該当する者は、厚生労働大臣に申し出て、
当該申出を行った日から高年齢被保険者となることができる。

(1) 二以上の事業主の適用事業に雇用される ▢A▢ の者であること。

(2) 一の事業主の適用事業における１週間の所定労働時間が ▢B▢ 未満
であること。

(3) 二の事業主の適用事業（申出を行う労働者の一の事業主の適用事業に
おける１週間の所定労働時間が ▢C▢ 以上であるものに限る。）におけ
る１週間の所定労働時間の合計が ▢B▢ 以上であること。

2　訓練延長給付（公共職業訓練等を ▢D▢ に行われるものに限る。）、個
別延長給付、広域延長給付、全国延長給付又は地域延長給付を受けてい
る受給資格者が、正当な理由がなく、公共職業安定所の紹介する職業に
就くこと、公共職業安定所長の指示した公共職業訓練等を受けること又
は厚生労働大臣の定める基準に従って公共職業安定所が行うその者の再
就職を促進するために必要な ▢E▢ を受けることを拒んだときは、その
拒んだ日以後基本手当を支給しない。ただし、その者が新たに受給資格
を取得したときは、この限りでない。

選択肢

① 受けるために待期している期間　② 65歳未満　③ 職業指導

④ 20時間　⑤ 5時間　⑥ 助言　⑦ 10時間

⑧ 3時間　⑨ 受けている期間　⑩ 65歳以上

⑪ 受けるために待期している期間及びこれを受けている期間

⑫ 40時間　⑬ 面接指導　⑭ 70歳未満

⑮ 教育訓練　⑯ 2時間　⑰ 70歳以上

⑱ 受け終わった後　⑲ 4時間　⑳ 30時間

労務管理その他の労働に関する一般常識

[問　4]　次の文中の□□□の部分を選択肢の中の最も適切な語句で埋め、完全な
　　　　文章とせよ。

　　1　労働者派遣法によれば、派遣元事業主は、□A□に労働者派遣をする
　　　ときは、□A□への派遣割合（一の事業年度における当該派遣元事業主
　　　が雇用する派遣労働者の□A□に係る派遣就業に係る□B□を、その事
　　　業年度における当該派遣元事業主が雇用する派遣労働者のすべての派遣
　　　就業に係る□B□で除して得た割合として厚生労働省令で定めるところ
　　　により算定した割合をいう。）が□C□以下となるようにしなければなら
　　　ない。

　　2　付加価値を基準として賃金総額を決定する方法は、□D□と呼ばれ、
　　　我が国では、主に賞与総額の決定方式として用いられており、一般に、
　　　「賞与支給額＝付加価値額×標準□E□－毎月支払った賃金総額」という
　　　計算式を導入している例が多い。

　　　　上記計算式中の□E□とは、付加価値に占める人件費の割合のことで
　　　あり、これにより企業の人件費負担の状況をみることができるが、これ
　　　には、一般に、景気拡大期に低下し、景気後退期に上昇する傾向がある。

```
┌─ 選択肢 ──────────────────────────────────────────┐
│ ①　ラッカー・プラン      ②　100分の60        ③　一の派遣先       │
│ ④　人数               ⑤　総労働日数        ⑥　スキャンロン・プラン │
│ ⑦　100分の70          ⑧　労務比率          ⑨　労働分配率       │
│ ⑩　カイザー・プラン      ⑪　100分の90        ⑫　関係派遣先       │
│ ⑬　賃金総額            ⑭　レーマン・プラン    ⑮　100分の80       │
│ ⑯　代替業務            ⑰　総労働時間        ⑱　人件費比率       │
│ ⑲　労働力率            ⑳　同一の組織単位の業務                  │
└──────────────────────────────────────────────────┘
```

社会保険に関する一般常識

[問　5]　船員保険法に関する次の文中の 　　　 の部分を選択肢の中の最も適切な語句で埋め、完全な文章とせよ。

1　全国健康保険協会が管掌する船員保険の事業に関する業務のうち、被保険者の資格の取得及び喪失の確認、 A 並びに保険料の徴収（ B に係るものを除く。）並びにこれらに附帯する業務は、厚生労働大臣が行う。

2　一般保険料率は、原則として、疾病保険料率と C とを合計して得た率とする。疾病保険料率は1,000分の40から1,000分の D までの範囲内において、 C は1,000分の10から1,000分の35までの範囲内において、それぞれ決定する。

3　毎月の保険料は、 E までに、納付しなければならない。ただし、疾病任意継続被保険者に関する保険料については、その月の10日（初めて納付すべき保険料については、全国健康保険協会が指定する日）までとする。

選択肢
---

① 独立行政法人等被保険者　　　② 翌月末日　　　③ 保健事業及び福祉事業

④ 130　　　　　　　　　　　　⑤ 標準報酬月額及び標準賞与額の決定

⑥ 翌月の20日　　　　　⑦ 修正率　　　⑧ 120

⑨ 職務上の事由又は通勤に関する保険給付　　　⑩ 日雇特例被保険者

⑪ 100　　　　　　⑫ 疾病任意継続被保険者　　　⑬ その月の末日

⑭ 保険料率の決定　　　　　　　⑮ 110

⑯ 後期高齢者医療の被保険者等である被保険者　　　⑰ 介護保険料率

⑱ 翌月の10日　　　⑲ 災害保健福祉保険料率　　　⑳ 特定保険料率

健康保険法

[問　6]　次の文中の□□の部分を選択肢の中の最も適切な語句で埋め、完全な
文章とせよ。

1　育児休業等をしている被保険者（産前産後休業期間中の保険料免除の
規定の適用を受けている被保険者を除く。）が使用される事業所の事業主
が、厚生労働省令で定めるところにより保険者等に申出をしたときは、
次の各号に掲げる場合の区分に応じ、当該各号に定める月の当該被保険
者に関する保険料（その育児休業等の期間が　**A**　である者については、
標準報酬月額に係る保険料に限る。）は、徴収しない。

(1) その育児休業等を開始した日の属する月とその育児休業等が終了する
日の翌日が属する月とが異なる場合　その育児休業等を開始した日の
属する月からその育児休業等が終了する日の翌日が属する月の前月ま
での月

(2) その育児休業等を開始した日の属する月とその育児休業等が終了する
日の翌日が属する月とが同一であり、かつ、当該月における育児休業
等の日数として厚生労働省令で定めるところにより計算した日数が
　B　である場合　当該月

2　指定訪問看護事業者は、指定訪問看護の事業の運営に関する基準に従
い、訪問看護を受ける者の　**C**　等に応じて自ら適切な指定訪問看護を
提供するものとする。

3　指定訪問看護事業者及び当該指定に係る訪問看護事業所の　**D**　その
他の従業者は、指定訪問看護に関し、　**E**　の指導を受けなければなら
ない。

選択肢
---

① 都道府県知事　　② 1ヵ月未満　　③ 日本医師会　　④ 年齢
⑤ 身体能力　　⑥ 14日以上　　⑦ 厚生労働大臣又は都道府県知事
⑧ 心身の状況　　⑨ 10日以上　　⑩ 看護師　　⑪ 2ヵ月未満
⑫ 医師、歯科医師　　⑬ 20日以上　　⑭ 2ヵ月以下　　⑮ 医師、看護師
⑯ 5日以上　　⑰ 医師　　⑱ 厚生労働大臣　　⑲ 居住環境
⑳ 1ヵ月以下

厚生年金保険法

[問 7] 次の文中の ▢ の部分を選択肢の中の最も適切な語句で埋め、完全な
文章とせよ。

1 厚生年金保険法による年金たる保険給付の額は、 A その他の諸事
情に著しい変動が生じた場合には、変動後の諸事情に応ずるため、速や
かに改定の措置が講ぜられなければならない。

2 政府は、少なくとも5年ごとに、 B 並びに厚生年金保険法による
保険給付に要する費用の額その他の厚生年金保険事業の財政に係る収支
についてその現況及び C における見通しを作成しなければならない。

3 実施機関が標準賞与額を決定する場合において、当該標準賞与額が
D を超えるときは、これを D とする。

4 船舶所有者が行う船員被保険者の賞与額に関する届出は、賞与を支払
った日から E 以内に、行わなければならない。

選択肢

① 調整期間 ② 労働者の平均給与額 ③ 130万円 ④ 5日
⑤ 産業構造 ⑥ 国民の生活水準 ⑦ 保険料及び国庫負担の額
⑧ 300万円 ⑨ 7日 ⑩ 保険料及び積立金の額
⑪ 国庫負担及び積立金の額 ⑫ 573万円 ⑬ 10日
⑭ 保険料及び基礎年金拠出金の額 ⑮ 財政再計算期間 ⑯ 150万円
⑰ 国民の生活水準、賃金 ⑱ 会計期間
⑲ 財政均衡期間 ⑳ 14日

国民年金法

[問 8] 次の文中の ▢ の部分を選択肢の中の最も適切な語句で埋め、完全な文章とせよ。

1 　**A**　（法定免除、申請全額免除、保険料一部免除又は学生納付特例若しくは納付猶予の規定により保険料の全額又は一部の額につき納付することを要しないものとされている者、特例による任意加入被保険者及び国民年金基金の加入員を除く。）は、厚生労働大臣に申し出て、その申出をした日の属する　**B**　の各月につき、国民年金法第87条第3項に定める額の保険料のほか、　**C**　の付加保険料を納付する者となることができる。

2 　納付受託者（被保険者の委託に基づき保険料の納付事務を行う者）は、国民年金保険料納付受託記録簿を備え付け、これに納付事務に関する事項を記載し、及びこれをその完結の日から　**D**　間保存しなければならない。

3 　厚生労働大臣は、国民年金制度に対する国民の理解を増進させ、及びその信頼を向上させるため、厚生労働省令で定めるところにより、被保険者に対し、当該被保険者の　**E**　及び将来の給付に関する必要な情報を分かりやすい形で通知するものとする。

選択肢

① 第1号被保険者及び第3号被保険者　　② 月の翌月以後　③ 2,000円

④ 2年　　　　　　　　　　　⑤ 国民年金基金への加入履歴

⑥ 月の属する年度の初月以後　⑦ 200円　⑧ 第1号被保険者

⑨ 届出に関する履歴　⑩ 保険料納付の実績　　　　　⑪ 1,000円

⑫ 第1号被保険者及び第2号被保険者　⑬ 基礎年金番号　⑭ 3年

⑮ 月の属する年度の翌年度の初月以後　⑯ 5年　　　⑰ 月以後

⑱ 国民年金の被保険者　⑲ 400円　⑳ 4年

72

第2回予想模擬試験
択一式試験問題

1 解答は、巻末の解答用紙をご利用ください。
2 各問ごとに、正解と思うものの符号を解答用紙の所定の欄に1つ表示してください。

〈得点表〉

【択一式】
択一式では各科目40％以上、合計で70％以上の正解率を目指しましょう。

労働基準法及び 労働安全衛生法	／10
労働者災害補償保険法（労働保険の保険料の徴収等に関する法律を含む。）	／10
雇用保険法（労働保険の保険料の徴収等に関する法律を含む。）	／10
労務管理その他の労働及び 社会保険に関する一般常識	／10
健康保険法	／10
厚生年金保険法	／10
国民年金法	／10

合　計	／70

総　合	／110

労働基準法及び労働安全衛生法

[問　1]　労働基準法に関する次の記述のうち、誤っているものはどれか。

A　労働基準法別表第1に掲げる事業に該当しない事業であっても、労働基準法は適用される。

B　新聞販売店から配達部数に応じて報酬が支払われる新聞配達人は、一般に労働基準法上の「労働者」に該当すると解されている。

C　法人の代表者であっても、事業に労務を提供してその対償を受ける限りにおいては、労働基準法上の「労働者」に該当する。

D　いわゆる課長等の一定の役職にある者であっても、労働基準法各条に規定する義務について実質的な権限が与えられていないものについては、同法上の「使用者」には該当しないと解されている。

E　いわゆる移籍型出向の出向労働者については、出向元との労働契約関係は終了しており、出向先とのみ労働契約関係があるので、出向労働者に関する労働基準法上の責任は、出向先の使用者が負うものとされている。

[問　2]　労働基準法に定める労働時間等に関する次の記述のうち、誤っているものはどれか。

A　就業規則において休日の振替を必要とする場合には休日を振り替えることができる旨の規定を設けている事業場であっても、休日を振り替えるためには、使用者は、あらかじめ振り替えるべき日を特定しなければならない。

B　使用者は、4週間を通じ4日以上の休日を与えることとする場合には、労使協定又は就業規則その他これに準ずるものにより、その休日について具体的な定めをしなければならない。

C　使用者は、所定労働時間を5時間とする労働者であっても、実労働時間が6時間を超えた場合には、休憩時間を与えなければならない。

D　坑内労働については、労働基準法第34条第2項に規定する休憩時間の一斉付与及び同条第3項に規定する休憩時間の自由利用に関する規定は、適用しない。

E　農業又は水産の事業に従事する者については、労働基準法第4章、第6章及び第6章の2で定める労働時間、休憩及び休日に関する規定は、適用しない。

[問　3]　労働基準法に定める年次有給休暇に関する次のアからオまでの記述のうち、誤っているものの組合せは、後記AからEまでのうちどれか。

ア　令和2年4月1日に入社し、その後同一の事業場において継続勤務している労働者（労働基準法第39条第3項に定めるいわゆる比例付与の対象となる者を除く。）であって、令和4年10月1日から令和5年9月30日までの1年間において全労働日の8割以上出勤したものについては、令和5年10日1日において16労働日の年次有給休暇の権利が発生する。

イ　年次有給休暇の付与要件に係る継続勤務の期間を算定するにあたり、例えば、定年退職による退職者を引き続き嘱託等として再雇用している場合には、退職と再雇用との間に相当期間が存し、客観的に労働関係が断続していると認められるときを除き、その者の退職前後の勤務年数を通算する。

ウ　使用者は、年次有給休暇が付与されるすべての労働者に対して、年次有給休暇の日数のうち5日については、基準日から1年以内の期間に、労働者ごとにその時季を定めることにより与えなければならない。

エ　使用者は、事業の正常な運営を妨げる場合を除き、年次有給休暇を労働者の請求する時季に与える必要がある。

オ　就業規則により、年次有給休暇の期間について平均賃金を支払うこととしている事業場においては、使用者は、労働基準法第39条第4項に定めるいわゆる時間単位年休として与えた時間については、平均賃金をその日の所定労働時間数で除して得た額の賃金を支払わなければならない。

A（アとウ）　　　　B（イとウ）　　　　C（イとエ）
D（アとオ）　　　　E（エとオ）

[問　4]　労働基準法に定める妊産婦に関する次の記述のうち、正しいものはどれか。

A　使用者は、妊娠中の女性が請求した場合においては、他の軽易な業務に転換させなければならず、転換させるべき軽易な業務がないときは、新たにこれを創設して与えなければならない。

B　使用者は、労働基準法第65条第2項の規定により、産後8週間を経過
しない女性を就業させてはならないが、この産後8週間の期間は、現実
の出産日（人工流産の場合にあっては、当該人工流産を行った日）を基
準として計算したその後の8週間とされている。

C　使用者は、労働基準法第66条第3項の規定により、妊娠中の女性及び
産後1年を経過しない女性（以下「妊産婦」という。）が請求した場合に
おいては、深夜業をさせてはならないが、この規定は、同法第41条第2
号に定めるいわゆる管理監督者である妊産婦については、適用されない。

D　生後満1年に達しない生児を育てる女性であって、1日の労働時間が
4時間であるものが、労働基準法第67条に規定する育児時間を請求した
場合には、使用者は、1日2回、これを与えなければならない。

E　使用者は、労働基準法第68条の規定により、生理日の就業が著しく困
難な女性が休暇を請求したときは、その者を生理日に就業させてはなら
ないが、当該休暇を請求することができる日数を就業規則等により限定
することは認められている。

[問　5]　労働基準法に関する次の記述のうち、正しいものはどれか。

A　親会社からのみ資材資金の供給を受けて事業を営む下請工場において、
経済情勢の悪化から親会社自体が経営難のため資材資金の獲得に支障を
きたし、下請工場が所要の供給を受けることができず、他よりの獲得も
できないため休業した場合には、その事由は、労働基準法第26条（休業
手当）の「使用者の責めに帰すべき事由」には該当しない。

B　労働基準法第26条に定める休業手当は、労働協約、就業規則又は労働
契約により休日と定められている日についても、使用者にその支払義務
が生じる。

C　使用者は、労働者の収入によって生計を維持する子が進学する場合の
費用に充てるために労働者が請求する場合においては、支払期日前であ
っても、既往の労働に対する賃金を支払わなければならない。

D　労働基準法で定める基準に達しない労働条件を定める労働契約は、そ
の部分については無効であるが、それ以外の部分については有効である。

E　満60歳以上の労働者との間に締結する労働契約は、一定の事業の完了
に必要な期間を定めようとするものであっても、5年を超える期間につ
いて締結することができない。

[問　6]　労働基準法に関する次の記述のうち、誤っているものはどれか。

A　労働者が労働時間の全部又は一部について事業場外で業務に従事する場合であっても、使用者の具体的な指揮監督が及んでいるときは、事業場外労働に関するみなし労働時間制は適用されない。

B　企画業務型裁量労働制を採用する場合には、労使委員会が設置された事業場において、当該委員会がその委員の5分の4以上の多数による議決により同条第1項各号に掲げる事項に関する決議をし、かつ、使用者が当該決議を行政官庁に届け出なければならず、使用者がこの届出をしない限り、当該制度の効力は生じない。

C　専門業務型裁量労働制を実施している事業場の使用者には、対象労働者の労働時間の状況並びに当該労働者の健康及び福祉を確保するための措置の実施状況についての報告義務は課せられていない。

D　専門業務型裁量労働制を採用する場合であっても、使用者は、対象業務に従事する労働者に同法第34条に定める休憩を与えなければならず、また、当該労働者に対して深夜労働をさせたときは、同法第37条第4項に定める深夜労働に係る割増賃金を支払わなければならない。

E　専門業務型裁量労働制を採用する場合には、労使協定により、対象業務に従事する労働者の同意を得なければならないこと及び当該同意をしなかった当該労働者に対して解雇その他不利益な取扱いをしてはならないことを定めなければならない。

[問　7]　労働基準法に関する次の記述のうち、誤っているものはどれか。

A　使用者が労働者を即時に解雇するためには、30日分以上の平均賃金を解雇予告手当として支払う必要があるが、解雇しようとする労働者が、使用者に対して当該解雇予告手当と同額の借金を負っている場合は、使用者は、当該借金と解雇予告手当とを相殺することができる。

B　一定の事業の完了に必要な期間を定めた労働契約を締結している労働者が、業務上負傷し、又は疾病にかかり療養のために休業している期間中に当該契約期間が満了したときは、特段の事情がない限り、当該労働者との間に締結された労働契約は当該契約期間の満了とともに終了するため、労働基準法第19条第1項の解雇制限の規定は適用されない。

C 産前産後の女性が労働基準法第65条の規定によって休業する期間及び
その後30日間については、当該女性労働者の解雇が制限されるが、6週
間以内に出産する予定の女性労働者が休業せずに就業している場合にお
けるその就業している期間については、当該女性労働者の解雇は制限さ
れない。

D 使用者は、労働者を解雇しようとする場合においては、原則として、
少なくとも30日前にその予告をしなければならないが、当該予告を受け
た労働者は、予告期間中であっても、他の使用者と労働契約を結ぶこと
ができる。

E 労働基準法第20条の解雇の予告の規定は、2ヵ月以内の期間を定めて
使用される者には原則として適用されないが、短期の契約を数回にわた
って更新し、かつ、同一作業に引き続き従事させる場合は、期間の定め
のない契約と同一のものと解されるため、解雇の予告の規定が適用され
る。

[問 8] 労働安全衛生法に定める安全衛生教育等に関する次の記述のうち、正し
いものはどれか。

A 建設業に属する事業の事業者は、新たに職務に就くこととなった職長
その他の作業中の労働者を直接指導又は監督する者（作業主任者を除
く。）に対し、所定の事項について、厚生労働省令で定めるところによ
り、安全又は衛生のための教育を行わなければならないが、常時50人未
満の労働者を使用する事業場の事業者については、この限りでない。

B 事業者は、労働者を雇い入れたときは、当該労働者が常時使用される
者であるか否かにかかわらず、当該労働者に対し、その従事する業務に
関する安全又は衛生のための教育を行わなければならないが、各種商品
小売業の事業場の労働者については、作業手順に関することその他所定
の事項についての教育を省略することができる。

C 事業者は、労働者の従事する業務について、その作業設備、作業方法
等を変更したときは、その変更がたとえ軽易なものであったとしても、
遅滞なく、その従事する業務に関する安全又は衛生のための教育を行わ
なければならない。

D　事業者は、労働安全衛生法第59条第3項の特別の教育を行ったときは、当該特別の教育の受講者、科目等の記録を作成して、これを3年間保存しておくとともに、都道府県労働局長に対して、遅滞なく、その記録の写しを提出しなければならない。

E　事業者は、アーク溶接機を用いて行う金属の溶接、溶断等の業務に労働者を就かせるときは、当該業務に関する安全又は衛生のための特別の教育を行わなければならないが、当該特別の教育は、学科教育及び実技教育により行うものとされており、このうち実技教育は、アーク溶接装置の取扱い及びアーク溶接等の作業の方法について、10時間以上行うものとされている。

[問　9]　労働安全衛生法に関する次の記述のうち、誤っているものはどれか。

A　安全衛生責任者の職務には、安全衛生責任者を選任した請負人の労働者の行う作業及び当該労働者以外の者の行う作業によって生ずる労働災害に係る危険の有無の確認がある。

B　店社安全衛生管理者は、その職務として少なくとも毎月1回労働者が作業を行う場所を巡視するほか、労働者の作業の種類その他作業の実施の状況を把握しなければならない。

C　一の貨物で、重量が1トン以上のものを発送しようとする者は、原則として、見やすく、かつ、容易に消滅しない方法で、当該貨物にその重量を表示しなければならない。

D　事業者は、高さ40メートルの建築物の建設の仕事を開始しようとするときは、その計画を当該仕事の開始の日の14日前までに、労働基準監督署長に届け出なければならない。

E　自らも仕事を行う注文者は、その事業の業種を問わず、建設物等を、当該仕事を行う場所においてその請負人の労働者に使用させるときは、当該建設物等について、当該労働者の労働災害を防止するため必要な措置を講じなければならない。

[問　10]　労働安全衛生法に定める健康診断等に関する次の記述のうち、正しいものはどれか。

A　定期健康診断における腹囲の検査は、40歳未満のすべての者について、医師が必要でないと認めるときは、省略することができる。

B　事業者は、心理的な負担の程度を把握するための検査を受けた労働者の同意を得て、当該検査を行った医師等から当該労働者の検査の結果の提供を受けた場合には、当該検査の結果に基づき、当該検査の結果の記録を作成して、これを10年間保存しなければならない。

C　事業者は、労働者を本邦外の地域に派遣しようとするときは、派遣期間の長短にかかわらず、あらかじめ、当該労働者に対し、所定の項目について、医師による健康診断を行わなければならない。

D　労働安全衛生法第66条の8第1項に定めるいわゆる長時間労働に関する面接指導（以下単に「面接指導」という。）は、その対象となる労働者の申出により行うものとされており、事業者は、労働者から当該申出があったときは、遅滞なく、これを行わなければならない。

E　事業者は、いわゆる一般健康診断の結果、特に健康の保持に努める必要があると認める労働者に対し、医師又は保健師による保健指導を行わなければならない。

労働者災害補償保険法
（労働保険の保険料の徴収等に関する法律を含む。）

[問　1]　労働者災害補償保険の業務災害に関する次の記述のうち、誤っているものはどれか。なお、以下において、「労災保険」とは「労働者災害補償保険」のことであり、「労災保険法」とは「労働者災害補償保険法」のことであり、「労働保険徴収法」とは「労働保険の保険料の徴収等に関する法律」のことである。

A　引越し荷物の運送業務の途上、荷物を積載するトラックの荷覆シートがめくれたため、停車し、運転助手の労働者が荷覆シートをかけなおしたところ、当該労働者の防寒帽が風に飛ばされた。とっさにそれを追った当該労働者が前方より進行してきた自動車にはねられて死亡した場合には、当該死亡は業務上の死亡に該当する。

B　運送業務を終え、トラックのガソリンタンクの掃除等の整備作業を行った労働者が、当該作業が終了した後に、事務所前の休憩所で喫煙しようとしたところ、ガソリンのしみこんだ作業衣に引火し負傷した。当該負傷は、作業が終了した後の私的行為によるものであるため、業務上の負傷には該当しない。

C　事業場において突発的事故が発生した際に、業務に従事している労働者が行うべき緊急行為に起因する負傷は、緊急行為について事業主からの特段の命令がない場合であっても、業務上の負傷に該当する。

D　治ゆした業務上の疾病が労働者の解雇後において再発した場合には、当該再発による疾病は、業務上の疾病に該当する。

E　「血管病変等を著しく増悪させる業務による脳血管疾患及び虚血性心疾患等の認定基準」によれば、業務による明らかな過重負荷を受けたことにより発症した脳血管疾患及び虚血性心疾患等（負傷に起因するものを除く。）は、業務に起因する疾病として取り扱うが、過重負荷の有無の判断にあたり、発症前1ヵ月間におおむね100時間又は発症前2ヵ月間ないし6ヵ月間にわたって、1ヵ月あたりおおむね80時間を超える時間外労働は認められないが、これに近い時間外労働が認められる場合であって、一定の労働時間以外の負荷が認められるときには、業務と発症との関連性が強いと評価される。

81

[問 2] 療養補償給付に関する次の記述のうち、正しいものはどれか。

A 療養の費用の支給は、療養の給付をすることが困難な場合に限り、療養の給付に代えて行われる。

B 療養の給付の範囲は、①診察、②薬剤又は治療材料の支給、③処置、手術その他の治療、④居宅における療養上の管理及びその療養に伴う世話その他の看護、⑤病院又は診療所への入院及びその療養に伴う世話その他の看護であって、政府が必要と認めるものに限られる。

C 療養の給付を受けようとする者は、所定の事項を記載した請求書を、直接、所轄労働基準監督署長に提出しなければならない。

D 療養の給付を行うことができるのは、社会復帰促進等事業として設置された病院若しくは診療所又は都道府県労働局長の指定する病院若しくは診療所、薬局若しくは訪問看護事業者に限られる。

E 療養の費用の支給に係る請求書には、療養に要した費用のすべての額について、これを証明することができる書類を添えなければならない。

[問 3] 労災保険法に関する次のアからオまでの記述のうち、正しいものの組合せは、後記AからEまでのうちどれか。

ア 介護補償給付は、月を単位として支給され、その月額は、常時又は随時介護を受ける場合に通常要する費用を考慮して厚生労働大臣が定める額であるが、当該月額には、常時又は随時介護を要する状態に応じた上限額が定められている。

イ 障害等級第2級の障害により障害補償年金を受けている者が、当該障害のために随時介護を要する状態にあり、かつ、現に随時介護を受けている場合には、当該障害の種類にかかわらず、その者の請求に基づき、介護補償給付が支給される。

ウ 船舶が転覆した際現にその船舶に乗っていた労働者の生死が1ヵ月間分からない場合には、遺族補償給付の支給に関する規定の適用については、その船舶が転覆した日に、当該労働者は、死亡したものと推定する。

エ 労働者が、故意に負傷、疾病、障害若しくは死亡又はその直接の原因となった事故を生じさせたときは、政府は、保険給付を行わないが、介護補償給付、複数事業労働者介護給付又は介護給付並びに二次健康診断等給付は、当該支給制限の対象とならない。

オ　同一の傷病に関し、休業補償給付を受けている労働者が、傷病補償年金を受ける権利を有することとなり、かつ、休業補償給付を行わないこととなった場合において、その後も休業補償給付が支払われたときは、その支払われた休業補償給付は、当該傷病補償年金の内払いとみなす。

A　（アとイ）　　　　B　（イとウ）　　　　C　（ウとエ）
D　（エとオ）　　　　E　（アとオ）

[問　4]　労災保険法に関する次の記述のうち、誤っているものはいくつあるか。

ア　政府は、事業主が故意又は重大な過失により生じさせた業務災害の原因である事故について保険給付を行ったときは、労働基準法の規定による災害補償の価額等の限度で、その保険給付の額に相当する額に100分の30を乗じて得た額を、当該事業主から徴収する。

イ　国庫は、予算の範囲内において、労災保険事業に要する費用の全部又は一部を負担する。

ウ　二次健康診断等給付を受ける権利は、労働者が一次健康診断を受診した日の翌日から起算して2年を経過したときは、時効によって消滅する。

エ　介護補償給付、複数事業労働者介護給付又は介護給付を受ける権利は、介護を受けた月の翌月の初日から起算して2年を経過したときは、時効によって消滅する。

オ　労災保険特別支給金支給規則第5条の2第3項によれば、傷病特別支給金の支給の申請は、その支給要件に該当することとなった日の翌日から起算して5年以内に行わなければならない。

A　一つ
B　二つ
C　三つ
D　四つ
E　五つ

[問　5]　労災保険法の特別支給金に関する次の記述のうち、誤っているものはどれか。

A　特別支給金が二次健康診断等給付と関連して支給されることはない。

B　休業特別支給金の支給を受けようとする者は、当該休業特別支給金の支給の申請の際に、所轄労働基準監督署長に、事業主の証明を受けた特別給与の総額を記載した届書を提出しなければならない。

C　傷病特別支給金の支給を受けた者に対する障害特別支給金は、原則として、当該傷病特別支給金に係る傷病が治ったときに身体に障害があり、当該障害の該当する障害等級に応ずる障害特別支給金の額がすでに支給を受けた傷病特別支給金の額を超えるときに限り、その者の申請に基づき、当該超える額に相当する額が支給される。

D　遺族特別支給金の支給を受けることができる遺族は、労働者の配偶者（婚姻の届出をしていないが、事実上婚姻関係と同様の事情にあった者を含む。）、子、父母、孫、祖父母及び兄弟姉妹であって、労働者の死亡の当時その収入によって生計を維持していたものに限られる。

E　労働者の業務上の死亡に関し、遺族補償年金前払一時金が支給されたことにより、遺族補償年金の支給が停止されている場合であっても、遺族特別年金の支給は停止されない。

[問　6]　労災保険の保険給付に関する次の記述のうち、誤っているものはどれか。

A　同一の業務災害により、障害等級第8級及び第14級に該当する2つの身体障害が残った場合の障害補償給付に係る障害等級は、第8級である。

B　同一の業務災害により、障害等級第6級及び第8級に該当する2つの身体障害が残った場合の障害補償給付に係る障害等級と、障害等級第6級、第7級及び第13級に該当する3つの身体障害が残った場合の障害補償給付に係る障害等級は、いずれも第4級である。

C　障害補償給付を受ける労働者の当該障害の程度が自然経過的に増進し、又は軽減したため、新たに他の障害等級に該当するに至った場合には、新たに該当するに至った障害等級に応ずる障害補償給付が支給され、その後は、従前の障害補償給付は支給されない。

D　障害補償年金の受給権者である労働者を故意に死亡させた者は、当該死亡に係る障害補償年金差額一時金を受けることができる遺族とされない。

E　障害補償年金差額一時金の額は、障害等級に応じた一定の額に基づいて算定されるが、この一定の額が給付基礎日額の1,340日分を超えることはない。

[問　7]　労災保険法に関する次の記述のうち、誤っているものはどれか。

　　　　A　業務上の負傷又は疾病が当日の所定労働時間内に発生し、所定労働時間の一部について労働することができない日については、休業補償給付に係る待期期間に算入されない。

　　　　B　休業給付基礎日額に係る年齢階層別の最低限度額及び最高限度額は、休業補償給付、複数事業労働者休業給付又は休業給付（以下「休業補償給付等」という。）に係る療養を開始した日から起算して1年6ヵ月を経過した日以後の日において支給すべき事由が生じた休業補償給付等に係る給付基礎日額について、適用する。

　　　　C　遺族補償年金、複数事業労働者遺族年金又は遺族年金の額の算定の基礎として用いる年金給付基礎日額に係る年齢階層別の最低限度額及び最高限度額は、死亡した労働者が死亡しなかったものとして計算した場合の当該労働者の8月1日における年齢をもって、適用する。

　　　　D　休業補償給付、複数事業労働者休業給付又は休業給付は、労働者が拘留の刑の執行のため刑事施設に拘置されている場合には、行われない。

　　　　E　複数事業労働者については、その者を使用する一の事業における業務上の負荷のみでは業務と疾病等との間に因果関係が認められない場合であっても、その者を使用する複数の事業における業務上の負荷を総合的に評価すれば業務と疾病等との間に因果関係が認められるときは、複数業務要因災害として保険給付が行われる。

[問　8]　労働保険徴収法に基づく保険関係等に関する次の記述のうち、正しいものはどれか。

　　　　A　労災保険に係る保険関係は、労災保険の適用事業が開始された日の翌日に成立する。

　　　　B　労災保険に係る保険関係が成立している事業に係る事業主は、その事業の種類にかかわらず、労災保険関係成立票を見やすい場所に掲げなければならない。

　　　　C　労災保険の適用事業に該当する事業が、その使用する労働者数の減少等により労災保険暫定任意適用事業に該当するに至ったときは、その翌日に、その事業につき労災保険の加入に係る厚生労働大臣の認可があったものとみなされる。

D　労災保険に係る保険関係が成立している労災保険暫定任意適用事業の事業主が、当該保険関係の消滅の申請をする場合には、当該事業に使用される労働者の4分の3以上の同意を得なければならない。

E　労災保険暫定任意適用事業の事業主は、その事業に使用される労働者（船員保険法第17条の規定による船員保険の被保険者を除く。）のすべてが希望する場合であっても、労災保険の加入に係る申請をする必要はない。

[問　9]　労働保険事務組合に関する次の記述のうち、誤っているものはどれか。

A　労働保険事務組合は、報奨金の交付を受けようとするときは、所定の事項を記載した申請書を10月15日までに、その主たる事務所の所在地を管轄する都道府県労働局長に提出しなければならない。

B　労働保険事務組合の主たる事務所の所在地を管轄する都道府県労働局長は、労働保険事務組合の認可の取消しがあったときは、その旨を、当該労働保険事務組合に労働保険事務の処理を委託している事業主に通知しなければならない。

C　労働保険事務組合は、労働保険事務組合認可申請書に記載された事項に変更を生じた場合には、その変更があった日の翌日から起算して14日以内に、その旨を記載した届書をその主たる事務所の所在地を管轄する都道府県労働局長に提出しなければならない。

D　卸売業を主たる事業とする事業主及び小売業を主たる事業とする事業主については、いずれも、常時使用する労働者の数が100人以下でなければ、労働保険事務組合に労働保険事務の処理を委託することができない。

E　労働保険事務組合は、印紙保険料に関する事務については、事業主からの委託を受けて処理することができない。

[問　10]　労働保険料の延納に関する次の記述のうち、正しいものはどれか。

A　政府から概算保険料の認定決定に係る通知を受けた事業主は、厚生労働省令で定めるところにより、当該概算保険料を延納することができるが、当該延納に係る最初の期分の概算保険料は、当該認定決定に係る通知を受けた日の翌日から起算して30日以内に納付しなければならない。

B　政府から概算保険料の追加徴収に係る通知を受けた事業主であって、当初の概算保険料を延納するものは、厚生労働省令で定めるところにより、当該追加徴収される概算保険料を延納することができるが、当該延納に係る最初の期分の概算保険料は、当該追加徴収に係る通知を発する日から起算して30日を経過した日までに納付しなければならない。

C　増加概算保険料を申告する継続事業の事業主は、増加前の概算保険料を延納しない場合であっても、増加後の概算保険料の額が40万円以上であるときは、当該増加概算保険料を延納することができる。

D　12月1日に保険関係が成立した継続事業の事業主は、当該事業に係る労働保険事務の処理を労働保険事務組合に委託している場合に限り、当該保険年度における概算保険料を延納することができる。

E　事業の全期間が6ヵ月である有期事業の事業主は、納付すべき概算保険料の額が75万円以上であり、かつ、当該事業に係る労働保険事務の処理を労働保険事務組合に委託している場合に限り、概算保険料を延納することができる。

雇用保険法
（労働保険の保険料の徴収等に関する法律を含む。）

[問　1]　基本手当に関する次の記述のうち、正しいものはどれか。

　　A　被保険者期間を計算する場合において、最後に被保険者となった日前に、当該被保険者が受給資格の決定を受けたことがある場合であっても、基本手当を受給していないときは、当該受給資格に係る離職の日以前における被保険者であった期間は、被保険者期間に通算することができる。

　　B　被保険者期間の計算において考慮される賃金支払基礎日数に算入される「賃金の支払の基礎となった日」とは、現実に労働した日のことである。

　　C　3歳未満の子の育児により引き続き30日以上賃金の支払いを受けることができなかった被保険者については、管轄公共職業安定所長がやむを得ないと認めた場合に限り、当該賃金の支払いを受けることができなかった日数を2年に加算した期間が算定対象期間となるが、その上限は、4年である。

　　D　60歳以上の定年に達したことにより離職した者（所定給付日数は150日とする。）について、受給期間の延長が認められた場合には、その者に係る受給期間は、原則の受給期間である1年にその者が求職の申込みをしないことを希望する期間に相当する期間を合算した期間となるが、当該合算した期間の上限は、4年である。

　　E　受給資格（以下「前の受給資格」という。）を有する者が受給期間内において新たに受給資格を取得したときは、前の受給資格と新たに取得した受給資格のいずれかを選択し、その選択した受給資格に基づく基本手当を受給することができる。

[問　2]　雇用保険制度に関する次の記述のうち、正しいものはどれか。

　　A　受給資格者等が職業に就くためその住所又は居所を変更する場合には、それが公共職業安定所の紹介による就職である場合に限り、その者に移転費が支給される。

B　事業主は、その雇用する被保険者が雇用保険法第61条の7第1項に規定する育児休業（同一の子について2回以上の育児休業をした場合にあっては、初回の育児休業に限る。）を開始したときは、当該育児休業を開始した日の翌日から起算して10日以内に、雇用保険被保険者休業開始時賃金証明書をその事業所の所在地を管轄する公共職業安定所の長に提出しなければならない。

C　介護休業給付金の支給の対象となる対象家族とは、被保険者の配偶者、父母及び子並びに被保険者が同居し、かつ、扶養している祖父母及び配偶者の父母をいう。

D　介護休業給付金の額は、介護休業の期間中に事業主から賃金が支払われない場合においては、一支給単位期間について、休業開始時賃金日額に支給日数を乗じて得た額の100分の40に相当する額であるが、当分の間、休業開始時賃金日額に支給日数を乗じて得た額の100分の50に相当する額とされている。

E　一支給単位期間（事業主から賃金が支払われない支給単位期間とする。）について支給される育児休業給付金の額が、休業開始時賃金日額に支給日数を乗じて得た額の100分の67に相当する額とされるのは、当該育児休業を開始した日から起算して当該育児休業給付金（同一の子について当該被保険者が支給を受けていた出生時育児休業給付金を含む。）の支給に係る休業日数が通算して180日に達するまでの間である。

[問　3]　雇用保険制度に関する次の記述のうち、誤っているものはどれか。

A　受講手当は、受給資格者が公共職業安定所長の指示した公共職業訓練等を受けた日であって基本手当の支給の対象となる日について支給されるが、当該基本手当の支給の対象となる日には、自己の労働によって収入を得たことにより基本手当が支給されないこととなる日が含まれる。

B　通所手当は、受給資格者が通所のため、自動車等を使用する場合には、支給されない。

C　寄宿手当の月額は、10,700円である。ただし、受給資格者が親族と別居して寄宿していない日のある月の寄宿手当の月額は、その日数のその月の現日数に占める割合を10,700円に乗じて得た額を減じた額となる。

D　受給資格者が、離職後公共職業安定所に出頭して求職の申込みをする前に、負傷のため職業に就くことができない状態となり、その状態が継続している場合には、傷病手当は支給されない。

E　所定給付日数が90日である受給資格者であって、当該受給資格に基づきすでに60日分の基本手当の支給を受けたものに対して支給される傷病手当の日数は、最大で30日である。

[問　4]　雇用保険制度に関する次の記述のうち、誤っているものはどれか。

A　全国延長給付を受けている受給資格者について広域延長給付が行われることとなった場合であっても、広域延長給付は、全国延長給付が終わった後でなければ、行われない。

B　算定基礎期間が15年である特定受給資格者に係る所定給付日数は、基準日における年齢が32歳である者と50歳である者とでは、後者の方が60日多い。

C　基本手当の所定給付日数の決定に係る算定基礎期間には、過去に支給を受けた基本手当の受給資格に係る離職の日以前の被保険者であった期間は通算されない。

D　高年齢求職者給付金は、高年齢被保険者が失業した場合において、算定対象期間（原則として、離職の日以前1年間）に被保険者期間が通算して6ヵ月以上であったときに、支給される。

E　算定基礎期間が1年以上である高年齢受給資格者に支給される高年齢求職者給付金の額は、原則として、当該高年齢受給資格者を受給資格者とみなして基本手当の日額に関する規定を適用した場合にその者に支給されることとなる基本手当の日額の50日分である。

[問　5]　雇用保険制度に関する次の記述のうち、正しいものはどれか。

A　日雇労働求職者給付金のいわゆる普通給付に係る失業の認定は、その者の住所又は居所を管轄する公共職業安定所において、日々その日について行われる。

B　日雇労働求職者給付金のいわゆる特例給付の支給を受けることができる期間及び日数は、継続する6ヵ月間の最後の月の翌月以後4ヵ月の期間内の失業している日について、通算して70日分が限度とされている。

C　日雇労働求職者給付金の支給を受けることができる者が、不正の行為により求職者給付又は就職促進給付の支給を受けた場合には、その日以後、日雇労働求職者給付金は支給されない。

D　教育訓練支援給付金は、専門実践教育訓練の受講を開始した日における年齢が45歳以上である者に対しては、支給されない。

E　教育訓練支援給付金は、その受給資格を有する者が当該教育訓練を受けている日（当該教育訓練に係る指定教育訓練実施者によりその旨の証明がされた日に限る。）のうち失業している日（失業していることについての認定を受けた日に限る。）について、1日あたり、基本手当日額と同様に計算して得た額に100分の50を乗じて得た額が支給される。

[問　6]　雇用保険制度に関する次の記述のうち、誤っているものはどれか。

A　公共職業安定所長の指示した公共職業訓練等以外の職業訓練を受ける受給資格者に係る失業の認定は、当該受給資格者が離職後最初に出頭した日から起算して4週間に1回ずつ直前の28日の各日について行うものとされている。

B　受給資格者は、失業の認定を受けた期間中に自己の労働によって収入を得たときは、その収入の額等を公共職業安定所長に届け出なければならない。

C　雇用保険二事業には雇用安定事業及び能力開発事業があるが、これらの事業は、被保険者になろうとする者に関しても、行うことができるものとされている。

D　教育訓練給付対象者が、教育訓練給付金の支給に係る特定一般教育訓練を受講し、その費用として40万円を支払った場合には、20万円が教育訓練給付金として支給される。

E　政府は、雇用安定事業として、離職を余儀なくされる労働者に対して、労働施策の総合的な推進並びに労働者の雇用の安定及び職業生活の充実等に関する法律第26条第1項に規定する休暇を与える事業主その他当該労働者の再就職を促進するために必要な措置を講ずる事業主に対して、必要な助成及び援助を行うことができる。

［問　7］　雇用保険制度に関する次の記述のうち、正しいものはどれか。

A　雇用保険法第69条第１項の規定による労働保険審査会に対する再審査請求は、審査請求に係る決定書の謄本が送付された日の翌日から起算して１ヵ月を経過したときは、することができない。

B　失業等給付等の不正受給による納付命令に係る金額を徴収する権利は、これを行使することができる時から５年を経過したときは、時効によって消滅する。

C　事業主及び労働保険事務組合が保管すべき雇用保険に関する書類（雇用保険二事業に関する書類及び労働保険徴収法又は同法施行規則による書類を除く。）の保管期間は、いずれの書類についても、その完結の日から２年間である。

D　雇用保険二事業として行われる助成金の支給に関する処分に不服のある者は、雇用保険審査官に対して、審査請求をすることができる。

E　国庫は、毎年度、予算の範囲内において、就職支援法事業に要する費用（職業訓練受講給付金に要する費用を除く。）及び雇用保険事業の事務の執行に要する経費を負担する。

［問　8］　労働保険徴収法に関する次のアからオまでの記述のうち、正しいものの組合せは、後記AからEまでのうちどれか。なお、本問において、「継続事業の一括」とは同法第９条の規定により二以上の事業について成立している保険関係の全部又は一部を一の保険関係とすることをいう。

ア　労働保険徴収法における賃金には、臨時に支払われるもの及び通貨以外のもので支払われるものであって、厚生労働省令で定める範囲外のものは含まれない。

イ　労働保険徴収法は、労働保険の事業の効率的な運営を図るため、労働保険の保険関係の成立及び消滅、労働保険料の納付の手続き、労働保険事務組合等に関し必要な事項を定めるものとされている。

ウ　国の行う事業のうち、事業の期間が予定されている事業については、当該事業を労災保険に係る保険関係及び雇用保険に係る保険関係ごとに別個の事業とみなして労働保険徴収法を適用することとされている。

エ　常時３人の労働者を雇用する個人経営の水産の事業は、船員法第１条に規定する船員が雇用される事業を除き、雇用保険の暫定任意適用事業となる。

オ　継続事業の一括に係る厚生労働大臣の認可があったときは、指定事業以外の事業に係る保険関係は消滅するため、雇用保険の被保険者に関する事務についても、指定事業の事業主が一括して行う。

A　（アとイ）　　　　B　（アとオ）　　　　C　（イとエ）
D　（ウとエ）　　　　E　（ウとオ）

[問　9]　印紙保険料に関する次の記述のうち、誤っているものはどれか。

A　事業主は、雇用保険印紙を譲り渡し、又は譲り受けてはならない。

B　印紙保険料の納付は、事業主が、日雇労働被保険者に交付された日雇労働被保険者手帳に雇用保険印紙を貼り、これに消印して行わなければならず、これに例外はない。

C　印紙保険料の額は、日雇労働被保険者1人につき、その者の賃金の日額に応じて、1日あたり、第1級176円、第2級146円及び第3級96円と定められている。

D　事業主は、雇用保険印紙が変更されたときは、雇用保険印紙を販売する日本郵便株式会社の営業所に雇用保険印紙購入通帳を提出し、その保有する雇用保険印紙の買戻しを申し出ることができるが、その買戻しの期間は、雇用保険印紙が変更された日から6ヵ月間とされている。

E　事業主は、日雇労働被保険者を使用した場合には、印紙保険料の納付に関する帳簿を備えて、毎月におけるその納付状況を記載し、かつ、翌月末日までに当該納付状況を政府に報告しなければならない。

[問　10]　労働保険徴収法に関する次の記述のうち、正しいものはどれか。

A　労働保険料のうち、特別加入保険料は、労災保険及び雇用保険に係る保険料である。

B　労災保険率に含まれる「非業務災害率」は、労災保険法の適用を受けるすべての事業の過去3年間の複数業務要因災害に係る災害率、通勤災害に係る災害率及び厚生労働省令で定めるところにより算定された複数事業労働者に係る給付基礎日額を用いて算定した保険給付の額その他の事情を考慮して厚生労働大臣が定める。

C　政府は、事業主が所定の期限までに提出した確定保険料申告書の記載に誤りがあると認めるときは、当該事業主に対して、確定保険料申告書の修正を求めるものとされている。

D　労働保険料を納付しない者があるときは、政府は、納付義務者に対して期限を指定した督促状を発することにより、督促しなければならないが、督促状により指定すべき期限は、督促状を発する日から起算して5日以上経過した日でなければならない。

E　すでに納付した概算保険料の額が、確定保険料の額を超えるときは、事業主は、確定保険料申告書を提出する際に、又は労働保険徴収法第19条第4項の規定により政府が決定した確定保険料の額の通知を受けた日の翌日から起算して10日以内に、その超える額の還付を請求することができる。

労務管理その他の労働及び社会保険に関する一般常識

[問　1]　労働契約法に関する次の記述のうち、誤っているものはどれか。

　　　A　労働契約法第19条では、有期労働契約の更新について、「使用者が雇止めをすることが、客観的に合理的な理由を欠き、社会通念上相当であると認められないときは、雇止めを認めない」とするいわゆる雇止め法理を規定しているが、この規定の対象となるのは、有期労働契約が過去に反復して更新されたことにより、雇止めをすることが解雇と社会通念上同視できると認められる場合に限られる。

　　　B　労働契約法において「使用者」とは、その使用する労働者に対して賃金を支払う者をいうが、これは、労働基準法第10条の「事業主」に相当するものであり、同条の「使用者」より狭い概念である。

　　　C　使用者が労働者を懲戒することができる場合であっても、当該懲戒が客観的に合理的な理由を欠き、社会通念上相当であると認められない場合には、懲戒権を濫用したものとして、当該懲戒は無効となるが、最高裁判所の判例によれば、就業規則に懲戒事由として「不名誉な行為をして会社の体面を著しく汚したとき」と定められている場合の当該行為については、その行為が私生活上で行われたものであっても、会社は懲戒権を及ぼし得るとされている。

　　　D　労働者及び使用者は、労働契約を遵守するとともに、信義に従い誠実に、権利を行使し、及び義務を履行しなければならない。

　　　E　労働者が使用者に使用されて労働し、使用者がこれに対して賃金を支払うことについて、労働者及び使用者が合意していれば、労働条件を詳細に定めていなかった場合であっても、労働契約そのものは成立し得る。

[問　2]　労働関係法規に関する次の記述のうち、誤っているものはどれか。なお、本問において、「労働施策総合推進法」とは「労働施策の総合的な推進並びに労働者の雇用の安定及び職業生活の充実等に関する法律」のことであり、「高年齢者雇用安定法」とは「高年齢者等の雇用の安定等に関する法律」のことである。

　　　A　職業安定法によれば、地方公共団体は、厚生労働大臣の許可を受け、又は厚生労働大臣に届け出ることなくして、無料の職業紹介事業を行うことができる。

B　職業安定法によれば、労働者を雇用しようとする者が、その被用者以外の者をして報酬を与えて労働者の募集に従事させようとするときは、厚生労働大臣の許可を受けなければならないが、その報酬の額については、あらかじめ、厚生労働大臣の認可を受けなければならない。

C　労働施策総合推進法に基づき、外国人の雇用状況に関する届出義務を負うのは、常時50人以上の労働者を使用する事業主に限られる。

D　高年齢者雇用安定法によれば、多数離職届は、原則として、当該届出に係る離職が生ずる日の１ヵ月前までに、当該事業所の所在地を管轄する公共職業安定所の長に提出しなければならない。

E　高年齢者雇用安定法によれば、定年（65歳未満のものに限る。）の定めをしている事業主が同法第９条第１項の高年齢者雇用確保措置として継続雇用制度を導入する場合には、原則として希望者全員を対象とするものとしなければならない。

[問　3]　労働関係法規に関する次の記述のうち、正しいものはどれか。なお、本問において、「個別労働関係紛争解決促進法」とは「個別労働関係紛争の解決の促進に関する法律」のことであり、「労働時間等設定改善法」とは「労働時間等の設定の改善に関する特別措置法」のことである。

A　労働組合法によれば、有効期間の定めがない労働協約は、当事者の一方が、署名し、又は記名押印した文書によって相手方に予告して、解約することができるが、その予告は、解約しようとする日の少なくとも60日前にしなければならない。

B　労働関係調整法によれば、公益事業に関する事件につき関係当事者が争議行為をするには、その争議行為をしようとする日の少なくとも10日前までに、労働委員会及び厚生労働大臣又は都道府県知事にその旨を通知しなければならない。

C　個別労働関係紛争解決促進法によれば、都道府県労働局長は、労働条件その他労働関係に関する事項についての個々の労働者と事業主との間の紛争（労働者の募集及び採用に関する事項についての個々の求職者と事業主との間の紛争を含む。）について、紛争当事者の双方又は一方からあっせんの申請があった場合において当該個別労働関係紛争の解決のために必要があると認めるときは、紛争調整委員会にあっせんを行わせるものとする。

D　労働時間等設定改善法によれば、事業主は、その雇用する労働者の労働時間等の設定の改善を図るため、業務の繁閑に応じた労働者の始業及び終業の時刻の設定、健康及び福祉を確保するために必要な終業から始業までの時間の設定、年次有給休暇を取得しやすい環境の整備その他の必要な措置を講じなければならない。

E　職業能力開発促進法によれば、市町村は、職業能力開発短期大学校を設置することができる。

[問　4]　労働関係法規に関する次の記述のうち、正しいものはどれか。なお、本問において、「男女雇用機会均等法」とは、「雇用の分野における男女の均等な機会及び待遇の確保等に関する法律」のことであり、「賃金支払確保法」とは、「賃金の支払の確保等に関する法律」のことであり、「育児・介護休業法」とは、「育児休業、介護休業等育児又は家族介護を行う労働者の福祉に関する法律」のことであり、「パートタイム・有期雇用労働法」とは、「短時間労働者及び有期雇用労働者の雇用管理の改善等に関する法律」のことである。

A　男女雇用機会均等法によれば、事業主は、女性労働者が婚姻したことを理由として、解雇してはならないが、女性労働者が婚姻したことを退職理由として予定する定めをすることは差し支えない。

B　男女雇用機会均等法によれば、事業主が、募集及び採用について、男性又は女性一般に対する社会通念や平均的な就業実態等を理由に、男女で異なる取扱いをすることは、男女雇用機会均等法に違反しない。

C　賃金支払確保法によれば、未払賃金の立替払事業として、政府が事業主に代わって弁済する未払賃金に係る債務は、これを請求する者に係る未払賃金総額の100分の60に相当する額に対応する部分の債務である。

D　育児・介護休業法によれば、日々雇用される者は、育児休業の申出をすることはできないが、介護休業の申出をすることはできる。

E　パートタイム・有期雇用労働法によれば、事業主は、その雇用する短時間・有期雇用労働者について、通常の労働者への転換を推進するための措置を講じなければならないが、この措置は、通常の労働者の配置を新たに行う場合において、当該配置の希望を申し出る機会を当該配置に係る事業所において雇用する短時間・有期雇用労働者に対して与えることでも差し支えない。

[問 5] 労働経済に関する次のアからオまでの記述のうち、正しいものの組合せは、後記AからEまでのうちどれか。なお、本問は、「令和3年度雇用均等基本調査」及び「令和3年労働安全衛生調査（実態調査）」を参照しており、当該調査における用語及び統計等を利用している。

ア　令和3年度雇用均等基本調査によると、令和元年10月1日から令和2年9月30日までの1年間に配偶者が出産した男性のうち、令和3年10月1日までに育児休業を開始した者（育児休業の申出をしている者を含む。）の割合は13.97％と、前回調査（令和2年度12.65％）より1.32ポイント上昇した。

イ　令和3年度雇用均等基本調査によると、課長相当職以上の管理職に占める女性の割合は12.3％と、前回調査（令和2年度12.4％）より0.1ポイント低下しているが、これを企業規模別にみると、いずれの管理職割合においても、企業規模が大きくなるほどその割合が高くなっている。

ウ　令和3年度雇用均等基本調査によると、過去3年間に、パワーハラスメントに関する相談実績又は事案のあった企業は11.8％であったが、相談実績又は事案のあった企業のうち、その事案にどのように対応したかをみると（複数回答）、「行為者に対する措置を行った」が90.6％で最も高く、次いで、「被害者に対する配慮を行った」が80.4％となっている。

エ　令和3年労働安全衛生調査（実態調査）によると、傷病（がん、糖尿病等の私傷病）を抱えた何らかの配慮を必要とする労働者に対して、治療と仕事を両立できるような取組がある事業所の割合は21.1％となっている。

オ　令和3年労働安全衛生調査（実態調査）によると、メンタルヘルス対策に取り組んでいる事業所の割合は59.2％となっており、前回調査より2.2ポイント低下している。

A（アとイ）　　　　　　B（アとオ）　　　　　　C（イとエ）
D（ウとエ）　　　　　　E（ウとオ）

[問 6] 介護保険法に関する次の記述のうち、正しいものはどれか。

A　指定居宅介護支援事業者の指定は、都道府県知事が行う。

98

B　要介護認定は、原則として認定したことを被保険者に通知した日から
その効力を生ずるが、市町村（特別区を含む。以下同じ。）が特に必要が
あると認めるときに限り、その申請のあった日にさかのぼってその効力
を生ずる。

C　市町村は、被保険者から要介護認定の申請があったときは、当該市町
村の指定する医師又は当該職員で医師であるものに対し、当該被保険者
の身体上又は精神上の障害の原因である疾病又は負傷の状況等につき意
見を求めるものとする。

D　国は、調整交付金を除き、政令で定めるところにより、市町村に対し、
介護給付（介護保険施設及び特定施設入居者生活介護に係るものに限
る。）及び予防給付（介護予防特定施設入居者生活介護に係るものに限
る。）に要する費用の額について、その100分の15に相当する額を負担す
る。

E　厚生労働大臣は、介護保険事業に係る保険給付の円滑な実施を確保す
るための基本的な指針を定め、又は変更するにあたっては、あらかじめ、
内閣総理大臣に協議しなければならない。

［問　7］　高齢者の医療の確保に関する法律に関する次の記述のうち、正しいもの
はどれか。

A　後期高齢者医療は、高齢者の疾病、負傷又は死亡に関して必要な給付
を行うものとする。

B　都道府県は、高齢者の医療の確保に関する法律第8条に規定する医療
費適正化基本方針に即して、5年ごとに、5年を1期として、都道府県
医療費適正化計画を定めるものとする。

C　後期高齢者医療広域連合の区域内に住所を有する60歳の者は、政令で
定める程度の障害の状態にある旨の当該後期高齢者医療広域連合の認定
を受けることにより、後期高齢者医療の被保険者となる。

D　75歳に達したため、後期高齢者医療の被保険者の資格を取得した者は、
10日以内に、所定の事項を記載した届書を、後期高齢者医療広域連合に
提出しなければならない。

E　保険者が行う特定健康診査の対象は、45歳以上の加入者である。

[問 8] 社会保険労務士法に関する次のアからオまでの記述のうち、誤っている
ものの組合せは、後記AからEまでのうちどれか。

ア 社会保険労務士の業務には、労働社会保険諸法令に基づく療養の給付
及びこれに相当する給付の費用についてこれらの給付を担当する者のな
す請求に関する事務を業として行うことも含まれる。

イ 特定社会保険労務士は、紛争の目的の価額が120万円を超える個別労働
関係紛争に関する民間紛争解決手続であって、厚生労働大臣が指定する
団体が行うものについては、弁護士が同一の依頼者から受任しているも
のに限り、紛争の当事者を代理する業務を行うことができる。

ウ 開業社会保険労務士は、その業務に関する帳簿を備え、これに事件の
名称、依頼を受けた年月日、受けた報酬の額、依頼者の住所及び氏名又
は名称並びに事件の概要を記載しなければならない。

エ 厚生労働大臣は、社会保険労務士が、労働社会保険諸法令の規定に違
反したときは、懲戒処分をすることができるが、この懲戒処分に係る権
限は、全国社会保険労務士会連合会に委任されている。

オ 懲戒処分により社会保険労務士の失格処分を受けた者で、その処分を
受けた日から3年を経過しないものは、社会保険労務士となる資格を有
しない。

A（アとイ）　　　　　B（アとエ）　　　　　C（イとウ）
D（ウとオ）　　　　　E（エとオ）

[問 9] 次の記述のうち、誤っているものはどれか。

A 特定障害者に対する特別障害給付金の支給に関する法律によれば、特
定障害者は、特別障害給付金の支給を受けようとするときは、65歳に達
する日の前日までに、厚生労働大臣に対し、その受給資格及び特別障害
給付金の額について認定の請求をしなければならない。

B 年金生活者支援給付金の支給に関する法律によると、障害年金生活者
支援給付金の支給要件に該当する者は、障害年金生活者支援給付金の支
給を受けようとするときは、市町村長に対し、その受給資格及び障害年
金生活者支援給付金の額について認定の請求をしなければならない。

C 我が国における初めての社会保障協定は、ドイツとの間で締結され、
平成12年2月に発効した。

D 平成27年10月には、被用者年金制度の一元化等を図るための厚生年金
保険法等の一部を改正する法律の施行により、厚生年金と共済年金が一
元化された。

E 政府が管掌する公的年金制度について、その事業の運営を担う非公務
員型の公法人として、平成22年1月1日に日本年金機構が設立された。

[問 10] 次の記述のうち、誤っているものはどれか。

A 確定拠出年金法によれば、国民年金基金連合会は、個人型年金規約の
変更（厚生労働省令で定める軽微な変更を除く。）をしようとするとき
は、その変更について厚生労働大臣の承認を受けなければならない。

B 確定拠出年金法によれば、個人型年金加入者期間を計算する場合には、
月によるものとし、個人型年金加入者の資格を取得した月からその資格
を喪失した月の前月までをこれに算入する。

C 確定拠出年金法によれば、企業型年金を実施する厚生年金適用事業所
の事業主は、企業型年金加入者期間の計算の基礎となる各月につき、毎
月1回、定期的に掛金を拠出する。

D 国民健康保険法によれば、修学のため一の市町村（特別区を含む。）の
区域内に住所を有する被保険者であって、修学していないとすれば他の
市町村の区域内に住所を有する他人と同一の世帯に属するものと認めら
れるものは、国民健康保険法の適用については、当該他の市町村の区域
内に住所を有するものとみなし、かつ、当該世帯に属するものとみなす。

E 高齢者の医療の確保に関する法律によれば、療養の給付に係る一部負
担金の割合は、原則として、100分の10であるが、当該療養の給付を受け
る者又はその属する世帯の他の世帯員である被保険者の所得の額により、
100分の20又は100分の30とされる。

健康保険法

[問　1]　保険者に関する次の記述のうち、誤っているものはどれか。

A　健康保険組合の規約の変更（厚生労働省令で定める事項に係るものを除く。以下本肢において同じ。）は、厚生労働大臣の認可を受けなければ、その効力を生じない。当該規約の変更に係る組合会の議事は、出席した組合会議員の過半数で決し、可否同数のときは、議長が決する。

B　健康保険組合は、適用事業所の事業主、その適用事業所に使用される被保険者及び任意継続被保険者をもって組織する。

C　健康保険事業の収支が均衡しない健康保険組合であって、政令で定める要件に該当するものとして厚生労働大臣の指定を受けたものは、当該指定の日の属する年度の翌年度を初年度とする３ヵ年間の健全化計画を定め、厚生労働大臣の承認を受けなければならず、当該承認を受けたときは、当該承認に係る健全化計画に従い、その事業を行わなければならない。

D　全国健康保険協会の理事は、理事長が任命する。理事長は、理事を任命したときは、遅滞なく、厚生労働大臣に届け出るとともに、これを公表しなければならない。

E　厚生労働大臣は、全国健康保険協会の事業年度ごとの業績について、評価を行わなければならず、評価を行ったときは、遅滞なく、全国健康保険協会に対し、当該評価の結果を通知するとともに、これを公表しなければならない。

[問　2]　健康保険法に関する次の記述のうち、誤っているものはどれか。

A　健康保険法は、労働者又はその被扶養者の業務災害（労災保険法に規定する業務災害をいう。）以外の疾病、負傷若しくは死亡又は出産に関して保険給付を行い、もって国民の生活の安定と福祉の向上に寄与することを目的とする。

B　保険者が健康保険組合である場合においては、健康保険法第52条に規定する保険給付に併せて、規約で定めるところにより、保険給付としてその他の給付を行うことができる。

C　給付事由が第三者の行為によって生じた場合において、療養費の支給を受ける権利を有する者が第三者から同一の事由について損害賠償を受けたときは、保険者は、その価額の限度において、療養費の支給を行う責めを免れる。

D　保険者は、被保険者又は被保険者であった者が、正当な理由なしに療養に関する指示に従わないときは、保険給付の一部を行わないことができる。

E　被保険者は、同時に2以上の事業所に使用される場合において、保険者が2以上あるときは、20日以内に、所定の事項を記載した届書を提出することにより、その被保険者の保険を管掌する保険者を選択しなければならない。

[問　3]　健康保険法に関する次の記述のうち、誤っているものはどれか。

A　適法に就労する外国人であって、適用事業所と実態的かつ常用的な使用関係のある被用者であるものは、被保険者となる。

B　保険者は、災害その他の厚生労働省令で定める特別の事情がある被保険者であって、保険医療機関又は保険薬局に一部負担金を支払うことが困難であると認められるものに対し、一部負担金を減額する措置を採ることができる。

C　正常分娩の場合において、保険医療機関で医師の手当を受けたときは、療養の給付が行われる。

D　被保険者の資格取得が適正なものである場合は、その資格取得前の疾病又は負傷についても、療養の給付が行われる。

E　保険者は、被保険者の資格の取得の確認を行った場合において、被保険者（任意継続被保険者を除く。）に被保険者証を交付しようとするときは、これを事業主に送付しなければならないが、保険者が支障がないと認めるときは、これを被保険者に送付することができる。

[問　4]　保険給付に関する次の記述のうち、誤っているものはどれか。

A　傷病手当金の支給を受けていた被保険者が、その後労務に服したが、同一の疾病又は負傷について再度労務不能となった場合は、傷病手当金の支給に関し、再度の待期の適用はない。

103

B　医師の指示又は許可のもとに半日出勤し、従前の業務に服する場合は、傷病手当金は支給されない。

C　日雇特例被保険者が出産した場合において、その出産の日の属する月の前4ヵ月間に通算して26日分以上の保険料がその者について納付されているときは、出産育児一時金が支給される。

D　傷病手当金の支給を受けるべき者が、厚生年金保険法による障害厚生年金の支給を受けることができるときは、当該障害厚生年金の支給事由にかかわらず、原則として、傷病手当金は支給されない。

E　一般の被保険者であった者が被保険者の資格を喪失した日後3ヵ月以内に死亡した場合には、一般の被保険者であった期間が引き続き1年以上であったか否かにかかわらず、資格喪失後の死亡に関する給付が行われる。

[問　5]　標準報酬月額に関する次の記述のうち、正しいものはどれか。

A　日、時間、出来高又は請負によって報酬が定められる者が、被保険者の資格を取得した場合には、原則として、被保険者の資格を取得した月前1ヵ月間にその地方で、同様の業務に従事し、かつ、同様の報酬を受ける者が受けた報酬の額を報酬月額として、標準報酬月額を決定する。

B　賃金締切日を毎月20日、支払日を翌月5日としている事業所の標準報酬月額の定時決定においては、4月20日締切分、5月20日締切分及び6月20日締切分の賃金が、報酬月額の算定の基礎となる。

C　残業時間の増加に伴って残業手当が増加したことにより3ヵ月間の報酬総額の平均額が上昇した場合であっても、基本給などの固定的賃金に変動がなければ、随時改定の対象とならない。

D　育児休業等を終了した際の改定によって改定された標準報酬月額は、育児休業等終了日の翌日から起算して1ヵ月を経過した日の属する月の翌月からその年の8月（当該翌月が7月から12月までのいずれかの月である場合は、翌年の8月）までの各月の標準報酬月額とされる。

E　第49級の標準報酬月額に該当する者について昇給が行われ、当該昇給が行われた月以後3ヵ月間（各月とも、報酬支払基礎日数は17日以上であったものとする。）に受けた報酬による報酬月額が1,355,000円となった場合には、随時改定が行われる。

[問 6] 保険給付に関する次の記述のうち、誤っているものはどれか。

A 厚生労働大臣は、入院時生活療養費に係る生活療養に関する費用の額の基準を定めようとするときは、中央社会保険医療協議会に諮問するものとする。

B 保険医療機関等である病院又は診療所は、食事療養に要した費用につき、その支払いを受ける際、当該支払いをした被保険者に対し、食事療養標準負担額とその他の費用の額とを区分して記載した領収証を交付しなければならない。

C 入院時生活療養費の支給の対象となる特定長期入院被保険者とは、療養病床への入院及びその療養に伴う世話その他の看護であって、当該療養を受ける際、60歳に達する日の属する月の翌月以後である被保険者をいう。

D 入院時生活療養費に係る生活療養標準負担額は、低所得者及び境界層該当者でない被保険者（指定難病患者を除く。）については、1日につき370円と1食につき460円又は420円との合計額である。

E 移動困難な患者であって、患者の症状からみて当該医療機関の設備では十分な診療ができないため、医師の指示により緊急に転院した場合は、その転院について、移送費が支給される。

[問 7] 健康保険の適用事業所に関する次の記述のうち、正しいものはどれか。

A 宗教業を営む法人の事業所であって、常時3人の従業員を使用するものの事業主は、当該事業所を適用事業所とするためには、厚生労働大臣の認可を受けなければならない。

B 事業主が同一である二以上の適用事業所を一の適用事業所としようとするときは、当該事業主は、厚生労働大臣の承認を受けなければならない。

C 適用事業所以外の事業所の事業主は、当該事業所に使用される者（被保険者となるべき者に限る。）の4分の1以上の同意を得た上で申請し、厚生労働大臣の認可を受けることにより、当該事業所を適用事業所とすることができる。

D 個人経営であって、常時5人以上の従業員を使用する農林水産業の事業所は、強制適用事業所となる。

E　従業員の減少により強制適用事業所がその要件に該当しなくなったときは、事業主が任意適用事業所となるための手続きをしない限り、当該事業所に使用される被保険者は、その資格を喪失する。

[問　8]　健康保険法に関する次のアからオまでの記述のうち、誤っているものの組合せは、後記AからEまでのうちどれか。

ア　家族療養費は、被保険者が死亡したときは、その死亡の日の翌日から支給されない。

イ　3歳の被扶養者が指定訪問看護事業者から指定訪問看護を受けた場合の家族訪問看護療養費の額は、当該指定訪問看護につき算定した費用の額に100分の80を乗じて得た額である。

ウ　任意継続被保険者となるための申出は、被保険者の資格を喪失した日から20日以内にしなければならないが、この申出をした者は、申出をした日から、任意継続被保険者の資格を取得する。

エ　任意継続被保険者は、任意継続被保険者でなくなることを希望する旨を、厚生労働省令で定めるところにより、保険者に申し出ることにより、その資格を喪失することができる。

オ　家族出産育児一時金は、被保険者の被扶養者である配偶者が出産したときに支給されるものであって、被保険者の被扶養者である子が出産したときには支給されない。

A　（アとイ）　　　　B　（アとエ）　　　　C　（イとウ）
D　（ウとオ）　　　　E　（エとオ）

[問　9]　健康保険法に関する次の記述のうち、正しいものはどれか。

A　被保険者に支払う報酬がないため被保険者の負担すべき保険料を控除することができないときは、事業主は、自己の負担すべき保険料の額のみを納付すれば足りる。

B　事業主が日雇特例被保険者の標準賃金日額に係る保険料の納付を怠った場合に徴収される追徴金の額は、決定された保険料額の100分の40に相当する額である。

C　保険医療機関において診療に従事する保険医は、健康保険の診療にあたるほか、健康保険法以外の医療保険各法又は高齢者医療確保法による診療にあたるものとされている。

106

D　厚生労働大臣は、日雇特例被保険者に係る健康保険事業に要する費用に充てるため、保険料を徴収するほか、毎年度、日雇特例被保険者を使用する事業主から日雇拠出金を徴収する。

E　保険医療機関は、療養の給付の担当に関する帳簿及び書類その他の記録をその完結の日から２年間保存しなければならない。ただし、患者の診療録にあっては、その完結の日から４年間保存しなければならない。

[問　10]　健康保険法に関する次の記述のうち、誤っているものはいくつあるか。

ア　日雇労働者は、日雇特例被保険者となったときは、日雇特例被保険者となった日から起算して５日以内に、全国健康保険協会に日雇特例被保険者手帳の交付を申請しなければならない。

イ　健康保険の標準報酬月額は、被保険者の報酬月額に基づき、50等級に区分されるが、標準報酬月額等級が第50級となるのは、報酬月額が1,355,000円以上の被保険者である。

ウ　傷病手当金の支給を受けるべき者が、報酬の全部又は一部を受けることができるときは、これを受けることができる期間、傷病手当金と報酬との調整が行われるが、事業主から私傷病に関し恩恵的に傷病見舞金の支給を受けることができるときは、傷病手当金との調整は行われない。

エ　保険料の還付を受ける権利は、これを行使することができる時から２年を経過したときは、時効によって消滅するが、この消滅時効の起算日は、その保険料を納付した日である。

オ　特例退職被保険者の標準報酬月額については、当該特定健康保険組合が管掌する前年（１月から３月までの標準報酬月額については、前々年。以下本肢において同じ。）の９月30日における特例退職被保険者以外の全被保険者の同月の標準報酬月額を平均した額と前年の全被保険者の標準賞与額を平均した額の12分の１に相当する額との合算額の範囲内において規約で定めた額を標準報酬月額の基礎となる報酬月額とみなしたときの標準報酬月額となる。

A　一つ

B　二つ

C　三つ

D　四つ

E　五つ

厚生年金保険法

[問　1]　第1号厚生年金被保険者及び第1号厚生年金被保険者に係る事業主の届出等に関する次の記述のうち、正しいものはどれか。

A　初めて特定適用事業所となった適用事業所の事業主（事業主が法人であるときは、本店又は主たる事業所の事業主）は、当該事実があった日から10日以内に、所定の事項を記載した届書を日本年金機構に提出しなければならない。

B　船舶所有者は、被保険者の資格取得の届出、被保険者の資格喪失の届出等につき船長又は船長の職務を行う者を代理人として処理させようとするときは、あらかじめ、文書でその旨を日本年金機構に届け出なければならない。

C　特別支給の老齢厚生年金の受給権者は、厚生年金保険法附則第11条第1項に規定する60歳代前半の在職老齢年金の仕組みにより老齢厚生年金の支給停止が行われる事由に該当するに至ったときは、速やかに、所定の事項を記載した届書を日本年金機構に提出しなければならない。

D　障害厚生年金の受給権者は、その該当する障害等級を問わず、その者によって生計を維持する65歳未満の配偶者を有するに至ったときは、当該事実のあった日から10日以内に、所定の事項を記載した届書を日本年金機構に提出しなければならない。

E　老齢厚生年金の受給権者は、当該老齢厚生年金の加給年金額の対象者である配偶者と離婚をするに至ったときは、10日以内に、所定の事項を記載した届書を日本年金機構に提出しなければならない。

[問　2]　厚生年金保険法に関する次の記述のうち、正しいものはどれか。

A　未支給の保険給付に関する規定の対象となるのは、年金たる保険給付のみである。

B　障害厚生年金を受ける権利は、譲り渡し、又は担保に供することはできないが、国税滞納処分（その例による処分を含む。）により差し押さえることができる。

C　老齢厚生年金の受給権者が死亡し、その死亡の日の属する月の翌月以後の分として当該老齢厚生年金の過誤払いが行われた場合において、当該過誤払いによる返還金債権に係る債務の弁済をすべき者に支払うべき当該死亡を支給事由とする遺族厚生年金があるときは、当該遺族厚生年金の支払金の金額を当該過誤払いによる返還金債権の金額に充当することができる。

D　保険料その他厚生年金保険法の規定による徴収金の先取特権の順位は、国税に次ぐものとされ、地方税とは同順位である。

E　市町村長は、実施機関又は事業主に対して、当該市町村の条例の定めるところにより、被保険者、被保険者であった者又は受給権者の戸籍に関し、無料で証明を行うことができる。

[問　3]　老齢厚生年金に関する次の記述のうち、誤っているものはどれか。

A　昭和21年4月2日以後に生まれた者に支給される老齢厚生年金の定額部分の額は、1,628円に国民年金法第27条に規定する改定率を乗じて得た額（所定の端数処理をして得た額）に被保険者期間の月数を乗じて得た額であり、当該被保険者期間の月数が480を超えるときは、これを480として計算する。

B　繰上げ支給の老齢厚生年金と雇用保険法の規定による高年齢雇用継続基本給付金との調整による支給停止が行われる場合において、老齢厚生年金の受給権者に係る標準報酬月額が15万円であり、同法の規定によるみなし賃金日額に30を乗じて得た額が30万円であるときは、その月分の老齢厚生年金の額について、1万8,000円の支給が停止される。

C　平成15年4月1日以後の被保険者期間のみを有する者に支給するいわゆる報酬比例による老齢厚生年金の額（厚生年金保険法第43条第1項に規定する額）は、被保険者であった全期間の平均標準報酬額の1,000分の5.481に相当する額に被保険者期間の月数を乗じて得た額であるが、1,000分の5.481とあるのは、昭和21年4月1日以前に生まれた者については、生年月日に応じて読み替えるものとされている。

D　雇用保険の基本手当との調整により特別支給の老齢厚生年金の支給が停止されるべき調整対象期間においては、基本手当に係る給付制限期間であることにより基本手当が支給されない月であっても、その月分の老齢厚生年金の支給は停止される。

E 繰上げ支給の老齢厚生年金と雇用保険の基本手当との調整による調整
対象期間が終了した場合において、年金停止月が5ヵ月、基本手当の支
給を受けた日とみなされる日数が100日であるときは、年金停止月のう
ち、直近の1ヵ月について、老齢厚生年金の支給停止が行われなかった
ものとみなされる。

[問 4] 厚生年金保険の保険給付に関する次の記述のうち、誤っているものはど
れか。

A 配偶者に対する遺族厚生年金は、その支給事由となった被保険者又は
被保険者であった者の死亡について、配偶者が遺族基礎年金の受給権を
有しない場合であって子が当該遺族基礎年金の受給権を有するときは、
その間、その支給が停止される。

B 障害手当金に係る障害の程度を定めるべき日において、当該障害の原
因となった傷病以外の傷病について労災保険法による障害補償給付の支
給を受ける権利を有する者には、障害手当金は支給されない。

C 死亡した被保険者又は被保険者であった者の兄弟姉妹は、遺族厚生年
金を受けることができる遺族とならない。

D いわゆる事後重症による障害厚生年金について、その障害認定日の属
する月が令和元年8月であり、その支給を請求した日の属する月が令和
5年4月であるときは、当該障害厚生年金の額については、令和元年8
月までの被保険者であった期間が、その計算の基礎とされる。

E 被保険者又は被保険者であった者の死亡の当時、現に婚姻をしていた
子は、その年齢及び障害の状態にかかわらず、遺族厚生年金を受けるこ
とができる遺族とならない。

[問 5] 厚生年金保険法に関する次の記述のうち、誤っているものはどれか。

A 第1号厚生年金被保険者に係る保険料は、被保険者の使用される船舶
が滅失し、沈没し、又は全く運航に堪えなくなるに至った場合において
は、納期前であっても、すべて徴収することができる。

B 事業主は、被保険者に対して通貨をもって報酬を支払う場合において
は、被保険者の負担すべき前月の標準報酬月額に係る保険料(被保険者
がその事業所又は船舶に使用されなくなった場合においては、前月及び
その月の標準報酬月額に係る保険料)を報酬から控除することができる。

110

C　被保険者が同時に二の適用事業所に使用される場合において、一が船舶で他が船舶以外の事業所であるときは、船舶所有者以外の事業主が当該被保険者に係る保険料の半額を負担し、当該保険料及び当該被保険者の負担する保険料を納付する義務を負う。

D　適用事業所に使用される高齢任意加入被保険者であって、保険料の全額を負担し、納付する義務を負うものに係る保険料の納期限は、翌月末日である。

E　厚生労働大臣は、納入の告知をした保険料額が当該納付義務者が納付すべき保険料額を超えていることを知ったときは、その超えている部分に関する納入の告知を、その納入の告知の日の翌日から6ヵ月以内の期日に納付されるべき保険料について納期を繰り上げてしたものとみなすことができる。

[問　6]　厚生年金保険法に関する次の記述のうち、誤っているものはどれか。

A　特別支給の老齢厚生年金の支給を繰り下げることはできない。

B　保険料等の督促に係る督促状は、納付義務者が、健康保険法第180条の規定によって督促を受ける者であるときは、同法同条の規定による督促状に併記して、発することができる。

C　障害等級2級の障害厚生年金の受給権者が、国民年金の第1号被保険者であったときに初診日がある傷病によって障害基礎年金の受給権を有するに至ったとしても、当該障害厚生年金の額は改定されない。

D　2以上の種別の被保険者であった期間を有する者について、合意分割制度を適用する場合においては、各号の厚生年金被保険者期間のうち一の期間に係る標準報酬についての標準報酬改定請求は、他の期間に係る標準報酬についての標準報酬改定請求と同時に行わなければならない。

E　厚生年金保険法第96条第1項の受給権者に関する調査の規定によって年金たる保険給付の受給権者に質問を行う当該職員は、その身分を示す証票を携帯し、かつ、関係者の請求があるときは、これを提示しなければならない。

[問 7] 老齢厚生年金に関する次のアからオまでの記述のうち、正しいものの組合せは、後記AからEまでのうちどれか。

ア 配偶者に係る加給年金額が加算されている老齢厚生年金について、当該配偶者が障害基礎年金の支給を受けることができる場合であっても、当該配偶者に係る加給年金額に相当する部分の支給は停止されない。

イ 老齢厚生年金に加算される加給年金額の対象となる者が配偶者と子3人である場合における加給年金額は、配偶者及び子のうち1人については224,700円に、子のうち2人については74,900円に、それぞれ改定率を乗じて得た額である。

ウ 老齢厚生年金について、その受給権者の子が18歳に達した日以後の最初の3月31日が終了したことにより、当該子に係る加給年金額が加算されなくなった場合において、その後当該子が20歳に達するまでの間に初めて障害等級1級又は2級に該当する障害の状態となったときは、当該子が20歳に達するまで、再度、子に係る加給年金額が加算される。

エ 昭和35年4月2日生まれの一般の男子であって、第1号厚生年金被保険者期間を1年以上有し、国民年金法に規定する保険料納付済期間を10年以上有するものには、64歳から、報酬比例部分相当額の特別支給の老齢厚生年金が支給される。

オ 厚生年金保険法第43条第2項に規定するいわゆる在職定時改定の規定は、特別支給の老齢厚生年金の受給権者については、適用されない。

A （アとイ）　　　　B （イとウ）　　　　C （ウとエ）
D （エとオ）　　　　E （アとオ）

[問 8] 遺族厚生年金に関する次の記述のうち、誤っているものはどれか。

A 夫の死亡により遺族厚生年金の受給権を取得した当時65歳以上である妻が老齢基礎年金の受給権を有していないときは、当該遺族厚生年金の額に経過的寡婦加算は行われない。

B 老齢厚生年金の受給権者であって保険料納付済期間と保険料免除期間とを合算した期間が25年以上であるものが死亡した場合は、当該死亡を支給事由とする遺族厚生年金の支給に関し、保険料納付要件は問われない。

C　障害厚生年金の受給権者が死亡したときは、その障害等級が1級又は2級であるときに限り、当該死亡に関し、所定の遺族に遺族厚生年金が支給される。

D　被保険者の死亡について配偶者が遺族厚生年金の受給権を取得した場合であっても、被保険者の死亡の当時その被保険者によって生計を維持していた12歳の子（死亡した被保険者の子）があるときは、その子も、遺族厚生年金の受給権を取得する。

E　遺族厚生年金に係る中高齢寡婦加算の額は、国民年金法第38条に規定する遺族基礎年金の額に4分の3を乗じて得た額（所定の端数処理をして得た額）である。

[問　9]　合意分割制度に関する次の記述のうち、誤っているものはどれか。なお、本問における合意分割制度とは、厚生年金保険法第78条の2に規定する「離婚等をした場合における標準報酬の改定の特例」をいう。

A　合意分割制度に係る対象期間が平成25年9月10日から令和5年3月30日までである場合（第1号改定者は、対象期間の初日から末日まで継続して厚生年金保険の被保険者であったものとする。）は、対象期間に係る被保険者期間は、平成25年9月から令和5年2月までとなる。

B　厚生年金保険の被保険者期間が平成15年4月から平成28年3月までの156ヵ月である者が、平成29年8月10日に障害認定日がある傷病により障害厚生年金の受給権を有している場合において、この者を第2号改定者として、婚姻をしていた期間である平成20年6月から令和5年3月までの各月について、合意分割制度による標準報酬の改定及び決定が行われた。この場合は、当該障害厚生年金の額の改定は行われない。

C　第1号改定者の対象期間標準報酬総額が7,500万円、第2号改定者の対象期間標準報酬総額が2,500万円である場合は、請求すべき按分割合は、4分の1を超え2分の1以下の範囲内で定められなければならない。

D　改定割合を4分の1として標準報酬の分割が行われる場合において、ある月の改定前の標準報酬月額が、第1号改定者について44万円、第2号改定者について30万円であるときは、その月の標準報酬月額は、第1号改定者については33万円に、第2号改定者については41万円に改定される。

113

E 厚生年金保険の被保険者の資格を取得したことがない者（日本国籍を有しないものとする。）は、離婚時みなし被保険者期間を30ヵ月有していても、脱退一時金の支給を請求することはできない。

[問 10] 厚生年金保険法に関する次の記述のうち、誤っているものはどれか。

A 遺族厚生年金の受給権を取得した当時12歳であった子が、17歳のときに適用事業所に使用されることとなり、被保険者の資格を取得した場合であっても、当該遺族厚生年金の受給権は消滅しない。

B 遺族厚生年金の受給権は、受給権者が、届出をしていないが事実上婚姻関係と同様の事情となるに至ったときは、消滅する。

C 遺族厚生年金は、被保険者又は被保険者であった者の死亡前に、その者の死亡によって遺族厚生年金の受給権者となるべき者を故意に死亡させた者には、支給されない。

D 障害厚生年金の受給権者が、故意若しくは重大な過失により、又は正当な理由がなくて療養に関する指示に従わないことにより、その障害の程度を増進させたときは、障害厚生年金の額につき、減額改定を行うことができる。

E 旧厚生年金保険法による老齢年金は、その受給権者が65歳以上であって、遺族厚生年金の支給を受けるときは、当該老齢年金の額の2分の1に相当する部分の支給が停止される。

国民年金法

[問　1]　障害基礎年金に関する次の記述のうち、誤っているものはいくつあるか。

　　ア　事後重症による障害基礎年金の支給の請求は、障害認定日後60歳に達する日の前日までの間に、しなければならない。

　　イ　基準障害による障害基礎年金が支給されるためには、基準傷病及び基準傷病以外の傷病のすべてについて、保険料納付要件を満たしていなければならない。

　　ウ　基準障害による障害基礎年金は、受給権者の前年の所得が一定額を超えることを理由として、その支給を停止されることはない。

　　エ　障害基礎年金は、その受給権者が当該傷病による障害について、労働基準法の規定による障害補償を受けることができるときは、当該障害基礎年金の合計額が当該障害補償の額に達するに至るまでの期間、その支給が停止される。

　　オ　初診日において17歳の学生であった者が、障害認定日において障害等級に該当する程度の障害の状態にあるときは、当該障害認定日に20歳前の傷病による障害基礎年金の受給権が発生する。

　　A　一つ
　　B　二つ
　　C　三つ
　　D　四つ
　　E　五つ

[問　2]　国民年金法に関する次の記述のうち、正しいものはどれか。

　　A　脱退一時金に関する処分又は保険料その他徴収金に関する処分に不服がある者は、社会保険審査会に対して審査請求をすることができる。

　　B　年金給付の支払期月でない月であっても、前支払期月に支払うべきであった年金又は権利が消滅した場合若しくは年金の支給を停止した場合におけるその期の年金は、支払うものとする。

　　C　国民年金基金は、代議員の定数の4分の3以上の多数による代議員会の議決により解散しようとするときは、厚生労働大臣の認可を受ける必要はない。

D　国民年金基金連合会に係る中途脱退者とは、国民年金基金の加入員の資格を喪失した者（当該加入員の資格を喪失した日において当該国民年金基金が支給する年金の受給権を有する者を除く。）であって、その者の当該国民年金基金の加入員期間が20年に満たないものをいう。

E　厚生労働大臣が保険料を滞納する者に対して督促をする場合に、督促状により指定する期限は、督促状を発する日から起算して14日以上を経過した日でなければならない。

[問　3]　被保険者に関する次のアからオまでの記述のうち、誤っているものの組合せは、後記AからEまでのうちどれか。

ア　日本国内に住所を有しない20歳以上65歳未満の任意加入被保険者は、保険料を滞納し、その後、保険料を納付することなく2年間が経過したときは、2年間が経過した日の翌日に、その資格を喪失する。

イ　任意加入被保険者となったことがない66歳の者が、特例による任意加入被保険者となることについて厚生労働大臣に申出をしたときは、65歳に達した日に申出があったものとみなされることはなく、その者は、厚生労働大臣に申出をした日に、特例による任意加入被保険者の資格を取得する。

ウ　日本国内に住所を有しない第3号被保険者は、配偶者である第2号被保険者が死亡したときは、その死亡した日に、第3号被保険者の資格を喪失する。

エ　老齢又は退職を支給事由とする年金たる給付であって政令で定める給付の受給権を有している67歳の者が、厚生年金保険の被保険者の資格を取得したときは、その者は、厚生年金保険の被保険者の資格を取得した日に、第2号被保険者の資格を取得する。

オ　第1号被保険者が日本国籍を喪失した後、60歳に達する前に日本国内に住所を有しなくなったときは、その者は、日本国内に住所を有しなくなった日の翌日に、第1号被保険者の資格を喪失する。

A　（アとイ）　　　　　B　（アとオ）　　　　　C　（イとエ）
D　（ウとエ）　　　　　E　（ウとオ）

［問　4］　老齢基礎年金に関する次の記述のうち、正しいものはどれか。

　　　A　老齢基礎年金の額を計算する場合において、平成21年4月以後の保険料半額免除期間の月数は、480から保険料納付済期間の月数を控除して得た月数について、その4分の3に相当する月数を計算の基礎とし、当該控除して得た月数を超える月数について、その4分の1に相当する月数を計算の基礎とする。

　　　B　第3号被保険者としての被保険者期間に係る保険料納付済期間を5年、第1号被保険者としての被保険者期間に係る法定免除による保険料全額免除期間を7年有する者が65歳に達したときは、その者に老齢基礎年金が支給される。

　　　C　国会議員であった期間のうち、昭和36年4月1日から昭和55年3月31日までの期間であって、65歳未満の期間は、合算対象期間に算入される。

　　　D　老齢基礎年金の受給権は、受給権者が日本国内に住所を有しなくなったときは、消滅する。

　　　E　障害基礎年金の支給を受けていたが、障害の程度が軽減したことにより当該障害基礎年金が支給停止となり、さらに65歳に達してその受給権が消滅した者は、老齢基礎年金の支給繰下げの申出をすることができない。

［問　5］　国民年金法に関する次の記述のうち、誤っているものはどれか。

　　　A　老齢基礎年金又は付加年金として支給を受けた金銭を標準として、租税その他の公課を課することができる。

　　　B　故意に障害又はその直接の原因となった事故を生じさせた者の当該障害については、これを支給事由とする障害基礎年金は、支給しない。

　　　C　受給権者が国民年金法第105条第3項の規定による届出をしない場合であっても、その届出をしないことについて正当な理由があるときは、年金給付の支払いの一時差止めは、行われない。

　　　D　夫の死亡の当時60歳以上であった妻に寡婦年金の受給権が発生したときは、寡婦年金は、夫が死亡した日の属する月の翌月からその支給が開始され、妻が65歳に達した日の属する月まで支給される。

E　寡婦年金が支給されるためには、死亡した夫について、死亡日の前日において死亡日の属する月の前々月までの第1号被保険者としての被保険者期間に係る保険料納付済期間と保険料免除期間とを合算した期間が、10年以上なければならない。

[問　6]　給付に関する次の記述のうち、誤っているものはどれか。
　　A　老齢基礎年金の繰上げ支給又は繰下げ支給を受ける者に対して付加年金が支給されるときは、当該付加年金も、老齢基礎年金と同様に繰り上げ、又は繰り下げて支給される。
　　B　付加年金の受給権が消滅するのは、受給権者が死亡したときのみである。
　　C　死亡一時金の支給を受けることができる者が、同一の死亡について寡婦年金を受けることができるときは、その者には寡婦年金が支給され、死亡一時金は支給されない。
　　D　死亡した者が老齢基礎年金又は障害基礎年金の支給を受けたことがあるときは、その死亡に関して、死亡一時金は支給されない。
　　E　脱退一時金の支給の請求は、最後に被保険者の資格を喪失した日（同日において日本国内に住所を有していた者にあっては、同日後初めて、日本国内に住所を有しなくなった日）から起算して2年を経過しているときは、することができない。

[問　7]　国民年金法に関する次の記述のうち、正しいものはどれか。
　　A　納付を免除された令和2年6月分の保険料を令和5年3月に追納する場合は、当該保険料の額に追納に係る加算が行われる。
　　B　老齢基礎年金の受給権を有する者であって、支給繰下げの申出をすることを目的としてその請求をしていないものは、保険料の追納をすることができる。
　　C　学生等である被保険者が学生納付特例事務法人に保険料の学生納付特例の申請を委託したときは、当該委託をした日に、学生納付特例の申請があったものとみなす。
　　D　市町村長は、毎年度、被保険者に対し、各年度の各月に係る保険料について、保険料の額、納期限その他厚生労働省令で定める事項を通知する。

E　付加年金、寡婦年金及び死亡一時金を受ける権利は、その支給すべき事由が生じた日から5年を経過したときは、時効によって消滅する。

[問　8]　国民年金法に関する次の記述のうち、正しいものはどれか。
A　国民年金法第88条の2の規定により被保険者の産前産後について保険料が免除される期間は、多胎妊娠でない場合においては、出産予定月の前月から出産予定月の翌々月までである。
B　任意加入被保険者が出産するときは、その産前産後の所定の期間について、保険料の納付が免除される。
C　基礎年金拠出金の算定の基礎となる当該年度における被保険者の総数は、第1号被保険者にあっては、保険料納付済期間を有する者のみを基礎として計算する。
D　国民年金法第85条第1項第1号に規定する第1号被保険者に係る基礎年金給付費についての国庫負担の割合は、4分の1である。
E　国民年金法第30条の4に規定する20歳前の傷病による障害基礎年金の給付に要する費用についての国庫負担の割合は、100分の50である。

[問　9]　国民年金法に関する次の記述のうち、誤っているものはどれか。
A　障害基礎年金の受給権者であって、日本国内に住所を有する30歳のものは、第2号被保険者及び第3号被保険者のいずれにも該当しない場合は、原則として、第1号被保険者となる。
B　20歳に達したことにより第1号被保険者の資格を取得した者であっても、厚生労働大臣が住民基本台帳法の規定により機構保存本人確認情報の提供を受けることにより20歳に達した事実を確認できるものは、資格取得の届出を行う必要はない。
C　障害の程度が増進したことによる障害基礎年金の額の改定の請求は、所定の事項を記載した請求書に、当該請求書を提出する日前3ヵ月以内に作成された診断書等を添え、これを日本年金機構に提出することによって行わなければならない。
D　被保険者の死亡が第三者行為事故によるものであり、第三者から損害賠償が行われ、当該死亡に関して死亡一時金が支給される場合は、当該死亡一時金について、損害賠償額との調整が行われる。

E　年金給付を受ける権利を裁定する場合又は年金給付の額を改定する場合において、年金給付の額に50銭未満の端数が生じたときは、これを切り捨て、50銭以上1円未満の端数が生じたときは、これを1円に切り上げるものとする。

[問　10]　国民年金法に関する次の記述のうち、誤っているものはどれか。

A　第1号被保険者が、令和5年6月に障害基礎年金の受給権を取得した場合は、国民年金法第89条第1項の法定免除の規定により、同年5月以降の期間に係る保険料の納付が免除される。

B　国民年金法第30条第2項に規定する障害等級に該当する程度の障害の状態に該当しなくなったことによりその支給を停止されている障害基礎年金の受給権者であって、現に厚生年金保険法に規定する障害等級の3級に該当しているものは、保険料の法定免除の規定の適用を受けることはできない。

C　子に対する遺族基礎年金は、生計を同じくするその子の父又は母があるときは、当該父又は母が当該遺族基礎年金と同一の支給事由による遺族基礎年金の受給権を有しているか否かにかかわらず、その間、その支給を停止する。

D　被保険者の死亡により、配偶者が遺族基礎年金の受給権を有し、その額の加算の対象である子が1人の場合において、当該子が死亡した被保険者の父母と養子縁組をしたときは、当該配偶者の有する遺族基礎年金の受給権は、消滅する。

E　配偶者が遺族基礎年金の受給権を取得した当時胎児であった子が生まれたときは、その生まれた日の属する月の翌月から、遺族基礎年金の額を改定する。

《第1回予想模擬試験　解答用紙》

【選択式】

労働基準法及び労働安全衛生法

A	①②③④⑤⑥⑦⑧⑨⑩⑪⑫⑬⑭⑮⑯⑰⑱⑲⑳	
B	①②③④⑤⑥⑦⑧⑨⑩⑪⑫⑬⑭⑮⑯⑰⑱⑲⑳	
C	①②③④⑤⑥⑦⑧⑨⑩⑪⑫⑬⑭⑮⑯⑰⑱⑲⑳	
D	①②③④⑤⑥⑦⑧⑨⑩⑪⑫⑬⑭⑮⑯⑰⑱⑲⑳	
E	①②③④⑤⑥⑦⑧⑨⑩⑪⑫⑬⑭⑮⑯⑰⑱⑲⑳	

労働者災害補償保険法

A	①②③④⑤⑥⑦⑧⑨⑩⑪⑫⑬⑭⑮⑯⑰⑱⑲⑳	
B	①②③④⑤⑥⑦⑧⑨⑩⑪⑫⑬⑭⑮⑯⑰⑱⑲⑳	
C	①②③④⑤⑥⑦⑧⑨⑩⑪⑫⑬⑭⑮⑯⑰⑱⑲⑳	
D	①②③④⑤⑥⑦⑧⑨⑩⑪⑫⑬⑭⑮⑯⑰⑱⑲⑳	
E	①②③④⑤⑥⑦⑧⑨⑩⑪⑫⑬⑭⑮⑯⑰⑱⑲⑳	

雇用保険法

A	①②③④⑤⑥⑦⑧⑨⑩⑪⑫⑬⑭⑮⑯⑰⑱⑲⑳	
B	①②③④⑤⑥⑦⑧⑨⑩⑪⑫⑬⑭⑮⑯⑰⑱⑲⑳	
C	①②③④⑤⑥⑦⑧⑨⑩⑪⑫⑬⑭⑮⑯⑰⑱⑲⑳	
D	①②③④⑤⑥⑦⑧⑨⑩⑪⑫⑬⑭⑮⑯⑰⑱⑲⑳	
E	①②③④⑤⑥⑦⑧⑨⑩⑪⑫⑬⑭⑮⑯⑰⑱⑲⑳	

労務管理その他の労働に関する一般常識

A	①②③④⑤⑥⑦⑧⑨⑩⑪⑫⑬⑭⑮⑯⑰⑱⑲⑳	
B	①②③④⑤⑥⑦⑧⑨⑩⑪⑫⑬⑭⑮⑯⑰⑱⑲⑳	
C	①②③④⑤⑥⑦⑧⑨⑩⑪⑫⑬⑭⑮⑯⑰⑱⑲⑳	
D	①②③④⑤⑥⑦⑧⑨⑩⑪⑫⑬⑭⑮⑯⑰⑱⑲⑳	
E	①②③④⑤⑥⑦⑧⑨⑩⑪⑫⑬⑭⑮⑯⑰⑱⑲⑳	

社会保険に関する一般常識

A	①②③④⑤⑥⑦⑧⑨⑩⑪⑫⑬⑭⑮⑯⑰⑱⑲⑳	
B	①②③④⑤⑥⑦⑧⑨⑩⑪⑫⑬⑭⑮⑯⑰⑱⑲⑳	
C	①②③④⑤⑥⑦⑧⑨⑩⑪⑫⑬⑭⑮⑯⑰⑱⑲⑳	
D	①②③④⑤⑥⑦⑧⑨⑩⑪⑫⑬⑭⑮⑯⑰⑱⑲⑳	
E	①②③④⑤⑥⑦⑧⑨⑩⑪⑫⑬⑭⑮⑯⑰⑱⑲⑳	

健康保険法

A	①②③④⑤⑥⑦⑧⑨⑩⑪⑫⑬⑭⑮⑯⑰⑱⑲⑳	
B	①②③④⑤⑥⑦⑧⑨⑩⑪⑫⑬⑭⑮⑯⑰⑱⑲⑳	
C	①②③④⑤⑥⑦⑧⑨⑩⑪⑫⑬⑭⑮⑯⑰⑱⑲⑳	
D	①②③④⑤⑥⑦⑧⑨⑩⑪⑫⑬⑭⑮⑯⑰⑱⑲⑳	
E	①②③④⑤⑥⑦⑧⑨⑩⑪⑫⑬⑭⑮⑯⑰⑱⑲⑳	

厚生年金保険法

A	①②③④⑤⑥⑦⑧⑨⑩⑪⑫⑬⑭⑮⑯⑰⑱⑲⑳	
B	①②③④⑤⑥⑦⑧⑨⑩⑪⑫⑬⑭⑮⑯⑰⑱⑲⑳	
C	①②③④⑤⑥⑦⑧⑨⑩⑪⑫⑬⑭⑮⑯⑰⑱⑲⑳	
D	①②③④⑤⑥⑦⑧⑨⑩⑪⑫⑬⑭⑮⑯⑰⑱⑲⑳	
E	①②③④⑤⑥⑦⑧⑨⑩⑪⑫⑬⑭⑮⑯⑰⑱⑲⑳	

国民年金法

A	①②③④⑤⑥⑦⑧⑨⑩⑪⑫⑬⑭⑮⑯⑰⑱⑲⑳	
B	①②③④⑤⑥⑦⑧⑨⑩⑪⑫⑬⑭⑮⑯⑰⑱⑲⑳	
C	①②③④⑤⑥⑦⑧⑨⑩⑪⑫⑬⑭⑮⑯⑰⑱⑲⑳	
D	①②③④⑤⑥⑦⑧⑨⑩⑪⑫⑬⑭⑮⑯⑰⑱⑲⑳	
E	①②③④⑤⑥⑦⑧⑨⑩⑪⑫⑬⑭⑮⑯⑰⑱⑲⑳	

切取線

【択一式】

労働基準法及び労働安全生法

	A	B	C	D	E
1	○	○	○	○	○
2	○	○	○	○	○
3	○	○	○	○	○
4	○	○	○	○	○
5	○	○	○	○	○
6	○	○	○	○	○
7	○	○	○	○	○
8	○	○	○	○	○
9	○	○	○	○	○
10	○	○	○	○	○

労働者災害補償保険法（徴収法を含む）

	A	B	C	D	E
1	○	○	○	○	○
2	○	○	○	○	○
3	○	○	○	○	○
4	○	○	○	○	○
5	○	○	○	○	○
6	○	○	○	○	○
7	○	○	○	○	○
8	○	○	○	○	○
9	○	○	○	○	○
10	○	○	○	○	○

雇用保険法（徴収法を含む）

	A	B	C	D	E
1	○	○	○	○	○
2	○	○	○	○	○
3	○	○	○	○	○
4	○	○	○	○	○
5	○	○	○	○	○
6	○	○	○	○	○
7	○	○	○	○	○
8	○	○	○	○	○
9	○	○	○	○	○
10	○	○	○	○	○

労務管理その他の労働及び社会保険に関する一般常識

	A	B	C	D	E
1	○	○	○	○	○
2	○	○	○	○	○
3	○	○	○	○	○
4	○	○	○	○	○
5	○	○	○	○	○
6	○	○	○	○	○
7	○	○	○	○	○
8	○	○	○	○	○
9	○	○	○	○	○
10	○	○	○	○	○

健康保険法

	A	B	C	D	E
1	○	○	○	○	○
2	○	○	○	○	○
3	○	○	○	○	○
4	○	○	○	○	○
5	○	○	○	○	○
6	○	○	○	○	○
7	○	○	○	○	○
8	○	○	○	○	○
9	○	○	○	○	○
10	○	○	○	○	○

厚生年金保険法

	A	B	C	D	E
1	○	○	○	○	○
2	○	○	○	○	○
3	○	○	○	○	○
4	○	○	○	○	○
5	○	○	○	○	○
6	○	○	○	○	○
7	○	○	○	○	○
8	○	○	○	○	○
9	○	○	○	○	○
10	○	○	○	○	○

国民年金法

	A	B	C	D	E
1	○	○	○	○	○
2	○	○	○	○	○
3	○	○	○	○	○
4	○	○	○	○	○
5	○	○	○	○	○
6	○	○	○	○	○
7	○	○	○	○	○
8	○	○	○	○	○
9	○	○	○	○	○
10	○	○	○	○	○

《第２回予想模擬試験　解答用紙》

【選択式】

労働基準法及び労働安全衛生法

	① ② ③ ④ ⑤ ⑥ ⑦ ⑧ ⑨ ⑩ ⑪ ⑫ ⑬ ⑭ ⑮ ⑯ ⑰ ⑱ ⑲ ⑳
A	① ② ③ ④ ⑤ ⑥ ⑦ ⑧ ⑨ ⑩ ⑪ ⑫ ⑬ ⑭ ⑮ ⑯ ⑰ ⑱ ⑲ ⑳
B	① ② ③ ④ ⑤ ⑥ ⑦ ⑧ ⑨ ⑩ ⑪ ⑫ ⑬ ⑭ ⑮ ⑯ ⑰ ⑱ ⑲ ⑳
C	① ② ③ ④ ⑤ ⑥ ⑦ ⑧ ⑨ ⑩ ⑪ ⑫ ⑬ ⑭ ⑮ ⑯ ⑰ ⑱ ⑲ ⑳
D	① ② ③ ④ ⑤ ⑥ ⑦ ⑧ ⑨ ⑩ ⑪ ⑫ ⑬ ⑭ ⑮ ⑯ ⑰ ⑱ ⑲ ⑳
E	① ② ③ ④ ⑤ ⑥ ⑦ ⑧ ⑨ ⑩ ⑪ ⑫ ⑬ ⑭ ⑮ ⑯ ⑰ ⑱ ⑲ ⑳

労働者災害補償保険法

A	① ② ③ ④ ⑤ ⑥ ⑦ ⑧ ⑨ ⑩ ⑪ ⑫ ⑬ ⑭ ⑮ ⑯ ⑰ ⑱ ⑲ ⑳
B	① ② ③ ④ ⑤ ⑥ ⑦ ⑧ ⑨ ⑩ ⑪ ⑫ ⑬ ⑭ ⑮ ⑯ ⑰ ⑱ ⑲ ⑳
C	① ② ③ ④ ⑤ ⑥ ⑦ ⑧ ⑨ ⑩ ⑪ ⑫ ⑬ ⑭ ⑮ ⑯ ⑰ ⑱ ⑲ ⑳
D	① ② ③ ④ ⑤ ⑥ ⑦ ⑧ ⑨ ⑩ ⑪ ⑫ ⑬ ⑭ ⑮ ⑯ ⑰ ⑱ ⑲ ⑳
E	① ② ③ ④ ⑤ ⑥ ⑦ ⑧ ⑨ ⑩ ⑪ ⑫ ⑬ ⑭ ⑮ ⑯ ⑰ ⑱ ⑲ ⑳

雇　用　保　険　法

A	① ② ③ ④ ⑤ ⑥ ⑦ ⑧ ⑨ ⑩ ⑪ ⑫ ⑬ ⑭ ⑮ ⑯ ⑰ ⑱ ⑲ ⑳
B	① ② ③ ④ ⑤ ⑥ ⑦ ⑧ ⑨ ⑩ ⑪ ⑫ ⑬ ⑭ ⑮ ⑯ ⑰ ⑱ ⑲ ⑳
C	① ② ③ ④ ⑤ ⑥ ⑦ ⑧ ⑨ ⑩ ⑪ ⑫ ⑬ ⑭ ⑮ ⑯ ⑰ ⑱ ⑲ ⑳
D	① ② ③ ④ ⑤ ⑥ ⑦ ⑧ ⑨ ⑩ ⑪ ⑫ ⑬ ⑭ ⑮ ⑯ ⑰ ⑱ ⑲ ⑳
E	① ② ③ ④ ⑤ ⑥ ⑦ ⑧ ⑨ ⑩ ⑪ ⑫ ⑬ ⑭ ⑮ ⑯ ⑰ ⑱ ⑲ ⑳

労務管理その他の労働に関する一般常識

A	① ② ③ ④ ⑤ ⑥ ⑦ ⑧ ⑨ ⑩ ⑪ ⑫ ⑬ ⑭ ⑮ ⑯ ⑰ ⑱ ⑲ ⑳
B	① ② ③ ④ ⑤ ⑥ ⑦ ⑧ ⑨ ⑩ ⑪ ⑫ ⑬ ⑭ ⑮ ⑯ ⑰ ⑱ ⑲ ⑳
C	① ② ③ ④ ⑤ ⑥ ⑦ ⑧ ⑨ ⑩ ⑪ ⑫ ⑬ ⑭ ⑮ ⑯ ⑰ ⑱ ⑲ ⑳
D	① ② ③ ④ ⑤ ⑥ ⑦ ⑧ ⑨ ⑩ ⑪ ⑫ ⑬ ⑭ ⑮ ⑯ ⑰ ⑱ ⑲ ⑳
E	① ② ③ ④ ⑤ ⑥ ⑦ ⑧ ⑨ ⑩ ⑪ ⑫ ⑬ ⑭ ⑮ ⑯ ⑰ ⑱ ⑲ ⑳

社　会　保　険　に　関　す　る　一　般　常　識

A	① ② ③ ④ ⑤ ⑥ ⑦ ⑧ ⑨ ⑩ ⑪ ⑫ ⑬ ⑭ ⑮ ⑯ ⑰ ⑱ ⑲ ⑳
B	① ② ③ ④ ⑤ ⑥ ⑦ ⑧ ⑨ ⑩ ⑪ ⑫ ⑬ ⑭ ⑮ ⑯ ⑰ ⑱ ⑲ ⑳
C	① ② ③ ④ ⑤ ⑥ ⑦ ⑧ ⑨ ⑩ ⑪ ⑫ ⑬ ⑭ ⑮ ⑯ ⑰ ⑱ ⑲ ⑳
D	① ② ③ ④ ⑤ ⑥ ⑦ ⑧ ⑨ ⑩ ⑪ ⑫ ⑬ ⑭ ⑮ ⑯ ⑰ ⑱ ⑲ ⑳
E	① ② ③ ④ ⑤ ⑥ ⑦ ⑧ ⑨ ⑩ ⑪ ⑫ ⑬ ⑭ ⑮ ⑯ ⑰ ⑱ ⑲ ⑳

健　康　保　険　法

A	① ② ③ ④ ⑤ ⑥ ⑦ ⑧ ⑨ ⑩ ⑪ ⑫ ⑬ ⑭ ⑮ ⑯ ⑰ ⑱ ⑲ ⑳
B	① ② ③ ④ ⑤ ⑥ ⑦ ⑧ ⑨ ⑩ ⑪ ⑫ ⑬ ⑭ ⑮ ⑯ ⑰ ⑱ ⑲ ⑳
C	① ② ③ ④ ⑤ ⑥ ⑦ ⑧ ⑨ ⑩ ⑪ ⑫ ⑬ ⑭ ⑮ ⑯ ⑰ ⑱ ⑲ ⑳
D	① ② ③ ④ ⑤ ⑥ ⑦ ⑧ ⑨ ⑩ ⑪ ⑫ ⑬ ⑭ ⑮ ⑯ ⑰ ⑱ ⑲ ⑳
E	① ② ③ ④ ⑤ ⑥ ⑦ ⑧ ⑨ ⑩ ⑪ ⑫ ⑬ ⑭ ⑮ ⑯ ⑰ ⑱ ⑲ ⑳

厚　生　年　金　保　険　法

A	① ② ③ ④ ⑤ ⑥ ⑦ ⑧ ⑨ ⑩ ⑪ ⑫ ⑬ ⑭ ⑮ ⑯ ⑰ ⑱ ⑲ ⑳
B	① ② ③ ④ ⑤ ⑥ ⑦ ⑧ ⑨ ⑩ ⑪ ⑫ ⑬ ⑭ ⑮ ⑯ ⑰ ⑱ ⑲ ⑳
C	① ② ③ ④ ⑤ ⑥ ⑦ ⑧ ⑨ ⑩ ⑪ ⑫ ⑬ ⑭ ⑮ ⑯ ⑰ ⑱ ⑲ ⑳
D	① ② ③ ④ ⑤ ⑥ ⑦ ⑧ ⑨ ⑩ ⑪ ⑫ ⑬ ⑭ ⑮ ⑯ ⑰ ⑱ ⑲ ⑳
E	① ② ③ ④ ⑤ ⑥ ⑦ ⑧ ⑨ ⑩ ⑪ ⑫ ⑬ ⑭ ⑮ ⑯ ⑰ ⑱ ⑲ ⑳

国　民　年　金　法

A	① ② ③ ④ ⑤ ⑥ ⑦ ⑧ ⑨ ⑩ ⑪ ⑫ ⑬ ⑭ ⑮ ⑯ ⑰ ⑱ ⑲ ⑳
B	① ② ③ ④ ⑤ ⑥ ⑦ ⑧ ⑨ ⑩ ⑪ ⑫ ⑬ ⑭ ⑮ ⑯ ⑰ ⑱ ⑲ ⑳
C	① ② ③ ④ ⑤ ⑥ ⑦ ⑧ ⑨ ⑩ ⑪ ⑫ ⑬ ⑭ ⑮ ⑯ ⑰ ⑱ ⑲ ⑳
D	① ② ③ ④ ⑤ ⑥ ⑦ ⑧ ⑨ ⑩ ⑪ ⑫ ⑬ ⑭ ⑮ ⑯ ⑰ ⑱ ⑲ ⑳
E	① ② ③ ④ ⑤ ⑥ ⑦ ⑧ ⑨ ⑩ ⑪ ⑫ ⑬ ⑭ ⑮ ⑯ ⑰ ⑱ ⑲ ⑳

切取線

【択一式】

労働基準法及び労働安全衛生法

	A	B	C	D	E
1	○	○	○	○	○
2	○	○	○	○	○
3	○	○	○	○	○
4	○	○	○	○	○
5	○	○	○	○	○
6	○	○	○	○	○
7	○	○	○	○	○
8	○	○	○	○	○
9	○	○	○	○	○
10	○	○	○	○	○

労働者災害補償保険法（徴収法を含む）

	A	B	C	D	E
1	○	○	○	○	○
2	○	○	○	○	○
3	○	○	○	○	○
4	○	○	○	○	○
5	○	○	○	○	○
6	○	○	○	○	○
7	○	○	○	○	○
8	○	○	○	○	○
9	○	○	○	○	○
10	○	○	○	○	○

雇　用　保　険　法（徴収法を含む）

	A	B	C	D	E
1	○	○	○	○	○
2	○	○	○	○	○
3	○	○	○	○	○
4	○	○	○	○	○
5	○	○	○	○	○
6	○	○	○	○	○
7	○	○	○	○	○
8	○	○	○	○	○
9	○	○	○	○	○
10	○	○	○	○	○

労務管理その他の労働及び社会保険に関する一般常識

	A	B	C	D	E
1	○	○	○	○	○
2	○	○	○	○	○
3	○	○	○	○	○
4	○	○	○	○	○
5	○	○	○	○	○
6	○	○	○	○	○
7	○	○	○	○	○
8	○	○	○	○	○
9	○	○	○	○	○
10	○	○	○	○	○

健　康　保　険　法

	A	B	C	D	E
1	○	○	○	○	○
2	○	○	○	○	○
3	○	○	○	○	○
4	○	○	○	○	○
5	○	○	○	○	○
6	○	○	○	○	○
7	○	○	○	○	○
8	○	○	○	○	○
9	○	○	○	○	○
10	○	○	○	○	○

厚　生　年　金　保　険　法

	A	B	C	D	E
1	○	○	○	○	○
2	○	○	○	○	○
3	○	○	○	○	○
4	○	○	○	○	○
5	○	○	○	○	○
6	○	○	○	○	○
7	○	○	○	○	○
8	○	○	○	○	○
9	○	○	○	○	○
10	○	○	○	○	○

国　民　年　金　法

	A	B	C	D	E
1	○	○	○	○	○
2	○	○	○	○	○
3	○	○	○	○	○
4	○	○	○	○	○
5	○	○	○	○	○
6	○	○	○	○	○
7	○	○	○	○	○
8	○	○	○	○	○
9	○	○	○	○	○
10	○	○	○	○	○

《第　回予想模擬試験　解答用紙》

【選択式】

労働基準法及び労働安全衛生法

A ①②③④⑤⑥⑦⑧⑨⑩⑪⑫⑬⑭⑮⑯⑰⑱⑲⑳
B ①②③④⑤⑥⑦⑧⑨⑩⑪⑫⑬⑭⑮⑯⑰⑱⑲⑳
C ①②③④⑤⑥⑦⑧⑨⑩⑪⑫⑬⑭⑮⑯⑰⑱⑲⑳
D ①②③④⑤⑥⑦⑧⑨⑩⑪⑫⑬⑭⑮⑯⑰⑱⑲⑳
E ①②③④⑤⑥⑦⑧⑨⑩⑪⑫⑬⑭⑮⑯⑰⑱⑲⑳

労働者災害補償保険法

A ①②③④⑤⑥⑦⑧⑨⑩⑪⑫⑬⑭⑮⑯⑰⑱⑲⑳
B ①②③④⑤⑥⑦⑧⑨⑩⑪⑫⑬⑭⑮⑯⑰⑱⑲⑳
C ①②③④⑤⑥⑦⑧⑨⑩⑪⑫⑬⑭⑮⑯⑰⑱⑲⑳
D ①②③④⑤⑥⑦⑧⑨⑩⑪⑫⑬⑭⑮⑯⑰⑱⑲⑳
E ①②③④⑤⑥⑦⑧⑨⑩⑪⑫⑬⑭⑮⑯⑰⑱⑲⑳

雇 用 保 険 法

A ①②③④⑤⑥⑦⑧⑨⑩⑪⑫⑬⑭⑮⑯⑰⑱⑲⑳
B ①②③④⑤⑥⑦⑧⑨⑩⑪⑫⑬⑭⑮⑯⑰⑱⑲⑳
C ①②③④⑤⑥⑦⑧⑨⑩⑪⑫⑬⑭⑮⑯⑰⑱⑲⑳
D ①②③④⑤⑥⑦⑧⑨⑩⑪⑫⑬⑭⑮⑯⑰⑱⑲⑳
E ①②③④⑤⑥⑦⑧⑨⑩⑪⑫⑬⑭⑮⑯⑰⑱⑲⑳

労務管理その他の労働に関する一般常識

A ①②③④⑤⑥⑦⑧⑨⑩⑪⑫⑬⑭⑮⑯⑰⑱⑲⑳
B ①②③④⑤⑥⑦⑧⑨⑩⑪⑫⑬⑭⑮⑯⑰⑱⑲⑳
C ①②③④⑤⑥⑦⑧⑨⑩⑪⑫⑬⑭⑮⑯⑰⑱⑲⑳
D ①②③④⑤⑥⑦⑧⑨⑩⑪⑫⑬⑭⑮⑯⑰⑱⑲⑳
E ①②③④⑤⑥⑦⑧⑨⑩⑪⑫⑬⑭⑮⑯⑰⑱⑲⑳

社 会 保 険 に 関 す る 一 般 常 識

A ①②③④⑤⑥⑦⑧⑨⑩⑪⑫⑬⑭⑮⑯⑰⑱⑲⑳
B ①②③④⑤⑥⑦⑧⑨⑩⑪⑫⑬⑭⑮⑯⑰⑱⑲⑳
C ①②③④⑤⑥⑦⑧⑨⑩⑪⑫⑬⑭⑮⑯⑰⑱⑲⑳
D ①②③④⑤⑥⑦⑧⑨⑩⑪⑫⑬⑭⑮⑯⑰⑱⑲⑳
E ①②③④⑤⑥⑦⑧⑨⑩⑪⑫⑬⑭⑮⑯⑰⑱⑲⑳

健 康 保 険 法

A ①②③④⑤⑥⑦⑧⑨⑩⑪⑫⑬⑭⑮⑯⑰⑱⑲⑳
B ①②③④⑤⑥⑦⑧⑨⑩⑪⑫⑬⑭⑮⑯⑰⑱⑲⑳
C ①②③④⑤⑥⑦⑧⑨⑩⑪⑫⑬⑭⑮⑯⑰⑱⑲⑳
D ①②③④⑤⑥⑦⑧⑨⑩⑪⑫⑬⑭⑮⑯⑰⑱⑲⑳
E ①②③④⑤⑥⑦⑧⑨⑩⑪⑫⑬⑭⑮⑯⑰⑱⑲⑳

厚 生 年 金 保 険 法

A ①②③④⑤⑥⑦⑧⑨⑩⑪⑫⑬⑭⑮⑯⑰⑱⑲⑳
B ①②③④⑤⑥⑦⑧⑨⑩⑪⑫⑬⑭⑮⑯⑰⑱⑲⑳
C ①②③④⑤⑥⑦⑧⑨⑩⑪⑫⑬⑭⑮⑯⑰⑱⑲⑳
D ①②③④⑤⑥⑦⑧⑨⑩⑪⑫⑬⑭⑮⑯⑰⑱⑲⑳
E ①②③④⑤⑥⑦⑧⑨⑩⑪⑫⑬⑭⑮⑯⑰⑱⑲⑳

国 民 年 金 法

A ①②③④⑤⑥⑦⑧⑨⑩⑪⑫⑬⑭⑮⑯⑰⑱⑲⑳
B ①②③④⑤⑥⑦⑧⑨⑩⑪⑫⑬⑭⑮⑯⑰⑱⑲⑳
C ①②③④⑤⑥⑦⑧⑨⑩⑪⑫⑬⑭⑮⑯⑰⑱⑲⑳
D ①②③④⑤⑥⑦⑧⑨⑩⑪⑫⑬⑭⑮⑯⑰⑱⑲⑳
E ①②③④⑤⑥⑦⑧⑨⑩⑪⑫⑬⑭⑮⑯⑰⑱⑲⑳

切取線

【択一式】

労働基準法及び労働安全衛生法

	A	B	C	D	E
1	○	○	○	○	○
2	○	○	○	○	○
3	○	○	○	○	○
4	○	○	○	○	○
5	○	○	○	○	○

	A	B	C	D	E
6	○	○	○	○	○
7	○	○	○	○	○
8	○	○	○	○	○
9	○	○	○	○	○
10	○	○	○	○	○

労働者災害補償保険法（徴収法を含む）

	A	B	C	D	E
1	○	○	○	○	○
2	○	○	○	○	○
3	○	○	○	○	○
4	○	○	○	○	○
5	○	○	○	○	○

	A	B	C	D	E
6	○	○	○	○	○
7	○	○	○	○	○
8	○	○	○	○	○
9	○	○	○	○	○
10	○	○	○	○	○

雇 用 保 険 法（徴収法を含む）

	A	B	C	D	E
1	○	○	○	○	○
2	○	○	○	○	○
3	○	○	○	○	○
4	○	○	○	○	○
5	○	○	○	○	○

	A	B	C	D	E
6	○	○	○	○	○
7	○	○	○	○	○
8	○	○	○	○	○
9	○	○	○	○	○
10	○	○	○	○	○

労務管理その他の労働及び社会保険に関する一般常識

	A	B	C	D	E
1	○	○	○	○	○
2	○	○	○	○	○
3	○	○	○	○	○
4	○	○	○	○	○
5	○	○	○	○	○

	A	B	C	D	E
6	○	○	○	○	○
7	○	○	○	○	○
8	○	○	○	○	○
9	○	○	○	○	○
10	○	○	○	○	○

健 康 保 険 法

	A	B	C	D	E
1	○	○	○	○	○
2	○	○	○	○	○
3	○	○	○	○	○
4	○	○	○	○	○
5	○	○	○	○	○

	A	B	C	D	E
6	○	○	○	○	○
7	○	○	○	○	○
8	○	○	○	○	○
9	○	○	○	○	○
10	○	○	○	○	○

厚 生 年 金 保 険 法

	A	B	C	D	E
1	○	○	○	○	○
2	○	○	○	○	○
3	○	○	○	○	○
4	○	○	○	○	○
5	○	○	○	○	○

	A	B	C	D	E
6	○	○	○	○	○
7	○	○	○	○	○
8	○	○	○	○	○
9	○	○	○	○	○
10	○	○	○	○	○

国 民 年 金 法

	A	B	C	D	E
1	○	○	○	○	○
2	○	○	○	○	○
3	○	○	○	○	○
4	○	○	○	○	○
5	○	○	○	○	○

	A	B	C	D	E
6	○	○	○	○	○
7	○	○	○	○	○
8	○	○	○	○	○
9	○	○	○	○	○
10	○	○	○	○	○